9783801204549-1

WILLY BRANDT
Berliner Ausgabe

WILLY BRANDT
Berliner Ausgabe
Herausgegeben von
HELGA GREBING, GREGOR SCHÖLLGEN
und HEINRICH AUGUST WINKLER
Im Auftrag der
Bundeskanzler-Willy-Brandt-Stiftung

BAND 1:
Hitler ist nicht Deutschland.
Jugend in Lübeck – Exil in Norwegen 1928 – 1940
BAND 2:
Zwei Vaterländer.
Deutsch-Norweger im schwedischen Exil –
Rückkehr nach Deutschland 1940 – 1947
BAND 3:
Berlin bleibt frei.
Politik in und für Berlin 1947 – 1966
BAND 4:
Auf dem Weg nach vorn.
Willy Brandt und die SPD 1947 – 1972
BAND 5:
Die Partei der Freiheit.
Willy Brandt und die SPD 1972 – 1992
BAND 6:
Ein Volk der guten Nachbarn.
Außen- und Deutschlandpolitik 1966 – 1974
BAND 7:
Mehr Demokratie wagen.
Innen- und Gesellschaftspolitik 1966 – 1974
BAND 8:
Über Europa hinaus.
Dritte Welt und Sozialistische Internationale
BAND 9:
Die Entspannung unzerstörbar machen.
Internationale Beziehungen und deutsche Frage 1974 – 1982
BAND 10:
Gemeinsame Sicherheit.
Internationale Beziehungen und deutsche Frage 1982 – 1992

WILLY BRANDT

Berliner Ausgabe
BAND I

Hitler ist nicht Deutschland
Jugend in Lübeck – Exil in Norwegen
1928 – 1940

Bearbeitet von
EINHART LORENZ

Verlag J.H.W. Dietz Nachf. GmbH

Die Bundeskanzler-Willy-Brandt-Stiftung bedankt sich für die großzügige finanzielle Unterstützung der gesamten Berliner Ausgabe bei:
Frau Ursula Katz, Northbrook, Illinois
Alfried Krupp von Bohlen und Halbach-Stiftung, Essen
Otto Wolff von Amerongen-Stiftung, Köln
Stiftungsfonds Deutsche Bank im Stifterverband für die Deutsche Wissenschaft e. V., Essen
Stiftung Deutsche Klassenlotterie Berlin
Deutsche Druck- und Verlagsgesellschaft mbH, Hamburg
Bankgesellschaft Berlin AG
Herlitz AG, Berlin
Metro AG, Köln
Schering AG, Berlin

Die Deutsche Bibliothek – CIP-Einheitsaufnahme
Brandt, Willy:
Hitler ist nicht Deutschland:
Jugend in Lübeck – Exil in Norwegen; 1928 – 1940/
Willy Brandt.
Bearb. von Einhart Lorenz. –
Bonn: Dietz, 2002 (Berliner Ausgabe; Bd. 1)
ISBN 3-8012-0301-8

© Copyright der deutschsprachigen Ausgabe
Verlag J.H.W. Dietz Nachfolger GmbH, Bonn
© Copyright für alle übrigen Sprachen
Bundeskanzler-Willy-Brandt-Stiftung, Berlin
Lektorat: Dr. Heiner Lindner
Umschlag und Layout-Konzept:
Groothuis & Consorten, Hamburg
Satz: Medienhaus Froitzheim AG, Bonn, Berlin
Druck und Verarbeitung: Ebner Ulm
Printed in Germany 2002

Inhalt

Willy Brandt – Stationen seines Lebens   7

Vorwort der Herausgeber   11

EINHART LORENZ
Einleitung
„Hitler ist nicht Deutschland"
Jugend in Lübeck – Exil in Norwegen   15

Verzeichnis der Dokumente   73

Dokumente   79

Anmerkungen   497

Anhang
Quellen- und Literaturverzeichnis   540
Abkürzungsverzeichnis   551
Editionsgrundsätze   557
Personenregister   562
Sachregister   585
Bildnachweis   595
Angaben zum Bearbeiter und zu den Herausgebern   597

Willy Brandt – Stationen seines Lebens

1913	Am 18. Dezember in Lübeck als Herbert Ernst Karl Frahm geboren
1929	Mitglied der Sozialistischen Arbeiterjugend (SAJ) in Lübeck
1930	Eintritt in die SPD
1931	Wechsel zur Sozialistischen Arbeiterpartei Deutschlands (SAP); Vorsitzender ihres Jugendverbandes in der Hansestadt
1932	Abitur am Lübecker Reform-Gymnasium „Johanneum"
1933–1940	Exil in Norwegen; unter dem Namen Willy Brandt Widerstand gegen das NS-Regime; Mitglied der Exil-Leitung des SAP-Jugendverbandes und des Internationalen Büros revolutionärer Jugendorganisationen; seit 1939 Koordinator für Inlandsarbeit der SAP; zum „Federführenden" der SAP während des Krieges ernannt; umfangreiche journalistische und publizistische Tätigkeit
1936	Illegaler Aufenthalt in Berlin
1937	Beauftragter der SAP im Spanischen Bürgerkrieg
1938	Ausbürgerung durch die Nationalsozialisten
1939	Sekretär der norwegischen Volkshilfe
1940	Flucht ins Exil nach Schweden; norwegische Staatsbürgerschaft; umfangreiche publizistische Tätigkeit für den norwegischen Widerstand
1942–1945	Sekretär der „Kleinen Internationale" in Stockholm
1944	Eintritt in die Landesgruppe deutscher Sozialdemokraten in Schweden; Verbindungen zur Widerstandsgruppe des 20. Juli
1945	Nach Kriegsende Rückkehr nach Oslo

1945–1946	Berichterstatter für skandinavische Zeitungen aus Deutschland, u. a. über das Internationale Kriegsverbrechertribunal in Nürnberg
1947	Presseattaché an der norwegischen Militärmission in Berlin
1948	Vertreter des SPD-Parteivorstandes in Berlin; Wiedereinbürgerung
1949–1957, 1961	Vertreter Berlins im Deutschen Bundestag
1950–1969	Mitglied des Berliner Abgeordnetenhauses
1954–1958	Stellvertretender Landesvorsitzender der Berliner SPD
1955–1957	Präsident des Berliner Abgeordnetenhauses
1957–1966	Regierender Bürgermeister von Berlin
1957–1958	Vorsitzender des Bundesrats
1958–1963	Präsident des Deutschen Städtetages
1958–1964	Vorsitzender des Berliner Landesverbandes der SPD
1958–1992	Mitglied des Parteivorstandes der SPD
1960, 1964, 1969	Nominierung zum Kanzlerkandidaten der SPD
1962–1964	Stellvertretender Vorsitzender der SPD
1964–1987	Vorsitzender der SPD
1966–1969	Bundesminister des Auswärtigen und Vizekanzler in der Großen Koalition aus CDU/CSU und SPD
1966–1976	Vizepräsident der Sozialistischen Internationale
1969–1992	Mitglied des Deutschen Bundestages
1969	Wahl zum Bundeskanzler und Beginn der sozial-liberalen Ära
1970	Erste deutsch-deutsche Gipfeltreffen in Erfurt und Kassel; Unterzeichnung des Moskauer und des Warschauer Vertrages; Wahl zum „Mann des Jahres" durch „Time" (USA) und „L'Express" (Frankreich)
1971	Verleihung des Friedensnobelpreises; Ehrenbürger von Berlin

1972	Erfolgloses Misstrauensvotum der CDU/CSU gegen den Bundeskanzler; Sieg der SPD bei den vorgezogenen Wahlen zum Deutschen Bundestag; Wiederwahl zum Bundeskanzler; Ehrenbürger von Lübeck
1973	Inkrafttreten des Grundlagenvertrages; Beitritt beider deutscher Staaten zu den Vereinten Nationen; Unterzeichnung des Prager Vertrages
1974	Rücktritt vom Amt des Bundeskanzlers
1976–1992	Präsident der Sozialistischen Internationale
1977–1983	Vorsitzender der Nord-Süd-Kommission
1979–1983	Mitglied des Europäischen Parlaments
1983, 1987	Alterspräsident des Deutschen Bundestages
1985	Auszeichnung mit dem Albert-Einstein-Friedenspreis
1987–1992	Ehrenvorsitzender der SPD
1990	Ehrenvorsitzender der SPD in der DDR; Alterspräsident des ersten gesamtdeutschen Bundestages
1991	Auf Antrag Brandts und anderer Entscheidung des Deutschen Bundestages für Berlin als Sitz von Regierung und Parlament
1992	Am 8. Oktober in Unkel bei Bonn verstorben

Vorwort der Herausgeber

Willy Brandt zählt zu den großen Persönlichkeiten und bedeutenden Staatsmännern des 20. Jahrhunderts. Sein Name ist untrennbar verbunden mit der Sicherung des Friedens, der Verteidigung der Freiheit und dem unablässigen Bemühen um mehr soziale Gerechtigkeit. Seine Entwicklung vom jungen Linkssozialisten, den seine politische Überzeugung und der Kampf gegen die nationalsozialistische Diktatur in die Emigration führte, zum Regierenden Bürgermeister von Berlin, Vorsitzenden der SPD und später der Sozialistischen Internationale sowie zum Außenminister und Bundeskanzler der Bundesrepublik Deutschland ist eine der bemerkenswertesten Politikerkarrieren des 20. Jahrhunderts.

Die durch den Deutschen Bundestag 1994 ins Leben gerufene Bundeskanzler-Willy-Brandt-Stiftung, in deren Auftrag die Herausgeber die Berliner Ausgabe vorlegen, will mit dieser Edition die Bedeutung Willy Brandts für die Geschichte des 20. Jahrhunderts dokumentieren und einer breiten historisch-politisch interessierten Öffentlichkeit zugänglich machen. An diesem Zweck orientiert sich die auf zehn Bände angelegte Auswahl wichtiger Reden, Artikel und Briefe Willy Brandts.

Die Berliner Ausgabe wird jene innenpolitischen Weichenstellungen beleuchten, die wesentlich von Willy Brandt herbeigeführt wurden. Sie wird zugleich deutlich machen, dass sein vorrangiges politisches Interesse nicht erst seit seinen Berliner Tagen im Bereich der Deutschland- und Außenpolitik lag. Das Augenmerk der Dokumentation gilt weiter dem Parteiführer, der die SPD in ihrer Binnenstruktur modernisierte und einem neuen Denken öffnete, ihr neue Wählerschichten erschloss und später Ansehen und Gewicht der Sozialistischen Internationale, nicht zuletzt in den Ländern der „Dritten Welt", beträchtlich erhöhte. Immer wieder wird offenkundig, dass es bei Willy Brandt beides gibt: bemerkenswerte Konstanten seines Denkens und Handelns und zugleich ein hohes Maß an Flexibilität gegenüber konkreten zeitbedingten Anforderungen sowie die Fähigkeit zur Korrektur der eigenen Politik angesichts neuer Herausforderungen.

Willy Brandt beherrschte die unterschiedlichen Formen und Instrumente der politischen Meinungs- und Willensbildung gleichermaßen souverän. Große Reden auf Parteitagen, auf Marktplätzen, in Versammlungslokalen und Festhallen stehen neben Ansprachen vor einem intellektuellen Publikum und Zeitschriftenaufsätzen; kurze Briefe neben umfassenden grundsätzlichen Äußerungen, Radio- und Fernsehkommentare neben großen Büchern; konzentrierte und gezielte Diskussionsbemerkungen neben knappen, seinerzeit manchmal kaum wahrgenommenen Einmischungen in politische Entscheidungsprozesse. All das werden die Bände widerspiegeln.

Wie nur wenige deutsche Politiker im 20. Jahrhundert hat Willy Brandt nach dem Zusammenbruch der nationalsozialistischen Herrschaft das Weltgeschehen nicht nur beeinflusst, sondern entscheidend mitgestaltet. Er fühlte sich verpflichtet, sich der Last der deutschen Vergangenheit persönlich zu stellen, was ihm neben Anerkennung auch viel Anfeindung eintrug. Bis in die siebziger Jahre musste er sich politischer Diffamierung erwehren, die ihm als Emigranten und Widerstandskämpfer gegen den Nationalsozialismus galten. Auch dies werden die Bände belegen.

Maßgebliche Fundstellen für die Berliner Ausgabe sind der umfangreiche Nachlass im Willy-Brandt-Archiv im Archiv der sozialen Demokratie der Friedrich-Ebert-Stiftung sowie Parallelüberlieferungen im Archiv der sozialen Demokratie – wie SPD-Parteivorstandsakten, Deposita und Nachlässe anderer Politiker. Hinzu kommen zahlreiche einschlägige Bestände von Archiven, Bibliotheken und Stiftungen, wie diejenigen des Bundesarchivs, und natürlich Publikationen Willy Brandts. Jedem der zehn Bände ist eine umfangreiche Einleitung vorangestellt, in der die Texte in den historischen Zusammenhang eingeordnet und kritisch gewürdigt werden. Jeder Band hat einen Umfang von etwa 500 Druckseiten einschließlich eines Personen- und Sachregisters.

Die Berliner Ausgabe will ein facettenreiches Bild vom Leben und Werk Willy Brandts vermitteln. Die Herausgeber hoffen, dass es auf diese Weise gelingt, die Erinnerung an den bedeutenden Politiker und Staatsmann lebendig zu halten. Sie sind davon überzeugt, dass sein Denken und Wirken tiefe Spuren hinterlassen haben und auch unter den veränderten Bedingungen des 21. Jahrhunderts die politische Entwicklung beeinflussen.

Für die unverzichtbare und kollegiale Zusammenarbeit wissen sich die Herausgeber dem Leiter des Historischen Forschungszentrums der Friedrich-Ebert-Stiftung, Herrn Prof. Dr. Dieter Dowe, und dem Vorsitzenden des Vorstandes der Bundeskanzler-Willy-Brandt-Stiftung, Herrn Dr. Gerhard Groß, zu besonderem Dank verpflichtet.

Prof. Dr. Helga Grebing
Prof. Dr. Gregor Schöllgen
Prof. Dr. Heinrich August Winkler

EINHART LORENZ

Einleitung

„Hitler ist nicht Deutschland"[1]
Jugend in Lübeck – Exil in Norwegen

> Wenn es einen Sinn für die Wirklichkeit gibt, muss es auch einen Sinn für das Mögliche geben. Es ist nicht wahr, dass das, wofür man sich entschieden hat, einzigartig und richtig ist; vielleicht ist das, was man nicht gewählt hat, richtiger.[2]
>
> Luigi Nono

Willy Brandts Exiljahre 1933 bis 1947 waren Gegenstand zahlloser Spekulationen und Verunglimpfungen. 1961 stellte der CSU-Politiker Franz Josef Strauß die Frage: „Eines wird man doch aber Herrn Brandt fragen dürfen: Was haben Sie zwölf Jahre lang draußen gemacht?"[3] Strauß' rhetorische Frage kann man, wenn man die zwölf Jahre des Exils auf ihre Quintessenz reduziert, in zwei Sätzen beantworten: Willy Brandt hat in diesen Jahren dem Ausland zu zeigen versucht, dass das deutsche Volk nicht mit Hitler identisch war, und er hat im Exil seinen Horizont erweitert und dabei gelernt, was Demokratie, Freiheit und selbständiges Denken bedeuten. An der Überzeugung, dass „das Hitlerregime und das arbeitende Volk Deutschlands [...] nicht dasselbe [sind]"[4], hielt Brandt auch während des Zweiten Weltkriegs fest, als er gegen den „Vansittartismus" und den Hass auf alles Deutsche schlechthin ankämpfte.[5] Dennoch wurden im Rahmen der politischen Kampagnen gegen Brandt in den sechziger und siebziger Jahren zahlreiche Schmähschriften, verfälschte Wiedergaben seiner Texte und Pseudo-Dokumentationen veröffentlicht, die nicht nur von rechtsradikaler Seite herausgegeben wurden. Willy Brandt hat 1966 versucht, sich gegen diese Angriffe zu wehren und seine Arbeit in Norwegen und Schweden zu dokumentieren.⁶ Die seinerzeit publizierten Texte waren deutlich vom politischen Klima dieser Zeit geprägt. Erst 1989 erschien eine auf umfangreichen Quellenstudien basierende Untersuchung der Exiljahre bis 1940.⁷

Der vorliegende Band der Berliner Ausgabe gibt Gelegenheit, sich anhand von 65 Texten über das zu informieren, was Willy Brandt in den Jahren 1927 bis 1940 *schrieb und tat*. Die Textauswahl beginnt mit den ersten Artikeln des fünfzehnjährigen Schülers in Lübeck und endet mit Auszügen aus dem ersten Buch des sechsundzwanzigjährigen Emigranten, dessen erstes Exemplar er am Tage vor dem deutschen Überfall auf Norwegen im April 1940 erhielt. Zwischen diesen Eckpunkten lagen das Abitur in Lübeck, die Emigration nach Norwegen, Reisen nach Paris, Dänemark, Schweden, Holland, Belgien, England, in die Tschechoslowakei und nach Polen, ein illegaler Aufenthalt in Berlin sowie mehrere Monate im vom Bürgerkrieg heimgesuchten Spanien. Dazwischen lag auch die Entwicklung vom unbekannten Jugendpolitiker in Lübeck zum „Federführenden" der Sozialistischen Arbeiterpartei Deutschlands (SAP). Dazwischen lagen auch sehr unterschiedliche Bewertungen der Niederlage der Weimarer Republik und der Aufgaben der internationalen Arbeiterbewegung.

Schwer zu sagen ist, wie Willy Brandt in diesen Jahren *dachte*. Der schwedische Außenminister Torsten Nilsson schrieb 1980 in seinen Erinnerungen, dass Brandt 1935 auf Deutsch „revolutionär" dachte, schrieb und sprach, auf Norwegisch dagegen pragmatisch.⁸ Dieses „Doppeldenken" wurde in den folgenden Jahren des Exils in Norwegen zu Gunsten eines stärkeren Pragmatismus abgeschwächt.

Bei der Lektüre seiner Texte aus den Emigrationsjahren müssen mehrere weitere Faktoren berücksichtigt werden: Er schrieb in Norwegen für ein Publikum, das mit den deutschen Verhältnissen wenig vertraut war. Vieles musste deshalb vereinfacht werden. Die Artikel der ersten Jahre sollten über Deutschland informieren, zugleich aber die politische Botschaft der SAP vermitteln. Sie sollten bei allem Realismus über die deutschen Verhältnisse und die totale Niederlage der deutschen Arbeiterbewegung den Lesern, besonders den norwegischen Politikern, klar machen, dass es nicht nutzlos war, die SAP als Erbin dieser Arbeiterbewegung ideell und materiell zu unterstützen. Außerdem ist zu berücksichtigen, dass er im norwegischen Exil, besonders in der ersten Phase seines Aufenthalts, die Standpunkte der SAP zu vertreten hatte.

In der zweiten Hälfte der dreißiger Jahre veränderte sich die Perspektive: Nun stand nicht mehr die SAP als Hoffnungsträger für eine politische Erneuerung in Deutschland im Vordergrund. Stattdessen versuchte Brandt zu zeigen, dass es eine breite Opposition gegen das NS-Regime gab. Seine Ansichten über die Haltung der Mehrheit der deutschen Bevölkerung gegenüber dem Nationalsozialismus, die im Nachhinein unrealistisch wirken, können durch die beschränkten Informationsmöglichkeiten erklärt werden, aber auch durch den Wunsch, seine norwegischen Leser davon zu überzeugen, dass es ein „besseres Deutschland" gab als Hitlers.

Weiter müssen wir berücksichtigen, dass, abgesehen von wenigen Ausnahmen, die Originalmanuskripte seiner Artikel und Broschüren, die er für ein norwegisches Publikum schrieb, nicht erhalten sind. Wir wissen also nicht, was Redakteure, Lektoren und Übersetzer an seinen Manuskripten geändert haben.[9]

Ein weiterer Punkt, der zu beachten ist, sind Brandts Hinweise auf die „Klassiker" der Arbeiterbewegung, mit denen er sich kaum je gründlich beschäftigt hat. Wenn Brandt im ersten Osloer Jahr beispielsweise auf Lenin verweist, so haben wir es mit einem jungen Funktionär zu tun, der die Ereignisse aus einem gängigen radikalen Schema interpretiert. Wenn Brandt sich dagegen in den Broschüren des Jahres 1939 auf Lenin beruft oder sich – aus heutiger Sicht – überraschend positiv zu bestimmten Phänomenen in der Sowjetunion äußert, dann geschieht das, weil er sich bewusst ist, dass es zu diesem Zeitpunkt bei seinen norwegischen Lesern noch immer starke Sympathien für die Sowjetunion gibt. So dürfen auch Brandts Worte über den „imponierenden Aufbau der neuen Gesellschaft" in der Sowjetunion nicht aus ihrem norwegischen Kontext gerissen, sondern als eine Berücksichtigung dieser Sympathien gesehen werden. Bei genauerem Hinsehen erweisen sich Brandts Äußerungen zugleich als eine Argumentation gegen Stalins Sowjetunion.[10] Liest man im Vergleich die Kommentare des außenpolitischen Redakteurs des Osloer *Arbeiderbladet*,[11] fällt auf, dass Brandt in seiner Beurteilung weit nüchterner ist.

Jugend in Lübeck

Der Weg Willy Brandts war ein Weg „gegen den Strom".[12] Herbert Ernst Karl Frahm, am 18. Dezember 1913 als uneheliches Kind von Martha Frahm im Lübecker Arbeiterstadtteil St. Lorenz geboren, wuchs unter wenig günstigen Umständen auf. Aber er hatte das Glück, dass seine Begabung erkannt und gefördert wurde und er schon früh von der Gemeinschaft der Arbeiterbewegung geprägt wurde. Sein Großvater, der Lastwagenfahrer Ludwig Frahm, bei dem er aufwuchs – den eigenen Vater hat er nie kennen gelernt –, war Vertrauensmann für seine Gewerkschaft und für eine lokale SPD-Gruppe. So wurde er mit acht oder neun Jahren Mitglied einer Kindergruppe der Arbeiter-Turner, dann eines Arbeiter-Mandolinenklubs und mit 14 Jahren Mitglied der sozialdemokratischen Kinderorganisation „Rote Falken". Ein Jahr später trat er der SPD-Parteijugend, der „Sozialistischen Arbeiterjugend" (SAJ), bei und wurde im gleichen Jahr Vorsitzender der lokalen Gruppe „Karl Marx". Mit 16 Jahren wurde er entgegen der allgemein geltenden Altersgrenze in die SPD aufgenommen, und bereits ein Jahr später war er stellvertretender Bezirksvorsitzender der SAJ.

Der begabte „Aufstiegsschüler" Brandt, der bei seiner Einschulung erst Hochdeutsch lernen musste, erhielt 1928 einen Freiplatz am modernen Lübecker Reform-Realgymnasium Johanneum, wo er einer fremden, bürgerlich geprägten Welt, aber auch verständnisvollen Lehrern begegnete. Brandt, der offenbar gerne seine SAJ-Kluft, ein blaues Hemd mit rotem Schlips, trug und der von seinen Mitschülern „der Politiker" genannt wurde, lernte, sich in einer neuen Welt sozial und politisch zu behaupten. Am Ende seiner Schulzeit, im Abituraufsatz, stellte er fest: „Ich bin zum Leidwesen meiner Lehrer die letzten Jahre immer meiner eigenen Wege gegangen. Ich bin nicht traurig darüber. Sondern ich freue mich, denn ich glaube, ich wäre ein armer Mensch, hätte ich nicht das, was ich selbst erarbeitet habe."[13]

Die Nachmittage, Abende und Wochenenden vergingen mit politischer Arbeit, deren Sinn und Arbeitsform Brandt in seinen ersten Zeitungsartikeln beschrieb.[14] Der 15-Jährige unterstrich in seinem ersten Artikel die Selbstverwaltung der „Roten Falken", die in ihren Kinderrepubliken „abseits von Alkohol und Nikotin, abseits von Schundliteratur und Kinokitsch" ihre eigenen Leitungen und Parlamente wählten und damit Formen der Demokratie einübten.[15] In diesen ersten Artikeln hob er die Bedeutung der Bildungsarbeit hervor,[16] machte sich früh Gedanken über das Generationenproblem und die proletarische Familie[17] und erkannte als 16-Jähriger die Herausforderung, die der Nationalsozialismus darstellte.[18] Bereits im September 1930 begegnen wir Brandt als einem schonungslosen Kritiker der SPD und der Arbeiterorganisationen, die der Sozialdemokratie nahe standen. Diese Kritik galt besonders der von der SPD praktizierten „Politik des kleineren Übels", die für ihn und andere Jugendliche verwerflich war. Die Kritik galt der von der SPD praktizierten Tolerierungspolitik gegenüber der Regierung Brüning, aber auch der Fixierung der Partei auf die Weimarer Republik. Diese Republik war für Brandt auf halbem Wege stehen geblieben, nachdem die Sozialdemokratie – so seine Ansicht – die sozialistische Revolution verhindert und führende SPD-Repräsentanten wie Friedrich Ebert und Gustav Noske sie blutig niedergeschlagen hatten. „Republik, das ist nicht viel – Sozialismus ist das Ziel!", verkündete er im sozialdemokratischen *Lübecker Volksboten*, jedoch ohne die Republik als „Kampfobjekt der Alten" zu verkennen.[19] Seine Identifikationsperson war besonders Karl Liebknecht, der die Jugend als „Flamme der Revolution" bezeichnet und eine besondere Anziehungskraft auf junge Sozialisten hatte.[20]

Brandt wurde von Julius Leber, dem Lübecker SPD-Reichstagsabgeordneten und Redakteur des *Lübecker Volksboten*, ermuntert und gefördert, doch hinderte Brandt das nicht, Kritik an der SPD zu üben. Er widersetzte sich dem Konformitätsdruck dieser „unjugendlichen Partei"[21], in der nach den Worten Lebers nur etwas werden konnte,

„wer Gewähr bot [...], dass er treu und brav Disziplin hielt, [...] weder nach oben noch nach unten anstieß" und in der „gute geistige Mittelmäßigkeit und einexerzierte Routine [...] weit und breit das Feld" beherrschte.[22] Als die Sozialistische Arbeiterpartei Deutschlands (SAP) am 4. Oktober 1931 gegründet wurde, schloss Brandt sich der neuen Partei an. Mit dieser Entscheidung endete der Traum von einem Stipendium, das Leber – von dem er später sagen sollte, dass sein Verhältnis zu ihm „mit einer Art Vater-Sohn-Komplex behaftet war"[23] – ihm für ein Studium in Aussicht gestellt hatte. Da sich nun der Wunsch, Deutsch und Geschichte zu studieren, um dann Journalist zu werden, nicht verwirklichen ließ, nahm er nach dem Abitur, das er am 17. Februar 1932 ablegte, gegen „eine minimale Vergütung" eine Stelle als Volontär in einer Lübecker Reederei an.[24]

Mit dem Übertritt zur SAP begann damit für Brandt politisch ein Weg, den er später als „Sackgasse" und „Sektiererei" bezeichnen sollte.[25] Wenn er jedoch im Januar 1932 schrieb, dass ihm die SPD „vielleicht [...] am wenigsten nahe" stand,[26] war dies Rhetorik, denn er blieb – trotz seiner Forderungen nach revolutionärer Theorie und Praxis, trotz vieler Worte über wahren Kommunismus und trotz seiner Verteidigung der Sowjetunion – immer ein Kritiker des Kommunismus sowjetischer Prägung. Zwar wusste er zeitweise in seinen Artikeln Positives über die KPD zu sagen, doch war diese Partei für ihn nie eine Alternative. Schon frühzeitig kritisierte er ihre Abhängigkeit von der sowjetischen Politik, ihre Unselbständigkeit und ihre abrupten Kursänderungen. So schrieb er im September 1930: „Wir sind stolz auf unsere Freiheit in der Anschauung und in der Organisation. Alle Genossen sollten stolz darauf sein, dass bei uns die Jugend nicht an solche Befehle von oben gebunden ist, wie die Kommunistische Jugend an die Befehle ihrer Partei."[27] Im April 1931 verurteilte er die „Verlumpung" und die „dreckigen Methoden" der „deutschen Bolschewisten", die durch ihre Wühlarbeit den Namen des Proletariats schändeten.[28] Im Januar 1932, nach der Gründung der SAP, warf er der KPD ihren „flachen Opportunismus" vor.[29] Und als er im Sommer 1933 in Norwegen seine erste Broschüre veröffentlichte, ließ er seine Leser wissen, dass die kommunistischen

Parteien ein Instrument sowjetischer Außenpolitik geworden seien.[30]

Die SAP war ursprünglich aus dem linken Flügel der SPD hervorgegangen, der seit 1928 die „Politik des kleineren Übels" kritisiert hatte und der Ende September 1931 aus der SPD ausgeschlossen wurde. Nach der Parteigründung stießen sehr unterschiedliche und ideologisch heterogene Gruppen zu der neuen Partei – linke sozialdemokratische Jugendliche, Mitglieder der Deutschen Friedensgesellschaft, oppositionelle Kommunisten und Mitglieder verschiedener Kleingruppen. Den Parteigründern, an deren Spitze die ausgeschlossenen SPD-Reichstagsabgeordneten Max Seydewitz und Kurt Rosenfeld standen, gelang es weder, die SAP zu einer Massenpartei zu entwickeln, noch eine Einheitsfront der deutschen Arbeiterbewegung zur Abwehr des Faschismus zu schaffen.[31] Die Teilnahme der SAP an den Reichstags- und Landtagswahlen des Jahres 1932 endete mit einem Fiasko. Die SPD verdächtigte die neue Partei, kommunistisch zu sein, die KPD bekämpfte sie als „sozialfaschistisch". So verhallten die Einheitsfrontappelle der SAP, von wenigen lokalen Ausnahmen abgesehen, ungehört. Einen Zuwachs an geschulten Kadern erhielt die Partei im März 1932, als sich ihr eine Reihe oppositioneller Kommunisten, unter ihnen Jacob Walcher, Paul Frölich, August Enderle und Max Köhler, die eine kritische Grundhaltung zur sowjetischen Staats- und Parteiführung entwickelt hatten, anschloss. Da sich die führenden Politiker der SAP nicht von ihren tradierten Zielen und Methoden zu lösen vermochten, schuf dieser Zuwachs jedoch auch neue Probleme, die zu bitteren Fraktionskämpfen führten. Im Gegensatz zur SPD und KPD erkannte die SAP jedoch die Notwendigkeit einer Einheitsfront gegen den Faschismus, sie sah die potenzielle Stabilität des Faschismus voraus und erlag nicht der Illusion, dass der Faschismus schnell an seinen inneren Widersprüchen scheitern würde. Sie erkannte auch, dass der Faschismus nicht nur die Unterdrückung der Arbeiterschaft zur Folge haben würde, sondern auch die brutale Vernichtung der Arbeiterorganisationen und der bürgerlichen Opposition.[32]

Die Attraktivität der neuen Partei war unter Jugendlichen relativ groß. In Dresden, Breslau, Lübeck und Bremen trat die Mehrheit der organisierten sozialdemokratischen Jugendlichen der SAP und ihrer neuen Jugendorganisation, dem Sozialistischen Jugendverband Deutschlands (SJV), bei. Keine andere Arbeiterpartei hatte am Ende der Weimarer Republik „im Verhältnis zu ihrer Mitgliederzahl eine so starke Jugendorganisation wie die SAP".[33] Auch in Lübeck schlossen sich vor allem Jugendliche der Partei an. Von den ungefähr 300 Mitgliedern der Sozialistischen Arbeiterjugend der SPD trat ungefähr die Hälfte zu der neu gegründeten Partei über. Insgesamt hatte die SAP etwa 200 Mitglieder in der Hansestadt, aber angesichts ihrer Vielzahl jugendlicher Mitglieder ohne Wahlrecht erhielt sie bei den Reichstagswahlen im November 1932 nur 190 Wähler, d. h. 0,2 % der abgegebenen Stimmen.[34]

Nach der nationalsozialistischen Machtübernahme versuchte die Mehrheit des Parteivorstandes um Seydewitz und Rosenfeld, die unter den Mitgliedern mit ihrer politisch gemäßigteren Ausrichtung in die Minderheit geraten waren, den Beginn eines bereits geplanten Parteitags zu verzögern. Unmittelbar nach dem Reichstagsbrand erklärten sie die SAP für aufgelöst und empfahlen den Anschluss an die SPD (Seydewitz) bzw. KPD (Rosenfeld). Dem linken Parteiflügel, der die Mehrheit der bereits gewählten Parteitagsdelegierten hinter sich hatte, gelang es, den Parteitag am 11. und 12. März 1933 in einem Dresdner Vorort durchzuführen. Hier wurde beschlossen, die SAP weiterzuführen und Widerstandsaktionen gegen den Nationalsozialismus aufzunehmen. Klaus Zweiling, Mitglied der nun illegal arbeitenden Parteiführung, bereitete die Delegierten darauf vor, dass Druck und Terror „sehr lange" dauern könnten. Nach dem „absoluten und völligen Bankrott" der Arbeiterbewegung, der „schmählichen" Kapitulation der SPD und dem „noch viel grauenvolleren" Versagen der KPD, stünde die SAP nun vor der Aufgabe, „die Neuformierung der revolutionären Front" zu übernehmen und „die neue kommunistische Partei" zu schaffen.[35] Willy Brandt gehörte zu den 24 Bezirksvertretern des Parteitages. Sein kurzer Bericht[36] – die Delegierten wurden aufgefordert, „im Telegrammstil" zu berichten –

zeigt, dass im Bezirk Mecklenburg, den er vertrat und der zu den kleinsten SAP-Bezirken gehörte, nur die Lübecker Organisation „etwas taugte".

Am Rande des Parteitags wurden auch Vorbereitungen getroffen, führende Parteimitglieder ins Ausland zu senden, um dort mit Hilfe befreundeter Parteien Stützpunkte aufzubauen und die Schwesterparteien dafür zu gewinnen, die Arbeit der finanziell bankrotten SAP in Deutschland zu unterstützen. Willy Brandt erhielt die Aufgabe, eine Reise des einstigen Kampfgefährten von Rosa Luxemburg, Paul Frölich, nach Norwegen vorzubereiten. Frölich wurde aber durch einen unglücklichen Zufall beim Versuch der Ausreise am 21. März 1933 auf Fehmarn verhaftet. Da man nicht wusste, was die Polizei in den Verhören aus ihm herausgepresst hatte, brachte die Verhaftung auch Brandt und die Lübecker SAP in Gefahr. Da die SAP-Führung von der Norwegischen Arbeiterpartei (DNA) als ihrem größten internationalen Partner besondere Hilfe erwartete, war es wichtig, den Parteiauftrag durchzuführen, also einen Ersatz für Paul Frölich zu bestimmen. Die Wahl fiel auf Willy Brandt. Nach seiner Erinnerung entschied die Reichsleitung der SAP, dass er „trotz seiner jungen Jahre die Frölich zugedachte Aufgabe in Norwegen übernehmen" sollte.[37] Für Brandt, der sich politisch exponiert hatte und nach dem wegen Verbreitung illegaler Flugschriften gefahndet wurde,[38] sprach neben der Ortskenntnis auch, dass er Norwegen von einer früheren Reise her „kannte"[39] und dass er über einige Sprachkenntnisse verfügte. Anfang April 1933 verließ Brandt Deutschland – versteckt unter dem Tauwerk eines Fischkutters. Nun begannen die Jahre des Exils, über die er 1971 anlässlich der Verleihung des Friedensnobelpreises sagen sollte: „Ich scheue mich nicht, hier noch einmal zu sagen: Die Jahre in Norwegen und im übrigen Norden haben für mich viel bedeutet. Hier habe ich gelernt, was gute Nachbarschaft bedeutet, im Inneren und nach außen. Hier habe ich gelernt, die Begriffe Freiheit, Gerechtigkeit, Solidarität vom Podest der Lehrbücher herunterzuholen, sie auch aus der Enge einer Gesinnungsgemeinschaft zu lösen und sie – im Wissen um die Unzulänglichkeiten, die allem Menschenwerk anhaften – auf allgemein gesellschaftliche Zusammenhänge zu übertragen."[40]

Exil in Norwegen

Willy Brandts Exiljahre können vereinfacht in zwei Abschnitte eingeteilt werden: Die Zeit als politischer Flüchtling in Norwegen von April 1933 bis Juni 1940 und die Exiljahre in Stockholm ab Sommer 1940, die in Band 2 der Berliner Ausgabe behandelt werden. Betrachtet man Brandts Exil in *Norwegen* näher, bietet sich eine differenziertere Einteilung in drei Phasen an: 1933 bis zum Sommer 1936, die Monate zwischen September 1936 und August 1937, in denen er sich erst in Berlin und dann in Spanien aufhielt, und die Zeit vom Herbst 1937 bis zu seiner Flucht aus Norwegen im Sommer 1940.[41]

Erste Phase: Lernprozesse eines jungen Parteibeauftragten

In den Jahren 1933 bis 1936 haben wir einen jungen Mann, der die Welt verändern wollte. Er kam nicht als Flüchtling, sondern mit einem Parteiauftrag nach Oslo, der höchstwahrscheinlich zeitlich begrenzt war. Erst nach Verhaftungen in seiner Heimatstadt wurde er zum Exilanten. Der Auftrag, mit dem er kam, hatte mehrere Zielsetzungen.[42] Erstens sollte er von der „reichen" – so vermutete man in Deutschland – Norwegischen Arbeiterpartei (DNA) Geld für die politische Arbeit der SAP und für deren Arbeit gegen das Hitlerregime organisieren. Zweitens hatte er den Auftrag, eine Außenstation für die SAP in Norwegen aufzubauen. Drittens sollte er zur internationalen Zielsetzung der Partei beitragen, die darin bestand, die „Internationale Arbeitsgemeinschaft" linker sozialistischer Parteien zu einer neuen „wirklich kommunistischen" Internationale zu entwickeln.[43] Da die DNA die einzige Massenpartei dieser Arbeitsgemeinschaft war, musste die DNA für dieses Ziel gewonnen werden. Die vierte Aufgabe bestand darin, Lehren aus der deutschen Niederlage zu vermitteln. Da die Niederlage der Arbeiterbewegung in Deutschland nicht nur als eine deutsche Angelegenheit betrachtet wurde, sondern auch als „ein ungeheurer Schlag für das internationale Proletariat", war es nach Ansicht der SAP notwendig, die DNA auf einen revolutionären Weg zu führen, d. h. sie „zu erobern" und ihre Politik zu revidieren.[44]

Als die DNA im Frühjahr 1935 zur Regierungspartei wurde, zeigte sich, dass die ersten beiden Jahre in Norwegen nicht spurlos an Brandt vorbeigegangen waren. Er begann zu lernen, dass sich das Denkschema der SAP nicht auf norwegische Verhältnisse und die politische Kultur Norwegens übertragen ließ. Brandt begann in dieser Periode, sich zu einem selbständigen Politiker zu entwickeln. Er trat mehr und mehr aus der Rolle des Ersatzmannes für Paul Frölich heraus und erlangte dabei eine gewisse Selbständigkeit gegenüber Jacob Walcher, obwohl dieser weiterhin sein Mentor bleiben sollte.

Zunächst aber musste Brandt sich in dem neuen Land zurechtfinden. Das gelang ihm, im Vergleich zu den meisten andern Emigranten, erstaunlich schnell, nicht zuletzt dank seiner außerordentlichen Fähigkeit, innerhalb sehr kurzer Zeit Norwegisch zu lernen. Er hatte keiner Vergangenheit in Deutschland nachzutrauern, war jung und konnte nach vorne sehen. Außerdem lag es in seinem Auftrag, schnell im neuen Land Fuß zu fassen, um die Parteiaufgaben durchführen zu können. Es begann ein mehrjähriger Lernprozess des Sichzurechtfindens, der von Ungleichzeitigkeit und von gegenläufigen Tendenzen gekennzeichnet war. Wir können von einer Mehrschichtigkeit im Brandt'schen Denken sprechen und von einem Nebeneinander verschiedener Stufen in seiner Entwicklung, die teils von norwegischen, teils von deutschen Erfahrungen geprägt waren. Es war eine Periode des „Doppeldenkens", in der Brandt zu lernen begann, dass sich die Voraussetzungen für Politik und die gesamte politische Kultur in Norwegen von den Erkenntnissen unterschieden, die er aus Deutschland mitgebracht hatte.

Exilland Norwegen

Als Willy Brandt am 7. April 1933 mit der „Dronning Maud" aus Kopenhagen kommend in Oslo eintraf, wusste er nur wenig über das

Land, in dem er die kommenden sieben Jahre verbringen sollte.[45] Norwegen war zwischen den beiden Weltkriegen ein Land, das von sozialen, politischen und ökonomischen Krisen heimgesucht war. Im Frühjahr 1933 lag die Erwerbslosenquote über 35 %, in einzelnen Industriezweigen wie der wichtigen holzverarbeitenden Industrie sogar bei fast 57 %. Besonders hart waren Jugendliche betroffen, die nach Abschluss der siebenjährigen Volksschule keine Möglichkeit sahen, Arbeit zu finden.

Die Krisensituation wurde von der politischen Rechten genutzt, um sich zu formieren: Neben einer Reihe kleinerer Organisationen gab es als bedeutungsvolleres Phänomen den „Vaterlandsverein", der als überparteiliche Massenbewegung versuchte, das gesamte bürgerliche Lager gegen den „Marxismus" und die Arbeiterbewegung zu mobilisieren. Diese Organisation, zu deren Gründern auch Fridtjof Nansen gehört hatte und die von einflussreichen Zeitungen unterstützt wurde, soll 1930 etwa 100 000 Mitglieder gehabt haben; ab 1930 gewannen faschistische Tendenzen die Oberhand. Vidkun Quisling, die Symbolfigur des norwegischen Faschismus und Verteidigungsminister in einer Regierung der Bauernpartei, hatte sich durch seinen Kampf gegen die Arbeiterbewegung einen Namen gemacht. Am 17. Mai 1933, symbolträchtig am Nationalfeiertag, gründete er seine eigene Partei – *Nasjonal Samling*, die „Nationale Sammlung". Dies war, wie sich schnell zeigen sollte, zwar ein dilettantischer Versuch, eine faschistische Partei zu gründen, aber er musste ernst genommen werden, weil mehrere Parteien versuchten, mit Quisling zusammenzuarbeiten, und Quislings NS-Partei Emigranten nachspionierte.[46]

Ernster zu nehmen waren, wie der Historiker und DNA-Politiker Halvard Lange schrieb, die „schrittweise Verwandlung des existierenden Staatsapparats in faschistische Richtung" und die „Vorstöße der bürgerlichen Parteien gegen das Organisationsrecht und andere demokratische Rechte."[47] Als besonders gefährlich wurde die Bauernpartei angesehen, die zwischen 1931 und 1933 die Regierung bildete und von den Liberalen *(Venstre)* und Konservativen *(Høyre)* toleriert wurde, um die Arbeiterpartei von der Macht fern zu halten.

Das neu geschaffene Klima prägte große Teile der bürgerlichen Presse und nicht zuletzt auch Beamte, mit denen Emigranten in Berührung kamen. Mit Ausnahme der Arbeiterpresse und des liberalen Osloer *Dagbladet* zeigten die großen Zeitungen Sympathien für die Entwicklung im nationalsozialistischen Deutschland. Man fühlte sich auch nicht berufen, die antijüdischen Ausschreitungen zu kritisieren. Als der von den Nationalsozialisten inhaftierte pazifistische Journalist Carl von Ossietzky 1935 als Kandidat für den Friedensnobelpreis vorgeschlagen wurde, zeigten die Reaktionen der führenden bürgerlichen Zeitungen und der konservativen Studenten und Schüler deutlich, dass es in Norwegen feindliche Haltungen gegen Hitlers Widersacher gab.[48] Willy Brandt erfuhr schon wenige Wochen nach seiner Ankunft in Oslo, dass das allgemeine Misstrauen gegen „Kommunistenagitatoren", die in den Augen der Fremdenpolizei „Landstreicher [waren], die meistens von kommunistischer Agitation lebten und von der hiesigen Arbeiterpartei unterstützt wurden"[49], auch ihm galt. Ein Artikel in einer konservativen Osloer Zeitung, in dem „Frahn" [!] sowie „der Verfasser einer Broschüre ‚Deutschland unter dem Hakenkreuz'[50], Willi Braun"[!], als „Agent" bezeichnet wurden,[51] führte zu einer Interpellation im norwegischen Parlament, dem Storting. Als *Dagbladet* über „einen jungen deutschen Flüchtling" berichtete, begann die Polizei umgehend, Nachforschungen über Brandt anzustellen. Zum ersten Mal musste der Vorsitzende der DNA, Oscar Torp, bei der Polizei vorstellig werden und darum bitten, Brandt im Lande zu belassen, „da er in Deutschland sicher politischer Verfolgung usw. ausgesetzt würde, weil er eine führende Stellung in der sozialistischen Jugendbewegung und zuletzt in der Arbeiterpartei in Lübeck innehatte."[52] Trotz Torps Fürsprache erhielt Brandt den Bescheid, dass er Norwegen spätestens am 20. Mai 1933 zu verlassen habe. Torp griff erneut ein und wandte sich nun direkt an das Justizministerium, das nach einer Kabinettssitzung entschied, dass Brandt weitere drei Monate im Lande bleiben durfte. In der Auslegung des Polizeibüros im Ministerium bedeutete das: bis zum 1. September. Seine befristete Aufenthaltsgenehmigung war zudem mit der Auflage verbunden, dass er sich „von jeder politischen Propaganda fernhält". Überlegungen, die der zuständige Ministerialrat im Justizministerium in der Akte Brandts notierte, deuten darauf hin, dass die Entscheidung dem Ministerium nicht leicht fiel: „Könnte man wenigstens Frahm (und evtl. andere) als eine Art Geisel für weniger aggressives Auftreten (weniger Streiks!) brauchen, wäre in gewissem Grade etwas gewonnen, wenn man sich entgegenkommender verhielt." Nachdem eine Initiative eines Osloer Psychologieprofessors, der Brandt bei sich beschäftigen wollte, und ein Antrag auf Aufenthaltserlaubnis für ein Studium an der Osloer Universität von den zuständigen Fremdenbehörden abgelehnt worden waren,[53] musste Torp Anfang September ein drittes Mal eingreifen, um Brandts Aufenthalt zu sichern. Es kann nicht überraschen, dass Brandt, der 1937 weiteren Polizeiverhören ausgesetzt war und der sogar nach seiner „arischen Herkunft" befragt wurde, eine lang anhaltende Aversion gegen die Polizei behielt.[54]

Es war nicht leicht für den jungen Brandt, sich in der politischen Kultur Norwegens und in der für ihn neuen Arbeiterbewegung zu orientieren. Begriffe und Institutionen hatten in dem Gastland einen anderen Inhalt. Wer in den anti-monarchistischen Traditionen des wilhelminischen Kaiserreichs aufgewachsen war, hatte zunächst Probleme mit der norwegischen Monarchie. Später erzählte Brandt wiederholt die Geschichte von König Haakon VII., der der Arbeiterpartei 1928 gegen den Rat konservativer Ratgeber den Regierungsauftrag mit dem Argument erteilt hatte: „Meine Herren, ich bin auch der König der Kommunisten."[55] 1933/34 spottete nicht nur Brandt, sondern es spotteten sozialistische Emigranten in vielen Ländern über die „königliche" Norwegische Arbeiterpartei, nachdem deren Parlamentspräsident die traditionelle Formel „Gott bewahre König und Vaterland" ausgesprochen hatte. Die „NAP-Frage", d. h. die Diskussion über den Charakter der DNA, spielte zwischen 1933 und 1935 eine bedeutende Rolle in der internationalen Linken, nicht zuletzt in den 1933 zwischen Jacob Walcher und Leo Trotzki geführten Diskussionen.[56]

Norwegen war ein politisch und sozial gespaltenes Land. Auch Oslo, in Brandts Erinnerung „in gewisser Hinsicht provinziell und doch weltoffen"[57], war eine „geteilte Stadt". Brandt gehörte zu den wenigen Emigranten, die tatsächlich alle Klassengrenzen überschritten und in beiden Teilen der Stadt und in verschiedenen Gesellschaftsklassen zu Hause waren. Er wohnte bis 1937 im ärmlichen Ostteil der Stadt, nicht unweit des heutigen Zentralbahnhofs, danach in einem Neubauviertel, aber er war auch in der Arbeiterjugendgruppe „Frihet" im Westen der Stadt zu Hause. Zu seinem Bekannten- und Freundeskreis gehörten neben jungen Arbeitern auch führende Politiker, Intellektuelle, Schriftsteller und Professoren, die alle die außerordentlichen Fähigkeiten des jungen deutschen Flüchtlings erkannten. Diese breit gefächerten Kontakte kamen ihm zum Beispiel zugute, als er führende Juristen für Proteste gegen Prozesse am Berliner Volksgerichtshof gewinnen konnte. Sie sollten Brandt auch von Nutzen sein, als er 1935 damit begann, sich für die Nobelpreiskandidatur Carl von Ossietzkys zu einzusetzen.[58] Er gehörte zu den Emigranten in Norwegen, die von intellektueller Neugier gekennzeichnet waren. So besuchte er u. a. 1934 Kurse über Marxismus und Psychoanalyse bei Otto Fenichel.[59] Wilhelm Reich, gegen den in der SAP allgemein starke Vorbehalte bestanden, weckte zunehmend sein Interesse, so dass Reich schließlich 1937 zu einem Schulungstreffen für SAP-Mitglieder, die illegal aus Deutschland nach Dänemark gereist waren, eingeladen wurde.[60]

Nimmermüde Aktivität

Willy Brandts Biografen haben sich zumeist auf die „Höhepunkte" seines Exils konzentriert, wie z. B. die Aufenthalte in Berlin und Spanien und die Dramatik bei der Jugendkonferenz in Laren in Holland 1934, die fast zu seiner Auslieferung nach Deutschland geführt hätte. Der eigentliche Schwerpunkt, die tägliche Arbeit gegen das Hitler-Regime, wurde kaum beachtet oder sogar als „politische Schrebergärtnerei" abqualifiziert.[61]

Aus Willy Brandts ersten Wochen in Norwegen sind keine Korrespondenzen erhalten, während seine Tätigkeit von Sommer 1933 bis Dezember 1937 gut dokumentiert ist. Für die Zeit von Januar 1938 bis zu seiner Flucht aus Norwegen ist dagegen wiederum weniger Material erhalten.[62] Der früheste Brief Brandts aus Norwegen, der erhalten geblieben ist, stammt vom 25. Mai 1933. Er wurde also rund sechs Wochen nach seiner Ankunft in Oslo geschrieben.

Wir wissen, dass Brandt unmittelbar nach seiner Ankunft in Norwegen den außenpolitischen Redakteur des *Arbeiderbladet*, Finn Moe, aufsuchte. Moe, an der Pariser Sorbonne ausgebildet, Parteiexperte für internationale Fragen und durch seine Teilnahme an internationalen Konferenzen Kenner der SAP, öffnete umgehend die Spalten des DNA-Zentralorgans für Brandts Texte. Bereits vier Tage nach seinem Eintreffen in der norwegischen Hauptstadt erschien Brandts erster Artikel.[63] Er war der Auftakt zu einer umfassenden publizistischen Tätigkeit nicht nur im *Arbeiderbladet*, sondern auch im ausgedehnten Netz der norwegischen Arbeiterpresse, den Zeitschriften der Gewerkschaften und des Jugendverbandes der Arbeiterbewegung sowie im Theorieorgan der DNA, *Det 20. århundre*.

Brandts Arbeitskapazität schien trotz widriger äußerer Umstände[64] keine Grenzen zu kennen. Er hatte „die Fähigkeit, fast 24 Stunden unter Druck zu arbeiten"[65], was ihm ermöglichte, Parteiaufgaben zu erfüllen, Initiativen zu ergreifen, sich in einem fremden Land und einer fremden Gesellschaft zurechtzufinden und Teil der norwegischen Arbeiterbewegung zu werden. Er schuf Kontakte zur DNA-Führung und zu unterschiedlichen Organisationsebenen des Arbeiterjugendverbandes, wurde trotz fehlender akademischer Meriten Mitglied der elitären Intellektuellenorganisation *Mot Dag* (Dem Tag entgegen) und er fand Kontakt mit einfachen Partei- und Gewerkschaftsmitgliedern. Er reiste, hielt Vorträge und schrieb Artikel und Analysen. In den Frühsommer 1933 fallen die ersten größeren schriftlichen Arbeiten: eine 24-seitige Broschüre über Hitler-Deutschland, die er für die Gymnasiastenorganisation der DNA schrieb[66], ein 40-seitiger Beitrag über die „Tragödie der deutschen Arbeiterbewegung", der in einem Buch über Deutschland im Verlag der DNA erschien.[67] Dazu kamen für die Auslandszentrale der SAP allein im Jahre 1933 rund 20 „Skandinavien-Korrespondenzen" und eine

Materialsammlung über die Politik der KPD und der Kommunistischen Internationale (Komintern) in Deutschland, die im November ihren Abschluss fand. Daneben arbeitete er im Pressebüro der norwegischen Arbeiterbewegung, schrieb auch hier Artikel und vermittelte vor allem Nachrichten über die politische Entwicklung in Deutschland, über Verhaftungen und Prozesse. Der norwegische Historiker Edvard Bull hat später in seiner Geschichte Norwegens die Bedeutung der Aufklärungsarbeit Brandts hervorgehoben.[68]

Ab August war Brandt zusammen mit einem norwegischen Juristen in der Flüchtlingsbetreuung tätig. Er nahm sich durchreisender Flüchtlinge an und baute eine SAP-Zelle in Oslo auf, die ab Herbst 1933 wöchentliche Sitzungen abhielt. Er plante, einen „skandinavischen Pressedienst in norwegischer Sprache" herauszugeben, stellte einen „Gewerkschaftlichen Pressedienst" zusammen und schlug der SAP-Auslandszentrale in Paris die Herausgabe eines internationalen Jugendbulletins vor. Darüber hinaus unternahm er im Oktober 1933 eine erste Auslandsreise zum Kongress der schwedischen Arbeiterjugend.

Bei der DNA-Führung versuchte Brandt, Geldquellen zu erschließen und sie zur Finanzierung von SAP-Aktivitäten zu überreden. Dabei ging es im Sommer vor allem um einen Auftrag, den er von der SAP-Reichsleitung in Berlin erhalten hatte. Die DNA sollte für die Herausgabe einer SAP-Zeitung für Deutschland gewonnen werden, die in Norwegen produziert und von der DNA finanziert werden sollte. Das Projekt scheiterte letztlich daran, dass die Norwegische Arbeiterpartei nicht so recht von der SAP überzeugt war.[69] Dagegen gelang es Brandt mit Hilfe der DNA, ein anderes Projekt zu realisieren: den Druck von Klaus Zweilings Broschüre „Der Sieg des Faschismus in Deutschland und die Aufgaben der Arbeiterklasse".

Die übertriebenen finanziellen Erwartungen, die die SAP an die DNA hatte, erfüllten sich nicht. So stieß beispielsweise Brandts Versuch, Sammelaktionen für den Solidaritätsfond der SAP, den Ernst-Eckstein-Fonds, durchzuführen, auf den Widerstand der Norwegischen Arbeiterpartei.

Der Leiter der SAP-Exilorganisation, Jacob Walcher, fürchtete, Brandt könne sich angesichts seines Tatendrangs übernehmen. „Weniger wäre entschieden mehr", riet er und fügte hinzu: „Man kann von einem Menschen nicht alles verlangen und auch nicht erwarten, dass er schon alles weiss."[70] Dieser Tatendrang ließ auch in den folgenden Jahren nicht nach. Oslo wurde zum Zentrum der Jugendarbeit der SAP. Hier lagen die Leitung der Zentralen Auslandsstelle des SJVD und die tägliche Leitung des Internationalen Büros revolutionärer Jugendorganisationen und hier fielen für Brandt und die übrigen SAP-Jugendlichen nicht nur praktische Aufgaben an, wie z. B. die Herstellung verschiedener Zeitschriften,[71] sondern auch die Planung und Durchführung von Konferenzen, die Korrespondenz mit Jugendgruppen und die theoretische Formulierung der Jugendarbeit. In der norwegischen Hauptstadt wurden mehr Exemplare der SAP-Zeitung *Neue Front* verkauft als in irgendeinem anderen Emigrationszentrum, und zwar nicht nur an Mitemigranten, sondern vor allem an einflussreiche Norweger. Ein deutscher Diplomat, der Norwegen im Oktober 1935 bereiste, meldete nach Berlin, dass er auf fast allen Schreibtischen im Gewerkschaftshaus die Zeitung gesehen hatte.[72]

Neben den hektografierten Blättern des SJVD und des Internationalen Jugendbüros[73] in Oslo gab es auch kleine Zeitungen des Ernst-Eckstein-Fonds, deren Verkaufserlös an die Pariser SAP-Zentrale überwiesen wurde. Nach einer Übersicht für die Jahre 1935 und 1936 konnte keine SAP-Auslandsgruppe die finanziellen Leistungen der Osloer Gruppe erreichen.[74] Paris wurde nicht nur finanziell geholfen.[75] Brandt und seine Mitarbeiter stellten auch Material her, das von der Pariser Zentrale weiterverbreitet wurde.[76] Die kleine Osloer Gruppe war, wie Walcher Ende 1937 schrieb, „jahrelang [...] für uns in mehrfacher Hinsicht beispielgebend."[77] Außerdem entwickelte Brandt Ideen für Broschüren,[78] schrieb Beiträge für das sechsbändige Arbeiterlexikon, das von *Mot Dag* herausgegeben wurde, hielt Vorträge an der Arbeiterhochschule und für Jugendorganisationen,[79] wurde Vorstandsmitglied bei *Mot Dag* und Mitglied des Verlagslektorats des Fram-Verlags und beteiligte sich immer wieder an Diskussionen, die in der norwegischen Arbeiterbewegung geführt wurden. Neben Aufgaben, die er als SAP- und SJV-Mitglied übernahm, galt sein Engagement auch den Mitemigranten. Die Wohnungen Brandts wurden zur Anlaufstelle neuankommender Flüchtlinge. Er übernahm nicht nur Aufgaben in der Flüchtlingshilfsorganisation der Arbeiterbewegung *(Arbeidernes Justisfond)*, sondern wurde auch Sprecher der Emigranten gegenüber dem Vorstand des Fonds in der kritischen Situation nach Regierungsübernahme durch die Arbeiterpartei, als die DNA versuchte, den Umfang der Unterstützung und die Rechte der Exilierten zu begrenzen.[80] Als im November 1935 die erste Emigrantengemeinschaft in Oslo gebildet wurde, wurde Brandt ihr erster Vorsitzender.

Der Kampf um und gegen die Norwegische Arbeiterpartei

Natürlich hatte die norwegische Polizei Recht, wenn sie davon ausging, dass Brandt nicht an einem „wirklichen, gewöhnlichen Studium" in Norwegen interessiert war.[81] Brandt war mit einem politischen Auftrag nach Oslo gekommen, er erhielt ständig neue Aufträge und er suchte sich, getrieben von seinem politischen Engagement, zusätzliche Aufgaben. Dabei ließ er sich auch nicht durch Warnungen der Polizei stoppen. Die Aufgaben, die Brandt erhielt, verdeutlichen die unterschiedlichen Interessen der SAP-Reichsleitung in Berlin und der Auslandszentrale in Paris. Vertreter beider Führungsgremien – Jacob Walcher aus Paris und Max Köhler aus Berlin – besuchten Oslo im Sommer 1933. Walcher stolperte von Fettnäpfchen zu Fettnäpfchen. Seinen größten Fehler beging er, als er statt der Gastgeberin, der Norwegischen Arbeiterpartei, zuerst die Gruppe *Mot Dag* aufsuchte. Diese Gruppe war 1925 aus der DNA ausgeschlossen worden, seither bestand ein Unvereinbarkeitsbeschluss, und es war für DNA-Mitglieder verboten, mit *Mot Dag* in irgendeiner Form zusammenzuarbeiten. Köhler dagegen hinterließ einen positiven Eindruck bei der DNA-Führung und schien den Boden für ein gutes Verhältnis geebnet zu haben.[82] Als Köhler jedoch kurz nach seiner

Rückkehr aus Oslo am 22. August 1933 zusammen mit anderen Mitgliedern der Reichsleitung in Berlin verhaftet wurde, kam Brandt wieder stärker unter den Einfluss Walchers – und durch dessen Vermittlung auch in eine enge Verbindung zu *Mot Dag* und deren Leiter Erling Falk. So geriet Brandt im Spätsommer 1933 immer stärker in den Sog oppositioneller Strömungen innerhalb und außerhalb der DNA, die seine kritische Haltung für ihre jeweiligen eigenen Ziele ausnutzen wollten.

Brandt sah, dass sich die DNA von ihren radikalen Positionen entfernte. So wie er die Entwicklung der Partei deutete, entwickelte sie sich in eine „reformistische", „sozialdemokratische" Richtung. „Sozialdemokratie" wiederum maß er an der SPD und an der Politik, die diese Partei seit der Revolution 1918/19 verfolgt hatte, und damit an der Politik, die nach seiner Ansicht „den Weg für den Triumph des Faschismus vorbereitet" hatte.[83] Folglich konnte aus seiner Sicht nur eine revolutionäre Politik eine Wiederholung der deutschen Entwicklung in anderen Ländern verhindern.[84] Im Herbst 1933 waren die Alternativen für ihn einfach: Für die Norwegische Arbeiterpartei sah er nach einem Wahlsieg, mit dem er rechnete, folgende Möglichkeiten: Entweder könnte sie wie die dänische und die schwedische Sozialdemokratie regieren, was implizit für ihn bedeutete, eine zur Katastrophe führende Politik zu betreiben, oder aber sie könnte das Parlament „nach Hause [...] schicken und damit den Kampf um die Macht [...] eröffnen."[85]

Um die DNA von innen her für eine revolutionäre Politik zu erobern, begann Brandt, mit *Mot Dag* und dem linken oppositionellen Flügel des Arbeiterjugendverbandes der Partei *(Arbeidernes Ungdomsfylking,* AUF) konspirativ zusammenzuarbeiten. Dabei ging er davon aus, dass die entscheidenden Kämpfe um eine Spaltung der DNA „voraussichtlich in einigen Monaten" ausbrechen und „eine Neuformierung mit Kurs auf eine neue Partei auf der Tagesordnung steht".[86] Ende November 1933 ging er so weit, dass er eine Art konspirativen Arbeitsausschuss gründete, der die oppositionelle Arbeit innerhalb der Arbeiterpartei koordinieren und „systematisch daran [arbeiten sollte], einen Apparat von solchen Verbindungen für den Tag stehen zu haben, wo wir offiziell mit der NAP fertig sind."[87]

In dieser Zeit sah Brandt seine Aufgabe immer stärker darin, aktiv in die politische Entwicklung in Norwegen einzugreifen und nicht nur ausführendes Organ der SAP zu sein. Gegenüber Walcher erklärte er, dass er seine Aufgabe „zu einem wesentlichen Teil darin [sehe], aktiv in die Diskussionen einzugreifen". Müsse er „im wesentlichen passiv" bleiben, wolle er lieber nach Deutschland zurückkehren, um dort illegal zu arbeiten.[88]

Brandts Ansichten über die DNA können heute – in noch stärkerem Maße als einige seiner Beschreibungen der deutschen Situation am Ende der Weimarer Republik – nur Verwunderung auslösen. In den Monaten vor dem AUF-Kongress im Mai 1934 steigerte er sich in Schlagworte, Phrasen und Übertreibungen hinein, die sich nicht sonderlich von der Niveaulosigkeit der Kommunisten unterschieden. Er glaubte, in der Arbeiterpartei „Kapitulationstendenzen" und bei „fast allen kleineren und größeren Bonzen" die Überzeugung zu entdecken, „daß der Faschismus im nächsten Jahr auch in Norwegen regieren wird".[89] Bei „Typen vom Schlage Finn Moes" stellte er fest, „daß sie faschistische Ideologie in die Bewegung hineintragen".[90] Über einen Manifestentwurf für den AUF-Kongress urteilte er, dass er „ohne Übertreibung 50–80 Prozent faschistisch" sei.[91]

Es gehört nicht viel Phantasie dazu sich vorzustellen, dass Brandts konspirative Arbeit zu schweren Konflikten mit der DNA und dem Jugendverband führen musste. Sie erreichten ihren Höhepunkt in einem dramatischen Gespräch mit Oscar Torp und während des AUF-Kongresses 1934. Der Antrag, Brandt zum Kongress als Gastdelegierten zuzulassen, wurde mit 102 gegen 63 Stimmen abgelehnt, nachdem die Arbeit der mit ihm verbundenen Oppositionsvertreter als „Spionage" und „Wühlarbeit"[92] und Brandt selbst als „Spion" und „Fraktionsschieber"[93] verurteilt worden waren. Brandt musste sich und Walcher nun fragen, wie es in Norwegen weitergehen solle: „Die entscheidende Frage ist jetzt die: Ist es wichtiger, mit Mot Dag Verbindung zu halten, selbst auf die Gefahr des baldigen Hinauswurfs aus der NAP (was eine entscheidende Schwächung der

Leitung der Fraktion bedeutet), oder soll ich mich ganz auf die Arbeit in der NAP einstellen?"[94]

Brandt musste sich, da Walcher keinen Rat wusste, auf sich selbst besinnen. Dabei half ihm, dass er in dieser Zeit auch die Entdeckung machte, dass seine politischen Kontrahenten zwischen Person und Politik zu unterscheiden wussten. Das war eine neue Erfahrung für einen jungen Mann, dessen Erfahrungshintergrund die politische „Kultur" in der Schlussphase der Weimarer Republik war. DNA-Politiker wie Oscar Torp, Finn Moe und andere waren zur Stelle, wenn es wirklich brenzlig wurde. Er hatte miterlebt, dass Torp mehrfach Verbindung mit der Fremdenpolizei *(Centralpasskontoret)* aufgenommen hatte, um Brandts Ausweisung abzuwenden. Finn Moe half ihm während einer Konferenz in Laren in Holland im Februar 1934 und verhinderte seine Auslieferung nach Deutschland durch die holländische Polizei.[95] Die Arbeiterpartei, das *Arbeiderbladet* und Martin Tranmæl sowie das AUF-Organ *Arbeider-Ungdommen* gaben ihm trotz aller Differenzen nach wie vor Gelegenheit, Artikel über Nazideutschland zu publizieren. Er wurde weiterhin zu Vorträgen in Partei-, Jugend- und Gewerkschaftsgruppen eingeladen und konnte dort über die Verhältnisse in Hitlers „Drittem Reich" informieren. Die Partei und der Gewerkschaftsbund unterstützten ideell und finanziell die illegale Arbeit der SAP – wenngleich nicht in dem Umfang, den die SAP-Führung erwartet hatte. Vergleicht man diese Unterstützung jedoch mit der in anderen Exilländern, kann sie nur als umfassend bezeichnet werden.

Hinter dem abenteuerlich anmutenden Versuch, die DNA von innen heraus für eine revolutionäre Politik zu erobern, stand Jacob Walcher, der nach Verhaftung der alten Berliner Reichsleitung zur zentralen Figur der SAP aufstieg. Aber es gibt auch eine andere Erklärung für Brandts politische Arbeit in dieser Zeit, nämlich die, dass der Emigrant Brandt nur dann als Politiker, Schriftsteller und Mensch verstanden werden kann, „wenn er zugleich auch als *Antifaschist* begriffen wird".[96] Sein antifaschistisches Engagement kann als grundlegend für sein Denken und Handeln bezeichnet werden. Für ihn war wichtig, die Lehren der deutschen Niederlage – so wie er sie sah – an die norwegische Arbeiterbewegung weiterzuvermitteln, um diese vor dem Schicksal der deutschen zu bewahren. Sollte das gelingen, so musste die Arbeiterpartei von einem Kurs abgebracht werden, der als verhängnisvoll angesehen wurde und der nach Brandts Ansicht zum Faschismus führen würde.

Brandts Ansichten über die Entwicklung in Norwegen zeigten, dass bei ihm 1933/34 nicht von einer ernsthaften Faschismusanalyse gesprochen werden kann. Auch seine Betrachtungen über den „deutschen Faschismus" waren nicht weiter originell, was von einem 19-Jährigen auch nicht verlangt werden konnte. In Publikationen des Jahres 1933 stützte er sich teilweise auf Texte führender SAP-Mitglieder, ohne jedoch deren Argumentation vollständig wiederzugeben.[97] Er machte SPD und KPD für den Sieg des Nationalsozialismus verantwortlich und bezeichnete den Nationalsozialismus als einen „Lakaien" des Kapitalismus. Noch 1937 sah er in der Hitler-Regierung nur „Marionetten" in den Händen der Kapitalisten.[98] Bemerkenswert dagegen war jedoch, dass Brandt erstens zu den wenigen gehörte, die mit einer langen Phase nationalsozialistischer Herrschaft in Deutschland rechneten und dass er zweitens immer wieder die Bedeutung der Jugend in der faschistischen Bewegung unterstrich und sogar den deutschen Faschismus als Jugendbewegung charakterisierte.[99]

Regierungsbildung der Norwegischen Arbeiterpartei

Die Politik und die Entwicklung der DNA, die in der SAP 1935 noch immer diskutiert wurde, begann Brandt in dieser Phase zwar noch nicht zu prägen, aber doch zu beeinflussen. Im Februar 1935 teilte er der SAP-Auslandszentrale mit, dass die Idee einer Spaltung der Norwegischen Arbeiterpartei „indiskutabel" und es notwendig sei, sich von *Mot Dag*, die er nun als Gruppe mit arroganten Allüren und schulmeisterlichen Haltungen bezeichnete, zu distanzieren.[100] Bei seiner zweiten Parisreise im März 1935 wurde ihm von einem älteren SAP-Genossen fehlende Prinzipienfestigkeit vorgeworfen. Er musste sich entgegenhalten lassen, dass er die DNA „im Rucksack" habe.[101]

Brandt hatte in Paris auch erklärt, dass man von der DNA eine Regierungsübernahme verlangen müsse und ihre Pläne zur Bekämpfung der Wirtschaftskrise nicht nur negativ beurteilen dürfe. Als die Arbeiterpartei im Frühjahr 1935 tatsächlich eine Regierung bildete und dabei Kompromisse mit der Bauernpartei einging, meinte Brandt, dass „die Geschichte weit über den skand[inavischen] Rahmen hinaus Interesse hat". Er schrieb einen längeren Artikel, der offenbar verloren gegangen ist.[102] Die Haupttendenz dieses Artikels geht jedoch aus Walchers Reaktion darauf hervor. Brandts Beitrag wurde als „zu unkritisch und zu positiv" abgelehnt. Auf Brandts Feststellung, dass er „glaube, dass die Regierung verschiedene Vorteile für die Arbeiter und Bauern bringen kann", reagierte Walcher mit der Frage: „Glaubt Ihr wirklich, dass im Rahmen der kapitalistischen Gesellschaft und mit nur parlamentarischen Mitteln heute noch eine solche Reformpolitik möglich ist?" In Walchers Augen war die Regierungsbildung möglicherweise sogar eine „Etappe auf dem Weg zum Faschismus". Nötig seien hingegen Maßnahmen, die den „Klassenstaat" mit eiserner Faust zerstörten und die Diktatur des Proletariats in Norwegen errichteten.[103] Brandt kam Walchers Aufforderung, sich „prinzipiell auf einen anderen Boden zu stellen", nicht nach. Er schrieb zwar einen neuen Artikel[104], in dem er weiterhin die Regierungsübernahme verteidigte, wenngleich mit vielen Vorbehalten und „bestenfalls" als Schritt, der die Bedingungen für die „wirkliche Machtübernahme" verbessern könnte. Weder übernahm er Walchers düstere Perspektiven noch forderte er „despotische Eingriffe" mit „eiserner Faust". Brandts Artikel führte zu einem Proteststurm in der gesamten SAP und in zahlreichen anderen linkssozialistischen Gruppen.[105]

Der Artikel führte nicht nur zu einer Trennung Brandts von Erling Falk und *Mot Dag*, sondern auch zu einem neuen Verhältnis zu Jacob Walcher. Er war ein erster Schritt weg von dogmatischen Positionen und eine Annäherung an die Prinzipien des demokratischen Parlamentarismus. Das bedeutete weder, den neuen Kurs der DNA zu akzeptieren, noch, dass die Zeit der Konfrontation mit der Partei und dem Jugendverband vorbei war.[106] Noch im Frühjahr 1936 arbeitete er zusammen mit anderen Oppositionellen an einer umfassenden politischen Plattform für den linken AUF-Flügel.[107] Auf Dauer zeigte sich jedoch, dass es unmöglich war, einen linken Flügel herauszubilden. Dazu war der Einheitsgedanke innerhalb der norwegischen Arbeiterbewegung zu stark, die in vieler Hinsicht vom Trauma der Spaltung von 1923 geprägt war.

Brandts Spaltungsversuche und seine Zusammenstöße mit der Parteiführung belasteten das Verhältnis der Norwegischen Arbeiterpartei zu den Emigranten noch bis 1937.[108] Aber weder er noch seine Lübecker Jugendfreundin Gertrud Meyer, die im Sommer 1933 nach Oslo kam, wurden mit der deutschen Arbeiterbewegung, die in Norwegen wegen ihrer kampflosen Niederlage völlig ihr Prestige verloren hatte, identifiziert. So wurde Brandt nie zur Persona non grata in der Arbeiterbewegung, denn sein glühendes Engagement überzeugte trotz seiner Einmischungen in die Politik der Arbeiterpartei. Dass er die DNA davon überzeugen konnte, die Kandidatur des in deutschen Konzentrationslagern internierten Ossietzky für den Friedensnobelpreis zu unterstützen, ist hierfür ein deutlicher Beweis. Hilde Walter, die die Ossietzky-Kampagne in Paris koordinierte, schrieb über Brandts Arbeit zu Gunsten Ossietzkys in Norwegen: „Ich glaube auch, dass Willy etwas Besonderes war, was es nicht so bald noch einmal gibt. [...] ich glaube, dass Willy wirklich in seiner Art etwas Geniales war."[109]

Jugendarbeit

Brandt machte sich trotz seiner Jugend bereits im Sommer 1933 mit konstruktiven Vorschlägen für die organisatorische Arbeit der SAP bemerkbar,[110] doch galt sein Hauptinteresse innerhalb der Partei der Jugendarbeit. Schon als Schüler hatte er erkannt, dass sich Jugendliche in einer Zeit hoher Arbeitslosigkeit ohne Perspektiven vom Nationalsozialismus faszinieren und ihre Begeisterungsfähigkeit missbrauchen ließen.[111] Seinen norwegischen Lesern machte er klar, dass der Nationalsozialismus nach seinem Verständnis von der sozialen Basis her eine Jugendbewegung war und dass die Jugend, die nach dem Zusammenbruch der kapitalistischen Wirtschaftsordnung in der Weltwirtschaftskrise, dem Zusammenbruch kultureller Werte und politischer Bindungen sowie auf Grund der eigenen Hoffnungslosigkeit in Hitler ihre Rettung sah, „aus einer revolutionären Haltung heraus [...] in die konterrevolutionäre Front geraten" war.[112]

In der SAP wies Brandt die ältere Parteigeneration, die weiterhin mit den Grabenkämpfen der Weimarer Republik beschäftigt war, auf die Notwendigkeit der Jugendarbeit hin. Er erinnerte sie daran, dass man nicht über Deutschland reden könnte, ohne die Jugendfrage zu behandeln.[113] Bei seinem ersten Auftritt auf einer SAP-Konferenz erklärte er im März 1934 in Paris: „Die grosse Bedeutung der Jugend für den kommenden Kampf, die Gefährlichkeit der faschistischen Jugendbearbeitung, Arbeitsdienst usw. machen eine intensive Bearbeitung der Jugend notwendig, die aber anders erfolgen muss als bei den Älteren."[114] Brandt fürchtete, dass man „nach einig[en] Jahren Fasch[ismus]" einer Jugend ohne sozialistische oder marxistische Voraussetzungen gegenüberstehen würde. Gerade weil die SAP in Bezug auf die Herrschaftsdauer des Nationalsozialismus realistischere Perspektiven als die SPD und KPD habe, sei es wichtig, aus diesen Perspektiven die Konsequenzen zu ziehen und der Jugendarbeit den richtigen Stellenwert zu geben, würde doch die Jugend bei der Regenerierung der Arbeiterbewegung nach dem Ende des Nationalsozialismus eine wichtige Rolle spielen.[115] In der Auslandszentrale der SAP stieß Brandts Engagement nur auf mäßiges Interesse.[116] Im März 1935, bei seiner zweiten Parisreise, erinnerte er daran, dass die Jugendarbeit nötiger denn je sei: „Der Faschismus macht planmässig Jugendpolitik, um die heranwachsende Generation von den Traditionen der Arbeiterbewegung abzuschneiden. Wenn ihm das bei der deutschen Klassenstruktur auch nie restlos gelingen wird, so besteht doch eine grosse reale Gefahr. Je länger unsere Perspektive, desto wichtiger ist die Jugendarbeit."[117]

Auf Grund der Erfahrungen seines illegalen Aufenthaltes 1936 in Berlin sah er sich erneut gezwungen, die Bedeutung der Jugendfrage zu unterstreichen: Die Jugendarbeit sei aus zwei Gründen wichtig.

Durch sie könne die SAP „den notwendigen Nachschub der jüngeren Jahrgänge" sichern. Außerdem versuche das NS-Regime, seine Politik auf diese Jahrgänge einzustellen, um sie in der Zukunft fest im Griff zu haben. Da die Nationalsozialisten am Generationenkonflikt ein besonderes Interesse hätten, richtete er einen Appell an die älteren Arbeiter, ein positives Verhältnis zur Jugend in den Betrieben zu entwickeln.[118] Anfang 1937 erklärte Brandt auf der Parteikonferenz der SAP „[...] die planmässige Betriebsarbeit leidet sehr unter der Jugendlichkeit unserer Freunde. Das Gros unserer Mitgliedschaft steht im Alter bis zu 25 Jahren. Fast alle Funktionäre sind um 20 Jahre herum alt. Würde der Jugendarbeit mehr Aufmerksamkeit geschenkt werden, könnte Wertvolles geleistet werden."[119]

Die Zentrale Auslandsstelle des SJV – weit mehr als „das Ein-Mann-Büro Brandts"[120] – entwickelte sich zur treibenden Kraft in der Jugendarbeit der SAP. Hier wurden unter Brandts Leitung die Zeitschrift *Jugend-Korrespondenz* und Schulungsmaterial hergestellt, die internationale Korrespondenz geführt und Tagungen und Konferenzen vorbereitet. Ab 1935 wurden in Oslo unter schwierigen Bedingungen[121] Sondernummern der Jugendzeitschrift *Kampfbereit* hergestellt, die über die SAP-Grenzstellen oder durch Kuriere nach Deutschland geschmuggelt wurden. *Kampfbereit* nahm kritisch Stellung zum Reichsarbeitsdienst, zum Reichsberufswettkampf und zur Militarisierung Deutschlands und informierte über politische Fragen wie beispielsweise die Einheitsfrontverhandlungen zwischen SJV und KJV. Brandt sah in diesem Material „die einzige Möglichkeit, die Jugendarbeit wieder so aufzubauen, dass sie wirklich Kontakt mit den drinnen stehenden Aufgaben bekommt".[122]

Es ist schwer abzuschätzen, welche Verbreitung und Wirkung das Material tatsächlich hatte. Brandt selbst meinte 1982, dass es geholfen habe, den inneren Zusammenhalt zu stärken und dazu beizutragen, „in einer tiefdeprimierenden Zeit" geistig und menschlich zu überleben.[123] Ein Gestapo-Bericht aus dem Jahre 1937 zeigt, dass das in Oslo hergestellte Material offenbar doch nicht ohne Wirkung geblieben war. Dort hieß es, die Gefährlichkeit der SAP bestünde darin, dass sie einen großen Anteil intelligenter Leute in ihren Rei-

hen habe und diese auf Grund ihrer im Durchschnitt guten Stellungen und wegen ihrer Nachrichtenherausgabe gefährlich seien. „Außerdem ist es die einzige Partei, bei der immer wieder festzustellen ist, dass sich ihre Mitglieder dauernd weiterschulen."[124]
Dennoch war die SAP zu schwach, um ein Gegengewicht zu der umfassenden Beeinflussung der Jugend durch die Nationalsozialisten sein zu können. Die Jugendlichen blieben eine wesentliche Stütze, ja sogar eine Massenbasis des NS-Regimes.[125] Die Erfahrungen, die Brandt 1936 in Berlin gesammelt hatte, lehrten ihn auch, dass man nicht wusste, wie man die breite Masse der Jugendlichen im „Dritten Reich" ansprechen und ihre tatsächlich bestehenden Probleme kennen lernen sollte. „Wir haben gemeint, wir könnten etwas erreichen, indem wir ihnen ein besseres Leben vorlebten. Der neue Typus der Arbeiterjugendorganisation muss viel breiter sein, als es sowohl SAJ, KJV wie SJV in Deutschland waren." Der neue Typus der Jugendorganisation, mit „neuen Formen der Geselligkeit", in der die Jugend so genommen werden sollte, wie sie ist,[126] orientierte sich am Muster der norwegischen Arbeiterjugend.

Zweite Phase: Parteiaufträge in Berlin und Spanien

Die zweite Phase des Exils von Willy Brandt bilden der illegale Aufenthalt in Berlin im Herbst 1936 und der fast unmittelbar nachfolgende Aufenthalt in Spanien im ersten Halbjahr 1937. Diese elf Monate waren voller Dramatik und Spannung. Zwischen Berlin und Spanien lag eine deprimierende Parteikonferenz der SAP in Mährisch-Ostrau, die so genannte Kattowitzer Konferenz, die von politischen und persönlichen Konflikten geprägt war[127] sowie danach eine kurze Zwischenstation Brandts in Oslo. Spanien war seit 1936 nicht nur vom Bürgerkrieg heimgesucht, sondern auch von schweren Auseinandersetzungen innerhalb des republikanischen Spaniens sowie zwischen Kommunisten und Sozialisten. Trotz aller Widrigkeiten fand Brandt während beider Auslandsaufenthalte Zeit zur Reflexion über den Nationalsozialismus, das Leben unter der Diktatur, den Kommunismus, die Volksfront und den politischen Standort der SAP.

Der Spanische Bürgerkrieg war für Brandt – ebenso wie für viele andere deutsche und italienische Emigranten – „die erste offene Schlacht gegen den internationalen Faschismus [...]. Sie ist ein Vorgefecht in der grossen, unweigerlich herannahenden Weltauseinandersetzung zwischen Fortschritt und Reaktion, zwischen Faschismus und Sozialismus."[128] Spanien war auch eine Konfrontation mit den Schrecken und Grausamkeiten eines Krieges, den beide Seiten mit brutalen Mitteln führten.

Illegale Arbeit in Berlin

Mitte August 1936 erhielt Brandt aus Paris die Mitteilung, dass die dortige Auslandszentrale Pläne habe, eine qualifizierte Kraft zur illegalen Arbeit nach Berlin zu senden.[129] Brandt hatte wegen seines Bekanntheitsgrades und wegen seiner fehlenden Erfahrung in illegaler Arbeit zwar Einwände dagegen, einen solchen Auftrag zu übernehmen, akzeptierte ihn aber und begann, obwohl es sich zunächst um eine vorläufige Anfrage handelte, umgehend mit den Vorbereitungen. Dazu gehörte die Beschaffung guter Reisepapiere und die Annahme der Identität eines anderen: Aus Willy Brandt wurde der norwegische Student Gunnar Gaasland. Gaasland, Mitglied der Gruppe *Mot Dag*, hatte sich bereits früher für ein Engagement außerhalb der Legalität zur Verfügung gestellt, als er mit Brandts Lebensgefährtin Gertrud Meyer eine Scheinehe eingegangen war.[130]

Der genaue Zeitraum des Aufenthalts in „Metro" – so lautete der SAP-interne Codename für Berlin – lässt sich nicht exakt feststellen. Brandt verließ Oslo um den 20. September und traf wahrscheinlich Anfang Oktober in Berlin ein. Um die Qualität seines gefälschten Passes von Gaasland zu prüfen, vermied er nicht wie sonst Deutschland, sondern legte den Reiseweg über Lübeck und Berlin nach Paris, wo er die letzten Instruktionen für die Tätigkeit in Berlin erhalten sollte. Der Test des gefälschten Passes und der geliehenen Identität fielen positiv aus, weniger erfreulich waren die inneren Konflikte in der Parteiführung in Paris, die „alles andere als eine ermutigende Vorbereitung" auf seine gefährliche Aufgabe waren.[131]

Brandts Auftrag in Berlin bestand darin, die Reste der SAP politisch zu betreuen, sie über die in der Emigration geführten Diskussionen zu informieren, die Berliner SAP-Mitglieder auf die kommende Parteikonferenz der SAP vorzubereiten und ihre Ansichten nach Paris zu übermitteln. All dies konnte nur in konspirativen Formen geschehen. Weil die Kontakte auf „eingeschworene politische Freunde" begrenzt bleiben mussten, waren den Informationsmöglichkeiten über die Zustände und die Stimmung in Berlin Grenzen gesetzt. Außer einem längeren Brief von Ende November 1936[132] und seinem Bericht über „Metro" während der Parteikonferenz im Mährisch-Ostrau[133] sind keine weiteren Berichte von ihm aus Berlin überliefert.

Die Berichte Brandts deuten auf ein relativ hohes Aktivitätsniveau der illegal arbeitenden SAP-Kader, Ansätze einer wachsenden Opposition gegen das NS-Regime und eine relativ hohe Kriegserwartung innerhalb der deutschen Bevölkerung auf Grund der deutsch-französischen Spannungen und der Wirtschaftslage in Deutschland. Zwei Erfahrungen überraschten ihn: Er stellte fest, dass man in der Illegalität einen Teil der alten Grenzen zwischen den linken Parteien und Gruppen abgebaut hatte, dass die KPD trotz aller Rückschläge von der Bevölkerung offenbar als die stärkste antifaschistische Kraft aufgefasst wurde[134] und man mit einem baldigen Krieg rechnete. Wichtiger aber war, dass Brandt trotz aller Einschränkungen, die ihm die Rolle des „Gunnar Gaasland" auferlegte, eigene Erfahrungen über das Leben und den Alltag im nationalsozialistischen Deutschland sammeln konnte. Dies vermittelte ihm einen Erfahrungshintergrund, der den übrigen führenden SAP-Politikern fehlte. Er stellte fest, dass für die Menschen im nationalsozialistischen Deutschland „das Leben nicht aus ‚Ismen' besteht, sondern aus Essen, Schlafen, Fußballspielen, Kanarienvögeln, Schrebergarten und anderen schönen Dingen".[135] Als „norwegischer Student" getarnt erhielt er die Möglichkeit, sich in der Berliner Staatsbibliothek mit der NS-Literatur vertraut zu machen, als Vertreter der SAP traf er ungefähr 20 verbliebene aktive Mitglieder der illegalen SAP, die zu diesem Zeitpunkt noch

200 Mitglieder und etwa die gleiche Anzahl Anhänger in der Reichshauptstadt hatte.[136]

Parteivertreter in Spanien

Als im Sommer 1936 in Spanien einige Generäle mit Franco an der Spitze gegen die demokratisch gewählte republikanische Regierung rebellierten und diese Rebellen zunächst von Mussolini und bald danach auch von Hitler massiv unterstützt wurden, betrachteten die antifaschistischen Kräfte in Europa den Kampf, der in Spanien vor sich ging, als eine Auseinandersetzung zwischen den Kräften der Demokratie und denen des Faschismus. Die deutschen Emigranten sahen hier eine Möglichkeit, gegen den Faschismus und gegen Hitler-Deutschland zu kämpfen. Zugleich übertrug sich jedoch die ideologische Spaltung des linken Exils auch auf Spanien. Die SAP geriet dabei zwischen Baum und Borke. Sie musste einerseits ihren internationalen Partner in Spanien, die linkssozialistische Arbeiterpartei der marxistischen Einheit (POUM), gegen die Angriffe der Kommunisten verteidigen, andererseits teilte sie jedoch nicht die Auffassungen der POUM über die Strategie im Bürgerkrieg und die ablehnende Haltung gegenüber dem Bündnis von Sozialisten, bürgerlichen Linken und Kommunisten in der Volksfront. Innerhalb der SAP entwickelten sich unterschiedliche Auffassungen zu diesen Fragen, die zur inneren Spaltung der Partei und auch des Internationalen Büros revolutionärer Jugendorganisationen beitrugen.

Kaum aus Berlin und Mährisch-Ostrau zurückgekehrt, erreichte Brandt in den ersten Februartagen des Jahres 1937 ein Schreiben der SAP-Auslandszentrale, in dem er den Auftrag erhielt, für eine begrenzte Zeit als Vertreter des SJV nach Barcelona zu fahren.[137] Diese Funktion wurde während seines Aufenthalts erweitert, denn in einer späteren Übersicht der SAP wird er als Leiter der deutschen Sektion der POUM bezeichnet.[138] Bei dem Bekanntheitsgrad, den Brandt inzwischen in Norwegen erreicht hatte, und besonders angesichts der ihn betreffenden Nachforschungen und seiner Verhöre durch die Polizei, die er nach der Rückkehr aus Berlin über sich ergehen lassen musste,[139] war es notwendig, eine gute Begründung für seine erneute Abwesenheit zu finden. So entstand, als er sich Mitte Februar 1937 auf den Weg nach Paris und von dort weiter nach Spanien machte, trotz des eindeutigen Parteiauftrages die Legende von seiner Tätigkeit als Pressekorrespondent in Spanien, an der Brandt auch persönlich festgehalten hat.[140]

Über Brandts Zeit in Spanien gibt es verhältnismäßig wenig Quellen, was Anlass für Spekulationen und Verleumdungen war. In den ersten vier Wochen fühlte er sich offenbar auf recht verlorenem Posten. In Schreiben an die Parteileitung und die Zentralleitung des SJV klagte er darüber, dass die politischen, persönlichen und materiellen Verhältnisse unhaltbar seien, er völlig ohne Geld dastehe und befürchte, dass seine Post unterschlagen werde.[141] Noch nicht einmal eine eigene Schreibmaschine stünde zur Verfügung.[142]

Das hinderte Brandt jedoch nicht, seinen Auftrag auszuführen, der in erster Linie darin bestand, die Standpunkte der Parteiführung unter den SAP-Mitgliedern, die sich als Freiwillige auf republikanischer Seite gemeldet hatten und die stark von den Auffassungen der POUM geprägt waren, durchzusetzen. Diese Bemühungen richteten sich nicht zuletzt gegen Peter Blachstein, der in Oslo gemeinsam mit Brandt in der Jugendarbeit tätig gewesen war und der, als das Internationale Jugendbüro von Oslo nach Barcelona verlegt wurde, als SJV-Vertreter nach Spanien delegiert worden war. Es gelang Brandt, Blachstein aus dem Büro zu entfernen, doch war im Ergebnis für den SJV und die SAP nicht mehr viel zu retten. Der neue Generalsekretär des Büros, Solano, warf dem SJV vor, nicht nur eine „reformistische" und „zweideutige" Politik zu führen, sondern wegen seines Eintretens für die Volksfront „konterrevolutionär" zu sein.[143]

Brandt geriet schnell zwischen die meisten Stühle. Auf der einen Seite vergiftete die Trotzkistenjagd der Kominternparteien die Atmosphäre. So wurde nicht nur die POUM zu Unrecht beschuldigt, „trotzkistisch" zu sein, sondern auch deren Schwesterpartei, die SAP. Auf der anderen Seite wurde die SAP wegen ihrer Beteiligung an der Volksfrontpolitik von der POUM und den Parteien des Internationalen Büros für revolutionäre sozialistische Einheit, dem so genannten Londoner Büros, angegriffen.[144] Die SAP ihrerseits kritisierte die POUM wegen ihrer Strategie und Taktik im Spanischen Bürgerkrieg. Hinzu kamen die SAP-internen Auseinandersetzungen nach der „Kattowitzer Konferenz", die zu Abspaltungen und zur Gründung der Gruppe „Neuer Weg" führten, der sich auch Blachstein anschloss. Während die SAP und Brandt sich öffentlich mit der POUM solidarisierten und sie gegen die völlig unberechtigten Angriffe der Kommunisten verteidigten, übte er zugleich aber auch Kritik an der spanischen Partei.[145] Er kritisierte die sowjetische Führung, die politische Bedingungen an ihre Hilfe für das republikanische Spanien knüpfte und kein Mittel scheute, ein „Führungsmonopol" durchzusetzen, um Spanien zu einer „kommunistischen Parteidiktatur" zu entwickeln: „Diese Methoden drohen die ganze internationale Arbeiterbewegung erneut zu vergiften und zurückzuwerfen, sie drohen die Ansätze der Einheitsentwicklung in einen Scherbenhaufen zu verwandeln."[146] In Paris sprach Brandt im Juli 1937 während einer Sitzung der SAP-Parteileitung von der „wahnwitzigen Zielsetzung der Komintern, alle Kräfte zu vernichten, die sich ihr nicht gleichschalten wollen. [...] Es geht darum, ob es zugelassen werden soll, dass die Träger einer anderen Auffassung, dass revolutionäre Arbeiter mit den Mitteln der Fälschung, der gemeinsten Verleumdung, der Lüge, des Terrors ausgerottet werden sollen".[147]

Brandt war sich darüber im Klaren, dass es problematisch war, die POUM in einer Zeit schwerster Verfolgungen[148] zu kritisieren, meinte aber, dass es innerhalb der SAP seine Pflicht war, offen über die „verhängnisvollen Fehler" der spanischen Partei zu sprechen, da die POUM „in den letzten Monaten in fast jeder praktischen Frage eine falsche Position einnahm", teils „extrem linke Fehler" beginge, sich aber auch opportunistisch verhielte, den Charakter des Kriegs nicht richtig einschätze und eine falsche Einheitspolitik führe.

Da Brandt die Schwesterpartei der POUM in Spanien vertrat, war auch er zahlreichen Angriffen ausgesetzt, die vor und während des Zweiten Weltkrieges von den Kommunisten gegen ihn gerichtet wurden.[149] Auf der anderen Seite gerieten die SAP und Brandt wegen ihres Festhaltens an der Volksfront bei der POUM und ihren Freunden in den Verdacht, stalinistische Positionen zu vertreten.[150] Schon früh wurde er beschuldigt, für die Verhaftung von POUM-Anhängern durch die Kommunisten mitverantwortlich zu sein, doch wurde er in einer Untersuchung, die das „Londoner Büro" im August 1937 in seiner Anwesenheit durchführte, „freigesprochen".[151]

Die Haltung der Westmächte, die während des Bürgerkrieges eine Politik der Nichteinmischung verfolgten und damit letztlich das demokratische Spanien im Stich ließen, nährte Brandts Skepsis an den politischen Zielen der englischen und französischen Regierungen. Diese Skepsis verstärkte sich auf Grund der Nachgiebigkeit dieser Regierungen gegenüber Hitler-Deutschland während der Krise um die Tschechoslowakei 1938. Hier liegt eine Erklärung für Brandts auch während des schwedischen Exils immer wieder geäußerten Vorbehalte gegenüber den Westmächten.

Dritte Phase: Sozialistische Konzentration gegen Hitler und Stalin

Die Reflexionen aus der Berliner und der spanischen Zeit prägen die dritte Phase, die nach seiner Rückkehr aus Spanien, d. h. im August 1937, begann und die mit dem deutschen Überfall auf Norwegen am 9. April 1940 und schließlich mit seiner Flucht nach Schweden Ende Juni 1940 endete. In dieser Zeit wurde Brandt ein Bestandteil der norwegischen Arbeiterbewegung. Zugleich wuchs seine Bedeutung in einer bereits von Auflösungstendenzen geprägten SAP, die sich politisch neu zu orientieren versuchte. Mit Teilen der Osloer SAP-Gruppe geriet Brandt in Konflikt. Die Partei, die ihn 1934 kritisiert hatte, vom Reformismus und von parlamentarischen Illusionen infiziert zu sein, und die ihn 1937 nicht in die neue Parteileitung wählen wollte, entschied sich 1939 – im Kriegsfall – für Oslo als SAP-Zentrale und für Brandt als „Federführenden".[152] Brandts Konflikte mit Teilen der Osloer SAP-Gruppe führten zu seinem verstärkten Engagement in der norwegischen Arbeiterbewegung. Seinen eigenen Genossen teilte er mit, dass er „Wichtigeres" zu tun habe, als sich noch „weitere Monate mit übler Misssucht und Osloer Emigrationsintrigen herumzuschlagen".[153]

Willy Brandt in den Jahren seines Exils in Norwegen.

Brandt wurde in dieser Phase zunehmend ein international denkender und agierender Politiker. *International* galt sein Interesse den Versuchen, die Spaltung der Arbeiterbewegung und Anti-Hitler-Bewegung zu überwinden. Dies bedeutete, dass er sich trotz seiner vehementen Kritik an der Spanien-Politik der Sowjetunion und an den Moskauer Schauprozessen zwar weiterhin für die Volksfront engagierte und in der praktischen, gruppenübergreifenden Volksfrontarbeit in Skandinavien ein Erfolgsrezept für die Parteileitung in Paris sah, aber er entschied sich prinzipiell für ein Bündnis mit den linken sozialdemokratischen Kräften, was eine Abkehr vom „Londoner Büro" bedeutete.[154]

In diese dritte Phase fielen auch mehrere Ereignisse, die Brandts Privatleben berührten: Im September 1938 wurde ihm vom „Dritten Reich" durch Ausbürgerung die deutsche Staatsbürgerschaft entzogen.[155] Als sich der staatenlose Brandt „nach sorgfältiger Überlegung" um die norwegische Staatsbürgerschaft bemühte,[156] erfuhr er, dass er eine der Mindestanforderungen, regelmäßig Steuern zu zahlen, nicht erfüllt hatte. Ende Juni 1939 wurde deshalb sein Antrag zurückgestellt.[157] Er erhielt jedoch eine permanente Aufenthaltsgenehmigung. Brandt wurde Mitarbeiter der humanitären Spanienhilfe und nach Ausbruch des finnisch-sowjetischen Winterkrieges im Dezember 1939 Sekretär der norwegischen Volkshilfe. Damit erhielt er erstmals während seines Norwegen-Aufenthaltes eine feste Arbeit. Die dritte große Veränderung brachte im privaten Bereich die Trennung von Gertrud Meyer. Durch seine neue Lebenspartnerin Carlota Thorkildsen[158], die er 1941 im schwedischen Exil heiratete, vertieften sich seine Beziehungen zu Norwegen.

Teil der norwegischen Arbeiterbewegung

Der 1935 von der SAP prognostizierte Vertrauensverlust der Norwegischen Arbeiterpartei war nicht eingetroffen. Die vorsichtige Reformpolitik der Minderheitsregierung von Johan Nygaardsvold wurde von den Wählern honoriert, und bei den Parlamentswahlen im Oktober 1936 hatte die DNA über 100 000 neue Wähler gewonnen, was 42,6 % der abgegebenen Stimmen entsprach. Bei den Gemeindewahlen im Herbst 1937 waren es sogar 45,6 %. Die noch 1933 und 1934 beschworene faschistische Gefahr war in der zweiten Hälfte der 1930er Jahre gebannt. Der Faschismus hatte weder in den Städten noch auf dem Lande, weder unter den Jugendlichen noch unter den deklassierten Schichten Anhänger gefunden. Die DNA war zu einer breiten Volksbewegung geworden, die überwiegende Mehrheit der Gruppe *Mot Dag* war der Partei beigetreten. Selbst die inzwischen völlig bedeutungslose KP begann im Sommer 1937, Gespräche über eine Fusion mit der omnipotenten DNA zu führen. Das Ziel der DNA war, wie der Parteitheoretiker und Mitautor des Programms zur Bekämpfung der Wirtschaftskrise, Ole Colbjørnsen, erklärte, „nicht ein kommunistischer oder russisch-marxistischer Proletensozialismus, sondern ein volkstümlicher demokratischer Sozialismus mit Verankerung in norwegischer Wesensart und norwegischen Traditionen."[159]

Brandts Korrespondenzen aus der Zeit nach der Regierungsbildung enthalten kaum Aussagen über die Politik der DNA. Deren Erfolge müssen ihn fasziniert haben, denn fünf Monate nach seiner Rückkehr aus Spanien teilte er der SAP-Führung in Paris eine gegenüber 1933/34 stark revidierte Auffassung über die norwegische Arbeiterbewegung mit. Die Norwegische Arbeiterpartei, schrieb er Ende Dezember 1937, „treibt die fortschrittlichste Politik der Parteien der nordischen Länder, sie ist trotz allem eine der gesündesten Arbeiterbewegungen in der Internationale"[160]. Die Entscheidung der DNA für eine Rückkehr in die Sozialistische Arbeiter-Internationale wurde nun auch zu einem Argument, um die SAP-Parteiführung davon zu überzeugen, dass die Zusammenarbeit mit linken sozialdemokratischen Kräften der Weg war, den die SAP zu gehen hatte. Als Brandt 1939 den Lesern der *Neuen Front* das neue Parteiprogramm der DNA[161] vorstellte, enthielt sein Artikel auch Reflexionen darüber, dass es „für Angehörige revolutionärer Parteien nicht leicht" gewesen sei, die Probleme der nordischen Sozialdemokratien zu verstehen. Auch erinnerte er seine Leser und Parteifreunde daran, dass die „sozialen Voraussetzungen [...] grundverschieden [sind], und terminologische

Unterschiede [...] ausserdem noch die Verständigung [erschweren]."[162] Verglichen mit seinen früheren krassen Angriffen auf die Partei, ihre Politik und Führung vermittelte er ein völlig neues Bild.

Nun begann für Brandt die Zeit einer „politischen Doppelexistenz, teils als ein Funktionär der norwegischen Bewegung und teils weiterhin und während der ganzen Jahre in Kontakt mit den deutschen Freunden zu Hause und in Paris."[163] Er erhielt Aufträge von der DNA, einzelnen Gewerkschaften und dem Arbeiterbildungsverband, u. a. als Kursleiter an der Arbeiterhochschule. Dort wurde er wegen seiner menschlichen Qualitäten und seiner umfassenden Kenntnisse zu einem beliebten Lehrer.[164] Er schrieb für die Monatsblätter des Norwegischen Gewerkschaftsbundes, der Gewerkschaften der Gemeindearbeiter, der Telefon- und Telegrafenarbeiter, der Angestellten, der Kooperativbewegung, des Frauen- und des Jugendverbandes, außerdem für das Pressebüro der Arbeiterbewegung und für ausländische Blätter. Als er im Sommer 1938 mit einer Gewerkschaftsdelegation Belgien und die Niederlande bereiste, wurde im abschließenden Bericht vermerkt, dass man besonders Brandt zu danken habe: „Er trat mit einer Würde und Klugheit auf, die unsere Bewunderung erweckte und die dazu führte, dass wir überall mit Respekt und Ehrenbezeigung behandelt wurden."[165] Brandts eigentliches Zuhause wurde die norwegische Jugendbewegung, mit der er nach 1936 keine Konflikte mehr hatte. Sie war, im Gegensatz zum SJV, eine Massenbewegung, in der „neben der Politik [...] auch Unterhaltung und Tanz zu ihrem Recht [kamen]. Hier gab es viel Kenntnis der skandinavischen und Weltliteratur, viel Aufgeschlossenheit für die geistigen Strömungen Westeuropas und Amerikas", erinnerte Brandt sich später, und fügte hinzu: „Die Begegnung mit der norwegischen Jugendbewegung gehört zu den glücklichsten Abschnitten meines Lebens."[166] In diesem Kreis gewann er Freunde, die nach dem Krieg bedeutende Positionen in der norwegischen und internationalen Politik einnehmen sollten.

Brandt publizierte in dieser Zeit sehr viel, wobei zahlreiche Artikel hauptsächlich den Zweck hatten, ihm durch Zeilenhonorare ein Auskommen zu sichern. Herbert George, einer seiner nahen Vertrauten in der SAP-Gruppe, überlieferte ein Gespräch, in dem Brandt über seine Wanderungen durch die Zeitungsredaktionen berichtete: „Weißt du, Herbert, ich komme mir vor so wie ein Trödelhändler, der jeden Tag mit seinem Kästchen vor der Brust loszieht. ‚Da hab' ich ein Artikelchen für dies, da hab' ich ein Artikelchen für das. Was woll'n Sie?'"[167] Brandts selbstkritischer Bemerkung, „weniger wäre mehr gewesen"[168], ist sicher zuzustimmen. Aber seine Artikel über brasilianische Oppositionsführer, mexikanisches Öl, verhaftete amerikanische Gewerkschaftsführer, Katholizismus in Belgien oder Presse und Rundfunk in Frankreich waren zugleich mehr als journalistische Gelegenheitsarbeiten. Sie waren auch Ausdruck für ein breites außenpolitisches Interesse.

Ein wichtiges Arbeitsfeld wurde das humanitäre Hilfskomitee für Spanien, dessen Mitarbeiter Brandt wurde und in dessen Auftrag er viele Vorträge hielt. Der Kampf der spanischen Republik gegen die Rebellen um Franco fand in der norwegischen Arbeiterschaft und in Teilen des liberalen Bürgertums ein ungewöhnlich starkes Interesse. Offiziell beteiligte sich Norwegen an der Nichteinmischungspolitik und verbot die Teilnahme von Freiwilligen. Das schloss aber nicht aus, dass sich der Gewerkschaftsbund, die Jugendbewegung, die Partei sowie viele Emigranten, denen eine politische Betätigung eigentlich untersagt war, in der Hilfsarbeit für die spanische Republik engagierten. Brandts Artikel und Vorträge über Spanien waren wichtige Beiträge, um das Engagement für das republikanische Spanien wach zu halten. Sein besonderes Interesse galt dabei, neben Berichten über die Entwicklung des Krieges, den gesellschaftlichen und kulturellen Veränderungen.[169]

Hitler ist nicht Deutschland

Obwohl Brandt immer stärker in die norwegische Arbeiterbewegung hineinwuchs und sich stark für die Entwicklung in Spanien engagierte, blieb Deutschland *das* zentrale Thema für ihn. Sein Verhältnis zu Deutschland war von Hoffnung und Furcht bestimmt, nicht von vorschnellen pauschalen Urteilen über *die Deutschen,* jedoch verurteilte er die Nationalsozialisten und ihre Helfer. Er registrierte Unzufriedenheit und Ansätze zu oppositionellen Einstellungen in Deutschland und betonte in seinen Artikeln für die Arbeiterpresse immer wieder, dass Hitlers „Drittes Reich" nicht mit Deutschland gleichgesetzt werden dürfe und die Nationalsozialisten nicht mit der deutschen Bevölkerung. Der Titel eines seiner Artikel, „Hitler ist nicht Deutschland"[170], charakterisiert am besten die Grundaussage seiner gesamten Informationsarbeit über Deutschland in seinen Emigrationsjahren in Norwegen, aber auch in den Jahren während des Zweiten Weltkrieges in Schweden. Die Überzeugung, dass es ein „anderes Deutschland" gab, ist konstitutiv für Brandts Denken während der gesamten Emigrationsjahre.

Brandt verneinte die Frage, ob alle Deutschen Nationalsozialisten waren und wies unter anderem darauf hin, dass die NSDAP bei den Wahlen in der Zeit der Weimarer Republik keine Mehrheit der Wähler erreicht hatte. Er erkannte, dass die Nationalsozialisten die große Mehrheit der Jugend für sich gewonnen hatten, doch verurteilte er diese Jugend nicht, da sie nach seiner Einschätzung auf Grund ihrer ausweglosen Lage in die Reihen der Nationalsozialisten geraten war.[171] Ende 1937 war er der Meinung, dass die NSDAP – obwohl eine Massenbewegung – über keine Mehrheit im Volk verfügte: „In breiten deutschen Bevölkerungsschichten lebt ein starker Wunsch nach Freiheit und demokratischen Rechten", stellte er in diesem Zusammenhang fest.[172] Anlässlich der fünften Wiederkehr der nationalsozialistischen Machtübernahme schrieb er, dass die NSDAP ihre ursprüngliche Massengrundlage verloren habe. Dafür habe sie jedoch eine neue Grundlage erhalten, die aus den Profiteuren des NS-Apparats bestünde.[173] In einem anderen Artikel, der aus dem gleichen Anlass erschien, wies er darauf hin, dass es im „Dritten Reich" unter der Oberfläche in der Arbeiterklasse, in der Intelligenz und auf dem Lande gäre und die „antikapitalistische Sehnsucht im deutschen Volk und dessen Jugend weiterlebte."[174] Im September 1938 konstatierte er erneut Anzeichen dafür, dass sich bei der Massenbasis der Nationalsozialisten eine gewisse Verbitterung zeige. Brandt informierte seine norwegischen Leser darüber, dass es keine

Kriegsbegeisterung in Deutschland gebe und verdeutlichte dies an zahlreichen Beispielen.[175] Im Herbst 1938 vertrat er in einem Zeitungsartikel sogar die optimistische Auffassung, dass „kein Zweifel darüber [besteht], dass die [deutschen] Arbeiter und Bauern einen eventuellen Nazikrieg in einen Freiheitskrieg gegen den Nazismus verwandeln" würden.[176]

Charakteristisch war, dass Brandt immer wieder die Existenz eines besseren, des „anderen" Deutschlands herausstellte. Das wurde beispielsweise in seiner Darstellung der Novemberpogrome von 1938 deutlich, in der er „zur Ehre des deutschen Volkes" feststellte, dass es sich um Untaten der Nationalsozialisten handele, die von der Mehrheit der Bevölkerung abgelehnt würden, ja, dass es sogar zu einer Solidaritätsbewegung mit der jüdischen Bevölkerung gekommen sei.[177]

Andererseits gab Brandt sich auch keinen Illusionen hin.[178] Er machte darauf aufmerksam, dass die Opposition in Deutschland zu schwach und die Generäle, die als einzige eine Änderung herbeiführen könnten, handlungsunwillig seien. Auch sah er, dass die Indoktrination durch die Nationalsozialisten nicht ohne Wirkung geblieben war. Schon während des Aufenthalts in Berlin hatte er feststellen müssen, dass die „ungeheure Hetze gegen die Russen" selbst bei klassenbewussten Arbeitern „nicht spurlos" vorübergegangen war.[179] 1938 modifizierte er seinen früheren Standpunkt insoweit, als er seinen Lesern mitteilte, dass „der Nazismus noch immer eine Massengrundlage [hat], besonders unter den Jugendlichen".[180] Auch berichtete er über starke antitschechische Haltungen in der Bevölkerung, so dass befürchtet werden müsse, dass es Goebbels Propaganda noch einmal gelingen werde, „die nationalistischen Gefühle aufzupeitschen."[181] Die Nachgiebigkeit der britischen und französischen Regierung und das Münchener Abkommen führten für ihn zu einer schweren Enttäuschung: „Im Herbst [1938] war die deutsche Opposition einen Augenblick lang im Begriff, zu einem realpolitischen Faktor zu werden. Nach München wurde sie erneut weit zurückgeworfen." In seiner Enttäuschung folgerte er: „Eine der Lehren müsste sein, dass sie [die deutsche Opposition] sich nur auf der Grundlage der gesellschaftlichen Entwicklung Deutschlands orientieren kann und dass sie nicht mit Hilfe ausländischer Bajonette der Sieger von morgen werden wird."[182]

Die Aufklärung über die Verhältnisse im „Dritten Reich" erfolgte durch Artikel, die über das Pressebüro der Arbeiterbewegung eine weite Verbreitung fanden, durch Vorträge im Arbeiterbildungsverband und der Jugendbewegung und in den ersten Jahren auch durch verschiedene kleinere hektografierte Zeitschriften der SAP wie *Nazi-Bøddelen* und *Solidaritet*. Ende September 1937 war Brandt an der Gründung einer neuen, aufwendig gestalteten Zeitschrift beteiligt, die den charakteristischen Namen *Det skjulte Tyskland* (Das verborgene Deutschland) erhielt. Sie sollte – in den Worten Brandts – „*unser* Deutschland mit *unserm* Norwegen fest [...] verbinden".[183] Für viele Norweger wurde Brandt durch seine Vorträge und Artikel in dieser Zeit zum Symbol für das „andere Deutschland".[184]

Um aufklären zu können, bedurfte es guter Informanten. Wir kennen Brandts Quellen nicht im Detail. Wahrscheinlich erhielt er seine Informationen zum Teil direkt aus Deutschland, sei es durch Briefe, sei es durch persönliche Begegnungen, teils erhielt er sie vermutlich über Paris. Mitglieder der Osloer SAP-Gruppe, die illegale Aufträge in Deutschland ausführten, haben sicherlich auch Informationen mitgebracht. Eine wichtige Quelle waren darüber hinaus Aussagen deutscher Seeleute, die nach Norwegen kamen, und Norweger, die Deutschland besucht hatten.

In seinem Artikel „Von der illegalen Kampffront" hatte sich Brandt Gedanken darüber gemacht, wie man die Verbindungen zwischen dem Ausland und Deutschland am besten für den Informationsgewinn ausnutzen könnte und dabei auch erwähnt: „Man braucht hier nur an den Reiseverkehr und den Verkehr der Seeleute zu denken."[185] Im August 1937, nach seiner Rückkehr aus Spanien, nahm er deshalb Verbindung mit dem Vorsitzenden der Internationalen Transportarbeiter-Föderation (ITF) auf, dem Holländer Edo Fimmen. Fimmen, ein glühender Antifaschist, verfügte über ein ausgezeichnetes Netz illegaler Kanäle, um Nachrichten und Material nach Deutschland und aus Deutschland heraus zu schmuggeln.

Operativen Charakter nahm seine Arbeit jedoch nicht an. Als Fimmen im Sommer 1939 versuchte, Brandt stärker in ITF-Operationen einzubeziehen, die offenbar gemeinsam mit englischen Geheimdiensten ausgeführt werden sollten, ging er nicht weiter auf dieses Ansinnen ein, sondern zog einen Aufenthalt in einem AUF-Sommerlager vor. [186]

Von der Volksfront zur Annäherung an die Sozialdemokratie

1935 hatte die Kommunistische Internationale auf ihrem VII. Weltkongress ihre ultralinke Politik aufgegeben. Ihre neue Generallinie war die Einheitsfront mit den Sozialdemokraten und die Volksfront mit allen Antifaschisten, auch denen liberaler und kleinbürgerlicher Provenienz. Die SAP, die sich kurz vor dem Ende der Weimarer Republik um ein gemeinsames Auftreten der Arbeiterbewegung bemüht hatte, aber am Desinteresse von KPD und SPD gescheitert war, hatte nach Hitlers Machtübernahme gehofft, zum neuen Kraftzentrum, zum „Kristallisationspunkt" einer erneuerten deutschen Arbeiterbewegung zu werden. Diese Hoffnung hatte sich als illusionär erwiesen. Nun betrachtete die SAP, die die KPD ständig kritisiert hatte, deren Wende und die Volksfrontpolitik mit Skepsis. Nach Ansicht der Parteiführung bestand bei einer Volksfrontpolitik, welche die Grenzen immer weiter in das Bürgertum hinein verschiebt, die Gefahr, Teil einer simplen Koalitionspolitik der Kommunisten mit verheerenden Folgen zu werden. Deshalb war für die SAP eine starke Einheitsfront der Arbeiterparteien eine unerlässliche Voraussetzung für das Gelingen einer Volksfront, denn nur so könne die Arbeiterklasse die Hegemonie in der Volksfront gewinnen.[187] Für die SAP war es zudem zweifelhaft, ob die in Frankreich und Spanien erfolgreiche Volksfronttaktik auf Deutschland mit seiner anderen Klassenstruktur übertragbar war. Hier existierten die für Frankreich und Spanien typischen Parteien des Mittelstandes und der Bauern nicht, während die Arbeiterklasse in Deutschland ein höheres Gewicht hatte. Es fehlten also starke bürgerliche Partner, die eine deutsche Volksfront hätten mittragen können.[188]

Brandt sah in der Wendung der Komintern zur Volksfrontpolitik „eine grundlegende politische Veränderung", ohne dass damit die „Demoralisierung" der Moskauer Internationale beseitigt war. Vorübergehend glaubte er, dass die Außenpolitik der Sowjetunion nun „wieder weitgehend mit den Interessen der Arbeiterklasse übereinstimmt[e]" – eine Auffassung, die er mit der Hoffnung verband, dass die neue Entwicklung im Sinne einer weiteren Ausrichtung auf die Interessen der internationalen Arbeiterklasse „den russischen Bürokraten [...] über den Kopf wachsen wird."[189] Er unterstützte die Pariser Bemühungen zur Bildung einer deutschen Volksfront gegen Hitler. Er grenzte sich jedoch auch von den Kommunisten ab, wie nicht zuletzt seine Ablehnung der kommunistischen Parole von der „Front der Jugend" zeigt, der er die Forderung nach einer „Sozialistischen Front der jungen Generation" entgegenstellte.[190] Für Brandt handelte es sich bei der Volksfront um eine Bündnispolitik, welche die Kampfbedingungen der revolutionären Bewegung verbessern und in deren Rahmen es möglich sein sollte, „die proletarische Einheitsfront zustandezubringen und die gesamte Bündnispolitik mit kleinbürgerlichen Gruppen und Schichten so stark wie möglich in sozialistischem Sinne auszurichten."[191] Unter den 118 Unterzeichnern der Volksfrontaufrufe des Jahres 1936 finden wir auch seinen Namen – zusammen mit den Namen von Heinrich Mann, Lion Feuchtwanger, Ernst Bloch und dem des späteren Vorsitzenden des DDR-Staatsrates, Walter Ulbricht. Eine gemeinsame Unterschrift haben sie dennoch nie geleistet, denn Brandt befand sich weder im Februar noch im Dezember 1936 in Paris. Im Mai, als ein Aufruf gegen Hitlers Kriegspolitik und die Besetzung des Rheinlandes verabschiedet wurde, war Brandt zwar in Paris, jedoch nicht an Ausschusssitzungen beteiligt. Die SAP konnte aber über seinen Namen verfügen. Nur einmal, nach dem Münchener Abkommen 1938 und zu einem Zeitpunkt, als die deutsche Volksfront längst gescheitert war, nahm er tatsächlich an einer Volksfrontsitzung in Paris teil.[192]

Brandt erlebte die kommunistischen Emigranten in Oslo anders als die SAP-Führung in Paris die dortigen deutschen Kommunisten. In dem kleinen Kreis deutschsprachiger Exilanten, in dem es zu dieser Zeit keine prominenten Kommunisten gab, hatten sich auf Grund gemeinsamer Interessen gegenüber dem Gastland natürliche Formen der Zusammenarbeit entwickelt, wenngleich man nicht von einem Vertrauensverhältnis sprechen konnte. Von den Osloer Erfahrungen ausgehend kritisierte Brandt die SAP wegen ihrer Zurückhaltung und ihres Sektierertums in der Volksfrontfrage, die aus seiner Sicht dazu geführt hatten, dass die Partei nur noch reagierte und nicht länger die Tagesordnung mitbestimmte. Ihm ging es darum, „überholte Organisationsformen" zu überwinden. Für Brandt, der in Oslo gelernt hatte, pragmatisch zu denken, waren nicht revolutionäre Programme von Bedeutung, sondern die „Möglichkeit von Wirk[un]g."[193] Trotz des ersten Moskauer Schauprozesses, dessen Folgen zu diesem Zeitpunkt nur wenige übersahen, trotz des „Ausgiessen[s] von Dreckkübeln" über die westeuropäische, einschließlich der norwegischen Arbeiterbewegung durch die Komintern, jedoch in dem Bewusstsein, dass „bestimmten moralischen Formen der revolutionären Arbeiterbewegung wieder Geltung" verschafft werden müsse, plädierte er „jetzt erst recht" für die Fortsetzung der Einheitsbemühungen.[194] Diese Haltung, die sich nicht zuletzt auf seine skandinavischen Erfahrungen stützte, sollte er trotz vieler negativer Erfahrungen bis 1938 beibehalten.

Bei den Versuchen, die Volksfrontarbeit im norwegischen bzw. skandinavischen Rahmen weiterzuführen, konzentrierte man sich stark auf konkrete Projekte. 1936 und 1937 kam es zu einer Zusammenarbeit mit kommunistischen Emigranten, als ein gemeinsames Flugblatt hergestellt wurde, das sich an die „Kraft-durch-Freude"-Touristen wandte. Ein weiteres Beispiel dieser Zusammenarbeit war die Zeitschrift *Det skjulte Tyskland*. Der weitreichendste Versuch, konkrete Volksfrontarbeit in Skandinavien zu leisten, fiel in das Jahr 1938 mit einer zunächst vielversprechenden Nordischen Volksfront-Konferenz in Göteborg.[195] Brandt erreichte auf der Konferenz, dass ein gemeinsamer Jugendausschuss gegründet wurde, in dem neben ihm auch Vertreter der Sozialdemokraten und der Kommunisten saßen. Zwar habe es keine „Bombenreferate" gegeben, schrieb er nach Paris, dafür aber „praktische Beratungen", die von der „wirklichen

Lage" ausgegangen seien: „Und das ist der Weg, der zum Erfolg führt." Dieser Weg müsse auch bei den Volksfrontgesprächen in Paris verfolgt werden, nicht der der Polemik. Für den Fortgang der Pariser Gespräche riet er: „Wir müssen auch sagen, dass wichtiger noch als Aufrufe und Erklärungen solche Fragen wie Gewerkschaftsarbeit, Jugendarbeit usw. sind, mit denen man im Sinne der Konferenz im Norden in Gang gehen sollte."

Auch das „Londoner Büro", mit dem die SAP 1933/34 die Hoffnung verbunden hatte, eine kraftvolle revolutionäre Internationale zu werden, erwies sich nicht als „Kristallisationspunkt". In diesem Büro geriet die SAP wegen ihrer Kritik an der POUM unter besonderen Beschuss.[196] Auf einer Konferenz des Büros in Letchworth in England im August 1937 formulierte Brandt eine neue Position gegenüber dem Büro und der Sozialistischen Arbeiter-Internationale. Brandt sprach auf der Konferenz von einer Tendenz, die sich am deutlichsten bei der Jugend bemerkbar machte, nämlich „daß sich die revolutionären Kräfte und Möglichkeiten in der II. Internationale verstärken. Es gibt zwei Kriterien für unabhängig-revolutionäre Politik: Unabhängigkeit vom Reformismus und Unabhängigkeit von der stalinistischen Führung der U[d]SSR. Wenn dem so ist und wenn die Grenze für diese Etappe der Neuformierung nicht außerhalb der II. Internationale, sondern in ihr verläuft, dann müssen wir daraus Folgerungen für unsere Orientierung ableiten. Allerdings müssen wir deutlich betonen, daß wir nach wie vor die Verfechter der Einheit mit den kommunistischen Genossen sind, daß aber die Sammlung der linkssozialistischen Kräfte geradezu eine Voraussetzung für die wirksame Durchführung der Einheitsfront ist."[197]

Ende Dezember 1937 erläuterte Brandt in einem längeren Schreiben an die Parteileitung seine Haltung zu den weiteren Perspektiven der SAP.[198] Die zentrale Bedeutung der Sowjetunion und der deutschen Kommunisten sei zwar „für jede ernstzunehmende antifaschistische Konzentration [...] nicht in Zweifel zu ziehen", auch gebe es „gemeinsame Lebensinteressen" mit der Sowjetunion, aber über die Grundposition bestehe kein Zweifel: Er sehe die SAP als Teil „der nicht von der Komintern dirigierten westeuropäischen [Arbeiter]bewegung", und für Deutschland konkretisiert heiße das: „bei den fortschrittlichen Kräften der deutschen Sozialdemokratie". Mit einer Annäherung und möglichen Verschmelzung mit linken sozialdemokratischen Gruppierungen, einer Abkehr vom „Londoner Büro" und einer Hinwendung zur Sozialistischen Arbeiter-Internationale „könnten wir eine nützlichere Funktion [...] erfüllen. Wir könnten vor allem wirksamer daran mithelfen, den verhängnisvollen Moskauer Methoden dadurch entgegenzuwirken, dass wir die westeuropäische Bewegung stärken und unabhängig erhalten." Der von Brandt in seinem Brief formulierte Standpunkt, der von Jacob Walcher und August Enderle unterstützt wurde, nach dem sich die SAP der Arbeiterklasse zuwenden müsse und nicht den Sekten, konnte sich jedoch nur langsam durchsetzen. Erst im August 1938 kam es de facto zum Bruch mit dem „Londoner Büro", als Brandt und Max Diamant bei einer Sitzung des Büros in Paris ultimative Forderungen ablehnten.[199] Der formelle Austritt der SAP erfolgte im Oktober 1938. Damit war der Weg für eine Annäherung an die linken sozialdemokratischen Gruppen offen.

Brandts positive Haltung gegenüber den „kommunistischen Genossen" und die Betonung der zentralen Bedeutung der Sowjetunion mögen bei dieser Neuorientierung im Nachhinein befremdlich erscheinen, doch sind sie aus ihrem historischen Zusammenhang heraus durchaus verständlich. Während England und Frankreich sich immer wieder mit Hitler zu arrangieren versuchten und durch ihre Nichteinmischungspolitik das republikanische Spanien seinem Schicksal überließen, erschien dem deutschsprachigen Exil, das sich sonst völlig auf verlorenem Posten gefühlt hätte, die Sowjetunion als einzige Stütze im Kampf gegen Hitler. Die kommunistischen Emigranten in Skandinavien und die Kommunisten im Widerstand, denen Brandt in Deutschland begegnet war, schrieb er nie ab. Er hatte sie als ehrliche Kampfgenossen erlebt, mit denen – wie die Nordische Volksfrontkonferenz gezeigt hatte[200] – durchaus erfolgreich zusammengearbeitet werden konnte. Vor dem Hintergrund der Moskauer Schauprozesse und später des deutsch-sowjetischen Paktes glaubte er, dass sich gerade diese KPD-Mitglieder von ihrer Bindung an die Sowjetunion und den Kommunismus Stalins lösen und den linken Flügel der Arbeiterbewegung stärken könnten. Trotz der Volksfrontarbeit, zu der auch Versuche gehörten, die Jugendorganisationen zusammenzuführen,[201] konnte kein Zweifel über die Verankerung der SAP im linken Flügel der demokratischen Arbeiterbewegung bestehen. Potenzielle Partner für die SAP waren die Revolutionären Sozialisten Österreichs, die sich als Teil der deutschen Arbeiterbewegung auffassten, und linke Sozialdemokraten, die teils in der SPD, teils bei den Revolutionären Sozialisten Deutschlands und der sozialdemokratischen Gruppe „Neu Beginnen" zu Hause waren. In Oslo hatte sich die SAP-Gruppe im November 1937 für die Notwendigkeit eines Bündnisses mit linken Sozialdemokraten ausgesprochen, um so den Komintern-Methoden widerstehen zu können.[202] Für Brandt, der zunehmend über die alten Parteigrenzen hinaus dachte, erhielt diese Zusammenarbeit eine immer größere Bedeutung, während er sich aus der Arbeit der SAP-Gruppe Oslo auf Grund innerer Streitigkeiten zurückzog. Dem aufreibenden Kleinkrieg innerhalb der SAP-Gruppe zog er nun sowohl im deutschsprachigen Exil in Oslo als auch in seiner internationalen Arbeit die gruppenübergreifende Arbeit vor.

Nachdem sich die Ziele der Göteborger Volksfrontkonferenz aus vielerlei Gründen nicht erreichen ließen,[203] verstärkte sich in Oslo die Zusammenarbeit linker sozialistischer und sozialdemokratischer Kräfte in einer „sozialistischen Konzentration", die von der Norwegischen Arbeiterpartei gefördert wurde. Die Konzentrationsbestrebungen wurden durch den Umstand begünstigt, dass es in Oslo im Wesentlichen nur linke Sozialdemokraten der Gruppe „Neu Beginnen" gab. Trotz gegenseitigen Misstrauens kam es in den beiden letzten Vorkriegsjahren schließlich zu einer Neuformierung der deutschen, österreichischen und tschechoslowakischen Sozialisten im Exil.[204] Diese Konzentration der sozialistischen Kräfte, über die die *Neue Front* im Mai 1938 geschrieben hatte, dass es sich nicht um eine Wiederherstellung der alten Sozialdemokratie handle, sondern um „die völlige organisatorische, politische und geistige Erneuerung des deutschen Sozialismus"[205], fand die Anerkennung der norwegischen Arbeiterbewegung. Die Maifeier dieser Neuformierung der sozialistischen Kräfte im Jahre 1939 wurde zu einer der größten Manifestationen der sozialistischen Emigration in Norwegen. Die drei Redner der Veranstaltung – Willy Brandt, Martin Tranmæl und der ungarische Sozialdemokrat Vilmos Böhm – sollten wenige Jahre später im schwedischen Exil eng in der Internationalen Gruppe demokratischer Sozialisten zusammenarbeiten und Pläne für ein Europa nach dem Kriege formulieren.[206]

Stellung zur Sowjetunion

Über die Kommunistische Internationale und ihre Mitgliedsparteien hatte Brandt bereits früh festgestellt, dass er in ihnen den verlängerten Arm der sowjetischen Außenpolitik sah. Das schloss aber, besonders in der ersten Phase, eine in vieler Beziehung unkritische Glorifizierung der Sowjetunion nicht aus.[207] In der zweiten Phase wurde seine Sichtweise von einer zunehmenden Kritik abgelöst. In einer polarisierten Welt sah Brandt für das Proletariat die „unbedingte Pflicht", die Sowjetunion zu verteidigen, wies aber eine „Unterordnung der internationalen Arbeiterbewegung unter die außenpolitischen Notwendigkeiten der Sowjetunion" ab[208] und betonte immer wieder die Verankerung in Westeuropa. In den beiden Broschüren *Splittelse og samling*[209], die im Sommer 1939 erschien, und *Sovjets utenrikspolitikk*[210], die im Herbst 1939 nach Abschluss des deutsch-sowjetischen Paktes ebenfalls im Verlag der Arbeiterpartei veröffentlicht wurde, sowie in verschiedenen Artikeln formulierte er seine eigene und zugleich die Kritik der DNA an der Sowjetunion, der Komintern und dem Kommunismus.[211] Seine Kritik an der Sowjetunion wurde von der DNA-Führung geteilt, stieß aber bei Teilen der Basis, die sich mit der Russischen Revolution und der Sowjetunion allgemein solidarisiert hatten, auf Kritik.[212]

Mit dem deutsch-sowjetischen Pakt vom August 1939 hatte die Sowjetregierung nach Brandts Auffassung „einen tiefen Graben zwischen sich und der europäischen Arbeiterbewegung aufgerissen. Sie hat sich außerhalb der Reihen nicht nur der sozialistischen Arbeiterbewegung, sondern auch des Antinazismus gestellt. [...] Die Sowjetunion hat sich deshalb selbst als ein Teil der internationalen sozialistischen Bewegung und als ein Teil der Kampffront für Frieden, Freiheit und die Unabhängigkeit der kleinen Nationen ausgeschaltet."[213] Der sowjetische Angriff auf Finnland Ende November 1939 repräsentierte für Brandt „kompletten Wahnsinn" und „setzte dem Fass die Krone auf".[214]

Die Kritik an der Sowjetunion Stalins und an der Komintern wurde in seiner Übersicht über die Stellungnahmen des deutschen Exils zum Krieg[215] und Artikeln wie „Unsere Stellung zu Russland"[216], der nach dem sowjetischen Angriff auf Finnland geschrieben wurde, und in dem Buch über die Kriegsziele der Großmächte weitergeführt. So unterstrich Brandt zu Beginn des Jahres 1940 erneut, dass sich die Sowjetunion als Bundesgenosse des Nationalsozialismus „aus der anti-nazistischen Front ausgeschaltet" habe. Weiter machte er seinen Lesern klar, dass es in der Sowjetunion keinen Sozialismus gebe – nicht ohne darauf hinzuweisen, dass Sozialisten ohnehin nie dieser Auffassung gewesen seien –, sondern nur „wichtige Bedingungen für eine Entwicklung in sozialistische Richtung" vorhanden gewesen wären. „Wenn es wahr wäre, dass es in der Sowjetunion den Sozialismus gibt, würde das, was wir im Lauf der letzten Zeit erlebt haben, ein tödliches Argument gegen die eigentliche Grundlage sozialistischer Politik sein."[217] Als Folge des Krieges erhoffte er sich schließlich eine Ablösung der sowjetischen Führung durch „neue Repräsentanten der Arbeiterschaft".[218] Schon in der Broschüre über die sowjetische Außenpolitik hatte er betont: „Das, was in der Sowjetunion geschah, ist gewiss kein Beweis, dass sich der Sozialismus nicht durchführen lässt." Und er hatte klar gemacht, wie er den Begriff Sozialismus verstand: „Die Erfahrung zeigt jedoch, dass Sozialismus mehr ist als die Übernahme der Produktionsmittel durch den Staat. Der Sozialismus muss auf Freiheit und Demokratie aufbauen, will er eine Politik führen können, die ihn wirklich berechtigt, diesen Namen zu führen."[219]

Wie sich Brandts Verständnis des Begriffes „Demokratischer Sozialismus" entwickelte, lässt sich wegen fehlender Quellen nicht im

Einzelnen nachzeichnen. Es ist jedoch anzunehmen, dass sein Begriffsverständnis vom praktischen Beispiel der norwegischen Arbeiterbewegung und den in ihr geführten Diskussionen, an denen er sich beteiligte, mitgeformt wurde. Nach Brandts eigener Aussage waren aber auch Gespräche mit dem SAP-Mitglied Stefan Szende von großer Bedeutung. Szende, der sein enger Freund wurde, berichtet in seinen Erinnerungen von einem Gespräch im Herbst 1938, dass Brandt nach diesem Gespräch die Scheu verloren habe, sich „wieder Sozialdemokrat zu nennen"[220], wenngleich Brandt diesen Begriff vorerst nicht benutzte.

Willy Brandt und die SAP

Die Entwicklung innerhalb der SAP-Gruppe Oslo nach seiner Rückkehr aus Spanien – und ganz allgemein in der SAP nach der Parteikonferenz in Mährisch-Ostrau – war aus Brandts Sicht alles andere als erfreulich. In Oslo war eine Opposition um den ehemaligen Redakteur des SAP-Organs *Neue Front*, Paul Wassermann, und andere Intellektuelle entstanden, die teils gegen Brandts Führungsstil opponierten, teils politische Einwände hatten. Die Kritik war jedoch nicht immer ohne weiteres fassbar und vermischte sich mit privaten Querelen sowie mit der Ablehnung politischer Entscheidungen in Paris und der Arbeit illegaler SAP-Gruppen in Deutschland. Nach schweren inneren Auseinandersetzungen im Winter 1937/38[221], deren Inhalte heute belanglos erscheinen und deshalb hier nicht nachgezeichnet werden müssen,[222] zog Brandt sich weitgehend aus der Gruppenarbeit zurück.

Für die SAP-Parteileitung in Paris wurde er dagegen ein immer wichtigerer Politiker. Brandt hatte schon 1938 angeregt, die auf Deutschland ausgerichtete Arbeit der SAP effektiver zu gestalten. Im März 1939 wurde er damit beauftragt, sich der „Inlandsarbeit" und der Tätigkeit der SAP-Grenzstellen anzunehmen, über die die Berichterstattung und der Informationsaustausch mit Deutschland erfolgte.[223] Anfang März 1939 schlug Walcher Brandt vor, in die französische Hauptstadt zu übersiedeln, um dort die Parteispitze zu stärken.[224] Sechs Wochen später folgte eine neue Aufforderung: Angesichts einer Neueinschätzung der Lage in einem kommenden Krieg forderte Walcher Brandt auf, nunmehr nach London zu ziehen, das – vorübergehend – von der Parteiführung als geeigneterer Ort für den Kriegsfall betrachtet wurde.[225] Nach Abschluss des deutsch-sowjetischen Paktes kam es wiederum zu einer neuen Beurteilung der internationalen Lage, verbunden mit der Überlegung, die Arbeit nach Skandinavien zu verlegen.[226] Jetzt wurde Brandt aufgefordert, die Partei im Kriegsfalle von Norwegen aus zusammenzuhalten. Noch ehe dieser Brief Brandt erreichte, brach der Zweite Weltkrieg aus, der jede weitere Arbeit der SAP-Parteileitung verhinderte. Als Brandt Ende des Jahres 1939 in Paris anfragte, wie die Parteiarbeit weitergeführt werden und wo das Zentrum der Partei liegen solle, teilte Walcher ihm mit: „Wir haben uns vor Ausbruch des Krieges hier für O[slo] und damit auch für Dich als Federführenden entschieden, weil wir O[slo] aus geographischen Gründen für sicherer hielten." Unbeschadet dieser Entscheidung erhielt Brandt die Aufforderung, Skandinavien schnell zu verlassen und nach London zu ziehen.[227] Darüber hinaus gab es noch weitere Brandt betreffende Pläne für eine USA-Reise bzw. eine Übersiedlung in die USA, die jedoch bei ihm auf Skepsis stießen.[228] Die Entscheidung für Brandt als „Federführenden" und Oslo als Zentrum der weiteren Arbeit bedeuteten mehr als die Wahl des vermutlich günstigsten geographischen Ortes: Man hätte auch London oder Stockholm wählen können oder August Enderle als fungierenden Leiter. In der Wahl Brandts zum Geschäftsträger der Partei in der Ausnahmesituation des Krieges lag eine eindeutige Anerkennung seiner Qualifikationen.

Viel ausrichten konnte der neue „Federführende" allerdings nicht, denn der Krieg, der im April 1940 auch Norwegen erreichte, unterband jede weitere Arbeit. Die Parteiführung in Paris wurde erst interniert, dann in alle Winde verstreut. In den übrigen Emigrationsländern, Dänemark und Schweden eingeschlossen, war es kaum noch möglich, politisch zu arbeiten. Die Verbindungen mit Deutschland wurden immer schwieriger. Brandt versuchte gemeinsam mit

August Enderle und Max Köhler, die Partei kollektiv weiterzuführen, doch kam es wegen politischer Kontroversen mit Köhler zu keiner fruchtbaren Zusammenarbeit dieses Dreiergremiums.[229] Der Kriegsausbruch in Skandinavien beendete dann die Arbeit einer Exilpartei, die nach Brandts Auffassung zu diesem Zeitpunkt ihre Berechtigung verloren hatte.[230]

Was kommt nach Hitler? – Der Traum von Europa

Die Frage nach der künftigen Gestaltung Europas in der Zeit nach Hitler, die schon im Sommer 1939 in der Broschüre *Der kommende Weltkrieg. Aufgaben und Ziele des deutschen Sozialismus*, an der Walcher beteiligt war, von der SAP thematisiert worden war,[231] wurde in den letzten Monaten des norwegischen Exils auch zunehmend von Brandt aufgegriffen. Dies geschah in Vorträgen[232], Artikeln[233], in einer Resolution der SAP[234], die in der Zeit seiner „Federführung" entstand, sowie in dem Buch über die Ziele der Großmächte und das neue Europa[235]. Die Zukunft Europas und die Koppelung der deutschen Frage an eine europäische Lösung wurden für ihn zentrale Themen, mit denen er sich dann während seiner Exiljahre in Schweden weiter intensiv auseinandersetzen sollte.

In einem Vortrag eine gute Woche nach Ausbruch des Zweiten Weltkrieges über die Lage der Emigration und ihre zukünftigen Aufgaben[236] finden wir diese Fragen in komprimierter Form behandelt: seine Einschätzung des Charakters des Krieges, die Haltung zum Krieg und zur Sowjetunion, die Entwicklungsmöglichkeiten des zukünftigen Deutschland und die Aufgaben der Emigration. In einer Zeit, in der die Ohnmacht der Emigration stärker als je zuvor zutage trat, stellte er fest, dass die deutsche Lösung fortan „unmittelbar mit einer europäischen verbunden" sein müsse. Er sah eine „Föderation in Mitteleuropa als erste Etappe zu einer umfassenden europäischen Lösung", auf die es sich „geistig und organisatorisch" vorzubereiten gelte. Zu seinem Szenarium gehörten die Niederlage Deutschlands auf Grund der Überlegenheit der Westmächte und des von ihm vermuteten Eingreifens der USA. Für die Sowjetunion prognostizierte er die Angst der Führung vor inneren Erschütterungen im Falle des sich auch für dieses Land abzeichnenden Krieges. Für ihn war die Sowjetunion mit ihren „direkten Hilfsdiensten für den Faschismus" abgeschrieben, aber er warnte auch davor, „zu Agenten der Westmächte [zu] werden". Mit einem Umsturz in Deutschland rechnete Brandt erst nach einer tatsächlichen deutschen Niederlage. Er entwarf ein Programm für eine gemeinsame Plattform der Hitler-Gegner und erklärte, dass man sich bei der künftigen Gestaltung Deutschlands gegen Entartungen, wie sie in der Sowjetunion aufgetreten waren, sichern müsse. Wichtig sei es, eine Einheit von revolutionärem und freiheitlichem Sozialismus herzustellen und für eine einheitliche sozialistische Partei zu arbeiten, die eine Weiterführung der sozialistischen Zusammenarbeit darstellten sollte, für die aber auch die Kommunisten gewonnen werden müssten. Als hätte er Deutschlands Nachkriegsschicksal vorausgeahnt, gehörte die Verteidigung der deutschen Grenzen und die Sicherung des Selbstbestimmungsrechts „auch für das deutsche Volk" schon im September 1939 zu seinen Forderungen.

Der alte „Traum von Europas vereinigten Staaten" – Brandt berief sich auf den Quäker Bellers, die französischen Aufklärer Voltaire, Rousseau und Diderot sowie den Frühsozialisten Saint-Simon – wurde besonders in Großbritannien in der Kriegszieldiskussion, die Brandt rezipierte, aufgegriffen.[237] In einem Artikel, der Ende Dezember 1939 erschien, rechnete Brandt mit einer etappenweisen Entwicklung hin zu einem europäischen Staatenverbund. In Mitteleuropa sah er Möglichkeiten für „eine freie Föderation zwischen Deutschland und den Agrarstaaten im Osten und Südosten." Er glaubte, dass eine „gemeinsame europäische Organisation mit Leitungsorganen, die vom Volk selbst gewählt sind, [...] Voraussetzungen für eine wirkliche Abrüstung und kollektive Sicherheit schaffen" könnte.[238]

Von Interesse ist auch, dass er in seinem Buch über die Kriegsziele der Großmächte, das wegen des deutschen Angriffs auf Norwegen nicht mehr zur Auslieferung kam, eine Überwindung des Eurozentrismus andeutete und sich darüber hinaus am Beispiel Indiens den Problemen der Kolonialvölker zuwandte. Er forderte ein Ende des Kolonialimperialismus und vertrat den Standpunkt, dass die „europäischen Völker [...] kein Recht [haben], andere Länder und Völker als Handelsobjekte zu betrachten."[239]

Krieg und Flucht nach Schweden

Der deutsche Überfall auf Norwegen am 9. April 1940 – fast auf den Tag genau sieben Jahre nach seiner Ankunft in Oslo – veränderte die Situation völlig.[240] In der Nacht hatte Brandt von Carlota Thorkildsen erfahren, dass sie ein Kind von ihm erwarte. Nun warf der Kriegsbeginn, der erwartet war, aber dennoch die Exilierten überraschte, viele Pläne über den Haufen. Zwar hatte auch Brandt die deutsche Expansion beobachtet[241] und analysiert, ja sogar am Vorabend des Angriffs auf Norwegen erklärt, man müsse mit einer Invasion in die skandinavischen Länder rechnen. Er hatte jedoch selbst keine Vorbereitungen für diesen Fall getroffen. „Wir waren", so erinnerte sich Brandt später, „bis zum Exzess schizophren".[242] Er, der im Begriff war, eine Familie zu gründen, musste vor seinen Verfolgern, der Gestapo, fliehen, zumal einige Emigranten offenbar die Gestapo und die Deutsche Gesandtschaft über Veranstaltungen, auf denen Brandt sprach, informiert hatten.[243] Der zu diesem Zeitpunkt noch staatenlose Brandt hatte sich zwar der Pseudonyme „Willy Brandt" und „Felix Franke" bedient, doch hatte die Ausbürgerung durch die Nationalsozialisten im Jahre 1938 gezeigt, dass seine Tätigkeit weder der Gestapo noch deutschen Diplomaten entgangen war, wenngleich auch einiges dafür spricht, dass diese Informationen über ihn nicht systematisch gesammelt wurden.[244]

Brandt floh zunächst nicht nach Schweden, sondern versuchte mit Kollegen aus der Volkshilfe, an die norwegische Westküste zu gelangen. Als die norwegischen Truppen ihren Widerstand aufgeben und kapitulieren mussten, tarnte Brandt sich auf Anraten norwegischer Freunde in einer geliehenen Uniform als norwegischer Soldat und begab sich, in der Erwartung, unerkannt bald entlassen zu werden, freiwillig in Kriegsgefangenschaft. Nach der Entlassung lebte er einige Wochen versteckt, bis er, wiederum auf Anraten norwegischer Freunde, Ende Juni 1940 nach Schweden floh.[245]

„An jenem Morgen, als Hitlers Flugzeuge über die Dächer Oslos strichen", schrieb er später, „empfand ich es als selbstverständliche Pflicht, der gerechten norwegischen Sache nach Kräften zu dienen. Das war keine Entscheidung gegen Deutschland, sondern gegen ein Regime, das Deutschland und Europa zugrunde richtete."[246] Das „andere Deutschland" gab er jedoch trotz dieser Pflicht und trotz seiner norwegischen Staatsbürgerschaft, die er im Sommer 1940 erhielt, nie auf. Im Gegenteil: Im Exil in Schweden ging es dem norwegischen Staatsbürger Brandt auch weiterhin vor allem darum zu zeigen, dass Hitlers „Drittes Reich" und Deutschland nicht identisch waren, und den zunehmenden Vansittartismus zu bekämpfen, d. h. gegen Tendenzen zu wirken, die – in einer Art umgekehrter Rassenpolitik – *den* Deutschen bestimmte negative Eigenschaften als angeboren zuschreiben.

Willy Brandt und sein Exil

Willy Brandts Aufenthalt im norwegischen Exil war für ihn kein bequemes Leben, in dem er „aus den Logen und Parterreplätzen des Auslandes der deutschen Tragödie" zuschaute.[247] Er hatte nur insofern Glück, in Norwegen ein Land zu finden, das in seinen Augen zwar nicht flüchtlingsfreundlich war,[248] ihm aber Gelegenheit gab, sich zu entwickeln und politisch zu arbeiten. Selbst ein Artikel, der zu einer deutschen Demarche führte, hatte keine negativen Folgen für ihn.[249] Norwegen zeigte sich ihm auch als ein Land, das ihm reichlich Gelegenheit gab, seine Botschaft zu vermitteln, dass Hitler und Deutschland nicht gleichzusetzen waren. Seine Bereitschaft, illegal auch direkt in Deutschland gegen das Hitlerregime zu arbeiten,[250] bewies, dass er nicht zuschauen wollte, sondern einen hohen persönlichen Mut hatte. Insbesondere die Monate in Berlin hätten zu seiner Verhaftung und mit hoher Wahrscheinlichkeit zu einer langen Haftstrafe geführt, wäre seine Identität aufgedeckt worden.[251]

Brandt hat in verschiedenen Phasen seines Lebens und in unterschiedlichen Publikationen die Bedeutung seiner norwegischen Exiljahre unterstrichen. Nach jeder Rückkehr von einer Auslandsreise, so schrieb er 1966, habe er deutlicher erkannt, „wie sehr mir Norwegen zur zweiten Heimat geworden war. Je größer meine Enttäuschung über das Versagen einer Politik [war], die zwischen unfruchtbarem Sektierertum und wirkungsloser Opposition schwankte, desto besser vermochte ich das große Programm sozialer Reformen und der Wirtschaftsplanung zu würdigen, das die skandinavischen Arbeiterparteien zu verwirklichen suchten und wofür sie auch die Unterstützung breiter Schichten des Bürgertums und der Bauernschaft gewannen."[252]

In den Äußerungen Brandts über die Bedeutung seiner Exiljahre findet man zwar im Laufe der Zeit durchaus unterschiedliche Akzente, doch kann kein Zweifel darüber bestehen, dass die ersten sieben Jahre des norwegischen Exils für ihn prägend waren: Im Lernprozess Brandts vollzog sich unter dem Eindruck der norwegischen Arbeiterbewegung eine Wandlung vom jugendlichen Weltverbesserer zum pragmatisch denkenden linken Sozialisten oder – mit seinen Worten: aus der Sackgasse zur Sozialdemokratie. In den Augen seiner Kritiker war er „opportunistisch", nach Ansicht anderer – die in der Mehrheit waren – lernte er in Skandinavien und revidierte eigene Fehleinschätzungen. Ihm ging es nicht um das Festhalten an Dogmen, sondern um Entschlackung und Erneuerung und darum, „den Sozialismus für die Jugend [zu] gewinnen", die das neue Deutschland nach dem Nationalsozialismus aufbauen musste.[253] Sein Lernprozess geschah auch vor dem Hintergrund der Spaltung und Machtlosigkeit der deutschen und der internationalen Arbeiterbewegung. In seinen Bemühungen um neue Standpunkte hat Brandt zugleich auch auf die *Notwendigkeit des Irrtums* hingewiesen. Vielleicht sei das, was er 1931 nicht gewählt hätte, richtiger gewesen. Aber er sagte auch, dass er „ohne den Umweg über den Linkssozialismus [...] kaum der geworden (wäre), der ich bin."[254]

Willy Brandts Arbeit im norwegischen Exil und seine vielen Reisen führten zu einer Erweiterung seines Horizonts. Seine politische Tätigkeit war weder „politische Schrebergärtnerei" noch „politischer Tourismus"[255]. Brandt wurde in diesen Jahren mit demokratischen politischen Systemen und geistigen Strömungen vertraut, erwarb die Fähigkeit, sich in die Denkweise anderer zu versetzen, erlernte Sprachen und wurde mit skandinavischen und westeuropäischen Politikern bekannt. Kurz: der Emigrant Brandt blieb nicht auf einem ungeöffneten Koffer sitzen, sondern nahm die Chance wahr zu lernen.

Danksagung

Für die Einsicht in Archive, für Hinweise, Hilfe, Inspiration und Unterstützung danke ich: Geir Bentzen, Peter Brandt, Izabela Dahl, Helga Grebing, der federführenden Herausgeberin dieses Bandes, Gerhard Groß, Matthias Hannemann, LillAnn Jensen, Werner Jung, Ursula Langkau-Alex, Gertrud Lenz, Heiner Lindner, Astrid Lorenz, Patrik von zur Mühlen, Jörg Räuber, Bernd Rother, Doris Diamant Siebert, Carsten Tessmer, Gregor Schöllgen, Heinrich August Winkler und besonders Katharina Woellert sowie dem Archiv der Norwegischen Arbeiterbewegung, dem Archiv der sozialen Demokratie, dem Institut für Zeitgeschichte München, der Deutschen Bücherei Leipzig, dem Internationalen Institut für Sozialgeschichte in Amsterdam und dem Reichsarchiv Oslo sowie dem hilfsbereiten Personal dieser Archive.

Verzeichnis der Dokumente

80	Nr. 1	12. Dezember 1928	Artikel Brandts „Die ‚Roten Falken'"
81	Nr. 2	27. August 1929	Artikel Brandts „Gemeinsame Arbeit – gemeinsame Freude!"
83	Nr. 3	11. März 1930	Artikel Brandts „Die Jungens vom Hakenkreuz"
85	Nr. 4	6. Mai 1930	Artikel Brandts „Wir und das Elternhaus"
88	Nr. 5	24. September 1930	Artikel Brandts „Kameradschaftlichkeit! Ein Wort der Jugend an die Alten"
92	Nr. 6	28. April 1931	Artikel Brandts „Sie schänden den Namen des Proletariats! Betrachtungen zum 1. Mai"
95	Nr. 7	29. Juli 1931	Artikel Brandts „Lübecker Jungs auf großer Fahrt. Nach Norwegens Fjorden und Fjelden"
100	Nr. 8	7. November 1931	Artikel Brandts „Front gegen jeden Arbeitsdienst!"
102	Nr. 9	Winter 1931/32	Brandts Abituraufsatz
110	Nr. 10	17. Januar 1932	Artikel Brandts „Wahrheit vor allem!"
112	Nr. 11	3. Mai 1932	Artikel Brandts „Nach diesem 1. Mai"
114	Nr. 12	11. oder 12. März 1933	Bericht Brandts auf dem illegalen Parteitag der SAP in Dresden
115	Nr. 13	11. April 1933	Artikel Brandts „Wie sieht es in Hitlerdeutschland aus?"
120	Nr. 14	April-Mai 1933	Artikel Brandts „Was hat die deutsche Jugend vom Faschismus zu erwarten?"
124	Nr. 15	1. Mai 1933	Artikel Brandts „Der deutsche Faschismus – eine Jugendbewegung"

128	Nr. 16	Mitte Mai 1933	Artikel Brandts „Warum versagte die kommunistische Partei in Deutschland? Der Zusammenbruch der ultralinken Taktik"
132	Nr. 17	6. Juni 1933	Hs. Schreiben Brandts an den Leiter der Auslandszentrale der SAP, Walcher
135	Nr. 18	1. Junihälfte 1933	Broschüre Brandts „Warum hat Hitler in Deutschland gesiegt?"
157	Nr. 19	Mitte Juni 1933	Beitrag Brandts in dem Buch „Deutschland unter dem Hakenkreuz"
190	Nr. 20	8. August 1933	Aus dem Schreiben Brandts an den Leiter der Auslandszentrale der SAP, Walcher
192	Nr. 21	31. August 1933	Aus dem Schreiben Brandts an den Leiter der Auslandszentrale der SAP, Walcher
194	Nr. 22	6. Oktober 1933	Aus der Ausarbeitung Brandts für die Auslandszentrale der Sozialistischen Arbeiterpartei Deutschlands: Einige Bemerkungen zur Diskussion über die Norwegische Arbeiterpartei
206	Nr. 23	5. Dezember 1933	Aus dem Schreiben Brandts an den Leiter der Auslandszentrale der SAP, Walcher
207	Nr. 24	16. Dezember 1933	Aus dem Schreiben Brandts an den Leiter der Auslandszentrale der SAP, Walcher
208	Nr. 25	5. März 1934	Aus dem Diskussionsbeitrag Brandts in der Debatte über die Lage in Deutschland auf der SAP-Konferenz in Paris im März 1934
212	Nr. 26	26. Februar 1935	Referat Brandts auf der Sitzung der Erweiterten Auslandszentrale der

			SAP in Paris: Unsere Arbeit in Skandinavien
214	Nr. 27	27. Februar 1935	Referat Brandts auf der Sitzung der Erweiterten Auslandszentrale der SAP in Paris: Jugendarbeit
216	Nr. 28	Mitte April 1935	Artikel Brandts „Regierung der Arbeiterpartei"
222	Nr. 29	1. November 1935	Schreiben Brandts an die Journalistin Walter
223	Nr. 30	9. November 1935	Aus dem Schreiben Brandts an das Mitglied der Auslandszentrale der SAP Fabian
224	Nr. 31	25. November 1935	Schreiben Brandts an die Journalistin Walter
225	Nr. 32	13. Dezember 1935	Aus dem Schreiben Brandts an die Journalistin Walter
229	Nr. 33	21. Januar 1936	Aus dem Schreiben Brandts an die Journalistin Walter
231	Nr. 34	3. Februar 1936	Aus dem Schreiben Brandts an die Journalistin Walter
232	Nr. 35	14. August 1936	Aus dem Schreiben Brandts an den Leiter der Auslandszentrale der SAP, Walcher
233	Nr. 36	Oktober 1936	Artikel Brandts „Bemerkungen zum Einheitsproblem"
242	Nr. 37	29. November 1936	Hs. Schreiben Brandts an die Auslandszentrale der SAP
252	Nr. 38	Anfang Januar 1937	Aus dem Diskussionsbeitrag Brandts über Perspektiven aus dem Reich auf der „Kattowitzer Konferenz" der SAP
265	Nr. 39	21. Januar 1937	Aus dem Schreiben Brandts an den Leiter der Parteileitung der SAP, Walcher

266	Nr. 40	Februar 1937	Artikel Brandts „Zu unserer Losung: Sozialistische Front der jungen Generation"
288	Nr. 41	März 1937	Artikel Brandts „Von der illegalen Kampffront"
294	Nr. 42	31. März 1937	Aus dem Schreiben Brandts an die Parteileitung der SAP und die Zentralleitung des SJV
297	Nr. 43	31. März 1937	Aus dem Schreiben Brandts an die Zentralleitung des SJV
298	Nr. 44	10. April 1937	Aus dem Schreiben Brandts an den Leiter der Parteileitung der SAP, Walcher
300	Nr. 45	11. Mai 1937	Aus der Ausarbeitung Brandts für die Parteileitung der SAP: Die blutige Maiwoche in Barcelona
306	Nr. 46	5. Juli 1937	Referat Brandts auf der Sitzung der erweiterten Parteileitung der SAP: Ein Jahr Krieg und Revolution in Spanien
342	Nr. 47	19. Oktober 1937	Aus dem Schreiben Brandts an die Parteileitung der SAP
345	Nr. 48	4. November 1937	Aus dem Schreiben Brandts an die Gruppe Oslo der SAP und zugleich an die Parteileitung der SAP in Paris
350	Nr. 49	17. Dezember 1937	Artikel Brandts „Unmögliche Methoden"
352	Nr. 50	Dezember 1937	Artikel Brandts „Sind alle Deutschen Nazisten?"
355	Nr. 51	27. Dezember 1937	Schreiben Brandts an die Parteileitung der SAP
368	Nr. 52	Juni/Juli 1938	Artikel Brandts „Spaniens junge Frauen"
375	Nr. 53	28. September 1938	Ms. Manuskript Brandts „Hitler ist nicht Deutschland!"

383	Nr. 54	28. September 1938	Artikel Brandts „Hitler ist nicht Deutschland"
386	Nr. 55	Dezember 1938	Artikel Brandts „Deutschland vor und nach München"
392	Nr. 56	1. Januar 1939	Artikel Brandts „Die Judenverfolgungen in Deutschland"
397	Nr. 57	April 1939	Artikel Brandts „Programmrevision der NAP (Norwegen)"
400	Nr. 58	Mitte Juni 1939	Aus der Broschüre Brandts „Spaltung oder Sammlung. Die Komintern und die kommunistischen Parteien"
422	Nr. 59	9. September 1939	Artikel Brandts „Die Arbeiterbewegung und der deutsch-russische Pakt"
425	Nr. 60	9. September 1939	Notizen Brandts zu dem Vortrag „Die gegenwärtige Lage und unsere Aufgaben"
429	Nr. 61	Oktober 1939	Aus der Broschüre Brandts „Die Außenpolitik der Sowjetunion 1917–1939"
434	Nr. 62	Dezember 1939	Artikel Brandts „Deutscher Sozialismus und der Krieg"
452	Nr. 63	28. Dezember 1939	Artikel Brandts „Der Traum von Europas Vereinigten Staaten"
459	Nr. 64	Januar/Februar 1940	Artikel Brandts „Unsere Stellung zu Russland"
468	Nr. 65	April 1940	Aus dem Buch Brandts „Die Kriegsziele der Großmächte und das neue Europa"

Dokumente

Nr. 1
Artikel Brandts
„Die ‚Roten Falken'"
12. Dezember 1928

Lübecker Volksbote, 35. Jg., Nr. 291, 12. Dezember 1928.[1]

Wer sind die „Roten Falken"? – Wer sie sind, will ich Euch gern verraten. Gesehen habt Ihr sie sicher alle schon in ihren blauen Kitteln. Die Roten Falken sind die Arbeiterjungens und Arbeitermädels, die ihre Freizeit in Gemeinschaft mit ihren Klassengenossen bei frohem Spiel und Tanz, aber auch bei ernster Arbeit verbringen. Die auf der Fahrt selbst nähen, selbst kochen, die stets hilfsbereit sind. Die als zielbewußte Arbeiterkinder jederzeit freudig für die Arbeiterschaft eintreten. Die durch Selbstverwaltung (selbstgewählte Führer, Parlament!) und darüber hinaus durch eigene Kinderrepubliken später Pioniere der Arbeiterbewegung werden wollen. Die sich abseits von Alkohol und Nikotin, abseits von Schundliteratur und Kinokitsch, für den geistigen Kampf der Arbeiter erziehen. Die, wenn sie selbst im Kampfe stehen, die rote Fackel hineinschleudern wollen in die schwarze Masse des Unverstandes, um dann, mit der roten Fahne in der Hand, vorwärts zu stürmen auf dem Wege zur sozialistischen Republik! – Mehr darf ich aber nicht verraten. Sicher habt Ihr alle Lust, auch Rote Falken zu werden. Dann kommt zu uns! Und bis dahin
                    Freundschaft!

Nr. 2
Artikel Brandts
„**Gemeinsame Arbeit – gemeinsame Freude!**"
27. August 1929

Lübecker Volksbote, 36. Jg., Nr. 199, 27. August 1929.[1]

Bei den großen Unterschieden, die zwischen den einzelnen Gruppen vorhanden sind, ist es schwer, eine engumrissene Linie für unsere Arbeit überhaupt zu ziehen. Eins dürfen wir jedenfalls nicht vergessen, daß wir als junge Sozialisten uns vorbereiten müssen für den politischen Kampf, daß wir immer an uns arbeiten müssen, um uns zu vervollkommnen, und nicht etwa unsere Zeit nur mit Tanz-, Spiel- und Singabenden ausfüllen. – Dann müssen wir in den Gruppen viel mehr dahin arbeiten, daß wir wirkliche G e m e i n s c h a f t e n werden. G e m e i n s a m e   A r b e i t und g e m e i n s a m e   F r e u d e müssen die Leitworte der Gruppen sein. Es nützt nichts, wenn einige wenige schwierige Themen bearbeiten. Nein, viel besser ist es, wenn wir eine bescheidenere Sache wirklich g e m e i n s a m verarbeiten. Das wollen wir von Anfang an bedenken.

Das Wichtigste ist nun die B i l d u n g s a r b e i t . Unsere Gruppen müssen orientiert sein über die Entwicklung der proletarischen Jugendbewegung. Sie müssen sich immer wieder beschäftigen mit der SAJ und ihren Forderungen: Jugendschutz und Jugendrecht. Wir müssen sprechen über die Geschichte der sozialistischen Arbeiterbewegung, über unsere Führer. Dann über Partei, Gewerkschaften und Genossenschaften, über Kinderfreunde und die anderen Arbeiterorganisationen. Daneben müssen wir uns, besonders in den Älteren-Gruppen, mit den politischen Tagesfragen beschäftigen. Auch das Gebiet der Arbeiterdichtung gibt uns viel Stoff für unsere Abende. Und dann bleibt noch so unendlich viel übrig, eben „Allgemeinbildung". – Wir werden uns für die meisten dieser Themen ältere Genossen als Referenten holen. Trefft aber auch dabei eine gewisse Auswahl! – Für die Bildungsarbeit gibt es auch ein schönes Mittel zur Vervollständigung: die W a n d z e i t u n g . Wenn wir z. B. über die

Revolution sprechen, bringen wir alle Material davon mit (Photos, Ausschnitte aus Illustrierten usw.). Wir suchen das Beste heraus und stellen es als Wandzeitung zusammen. So haben wir erstens eine schöne gemeinsame Arbeit geleistet, zweitens haben wir unser Thema, nicht nur für den einen Abend, sondern auch für später, veranschaulicht und drittens haben wir gleich ein feines Werbemittel.

Nun einiges, das besonders die Jüngeren interessieren wird: Über Wandern und Wandertechnik, gesundheitliche Fragen beim Wandern, Orientierung, Kartenlesen, Pfeifsignale und Blockzeichnen. Dann über allerhand Praktisches, wie Knotenknüpfen usw. und vor allem über die erste Hilfe bei Unglücksfällen. – Auch hierzu möglichst erfahrene Genossen holen (Touristenverein, Arbeitersamariter).

Aber wenn die Vorträge und Besprechungen nicht ohne Nutzen vorübergehen sollen, dann ist allen Gruppen zu empfehlen, daß sie sich A r b e i t s b ü c h e r anschaffen. Jeder Genosse trägt dann jedesmal das Besprochene in sein Arbeitsbuch ein.

Damit, daß die B i l d u n g s a r b e i t a n e r s t e r S t e l l e ist, ist natürlich nicht gesagt, daß wir nicht mehr spielen und tanzen wollen. Es muß aber jede Woche e i n Abend nur für Bildungsarbeit zur Verfügung stehen. Sonntag-Abend wird man dann Zeit zum Spielen, Tanzen und Singen haben. Laßt uns aber darauf achten, daß wir nicht jeden Kitsch übernehmen. Das ist sowohl bei den Liedern als auch bei den Spielen zu beachten. Auch Leseabende (Dialekt, Lustiges) können eingeschoben werden. Aber sucht guten Stoff aus.

Aber alles kann nichts Gescheites werden, wenn wir nicht eine gute F u n k t i o n ä r s c h u l u n g betreiben, wenn wir nicht überall die Gruppenführer schulen, damit sie überhaupt imstande sind, mit den Gruppen fruchtbare Arbeit zu leisten.

Dann bleibt noch eins übrig: die Werbung. Überall, im Betrieb, zu Haus, in der Schule, im Bekanntenkreis, müssen wir werben für unsere Jugendbewegung. Besonders gut müssen wir uns vorbereiten auf die nächstjährige Osterwerbung. Wenn wir gut werben und wir durch die Gruppenarbeit unsere Genossen halten, dann brauchen wir nicht bange zu sein um die sozialistische Jugendbewegung!

Freundschaft!

Nr. 3
Artikel Brandts
„Die Jungens vom Hakenkreuz"
11. März 1930

Lübecker Volksbote, 37. Jg., Nr. 59, 11. März 1930.[1]

Täglich weiß die Presse vom Terror derer um Hitler zu berichten. Täglich werden Überfälle auf Arbeiter gemeldet. Und wer sind zumeist die ausführenden Organe der „nationalen" Helden? – Aufgeputschte Jugendliche, benebelt durch blöde Phrasen.

Wenn auch die Hitlerjugend bei uns in Lübeck nur ein kleiner Verein von höheren Schülern und einigen Kaufmannslehrlingen ist, so überschreitet doch die Herausforderung dieser Clique gegenüber der Jungarbeiterschaft oft das Maß des Erträglichen.

Jugend begeisterte sich von jeher für die Freiheitsideale. Wo auch immer das unterdrückte Volk für seine Freiheit kämpfte, stand die Jugend in vorderster Kampfeslinie. – Aber leider läßt sich heute Jugend in ihrer Begeisterung für das Neue mißbrauchen von Leuten, deren politischen Anstand man nicht gering genug einschätzen kann. (Köln. Ztg.)

Die Hetzartikel von ein paar Obernazis in der Revolverpresse und das, was ihre Wanderprediger vom Rednerpult in den Saal posaunen, ist die geistige Nahrung der Hitlerjugend. E i n e   e i g e n e   M e i n u n g   z u   d e n   D i n g e n   b r a u c h t man, nach einem Ausspruch des Lübecker Hitlerjugendführers, n i c h t   z u   h a b e n. Nur immer feste gebrüllt, dann wird das „Dritte Reich" schon kommen. – Deutsche Jugend! Das sind deine „geistigen Größen". Deutsches Volk! Das sind deine Beamten von morgen.

Kampf bis aufs Messer gegen das Judentum, für ein starkes, wehrhaftes Deutschland, das wieder in einen „frisch-fröhlichen" Krieg gegen den Erbfeind marschieren kann. Das sind ihre Ziele: Deutschland erwache!

Und dann muß natürlich ein „starker Mann" an die Spitze! Ja, diktiert wollen sie werden. Sie fühlen sich nicht stark genug, sich selbst zu regieren, diese „Auch-Sozialisten".

Ja, „S o z i a l i s t e n". – Hitler schrieb am 15. Juli 1929 in den „Nationalsozialistischen Briefen": „D e r W e g z u r d e u t s c h e n F r e i h e i t f ü h r t ü b e r d i e B e s i e g u n g d e r B o u r g e o i s i e d u r c h d a s d e u t s c h e P r o l e t a r i a t."

Das hört sich ja ganz gut an. Aber wie ist es in Wahrheit? – **Finanzierung durch das Kapital für Handlangerdienste für das Kapital!**

Das ist ein Betrug der Nazis an der Hitlerjugend: Man läßt sie heute gegen Republikschutzgesetze usw. schreien und läßt sie morgen die Republik und ihre Einrichtungen gemein beschimpfen. Meistens drückt das Gericht dann ja beide Augen zu. Aber es wundert uns gar nicht, wenn einmal nur ein Auge zugedrückt wird und das Gericht erklärt, man dürfe einer u n r e i f e n Jugend nicht alles verzeihen und zugute halten, wie beim Prozeß gegen den 20jährigen Wilhelm Kaiser-Köln im vorigen Jahre.[2]

„J u g e n d i s t d i e F l a m m e d e r R e v o l u t i o n." Vor kurzer Zeit wollte sich der Hitlerjugendführer in einer öffentlichen Kundgebung dieses Wort Karl Liebknechts[3] zu eigen machen. Aber er hat kein Recht dazu, sagt er doch nur „Revolution" und meint Putschismus.

Die Jugend wird immer vorne stehen im Kampfe um die Neugestaltung der Dinge. Besonders gilt das heute in unserer schweren Zeit für das Jungproletariat. Die Jungarbeiterschaft läßt sich aber nicht mißbrauchen für romantischen Putschismus. Nicht das, sondern b e w u ß t e, s o z i a l i s t i s c h e F ü h r u n g kann uns helfen!

Das sagt denen, die sich heute noch für Hitlers „Drittes Reich" begeistern. Sagt ihnen immer wieder, daß die Arbeiterschaft zusammenhalten muß, um dem Kapitalismus stark gegenüberzustehen. Aber sagt ihnen auch, daß der Sieg des Proletariats nicht von ihnen allein abhängt. S i e e r s c h w e r e n v i e l l e i c h t d e n K a m p f, a b e r a u f h a l t e n k ö n n e n d i e K n e c h t e d e r B o u r g e o i s i e d e n S i e g e s z u g d e r A r b e i t e r s c h a f t n i c h t!

Nr. 4
Artikel Brandts
„**Wir und das Elternhaus**"
6. Mai 1930

Lübecker Volksbote, 37. Jg., Nr. 104, 6. Mai 1930.[1]

E l t e r n h a u s ! – Das Wort bedeutet viel, auch für unsere sozialistische Jugendbewegung. Ich will versuchen, heute den Anlaß zu geben zu einer Diskussion über unser Verhältnis zum Elternhaus und seine Auswirkung auf unsere Bewegung.

K a r l M a r x schreibt im „Kommunistischen Manifest": „**Worauf beruht die gegenwärtige bürgerliche Familie? Auf dem Kapital, auf dem Privaterwerb. Vollständig entwickelt existiert sie nur für die Bourgeoisie; aber sie findet ihre Ergänzung in der erzwungenen Familienlosigkeit der Proletarier...**".[2]

Danach würde sich vielleicht erübrigen, von einer „p r o l e t a r i s c h e n F a m i l i e" zu sprechen. Denn die Familie ist ja nach dem vorangestellten Satz von Karl Marx wirtschaftlich begründet. Dem Proletariat fehlt dieses wirtschaftliche Fundament und damit die Voraussetzung der Familienbildung.

Aber wir treffen mit dieser Bezeichnung nur einen Teil derjenigen Elternhäuser, die wir zu unserer Betrachtung kennen müssen. Karl Marx kannte nur die vollproletarische Schicht. Heute steht daneben noch eine Schicht von aufgestiegenen oder noch aufsteigenden Arbeitern. Dazu kommt noch eine Schicht der zum Proletariat werdenden Kleinbürger.

Diese drei Typen von Familien sind es, die das Leben derjenigen Jugendlichen, die bei uns organisiert sind, erzieherisch beeinflußt haben und noch beeinflussen.

Es ist von großer Wichtigkeit, zu erkennen, wie verschieden sich die einzelnen Jugendlichen, die aus dieser oder jener Schicht zu uns kommen, in der Gemeinschaft verhalten. Wir müssen erkennen, daß sich der junge Genosse, der aus einem ausgeprägt proletarischen

Haushalt kommt, ganz anders in der Gemeinschaft verhalten wird als der Genosse aus einer gehobenen Arbeiterfamilie.

Der Jugendliche aus dem v o l l p r o l e t a r i s c h e n H a u s h a l t sucht Anlehnung. Und das ist leicht erklärlich, denn im Elternhaus wird er sie meist nicht finden können. Woher kommt es, daß Jugendliche aus unsern Gruppen ein ganz anderes Leben führen als ihre gleichaltrigen Kameraden aus ihrer Straße? Es kommt daher, daß die Jugendbewegung den Genossen einen Halt gibt, einen Halt, den die Kameraden auf der Straße nicht haben. Die Jugendlichen des vollproletarischen Haushalts werden sich also leicht in die Gemeinschaft einordnen. Das ist für die Bewegung wichtig, wenn wir auch erkennen müssen, daß diese Genossen sich nicht so leicht an Ordnung und Disziplin gewöhnen können. Aber auch das ist erklärlich, denn durch die Zustände der proletarischen Klasse wird sicher nicht das Gefühl für diese Voraussetzungen der Gemeinschaft geschaffen.

Wir hatten dann gesagt, daß wir auch nicht die Schicht derer vergessen dürfen, die langsam p r o l e t a r i s i e r t werden. Wir haben es hier mit Einzelmenschen zu tun, die sich nicht leicht mit der Gemeinschaft befreunden werden. Es liegt ganz im Wesen der herabsteigenden Schicht, daß diese Jugendgenossen etwas unbeholfen sind, daß sie mit der Wirklichkeit in Konflikt geraten. Das ist keine persönliche Schwäche, sondern ganz einfach typisch für eine breite Schicht von Proletariern. Diesen Einzelmenschen wird natürlich das zuerst imponieren, was sich über den Rahmen der Gemeinschaftsabende erhebt, also die großen Gemeinschaftserlebnisse. Und hier muß angeknüpft werden zur Erziehung zum Gemeinschaftsgedanken.

Dann ist da noch die große Schicht der g e h o b e n e n A r b e i t e r. Der Jugendgenosse aus diesen Haushalten wird freier, selbstsicherer, manchmal freilich auch überheblich sein. Diese Genossen werden in der Gemeinschaft sehr viele Schwierigkeiten zu überwinden haben. Aber sie werden am ehesten verstandesmäßig den Wert der Gemeinschaft erfassen.

Diese Aufzeichnungen zeigen die große Bedeutung der Art des Familienhauses als erzieherischer, als beeinflussender Faktor. Es ist nötig, daß wir alle um die Eigenheiten der verschiedenen Elternhäuser wissen, damit wir einander helfen können, Schwierigkeiten zu überwinden.

Eines muß uns von Anfang an klar sein, daß es nicht genügt, in unsern Gemeinschaften Erziehung im Sinne unserer Weltanschauung zu betreiben, sondern daß es nötig ist, **an das Elternhaus heranzukommen**.

Wir wollen versuchen, den scharfen Gegensatz, der allgemein zwischen jung und alt besteht, zu überbrücken. Wir werden nicht weit damit kommen, die Wirksamkeit **gegen** das Elternhaus zu entfalten. Wir müssen im Gegenteil herantreten an die erwachsenen Genossen und Genossinnen und mit ihnen schwierige Fragen besprechen. Verhüten müssen wir aber, daß die schlechten Einflüsse des Elternhauses, z. B. die vorhin charakterisierte Familienerziehung, sich in unserer Bewegung breit macht.

Wir wollen Gegensätze überbrücken! – Beide Seiten müssen dabei mithelfen.

Unsere **Jugendgenossen** sollen mit ihrem Vater und ihrer Mutter darüber sprechen, was unsere Bewegung bedeutet. Ob das etwas nützt, ist ja noch sehr fraglich, aber Jugendgenossen, dann können eure Eltern euch und unserer Sache schon sicher nicht vertrauen, wenn sie nichts von uns wissen. Wir wollen von unserm Leben berichten und sagen, daß wir die große Sache der Befreiung der Arbeiterklasse vorwärtstreiben wollen. Wir müssen so wenigstens versuchen, uns die Väter und Mütter zu erobern, daß sie stark zu uns halten.

Aber nun die andere Seite? – „**Als wir Kinder waren, durften wir das nicht!**" In diesem Satz liegt die Anschauung der Alten, die scheinbar nicht begreifen können oder begreifen wollen, wie alles anders sein soll und auch sein muß. Jede Altersklasse hofft, ihre Kinder würden den Kampf weiterführen um den Lebensinhalt, der ihnen wertvoll erschien. – Und meistens werden diese schönen Hoffnungen enttäuscht. Ja, sie müssen enttäuscht werden, weil jede Zeit die Gestaltung aus sich heraus verlangt.

Wie oft sagen uns die Eltern, die Jugend von heute hätte es viel, viel besser. Ist es auch wirklich so? – Ja, es ist der Jugend manches gerechter. Aber leben wir nicht auch durch die Rationalisierung, durch den Triumphzug der Technik viel freudloser im Erwerbsleben?

Ein Fehler wird immer wieder von den Alten gemacht: Sie messen den „Wert" von uns, der Jugend von heute, an ihrer Jugendzeit, an einer früher erlebten. Dadurch wird ungerecht geurteilt. Unsere Eltern sollten nicht mehr sagen: „D a s h a b e n w i r n i c h t g e d u r f t i n e u r e m A l t e r." Nein, sie sollten dazu kommen, uns, der Jugend, dieses und noch mehr Freiheit zu lassen, denn wir brauchen K r a f t und F r e i h e i t , F r e u n d s c h a f t und Z u v e r s i c h t , wollen wir doch e i n e W e l t g e w i n n e n , allerdings, liebe alte Genossen, a u f u n s e r n e i g e n e n W e g e n !

Die Eltern sollten den Geist der Jugend verstehen, diesen vorwärtsstürmenden Feuergeist, unbelastet durch „Erfahrung", „Erkenntnis" usw.

Die Eltern sollten duldsamer sein. Vor allem aber: **Sie sollten mehr Vertrauen zur Jugend haben! Sie sollten sich dessen sicher sein, daß wir alles vergelten werden dadurch, d a ß w i r e s s c h a f f e n w e r d e n !**

Freundschaft!

Nr. 5
Artikel Brandts
„Kameradschaftlichkeit!
Ein Wort der Jugend an die Alten"
24. September 1930

Lübecker Volksbote, 37. Jg., Nr. 223, 24. September 1930.[1]

Es ist viel geredet worden von der Kameradschaft zwischen Partei und Jugend, von Parteidisziplin und einer angeblich notwendigen Beschneidung der Rechte der Jugend. Der Wahlkampf ist geschlagen. Wir haben mehr denn je die verdammte Pflicht und Schuldigkeit, den Dingen auf den Grund zu gehen, zu untersuchen, w a s i s t .

Eine Massenorganisation, einen festen Block, hat sich die Lübecker Arbeiterschaft geschmiedet. Dieser Block ist auch uns Jungen ein Vorbild. Aber wir sind uns auch darüber klar, daß wir als Sozialistische Arbeiterjugend nicht ohne weiteres die Massen der jungen Arbeiter und Arbeiterinnen erfassen können. Wir stehen immer wieder vor der Frage: M a s s e o d e r E l i t e ? Wir haben immer wieder zu überlegen: Ist es nicht gefährlich, wenn wir uns auf eine Auslese der Jugend beschränken, ohne wirklich an die Masse der Jugend heranzukommen? Lange darüber zu schreiben, ist nicht am Platze. Hier gilt es, das Ergebnis festzuhalten und dieses Ergebnis heißt vorläufig: Verbindung zwischen Massen- und Auslesebewegung – nämlich s t a r k e A u s l e s e .

Dieser Feststellung folgend bedeutet die Rote Pionierarbeit zweifellos die beste Arbeitsform der sozialistischen Jugendbewegung. Es kann nicht der Zweck dieser Zeilen sein, noch einmal wieder die Vorteile des Systems herauszustellen. Ich beschränke mich lediglich auf die Behauptung, die ich mit der Praxis unsrer Arbeit begründe.

Pionierarbeit? fragen unsere alten Genossen. Ja, was habt ihr denn damit bis jetzt erreicht?

Nun, erreicht haben wir, daß wir in anderthalbjähriger Arbeit, in ernstem Diskutieren und Experimentieren den Grundstein gelegt haben für einen jetzt einsetzenden langsamen aber sicheren Aufstieg der Lübecker Sozialistischen Arbeiterjugend. Die Pioniere haben mehr als einmal mit recht hartem Besen ihre Stuben ausgefegt und haben dabei manchmal allerdings auch Sauberes weggeräumt. Für die Alten war das Grund zu „schweren Bedenken", für uns war das gut! Wir haben aus all dem gelernt, haben gelernt aus unseren Fehlern und werden weiter lernen.

Die Pioniere sind nach manchem Hin und Her, nach manchem mißlungenen Versuch zurückgekommen zu der planvollen Arbeit in den kleinen Gemeinschaften, zu kameradschaftlicher Zusammenarbeit trotz aller taktischer Meinungsverschiedenheiten. Und das ist das Entscheidende!

Alles in allem: Es geht vorwärts, aufwärts mit festem Schritt. Aber das Tempo des Vorwärtsschreitens bestimmen wir nicht allein.

Das Tempo bestimmt auch ihr alle, Parteigenossen. Von eurer Kameradschaft wird es mit abhängen, ob aus der Entwicklung etwas werden soll. Von eurer Kameradschaft wird es beispielsweise abhängen, ob die Saaten, die wir im Winter streuen, indem wir junge Genossen in der Pionierführerschulung vorbereiten, im Frühjahr bei der Neuorganisierung mehrerer Gruppen aufgehen sollen.

Wir haben uns mehr als einmal mit euch gestritten über unsre Arbeit, über unsre Taktik. Wir haben euch dabei immer wieder zu überzeugen versucht von der Lebendigkeit, die immer, trotz aller Gegensätze, in der Jugend vorhanden ist, von der Bereitwilligkeit, mitzukämpfen für das große gemeinsame Ziel.

Wir haben oft gestritten um P a r t e i j u g e n d o d e r f r e i e J u g e n d b e w e g u n g, um Ä l t e r e n - o d e r J u g e n d f ü h r u n g. Und ihr habt immer wieder auf die Äußerungen der Jugend gehört, daß es für uns etwas bedeutet, freie Jugend zu sein, daß es für uns etwas bedeutet, wenn wir uns selbst verwalten.

Wir haben auch mehr als einmal gestritten um politische Fragen. Seid kameradschaftlich! Erkennt endlich, daß in politischer Hinsicht in unserer Organisation wirklich etwas mehr Toleranz am Platze ist. Erkennt doch endlich auch andere Anschauungen neben eurer an. Dabei herrscht ja auch meistens bei den Parteigenossen noch vollkommene Unklarheit über die wirklichen Gedankengänge dieser „radikalen Jugendlichen". So kann zum Beispiel die Jugend mit vollem Recht den Satz:
Republik, das ist nicht viel –
Sozialismus ist das Ziel!
zu ihrer Parole machen, ohne damit die Republik als Kampfobjekt der Alten zu verkennen. Auch das sei hier nur angedeutet.

Oft hat die Jugend bewiesen, daß sie weiß, in welche Linie sie sich einzureihen hat. Oft hat sie ihren Geist der Kameradschaft gezeigt – u n d i s t d a n n m e h r a l s e i n m a l e n t t ä u s c h t w o r d e n !

Wir sind stolz auf unsere Freiheit in der Anschauung und in der Organisation. Alle Genossen sollten stolz darauf sein, daß bei uns die Jugend nicht an solche Befehle von oben gebunden ist, wie die Kommunistische Jugend an die Befehle ihrer Partei. Alle sollten stolz sein, daß durch die Jugend ein neuer Geist einmarschieren wird. **M i t u n s z i e h t e i n n e u e r G e i s t !** Ein Geist, der nicht davor zurückschreckt, an uns selbst Kritik zu üben. Aber ein Geist, der auch übers Kritisieren hinauskommt, der bereit ist, alles einzusetzen für den Kampf um unsere Weltanschauung, für den e i n e n Gedanken: **d e n S o z i a l i s m u s z u e r k ä m p f e n !**

Die Jugend steht da – bereit. Wie stehen die Alten, wie stehen unsere Parteigenossen da? – Wir hoffen, ebenso. Wir hoffen kameradschaftliche, bereite Mitkämpfer zu finden. Die mit den „e w i g e n E r f a h r u n g e n u n d A b g e k l ä r t h e i t e n" und andern Alterserscheinungen mögen nur gleich zu Hause bleiben. Sie werden nicht den Willen zur Kameradschaft aufbringen können.

Aber mit allen andern, mit allen, die noch wissen, daß sie auch einmal jung gewesen sind, mit allen, denen etwas liegt an einer heranwachsenden roten Avantgarde, alle sie sind uns als Freunde und Berater willkommen.

Wir wollen mit ihnen gemeinsam arbeiten.

Wir für sie – und sie für uns.

Für den Ausbau der sozialistischen Jugendorganisation, für den Aufstieg unter den Sturmfahnen der Roten Pioniere!

Und dann wieder alle damit

für den internationalen Befreiungskampf des Proletariats!
Freundschaft!

Nr. 6
Artikel Brandts
„Sie schänden den Namen des Proletariats!
Betrachtungen zum 1. Mai"
28. April 1931

Lübecker Volksbote, 38. Jg., Nr. 98, 28. April 1931.[1]

In wenigen Tagen feiert das Proletariat in allen Ländern den Weltfeiertag. Überall marschieren wieder die Arbeiterbataillone gegen Kapitalismus und Faschismus, für Demokratie und Sozialismus.

Schänder des Weltfeiertages hat es immer gegeben. Vielleicht wird in diesem Jahr auch noch Otto Strasser, vielleicht Stennes unter roten Fahnen marschieren und sich der Lächerlichkeit preisgeben.[2] Die „offizielle" Leitung des „roten" Hakenkreuzbanners, die Leitung im braunen Haus, wird wieder Wühlarbeit in den Maikundgebungen anordnen. Sie wird aber beim Wühlen auch mit blauen Stellen rechnen müssen.

Die Reihe der Schänder des proletarischen Namens ist damit nicht erschöpft: die Kommunisten werden wieder ihren Stolz darin sehen, die Arbeiterschaft in zwei Lager beim Aufmarsch zu finden. Wenn auch, wie bei uns in Lübeck, niemand das zweite Lager dem der großen Sozialdemokratie gleichsetzen kann, so wird mindestens erreicht, dass die Herren Feinde der Arbeiterschaft nicht um ihre Festfreude kommen. Die Führer eines solchen Lagers machen sich damit zu Steigbügelhaltern dieser Feinde der Arbeiterklasse.

Die deutschen Bolschewisten schrecken nicht vor den niedrigsten Methoden des proletarischen Bruderkampfes zurück. Sie beschmutzen die sozialdemokratischen Organisationen, die Partei, die Gewerkschaften mit den gemeinsten Lügen in der Hoffnung, es möge etwas haften. (Kein Unterschied zwischen den Hakenkreuzlern und ihnen.)

Sie vervollständigen ihre dreckigen Methoden gegen den „Sozialfaschismus" aber auch damit, Spitzelarbeit – sie selbst nennen es „organisierte Opposition" – in unseren Reihen aufzuziehen.

Und da ist es die J u g e n d besonders, bei denen sie Lorbeeren ernten wollen. Die ganze Kraft der kommunistischen Jugendleitungen – soweit von einer Kraft die Rede sein kann – richtet sich gegen die Sozialistische Arbeiterjugend. Sie bilden sich ein, die Jugend, die radikal oder oppositionell auftritt, vor ihren Wagen spannen zu können. Hätten sie nur auch eine Ahnung, daß gerade die „Radikalen" fest in der Bewegung stehen, daß sie bei ihrem Radikalismus auch Verantwortung kennen. Daß sie sich schon deshalb wehren gegen alle kommunistische Wühlarbeit.

Die KJ. hat jeder Ortsgruppe eine bestimmte Anzahl von Diskussionsabenden mit der SAJ. zur Pflicht gemacht, und sie auch verpflichtet, in einer bestimmten Zeit eine gewisse Zahl von SAJ-Übertritten zu „organisieren". Flugblätter gegen SAJ. und Partei werden gedruckt, vor allem sogenannte „SAJ-Oppositions-Rundbriefe".

Die kommunistische Jugend kann in Lübeck nicht recht leben noch sterben. Ihr fehlt eine Führung, aber vor allem auch Mitglieder. Also versuchen sie ihr trauriges Spiel bei der SAJ.

Im Februar stieg die erste Welle. Öffentliche Versammlung. SAJler sollten zum Kampfkongreß delegiert werden – worauf sie dankend verzichteten. – Als am 9. Februar einige Gruppen in einer schlichten Feierstunde des einjährigen Todestages Paul Levis gedachten, verteilten unsere Freunde von der KJ. Flugblätter, in denen sie den „Sozialfaschisten" Levi in hässlichster Weise beschimpften. Sie hatten aus Mangel an eigenem Geist das Flugblatt für Lübeck extra von einem Berliner M. d. R. aufsetzen lassen. Wir baten sie, unsere Feierstunde zu besuchen. Punkt für Punkt wurde ihr Geschreibsel widerlegt. Sie konnten nicht einmal etwas zu einer Broschüre sagen, die sie im Flugblatt zitierten. Unser Referent gab ihnen dann diese Broschüre mit, die sie gar nicht kannten, mit der Aufforderung, sich gehörig auf den Hosenboden zu setzen. Wie begossene Pudel zogen sie ab.

In diesen Tagen verbreitet nun die KJ. in Lübeck die sogenannten „Oppositions-Rundbriefe", die mit der SAJ so wenig zu tun haben, wie proletarischer Anstand mit den Kommunisten. Frech haben sie das SAJ-Abzeichen als Kopf gedruckt und nennen den „Oppositions-Rundbrief" das „Organ aller kampfgewillten oppositionellen SAJler".

Sich mit dem Inhalt auseinanderzusetzen, lohnt nicht. Es beginnt mit Hetze gegen die SAJ und Partei und hört damit auf ... „Schluß zu machen mit dieser Politik und sich einzugliedern in die Reihen der Kommunistischen Partei und des KJVD." usw.

Diese Kampfmethoden sind weiter nichts als p o l i t i s c h e V e r l u m p u n g, und zwar von Leuten, die auch den proletarischen Namen tragen. Bitter traurig muß es mit ihrem Laden aussehen, wenn sie mit solchen Mitteln der infamen Lüge andre Organisationen bekämpfen. Die wirkliche sozialistische radikale Arbeiterjugend, die etwas spürt von dem großen revolutionären Geist unserer Vorkämpfer, wird sich mit Abscheu von jenen „Genossen" wenden.

Der 1. Mai steht vor der Tür. Schändet weiter den Namen des Proletariats und ihr nützt dem, gegen den ihr immer Kampf und Putsch schreit. Ihr helft den Klassenfeinden, wie eure Führer es wollen.

Sollte nicht der Weltfeiertag manchem kommunistischen Anhänger und Jungarbeiter die Maske von den Augen reißen können. Sicher wird er aber unsern Kampf verstärken:

Am 1. Mai gegen die Schänder des proletarischen Kampfes!

Am 1. Mai unter roten Fahnen für den Sozialismus!

Nr. 7
Aus dem Artikel Brandts
„Lübecker Jungs auf großer Fahrt.
Nach Norwegens Fjorden und Fjelden!"
29. Juli 1931

Lübecker Volksbote, 38. Jg., Nr. 174, 29. Juli 1931.[1]

[...] Wir gehen – frech, wie wir einmal sind – ohne dänisches Geld an Bord der „Trondhjem". Wie blinde Passagiere kommen wir uns vor. Als der Steuermann Geld haben will, vertrösten wir ihn auf Bergen. Und er läßt sich vertrösten. Also auf Seefahrt nach Norwegen. Mag's in Deutschland krachen, heiho, wir sind auf großer Fahrt!

Dampferfahrt nach Bergen

Morgens 9 Uhr heult die Sirene des 2000-Tonnen „Trondhjem" dem schönen Kopenhagen den Abschiedsgruß. Hinter uns das grüne Inselreich. Das freundliche Land mit den freundlichen gemütlichen Menschen, mit der Harmonie grüner Äcker und blauer Meereswogen. Auf der anderen Seite Südschweden, das Dänemark in vielem gleicht. Schweden ist die Brücke von der ruhigen Natur Dänemarks zu der romantischen wilden Landschaft Norwegens. Das Wasser des Kattegatt ist ruhig. Blaues Meer und blauer Himmel gehen ineinander über. Plötzlich ruft uns jemand zum Bug des Schiffes: zwei Delphine jagen vor unserem Schiff in wildem Reigen her. Sie sind nicht die einzigen Wale, die wir sehen. Nachts schlägt man für die neun Prager und uns zwei ein Zelt auf. Da schlafen wir famos. Jedenfalls besser als in der Kajüte dritter Klasse. Uns weckt eine freundliche Stimme: „Ihre Päße! meine Herren". Wir bekommen den Paß mit dem norwegischen Einreisestempel zurück. Sieben Uhr ist es. Eine Viertelstunde später laufen wir in Arendal ein. Schon ein kleiner Fjord mit freundlichen niedrigen Bergen. Den ganzen Tag ist mir nicht recht wohl zumute. Das Schiff schaukelt nicht stark, aber scheinbar genügt es doch, um einen „seekränkelnd" zu machen. Mittags laufen wir in Kristiansand ein. Die Berge werden immer höher. Auf der Steuerbordseite stehend, sehen wir immerfort die schöne Küste mit den vielen Schären. Nachmittags hören wir, daß die Mark in Deutschland stabilisiert ist. Nachts sind wir in Flekkefjord. Es regnet, und kühl ist es auch. Das Wetter paßt zu der zerklüfteten Berglandschaft um uns. Ein heißer Tee sorgt dafür, daß wir gut schlafen. Am nächsten Tag ist das Wetter schön. Schön auch die Küste bei Stavanger. Leuchtende Matten und dunkelgrüne Wälder. Abends sind wir in Haugesund. Ein Spaziergang führt uns auf den Platz, auf dem Harald, der Schönhaarige, begraben liegt, der vor tausend Jahren die Nordmänner zu einem Volk vereinigte. Nach zwei Stunden dampft die „Trondhjem" weiter. Der Himmel hängt schwer über uns, das Wasser kommt mehr aus seiner Ruhe heraus. Auf und nieder geht das Schiff. Wir stehen vorne und lachen über Wind und Wetter. Ab und zu geht sogar ein bißchen Naß über Deck. Derweil sitzt mein Freund allerdings in der Kombüse und spuckt die halben Gedärme heraus. Ganz wohl ist uns aber allen nicht in dieser Nacht. Am frühen Freitag morgen kommen wir in Bergen an. Es regnet. Graue Wolken über Bergens Bergen. Wie kann es anders sein? Man erzählt sich, daß in Bergen die Pferde wild werden, wenn sie einen Menschen ohne Regenschirm sehen. Wir zahlen schweren Herzens jeder unser Reisegeld, die Mark wird ja wieder gewechselt.

In den norwegischen Bergen

Die Prager haben eine Woche Zeit, bis ihr Schiff nach Jylland fährt. Wir gehen zusammen auf Fahrt durch die Berge. Abends geht's los. Zuerst auf guten Wegen, dann auf schmalen Pfaden, endlich über Stock und Stein. Dabei rieselt's unaufhörlich von oben. Alle Mann durchnäßt. Wasser auch von den Bergen zu Tal. Hübsche Wasserfälle. Wo unterkommen? Zuerst wenigstens noch einige ärmliche Bauernhäuser (wie überall in Norwegen natürlich aus Holz). Aber nun nichts mehr. Da kommt auch noch Nebel. Vor uns eine Wochenendbude. Mit einem harten Griff ist die Tür auf. Nach dem Gesetzbuch wäre das zu bestrafen mit – – – Aber fein schlafen wir in dem engen Häuschen und machen dem Wochenendler alles wieder in Ordnung, bevor wir abziehen. Am andern Tag im grauen Schleier weiter. Da – plötzlich sehen wir unter uns im Scheine der Sonne eine Tallandschaft – wie ein Kinderspielzeug. Im Eiltempo steigen wir nach Hankeland hinab. Die Bergfahrt geht weiter hinauf und wieder hinab. Den ersten ewigen Schnee sehen wir dort. Am späten Nachmittag kommen wir in einer wunderbaren Schutzhütte an. Bald nach uns kommt aber ein Mann, der uns bedeutet, daß wir weiter müssen, denn die Hütte ist nur für Kranke und Verunglückte. Wohin? Viele Stunden wird es dauern, bis wir ein Bauernhaus treffen. Da bietet sich ein anderer Mann, der mit dem Wärter kam, an, uns auf Wegen, die er nur allein kenne, durch die Berge zu führen. Gleich sind wir dabei. Und nun geht es zwei Stunden im Eiltempo an steilen Wänden entlang, über reißende Bäche und tosende Wasserfälle, durch weiche nasse Hochmoore und über Felder ewigen Schnees. Tausend Meter sind wir immerhin hoch. Meistens sind wir in nassen Wolken. Aber dazwischen auch einmal herrlicher blauer Himmel. Hier oben wechselt Petrus das Wetter wie die Nazis ihre Parolen. Der Abstieg ist mühselig. Es geht im Schweinsgalopp. Als unerfahrener Flachländler ist man dabei mehr als einmal auf dem Hintern. Herzlich danken wir dem Führer. Quartier bekommen wir – allesamt schwer durchnäßt – in dem kümmerlichen Schuppen eines kleinen Bauernhofes. Sonntags nehmen wir von den Prager Freunden Abschied. Und nun zu zweit weiter auf einer kleinen schmalen Autostraße nach Aadland. Der erste Personenwagen, der uns überholt, nimmt uns 20 Kilometer mit. Er bleibt der einzige Überholer. Nach einigen Stunden frischen Marsches bei schönem Wetter und schönem Berg und Tal um uns kommen wir nach Nordheimsund am Hardanger Fjord. Der Hardanger Distrikt wird von den Reisenden am meisten aufgesucht. Leider ist darauf vieles eingestellt. Er ist sicher aber eines der schönsten Gebiete Europas. Hier sehen wir noch Mädchen in der alten Nationaltracht. Weiße Bluse mit rotem Mieder und roter Mütze, die bunt und mit Perlen bestickt ist. Freundliche Aufnahme finden wir bei einem Bauern – hier geht es den Menschen auch besser – im Heu, aber erst, nachdem vorher die norwegische Küche unser Innerstes erfreut hat. Am andern Mittag essen wir uns einmal richtig satt an dem norwegischen Flatbröd, das uns zu trocken, mit Butter, die uns zu salzig ist. Aber trotzdem schmeckt's gut. Halb vier Uhr geht der Dampfer über den Hardanger[fjord]. Aber das kostet viel Geld. Wir hin und her mit dem Steuermann verhandelt. Aber wir mußten wieder vom Schiff herunter. Als das Schiff anfährt, ruft ein alter Herr ein paar Worte zu uns, da läßt sich der verfl... Styrman[2] erweichen. Wir springen auf den Kahn. Vier Stunden Fahrt durch lachende Natur. Eine stille Fjord-Landschaft. Auf der einen Seite Berge, deren Obstgärten, Matten und Wälder durch die Sonne erhellt werden. Auch Schnee glitzert hier und dort. Auf der anderen Seite düstere Höhen, die Kuppen meist in Wolken gehüllt. Norwegische Wildheit und Stille vereint. In Eidfjord steigen wir aus.

Vom Glück verfolgt

Wohin? Es ist fast 9 Uhr. Fragen wir den Chauffeur des „Rutebil" nach Haugastöl. „9 Kronen pro Person". „Umsonst?" Ein freundlicher perfekt Deutsch Sprechender tritt dazwischen, zahlt für uns, und der Wagen saust ab. 70 Kilometer ist die Strecke lang. Die Straße windet sich an steilen Wänden hoch. Wir halten. Hören schon von weitem einen furchtbaren Lärm. Dort auch große weiße Wolken. Wir haben vor uns den gewaltigen Vöringfjord[3], der eine senkrechte [F]allhöhe von 162 Metern hat. Der Anblick überwältig[end]. Die Straße geht weiter durch das größte Hochplateau Norwegens. In 1000 Meter Höhe führt sie durch Schneefelder und viel Wasser. Wir kommen in die Nähe des nahezu 2000 Meter hohen Hardanger Jökel mit dem viel beschriebenen Gletscher. Wenn der Berg weniger in Nebel gehüllt gewesen und unsere Ausrüstung nicht so mies gewesen wäre, hätten wir auch wohl einen Tag für den Aufstieg riskiert. Es geht weiter. Anfangs waren wir allein im Wagen. Nur noch einige Sonntagsbesoffene. Wovon, weiß ich nicht. Es wird vernünftigerweise nur dünnes Bier und kein Schnaps ausgeschenkt (wie überhaupt in Skandinavien der Alkohol zurückgedrängt wird). Trotzdem besoffen?

Vielleicht kann ich als „Anti" darüber aber nicht mitreden. Die Gesellschaft ist nicht direkt lästig, aber angenehmer sind jedenfalls die vier jungen Touristinnen, die unterwegs eingestiegen sind. Der Chauffeur nimmt die gesamte Gesellschaft in seine Wohnung mit, wo gespeist wird. Der noch übrig bleibende Teil der Nacht wird im Warteraum der Bergenbahn zugebracht. D. h. von Nacht kann kaum die Rede sein. Nur schummrig wird es ein paar Stunden lang. Wohl fühlen wir uns nicht hier oben in tausend Meter Höhe. Das Thermometer zeigt auch um 18 Uhr erst acht Grad an. Entschädigt sind wir nur dadurch, daß uns der Stationsvorsteher zu einem Frühstück einlädt.

Nun doch durch Schweden

Die Schweden haben uns einmal abgewiesen,[4] da sind wir durch Norwegen gezogen, haben norwegische Fjorde und Fjelde, Wasserfälle und Seen erlebt. Aber Ruhe haben wir nicht, bevor wir nicht auch das dritte Land Skandinaviens mitgenommen haben. Und das zweite Mal bekommen wir anstandslos unseren Einreisestempel, als wir – im noblen Auto sitzend – bei Have über die Grenze fahren. Die Landschaft schließt an die südnorwegische an. Wälder, ausgeglichene Hügel. In Strömstad schauen wir uns um. Die Autos fahren in Schweden bekanntlich links. Aber alles ist doch nicht links. An den Anschlagtafeln sehen wir Plakate mit großen Hakenkreuzen. Wir meinen, in Deutschland zu sein. Da kommt uns eine Handvoll Burschen in gelber Uniform entgegen, begrüßt uns mit „Heil". Auf dem Arm das Krummkreuz in Blaugelb, statt in Schwarz weiß rot. So begann es in Deutschland auch. – – Wir stehen noch, wissen nicht wohin, da hält ein Auto. Der Mann fragt, ob wir mitfahren wollen. „Natürlich!" Nun stundenlange Fahrt. Über Uddevalla. Um Mitternacht sind wir in Trollhettan, wo Quartier finden? Wir gehen ins Polizeigebäude. Der Wachthabende führt uns in den Keller. Dort ist ein kleines Gefängnis. Wir stehen in einer Zelle. Hinter uns fällt schwer der Verschluß der Zellentür. Die Zelle ist sauber. An der Wand hat ein Vorgänger auf Schwedisch geschrieben „Liebe Deinen Nächsten wie Dich selbst". Ach wir armen Sünder. Am anderen Morgen lässt man

uns aus dem Loch heraus. Freundlich bekommen wir den Paß wieder
– und dann an den Wasserfall, der als der schönste Europas bekannt
ist. Sprudelnd und schäumend sausen die Wassermassen über die
Felsen. Heute sind sie zum Teil eingespannt in den Dienst des Menschen. Kraftwerke holen Elektrizität aus dem schäumenden Naß.
Wenn dadurch auch der ursprüngliche Anblick der Fälle nicht mehr
erhalten ist, so wirken sie dennoch einzig machtvoll. –

Unsere Fahrt geht weiter über die alte Gotenburg, durch Südschweden und dann durch Dänemark zurück.

Nr. 8
Artikel Brandts
„Front gegen jeden Arbeitsdienst!"
7. November 1931

Sozialistische Arbeiter-Zeitung, 1. Jg., Nr. 6, 7. November 1931.[1]

Der Gedanke, die deutsche Jugend durch eine Arbeitsdienstpflicht zu
beglücken, ist nicht von gestern.[2] Die Gegner der Arbeiterklasse haben sich diese Jugendbeglückung ausgedacht, um an die Stelle der
fortgefallenen allgemeinen Wehrpflicht eine neue Methode zu setzen, die Menschen zu „treuen Untertanen" zu erziehen. Es ist wohl
verständlich, daß der Dienstpflichtgedanke gerade in der Zeit des besonders starken Anwachsens der Arbeitslosigkeit wieder auf die Tagesordnung gesetzt wurde. Das Jungproletariat hat sich von Anfang
an dafür bedankt, wieder in Kasernen gedrillt zu werden, hat von
Anfang an die großen Gefahren aufgezeigt, die durch die nationalistische Erziehung der Jugend entstehen würden. Die Dinge sind
so klar, daß man gar nicht erst zu fragen braucht, wie sehr dann die
jungen Menschen noch ausgebeutet werden sollen. Das Proletariat
überhaupt hat aufgezeigt, wie dem Klassengegner mit den Dienstpflichtabteilungen Streikbrechergarden und Kulikonkurrenten der

freien Arbeiter entstehen würden. Im Januar dieses Jahres war der Gedanke der Dienstpflicht bis in das Arbeitsministerium des reaktionären Kabinetts Brüning vorgedrungen, und nicht an den Argumenten des Proletariats, sondern an der finanziellen Unmöglichkeit ist – v o r l ä u f i g – die Durchführung gescheitert.

Seit einigen Monaten ist es ein anderes Schlagwort, das die Jugend beglücken soll: das Schlagwort vom „f r e i w i l l i g e n A r b e i t s d i e n s t ". Als am 5. Juni von Brüning wieder einmal Not verordnet wurde, fand man auch die Bestimmung, den freiwilligen Arbeitsdienst zu fördern. Mittel sollten aus der Arbeitslosenversicherung und aus der Krisenfürsorge zur Verfügung gestellt werden. Am 3. August hat Treviranus, der offenbar nichts anderes zu tun hat, in einer „Verordnung über die Förderung" die praktische Durchführung eingeleitet.

Was ist es mit diesem freiwilligen Arbeitsdienst, der in manchen Teilen des Reiches schon in die Wege geleitet worden ist, hier und da mit Organisationen, wie z. B. Reichsbanner[3], unter Duldung der SPD? Der freiwillige Arbeitsdienst bietet nicht den erwerbslosen Jungproleten, sondern denjenigen, die verstehen, sie geschäftstüchtig auszunutzen, Aussichten auf Gewinn. Dem freien Arbeiter wird Arbeit weggenommen, die zu Tariflöhnen vergeben werden mußte. D i e g a n z e V e r o r d n u n g i s t u n k l a r , u n d d a s i s t w a h r s c h e i n l i c h a u c h i h r Z w e c k . Aber man erkennt leicht, daß faschistische Bünde, wie Stahlhelm[4], Jungdo[5] usw., in der Führung der Schnapsidee stehen. Jedoch, wie gesagt, fehlt auch das Reichsbanner nicht. Volksgemeinschaft...!

Die Verordnung ist deshalb so unklar, weil man nachverordnen will. D e r f r e i w i l l i g e A r b e i t s d i e n s t – darüber hat uns die Rechtspresse nicht im Zweifel gelassen – s o l l e i n Ü b e r g a n g s s t a d i u m s e i n z u r A r b e i t s d i e n s t p f l i c h t . Man wird nach einiger Zeit über die „großen Erfolge" des freiwilligen Dienstes berichten, um den Weg für die Dienstpflicht freizumachen. Weil aber der junge Proletarier nicht die Beglückung durch den faschistischen Gedanken der Arbeitsdienstpflicht will, lehnt er auch die Vorstufe dazu ab, jenen freiwilligen Dienst, der ihm auch nicht einmal anständigen Lohn, anständige Verpflegung und Unterbringung sicherstellt.

Überall muß die proletarische Jugend die **Boykottierung des freiwilligen Arbeitsdienstes** propagieren, auch wenn SPD, Reichsbanner usw. keine klare Stellung einnehmen. In Lübeck z. B. beschloß die SAJ schärfsten Kampf gegen die von ihren Parteigenossen in Aussicht genommenen Arbeitsdienst. Aber auch das Jungbanner[6] lehnt ihn – sogar einstimmig – ab. Das zeigt, daß die jungen Arbeiter sich nicht mißbrauchen lassen wollen zu diesem Plan der Arbeiterfeinde. Sie haben längst erkannt, wie man heute kalte faschistische Methoden einführt: von hinten herum.

Die Ausrede, daß „wir dabei sein müssen, damit Schlimmeres verhütet wird", gilt nicht. Die Jugend läßt sich auch nicht mit dem „kleineren Übel"[7] fangen, das uns so herrlich weit gebracht hat. Man muß Grundsätze hochzuhalten wissen, wo wichtige Teilkämpfe zwischen Kapital und Arbeit ausgefochten werden. Und ein solcher Kampf ist der Streit um den Arbeitsdienst.

Mögen die Herren um Treviranus – aber auch die Herren mit dem „kleineren Übel" – erkennen, was es heißt, wenn das Jungproletariat ruft: **Front gegen jeden Arbeitsdienst!**

Nr. 9
**Brandts Abituraufsatz
Winter 1931/32**[1]

AdsD, WBA, A 1, Mappe 5.

(Ich hätte am liebsten das zweite Thema gewählt. Aber da hätte ich einen großen Teil dessen, was ich in meinem Studienaufsatz „Besinnung auf Goethe" schrieb, wiederholen müssen. Darum habe ich mich für das dritte Thema entschieden.)

<u>Ein Berliner Oberprimaner hielt eine Abschiedsrede: „Wir haben der Schule für ihre Erziehungsarbeit keinen Dank abzustatten. Wir</u>

können von dem, was sie uns gelehrt hat, nichts gebrauchen. Wir sind eine Jugend ohne Hoffnung."

Stellen wir uns einmal vor: die Aula der Schule ist bis auf den letzten Platz gefüllt. Alle Schüler in ihren Sonntagsanzügen. Nur die Oberprimaner, die heute entlassen werden sollen, sind noch nicht da. Die Eltern haben in den ersten Bänken Platz genommen. Da kommt die lange Reihe der Abiturienten in den Raum, die nun noch ganz vorn sitzen. Der Chor singt, das Schulorchester spielt. Dann spricht der Vertreter der Primaner. Was soll er schon viel sagen? Er wird wiederholen, was sein Kollege im vorigen Jahr gesagt hat und was noch Generationen nach ihm sagen werden, nämlich, daß sie der Schule zu ganz ungeheurem Dank verpflichtet seien. Daß sie immer freudig an die schönste Zeit ihres Lebens zurückdenken würden, die ihnen die lieben Herren Lehrer hier zu einem Born gemacht hätten, aus dem immer wieder zu schöpfen sei. Dann wird er sicher einen lateinischen Spruch einflechten, den außer ihm und den Herren Philologen niemand versteht, nun, und dann einige Worte auf das deutsche Vaterland. Dann ist die Rede aus. Und sie war soooo – schön.

Aber das kommt diesmal anders. Diesmal spricht der Primaner nicht die Schablonen nach, die man erwartet. Er sagt genau das Gegenteil. Keinen Dank der Schule. Nichts können wir von dem gebrauchen, was die Lehrer uns gelehrt haben. Seine Mitabiturienten fühlen, daß er wirklich als einer der ihren spricht.

Die Lehrer sind garnicht zufrieden. Sie können sich einfach nicht abfinden mit dem, was dieser Mensch da sagt. Zwölf Jahre lang haben sie sich gemüht, etwas Ordentliches aus den Jungens zu machen. Und nun dieses. Na, Undank ist der Welt Lohn.

Die Eltern können sich ebenso wenig damit abfinden. All die Jahre haben sie das Schulgeld bezahlt und noch viel mehr. Das ist also alles für nichts gewesen. Der Behördenvertreter schüttelt mit dem Kopf. Der Staat hat sowieso kein Geld. Jährlich gehen viele tausend Mark durch die höheren Schulen weg. Das ist also alles umsonst.

Dem Herrn Direktor ist es garnicht leicht, mit seiner Rede wieder auszugleichen, was da von dem jungen Mann gesagt wurde. Ist das Undank? Ist das Opposition gegen Lehrer, gegen Eltern, gegen Staat,

Willy Brandt im April 1932 bei der Lektüre des Reichsorgans der Sozialistischen Arbeiterpartei Deutschlands, Kampfsignal.

nur um der Opposition willen? Nein, und dennoch: „Wir haben der Schule für ihre Erziehungsarbeit keinen Dank abzustatten. Wir können von dem, was sie uns gelehrt hat, nichts gebrauchen. Wir sind eine Jugend ohne Hoffnung!"

Ich habe mich auseinanderzusetzen mit dieser Behauptung. Da heißt es am einfachsten: ja oder nein? Tertium non datur.²

Und doch kann man nicht immer mit einer solchen Schwarz-weiß-Malerei auskommen. Zwischen den Extremen gibt es mannigfaltige Zwischentöne.

Hat der Berliner Oberprimaner Recht oder nicht? Wenn ich wählen soll zwischen ja und nein, entschiede ich mich für ja. Es ist nicht ganz ohne Bedeutung, daß ein Berliner so gesprochen hat. Berlin ist konzentrierte Provinz. Und wenn die Provinz ein halbes Ja sagt, wird in der Hauptstadt ein ganz klares, überspitztes Ja oder Selbstverständlich daraus. Ich glaube, daß es an der Zeit ist, so klar zu sagen, was man meint, wie es der Berliner Oberprimaner getan hat. Es kommt wahrhaftig nicht darauf an, ob unsere Eltern oder unsere Lehrer oder unsere Behördenmenschen mit uns zufrieden sind. Es kommt wirklich darauf an, daß wir selbst mit uns zufrieden sind. Jugend ist Opposition – sagt das Alter. Wenn ihr älter werdet, wird eure Opposition sich ausgleichen. Ihr werdet werden wie die Alten, mit denen ihr so unzufrieden wart. – Aus oppositionellen Jugendbeweglern sind rückständige Spießer geworden.

Jugend ist Optimismus – das sagt man uns auch immer. Und hier? Ist das optimistisch, was der Primaner sagt? Das ist im Gegenteil voller Pessimismus. Die Pole haben also ihr Vorzeichen verändert.

Mit dem bekannten Körnchen Salz will ich meinem Berliner Freund Recht geben. Das zu beweisen ist nicht ganz einfach.

Lübeck ist nicht Berlin, worüber ich mich manchmal schon geärgert habe. Aber nur manchmal, meistens denke ich doch: ein Glück. Lübecker Primaner sind keine Berliner Primaner. Da sagen vor allem die Lehrer und Eltern: ein Glück. Aber so groß ist der Unterschied nicht, glaube ich. Ich will nicht beweisen, daß wir „schlechter, also berlinischer" sind, als die Lehrer glauben. Sowas beweist man nicht. Als wir uns vor kurzem in unserer Klassengemeinschaft über den Abschluß der Schullaufbahn unterhielten und damit auf die Schulfeier kamen, da war die allgemeine Meinung: „wer die Rede hält, soll aber nicht wieder denselben Quatsch wie immer erzählen. Der soll den Paukern das mal ordentlich geben." Das war roh gesagt dasselbe wie das, was der Berliner näher umschrieb.

Was hat mir die Schule gegeben?

Erstens, wenn alles gut geht, einen Berechtigungsschein, der zu nichts berechtigt. Aber vielleicht kann ich ja Konditor mit Abitur werden.

Es wäre ungerecht drum zu sagen, die Schule hätte also nichts gegeben, weil wir mit der Schlußbescheinigung der Schule nichts anfangen können.

Der wissenschaftliche Mensch, der sittliche Mensch und wie heißen doch all die Menschen, die man aus uns gemacht hat. Ich glaube, unsere Schule steht viel zu sehr in der Vergangenheit, um Menschen der Gegenwart, geschweige denn Menschen der Zukunft, auf eigene Füße stellen zu können. Es wird mir nicht leicht, zu unterscheiden zwischen dem, was mir die Schule gegeben hat und dem, was ich mir von sonstwoher erarbeitet habe. Aber schon diese Unklarheit, dieser Zweifel also an dem unbedingten Empfangen von der Schule ist ein Vorwurf.

Die Schule hat mich zum wissenschaftlichen Menschen gemacht? Ich weiß nicht, ob das stimmt, deshalb keine Ausrufungs- sondern ein Fragezeichen. Meine Lehrer haben sich über meinen besonderen wissenschaftlichen Eifer von mir aus sicher nicht erfreuen können. Ich habe aber festgestellt, daß das wissenschaftliche Pensum der Schule garnicht so groß ist, daß ein besonderer Eifer dazugehört. Übrigens bin ich froh, wenn ich manches von der „Wissenschaft" so schnell wie möglich vergesse.

Ich habe in der Schule gelernt, die Dinge zusammenhängend zu sehen. Am meisten nehme ich sicher aus meinem deutschen und geschichtlichen Unterricht mit. Nur da ist es gerade die zusammenfassende Linie durch die Geschichte des deutschen Volkes, die zusammenhängende, immer wieder ineinander greifende Geschichte des deutschen Geistes.

Aber hätte ich das nicht auch lernen können, ohne die Schule besucht zu haben. Ich glaube ja. Mit mehr Mühe allerdings. Aber ich glaube, daß ich mich zu dem bescheidenen Maß von Wissenschaftlichkeit, von zusammenhängendem, logischem Denken auch sonst durchgearbeitet hätte.

Ich bin zum Leidwesen meiner Lehrer die letzten Jahre immer meiner eigenen Wege gegangen. Ich bin nicht traurig darüber. Sondern ich freue mich, denn ich glaube, ich wäre ein armer Mensch, hätte ich nicht das, was ich selbst erarbeitet habe.

Die Schule hat mich zum sittlichen Menschen gemacht? Daß man dies tut und jenes nicht tun darf, oder vielmehr daß man sich nicht fassen lassen darf, wenn man es doch tut, das lehrt einen auch das Leben außerhalb der Schule. Aber ich komme noch darauf zurück.

Ich sagte, unsere Schule steht in der Vergangenheit. Sie schafft keinen Menschen des gegenwärtigen Lebens und darum fühlt sich der Primaner zu keinem besonderen Dank verpflichtet. Wir sehen gerade, daß diejenigen unserer Kameraden, die nur pflichtgetreue Pennäler sind, sich mit dem Leben garnicht abfinden können. Sie werden nicht so leicht scheitern, weil sie zur – Universität gehen.

Es ergibt sich die Frage, ob die Schule Menschen der Wissenschaft oder Menschen des Lebens erziehen soll? Diese Frage konnte solange von keiner Bedeutung sein, wie jeder Abiturient mit Sicherheit seine Laufbahn vor sich hatte, d.h. meistens doch gesichertes Studium und dann gesicherte Lebensgrundlage. Heute sehen wir, außer einigen wenigen, alles schwarz in schwarz. Und da kommen wir nicht weit mit dem, was die Schule uns gelehrt hat.

Die Erziehung ist nicht irgendetwas in der Luft Schwebendes. Sie hängt von ganz vielen Dingen ab. Solange die Menschheit bäuerlich lebte, spielte auch die Schulfrage keine Rolle. Die Städte erst erzogen sich ihren Nachwuchs ganz planmäßig. Die Frage der Kultur ist aufs Engste verknüpft mit der Frage der Gesellschaft, mit der Frage der Politik.

Und heute?

Dem halbabsolutistischen Staat entsprach die autoritative Erziehung, das konservative Erziehungssystem. In der Politik setzte sich der Liberalismus durch, in der Wirtschaft entsprach das Manchestertum dieser Entwicklung. Und es entstand die liberale Schule.

Der Liberalismus ist auf der ganzen Linie zusammengebrochen. Politisch will ihn niemand mehr, der Ruf nach dem Führer ist die große Mode. Wirtschaftlich kann das Manchestertum nicht vorwärts noch rückwärts. Es bricht in sich zusammen.

Auch die liberale Schule hält sich nicht. Eine Autorität gibt es auf der Schule kaum mehr. Hier eine neue Autorität, auf Gemeinschaft beruhend, statt in die konservative Autorität zurückzukehren, aufzubauen, bleibt die große Aufgabe.

Selten hat eine Zeit auf so schwankendem Boden gestanden wie die Nachkriegszeit. Die demokratische Republik war die neue demokratische Form. Die Wirtschaft änderte sich nicht. Auch die realen Machtfaktoren Militär, Bürokratie usw. nicht. Auch die Schule fand keinen neuen Weg. Das ist ihr nicht besonders anzukreiden.

Es gibt ja keinen einheitlichen Zug seit 1918. Parteien glaubten, mit Parlamentarismus die Demokratie eingeführt zu haben. Politische Demokratie allein gibt es aber nicht. Soziale und kulturelle Demokratie gehören zur wirklichen Demokratie hinzu.

Unsere Schule lebte in einem schwankenden Liberalismus dahin. Sie stellte sich nicht auf den demokratischen Boden, den es ja allerdings auch nur auf dem Papier und nie in Wirklichkeit gab. Sie fand auch den Weg nicht zurück zur alten Schule. Man kann ja nicht das Rad der Geschichte rückwärts drehen. So entstand das ewige Schwanken. Wer meint, daß die Erziehung ein Ding an sich, daß die Kultur losgelöst von allem anderen sei, der wird allerdings, glaube ich, weniger leicht mit diesen Dingen fertig.

Aus Rußland kommt uns ein neues Schulsystem, oder wenigstens der Versuch. Aus Italien ein anderer. Italien führt die autoritative Erziehung in starkem Maße durch. Gehorsam dem Führer ist erstes Gebot. Militärische Erziehung, nationale Erziehung vom fünften Jahre an in den faschistischen Balillas[3]. Wer das faschistische System an sich als das der Zukunft ansieht und es erwünscht, muß auch diese Form der Erziehung für den Ausweg halten.

In Rußland Erziehung zur Gemeinschaft. Das ist keine utopische Angelegenheit. Und der Weg zur Gemeinschaft ist auch kein ganz einfacher. Politisch hat Rußland das Sowjetsystem, die Diktatur des Proletariats. Also Erziehung in diesem Sinne. Wirtschaftlich leisten die Sowjets Ungeheures. Und das macht das Wesen ihrer Herrschaft überhaupt aus, daß sie aus einem rückständigen Agrarland ein fortschrittliches Land mit modernster Technik, mit vollendeter Industrialisierung machen. Man hat ihnen 15 Jahre lang Untergang prophezeit. Sie marschieren vorwärts. Darauf ist natürlich die ganze russische Erziehung eingestellt. Die Heranbildung von tüchtigen Menschen der Wirtschaft, der Industrie ist die Hauptsorge der Sowjets. Für die technischen Hochschulen geben sie mehr aus als für die übrigen Universitäten.

Dieses ist also der andere Weg aus der Haltlosigkeit unserer Lage. Erziehung für die Gemeinschaft, Erziehung für den planmäßigen Aufbau.

Mitteleuropas Wege werden andere sein als die Rußlands und Italiens, sie werden aber irgendwie in einer dieser Richtungen liegen. Jugend ohne Hoffnung! – so sagt unser Berliner Freund und trifft damit die ganze Ausweglosigkeit unserer Lage.

Aber die Schule ist nicht Schuld daran, denn sie ist ja abhängig von anderen Faktoren. Ein Ausweg ist zu suchen. Denn es ist gewiß etwas Unnatürliches, wenn die Jugend, die früher den Weg des Führers der Nation klar vor sich sah, heute nicht weiß, wohin. Sie steht vor einem Nichts. Ihre Illusionen werden zerstört, ihre Hoffnungen verschwinden. Sie klagt an!

Man wird gut tun, ihre Anklage zu prüfen. Die Jugend selbst aber soll sich nicht immer den Alten gegenüber nur hinstellen und sagen: Ihr seid schuld! Und dann noch auf einen Ausweg hoffen. Wenn die Jugend sich auf die andern verläßt, ist sie ewig verlassen. Hoffen wir, daß sie eine Jugend nicht nur ohne sondern vielmehr mit Hoffnung sei!

Nr. 10
Artikel Brandts
„**Wahrheit vor allem!**"
17. Januar 1932

Sozialistische Arbeiter-Zeitung, 2. Jg., Nr. 14, 17. Januar 1932.[1]

In den wenigen Wochen, die wir mit der Gründung der SAP[2] miteinander marschiert sind, hat sich in uns allen ein Wandlungsprozeß vollzogen. Wo diese Wandlung noch nicht fertig ist, müssen wir nachhelfen. Es handelt sich um die Wandlung von der SPD-Opposition zur richtungsweisenden revolutionär-sozialistischen Arbeiterpartei. Zuerst nach der Gründung haben wir uns doch vielleicht noch als ein Stück Sozialdemokratie empfunden. Nun geht es aber darum, daß alle Genossen lernen, auf eigenen Füßen zu stehen! Wenn man so sagen will, war unsere Aufgabe in der SPD leichter. Wir stellten dann und wann, die wenigen führenden Linken etwas häufiger als wir in den Ortsgruppen, die Linie der marxistischen Opposition heraus. Dabei waren wir aber doch ziemlich stark auf kleinere Kreise beschränkt. Es ging ja vor der Spaltung gerade darum, an die Massen heranzukommen. Und diese Aufgabe ist nun von uns als Partei in viel stärkerem Maße zu leisten: zu allem die klare marxistische Meinung aufzuzeigen.

Der Wandlungsprozeß in uns hat sich so weit vollzogen, daß wir der SPD ideologisch nicht mehr näher stehen als irgendeiner anderen proletarischen Partei. Im Gegenteil, vielleicht stehen wir der SPD am wenigsten nahe. Nun hat ein Teil unserer Genossen – und selbst kommt man ja jeden Tag in die Versuchung – seine Aufgabe darin gesehen, in demselben Maße, in dem wir von der Sozialdemokratischen Partei Abstand gewannen, nur verstärkt auf sie zu schimpfen. Ich will kein Anwalt der SPD-Führung sein. Aber wir wollen nicht glauben, daß die Auch-Genossen, die sich uns gegenüber besonders „freundlich" benommen haben und die sich durch besonders „arbeiterfreundliches" Verhalten auszeichnen, nun die einzigen Faktoren im Kampf der Arbeiterschaft darstellen. Wir würden damit ihre Bedeutung überschätzen. Es ist eine Enge der Betrachtung, wenn man nur die „verfl... Bonzen" verdonnert. Unsere Aufgabe ist eine ganz andere. Wir sollen den Arbeitern Klarheit verschaffen, was ist und – was sein wird. Daß dieser oder jener „Genosse" ein Schweinehund ist, konnten wir auch als SPD-Opposition sagen, das sagten schließlich auch die Kommunisten. Wo es nötig ist, werden wir natürlich rücksichtslos weiterhin Schweinereien entlarven. Was aber am Tage der Revolution zu geschehen hat, wie der sozialistische Aufbau sich vollziehen soll, das aufzuzeigen fehlte uns in der SPD die nötige Freiheit, auch die nötige Freiheit von der SPD-Ideologie. Hier müssen wir nun auch gerade die Gradheit aufbringen, die die KPD verloren hat, da sie sich in flachem Opportunismus verliert. (Wir brauchen nur an die „nationale Befreiung" oder an das Bauernprogramm zu denken.[3])

Wir müssen den Arbeitern wieder Vertrauen geben, Vertrauen zu sich selbst, zu ihrer eigenen Kraft. Wir müssen ihnen wieder sagen, daß sie die Werkleute der kommenden Gesellschaft sind. Damit sie ihre Aufgabe meistern können, müssen wir an ihre E i n i g k e i t   i m   K a m p f appellieren. Aber mit dem Appell an die Einigkeit ist es noch nicht getan. Die Arbeiter wollen wissen, was nachher kommt. Genau so, wie es nicht genügt, wenn wir nur den „Sozialismus" propagieren. Darunter kann sich niemand etwas vorstellen. Mit dem Wort ist zuviel Schindluder getrieben. Die Sozialdemokraten haben ihre Republik den halben „Sozialismus" genannt. Für die Gewerkschaftsführer waren Tarifrecht und Betriebsrätegesetz ein Stück „Sozialismus". Auch die Nazis wollen „Sozialismus". Wer will ihn eigentlich nicht? Wir müssen dem Proletarier sagen, daß sie sich nicht wieder überrumpeln lassen sollen, wenn ein neuer November[4] kommt. Daß die Macht dann nur den Arbeitern und nur ihren Vertretern gehören soll. Daß proletarisch verordnet und proletarisch Recht gesprochen werden soll, daß eine proletarische Wehr die Gesetze durchsetzen soll. Dem Gedanken des Rätestaates ist ein neuer Inhalt zu geben. Ganz konkrete Fragen der Sozialisierung sind zu diskutieren und durchzuarbeiten, damit nicht wieder in einem großen Augenblick ein kleines Geschlecht seine Aufgabe verkennt.

Unsere Aufgabe ist, revolutionärer Vortrupp zu sein. Klarheit auf dem Marsch und Klarheit im Ziel!

Nr. 11
Artikel Brandts
„**Nach diesem 1. Mai**"
3. Mai 1932

Sozialistische Arbeiter-Zeitung, 2. Jg., Nr. 103, 3. Mai 1932.[1]

Der 1. Mai liegt hinter uns. Zum 44. Mal seit 1889. Welcher Weg liegt hinter dem deutschen Proletariat seit jener Pariser Proklamierung im Jahre 1889.[2] Ein Weg von der kleinen unverzagten Kampfgemeinschaft des Sozialistengesetzes[3] zur gewaltigen, wuchtigen Masse. Aber zur Masse, in die das Gift der Kampflosigkeit, des Hoffens auf das gute Herz des Klassengegners sich einschlich. Ein Weg, der unterbrochen wurde durch die Kriegsjahre, als die Arbeiterschaft als Kampfmasse völlig zerbrochen war, als ihre „Führung" ins Lager Ludendorffs und Hindenburgs übergelaufen war. Ein Weg, der dann neue Kämpfer sah, neue Massen, neuen Verrat. Ein Weg, der einen 1. Mai sah, an dem ein Führer des einen Teiles der Arbeiterschaft auf die kampfentschlossenen Proletarier des anderen Teiles blaue Bohnen losschickte.

Ein Weg bis zu diesem 1. Mai. Und wie sah der aus? Dieser Mai fiel in eine Zeit der ernstesten Mahnung für das deutsche Proletariat. Ungeheure Not, Krieg und Faschismus drohen. Die gilt es abzuwehren. Aber es gilt mehr. Mai heißt Kampf. Kämpfer gilt es zu finden für den Sozialismus. Dazu bedarf es des eigenen, geschlossenen Aufmarsches des gesamten klassenbewußten Proletariats.

Wo war der? Wenige Aufmärsche des einigen Proletariats fanden an diesem 1. Mai statt. In der erdrückenden Zahl von Orten marschierten die einzelnen Fraktionen der Arbeiterbewegung – soweit sie marschieren durften – getrennt auf. Alle – hoffentlich – vom Geiste des 1. Mai erfüllt. Aber doch zusammen genommen gegen den Geist des 1. Mai. Denn wenn der 1. Mai Kampf bedeutet, und in unsern Tagen dieser Kampf einzig und allein geführt werden kann von der einigen Arbeiterklasse, dann richten sich Demonstrationen der Uneinigkeit gegen den Geist des 1. Mai.

Im vorigen Jahr sprach ich am Vorabend des 1. Mai in einer kleinen norddeutschen Stadt. Dicht an dicht, kampfentschlossen standen die Sozialdemokraten, die Gewerkschaftsarbeiter zusammen. Und mitten in unserm Kampfgelöbnis zog einer kleiner Zug von Klassengenossen der anderen Fraktion mit ihrer Schalmeienmusik an uns vorbei über den Marktplatz. Die Bürger an den Fenstern freuten sich darüber. Und was mußten die Arbeiter lernen? Jede getrennte Demonstration heißt: Schändung des Gedankens des 1. Mai.

Seit dem vorigen Jahr hat sich vieles geändert, aber vieles ist ebenso geblieben. Während des Preußen-Wahlkampfes war ich in einem Ort, in dem unsere Genossen führend im Gewerkschaftskartell sitzen. Sie hatten sich mit ihrer ganzen Kraft um eine einheitliche Demonstration der Arbeiterschaft bemüht. Die KPD hatte von ihrer Bezirksleitung den Befehl, getrennt zu marschieren. Und das in einem Ort, wo die Arbeiterschaft dem schlimmsten Terror der Nazis ausgesetzt ist. Hier muß hart gesprochen werden. Jede Partei-Bürokratie, die den einigen Mai-Aufmarsch verhindert, schändete den Namen des Proletariats. Das Jahr 1932 mit all seiner Folge von Ereignissen und Zuständen mahnt zur Einigkeit. Das deutsche Proletariat hat diese Mahnung noch nicht verstanden. Der 1. Mai 1932 sah noch hundertmal mehr Familien-Aufmärsche und Parteihaßdemonstrationen als einheitliche Kampfgelöbnisse des Proletariats. Hätten doch die Maifeierkomitees statt „Proletarier aller Länder, vereinigt euch" zunächst lieber „Proletarier Deutschlands, vereinigt euch" auf die Maifeierabzeichen geschrieben!

Große Aufgaben werden nicht von heute auf morgen erreicht. Aber sie müssen vorbereitet werden. Und es ist eine große Aufgabe, den 1. Mai wieder zu dem zu machen, was er sein sollte. Das sei wenigstens die Mahnung nach dem Tag.

Der „Angriff"[4] meinte, dieses Jahr seien die letzten „roten Maifeiern" gewesen. Wir meinen und wollen darum kämpfen, daß dieses Jahr waren: die letzten Maifeiern der Zerrissenheit der deutschen Arbeiterklasse.

Nr. 12
Bericht Brandts
auf dem illegalen Parteitag der SAP in Dresden
11. oder 12. März 1933

Zentralbibliothek der IG Metall, maschinenschriftliches Protokoll des illegalen Parteitages.

Bezirk Mecklenburg (Fr[ahm]) Die einzige Ortsgruppe, die in unserem Bereich etwas taugt, ist Lübeck mit 75 Mitgliedern. Schwerin hat 25 und Rostock 12 Mitglieder. Von diesen Ortsgruppen haben wir aber seit langem nichts mehr gehört. Wir haben ausserdem noch in verschiedenen Orten 6–8 Vertrauensleute.[1] Der Stand der Organisation ist jetzt so, dass ein Genosse der Ortsgruppe Schwerin die Frage der Liquidation stellt. Aus finanziellen Gründen ist es uns ausserordentlich erschwert, mit den Genossen im Bezirk in Verbindung zu kommen. Wir werden aber in den nächsten Tagen die Ortsgruppen aufsuchen. Lübeck hat in den letzten Wochen die Feuerprobe bestanden. Die Mehrheit der Genossen stand früher auf Seiten von M[ax] S[eydewitz]. Selbst diese Genossen lehnen jetzt einmütig den Schritt von MS[2] ab.[3] In der Einheitsfrontpolitik haben wir Gutes geleistet. Auch bei uns ist der faschistische Terror unerhört gross. Die

KPD hat aufgehört zu wirken. Wir müssen in die Bresche springen und die Führung der Kommunisten übernehmen. Jetzt zeigt sich, dass unsere kleine Gruppe bei der Arbeiterschaft Einfluss hat.

Nr. 13
Artikel Brandts
„Wie sieht es in Hitlerdeutschland aus?"
11. April 1933

Arbeiderbladet, 50. Jg., Nr. 100, 11. April 1933[1] *(Übersetzung aus dem Norwegischen: Einhart Lorenz).*

DER FASCHISMUS HAT GESIEGT.

Es ist hart, aber wir müssen lernen, den Tatsachen in die Augen zu sehen, und es ist eine Tatsache, dass der Faschismus in Deutschland gesiegt hat, dass dessen Sieg ein vollständiger und ungeheurer Sieg ist. Der Faschismus hat gesiegt, und die Arbeiterbewegung ist geschlagen. Letzteres ist in erster Linie die Tatsache, über die sich viele Genossen noch nicht im Klaren sind. Sie können und wollen nicht glauben, dass dieses mustergültig organisierte deutsche Proletariat, diese in der Welt am besten organisierte Arbeiterklasse ohne Widerstand vom Faschismus überwunden wurde. Und dennoch ist es eine Tatsache. Die Arbeiter der Welt, und nicht zuletzt die deutschen Arbeiter selbst, haben immer gesagt und gehofft: „Deutschland ist nicht Italien". Sie haben nicht geglaubt, dass es Hitler gelingen würde, die deutsche Arbeiterklasse zu schlagen, so wie Mussolini die Arbeiterklasse in Italien unterdrückte. „Deutschland ist nicht Italien" – das war eine Hoffnung, die eine bittere Wahrheit auf ganz andere Weise geworden ist. Wofür Mussolini Jahre brauchte, gelang Hitler in Wochen. Italiens Beispiele, die Lehre von Finnland[2] sind vom deutschen Faschismus gut verstanden worden, aber leider nicht von den deutschen Arbeitern. Die deutschen Faschisten haben zweckmäßig all die

Methoden zusammengefasst, die in Italien und Finnland ausprobiert wurden, und sie haben mehrere spezifisch deutsche dazu erfunden. Mit diesen gut überlegten Methoden, mit diesem Einsatz aller Kräfte, um den Widerstand der deutschen Arbeiter zu zerstören, kam der Sieg so schnell und entscheidend.

DIE KRISE ÄUSSERT SICH IN KATASTROPHEN.

Der Sieg des deutschen Faschismus ist kein Zufall, er war eine Notwendigkeit für den deutschen Kapitalismus. Die Weltkrise, von der Deutschland am meisten berührt wurde, nahm immer schärfere Formen an. Sie begann, sich in Katastrophen zu entladen. Eine solche Katastrophe ist die jüngste Entwicklung in Deutschland.

Überall in der Welt spitzt sich die allgemeine Lage ungeheuerlich zu. Der amerikanische Bankenkrach kennzeichnet am besten die ökonomischen Probleme. Überall nimmt die Spannung zu. Polen, China–Japan, Amerika–China, Sowjetunion–Japan, Italien–Jugoslawien, Frankreich–Deutschland, die kleine Entente[3], Österreich – all das sind Beispiele dafür, wie sich die Lage im Weltmaßstab zuspitzt. In Deutschland haben die Kapitalisten auf Grund der besonderen ökonomischen Probleme und der 8 Millionen Arbeitslosen definitiv die Hoffnung verloren, dass sie den kranken deutschen Kapitalismus in naher Zukunft kurieren können. Deshalb haben sie dem Faschismus die Macht ausgeliefert.

TERROR UND IMMER WIEDER TERROR.

Wie sieht es nun eigentlich in Hitlerdeutschland aus?

Wenn man den Erklärungen der Regierung Glauben schenkt, ist alles in schönster Ordnung. Besonders im Zusammenhang mit dem Judenboykott[4] wurde immer wieder die Frage des Terrors diskutiert, denn diese Maßnahme der Nazis sollte sich ja angeblich gegen Falschmeldungen über den Hitlerterror richten. Die Nazis erklärten vor aller Welt, dass keinem in Deutschland ein Haar auf dem Kopf gekrümmt würde. Deshalb lag es ihnen auch stark am Herzen zu erklären, dass der Judenboykott nichts anderes als eine aufgezwungene Defensivmaßnahme war. Das ist nicht wahr. Die Boykottaktion war ein großes Ablenkungsmanöver. Mit tüchtiger Propaganda – und das ist wirklich eine starke Seite der Nazis – brachte man die Bevölkerung in eine Angstpsychose. Damit hatte man wiederum etwas, was die eigene Untätigkeit und Unfähigkeit überdecken konnte. Herrschen wirklich Ruhe und Ordnung in Deutschland? Wenn man die Erklärungen der Regierung und die Erklärungen vieler anderer hört, muss man glauben, dass man diese Frage unbedingt mit „ja" beantworten kann. In Wirklichkeit herrschen jedoch Zustände, wie man sie bisher noch nicht in der Welt gesehen hat. Oder ist es vielleicht kein Terror, wenn viele Tausende, nein Zehntausende Arbeiterfunktionäre in den Gefängnissen und Konzentrationslagern sitzen? Ist es kein Terror, wenn missliebige Kommunisten „auf der Flucht" erschossen werden? Ist es kein Terror, wenn Arbeiter verschleppt, Gewerkschaftshäuser, Geschäfte, Buchhandlungen, Druckereien und Arbeiterwohnungen gestürmt und zum Großteil zerstört werden? Es ist die gewalttätige Zerstörung von Arbeiterorganisationen, die vor deren rechtlichem Verbot erfolgt, gar nicht zu reden von der völligen „legalen" Aufhebung der Versammlungs-, Presse- und Koalitionsfreiheit. Das sind Tatsachen. Diese Beispiele von Terror sind wahr, die Beteuerungen der Nazis erdichtet. Nun überlassen wir den Lesern zu beurteilen, ob Ruhe und Ordnung in Deutschland herrschen.

DER TERROR IST NOTWENDIG.

Für das faschistische Regime ist Terror eine Notwendigkeit. Der deutsche Kapitalismus hat seinen letzten Trumpf ausgespielt, den er nicht verlieren darf, wenn er nicht untergehen will. Der Terror ist notwendig, weil die Gegensätze zwischen den einzelnen Gruppen innerhalb der Regierung sonst zum gemeinsamen Untergang führen würden und weil die Hitlerregierung dennoch nicht in der Lage ist, die ökonomischen Aufgaben zu lösen. Das ist nicht zuletzt deshalb nötig, weil die Massen der Mittelschicht und der Arbeiter, die in den Sturmabteilungen organisiert sind und die in Bewegung gesetzt sind, sich sonst eines Tages in Raserei gegen ihre betrügerischen Führer wenden würden. Eins versteht der Faschismus – das hat er nicht zuletzt in diesen Wochen gezeigt –, nämlich in jedem Fall am Ruder zu bleiben und nicht nur die politische Macht zu diesem Zweck zu behalten, sondern sie zu sichern, zu festigen. Das haben die deutschen Arbeiter leider nicht verstanden. . . .

Die anhaltenden Beteuerungen und Dementis der deutschen Regierung müssen nicht das internationale Proletariat über die wirkliche Situation, in der sich die geknebelten deutschen Brüder befinden, irreführen. Die Nazis lügen. Die Nachrichten in den ausländischen Zeitungen stimmen bei weitem nicht mit den wirklichen Zuständen in Deutschland überein. Wir brauchen nicht das Proletariat in der Welt aufzuwiegeln, wir brauchen ihm nur die Wahrheit zu erzählen!

DER ZUSTAND INNERHALB DER DEUTSCHEN ARBEITERBEWEGUNG.

Die Organisationen der deutschen Arbeiterklasse sind zusammengebrochen. Die beiden großen politischen Organisationen, SPD und KPD, haben es nicht verstanden, den Faschismus mit ihrer bisherigen Politik abzuwehren. Sie wurden nun durch diesen faschistischen Putsch zerstört. Das deutsche Proletariat hat mit all seiner organisatorischen Stärke immer eine entscheidende Schwäche gehabt, es hat sich zu sehr auf andere verlassen. Es hoffte auch in dieser Situation auf die „Demokratie", das Zentrum und die Reichswehr. Diese Hoffnung ist zerschlagen. Trotz aller Unterdrückung durch die Regierung erhielten die Arbeiterparteien für sich eine größere Stimmenzahl als bei der letzten Wahl. Aber die Sozialdemokraten in Deutschland haben ihre Position ohne jeden Widerstand aufgegeben. Der Parteivorstand erklärte nach der Wahl, dass er gegenüber einer faschistischen Diktatur als legale Opposition, die die Verfassungsformen einhält, auftreten wolle. Er wollte warten, bis das Volk wieder nach der SPD rief. Dieser Weg ist die absolute Kapitulation.

Die KPD erwies sich nicht in der Lage, in die Bresche zu springen. Sie ist vom Angriff des Faschismus und durch ihre eigene Haltungslosigkeit desorientiert. In vielen Dörfern befindet sie sich in völliger Auflösung. Hier gibt es, ebenso wie bei der SPD, viele Beispiele von Überläufertum. Die Verwirrung ist groß, der Zusammenbruch in einem so großen Apparat erschütternd. Schlimmer als in Finnland. Die deutschen Arbeiter sind enttäuscht, und es wird lange dauern, die Kräfte erneut zum Widerstand zu sammeln.

Aber das schlimmste Kapitel sind die freien deutschen Gewerkschaften. Der Vorstand des ADGB schrieb an Hitler:

„Durch die Anerkennung des staatlichen Schlichtungswesens haben die Gewerkschaften auch das Recht des Staates anerkannt, in Auseinandersetzungen zwischen Arbeitern und Arbeitgebern einzugreifen... Die Gewerkschaften sind völlig bereit, mit den Unternehmerorganisationen über Lohn- und Arbeitsbedingungen zusammenzuarbeiten. Eine staatliche Aufsicht über solche Gemeinschaftsarbeit kann durchaus angebracht sein. In politischer Hinsicht kann die Aufgabe der Gewerkschaften nur darin bestehen, der Regierung die berechtigten Wünsche der Arbeiter vorzulegen... Die Gewerkschaften beanspruchen kein Monopol. Über der Form der Organisation steht die Wahrung der Arbeiterinteressen. Eine wahre Gewerkschaft muß von den politischen Parteien unabhängig sein."[5]

Die Gewerkschaftsführer haben sich zur Zusammenarbeit mit dem Faschismus bereit erklärt. Sie arbeiten unter dem Hakenkreuz. So schändlich war es nicht einmal in Italien.

DER ZUSTAND INNERHALB DES FASCHISTISCHEN REGIMES.

Von dieser Seite droht dem Faschismus also in der ersten Zeit keine Gefahr. Aber auch verfassungsmäßig hat er das Recht in seiner Tasche. Das Ermächtigungsgesetz legalisiert alle Beschlüsse der Regierung.[6]

Aber es entstehen Risse in die Struktur des Faschismus. Die Gegensätze zwischen den verschiedenen Gruppen innerhalb der Regierung, in erster Linie zwischen der alten Reaktion und dem jungen Faschismus, sind gegenwärtig und werden sich wahrscheinlich auf Zeit sehr deutlich zu erkennen geben.

Aber von dieser Seite wird der Faschismus nicht gebrochen werden. Er sitzt fest im Sattel, er regiert. Die Probleme sind groß, aber ein ganzer Teil von ihnen wird überwunden werden. Er ist die letzte Kraft, die das Leben des Kapitalismus retten soll. Diese Rettung wird nicht möglich sein, aber eine Galgenfrist – und wahrscheinlich eine nicht besonders kurze – wird er seinem bankrotten Herren schaffen können.

Nr. 14
Artikel Brandts
„Was hat die deutsche Jugend vom Faschismus zu erwarten?"

Norges Gymnasiastblad, Nr. 4, April-Mai 1933.[1]

Begeistert sind die Heere der nationalsozialistischen Jugend aufgezogen, die grosse „nationale Revolution" zum Durchbruch zu bringen. Die deutsche Jugend marschiert zum grossen Teil mit Adolf Hitler. Die deutsche Jugend hofft auf Adolf Hitler! Warum? – Die wirtschaftliche Not ist immer stärker geworden, nirgends zeigt sich ein Ausweg. Die Hoffnung auf eine baldige Überwindung der furchtbaren Krise schwand. Vor der deutschen Jugend stand immer die eine „grosse" Zukunft: stempeln, Einreihen in das graue Heer der Hoffnungslosigkeit und der bitteren Not.

Und das andere, das besonders die Jugend der höheren Schulen und der Universitäten betraf: mit der wachsenden wirtschaftlichen Not, mit anderen Worten[:] mit dem Zusammenbruch der kapitalistischen Wirtschaftsordnung, geht zusammen der Niederbruch der bürgerlichen Kultur. Ungeheures Durcheinander, krampfhafte Verzerrung, Chaos sind an die Stelle der einst so gerühmten deutschen Kultur getreten. Junge Menschen werden in diesem Chaos umhergeworfen. Die Grenzen der konservativen Disziplin gelten nicht mehr. Der Liberalismus endet im Aufhören jeder Schuldisziplin, im amerikanischen Sportfimmel, in der Verkitschung der Literatur, der Musik, des Films, in der sexuellen Ausweglosigkeit.

Altes ist zusammengebrochen. Der Massstab der vorigen Generation ist überall hinfällig geworden. Die deutsche Jugend, aufgewachsen bei den Rübensuppen des Weltkrieges und im Eindruck der Schläge der Revolution, sieht, dass das neue System ihm keine Hilfe bringt, dass es ihm keinen Ausweg zeigt.

Da liegt es nahe, Folge und Ursache miteinander zu verwechseln. Also stimmt die Jugend ein, wenn andere rufen: Schuld ist die Republik, schuld ist der „Marxismus", schuld sind Parlamentarismus, Demokratie, Arbeiterbewegung. Aber an Schuldigen fehlt es nicht, schuld sind die Juden, schuld ist Versailles. Darum nieder mit dem „Marxismus", „Juda verrecke", „Los von Versailles"!

Das sagt die nationalsozialistische Bewegung, die mit ihren bunten Uniformen, mit begeisternden Aufmärschen und Reden einen natürlichen Anziehungspunkt einer haltlos gewordenen Jugend bildet. Dort stehen für sie die Männer, die Geschichte machen, die einmal Arbeit schaffen werden und zum andern Ausweg aus der Haltlosigkeit dieses „Systems" zeigen. Mindestens sind diese Männer die grosse Hoffnung...

Was hat der Nationalsozialismus gebracht?

Bis dahin hat Hitler versprochen und die anderen angeklagt. Nun erwartet eine leidende und hoffende Jugend, dass er etwas tut. Hitler regiert seit 12 Wochen. Niemand erwartet, dass er schon seinen nationalen Sozialismus verwirklicht hat. Aber wo sind auch nur die Anfänge einer Besserung? Wo sind auch nur die Silberstreifen am Horizont? Wo sind die ersten Anfänge auf dem Weg zum Ziel?

Hitler hat sich vier Jahre Zeit geben lassen.[2] Damit weicht er denen aus, die Taten sehen wollen. Vier Jahre wird diese Jugend vielleicht warten. Aber sie hofft dann, dass sie Arbeit und gesunde Lebensmöglichkeiten hat.

Womit beginnt Hitler diese Aufgaben?

Das einzige, was in diesen Wochen gründlich gemacht wurde, ist die rücksichtslose Ausrottung und Mundtotmachung der Funktionäre der Arbeiterbewegung, die gemordet, verschleppt, eingekerkert, aufs Grausamste gepeinigt wurden und werden. Wenn in dieser barbarischen Ausrottung Werke, Taten zu sehen sind, dann hat Hitler allerdings etwas getan. Er hat es gründlich getan, nach einem guten Plan und ohne jeden Skrupel – doch „an ihrem Wesen soll die Welt genesen".

Aber der Nationalsozialismus hat noch mehr gebracht: Lohnsenkungen setzen ein, Fett wird teurer – und neue Orden werden eingeführt, für die Schulen werden neue Geschichtsbücher beraten.

Weiter nichts!

Ein wirtschaftlicher Ausweg?

Nirgends sind die Anfänge einer wirklichen Arbeitsbeschaffung durch den Nationalsozialismus zu sehen.

Hier liegt die entscheidende Frage: der Kapitalismus ist der Schuldige an dieser Krise, an dieser Not der deutschen Jugend. Der Kapitalismus kennt kein Streben nach den Gütern der Kultur, sondern nur nach dem Streben nach dem Profit. Der Kapitalismus muss darum vernichtet werden. Hitler aber will den Kapitalismus am Leben lassen. Er sagt „Privatinitiative" dazu, aber das heisst Herrenrecht und Ausbeutung.

Es gibt einen Ausweg vorwärts: die Abschaffung der Ausbeutung, die Überführung der Produktionsmittel aus dem Besitz Einzelner in die Hände der Gesellschaft.

Hitler und der Nationalsozialismus aber gehen den Weg zurück: Sie wollen die Errichtung des mittelalterlichen Ständestaates der Form nach, und das heisst die Diktatur des Kapitals in der Wirklichkeit. Der eine grosse Punkt der Arbeitsbeschaffung im Programm der Nationalsozialisten ist die Einführung der Arbeitsdienstpflicht für die Jugend. Also Sklaverei statt Arbeit. Aber auch dazu ist man nicht einmal fähig. Die Einführung der Arbeitsdienstpflicht ist auf 1934 verschoben worden.

Die Nationalsozialisten wollen – und das hört sich sehr schön an – den Klassenkampf abschaffen. Sie wollen die „Volksgemeinschaft" einführen. Volksgemeinschaft zwischen Ausbeutern und Ausgebeuteten! – Der Klassenkampf wird abgeschafft, wenn die Klassenherrschaft der Bourgeoisie gebrochen ist und der Staat, der heute die Unterdrückungsmacht in der Hand der herrschenden Klasse ist, beseitigt ist.

Und ein geistiger Ausweg?

Die Reden vom „Dritten Reich" sind sehr schön, aber Phrasen und Nebelgebilde mögen heute befriedigen, auf die Dauer sind sie kein Ausweg. Der Antisemitismus ist eines der wesentlichen Propagandaelemente der Nationalsozialisten. Die nationalistische Verhetzung ist ein anderes. Die nationale Frage steht und fällt mit der Frage des Kapitalismus. Erst in einer freien Gesellschaftsordnung werden alle Menschen ihr Vaterland haben. Die Rassentheorien und -überheblichkeiten sind Selbstbefriedigung, aber kein geistiger Ausweg.

Die Disziplin des dritten Reiches ist Kriechertum und keine Freiheit. Der Antisemitismus und die nationale Hetzpropaganda sind Beschränkung und keine geistige Weite.

Sie sind eine Ablenkung nach aussen von dem Schuldigen im eigenen Lande. Aussenpolitische Abenteuer sind das Ergebnis. Ausserdem ist der Faschismus eine treibende Kraft in der Unterdrückung aller geistigen Freiheit. Presse, Literatur, Erziehung stehen auch bei ihnen unter der Hörigkeit des Kapitalismus.

Der Faschismus ist geistige Sklaverei.

Der einzige Ausweg.

Die deutsche Jugend hat vom Nationalsozialismus keine Arbeit, keine geistige Freiheit zu erwarten.

Die Jugend in anderen Ländern darf sich nicht demselben Irrglauben hingeben, auf den ein grosser Teil der deutschen Jugend hereingefallen ist.

Es gibt nur einen Ausweg nach vorwärts, das ist der sozialistische Ausweg aus der kapitalistischen – und faschistischen! – Barbarei, die Befreiung der körperlichen und der geistigen Arbeit von der vernichtenden Ausbeutung.

Es gibt nur einen geschichtlich vorwärtstreibenden Faktor zur Erreichung dieses Zieles, das ist der proletarische Klassenkampf. Es gibt nur ein Mittel der Brechung der Unterdrückung, das ist die proletarische Revolution.

Darum muss die Jugend, die nach Karl Liebknecht „die hellste und reinste Flamme der Revolution" ist[3], *an der Seite der organisierten Arbeiterschaft kämpfen für die Errichtung der sozialistischen Gesellschaftsordnung.*

Nr. 15
Artikel Brandts
„Der deutsche Faschismus – eine Jugendbewegung"
1. Mai 1933

Arbeider-Ungdommen, 11. Jg., Nr. 9, 1. Mai 1933[1] *(Übersetzung aus dem Norwegischen: Einhart Lorenz).*

Der deutsche Faschismus, der in diesen Wochen zur Macht gekommen ist, um seinen kranken Herren zu retten, ist im Wesentlichen eine Jugendbewegung.[2]

Das kommt schon bei einer rein oberflächlichen Betrachtung zum Ausdruck: Vor einigen Jahren, als der Faschismus am Beginn seiner Entwicklung stand, waren es fast nur Jugendliche, die in den Reihen der Bewegung standen. Und wenn man sich heute die Aufmärsche der Nationalsozialisten ansieht, da sind es die Massen junger SA-Leute – Achtzehn- bis Fünfundzwanzigjährige – die die Bewegung prägen, ganz abgesehen von der großen Masse der Hitlerjugend. Am 1. Mai dieses Jahres lässt Hitler seine Truppen demonstrieren und an diesem Tag der Schande für das Proletariat marschiert im Wesentlichen die Jugend für Adolf Hitler.

Die deutsche Jugend leidet besonders stark unter der Krise. Für sie wurde die Unterstützung zuerst reduziert und gestrichen, sie liegt teils auf der Straße, wenn sie mit der Lehre fertig ist. Für den anderen Teil ist alles ein großes Fragezeichen. Dazu kommen die Konflikte mit der Umwelt, mit der Familie, die geistige Not.[3]

Besonders hart von diesen Plagen wird die Jugend der Mittelklasse betroffen, die im doppelten Sinne von der Krise betroffen wird: als Jugend und als eine Klasse, die in das Proletariat hinab gesunken ist. Hier machte der Faschismus die reichste Ernte. Diese Jugend war mit dem „System" unzufrieden, sie war verzweifelt und rebellierte. Sie waren durch und durch Revolutionäre.

Die einzige Bewegung, die es nach ihrer Auffassung ernst damit meinte, das System zu stürzen, die einzige Bewegung, die nach ihrer Ansicht gerecht war, war die Bewegung, die unter der Fahne des Hakenkreuzes marschierte.

Eine Bewegung mit so viel militärischem Geist, mit Uniformen, Paraden und revolutionären Phrasen – eine solche Bewegung hatte große Anziehungskraft auf die jungen Angestellten, auf die Bauernjugend, auf Studenten und Gymnasiasten und zum Teil auf die Arbeiterjugend.[4]

Aber für die Jugendlichen an den Gymnasien und den Universitäten wurde der Faschismus in besonderem Grad die letzte Hoffnung, an die sich die jungen Menschen klammerten. Es gibt heute in Deutschland höhere Schulen, wo sich nicht ein einziger geweigert hat, bei den Demonstrationen der nationalen Revolution dabei zu sein. Schuljungs haben Arbeiter niedergeschlagen und haben sich damit wichtig gemacht. Die SA-Studenten haben starke Sturmtruppen zur Verfügung gestellt. Dieser fanatische Studentenpöbel hat nicht nur die jüdischen und „marxistischen" Universitätslehrer ausgepfiffen und sozialistische und jüdische Kommilitonen niedergeschlagen. Nein, dieser Pöbel war auch sehr eifrig und aktiv, als die wilden Horden Arbeiterwohnungen, Gewerkschaftshäuser, Arbeiterbuchhandlungen, Arbeiterdruckereien überfallen und zerstört haben, als Vertrauensleute der Arbeiter verschleppt und tierisch misshandelt oder massenweise niedergeschossen wurden. Alles im Namen der nationalen Revolution und der deutschen Kultur. Hier zeigt sich die Rolle des deutschen Faschismus als letzte Rettungsplanke, an die sich alle hängen, besonders deutlich.[5] Die deutsche Universitätsjugend, die bereits mit leerem Magen und in kalten Buden studiert hat, sieht überhaupt keine Zukunft für sich. Sie studiert und weiß nur, dass sie später zum Stempeln zu den Arbeitsämtern geht. Aber dann kommt eine Bewegung, die sagt: Arbeit und Brot, Lebensmöglichkeiten und Arbeit für alle Arbeiter der Stirn und der Faust. Also marschieren sie natürlich mit. Dazu kommt noch eins, eine geistige Entwicklung, die besonders deutlich an den höheren Schulen und Universitäten in Erscheinung tritt. Der Konservatismus war überwunden, der Liberalismus bankrott. Hier geht es mit dem liberalen Geist wie mit der bürgerlichen Demokratie. Disziplin und Wohlverhalten sind durch Haltungslosigkeit und Zusammenbruch abgelöst. Und in dieser Richtung wirkt der Faschismus mit seinem Mythos vom Dritten Reich anziehend.

Für die große Masse der Jugendlichen ist natürlich das Extreme an der Bewegung das Entscheidende. Und da kann man nur sagen, dass sich der Faschismus darauf versteht. Er versteht es, die Gefühle anzuheizen und den Drang der Jugend, sich zu behaupten, zufrieden zu stellen. Er versteht es, die Jugend mit einem neuen Glauben zu füllen, dem Glauben an Adolf Hitler und das Dritte Reich. Und selbst wenn sich dieser Traum wie eine Seifenblase auflösen wird und soll, ist er heute gegenwärtig und bestimmend auch für das, was morgen kommen soll. Obwohl die Werbung und Agitation der Nazis, ihre Fähigkeit, Massengefühle und Massenerlebnisse und Massenwille zu mobilisieren, Betrug sind, – so haben sie doch heute gesiegt, gerade weil sie diese Fähigkeit besitzen.

Die deutsche Arbeiterbewegung hat es nicht verstanden, die Jugend an sich zu binden, indem sie Massenerlebnisse mit der Sache der Revolution und des Marxismus verband. Sie hat nicht verstanden, die Jugend davon zu überzeugen, dass der marxistische Sozialismus die Sache der Jugend ist, ein Ideal für die Jugend, für das es sich zu kämpfen und zu sterben lohnt.

Aber das hat auch seine politischen Gründe. Einmal schuf die Tatsache, dass die Arbeiterbewegung in mehrere Flügel gespalten ist, wenig Glauben, während der Faschismus *eine* Bewegung und *ein* Ziel zu sein scheint. Aber dazu kam, dass die Jugend unter der Krise litt, dass sie in Widerspruch zum herrschenden System geriet. Aber die Sozialdemokratie bezeichnete diesen Staat, in dem die Jugend hungerte und litt, als „unsern Staat". Sie gab damit den Rattenfängern des Hakenkreuzes Gelegenheit, der Jugend zu sagen: Dort stehen die Schuldigen, dort stehen die Verantwortlichen für das System, dort steht die „marxistische Bestie". Und mit jugendlicher Leidenschaft stürzten sich diese Menschen auf die „marxistische Bestie", um sie zu zermalmen, was nur zu geistiger und wirtschaftlicher Planlosigkeit führte. Die Sozialdemokratie hat immer gesagt, dass man während der Krise nicht kämpfen könne. Erst müssten bessere Zeiten kommen, dann könnte der Kampf wieder beginnen. Damit hat sie eingeräumt, dass sie zwei Dinge nicht verstand. Erstens den Charakter der Krise in der Niedergangszeit des Kapitalismus und zweitens die Kraft, die entsteht, wenn man entwurzelte Massen aus der Jugend und den Mittelklassen in den Kampf führt. Es hätte so viel bedeutet, wenn sich der Sozialismus in einer Angriffsposition befunden hätte, diese Jugend mit sich gezogen und den Kampf gegen die kapitalistische Bestie geführt hätte.

Die kommunistische Partei hat der Jugend kein Vertrauen eingeflößt. Sie erschien ihr nur negativ, nicht positiv wegweisend. Und wer hätte bei der wankelmütigen Politik der kommunistischen Partei etwas anderes erwarten können.

Die Mehrheit der deutschen Jugend steht heute im Lager des Faschismus. Aus einer revolutionären Haltung heraus ist sie in die konterrevolutionäre Front geraten. Der Tag der Erkenntnis wird kommen, wenn die national verhetzten Soldaten des jungen Deutschlands eingestehen, dass sie das Ganze in eine Barbarei geführt haben. Da werden sie auf alle Fälle hell erwachen.[6]

Da wird die Sache des Proletariats zur Sache der Jugend. Aber mit der Praxis der Alten wird es vorbei sein. Der junge Sozialismus wird wieder der revolutionäre Marxismus werden.[7] Bis dann werden die bewusstesten der deutschen Arbeiterjugendlichen unter den schwierigsten Verhältnissen und trotz des blutigsten Terrors um die Neuorientierung der deutschen Arbeiterklasse und besonders der Jugend kämpfen.

Der Tag, an dem wieder rote Fahnen über dem Heer der deutschen Jugend wehen, wird der internationale Maitag der jungen Sozialisten.

Nr. 16
Artikel Brandts
„Warum versagte die kommunistische Partei in Deutschland?
Der Zusammenbruch der ultralinken Taktik"
Mitte Mai 1933

Arbeider-Ungdommen, 11. Jg., [Nr. 10] Mitte Mai 1933[1] (Übersetzung aus dem Norwegischen: Einhart Lorenz).

Warum siegte der Faschismus und nicht das Proletariat in Deutschland?

Die kapitalistische Weltkrise, die in besonderem Grad Deutschland getroffen hat, schuf bei den breiten Massen, die Opfer der Krise wurden, eine starke Unzufriedenheit. Diese Krise zeigte immer wieder die Voraussetzungen für die Zerstörung des kapitalistischen Systems. Oder richtiger ausgedrückt, sie schuf einen Teil der Voraussetzungen: Sie vergrößerte die Not und das Elend der unterdrückten Massen, aber sie schuf auch Unsicherheit innerhalb der herrschenden Klasse. Die Bourgeoisie sah sich ständig gezwungen, die Formen ihrer Herrschaft über das Proletariat zu ändern. Die Entwicklung von der sozialdemokratischen Koalitionsregierung Hermann Müllers über das von der Sozialdemokratie noch abhängige Kabinett Brüning zu den Regierungen Papen und Schleicher bis jetzt zu Hitler zeigt eine sich ständig ändernde Anpassung an die sich weiter verschärfende Krise innerhalb des kapitalistischen Systems. Das stetig wachsende Elend und der daraus folgende verstärkte Wille der Massen, das Regime nicht mehr zu ertragen, die Schwierigkeiten der herrschenden Klasse, weiter nach den alten Methoden zu regieren, zeigten die Hauptsache, nämlich, dass eine revolutionäre Situation vorlag. Lenin hat gesagt, dass es ohne diese Voraussetzungen „allgemein unmöglich ist, die Revolution durchzuführen".[2]

Aber diese Voraussetzung, die in Deutschland vorhanden war, erforderte, sollte diese Situation genutzt werden, eine klare Politik seitens der Führer der Arbeiterklasse. Von der Sozialdemokratie konnte man nach ihrer jahrelangen verhängnisvollen Politik und reformistischen Theorie diese Führung nicht erwarten. Diese Aufgabe musste der revolutionären Partei in Deutschland zufallen, der kommunistischen Partei. Diese Partei musste die Aufgabe erfüllen, die Massen zum Kampf gegen den Kapitalismus zu sammeln.

Nun hat jedoch das Proletariat nicht in Deutschland gesiegt. Das kann vielleicht verständlich sein. Man hat den Sieg nicht vor dem Kampf in der Tasche. Aber das Proletariat, das sich vom kapitalistischen Chaos hätte freikämpfen können, selbst wenn Bataillone verwirrter Kleinbürger der faschistischen Bewegung gefolgt wären, – das Proletariat hat überhaupt nicht gekämpft. Es ist überhaupt nicht versucht worden, die proletarische Lösung der Krise im Kampf in Deutschland zu erreichen. Der Faschismus – der kapitalistische Ausweg und zugleich der letzte Trumpf des Kapitalismus in dieser Situation – hat in Deutschland gesiegt.

Die revolutionäre Situation hat nicht den Sieg der Revolution gebracht, sondern ganz im Gegenteil noch einmal und entscheidend den Sieg der Konterrevolution.

Die kommunistische Partei ist zusammengebrochen.

Wir haben gesagt, dass wir von der Seite der Reformisten keinen Kampf erwarteten. Was wir von dieser Seite erlebt haben, hat allerdings alle Erwartungen übertroffen. Aber wir haben auch nicht glauben können, dass die kommunistische Partei so total zusammenbrechen sollte. Man musste zwar fürchten, dass eine Partei, die jahrelang so zahlreiche und folgenschwere Fehler begangen hat, nicht im Stande sein würde, das Proletariat zum Siege zu führen. Aber man konnte nicht glauben, dass eine Partei mit Hunderttausenden an Mitgliedern in der Partei und den Nebenorganisationen, mit Millionen Wählern, mit einem großen Organisations- und Propagandaapparat sich vom Faschismus ohne Schwertschlag hinwegfegen lassen würde. Der Generalangriff auf die kommunistische Partei erfolgte am 27. Februar [1933] mit dem Reichstagsbrand, den Göring inszenierte. Die jetzigen Machthaber gingen mit der unerhörtesten Brutalität gegen die Partei vor. Die Funktionäre wurden in die Gefängnisse geworfen, die Zeitungen wurden verboten, der Wahlkampf wurde verhindert. Aber trotz all dieser Tatsachen, oder richtiger auf Grund all dieser Tatsachen, ist es völlig unverständlich, weshalb man sich nicht zur Wehr setzte.

Das Karl-Liebknecht-Haus in Berlin, das das Symbol der kommunistischen Bewegung in ganz Deutschland war, wurde von den Hitlergarden besetzt, die Hakenkreuzfahne wurde auf dem „Horst-Wessel-Haus", in das das Haus umgetauft wurde, gehisst. Und keine Hand erhob sich zum Widerstand. Widerstand wäre wahrscheinlich zu diesem Zeitpunkt von vornherein ein verzweifelter, zur Niederlage verurteilter Kampf gewesen, aber übergibt man seine Organisation ohne Schwertschlag? Lässt eine revolutionäre Organisation ohne Schwertschlag ihr Parteihaus schänden, ihre roten Fahnen in den Straßenstaub ziehen und verbrennen? Hier und da schossen einige mutige Genossen einige Pistolenschüsse. Das war alles!

Die kommunistischen Parteien im Ausland haben davon berichtet, wie ungeheuer aktiv die deutschen Kommunisten waren. Das ist eine große Übertreibung. Gewiss ist der gesunde Kern der kommunistischen Partei an vielen Orten versammelt und versucht, zusammen mit anderen revolutionären Genossen die Grundlage für einen neuen Kampf zu bereiten.

Dieser aktive Kern ist die natürliche Grundlage für eine neue Sammlung der Widerstandskraft des deutschen Proletariats. Diese Neuformierung wird eine langfristige Arbeit. Den deutschen Genossen wird auf keinerlei Weise durch einen rosaroten Optimismus der ausländischen Kampfgenossen geholfen. Und vor allem ändert das nichts an der Tatsache, dass die kommunistische Partei völlig zusammengebrochen ist.

Und ein solcher Zusammenbruch einer revolutionären Partei, die Hunderttausende Mitglieder und Millionen Wähler hat, muss tiefe Ursachen haben.

Warum brach diese große Partei zusammen?

Die Verteidiger der wahnsinnigen Politik, die die deutsche kommunistische Partei gemacht hat – und es gibt leider noch immer solche, die nichts aus der Entwicklung in Deutschland gelernt haben –, haben eine sehr einfache Argumentation benutzt, indem sie sagen: Die kommunistische Partei – die KPD – hat doch immer zum Kampf aufgefordert, zum Streik, zum Widerstand, wenn es notwendig war. Während die Sozialdemokraten doch immer die Massen zurückgehalten haben. Die ganze Schuld liegt bei diesen. Diese Argumentation ist ungeheuer naiv.

Wir verbergen die Schuld der Sozialdemokratie und der Gewerkschaften nicht, aber sie ist hier nicht das Thema. Kann man wirklich damit zufrieden sein, dass die KPD nichts machen konnte, weil die Sozialdemokratie den Kampf verhinderte? – Dann besteht die Aufgabe einer revolutionären Partei also nur darin, von Streik und Revolution zu schreien und zu brüllen, und wenn die Massen nicht streiken und keine Revolution machen – ja, so haben die anderen die Schuld.

Nein, eine wirklich revolutionäre Partei wartet nicht darauf, dass andere die Aufgaben durchführen, die erforderlich sind. Wenn man das erwartet, bräuchte ja die Partei in der Realität nicht zu existieren. Auf der Partei selbst ruht die Aufgabe, durch ihre Arbeit das Vertrauen der Massen zu gewinnen und die Massen auf den Kampf vorzubereiten.

Das ist die Rolle der Partei, so wie sie die kommunistische Partei auch einmal formuliert hat: Die vordersten Elemente innerhalb der

Arbeiterklasse geben die Richtlinien für den proletarischen Klassenkampf an, bestimmen die im jeweiligen Fall notwendige Taktik, bleiben nie hinter den Massen zurück, aber eilen auch nicht so schnell voraus, dass sie sich von den Massen bei der Durchführung von Aktionen, die diese nicht verstehen, losreißen. Die Partei muss nie glauben, dass sie den Kampf übernehmen oder dem Proletariat entreißen kann. Der Kampf für die Befreiung der Klasse muss von den Arbeitern selbst geführt werden. Deshalb ist man auch als Kommunist verpflichtet, Führer und Kamerad der Arbeiter zu sein, um ihr Vertrauen zu gewinnen und Schulter an Schulter zusammen mit ihnen in allen Kämpfen zu stehen.

Das hat Lenin über die Aufgabe der Partei geschrieben, aber die KPD hat geglaubt, dass sie die Probleme der Arbeiterklasse allein lösen könne, sie hat sich von den Massen isoliert, sie hat deren Vertrauen verloren. Die Kommunisten haben nur geschrieen und Schimpfworte benutzt.

Und deshalb kam der Zusammenbruch. Ein Zusammenbruch, der ausschließlich auf Grund der eigenen Politik der Partei geschah.

Nr. 17
Hs. Schreiben Brandts an den Leiter der Auslandszentrale der SAP, Walcher
6. Juni 1933

ARBARK, SAP-Archiv, Mappe 208.

Lieber Gen[osse] Walcher!
Leider habe ich bisher noch keine Antwort auf meinen zweiten nach Prag gesandten und den Dir über Boris [Goldenberg] zugestellten Brief erhalten. Vielleicht ist allerdings inzwischen in Oslo Post angekommen. Durch meinen vorübergehenden Aufenthalt im Bergen-Distrikt zu Vorträgen bekomme ich die Post immer einige Tage später.[1]

Paton schreibt mir am 26.5., daß Du sicher nach London kämest. Außerdem erseh ich aus seinem Brief, daß nun über die Fragen unserer Partei, über die ich ihn in dem kurzen Brief informiert hatte, dort Klarheit besteht.

Du wirst ja nun in Brüssel Gelegenheit haben, mit Vertretern der norwegischen Partei zu sprechen.[2] Es kommt der Parteivorsitzende Oscar Torp und der Gen[osse] Finn Moe. Das entscheidende ist, Oscar Torp zu beeinflussen. Dann hat man den ganzen Parteivorstand. Dort sind noch allerlei Zweifel zu überwinden. Ich habe schon eine Reihe von Dingen in dieser Richtung getan. Aber es wird sehr wichtig sein, daß Du eine besondere Konferenz mit Torp + Moe machst. Wenn man sie dort von Parteivorstandsseite aus eingehend unterrichtet, ist es für mich hier bedeutend leichter, etwas für die Partei herauszuholen.

Zur finanziellen Hilfe von hier aus ist zu berichten, daß die Sache nur langsame Fortschritte macht. 200 Mark sind vorige Woche nach Berlin gekommen. Auf dem Parteitag haben wir 324 Kronen für den Ecksteinfonds[3] gesammelt, die die Gen[ossen] nach Brüssel mitbringen. Sie werden sicher noch mehr mitgenommen haben. Ich habe sie jedenfalls gebeten, einen Teil aus dem Justizfonds der Partei, in den schon mehrere tausend Kronen für deutsche Klassengenossen eingezahlt wurden!, für die SAP mitzunehmen. Zur guten Durchführung der Ecksteinfondsaktion habe ich mich an Partei, Gewerkschaften und Jugend gewandt und warte auf Bescheid von diesen Organisationen. Durch meine Vortragstätigkeit versuche ich außerdem dauernd, den Boden für Hilfe der Partei aufzulockern. Ich denke, daß ich in einiger Zeit auch eine Aktion kleineren Maßes für den SJV einleiten kann.

Die norwegische Arbeiterpartei ist oft mehr als zurückhaltend, die meisten Leute in der Führung glauben nicht recht an die SAP. Sie sind außerordentlich freundlich, wenn es sich um persönliche Hilfe handelt, ich arbeite auch mit dem Pressekontor ganz gut zusammen, aber sie begreifen nur sehr langsam, daß es sich für uns doch in erster Linie handelt um die Vorantreibung der Arbeit in Deutschland, um die Neuorganisierung und daß wir dazu viel Geld usw. gebrauchen.

Wenn Du auch jetzt in Brüssel mit dem Gen[ossen] Torp ausführlich sprechen wirst – und ich hoffe, daß diese Besprechungen eine sicherere Grundlage für meine Arbeit für die Partei schaffen werden –, so möchte ich Dir doch sehr dringend vorschlagen, trotzdem nach Oslo zu Besuch zu kommen. Du kannst dann im Parteivorstand und in der Osloer Repräsentantschaft[4] referieren und <u>das</u> wird uns wieder ein Stück weiter bringen. Außerdem kannst Du dann ja gleich nach Stockholm fahren.

Mit Berlin[5] habe ich nun laufende Verbindung. Ich bekomme alles Material. Die Lübecker Freunde haben trotz der Schläge,[6] die nach meiner Fortfahrt einschlugen, keineswegs den Mut verloren. Sie arbeiten.

Nun warte ich auf einen Brief von Dir, der meine in den letzten Briefen aufgeworfenen Fragen beantwortet. Die Arbeit ist leichter, wenn man zu einzelnen Fragen Richtlinien von den Genossen des Parteivorstandes vorliegen hat. Im übrigen denke ich, daß wir dann in nächster Zeit einmal persönlich alle Fragen hier besprechen können.

Zur Orientierung über den Parteitag lege ich Dir die vorige Nummer meiner Korrespondenz[7] bei.

Mit Kampfbereit!
Herbert Frahm

Nr. 18
**Broschüre Brandts
„Warum hat Hitler in Deutschland gesiegt?"
Erste Junihälfte 1933**

*Brandt, Willy: Hvorfor har Hitler seiret i Tyskland?, Oslo 1933
(Übersetzung aus dem Norwegischen: Einhart Lorenz).*

Der Faschismus hat in Deutschland gesiegt.

Was vor nur wenigen Wochen innerhalb der Arbeiterbewegung als eine Unmöglichkeit betrachtet wurde, ist dennoch eine Tatsache geworden: Der deutsche Faschismus hat gesiegt.[1] Er hat sich den Sieg ohne Widerstand erkämpft. Der todkranke deutsche Kapitalismus hat die Macht an seinen Lakaien übergeben. Der Faschismus soll den Kapitalismus vor dem Untergang retten. Alle wichtigen Machtmittel liegen in den Händen des Faschismus. Der Faschismus hat die Macht – der Faschismus regiert.

Ein Meer von Blut und Verzweiflung.

„Ruhe und Ordnung" – schreit die deutsche Regierung Tag für Tag, und die Reaktionäre in aller Welt schreien mit. Seit Wochen und Monaten fließt das Blut der Arbeiter „in Ruhe und Ordnung" in Deutschland. Die Peinigungen in den Konzentrationslagern nehmen solche Formen an, dass Hunderte täglich zum Selbstmord gejagt werden oder dass sie in Anstalten für Geisteskranke eingeliefert werden müssen. Zehntausende der Vertrauensmänner der Arbeiterbewegung sind in Gefängnissen und Konzentrationslagern eingesperrt. Im Namen von „Ruhe" und „Ordnung" sind Tausende von Arbeitern in den Straßen geprügelt, angespien, gepeinigt und zu Krüppeln gemacht worden. Arbeiterwohnungen sind gestürmt und verwüstet worden.

Beispiele für „Ruhe und Ordnung" sind:

In einer Nacht ist eine wehrlose Frau dreimal unmenschlich verprügelt worden, weil man eine Adresse aus ihr herauspressen wollte. Frauen wurden in Nazikasernen geschleppt, wo sie entkleidet und blutig geschlagen wurden, um dann halb tot und nackt auf die Straße geworfen zu werden. Die, die in Konzentrationslagern eingesperrt sind, werden gepeinigt, verhöhnt und mit amerikanischem Öl[2] behandelt.

Leute aus den Sturmabteilungen dringen in die Gefängnisse ein und ermorden Verhaftete. Sie locken jüdische Intellektuelle aus ihren Häusern, schießen sie nieder oder machen sie zum Gegenstand der grausamsten Peinigungen.

Im „Geiste von Ruhe und Ordnung" werden Hunderte von Gewerkschaftshäusern, Versammlungsräumen, Arbeitersportlokalen, Druckereien und Arbeiterbuchhandlungen gestürmt und verwüstet. Hunderte sind meuchlings ermordet, „auf der Flucht" erschossen, verschleppt.

Von nationalsozialistischer Seite wird gesagt, dass eine Revolution nie völlig ohne Blut stattfindet. Aber das, was in diesen Wochen und Monaten in Deutschland vor sich gegangen ist und noch immer vor sich geht, ist die planmäßige Vernichtung von Menschenleben mit dem Ziel, alle marxistischen Vertrauensmänner auszurotten. Hitler und Strasser und Goebbels und Göring haben nicht vergebens „die Nacht der langen Messer", „die Stunde der blutigen Abrechnung" vorbereitet. Unter dem Schutz von „Ruhe und Ordnung" watet der Faschismus in einem Meer von Blut, Jammer und Tränen. Die Frauen weinen über den Mann, der erschlagen oder verschleppt ist, Kinder weinen über den Vater, der ins Gefängnis geworfen ist.

Und all das ist nur der Anfang.

„Deutschland ist nicht Italien" –[3]

wurde den deutschen Arbeitern in den Reden ihrer Führer und in den beruhigenden Artikeln ihrer Zeitungen gesagt. Dieses Schlagwort hat sich als eine feige Illusion erwiesen. Es hat, ebenso wie viele andere, die Arbeiter vom Kampf abgehalten. Die Arbeiter wurden durch dieses Schlagwort in dem Glauben eingelullt, dass die Macht, die sie durch ihre Organisationen, ihre Stimmzettel und Demonstrationen innehatten, unüberwindlich sei. Niemals würde es den deutschen

„Braunhemden" gelingen, diese Macht zu brechen, so wie es Mussolinis Schwarzhemden gelungen war, die viel schwächere italienische Arbeiterbewegung zu unterwerfen.

Gewiss, Deutschland ist nicht Italien! Hitler eroberte die ganze Macht viel schneller, er saß viel schneller als Mussolini im Sattel, der gegen einen erbitterten Widerstand des italienischen Proletariats kämpfen musste. Innerhalb von Wochen hat Hitler das erreicht, wozu Mussolini Jahre brauchte. Damit ist auch die törichte Ansicht widerlegt, dass der Faschismus ein südländisches Phänomen war, ein Resultat des hitzigen Temperaments der Italiener.

Ebenso sind wir mit der Auffassung fertig, dass der Faschismus wohl im Agrarland Italien siegen könne, aber nie in dem modernen Industriestaat Deutschland zu Macht kommen würde. Der Faschismus hat seine Ursachen nicht im Temperament eines Volkes, in den nationalen ökonomischen Eigentümlichkeiten. Er ist eher eine internationale Erscheinung in der Niedergangszeit des Kapitalismus.

Aber der deutsche Faschismus wird – nach dem Triumph, den er durch seine schnelle, widerstandslose, vollständige Machtübernahme geerntet hat – Probleme ganz anderer Reichweite zu lösen haben als der italienische.[4] Er hat die Macht mitten in der Weltkrise ergriffen.

Die Unterdrückung der Arbeiterklasse.

Die Millionenorganisationen sind aufgelöst, die mächtigen Parteiapparate zerschlagen. Der Faschismus duldet keine proletarischen Organisationen – sie würden eine konstante Gefahr bedeuten. Aber das Schlimmste ist, dass die deutschen Arbeiter kopflos und entmutigt und – ohne einen Finger zu rühren – sahen, wie ihre Organisationen aufgelöst wurden. Die wenigen Ausnahmen ändern diese Regel nicht. Die politischen Organisationen sind mit Hilfe der Gewaltmittel des faschistischen Terrors zerstört worden. Ein Teil ihrer Führer ist zu den Nazis übergelaufen. Der größte Teil der Mitglieder hat jede Hoffnung aufgegeben. In großen Bezirken ist faktisch nichts von der Arbeiterbewegung übrig geblieben.

Die Gewerkschaften sind nicht zerschlagen, sie wurden in den faschistischen Staat eingegliedert. Aus einer Organisation zum

Schutz der Arbeiterinteressen hat man sie in ein Instrument des Staates verändert, um die Arbeiter nieder zu halten.

Aber unter den Ruinen der großen Organisationen werden diejenigen sich nach und nach finden, die trotz allem den Kampf weiterführen wollen.

Der Sieg der Weltreaktion.

Die Arbeiterklasse der ganzen Welt blickte auf Deutschland. Dort war das schwächste Glied in der Kette der kapitalistischen Staaten. Dieses Glied musste auf die gleiche Weise zerbrechen, wie der Zarismus in Russland als das schwächste Glied zerbrechen musste. Die Revolution in Deutschland musste siegen – man vertraute damit der deutschen Arbeiterklasse, die in der ganzen Welt als die am besten organisierte bewundert wurde.

Der Sieg der deutschen Arbeiterklasse – das wäre das Signal zum Siegeszug der Weltrevolution gewesen.

Der Sieg des deutschen Faschismus – das bedeutete eine ungeheure Verschärfung der Weltreaktion. Der internationale Faschismus erwachte zu neuem Leben, als die deutsche Arbeiterklasse unterdrückt wurde. Er wetzt das Messer und greift zum Gewehr. Zusammen mit der internationalen Arbeiterklasse gerät auch die Sowjetunion in die größte Gefahr. Die beschützende Mauer durch die Massen des Proletariats ist an der wichtigsten Stelle zusammengebrochen. Die Feinde der Sowjetunion haben eine freiere Bahn.

Wie ist es dazu gekommen?

All das ist geschehen, bevor man es richtig begriffen hat. Es scheint geradezu unmöglich zu verstehen, wie man dorthin gekommen ist.

Fragen wir, wo die Schuld liegt?

Wir müssen fragen, wir müssen ernsthaft die Gründe erforschen und gnadenlos die Schuldigen charakterisieren. Mit seinem Eigentum und mit seinem Blut musste das deutsche und das internationale Proletariat Lehrgeld zahlen. Es muss wissen, weshalb es so ging. Es muss aus den Fehlern der deutschen Entwicklung lernen.

Der Beginn der nationalistischen Bewegung geht auf die deutschnationalen und antisemitischen Gruppen vor dem Kriege zurück. Die „Nationalsozialistische Deutsche Arbeiterpartei" entstand aus der „Deutschen Arbeiterpartei", die Gottfried Feder 1919 gegründet hatte und der Adolf Hitler beitrat. Abenteurer, Narren, wirtschaftlich und geistig Heimatlose sammelten sich um ein Programm, das eine alte Mischung aus Antisemitismus, nationalistischer Prahlerei, Militärbegeisterung und Feders ökonomischer Parole von der „Abschaffung der Rentensklaverei" und dem Kampf gegen das internationale Börsen- und Kreditkapital war. Die Bewegung erhielt einige Anhängerschaft in Bayern, und im November 1923 versuchten Hitler und Ludendorff, durch einen Putsch in München an die Macht zu kommen. Der Versuch misslang. Die Bewegung ging zurück. Als die Weltwirtschaftskrise einsetzt, beginnt ein neues Wachstum der nationalistischen Bewegung in Deutschland. In dieser Krise gibt das Monopolkapital dem Faschismus die Rolle eines Lakaien. Das müssen die Arbeiter der Welt wissen. Sie dürfen nicht die Gefahr unterschätzen, die im Faschismus liegt, nur weil die faschistischen Organisationen in einzelnen Ländern noch schwach sind. Der Faschismus hat international eine bestimmte Aufgabe: Den todkranken Kapitalismus vor dem Sterben zu retten.

Fünf Jahre tödlicher Krise.

Hunger, trotz überfüllter Lager, graues Elend für 8 Millionen Arbeitslose mit ihren Familien. Eine kriminelle und vernachlässigte Jugend, die nie ihr eigenes Brot verdienen konnte. Verzweiflung unter den notleidenden Massen, Mangel an Fett, Mangel an der notdürftigsten Bekleidung und an Schuhen, um sich vor der Kälte zu schützen.

Aber die Lager sind überfüllt. Massen an Lebensmitteln werden vernichtet. Das ist das Bild der tödlichen Krise, die den deutschen Kapitalismus seit fünf Jahren erschüttert hat.

In einem solchen Chaos kann auch der Kapitalismus auf Dauer nicht seinen Profit retten. Die Löhne werden immer mehr gesenkt, bis weit unter die Hungergrenze. Und die Armenunterstützung, die zu hoch ist, um zu sterben, und zu gering, um davon zu leben, wird gekürzt. Der Kapitalismus steht im Widerspruch zu den Lebensinteressen fast des gesamten Volkes. Die Gefahr, dass der Vulkan ausbrechen wird, nimmt zu. Deshalb sieht sich der Kapitalismus genötigt, brutal alle Machtmittel zu vereinen, allen Schein der Demokratie wegzufegen und ein rücksichtsloses Terrorregiment einzuführen.

Die Rebellen gegen das Elend als – Arbeitermörder.

Die Mittelklassen in Stadt und Land, die Kleinbürger, Angestellten, Kleinbauern, sie alle leiden unter der Krise; sie leiden oft härter als das Proletariat. Sie müssen zu Kampfgefährten der revolutionären Arbeiterklasse werden. Aber der Zustand innerhalb der Arbeiterbewegung war nicht dazu geeignet, diese Schichten zu sich heran zu ziehen. Dazu kam, dass deren kleinbürgerliche Ansichten einen Anschluss an das Proletariat erschwerten. Sie waren wie Verzweifelte, die gegen das Elend rebellierten, sie liefen dem Faschismus wie einer politischen Heilsarmee nach, sie klammerten sich an den letzten Strohhalm.

Diese entwurzelten Massen, die sich an den schönen Reden und bunten Uniformen berauschten, werden von der Bourgeoisie als Terrorgarde gegen die Arbeiterklasse geschickt. Die Rebellen gegen das Elend beschützen diejenigen, die Schuld an ihrer eigenen Not sind!

Die Jugend rebelliert.

Die junge Generation hungert und leidet besonders stark unter der Krise. Zu der materiellen Not kommt die geistige Krise. Nirgends gibt es einen Halt. Sie wird nicht von der Arbeiterbewegung angesprochen. Die Sozialdemokratie ist mit dem „System" verbunden, das für das Elend verantwortlich ist, auch die kommunistische Partei bekommt sie nicht auf ihre Seite. Daher geschieht es, dass die rebellische Jugend in so großer Zahl den faschistischen Sturmabteilungen zuläuft. Das gilt in erster Linie für die Jugend der Mittelklasse, für die jungen Intellektuellen, für die Bauernjugend. Aber nicht genug damit, dass die Jugend in die faschistische Bewegung eingereiht ist. Mit

Hilfe eines großen Teils der deutschen Jugend, die sich an das „dritte Reich" als letzten Strohhalm klammert, ist Hitler an die Macht gekommen.

Deutschlands Arbeiterklasse machtlos trotz Millionen an Stimmen.

Die großen Organisationen der deutschen Arbeiterbewegung sind bewundert worden. Die Traditionen der sozialistischen Bewegung in Deutschland haben Respekt erzeugt. Dorther kamen: Marx, Engels, Rosa Luxemburg. Dort führten Bebel und Liebknecht an. Aber es reichte nicht mit Traditionen. Im Lande von Marx und Engels, Bebel und Liebknecht herrscht heute Herr Adolf Hitler mit seinen braunen Offizieren und Soldaten. Die deutsche Arbeiterbewegung war todkrank, ihr fehlte die richtige innere Kraft. Deshalb brach sie im entscheidenden Augenblick zusammen.

Die Sozialdemokratie – an der Seite der bürgerlichen Gesellschaft.

Bereits vor dem Krieg traten in der deutschen Arbeiterbewegung Propheten auf, die verkündeten, dass die alten Parolen erneuert werden müssten. Die alten Theorien wären von den Tatsachen widerlegt.

Und hatten diese Propheten nicht scheinbar Recht? – Marx hatte vorausgesagt, dass die Krisen immer härter werden würden und das Elend des Proletariats immer größer. Aber so war es ja überhaupt nicht. Die Löhne der Arbeiter stiegen, die sozialen Reformen schützten die Arbeiter vor dem Elend. Also hatte Marx dennoch Unrecht? „Und deshalb muss die sozialdemokratische Politik revidiert werden. Wir müssen uns auf den Kampf um immer weitergehende Reformen einstellen, bis wir das sozialistische Ziel erreicht haben." – So predigten die neuen Propheten, deren Einfluss immer mehr wuchs.

Es war eine logische Folge dieser Theorie, dass die deutsche Sozialdemokratie im Jahre 1914 und in den darauf folgenden Jahren Burgfrieden mit der Bourgeoisie schloss und für die Verteidigung der Nation eintrat. Karl Liebknecht wurde ein unwürdiger Aufwiegler genannt, ein Landesverräter, ebenso wie die Propheten des Revisionismus von dem „radikalen Wahnsinn" tuschelten, wenn Rosa Luxemburg sprach.

Dem Verrat von 1914 folgte der Verrat von 1918. Ebert „hasste die Revolution wie die Sünde".[5] Im Namen der Demokratie schlug Noske die ehrlichen Proletarier nieder, die die Sozialisierung im wirklichen Leben und nicht nur auf Plakaten wollten.

Die deutsche Sozialdemokratie hat die Macht aus den Händen der Arbeiterklasse in die der Bourgeoisie übergeben.

Sie hat Regierungen zusammen mit der Reaktion gebildet, sie hat die Regierungen der Reaktion unterstützt. Hart war sie nur gegen die Arbeiter, die sich gegen die Unterdrückung und das Elend zur Wehr setzten.

Diese Bündnispolitik mit der Bourgeoisie wurde bis zu jenem denkwürdigen 20. Juli 1932 betrieben, als die preußische Regierung Braun-Severing im Auftrag des Herrn von Papen von einem Leutnant und zwei Mann abgesetzt wurde. Ohne jedes Aufheben gingen sie, während die gesamte Arbeiterklasse kampfbereit war.

Das war ein erbärmliches Ende der „Machtpositionen". Oh, falsche Propheten, die dem deutschen Proletariat lehren wollten, dass dessen Macht aus der Zahl der Minister, Bürgermeister und Nachtwächter der kapitalistischen Republik bestand.

Bis zum Schluss gab die Sozialdemokratie den Arbeitern den Glauben an Wahlen, die Verfassung und das Recht, nur nicht an die eigene Kraft der Klasse.

„– – in den Sozialismus hineinwachsen".

Nach Ansicht der Sozialdemokratie musste der Kampf der Arbeiterklasse im Kampf um Verbesserungen und Reformen bestehen. Durch sie würde man in den Sozialismus hineinwachsen. Diese Richtung in der Arbeiterbewegung nennen wir Reformismus.

Es ist eine Tatsache, dass die reformistische Politik auf keinem Gebiet irgendwelche Verbesserungen erreicht hat. Den Fortschritt, den das deutsche Proletariat vorweisen kann, hat es sich mit der Waffe in der Hand im Jahre 1918 erkämpft. Die Sozialdemokratie hat langsam aber sicher diese Fortschritte verspielt.

Was ist denn erreicht? – Eine Schicht korrupter Konjunktursozialisten hat einen Knochen des kapitalistischen Staates erhalten. Die Entwicklung, die ein Großteil der Führer der Arbeiterklasse durchlaufen hat, in deren Verlauf sie sich von den Arbeitermassen entfremdet und in den kapitalistischen Staat eingeordnet haben und bei der sie oft die korruptesten Elemente geworden sind, hat den Faschisten guten Agitationsstoff gegeben.

Aber die deutsche Arbeiterklasse ist in das größte Elend und die faschistische Barbarei hineingewachsen.

Das ist der Weg des Reformismus. An dem Tag, an dem er das Messer an der Kehle hat, erweist er sich außer Stande, den Kampf aufzunehmen. Diese Politik hat ihren Grund – und das zeigt wieder den Zusammenhang von Theorie und Praxis – in der falschen Staatsauffassung der Sozialdemokratie.

Der Marxismus bezeichnet den Staat als ein Mittel in der Hand einer Klasse, um eine andere Klasse zu unterdrücken. Diese Tatsache besteht, auch wenn sich die Formen geändert haben. Der kapitalistische Staat ist also in Form der demokratischen Republik, der Monarchie wie der faschistischen Diktatur ein Mittel in den Händen der Bourgeoisie, um die Arbeiterklasse niederzuschlagen.

Der Reformismus sieht dagegen den Staat als eine Institution, die über den Klassen steht. Nur aus dieser Einstellung heraus kann man sich die „Theorie" von „unserer Republik", von der „Wirtschaftsdemokratie", vom „Hineinwachsen" erklären.

Der Verrat der Gewerkschaften.

Noch deutlicher als bei der politischen Partei des deutschen Reformismus ist der Verrat bei den Gewerkschaften.

In Deutschland sind Partei und Gewerkschaften organisatorisch voneinander getrennt. Dennoch können wir die freien Gewerkschaften – neben ihnen gibt es christliche und nationale Gewerkschaften – als rein sozialdemokratisch bezeichnen. Die Führung bestand fast ausnahmslos aus parteitreuen Sozialdemokraten. Diese Gewerkschaftsführer haben traditionell auf dem äußersten rechten Flügel der Sozialdemokratie gestanden.

Die Gewerkschaften haben, treu ihrer Rolle als „Arzt des Kapitalismus" – der Gewerkschaftsführer Tarnow benutzte 1931 diesen Ausdruck[6] –, es immer mehr unterlassen zu kämpfen. Der Kampf wurde vom Arbeitsplatz an den Verhandlungstisch verlegt.

Immer wieder haben die Gewerkschaften ihre nationale Zuverlässigkeit in Wort und Tat gezeigt. Im November 1932 erklärte z. B. der Vorsitzende des deutschen Gewerkschaftsbundes, Theodor Leipart:

„Keine soziale Schicht kann sich der nationalen Entwicklung entziehen. Auch wir haben es nicht getan, als wir im Weltkriege bis zu dem traurigen Zusammenbruch für unser Vaterland gekämpft haben, als wir 1918 die ganze Last des zusammengebrochenen Reiches auf uns genommen haben und seitdem eine Aufbauarbeit leisteten, die in der Geschichte einmal eine ganze andere Bewertung erfahren wird, als es in dieser Zeit der politischen Verwirrung geschieht. Wir haben für unser Volk Opfer gebracht. Wir taten es im Kampfe gegen den Separatismus im Westen und in der Zeit passiven Widerstandes im Ruhrkampf.

Unsere Arbeit ist Dienst am Volke. Sie kennt den soldatischen Geist der Einordnung und der Hingabe für das Ganze. Wir sind Antimilitaristen und bekennen es ganz unzweideutig. Wir wehren uns aber dagegen, als Pazifisten zu gelten, die kein Gefühl für unsere Ehre und für die Interessen unseres Volkes hätten. Wir führen unseren sozialen Kampf im Interesse der Nation."[7]

Die Millionenorganisationen der Gewerkschaften waren organisatorisch der wichtigste Faktor der deutschen Arbeiterbewegung. Mit der Zuspitzung der Krise wuchs auch die Bedeutung der Organisation, falls sie in dem Falle eingesetzt worden wäre, in dem der gewerkschaftliche Einzelkampf zur politischen Massenaktion geworden wäre.

Die Gewerkschaften wollten nicht kämpfen. Das heißt, sie sagten zu den Massen, dass „man in Krisenzeiten nicht kämpfen kann".

Als die Gewerkschaften in Italien, die unter der Führung D'Aragonas standen, nach vierjähriger faschistischer Herrschaft eine Allianz mit Mussolini eingingen, gab es noch große Gewerkschaften und Gewerkschaftsführer, die das einen Verrat nannten.

In Deutschland wimmelt es nach vier Wochen an D'Aragonas. Das Auftreten der Gewerkschaften unter dem Hakenkreuz war eine logische Entwicklung ihrer Theorie und Praxis. Die Gewerkschaftsführung hat sich nicht nur der Hitlerregierung gebeugt, sie hat nicht nur die sozialistische Idee der Arbeiterbewegung verleugnet, sondern die Mitglieder aufgefordert, an Hitlers 1.-Mai-Arrangement teilzunehmen. Am Tage danach wurden diese Gewerkschaftsführer in die Gefängnisse geworfen und die Kassen der Gewerkschaften, der Sozialdemokraten und des Reichsbanners[8] beschlagnahmt. Nun brauchte man die alte Führung nicht mehr. Sie hatten nun genug dafür getan, das Klassenbewusstsein der Arbeiter zu zerstören. Nun wollten sie die Positionen mit ihren eigenen Leuten besetzen. – Das war das bittere Ende der Kapitulationspolitik.

– – und die kommunistische Partei?

Auf Grund des Verrats der Reformisten ruhte eine große Verantwortung auf der kommunistischen Bewegung. Die Kommunistische Internationale hatte in Deutschland eine große Sektion, ihren stärksten Faktor außerhalb Russlands. Als revolutionäre Partei hatte die kommunistische Partei die Aufgabe, dem deutschen Proletariat eine Führung zu geben, die es zum Kampf und Sieg führen konnte. Aber sie versagte. Der Grund dafür, dass die kommunistische Partei versagte, liegt nicht darin, dass sie mit den Bürgerlichen zusammen gearbeitet hat, und auch nicht darin, dass ihr ein revolutionäres Programm fehlte. Der Grund liegt in ihrer Politik.

Deutschlands kommunistische Partei (KPD) hat eine Politik geführt, die sie von den Massen isolierte. Damit hat sie den Reformismus gestärkt und den Sieg des Faschismus erleichtert. Wir können das mit Beispielen beleuchten: Die KPD hat im Widerspruch zu ihrer ursprünglichen Praxis die Gewerkschaften und die anderen proletarischen Massenorganisationen gespalten und eigene rote Gewerkschaften aufgebaut. Damit hat sie es unterlassen, die Massen auf den entscheidenden Augenblick vorzubereiten. Sie hat sich von den Massen getrennt. Was ist das Resultat? – Als die Kommunisten in den Jahren 1921–23 innerhalb der Gewerkschaften arbeiteten, wuchs ständig der revolutionäre Einfluss. Aber als die KPD ab 1923 ihren „ultralinken" Kurs durchführte – nachdem sie zunächst hin und her schwankte –, war es Schluss mit dem linken Flügel in den Gewerkschaften. Auf der anderen Seite wurden auch die kommunistischen Gewerkschaften lebensuntüchtige Schöpfungen.

Was hier noch nicht völlig zerstört war – besorgte die Parteiführung durch die praktische Arbeit in den Betrieben. Die kommunistische Partei sah ihre Aufgabe nicht in erster Linie darin, die Massen auf den Streik vorzubereiten, sondern den Streik zu proklamieren, wenn es ihr einfiel. Sie ging schneller vor, als ihr die Massen folgen konnten. Das ist Putschtaktik.

Das Resultat war, dass diese Aktionen regelmäßig in sich zusammenfielen und dass sie das Vertrauen der Arbeiter verloren. Im Januar 1931, als in den Bergwerken an der Ruhr wirklich Voraussetzungen für einen Streik gegeben waren, folgten dennoch nur 10 % der Arbeiter der „roten Kampfführung", die anderen 90 % setzten die Arbeit auf Grund der Parolen ihrer Gewerkschaften fort. Ein Jahr später, im Januar 1932, wurde ein neuer Streik proklamiert, da beteiligten sich nur 2 %. Später haben „Streiks" stattgefunden, die nur in Form von Proklamationen in der kommunistischen Presse existierten. Am 31. Juli 1932 erhielt die KPD 5½ Millionen Stimmen. Elf Tage zuvor, am 20. Juli, forderte sie zum Generalstreik auf. Nirgendwo in Deutschland folgte ein Betrieb dieser Parole. Und doch wollten die Massen kämpfen. Aber sie waren nicht bereit, diesen Kampf unter kommunistischer Führung aufzunehmen. Millionen stimmten kommunistisch, um zu opponieren, aber sie wollten nicht unter kommunistischer Führung in den Kampf gehen.

Statt zielbewusst das Vertrauen der sozialdemokratischen Arbeiter für die Sache der Revolution zu gewinnen, erfand die KPD-Führung die Theorie des „Sozialfaschismus"[9], die völlig falsch war, weil es keinen „sozialen" Faschismus gibt. Die Politik des Reformismus ist arbeiterfeindlich und konterrevolutionär. Aber der Faschismus basiert seine Herrschaft darauf, alle Arbeiterorganisationen – auch die sozialdemokratischen – zu zerschlagen. Als die Sozialdemokratie zum Hauptfeind erklärt wurde, wurden nicht nur die

Arbeitermassen beider Lager gegeneinander aufgehetzt – was oft seinen blutigen Ausdruck fand –, sondern führte es auch dazu, dass Randschichten der kommunistischen Partei zu den Nazis überliefen.

Die „historischen Führer" der KPD – sie nennen sich gerne so – verstanden den Kampf gegen den Faschismus dahin, dass man dem Nationalsozialismus seine Parolen entreißen sollte. Ein Programm der „nationalen und sozialen Befreiung" wurde verkündet, der „Kampf gegen die Young-Sklaverei und Versailles" wurde auf die Fahnen geschrieben.[10] Die Massen, die man auf diese Weise gewinnen wollte, wurden in Wirklichkeit schneller dem Faschismus zugeführt, dem gegenüber man sich nicht mit nationalistischem Gebrüll behaupten kann. Die KPD vergaß die Worte, die ihr Gründer Karl Liebknecht formuliert hatte: Der Hauptfeind steht im eigenen Land![11]

Der bürokratische Aufbau der KPD, das Fehlen jeglicher Parteidemokratie, führten dazu, dass zweifelhafte Elemente in die Führung gelangten.

Mit lärmender Politik, leeren Phrasen, abgetragenen Parteimanövern hat die KPD sich selbst und die Sache der Revolution bei den Massen in Misskredit gebracht.

Deshalb ist die KPD trotz einer großen Organisation, trotz Millionen von Stimmen, wie ein Kartenhaus zusammengebrochen, als der Faschismus zuschlug.

Lenins Rat.

Die Arbeiter der ganzen Welt müssen jetzt, da die Politik der KPD zusammengebrochen ist, an die Lehren denken, die Lenin, der Führer der russischen Revolution, den Kommunisten gegeben hat. „Die Partei muss einen Schritt vor den Massen marschieren", sagte Lenin. Er sagte den Genossen immer wieder, dass die Partei in engster Fühlung mit den Massen sein müsse, dass sie nicht hinter ihnen liegen, sondern deren Vertrauen erobern müsse, dass sie ihnen ihre Kraft zeigen und sie vorwärts treiben müsse. Vertrauen gewinnen – nicht kommandieren und dann, wenn die Massen nicht folgen, den „Sozialfaschisten" die Schuld geben.

Bereits vor mehr als 12 Jahren sagte Lenin in den „Kinderkrankheiten im Kommunismus": „... unbedingt dort arbeiten, wo die Massen sind. Man muß jedes Opfer bringen und die größten Hindernisse überwinden können, um systematisch, hartnäckig, beharrlich, geduldig gerade in all denjenigen – und seien es auch die reaktionärsten – Einrichtungen, Vereinen und Verbänden Propaganda und Agitation zu treiben ... Denn die Aufgabe der Kommunisten besteht darin, daß sie es verstehen, die Rückständigen zu überzeugen, unter ihnen zu arbeiten, und sich nicht durch ausgeklügelte, kindische ‚linke' Losungen von ihnen absondern." Lenin hat auch seine Meinung über das opportunistische Geschrei von der nationalen Befreiung gesagt:

„Die Befreiung vom Versailler Frieden unbedingt, unter allen Umständen und unverzüglich an die erste Stelle, vor die Frage nach der Befreiung der anderen vom Imperialismus unterdrückten Länder vom Joch des Imperialismus zu setzen, ist kleinbürgerlicher Nationalismus, aber kein revolutionärer Internationalismus."[12]

Die Gründe für die falsche Politik, die die Kommunistische Partei Deutschlands geführt hat, liegen in der falschen Politik der Kommunistischen Internationale. Die Komintern hat die Parteien in erster Linie als Instrumente der russischen Außenpolitik eingesetzt. Damit wurden die Aufgaben, die diese Parteien zu lösen hatten, um das Proletariat in den einzelnen Ländern zu gewinnen, beiseite geschoben. Auf Dauer musste diese Politik nicht nur dazu führen, dass die kommunistischen Parteien schwach und machtlos wurden, sondern auch zu einer Gefahr für die Sowjetunion selbst werden. Mit dieser Politik, die auf der Theorie vom Aufbau des Sozialismus in einem Land basiert, sollte die Sowjetunion unterstützt werden, aber in Wirklichkeit geriet sie damit in die größte Gefahr. Die Internationale, die geschaffen werden muss, muss ein fester Kampfverband gleichberechtigter und gleichverpflichteter Parteien sein, die auf der Grundlage des demokratischen Zentralismus organisiert sind: Einheit in den Ansichten, Verantwortung und Initiative der Führung, permanente lebendige Kontrolle seitens der Mitglieder.

Es ist sehr leicht, den großen Führern des Proletariats nachzuplappern, aber es kommt darauf an, in ihrem Geiste zu handeln!

Die Massen fordern gemeinsamen Kampf.

Die faschistische Gefahr hat in den letzten Monaten ständig zugenommen. Sie konnte nicht länger von einem Teil des Proletariats gebrochen werden. Eine Hoffnung gab es am Ende in den Tagen, nachdem die Hitlerregierung gebildet worden war: Die Bildung einer gemeinsamen Kampffront. In den Tagen nach der Regierungsbildung ging durch ganz Deutschland eine gewaltige Bewegung unter den klassenbewussten Arbeitern aller Richtungen. Sie verlangten, dass eine Einheitsfront zum gemeinsamen Kampf für die Verteidigung der Arbeiterorganisationen und zum Kampf gegen den Faschismus gebildet würde. Diese Kampffront wäre nicht auf eine Einheitsfront der beiden großen Parteien, der sozialdemokratischen und der kommunistischen, begrenzt gewesen. Sie hätte die Massen gesammelt, die auf Grund des Bruderkrieges und der falschen Politik beiseite standen. Sie hätte sicher auch Teile des Mittelstandes gesammelt. Die Massen forderten – die Parteibürokratien verhinderten die Einheitsfront. Die sozialdemokratische Führung sagte: „Die Eiserne Front[13] ist die Einheitsfront". Sie wollte keinen gemeinsamen Kampf, denn sie wusste genau, dass ein solcher Kampf gegen den Faschismus weiter geführt worden wäre, bis die revolutionäre Herrschaft der Arbeiterklasse gesiegt hätte.

Die Führung der kommunistischen Partei erklärte: „Einheitsfront von unten" und „Einheitsfront nur unter der Führung der kommunistischen Partei". Sie glaubte, damit von vornherein die Führung gepachtet zu haben. Die Führung muss erkämpft werden, Vertrauen erreicht man durch seine Handlungen – nicht durch Proklamationen. Mit der kurzsichtigen Einheitsfrontpolitik dieser Parteien, die immer nach Parteimanövern schmeckte, ist in Wahrheit die gemeinsame Kampffront sabotiert worden. Es gab welche, die vor dieser Entwicklung warnten. Für die Sozialistische Arbeiterpartei Deutschlands stand seit ihrer Gründung im Oktober 1931 der Kampf zur Errichtung einer kämpfenden Einheitsfront von unten und oben im Zentrum ihrer Propaganda. Ihre Mitglieder hatten bereits als Vertrauensleute der SPD oder KPD jahrelang die folgenschwere Politik bekämpft, die diese Parteien geführt haben. Aber die neue Partei kam zu spät, ihre Kräfte waren zu schwach, sie litt unter politischen und wirtschaftlichen Schwierigkeiten innerhalb ihrer eigenen Reihen. Aber vor allem – die Krankheit der Arbeiterbewegung war bereits zu weit gediehen.

Die Warnungen wurden nicht gehört. Als die Massen endlich vom Ruf ergriffen wurden, betrieben die Bürokraten noch immer ihre Narrenpossen und Manöver. Und dann war es zu spät.

Das Resultat ist die blutige Vernichtung aller Arbeiterorganisationen.

Wie lange werden die Nazis regieren?

Alles deutet darauf, dass die faschistische Diktatur nicht eine Frage von Wochen und Monaten ist, sondern von Jahren.[14] Für die nächste Zukunft fehlen alle Voraussetzungen für den Kampf um die Macht. Wir müssen mit einer längeren Dauer der faschistischen Herrschaft rechnen. Die unterschiedlichen Möglichkeiten sollen kurz untersucht werden.

Der Weltkrieg droht.

Der Sieg des deutschen Faschismus ist ein Symptom der gewaltigen Ausdrucksformen der kapitalistischen Weltkrise. Die ökonomischen Erschütterungen in Amerika – erst der Bankenkrach, dann die Inflationstendenzen – zeugen von den ungeheuren Problemen. Diese Probleme spiegeln sich auch auf politischem Gebiet wider. An allen Ecken und Enden bestehen Gefahren. Im Osten rast der japanische Imperialismus, Russland und Amerika können jederzeit in einen offenen Konflikt miteinander geraten. Der Balkan ist eine politische Hexenküche.

Der Sieg des Faschismus in Deutschland hat die Gegensätze zwischen den Nachbarländern verschärft. Er ist auch ein gefährlicher Unruhestifter gegen die Sowjetunion.[15]

Die einzelnen imperialistischen Staaten geraten in einen immer stärkeren Konflikt miteinander, auf der anderen Seite wächst die

Gefahr für eine gemeinsame Front der imperialistischen Staaten gegen die Sowjetunion, – dem in dieser Zeit einzigen starken Bollwerk des internationalen Proletariats.

Überall Unruhezentren, der Weltkrieg droht.[16]

Aber Hitler scheut gleichwohl den Krieg. Er will nur Krieg mit starken Worten führen, um seine verhetzten Anhänger zufrieden zu stellen. Der Faschismus würde nämlich nicht die Erschütterungen überleben, die ein Krieg mit sich führt. Er weiß, dass ein Krieg sein Ende bedeuten würde. Aber wir wissen, dass die eigene Logik der Dinge stärker ist als die Wünsche der Naziführer. Hitlerdeutschland ist in der Außenpolitik weitgehend isoliert. Die inneren ökonomischen Schwierigkeiten erfordern die Wiedererrichtung als Weltmacht. Von Papen erklärte bereits, dass „das Schlachtfeld für den Mann das ist, was für die Frau die Mutterschaft ist". Das ist die gleiche Melodie, nach der Deutschland in den Weltkrieg marschierte. Der Sieg des deutschen Faschismus bedeutet eine wesentliche Zunahme der Kriegsgefahr, auch wenn die faschistischen Führer den Krieg fürchten.

Das internationale Proletariat muss sich darauf vorbereiten, den drohenden Krieg in eine Rebellion gegen das System des Massenmordes und der Barbarei zu verwandeln.

Sie sind sich nicht einig.

Es gibt eine Reihe von Gegensätzen innerhalb des Faschismus. Aber das Proletariat kann seine Hoffnungen nicht auf die Gegensätze zwischen den unterschiedlichen Gruppen innerhalb der Bourgeoisie setzen; diese Meinungsverschiedenheiten werden den Faschismus nicht brechen.

Genau wie die einzelnen Staaten haben auch die bürgerlichen Parteien, die liberale Presse, das freiheitsliebende „demokratische" Zentrum ohne weiteres kapituliert.

Auch die Gegensätze zwischen den Deutschnationalen als Repräsentanten der alten Reaktion und den Nationalsozialisten sind zu Gunsten des jungen Faschismus entschieden. Selbst in der Frage der Monarchie haben die Deutschnationalen eine furchtbare Niederlage erlitten. Die Nazis wollen vorläufig nicht die alten Monarchen wiederhaben, sie wollen selbst die Herren im Hause sein. Der Stahlhelm[17], die außerparlamentarische Massenorganisation der Deutschnationalen, hat sich Hitlers Oberkommando unterworfen.

Keine der Oppositionsgruppen innerhalb der Bourgeoisie wird die Gegensätze so weit treiben, dass die bürgerliche Klassengesellschaft damit in Gefahr gerät. Da überlassen die Herren lieber den Nazis die Macht alleine.

Acht Millionen warten auf Arbeit.

Der Faschismus stößt bei der Lösung der ökonomischen Fragen auf die größten Schwierigkeiten.

Der Faschismus wird die Krise nicht lösen können. Er ist ja gerade deshalb an die Macht gelangt, weil die Kapitalistenklasse die Hoffnung aufgegeben hat, die Krise in überschaubarer Zeit überwinden zu können. Gegenwärtig hat er nur zwei Methoden, die dem kranken Kapitalismus Luft schaffen können: Lohnreduktionen und Inflation. Beide Maßnahmen würden – ebenso wie bei der Unterstützung der Landwirtschaft – auf Dauer die Krise nur verschärfen.

Die Lohnsenkungen haben bereits begonnen. In Coburg hat die nazistische Gewerkschaft zum Beispiel bereits Ende März einen neuen „elastischen" Tarifvertrag abgeschlossen, der so ist, dass der Arbeitgeber 10 % der Arbeiter nicht nur einen höheren Lohn als vereinbart zahlen kann, sondern sogar muss. Andererseits hat er nach dem Vertrag das Recht, mit einem Vertreter der Arbeiter, d. h. einem Naziführer, „weniger leistende" Arbeiter unter Tarif zu bezahlen. Nur 10 % haben einen gesicherten Lohn. Neunzig Prozent sind der Willkür ausgesetzt. Das ist das System Coburg, und es wird Schule machen.

Aber Lohnsenkungen schaffen nicht mehr Arbeit, Inflation ist kein Brot, die Verteuerung von Fett lindert keine Not – schöne Reden machen nicht satt. Hier ist der schwache Punkt in der faschistischen Diktatur. Er kann den 8 Millionen Erwerbslosen keine Arbeit geben, und das werden eines Tages auch die erfahren, die Adolf Hitler als den großen Retter feiern.

Dann wird die große Enttäuschung der Massen einsetzen, die Massenbasis der faschistischen Diktatur wird schrumpfen. Das haben die gegenwärtigen Machthaber vorausgesehen. Sie platzieren aktive Kräfte der Partei in der Polizei, im Staatsapparat, im Arbeitsdienst und in den Betrieben und schaffen sich damit eine breite Klasse von Menschen, die wirtschaftlich an den Faschismus gebunden sind, eine Klasse, die zu jeder Zeit bereit ist, den spontanen Aufruhr der enttäuschten Massen, der einmal losbrechen wird, blutig niederzuknüppeln.

Der Arbeitsdienst ist Sklaverei.

Die jungen Menschen sollen kaserniert und zu Zwangsarbeit eingesetzt werden. Ebenso wie bei der allgemeinen Wehrpflicht sollen ganze Jahrgänge einberufen werden. Der Arbeitsdienst bedeutet – man hat ja einige Erfahrungen aus dem „freiwilligen" Arbeitsdienst gesammelt – ökonomische Ausbeutung der Jugend in allergrößtem Maße. Das Kapital schafft sich billige Arbeitskraft und eine Garde williger Streikbrecher. So wie der freiwillige Arbeitsdienst in der Praxis dazu geführt hat, dass weite Kreise älterer Arbeiter brotlos geworden sind, so wird es auch mit dem erzwungenen Arbeitsdienst gehen. Er verschärft die Krise statt sie zu lindern.

Aber dem Faschismus kommt es vor allem auf die geistige Beeinflussung, die nationalistische Verhetzung und die „körperliche" Entwicklung an. Das militärische Exerzieren soll die Jugend zu Rekruten machen, die zu jeder Zeit als billiges Kanonenfutter im Inneren und Äußeren benutzt werden können.

Das ist das wahre Gesicht des Arbeitsdienstes, dieser raffinierten Methode, um die junge Generation zu versklaven.

Der Wiederaufbau der deutschen Arbeiterbewegung.

Für die deutsche Arbeiterbewegung ist die Situation sehr schwer. Ihr fehlt vor allem die politische Festigkeit, die führende Kraft, die das Proletariat weiterbringt. Ihr fehlt die zielbewusste Organisation, der es bedarf, um das System besiegen zu können.

Die früheren Parteien, die sozialdemokratische und die kommunistische Partei, sind zusammengebrochen. Deren Politik ist unbrauchbar. Aber die gesunden Elemente in ihnen, die Kerntruppen der Arbeiterbewegung, sind weiterhin zum Kampfe bereit. Dieser Kampf ist eine anscheinend fast unlösbare Aufgabe. Jeder Versuch, die gleichdenkenden Genossen erneut zu sammeln, ist mit der Gefahr verbunden, ins Gefängnis geworfen zu werden oder in die grausamen Klauen der faschistischen Mordbanden zu fallen. Dennoch werden die Mutigsten diese Arbeit aufnehmen und nicht vor persönlichen Opfern zurückschrecken.

Die besten Kräfte aus den beiden ehemaligen großen Parteien werden zusammen mit den politisch klaren Kadern der Sozialistischen Arbeiterpartei und mit den Oppositionsgruppen eine neue deutsche Arbeiterbewegung schaffen.

Unter den Keulenschlägen des Faschismus wird die neue deutsche Arbeiterpartei entstehen. Sie wird von unten heranwachsen. Sie muss und soll von den Keulen der Nazisten gestählt werden.

Das internationale Proletariat muss lernen.

Der Sieg des deutschen Faschismus, die Niederlage der deutschen Arbeiterklasse – das ist ein ungeheurer Schlag für das internationale Proletariat. Es gilt, die Lehren aus der Entwicklung, die dorthin geführt hat, zu ziehen. Das internationale Proletariat muss, belehrt aus der deutschen Katastrophe, erst die Politik revidieren, die es bisher geführt hat.

Revolutionäre Theorie – revolutionäre Praxis.

Nichts ist durch die deutsche Entwicklung klarer geworden, als dass die reformistische Politik als Grundlage für den Siegeszug des Proletariats unbrauchbar ist.[18] Nicht in Allianz mit der Bourgeoisie, nicht auf dem Weg der bürgerlichen Demokratie wird das Proletariat sein Ziel erreichen, sondern:

Die Befreiung der Arbeiterklasse kann nur das eigene Werk der Arbeiterklasse sein. Die falsche Auffassung vom Staat als [...][19] Stellung des Proletariats zum Staat, eine Formulierung, die die Entwicklung immer wieder bestätigt hat.

Die alten Theorien des Marxismus müssen mit den Erfahrungen der russischen Revolution verknüpft werden, die jedoch von der „ultralinken" Taktik, die zum Bankrott geführt hat, befreit werden müssen.

Die Arbeiterbewegung muss revolutionäre Politik betreiben, wenn nicht, geht sie dem gleichen Untergang entgegen wie die deutsche Arbeiterbewegung. Um diese Politik durchzuführen, müssen die Arbeiterparteien auf der lebendigen Zusammenarbeit mit den Massen und der Kontrolle durch die Massen basieren; die Aktionen müssen mit disziplinierter Einheit durchgeführt werden. Das Zentrale bei den Aktionen muss immer die Frage sein: Der Kampf um die politische Macht.

Einheit im Kampf gegen den Faschismus.

Die deutsche Entwicklung zeigt, dass die Hälfte des Proletariats den Faschismus allein nicht schlagen kann. Im Kampf gegen den gemeinsamen Feind muss eine eiserne rote Klassenfront geschaffen werden.

Diese Klassenfront muss frei von allen Einheitsphrasen und Parteimanövern sein. Um diese Einheit zu schaffen, müssen alle Organisationen des Proletariats Offenheit zeigen, die Betriebe und die Arbeitslosen müssen mobilisiert werden und es muss eine mächtige proletarische Wehr gegen die wirtschaftliche und politische Reaktion zur Zerschlagung des Faschismus gebildet werden.

Einheitsfrontphrasen haben kein Interesse, es kommt auf die Einheit im Kampf an.

Diese Einheit in den Aktionen muss auf nationaler und internationaler Grundlage geschaffen werden. Erst bei einer richtigen Einschätzung der deutschen Erfahrungen wird sich die Klarheit der ideologischen Grundlage für die internationale Sammlung in außerordentlich starkem Grad einstellen.

Die Jugend an der Spitze.

Die Jugend der Arbeiterklasse muss in erster Linie verstehen, dass sie es ist, die besonders stark von den Fehlgriffen betroffen ist. Die Jugend muss eingehend und eifrig die deutsche Entwicklung diskutieren und einschätzen. Mit Begeisterung wird der beste Teil der Jugend unerschrocken allen Gefahren trotzen und beim Wiederaufbau der deutschen Arbeiterbewegung vorangehen.

Mit Leidenschaft muss die Jugend der treibende Keil in der internationalen Arbeiterbewegung sein, der die alte Theorie und Praxis, die bankrott sind, entlarvt. Die Arbeiterjugend wird schon dafür sorgen, dass die Lehren umgesetzt werden, sie muss die Arbeiterbewegung mit einem Feuer füllen, das sie zur Angriffsbewegung macht, einer Bewegung nicht von Gestern, sondern für Morgen.

Während des Weltkriegs bestand die Jugendinternationale, während die Internationale der Alten zusammengebrochen war. Die Arbeiterjugend muss im Kampf für eine internationale Erneuerung vorangehen und wieder ein Vorbild für die gesammelte Arbeiterklasse werden.

Die Internationale lebt.

Der internationale Marxismus lebt, obwohl Adolf Hitler ihn „zum Tode verurteilt" hat.

Der internationale Marxismus lebt, obwohl die deutschen Arbeiterführer ihn entehrt und mit Füßen treten.

Der internationale Marxismus wird leben, komme was da will.

Das blutige Lehrgeld der deutschen Brüder muss den Internationalismus der Arbeiterklasse zu einer festen Allianz der Handlung machen und nicht zu etwas, wozu man sich nur verbal bekennt.

Nach Hitler kommt das Proletariat.

Die Internationale des Kapitals und dessen faschistische Mordbanden werden von der Internationale der Arbeit zermalmt werden.

Nr. 19
**Beitrag Brandts in dem Buch
„Deutschland unter dem Hakenkreuz"
Mitte Juni 1933**

Tyskland under hakekorset, Oslo 1933, S. 138–175[1] *(Übersetzung aus dem Norwegischen: Einhart Lorenz).*

Die Tragödie der deutschen Arbeiterbewegung.

Der Sieg des deutschen Faschismus war eine Notwendigkeit für den deutschen Kapitalismus. Dieser Sieg wurde dadurch ermöglicht, dass die faschistische Bewegung die ökonomisch ruinierte Mittelklasse gewann und organisierte.

Aber – dieser Sieg wäre nie möglich geworden, wenn die deutsche Arbeiterbewegung nicht versagt hätte. Nur *in einem Sinne* hat die gewaltige Krise die faschistische Diktatur vorbereitet. Auf Grund der ungeheuren Schwierigkeiten und der wachsenden Unsicherheit wurde die herrschende Klasse vor die Notwendigkeit gestellt, alle Machtmittel zu konzentrieren und ein grausames Terrorregime einzuführen. Die Krise schuf auch wirtschaftlich ruinierte Kleinbürger, verschuldete Bauern, proletarisierte Intellektuelle und das Lumpenproletariat, die alle in der faschistischen Bewegung zusammengeschweißt wurden.

Auf der andern Seite bereitete diese Krise den Untergang der kapitalistischen Gesellschaft vor: Der Lebensstandard der großen Massen wurde immer schlechter, das Elend und die Not wurden immer größer. Damit wurde eine immer breitere Front derjenigen geschaffen, die mit den bestehenden Verhältnissen unzufrieden waren. Die Krise schuf ständig neue Situationen, die die bestehende kapitalistische Gesellschaft ins Wanken brachten. Das bedeutete die Möglichkeit für die proletarische Revolution in Deutschland. Um sie durchzuführen, fehlte es nur an einem: Einer politisch klaren, aktiven und kampfbereiten Arbeiterklasse. Sie war nicht da. Deshalb konnte sich die faschistische Barbarei in einer revolutionären Epoche entwickeln.

Eine Arbeiterbewegung, die eine falsche Politik führt, beschleunigt die Sammlung der Mittelklasse im konterrevolutionären Lager. Eine Arbeiterbewegung, die untätig, unklar und schwankend gegenüber dem Faschismus ist, ist nicht einmal in der Lage, die Massen des Proletariats zum Widerstand, zum letzten Kampf für seine Existenz zu sammeln. Statt ein Werkzeug zu sein, wurde die deutsche Arbeiterbewegung ein Hindernis für die Befreiung der Arbeiterklasse.

Die Kritik an der falschen Politik, die beide Flügel der deutschen Arbeiterbewegung gemacht haben, ist nicht damit erschöpft, dass einzelne Personen als Verräter an den Pranger gestellt werden. Es reicht nicht aus festzustellen, dass man in einzelnen politischen Situationen „anders hätte handeln sollen". Fehler in den Prinzipien und in der Taktik wären leicht zu korrigieren, wenn es sich um Fehler gehandelt hätte, die man heute macht und die morgen korrigiert werden können. Hier handelt es sich um Fehler, die seit Jahren die Entwicklung bestimmt haben. Fehler von Bedeutung für den gesamten internationalen Sozialismus.

Die deutsche Tragödie kann nur aus einer jahrzehntelangen falschen Politik erklärt werden. Die internationale Arbeiterbewegung kann es nicht auf Grund falscher Solidarität und aus Sentimentalität unterlassen, die Entwicklung in Deutschland kritisch zu beurteilen. Die erste Voraussetzung für eine Sammlung der Kräfte zum Gegenangriff ist, die Ursachen zu erkennen, die zu der Situation geführt haben, die wir heute haben.

Der Aufmarsch.

Deutschland ist das Mutterland der modernen Arbeiterbewegung. Hier entstand eine Arbeiterpartei, die den Marxismus auf ihre Fahnen geschrieben hatte und die nicht nur in Reden und Deklamationen, die sie aus Marx' und Engels' Schriften holte, revolutionär war. August Bebel und Wilhelm Liebknecht zeigten durch ihr Abstimmungsverhalten im Krieg 1870–71, dass sie revolutionäre Politik machen wollten. Sie trotzten der nationalen Begeisterung und weigerten sich, den Kriegsbewilligungen zuzustimmen. So war die Richtung innerhalb der geeinten Bewegung: Eine Entwicklung hin zu revolutionärer Klarheit. Es war die großindustrielle Entwicklung Deutschlands, die diese Tendenz in der deutschen Arbeiterbewegung schuf. Die Industriearbeiter wussten, dass der Marxismus nicht ein Steckenpferd weltfremder Ideologen war, sondern dass er Richtlinien für den täglichen Kampf gab. Die deutsche Arbeiterbewegung wurde organisatorisch während der Verfolgungen in den Tagen der Sozialistengesetze gestählt – diese Gesetze, die der eiserne Kanzler Bismarck ausgeheckt hatte, um die Arbeiterbewegung auszulöschen. Die deutsche Sozialdemokratie war am Ende des vorigen Jahrhunderts mit viel Unklarheit behaftet, aber in ihrem Kern, in ihrem Drang nach Klarheit, war sie revolutionär marxistisch.

Um die Jahrhundertwende trat eine entscheidende Veränderung ein. Eine neue Richtung, die innerhalb der Partei unter der Bezeichnung Revisionismus – später, als es nichts mehr zu revidieren gab, Reformismus – bekannt wurde, lief gegen die „dogmatischen" marxistischen Grundsätze der Partei Sturm. Eine große Zahl junger Sozialdemokraten begann, ebenso wie viele Gewerkschaftsführer, die sich bereits an die vielen täglichen Kleinkämpfe gewöhnt hatten, gegen die orthodoxe Lehre des Marxismus zu opponieren. Sie forderten eine Revision der marxistischen Theorie und damit auch eine Revision der Politik der Partei.

Marx hatte gesagt, dass Hunger und Elend mit der Entwicklung des kapitalistischen Systems zunehmen würden, dass die Akkumulation des Kapitals von der Akkumulation des Elends begleitet werden würde. Die Revisionisten verwiesen auf die Wirklichkeit und sagten: Das Elend nimmt nicht zu, sondern die Löhne der Arbeiter werden immer besser.

Marx hatte gelehrt, dass die Krisen des Kapitalismus immer gewaltiger und grausamer in ihrer Wirkung werden würden. Die Revisionisten verwiesen auf die faktische Entwicklung und behaupteten: Die Krisen werden nicht schlimmer, sondern der Kapitalismus entwickelt immer größere Fähigkeiten, sie zu überwinden.

Hatte Marx weiter gesagt, dass das Proletariat nichts anderes als seine Ketten zu verlieren hätte, so protestierten die Revisionisten und sagten: Jedes Jahr erreichen wir mehr, und im Laufe der Zeit werden so viele Vorteile erobert sein, dass wir riskieren, sie zusammen mit dem Kapitalismus zu verlieren. Während der Marxismus immer den Kampf für das Endziel, die Vernichtung der bürgerlichen Klassenherrschaft, in den Vordergrund stellte, so war für die Revisionisten der Kampf um Verbesserungen des Lebensstandards und größere politische Rechte das primäre und wesentliche. Die Revisionisten hatten die wirkungsvolle Sprache der Tatsachen auf ihrer Seite. Der aufsteigende deutsche Kapitalismus ließ nicht die Löhne im gleichen Verhältnis steigen, wie die Profite zunahmen. Aber die Löhne wurden höher, der Lebensstandard stieg, die Krisen wurden leichter überwunden und die politischen Rechte wurden erweitert.

Also hatten die Revisionisten – scheinbar – Recht. Deren folgenschwerer Fehler war, dass sie nicht in der Lage waren, die Entwicklung des Kapitalismus in seiner Totalität zu sehen. Sie gingen ohne weiteres davon aus, dass der gewaltig aufstrebende deutsche Kapitalismus, den man in Deutschland vor dem Weltkrieg hatte, typisch für die Entwicklung des Kapitalismus im allgemeinen war. Deshalb sagte Eduard Bernstein, der konsequenteste Führer der Revisionisten: „Das, was man gemeinhin Endziel des Sozialismus nennt, ist mir nichts, die Bewegung alles."[2]

Und weil die damalige Entwicklung des deutschen Kapitalismus den Revisionisten scheinbar Recht gab, gewannen sie starken Einfluss in der Partei und deshalb eroberten sie am Ende die Mehrheit in der großen deutschen Sozialdemokratie.

Noch während des Parteitages in Dresden 1903 lehnten sowohl der linke Flügel unter Rosa Luxemburg als auch das Zentrum der Partei unter August Bebel den Revisionismus scharf ab. Bebel unterstrich, dass er Zeit seines Lebens ein „Todfeind der kapitalistischen Gesellschaft" bleiben würde.[3] Man verabschiedete noch immer revolutionäre Resolutionen mit großer Mehrheit, aber in Wirklichkeit wuchs der Einfluss der Revisionisten stetig.

Wenn die Einheit der Partei nicht zerbrach, dann vor allem deshalb, weil die Aufgabe der Partei in erster Linie darin bestand, eine proletarische Oppositionspartei im kaiserlichen Deutschland zu sein. In einer entscheidenden Situation, in der der Rahmen für diese Aufgaben gesprengt wurde, musste die Einheit zusammenbrechen.

Der 4. August 1914.

„Nach sicherer Mitteilung hat die SPD die feste Absicht, sich so zu verhalten, wie es sich für jeden Deutschen unter den gegenwärtigen Verhältnissen geziemt. Ich halte es für meine Pflicht, dies zur Kenntnis zu bringen, damit die Militärbefehlshaber bei ihren Maßnahmen darauf Rücksicht nehmen."[4]

Diese Mitteilung – Nr. 64 gg A L – wurde am 31. Juli 1914 vom Kriegsministerium veröffentlicht.

Es war eine Meldung aus „zuverlässiger" Quelle. Die sozialdemokratische Partei zögerte nicht eine Minute. Sie schloss sich umgehend den Reihen der Verteidiger des Vaterlandes an. Vergessen waren die schönen Reden auf dem Kongress der Internationale in Basel. In den bedeutungsvollen Augusttagen 1914 sah man die ersten klaren Folgen der revisionistischen Politik. Die Sozialdemokratie musste natürlich „auf der Seite der Nation" stehen, wenn sie ihre Politik auf der Grundlage der bestehenden Gesellschaft führte, um immer mehr Reformen zu erreichen.

Am 4. August stimmte die sozialdemokratische Reichstagsfraktion für die Bewilligung der Kriegskredite für das kaiserliche Deutschland. Das war eine logische Folge der Richtung, die mit dem Angriff Bernsteins auf die marxistische Orthodoxie begonnen hatte. Und doch war es so ungeheuerlich, dass Lenin, als er die Nachricht über die Kriegskredite erhielt, glaubte, es handele sich um einen gemeinen Betrug seitens der Regierung.

Die Artikel in den sozialdemokratischen Zeitungen waren ebenso wie die Reden der Reichstagsabgeordneten von nationaler Begeisterung und Vaterlandsliebe überschwemmt. Sogar die Zeitung der Arbeiterjugend schrieb am 12. September 1914:[5]

„Gewiß, wenn es gilt, das Vaterland, den Heimatboden unserer Bildung und Arbeit zu verteidigen, eilt der Proletarier an die Grenze wie der Bürger, und der Prinz gibt seinen letzten Blutstropfen her wie der Bettler. [...]

Die jungen, unverheirateten Leute, Arbeiter- und Bürgersöhne, mochten mit dem Lächeln des Siegers auf den Lippen in den Kampf ziehen, und wir alle freuten uns des unbekümmerten Heldenmuts, der aus ihren Blicken leuchtete!"

Beachtet dieses Faktum: Die überwiegende Mehrheit der deutschen Arbeiter fühlte sich nicht verraten. Sie war für den Krieg, sie fasste es als selbstverständlich auf, „ihr" Vaterland zu verteidigen. Es war trotz allem ihr Vaterland, ein Vaterland, in dem die Löhne ständig stiegen und in dem ihre Lebensverhältnisse sich von Jahr zu Jahr verbesserten und in dem sie ihren Lebensstandard mit Hilfe der Organisationen weiter würden verbessern können.

Aus diesen Beispielen geht hervor, dass man eine solche Entwicklung nicht mit dem Hinweis auf den Verrat der Führer erklären kann. Natürlich sollen wir keine Zugeständnisse gegenüber dem Sozialchauvinismus machen. Aber für Marxisten kommt es darauf an zu erklären, warum diese Sozialchauvinisten als Führer anerkannt und nicht von den Arbeitern verprügelt wurden.

Nur ein kleiner Teil der sozialdemokratischen Arbeiter unter der Führung des Kreises um Karl Liebknecht und Rosa Luxemburg wurde nicht von der nationalen Begeisterung ergriffen. Sie hielten die Fahne der Internationale hoch, sammelten neue Kräfte zum Widerstand. Als Karl Liebknecht auf Grund seiner Rede am 1. Mai 1916 auf dem Potsdamer Platz in Berlin ins Gefängnis geworfen wurde, beantworteten die Berliner Arbeiter das Urteil mit einem großen Proteststreik. Er rief in seiner Rede: „Nieder mit der Regierung! Nieder mit dem Krieg! Es lebe die Revolution!"[6]

Die Teile der Partei, die gegen den Krieg waren, brachen aus. Die Spaltung der deutschen Arbeiterbewegung ist eine Folge des Verrats vom 4. August.

Die deutsche Revolution.

Als die alten Machthaber im November 1918 zusammenbrachen, fehlte der deutschen Arbeiterbewegung eine klare Führung. Die sozialdemokratische Partei unter Ebert und Scheidemann versuchte vor allem, die Revolution zu verhindern. Zusammen mit seinen Freunden trat Scheidemann in die letzte kaiserliche Regierung ein. Als die Revolution dennoch kam, stellte die Partei sich an ihre Spitze, unternahm aber in der folgenden Zeit alles, um die Revolution zu liquidieren und der Bourgeoisie die Macht zurück zu geben. Ihre Politik lief nicht darauf hinaus, die Revolution und die Herrschaft des Proletariats zu sichern. Deshalb resultierte die begrenzte Regierungsbeteiligung der Bourgeoisie in einer völligen Rückgabe der Macht an die Bourgeoisie. Wenn die sozialdemokratische Partei das tun konnte, dann nur, weil die anderen Kräfte der Arbeiterbewegung, die die Revolution nicht nur mit Worten, sondern auch mit Taten haben wollten, die den Kapitalismus zerschlagen und die Herrschaft der Arbeiterklasse errichten wollten, allzu schwach und unklar waren. Die Unabhängige Sozialdemokratische Partei hatte das Vertrauen großer Teile der Arbeiterklasse. Zuerst bildete sie zusammen mit den Mehrheitssozialisten die Regierung, bis sie deren arbeiterfeindlichem Kurs nicht länger folgen konnte. Die Partei meinte es sicher gut, aber sie führte in Wirklichkeit eine unklare, verwässerte Politik. Deshalb brach sie nach der Revolution auch völlig zusammen. Sie ist in starkem Grad für das Schicksal der deutschen Revolution verantwortlich und für diese Partei gilt Marx' Wort aus der „Neuen Rheinischen Zeitung" vom 15. Februar 1849:

„Entweder ist man revolutionär und akzeptiert die Folgen der Revolution, sie seien, welche sie wollen, oder man wird der Konterrevolution in die Arme gejagt und findet sich, vielleicht ganz wider Wissen und Willen, eines Morgens Arm in Arm mit Nikolaus und Windischgrätz."[7]

Der äußerste linke Flügel der Arbeiterbewegung, der Spartakusbund – die spätere kommunistische Partei – hatte die richtige politische Linie, aber er war noch nicht im Stande, allein das Proletariat in den Kampf zu führen.

Arbeiter- und Soldatenräte – Kennzeichen der proletarischen Revolution – waren in ganz Deutschland gebildet worden. Die Sozialdemokratie hatte die Mehrheit in den Räten, nahm die Macht aus den Händen der Vertreter der Arbeiterklasse und gab sie der Bourgeoisie zurück. Die Räte wurden abgesetzt. Eine Nationalversammlung wurde gewählt. Mit Hilfe der Weimarer Republik sollte der Sozialismus gewonnen werden. Stolz meinte der Reichstagsabgeordnete Fischer, Mitglied des Zentralvorstandes der sozialdemokratischen Partei, am 28. Februar 1919:

„Ein neues Deutschland wollen wir uns bauen auf dem breiten Fundamente der Freiheit, des Rechts und der Gerechtigkeit, ein neues Reich, das mit dem alten Reiche fast nichts gemeinsam hat als den Namen. ... Wir Sozialdemokraten, die stärkste Partei des neuen Reichs, haben aber auch noch eine zweite Aufgabe, nämlich dieses neue Deutschland zu erfüllen mit sozialem, sozialistischen Geiste, damit es das werde, was die sozialistischen Arbeiter seit Jahrzehnten erstreben, wofür ihr Herz heute heißer schlägt als jemals und weshalb sie auch die Revolution am 9. November begonnen haben, nämlich die deutsche sozialdemokratische Republik."[8]

Das hört sich sehr schön an. Die „wilden" Spartakisten benutzten härtere Ausdrücke. Sie meinten, dass man den Sozialismus nicht aufbauen könne, wenn man den alten Generälen Hindenburg und Gröner die Macht zurück gäbe.

Sie zeigten, dass man nicht mit Hilfe der formalen Demokratie in den „Sozialismus hinein wachsen" könne. Sie erinnerten an Engels, der die demokratische Republik „die konsequenteste Form der Herrschaft der Bourgeoisie" genannt hatte.[9]

Die Sozialdemokraten haben die Demokratie auf ihre Fahne geschrieben. Aber während und nach der Revolution standen sie überall im Lande an der Spitze, um die revolutionären Kräfte der Arbeiterklasse mit diktatorischen Mitteln niederzuschlagen.

Die Berliner Arbeiter hatten bereits im Dezember 1918 und Anfang Januar 1919 Hunderte von Toten zu betrauern. Sie wurden Opfer der Kugeln von Konterrevolutionären und Weißgardisten. Am 13. Januar 1919 druckte das Zentralorgan der Sozialdemokratischen Partei, „Vorwärts", ein Gedicht[10], in dem es hieß:

Vielhunderte Tote in einer Reih –
Proletarier!
Karl, Rosa, Radek und Kumpanei –
Es ist keiner dabei, es ist keiner dabei,
Proletarier!

Zwei Tage später, am 15. Januar, waren Rosa Luxemburg und Karl Liebknecht unter den Toten. Sie waren von einem Trupp tierischer Soldaten ermordet worden. Aber die Schuldigen saßen in der Regierung. Ebert – Scheidemann – Noske. Die deutsche Revolution war ihrer Führer beraubt.

Die Plakate der Regierung verkündeten:
„Die Sozialisierung ist da!
Die Kohletrusts sollen sofort sozialisiert werden!
– – –
Die Sozialisierung der Kaliindustrie wird vorbereitet!
– – –
Das ist Sozialismus!"
Aber die Arbeiter in den Betrieben wussten, dass die Sozialisierung nicht „marschierte". Sie merkten, dass das Kapital seine Macht unter dem Schutz der Regierung befestigte. Sie begannen deshalb im März 1919 einen großen Generalstreik. Mit Maschinengewehren wurden die Massen des Proletariats zurückgetrieben. Allein in Berlin gab es nach Noskes Aussage 1200 Tote.

Die widerlichsten Barbaren der alten Heeresführung zogen ins Ruhrgebiet und schlugen das Proletariat an der Ruhr, das die Betriebe übernommen hatte, um die Sozialisierung durchzuführen, blutig nieder.[11] Mit der Übereinkunft von Bielefeld hatte Severing den Offiziersbarbaren den Weg bereitet.[12]

Sozialisierung? – Kautsky meinte: „Konkursmasse kann nicht sozialisiert werden".[13] Hilferding verkündete: „Schulden können nicht sozialisiert werden. Wo nichts ist, hat selbst das Proletariat sein Recht verloren".[14]

Bereits 1920 war die Reaktion so erstarkt, dass sie glaubte, die Macht übernehmen zu können. Der Kapp-Putsch wurde durch den Generalstreik der Arbeiter zurückgeschlagen. Aber kurz danach begann man erneut, die Arbeiterklasse zu knebeln.

Noch ein Beispiel: 1923 wurde in Sachsen eine völlig verfassungsmäßige Regierung aus Kommunisten und Sozialdemokraten gebildet. Diese Regierung ließ der sozialdemokratische Reichspräsident Ebert mit Waffenmacht absetzen.

Damit schuf die Sozialdemokratie ein Vorbild für die Absetzung ihrer eigenen Braun-Severing-Regierung am 20. Juli 1932.

Das ganze Auftreten der deutschen Sozialdemokratie in den Tagen der Revolution hat den Weg für den Triumph des Faschismus vorbereitet.

Von Ebert zu Hindenburg.

Wie kann man nun erklären, dass die Sozialdemokraten, trotz ihres Auftretens und obwohl sie keine wirklichen Resultate erzielt haben, einen so starken Einfluss behalten haben? – Gleich nach dem Krieg erklärten sie, dass zuerst die schlimmsten Folgen des Krieges überwunden werden müssten. Wenn das geschehen sei, könne es aufwärts gehen. Und die Arbeiter, die nach den Jahren in den Schützengräben müde waren, glaubten ihnen. Und dann ging es auch von 1923 bis 1928 – aufwärts.

Der deutsche Kapitalismus erlebte noch einmal zwei kurze aufeinander folgende Perioden des Aufschwungs. Die Löhne begannen wieder zu steigen. Eine Reihe sozialer Reformen wurde durchgeführt – im Wesentlichen, weil der Eindruck der Novemberrevolution den Kapitalismus willig für Zugeständnisse gemacht hatte.

Zwar registrierte man kaum, dass die Zahl der Arbeitslosen in dieser Nachkriegskonjunktur stieg und dass die sozialen Eroberungen langsam aber sicher den „Bedürfnissen des Wirtschaftslebens" angepasst wurden. Als die Weltwirtschaftskrise einsetzte, wurden auch die Illusionen vieler Arbeiter zerrissen. Von diesem Zeitpunkt an lebte die Sozialdemokratie in erster Linie von der falschen Politik der Kommunistischen Partei. Der Weg des Reformismus war ein Weg voller Illusionen. Der Reformismus setzte seine Hoffnung auf die bürgerliche Republik, auf die Demokratie. Er glaubte, er könne die Bourgeoisie mit Abstimmungen bekämpfen. Mit Wirtschaftsdemokratie wollte er die Herrschaft des Kapitals überwinden.

Auf dem Parteitag in Kiel 1927 sagte Rudolf Hilferding beispielsweise:

„In Wirklichkeit war in allen entscheidenden Fragen der Wille des Reichstags eine Bagatelle gegenüber dem Willen der hohen Militärs, der hohen Bürokratie, des Monarchen. Jetzt ist die Bildung des Staatswillens nichts anderes als die Komponenten aus dem politischen Willen des einzelnen. [...] die Herrschenden müssen sich an den Staatsbürger wenden, und ihre Herrschaft im geistigen Ringen mit uns immer wieder bestätigen lassen von einer Mehrheit. Wenn nicht, so ist auf dem Boden der Demokratie ihre Herrschaft zu Ende."[15]

Der gleiche führende Sozialdemokrat, der früher übrigens Marxist war, verteidigte die außenpolitische Theorie eines „realen Pazifismus", der von dem Internationalismus der Kartelle und Trusts vorbereitet wurde.[16] Wie ist es denn mit der schönen Hoffnung von Wirtschaftsdemokratie und „realem Pazifismus" gegangen?

Die Ausbeutung der deutschen Arbeiter ist schlimmer als je. Die Welt rüstet mit einem Tempo wie nie zuvor. Das allein beweist hinreichend, wie falsch die reformistische Politik war.

Die Sozialdemokratie hat immer „das kleinste Übel" gewählt. Für sie war nicht die Not des Proletariats die Richtschnur für ihre Handlungen, sondern die Aufrechterhaltung des Staates und von Ruhe und Ordnung.

Sie regierte gemeinsam mit der Bourgeoisie. Sie ließ zu, dass die Sozialgesetzgebung verwässert wurde, dass der Achtstundentag aufgehoben wurde. Als die Sozialdemokratie aus der Regierung herausgeworfen wurde, fand sie sich damit ab, dass die Bourgeoisie regierte, um Schlimmeres zu verhindern.

1919 wählten die Sozialdemokraten ihren Fritz Ebert zum Reichspräsidenten. 1925 stimmten sie für den Zentrumskandidaten Wilhelm Marx, 1932 wählten sie Paul von Hindenburg zum Präsidenten der deutschen Republik – um etwas Schlimmeres zu verhindern.

Nach der Wahl schrieb damals die „Sozialdemokratische Parteipressekorrespondenz":

„Wenn es gelungen ist, ein Abgleiten der inneren Entwicklung auf die Bahn der Gewalt und des Bürgerkriegs zu verhindern, so trägt ein Hauptverdienst daran der Reichspräsident von Hindenburg selbst. [...] Hindenburg will und wird in seiner zweiten Reichspräsidentschaft nicht der Sachwalter einer Partei oder *einer* Parteiengruppe sein. Indem er aber als verfassungstreues Staatsoberhaupt die Rechte des Volkes schützen und respektieren wird, wird er auch dem arbeitenden Volk den Weg zum Wiederaufstieg aus den Niederungen der Wirtschaftskrise offenhalten."[17]

Wohl blieben noch sozialistische und radikale Aufrufe gestattet, aber in Wirklichkeit handelte die deutsche Sozialdemokratie mit dieser Politik gegen ihr eigenes Programm. Sie ging von einer Niederlage zur nächsten.

In der Krise sah sich der Kapitalismus gezwungen, seine demokratische Tracht abzuwerfen. Am Ende kam auch der Zeitpunkt, an dem man weder zulassen konnte oder wollte, dass die Sozialdemokratie, nicht einmal formell, in der Regierung war.

Am 20. Juli 1932 – der Tag ist es wert, dass man sich an ihn erinnert – wurde die sozialdemokratische Regierung Braun-Severing in Preußen von ein paar uniformierten Reichswehrleuten auf Befehl des Junkerkanzlers von Papen aus ihren Ämtern gejagt.

Und man fand sich ohne Widerstand in diese Schmach.

Der Aufruf der Organisationen trug die Überschrift: Besonnenheit! Kein kopfloser Streik! Provokateure sind am Werk![18]

Den Arbeitern wurde gesagt, dass die Wahlen eine Abrechnung mit den Reaktionären werden sollen; außerdem habe man an das Verfassungsgericht appelliert!

Kurz nach dem 20. Juli erklärte Carl Severing in einer Rede im Ruhrgebiet: „Die gegenwärtigen Zustände in der Reichshauptstadt sind nur vorübergehend."[19]

Das zeigt den völligen Bankrott der sozialdemokratischen Politik in Deutschland. Die Sozialdemokratie hat nie die Rolle des Staates und der bürgerlichen Demokratie verstanden, weil sie im Staat ihre Republik sah, eine Institution, die über den Klassen stand. Deshalb musste ihre Politik an diesen Staat bis zu dessen Untergang gebunden sein.

Victor Schiff schrieb am 17. August 1932 im „Vorwärts":

„Es scheint, daß es den späteren Generationen vorbehalten bleiben wird, die ungeheure Leistung zu begreifen, die darin lag, daß es der deutschen Sozialdemokratie in den Nachkriegsjahren gelungen war, die Arbeiterschaft mit dem Staat zu versöhnen...

Indem die deutsche Arbeiterschaft den Staat als ihren Staat bejaht, bejaht sie zugleich das Vaterland."[20]

Friedrich Engels sagte:

„In Wirklichkeit aber ist der Staat nichts anderes als eine Maschinerie zur Unterdrückung einer Klasse durch eine andere, und zwar in der demokratischen Republik nicht minder als in der Monarchie."[21]

Es sieht aus, als ob Friedrich Engels gegenüber Victor Schiff Recht behalten sollte.

Der Arzt des Kapitalismus.

Ebenso katastrophal war der Bankrott des Reformismus im gewerkschaftlichen und wirtschaftlichen Bereich. Hier kommen vor allem die Gewerkschaften in Betracht, die gewaltigen wirtschaftlichen Organisationen der deutschen Arbeiterbewegung. Die so genannten freien, d.h. sozialdemokratischen Gewerkschaften, hatten ihre Mitgliederzahl von 3 Millionen vor dem Krieg auf 9 Millionen gleich nach dem Krieg erhöht. Zwar ist diese Zahl später gesunken, aber 1932 waren es immer noch 4 Millionen. Diese Organisationen hatten eine ungeheure Bedeutung. Hier befanden sich die Arbeitermassen, auf die es in den großen gesellschaftlichen Konflikten ankam. Es galt nur, sie im Kampf einzusetzen.

Aber sie wurden nicht eingesetzt. Die Gewerkschaften hatten sich den gefährlichsten wirtschaftlichen Illusionen hingegeben. Als der amerikanische Kapitalismus seine Hochkonjunktur erlebte, fuhren die deutschen Gewerkschaftsführer ins Dollarland, und einer von ihnen, Fritz Tarnow, schrieb eine Broschüre: „Warum arm sein?".[22] Er verwies darauf, dass, folgte man dem amerikanischen Kapitalismus, das Wirtschaftsleben blühen, die Not enden und der Sozialismus auf ganz friedliche Weise realisiert werden würde.

In die gleiche Richtung zielt, dass die Gewerkschaften es ablehnten, Kämpfe zu führen, die dem Wirtschaftsleben schaden könnten. Sie versicherten ständig ihr Wohlwollen gegenüber der Industrie und ihre nationale Zuverlässigkeit. Der Vorsitzende des deutschen Gewerkschaftsbundes [Leipart] erklärte 1926 Folgendes auf dem Kongress der Metallarbeiter:

„Ich habe schon öfter bei passender Gelegenheit darauf hingewiesen, daß die Gewerkschaften schließlich sogar die einzigen in Deutschland sind, die im Gegensatz zu allen andern Volkskreisen nicht nur das egoistische Eigeninteresse vertreten und wahrnehmen wollen, sondern daß sie immer in der Wahrnehmung ihrer Klasseninteressen auch an die allgemeinen Volksinteressen gedacht haben."[23]

Als die große Krise ausbrach, gingen wahrhaftig viele Illusionen verloren. Aber da half man sich mit der Parole: Abwarten!

Die Wirtschaftstheoretiker erklärten, dass man es mit einer normalen kapitalistischen Krise zu tun hatte, die erst überwunden werden müsse. Dann könne der Kampf wieder anfangen. Damit erhob man die Passivität der Arbeiterklasse zum Prinzip.

Naphtali, der Wirtschaftsexperte der Gewerkschaften, behauptete noch 1930:

„Ich glaube nicht, daß wir wirtschaftspolitisch in der Krise sehr viel, sehr Entscheidendes zu ihrer Überwindung tun können."[24]

Das Gegenteil hätte man der Arbeiterklasse sagen sollen: In dieser tödlichen Krise müssen die Arbeiter alle Opfer zum Sturm gegen die Schuldigen, zum Kampf gegen den Kapitalismus sammeln.

Selbst 1931, als die Krise immer härter wurde – die Zahl der Arbeitslosen war seit 1929 von 2½ auf mehr als 5 Millionen gestiegen und hat im Winter 1932–33 die Zahl von 8 Millionen weit überschritten –, selbst da meinte Tarnow auf dem Parteitag der Sozialdemokraten in Leipzig in einem Vortrag über die Krise folgendes:

„Trotz dieser noch nie dagewesenen Häufung von Krisenursachen glaube ich, daß die Wirtschaft die Wege finden wird, die wieder zum Aufstieg führen, und ich befinde mich damit, soweit ich übersehen kann, in Übereinstimmung mit ziemlich allen Wirtschaftstheoretikern in unseren Reihen. Die starke Senkung der Zinssätze und der Rohstoffpreise sind nach allen früheren Krisenerfahrungen auch schon die sichtbaren Anzeichen dafür, daß ein Umschwung sich vorbereitet, was natürlich noch nichts über die Zeitdauer sagt."[25]

Die wohlwollende Politik der deutschen Gewerkschaften gegenüber den Betrieben hat zum direkten Verrat am Internationalismus geführt, und sie hat zur Streikbrecherei aufgefordert, was aus folgender Notiz aus dem „Vorwärts" vom 9. August 1932 deutlich hervorgeht:

„Der Deutsche Steinkohlenbergbau hat Aussichten auf eine Sonderkonjunktur. [...] Ganz neue Aussichten hat der am Sonntag beschlossene belgische Kohlenarbeiterstreik eröffnet. Dauert der Streik lange, so wird die Belieferung der belgischen Industrie den deutschen Kohlenexport ebenfalls befördern."[26]

Diese Politik, die die Gewerkschaften und die Sozialdemokratie führten, wurde in außerordentlichem Maße von einer großen Zahl von Angestellten in den Organisationen und von zehntausenden Beamten ermuntert. Aus Rücksicht auf ihre eigene Existenz versuchten sie, jeden Konflikt zu verhindern, da die reformistische Politik ihre persönliche Stellung garantierte und sicherte, ebenso, wie die Tatsache, dass die Unterstützung des Vaterlandes während des Krieges bedeutete, dass die Gewerkschafts- und Parteifunktionäre vom Kriegsdienst befreit waren. Schon aus diesem Grund hat ein großer Teil von ihnen „das Vaterland nicht in der Stunde der Not im Stich gelassen".

Fehlende Aktivität, das ständige Zurückweichen, machte nicht nur die Arbeitslosen, sondern auch die, die noch Arbeit hatten, immer mutloser. Hier liegt eine der Ursachen dafür, dass der Nazismus es auch vermochte, in die Reihen der Arbeiter einzudringen.

Eine wirklich proletarische Gewerkschaftspolitik musste in erster Linie darauf hinauslaufen, sich den veränderten Bedingungen in der Niedergangszeit des Kapitalismus anzupassen. Der rein gewerkschaftliche Einzelkampf musste auf Grund der Krise in den meisten Fällen resultatlos bleiben. Er hätte deshalb zum politischen Massenkampf mit gewerkschaftlichen Zielen ausgeweitet werden müssen. Ein solcher Kampf hätte gegen den niedersiechenden Kapitalismus große Aussichten auf ein gutes Resultat gehabt. Rücksichten auf die kapitalistische Wirtschaft dürfen nicht Richtschnur des gewerkschaftlichen Kampfes sein. Mutlosigkeit innerhalb der Bewegung hätte man nur effektiv beggenen können, indem man einen wirklich gesammelten Kampf gegen die Reduzierungen der Löhne der Arbeiter und Angestellten, einen Kampf für Arbeitszeitverkürzungen bei voller Kompensation geführt hätte. Man hätte auch einen Kampf dafür führen müssen, dass die Arbeitslosen ausreichend unterstützt werden, um so aus gemeinsamen Interessen heraus eine tatsächliche Solidarität in der Arbeiterklasse zu schaffen.

Aber die deutschen Gewerkschaften waren an die Politik der Sozialdemokratie gebunden und von falschen Wirtschaftstheorien verwirrt. Sie waren von dem großen bürokratischen Apparat gehemmt – und lösten diese Aufgaben nicht.

Das bittere Ende dieser Politik war die willige Unterwerfung unter den Faschismus, der dies nicht mit Dankesbezeugungen beantwortete, sondern erst mit Spott und dann mit Vernichtung. „Die Ärzte des Kapitalismus" – so nannte Tarnow auf dem Parteitag in Leipzig die Rolle, die die Arbeiterbewegung in der kapitalistischen Krise spielen sollte,[27] – waren von „dem kranken Mann" erschlagen worden.

Die Politik der dritten Periode.[28]

Man hätte glauben sollen, dass die Politik der Reformisten dazu führen müsste, dass die kommunistische Partei die Massen unter ihren Fahnen sammeln würde, um die revolutionäre Politik durchzuführen. Aber sie war dazu nicht in der Lage; die wesentlichen Teile wurden nicht von den reformistischen Organisationen losgerissen. Die Partei war am Ende nicht einmal in der Lage, ihre eigenen Organisationen, die Hunderttausende ihrer eigenen Mitglieder und die Millionen ihrer Anhänger in den Kampf zu führen.

Die Gründe dafür, dass die kommunistische Partei versagte, sind andere als die, die zum Bankrott der Reformen geführt haben. Aber man kann nicht sagen, dass Deutschlands kommunistische Partei nur taktische Fehler gemacht hat; sie hat auch viele Fehler prinzipiellen Charakters gemacht. Diese Fehler liegen nicht im Programm der Kommunisten, im revolutionären Marxismus, oder darin, dass sich die Partei zur Diktatur des Proletariats bekennt. Hätte die kommunistische Partei eine Politik geführt, die sich in wirklicher Übereinstimmung mit diesen Grundsätzen befunden hätte, so hätte sie die Massen gewinnen können. Da hätte aller Wahrscheinlichkeit nach nicht der Faschismus auf der Tagesordnung gestanden, sondern die Durchführung des sozialistischen Aufbaus.

Der entscheidende Fehler der kommunistischen Partei liegt darin, dass sie sich auf wichtigen Gebieten von den Massen isoliert hat. Die Politik der Partei folgt in der Praxis der Ansicht, dass sie selbst und ihre Nebenorganisationen den Kampf für das Proletariat übernehmen können, so als könne sie allein alle Aufgaben der Arbeiterklasse lösen. Nirgendwo anders offenbarte sich diese Politik mehr als in den Gewerkschaften und Betrieben. Nachdem sie ihre Kinderkrankheiten überwunden hatte, führte die kommunistische Partei ursprünglich eine ganz richtige Politik und leistete in Lenins Geist eine geduldige und mühselige Arbeit in den Gewerkschaften, um die gewerkschaftlich organisierten Arbeiter zum revolutionären Kampf zu erziehen und ihr Vertrauen zu gewinnen. Aber 1924 schlug sie einen völlig neuen Kurs ein. Ihr revolutionärer Einfluss in den

Massenorganisationen war ständig gewachsen. Das zeigte sich nicht nur an der Anzahl von Vertretern bei den Kongressen, sondern auch an der Anzahl durchgeführter Streiks. Aber so beendete die ultralinke Führung unter Ruth Fischer – Heinz Neumann die Arbeit in den Massenorganisationen, und es wurde bestimmt, eigene Organisationen zu gründen.

1925 war es so weit gekommen, dass die Kommunistische Internationale erklärte, dass die ultralinke Führung die deutsche kommunistische Partei an den Rand des Abgrunds geführt hatte. Es wurde der Versuch einer Revision unternommen, aber man gelangte nicht zu einer wirklichen Neuorientierung.

1928 begann die so genannte „Politik der 3. Periode". Diese Politik war eine Mischung aus Opportunismus und ultralinken Kraftphrasen. Die Partei wurde damit in die Katastrophe geführt.

Weshalb arbeitete man ab 1928 nicht mehr in den Gewerkschaften? Es wurde behauptet, dass die Krise neue Formen kommunistischer Arbeit notwendig mache. In Wirklichkeit schuf gerade die Krise die Bedingungen dafür, breite Arbeitermassen innerhalb der Gewerkschaften zu gewinnen. Die kommunistische Partei forderte natürlich nicht offen dazu auf, die Gewerkschaften zu spalten, aber in der Praxis begann die Spaltung mit der Parole:

„Gegen den Gewerkschaftslegalismus – für eigene Kampfleitungen der Streiks – gemeinsam mit oder gegen den Willen der Gewerkschaften."

Den kommunistischen Gewerkschaftsmitgliedern wurde gesagt: Die Statuten und Beschlüsse der Gewerkschaften sind nicht maßgebend für euch; im Gegenteil, ihr habt die Beschlüsse und Richtlinien der Partei durchzuführen.

In Wirklichkeit zielte das natürlich darauf ab, den Ausschluss der kommunistischen Gewerkschafter zu provozieren. Damit kamen die Gewerkschaften fast ausschließlich unter den Einfluss der Reformisten. Die Kommunisten hatten zwar ihren „roten Kampfverband", sie hatten auch eine revolutionäre Gewerkschaftsopposition, in der sie besonders radikale Beschlüsse fassen konnten. Aber der entscheidende Einfluss fehlte.

Lenin hat einmal mit solchen „Radikalen" in der kommunistischen Bewegung abgerechnet. Er schrieb:

„Den Kampf gegen die opportunistischen und sozialchauvinistischen Führer führen wir, um die Arbeiterklasse für uns zu gewinnen. Diese höchst elementare und ganz augenfällige Wahrheit zu vergessen, wäre eine Dummheit. Und gerade diese Dummheit begehen die ‚linken' deutschen Kommunisten, die aus der Tatsache, daß die Spitzen der Gewerkschaften reaktionär und konterrevolutionär sind, den Schluß ziehen, daß man aus den Gewerkschaften austreten!!, die Arbeit in den Gewerkschaften ablehnen!! und neue ausgeklügelte Formen von Arbeiterorganisationen schaffen müsse!! Das ist eine so unverzeihliche Dummheit, daß sie dem größten Dienst gleichkommt, den Kommunisten der Bourgeoisie erweisen können. ... [Man] muß unbedingt dort arbeiten, wo die Massen sind. Man muß jedes Opfer bringen und die größten Hindernisse überwinden können, um systematisch, hartnäckig, beharrlich, geduldig gerade in allen denjenigen – und seien es auch die reaktionärsten – Einrichtungen, Vereinen und Verbänden Propaganda und Agitation zu treiben, in denen es proletarische oder halbproletarische Massen gibt."[29]

Und Lenin charakterisiert im gleichen Abschnitt die Rolle der Kommunisten, so wie er sie sieht, die aber von den Führern der „3. Periode" in ihr Gegenteil verdreht worden sind:

„Denn die ganze Aufgabe der Kommunisten besteht darin, daß sie es verstehen, die Rückständigen zu überzeugen, unter ihnen zu arbeiten und sich nicht durch ausgeklügelte, kindische ‚linke' Losungen von ihnen absondern." (Lenin: Kinderkrankheit im Kommunismus)[30].

In den Betrieben entwickelte sich die Isolierungspolitik bis zum Lächerlichen. Mit der Losung von der „eigenen Kampfführung bei Streiks" trennte man sich auch hier von den Massen, statt in Lenins Geist in erster Linie die Voraussetzungen für den Kampf zu schaffen und ihn dann zu beginnen. Man bezeichnete Urabstimmungen als „reformistisch" und proklamierte Streiks bei allen möglichen und unmöglichen Anlässen. Dadurch wurde der Gedanke von der Avantgarde völlig karikiert. Trotz aller großen Worte verlor man Einfluss und Vertrauen bei dem wichtigsten Teil der Arbeiter, nämlich den Arbeitern in den Betrieben.

Die Folge war, dass am Ende niemand die Aufrufe der Kommunisten ernst nahm. Selbst dann nicht, wenn sie richtig waren, wie die Aufforderung zum Streik bei verschiedenen großen Lohnsenkungen, dem Aufruf zum Generalstreik, als die Braun-Severing-Regierung gestürzt wurde oder als Hitler die Regierungsmacht übernahm. Die Partei hatte dermaßen das Vertrauen der deutschen Arbeiterklasse verloren, dass sich bei den letzten beiden Fällen niemand um diese Aufforderungen scherte, nicht einmal die eigenen Anhänger und Wähler. Das ist der absolute Bankrott der Partei.

Die Führung der Kommunistischen Internationale trägt die volle Verantwortung für die Politik, die Deutschlands kommunistische Partei geführt hat. Das muss in der gegenwärtigen Situation gegenüber den Arbeitern der ganzen Welt festgehalten werden. Die fehlerhafte Politik hat teils darin ihren Grund, dass die Erfahrungen der russischen Revolution schematisch übertragen wurden. Die Erfahrungen der russischen Revolution können gerade in der Zeit, in der die Sowjetunion das einzige wirkliche Bollwerk ist, in keiner Weise überschätzt werden. Aber die soziale Klassenteilung, die Bauern, der Mittelstand, die Intellektuellen und vieles andere befanden sich im zaristischen Russland in einer ganz anderen Stellung als im hochkapitalistischen Deutschland. Deshalb kann man die Formen für den Kampf um die Diktatur des Proletariats nicht schematisch auf Deutschland übertragen. Vor allem hätte man dafür sorgen müssen, dass sich die Gegensätze, die innerhalb der russischen Partei auf Grund des sozialistischen Aufbaus bestehen, nicht in die Parteien der Internationale verpflanzen durften. Dieser Fehler, den die Stalin-Fraktion gemacht hat, hat dazu geführt, dass die Internationale gehorsame Diener und eine willige Bürokratie bekommen hat, während die lebenstüchtigen Parteien zu Grunde gegangen sind. Jetzt wird immer offenkundiger, dass das Schicksal der Sowjetunion nicht nur in Russland entschieden wird, sondern dass dessen Zukunft zu einem großen Teil dadurch entschieden wird, ob es aktive proletarische Parteien gibt oder nicht. Solche Parteien schafft man nicht, indem man eine derartige Politik führt wie in Deutschland, wo man im blinden Opportunismus die faschistische Gefahr vor sich selbst verbarg.

Im Dezember 1930 schrieb das Zentralorgan der kommunistischen Partei, „Rote Fahne", über die faschistische Partei:

„Die halbfaschistische Regierung Brüning hat den entscheidenden Schritt zur Errichtung der faschistischen Diktatur über Deutschland vollzogen. Die faschistische Diktatur droht nicht mehr, sondern ist bereits da. [...] Wir *haben* eine faschistische Republik. Das Kabinett [...] Brüning hat sich in die faschistische Regierung verwandelt."[31]

Wenn man bereits 1930 den Sieg des Faschismus als vollendete Tatsache darstellte, konnte man später natürlich nicht die Arbeiter mobilisieren, um die Machtübernahme des Faschismus zu verhindern. Da konnte man nur eine Politik der großen Worte führen, genau so, wie man keine Streiks durchführen konnte, wenn man vorher jeden Einfluss in den Gewerkschaften verloren hatte.

Der Nationalismus in der Arbeiterbewegung.

Die ideologische Grundlage der faschistischen Bewegung ist die nationalchauvinistische Verhetzung. Die Raserei gegen die Juden, die Franzosen und Polen, die Raserei gegen Versailles, den Dawes- und Youngplan, die Raserei gegen die Versklavung und Unterdrückung des „ausgewählten" deutschen Volks, all das hat der Faschismus ausgenutzt, um die entwurzelte und wirtschaftlich verarmte Mittelklasse einzufangen. Die Nationalsozialisten konnten diese Bevölkerungsschichten nicht mit einer Parole gewinnen, die besagte, dass die kapitalistische Ausbeutung beibehalten werden sollte. Sie mussten sich eine Ideologie schaffen, die ihre eigentliche Rolle verbarg und verschleierte. Diese Ideologie ist der Nationalismus.

Die Arbeiterbewegung muss dazu beispielsweise Folgendes sagen: Es sind nicht der verlorene Krieg, auch nicht die Friedensverträge und Reparationskosten, die die eigentliche Ursache für das

Elend des Proletariats und der Mittelklasse sind. Die Ursache ist der Kapitalismus, der sich in seiner Niedergangsepoche befindet. Die nationalistischen Parolen haben nur die Aufgabe, die Aufmerksamkeit von den wirklichen Ursachen abzulenken. Diese Parolen sollen den Zorn der Massen vom kapitalistischen System ablenken, das die wirkliche Schuld trägt. Der Faschismus behauptet, dass die Reparationskosten das große Elend in Deutschland verursacht haben; aber es ist ein Faktum, dass der deutsche Kapitalismus zwischen dem Dawesplan und dem Hoover-Abkommen[32] mehr Milliarden im Ausland geborgt hat, als die Reparationskosten betragen. Natürlich muss das Proletariat dafür kämpfen, dass die Friedensverträge und Reparationskosten aufgehoben werden. Aber es muss ganz ausdrücklich gesagt werden, dass eine Lösung dieser Fragen auf der Grundlage des kapitalistischen Systems nur zu neuen Gruppierungen und damit zu neuen Komplikationen führt. Erst der Untergang des Kapitalismus bedeutet ein Ende dieser Verträge. Das Proletariat muss die Lüge zurückweisen, dass die Friedensverträge und die Reparationskosten in erster Linie die Krise verursacht haben. Die Staaten, die im Weltkrieg gesiegt haben und die nicht die Bürde dieser schmählichen Verträge tragen müssen, sind dennoch gewaltig von dieser Krise betroffen. In den Vereinigten Staaten von Amerika – dem Land, in dem sich das Gold, das man „aus Deutschland herauspresst", anhäuft und sammelt – gibt es 12 Millionen Arbeitslose, und die Not ist grauenerregend.

Aber was sagten die deutschen Arbeiterparteien?

Die Sozialdemokratie hat in allen Jahren immer versucht zu beweisen, dass sie viel nationaler als alle anderen Parteien war. Dafür gab sie auch schlagende Beweise. Der Bergarbeiterführer Osterroth sagte im Mai 1926 während des englischen Bergarbeiterstreiks in einem Interview Folgendes:

„Die deutschen Interessen zwingen uns dazu, England seinen Kampf allein auskämpfen zu lassen. Während des englischen Kampfes muss man versuchen, Märkte für die deutsche Kohleindustrie zurückzuerobern, um damit langfristig die Lebensmöglichkeiten für die zu sichern, die im Bergbau beschäftigt sind. Das deutsche Hemd ist uns näher als der Mantel der englischen Bergbauindustrie."[33]

Das ist Nationalismus reinsten Wassers. Das Monopolkapital kann sich nichts Besseres wünschen.

Der Vorsitzende des deutschen Gewerkschaftsbundes, Theodor Leipart, schrieb am 31. Dezember 1931 einen Artikel im „Vorwärts", in dem er besonders auf die nationale Haltung der Sozialdemokratie verwies. Er schrieb:

„Wie es Bebel vorausgesagt hat, sind hunderttausende und aber hunderttausende überzeugte Anhänger der deutschen Arbeiterbewegung in die Schützengräben an der Ost- und Westfront gezogen, um unser Land, das sie zur Heimat aller Deutscher machen wollten, zu verteidigen. ... [In] dieser Zeit lärmender Propaganda für künftige nationale Leistungen scheint es mir notwendig, auf die schweigend vollbrachten nationalen Leistungen hinzuweisen, auf die Taten der unvergessenen Toten in unseren Reihen, die für das von uns einst erträumte und gewollte Deutschland fielen, das sie zu einem freien und großen Volksstaat machen wollten."

Dann nimmt der Verfasser Stellung zu den Reparationskosten, unterscheidet sich hier aber in keiner Weise von der Argumentation der Faschisten:

„Dieser Zwang, unter dem unser Volk und besonders die deutsche Arbeiterschaft seit über einem Jahrzehnt steht, sind die Reparationen, die heute, nachdem die zerstörten Gebiete im Westen längst wiederhergestellt sind, auch des Scheines einer sachlichen Berechtigung entbehren, während ihre moralische Begründung in der angeblichen Alleinschuld Deutschlands am Kriege niemals von der deutschen Arbeiterschaft anerkannt worden ist. ...

Diese befreiende politische Tat wäre zugleich der Anfang vom Ende des Nationalsozialismus, denn diese Bewegung lebt von der Agitation gegen die Fortdauer einer widersinnigen Machtpolitik, die in den Reparationen ihren krassesten Ausdruck findet."[34]

Auch die kommunistische Partei hat den ungeheuerlichen Fehler begangen zu glauben, man könne den Faschismus überwinden, indem man seine Parolen übertönt. In Übereinstimmung mit dem „nationalen und sozialen Befreiungsprogramm"[35] – national steht vor sozial – formulierte die kommunistische Partei ein nationalistisches

Schlagwort wie „Young-Deutschland" und konterrevolutionäre Unwahrheiten wie „Deutschland ist wehrlos und isoliert".

1931 trat der ehemalige Reichswehrleutnant Scheringer der kommunistischen Partei bei. Er war sicher ein aufrichtiger und mutiger Kerl, aber er war kein proletarischer Internationalist. Die Partei gab seine Briefe heraus. In einem dieser Briefe schreibt Scheringer an Marineleutnant von Davidson:

„Rein militärisch ist ein Krieg gegen die Westmächte nur im Bunde mit der Sowjetunion zu führen. [...] Da sich in der KPD. immer mehr aktive Massen des Proletariats und des Mittelstandes sammeln, da hier eindeutig gegen das kapitalistische System, für die Revolutionierung und Bewaffnung der Arbeiterschaft und für den revolutionären Krieg gegen die Westmächte gekämpft wird, da ferner die Zusammenarbeit mit der Sowjetunion in diesem Kampf sichergestellt ist, habe ich mich entschlossen, alle kleinlichen Bedenken zurückzustellen und den ‚Roten' die Hand zu bieten." [36]

Das hat nichts mit proletarischem Klassenkampf zu tun, das ist Propaganda für den Geist der Revanche, das ist, nationalistischen Unsinn innerhalb der Arbeiterbewegung zu verbreiten.

Die „theoretische Grundlage" hierfür wurde vom „Zentralkomitee unter Thälmanns historischer Führung" geschaffen. Am 19. Februar 1932 sagte Thälmann auf einer Plenumssitzung in Berlin Folgendes:[37]

„Wir müssen besonders in unserer Agitation und Propaganda eine Reihe von entscheidenden Tatsachen gegenüber der Nationalsozialistischen Partei konkret und einfach klarstellen und zum Bewußtsein der Massen bringen. Um welche Hauptsachen handelt es sich? Wir sind die einzige Partei in Deutschland, die wirklich und mit der größten Entschiedenheit gegen die Erfüllungspolitik kämpft! ...

Nur indem wir den Massen aus der Angestelltenschaft, aus dem Kleinbürgertum, aus den Beamten und der Landbevölkerung, die die Hauptanhängermasse des Hitler-Faschismus stellen, zum Bewusstsein bringen, daß nicht der Nationalsozialismus, sondern wir als einzige Partei, mit Millionen Freiheitskämpfern in Deutschland, den Kampf für die Befreiung aus der Versailler und kapitalistischen

Knechtschaft und der Young-Sklaverei führen, werden wir sie loslösen und für den Klassenkampf gewinnen oder wenigstens neutralisieren können."

Eine Partei, die solche Fehler beging, war nicht nur nicht in der Lage zu verhindern, dass die konterrevolutionäre Lösung der Krise größeren Anklang fand, sondern sie musste, ebenso wie die Reformisten, dazu beitragen, die Arbeiterklasse untauglich für den Kampf zu machen.

Wer ist der Hauptfeind?

Statt die Kräfte im Kampf gegen den Faschismus zu sammeln, haben die Arbeiterparteien gemeint, dass sie sich in erster Linie gegenseitig zerstören müssten.

Die Sozialdemokraten haben die Kommunisten immer als „Handlanger des Faschismus" bezeichnet, als „Hitlers Alliierte". Das Diskussionsorgan der Sozialdemokratie, das „Freie Wort", ließ sich im Sommer 1930 zu der Schamlosigkeit herab, Karl Liebknecht mit Adolf Hitler zu vergleichen.[38]

Im Reichstag erklärte der Abgeordnete Schöpflin zur großen Freude der Bourgeoisie am 11. März 1931:[39]

„Ich bin nicht nur Sozialdemokrat, sondern auch Deutscher und wenn man mir vorwirft, ich wäre der Order des Reichswehrministers gefolgt, so antworte ich den Kommunisten: Wenn es sich um das deutsche Volk und das deutsche Vaterland handelt, dann gehe ich lieber zehnmal mit Gröner (dem damaligen Reichswehrminister) als nur einmal mit den Kommunisten."

Die Kommunisten haben viel dazu beigetragen, solche Haltung bei den Sozialdemokraten herbei zu provozieren; sie haben ihnen die Argumente gegen den revolutionären Teil der Arbeiterbewegung direkt in den Mund gelegt.

Die kommunistische Partei sagte: Der Hauptfeind ist die Sozialdemokratie. Erst muss der Hauptfeind überwunden werden, dann können wir den Faschismus schlagen. Die Parole des „Sozialfaschismus" wurde erfunden, eine Parole, die theoretisch eine Dummheit war und politisch ein Verbrechen. Theoretische Klarheit haben wir überhaupt selten bei der kommunistischen Partei gesehen. Was ist der „Sozialfaschismus"?

Der Faschismus bedeutet doch die brutale Unterdrückung und Vernichtung aller selbständigen Arbeiterorganisationen, auch der sozialdemokratischen. Auf Grund der Tatsache, dass der Reformismus in Deutschland eine arbeiterfeindliche Politik geführt hat – und nicht einmal davor zurückschreckte, Waffenmacht anzuwenden – hat die kommunistische Partei die Sozialdemokratie und den Faschismus über einen Kamm geschoren und das Schlagwort vom Sozialfaschismus geschaffen.

Alles, was nicht zur kommunistischen Partei gehörte, war Faschismus. Das erfüllte die sozialdemokratischen Arbeiter mit tiefem Hass gegen die Kommunisten, und diese haben dadurch den Kampf an der gemeinsamen Front direkt erschwert – ganz abgesehen davon, dass die Positionen des Reformismus damit in starkem Maße gefestigt wurden.

Diese Theorie wurde auf die verschiedensten Bereiche angewandt. Die kommunistische Partei unterstützte den faschistischen Kampf gegen die sozialdemokratische Regierung in Preußen, und in den Gemeindevertretungen sorgten sie vielerorts dafür, dass Nazisten gewählt wurden, nur damit der „Hauptfeind", die Sozialdemokraten, nicht dran kommen sollte.

Einheitsfront oder Barbarei?

Die Parole der Einheitsfront ist nicht neuen Datums. Sie ist nicht Ausdruck einer späteren Einsicht, sie wurde den deutschen Arbeitern auch nicht, als es zu spät war, mit dem Hinweis „dies hätte getan werden sollen ..." angeraten. Die Einheitsfront – oder besser – die Einheitsfrontphrase war in Deutschland ein akzeptierter politischer Markenartikel. Zwei Wege konnten gegangen werden. Der eine war gemeinsamer Kampf gegen den Faschismus, bis dieser völlig vernichtet war. Der andere war der Weg in die faschistische Barbarei. Deutschland wählte den letzten Weg.

Keiner der beiden Flügel der deutschen Arbeiterbewegung war in der Lage, diese einfache Alternative zu verstehen. Man musste in Deutschland mit der Tatsache rechnen, dass die Arbeiterbewegung gespalten *war*. Die Spaltung konnte man nicht wegdiskutieren. Die Gegensätze zwischen den verschiedenen Teilen der Arbeiterbewegung waren gerade die Ursache, weshalb eine Einheitsfront gebildet werden musste. Die Gegensätze waren groß, zwischen Reformismus und revolutionärem Marxismus konnte keine Brücke gebaut werden. Aber es gab doch eine Reihe von Dingen, um die sich die verschiedenen Flügel sammeln konnten. Nicht nur das endliche Ziel. Was den Gesichtspunkt des drohenden Faschismus betraf, handelte es sich nicht nur um eine Bewegung; der Faschismus wollte und musste all die verschiedenen Teile der Arbeiterbewegung ohne Rücksicht auf innere Gegensätze zerstören.

Die Entwicklung hat dies auf das Grausamste bestätigt. Die Grundlage der Einheitsfront war, dass sie verhindern sollte, dass der Faschismus die Macht ergriff, und sie sollte den Kampf *vor* der Machtübernahme aufnehmen. Diese Einheitsfront war trotz aller inneren Spaltung möglich und notwendig. Diese Einheitsfront hätte sich auf zwei Aufgaben einstellen müssen. Erstens, den vereinten Kampf der gesamten Arbeiterklasse auf der Grundlage der Gewerkschaften zu führen: Den Kampf gegen die Lohnkürzungen und die Reduktionen der Armenunterstützung zu führen, um den Faschismus an dieser entscheidenden Front zu schlagen. Zweitens musste Einheit im außerparlamentarischen Kampf gegen den Faschismus da sein. Die vereinten Verteidigungskräfte der Arbeiterklasse mussten zum Schutz der proletarischen Organisationen, der Gewerkschaftshäuser, Zeitungen, Versammlungen usw. organisiert werden. Jede Provokation seitens der faschistischen Mörderbanden musste energisch zurückgeschlagen werden. Eine solche Einheitsfront hätte die Auslösung gewaltiger Kräfte im Proletariat bedeutet. Der vorwärtsstürmende Faschismus hätte da dem vorwärtsstürmenden Proletariat gegenüber gestanden. Sie hätte breite Schichten auf die Seite der kämpfenden Arbeiter gezogen, all diejenigen, die auf Grund des inneren Streits und der fehlenden Aktivität beiseite standen, und all diejenigen, die von der offensiven Kraft der faschistischen Bewegung irregeleitet worden waren.

Die Sozialdemokraten sagten: „Unsere Eiserne Front[40] ist die Einheitsfront". Sie hatten eine falsche politische Perspektive. Sie glaubten fest und sicher, dass der Faschismus in seiner damaligen Form niemals siegen würde und dass er in jedem Fall schnell abgewirtschaftet hätte. Sie verstanden den Ernst der Lage nicht. Deshalb kamen sie nie weiter als zu antifaschistischen Demonstrationen. Das Entscheidende war, dass Einheitsfront Kampf bedeutet hätte. Aber die Sozialdemokraten wollten nicht kämpfen, sie wollten die Frage der faschistischen Gefahr parlamentarisch, demokratisch lösen.

Die Kommunisten wollten die Einheitsfront mit den sozialdemokratischen Arbeitern, aber sie wollten nicht mit den „verräterischen Führern" zusammenarbeiten. Dort, wo sie wirklich den Organisationen Einheitsfrontangebote machten, stellten sie Forderungen wie den Kampf um die Errichtung der Diktatur des Proletariats in den Vordergrund, während dies doch sicher nicht der erste Schritt sein würde.

Der erste Schritt muss sein, den Willen zum Kampf, zur Zerstörung der braunen Pest zu zeigen. Auch die kommunistische Partei hatte eine völlig falsche Perspektive, auch bei den Kommunisten wimmelte es von parlamentarischen Illusionen. Auch sie glaubten, die Zeit zum politischen Feilschen sei vorhanden. Auf der 12. Plenumssitzung des Exekutivkomitees der Kommunistischen Internationale sollte Pjatnitzki der deutschen Partei ihre Fehler erklären. Zur Frage der Einheitsfront sagte er:

„Diese Einheitsfront muß gerichtet sein sowohl gegen die Sozialdemokraten und die Gewerkschaftsbürokratie als auch auf die Verteidigung der ökonomischen und politischen Interessen der Arbeiterklasse."[41]

Die Führer der Kommunisten können nun selbst sehen, zu welchen Resultaten diese Lehre geführt hat.

Wären die russischen Bolschewisten Leute mit der gleichen Einstellung gewesen wie die Führer der Kommunistischen Partei Deutschlands, hätten sie im August 1917, als der Weißgardistengeneral Kornilow gegen Petersburg marschierte, sagen müssen: Wir müssen erst mit den Menschewiken und den Sozialrevolutionären kämpfen und dann gegen Kornilow. Die Bolschewiken verstanden die Lage besser. Sie kämpften in erster Linie und mit allen verfügbaren Mitteln gegen Kornilow; mit Kerenski und dessen Anhängern wurde man kurz darauf auch fertig. Wäre Kornilow nicht besiegt worden, hätten die Bolschewiken nicht die Oktoberrevolution durchführen können.

Innerhalb der deutschen Arbeiterklasse, sowohl unter den Sozialdemokraten wie unter den Kommunisten, gab es viele, die nicht mit diesem Kurs einverstanden waren. Sie wagten entweder nicht, sich zu melden, oder sie wurden von den Parteiapparaten organisatorisch isoliert. Auf diese Weise entstand die Kommunistische Opposition, die gegen den ultralinken Kurs opponierte. Im Oktober 1931 entstand die Sozialistische Arbeiterpartei Deutschlands. Sie wurde in erster Linie vom besten Teil der sozialdemokratischen Jugend gebildet und später durch Genossen aus der Kommunistischen Opposition ergänzt.

Es ist hier nicht notwendig, ein besonderes Kapitel über die SAP zu schreiben.

Die Perspektiven und die Kritik dieses Abschnittes sind die Perspektiven und die Kritik der SAP, die leider zu spät kamen, um den Versumpfungsprozess aufhalten zu können, in den die deutsche Arbeiterbewegung geraten war. Die SAP führte ihren Kampf auf der Grundlage des revolutionären Marxismus. Ihre Mitglieder kämpften sich zu einem Kommunismus durch, der von den ultralinken Haltungen befreit war. Zentral in ihrer Politik stand der Kampf für die proletarische Einheitsfront gegen den Faschismus. Im Aktionsprogramm der SAP heißt es – und in diese Richtung hat sie mit allen Kräften gearbeitet:[42]

„Mit der fortschreitenden Zersetzung der bürgerlichen Gesellschaft schafft der Faschismus der Bourgeoisie die Massenbasis ihrer Diktatur und ein Werkzeug zur Zerstörung der proletarischen Organisationen. Die faschistische Diktatur hat also die Aufgabe, die Arbeiterklasse rechtlos und gegen die Angriffe des Kapitals auf ihre Lebenshaltung ohnmächtig zu machen. Der Sieg des Faschismus würde die Arbeiterklasse für lange Zeit fesseln, ihren eigenen Sieg weit hinausschieben. Die Arbeiterklasse muß unter Einsetzung ihrer ganzen Kraft den Sieg des Faschismus verhindern, die faschistische Bewegung niederwerfen. Das kann nicht erreicht werden im Paktieren mit der heutigen bürgerlichen Diktatur, die sich selber bereits auf den Faschismus stützt, sondern nur durch die Zerstörung der bürgerlichen Klassenmacht[43], durch die revolutionäre Zertrümmerung des kapitalistischen Staates. ...

Der Sieg des Proletariats erfordert den Einsatz seiner gesamten vorhandenen Klassenkraft und ihre dauernde Steigerung in einer einheitlichen Klassenfront[44], die im praktischen Kampf um konkrete Forderungen und Ziele das Proletariat trotz seiner heutigen parteipolitischen Zersplitterung zusammenführt."

Der Zusammenbruch.

Als Hitler der Regierung beigetreten war und alles weiter zu gehen schien wie unter Papen-Schleicher, meinten die gleichen Leute, die früher oft gesagt hatten: „Lasst die Nazis nur kommen", dass „diese Herren bald fertig sind".

Otto Wels sagte Anfang Februar in Berlin:[45]

„Strenge Herren regieren kurz!"

Seit dem Reichstagsbrand, dem gerissenen Naziputsch, der den Terror gegen die deutsche Arbeiterbewegung einleitete, sind solche Parolen verstummt. Die Realitäten sprechen ihre deutliche Sprache: die Angestellten und Funktionäre, sowohl die der kommunistischen Partei als auch eines großen Teils der sozialdemokratischen Organisationen, sitzen in den Gefängnissen und Konzentrationslagern. Sie sind gefoltert worden, erschossen oder in geistige Verwirrung oder in den Selbstmord getrieben worden. Ein anderer Teil ist zum Faschismus übergelaufen. Die Arbeiterzeitungen sind verboten. Die Gewerkschaftshäuser sind zerstört, die Gewerkschafts- und Parteikassen beschlagnahmt, die Organisationen sind völlig zusammengebrochen.

Die stolzen Organisationen der deutschen Arbeiterbewegung sind unter den Hammerschlägen des Faschismus zusammengebrochen. Ohne jeden Widerstand.[46] Der Zusammenbruch ist total.

Die sozialdemokratische Partei hat, solange es ihr erlaubt wurde, an die Gerechtigkeit, an die Vernunft, an die Verfassung appelliert. Sie hatte auf das Zentrum gehofft, auf die Gegensätze zwischen Nazisten und Stahlhelm[47], zwischen den Sturmabteilungen und der Reichswehr. Sie hat im Reichstag erklärt, dass sie sich darauf beschränken will, die Rolle einer loyalen Oppositionspartei zu spielen.[48]

Alle Appelle, alle Hoffnungen, alle Erklärungen führten zu nichts. Viele ihrer Vertreter gingen noch weiter. In einer Reihe von Städten haben die sozialdemokratischen Gemeindevertreter dafür gestimmt, Hitler, Hindenburg, Goebbels und andere Arbeitermörder zu Ehrenbürgern zu machen. Die großen Arbeitersportorganisationen haben sich dem bürgerlichen Sportbund angeschlossen. In Wirklichkeit existiert die sozialdemokratische Partei nicht mehr. Einige Reste der alten Organisation versuchen noch vergeblich, sich am Leben zu erhalten. Sie glauben, auf den Tag hoffen zu können, an dem die Massen nach der SPD rufen werden. Die großen Massen sind enttäuscht, ein großer Teil von ihnen hat den Glauben an die Arbeiterbewegung verloren.

Die Gewerkschaften glaubten, sie könnten ihre Organisationen in ihrer früheren Form behalten, wenn sie sich dem „Zeitgeist" anpassten.

Die Führer und Zeitungen der Gewerkschaften haben immer wieder erklärt, dass sie den Aufbau des nationalen Staats unterstützen würden. Immer wieder haben sie sich auf das Dümmste selbst erniedrigt. Der Gewerkschaftsbund sandte Hitler am 1. Mai einen offiziellen Aufruf, in dem sie den Maitag als Festtag der nationalen Arbeit begrüßten und ihre Mitglieder an verschiedenen Orten aufforderten, sich an den Festlichkeiten zu beteiligen.[49] Am Tage darauf wurden die Gewerkschaftsführer verhaftet, ihre Büros besetzt. Die nazistischen Gewerkschaftskommissare haben erklärt: „Es reicht nicht, dass Männer wie Leipart offiziell ihre Hingabe an unsere Sache erklärt haben. Wir Nationalsozialisten glauben ihnen nicht, und wir wollen nicht den Fehler wiederholen, den die Sozialdemokraten 1918 begingen."[50]

Mit Recht erklärte die „Wiener Arbeiter-Zeitung" dazu:[51]

„Eine sehr nachdringliche Lehre: es ist nutzlos, sich dem Fascismus zu beugen, aussichtslos, mit ihm zu paktieren. Er kann seinem Wesen nach keine freie, keine unabhängige Organisation der Arbeiter und Angestellten dulden. Er muß sie schlagen, wie immer sie sich zu ihm stellt."

Am härtesten wurde die Kommunistische Partei vom brutalen Terror der faschistischen Macht getroffen. Auch ihre Organisationen sind zusammengebrochen: Der Partei, die sich durch ihre Werbekampagnen um die meisten Mitglieder und durch „Parteimobilisierungen" eine Menge wertloser Mitglieder besorgt hatte, fehlte die innere Kraft für den Widerstand.

Nicht nur die Illusionen sind zusammengebrochen, sondern auch der riesige Wahlapparat und die gewaltigen Organisationen. Das ist die bittere Realität, die man nicht durch falschen Optimismus beiseite schieben kann.

Der Zusammenbruch ist das Resultat von vielen Jahren falscher Politik.[52]

Die Aufgaben in Deutschland.

Die Arbeiterorganisationen brachen schneller zusammen, als es die Faschisten erwartet hatten, und das gab der faschistischen Diktatur ihre große Chance. Diese Diktatur bricht nicht von allein zusammen. Zwar wird der Faschismus vor ungeheuren Schwierigkeiten stehen, er kann keine Arbeitsplätze schaffen, er kann nicht die Not lindern. Er kann nicht den Massen Brot geben, denen er Brot versprochen hat. Das setzt ihn in eine bedrohliche Lage. Das schafft die Grundlage für einen Massenaufruhr gegen den faschistischen Betrug.

Aber der Faschismus hat sich auf der anderen Seite große Teile der Bevölkerung gesichert, die wirtschaftlich direkt von ihm abhängig sind und die er jederzeit in die Feuerlinie schicken kann. Er hat die Machtmittel des Staats in seiner Hand, und er wird sie anzuwenden wissen. Für den Faschismus gibt es keine Situation, die so schwierig ist, dass er keinen Ausweg findet. Er wird einen Ausweg auf Kosten der breiten Massen finden. Er wird sich nicht selbst liquidieren. Er stürzt auch nicht eines Tages in sich selbst zusammen.

Er muss gestürzt werden! Damit das gelingen kann, bedarf es einer organisierenden und führenden Kraft. Die enttäuschten Massen müssen geführt werden. Es gilt, diese Führung herbei zu schaffen. Das ist die erste und dringendste Aufgabe in Deutschland.

Zehntausende Arbeiter sind nicht zum Faschismus übergelaufen und werden es selbst dann nicht tun, wenn sie in Stücke gerissen werden. Sie haben unter den Ruinen der alten Organisationen zueinander gefunden. Sie haben aus den Fehlern gelernt, die zu diesem Resultat geführt haben. Sie haben alle Illusionen abgeworfen. Sie werden wieder mit Opferwillen an die Arbeit gehen, mit revolutionärer Geduld, zu allem bereit. Das sind die Grundlagen für die Erneuerung der deutschen Arbeiterbewegung. Von dort, von unten erwächst die neue Partei des revolutionären Proletariats.

Die Organisationen sind zusammengebrochen. Der Klassencharakter der Gesellschaft ist verschärft. Der Klassenkampf von oben wird mit den schärfsten Mitteln geführt werden. Der Klassenkampf von unten wird erneut ausbrechen. Selbst Göring hat erklärt, dass der Marxismus lebt. Er erklärte, dass der Staat nur die äußeren Formen zerstören konnte.

Der Faschismus wird versuchen, die Erneuerung der deutschen Arbeiterbewegung mit den raffiniertesten Terrormethoden zu verhindern – und doch wird es ihm nicht gelingen, diese Erneuerung zu verhindern. Mit der gleichen Geschwindigkeit, wie seine Brutalität zunimmt, werden Klugheit, Widerstandskraft und glühende Leidenschaft der Revolutionäre zunehmen.

Wir können mit Freude feststellen: Trotz des brutalen Terrors, trotz Blut und Barbarei, trotz ungeheurer Enttäuschungen über die Fehler der Arbeiterparteien ist die Neuformierung bereits im Gange.

Die Voraussetzungen für den Kampf um die Macht werden in absehbarer Zukunft nicht gegeben sein. Jede Putschtaktik muss scharf zurückgewiesen werden. Es gilt, geduldig die revolutionären Kräfte zu sammeln, langsam den Kreis zu erweitern, in den Arbeitskämpfen, zu denen es auf Grund der Wirtschaftspolitik der Faschisten kommen wird, immer auf der Seite der Massen zu stehen.

Falls nicht ganz besondere Ereignisse eintreffen, wird der Kampf lang werden. Aber am Ende wird die deutsche Arbeiterklasse als Siegerin dastehen.

Es gilt, diesen Tag vorzubereiten. Wir müssen alle arbeiten, organisieren, agitieren, dafür kämpfen, dass wir diesen Tag erleben, an dem nicht länger die Hakenkreuzfahne, sondern die blutrote Fahne des internationalen Proletariats über Deutschland wehen wird!

Nr. 20
Aus dem Schreiben Brandts an den Leiter der Auslandszentrale der SAP, Walcher
8. August 1933

ARBARK, SAP-Archiv, Mappe 208.

Lieber Jakob!
[...]
Die Lage hier ist eigentlich noch schlechter als wir dachten.[1] Sicher wird Dich interessieren, was die Jugendleitung über Deinen Vortrag im Landslager[2] gesagt hat. Der 1. Vorsitzende des Jugendverbandes [Kåre Hansen] und andere zweifelhafte „Grössen" haben darüber hier in der Stadt gesagt: „nur Phrasen". Das sollen sie schon dort draussen[3] unter ihren engsten Anhängern gesagt haben. Aufgebracht hat die Geschichte der Schweinehund aus Österreich. Auch aus dem Bericht über das Lager in der Jugendzeitung sieht man ganz deutlich, wie die Leute über uns denken. Dein Vortrag wird verhältnismässig kurz erwähnt und es wird vor allem nicht vergessen, dass es „eigentlich zu

lang"⁴ war.⁵ Aber über den Vortrag von dem Malles berichtet man lang und breit in jubelnden Tönen. Er ist ausserdem noch dreimal in der Zeitung abgebildet. Ich teile Dir das nur darum mit, damit Du genau die Stimmung kennst, die von oben gemacht wird.

Gestern sprach ich mit dem Genossen Hjartøy, der in Deutschland war und der auf unserer Seite steht. Er hat eine Unterredung mit Torp über die deutschen Fragen gehabt. (Die Unterredungen mit Torp wie mit Tranmæl sollen noch fortgesetzt werden.) Dabei hat Torp sich ausserordentlich kühl über uns geäussert. Angeblich will er zu Dir gesagt haben, entweder könntest Du mit der NAP oder aber mit MotDag zusammenarbeiten. Das hat er wohl sagen wollen. Ausserdem hat Torp davon gesprochen, dass es bald lästig würde mit all den Emigranten, die etwas von der NAP wollten usw. Aber ich werde über diese Fragen noch eingehender berichten, wenn die nächsten Besprechungen mit Hjartøy stattgefunden haben. Wichtig ist noch, dass Torp gesagt hat, sie würden nicht dulden, daß „Fremde" sich in ihre norw[egischen] Angelegenheiten einmischten.(!)⁶

Meine Stellung war ja schon gerade in den Tagen, als Du hierher kamst, vom Jugendvorstand aus ausserordentlich geschwächt worden. Torp hat auch Hj[artøy] ⟨gegenüber⟩⁷ halb ablehnend von mir gesprochen. Aber nun haben sie die gewünschte Waffe gegen mich. In der letzten Versammlung des Osloer Kreises des Jugendverbandes, auf der ich nicht anwesend war, ist einer vom Vorstand aufgestanden und hat gesagt: Der .. hat in der „Neuen Front" geschrieben, in Norwegen sei der grösste Nachteil, dass keine organisierte Linksfraktion bestehe. Dieser Artikel, der in der N[euen]F[ront] steht, ist ja erstens gar nicht von mir; er ist eine sehr schlechte Wiedergabe meines Berichtes in der S[kandinavien-]K[orrespondenz]. Ich habe gegen diesen dummen Satz schon vorher in Paris protestiert gehabt, weil ich wusste, was kam.⁸ Die Leute glauben mir natürlich nicht, dass ich den Artikel nicht geschrieben habe. [...]

Die direkte Ablehnung habe ich auch an mehreren anderen Stellen gemerkt (z. B. hat Arbeiderbladet noch nicht den Gewerkschaftsartikel gebracht. [...]) Ich kann Dir sagen, es ist keine Freude, in Oslo zu sitzen. – Als Fixum bekomme ich nun 30 Kronen die

Woche. Damit kann man schon durchkommen, wenn auch nur sehr knapp.
[...]
Herzliche Grüsse und Kampfbereit!
‹Herbert›[9]

Meine Meinung zu der jetzigen Lage ist die, daß ich versuchen muß, mit allen möglichen Kreisen der Partei und Gewerkschaften wie auch der Jugend wieder oder neu in ein möglichst freundschaftliches Verhältnis zu kommen.[10] Das ist die einzige Möglichkeit, um weiter unser Material unterzubringen, Vorarbeit für Geldlockerungen zu leisten usw. – Die notwendige politische Fraktionsarbeit muß ich mit vielen Sicherungen durch norwegische Genossen machen lassen, und die Verbindung mit MotDag muß noch viel vorsichtiger sein als wir gedacht haben. –

Du verstehst natürlich diesen einzig möglichen Ausweg. Ich muß ihn wählen, um damit relativ am meisten für uns herauszuholen, solange ich auf diesem Posten sitze. Schreibe mir bald.
H.

Nr. 21
Aus dem Schreiben Brandts an den Leiter der Auslandszentrale der SAP, Walcher
31. August 1933

ARBARK, SAP-Archiv, Mappe 208.

Lieber Jacob!
[...]
1. Berlin. Das ist natürlich ein Schlag, der nicht so leicht zu verschmerzen ist.[1] Ich habe hier gleich die Leute alarmiert, dass sie mit Geld rüberkommen sollen. Aber eine positive Antwort habe ich noch immer nicht vorliegen.

Ich frage mich, ob es zweckmässig ist, wie bisher die Leitung der Partei drinnen[2] zu haben. Wäre es nicht zweckmässiger, die Leitung so aufzubauen, dass wir den P[artei-]V[orstand] in Paris sitzen haben, d. h. eine engere politische Parteizentrale. Eine erweiterte Instanz ist so zu schaffen, dass man eine Reihe der ausserdem im Ausland sitzenden Genossen zum erweiterten PV heranzieht. Diese Genossen sind in der heutigen Situation in der Regel vor wichtigen Entscheidungen um ihre Meinung zu befragen. In Berlin oder woanders drinnen würde eine Parteizentrale sitzen, die in erster Linie [die] organisatorische Leitung der Arbeit drinnen zu leisten hätte, die aber natürlich vor allen wichtigen Entscheidungen der Partei zu hören wäre. Ich glaube, wir werden auf die Dauer nicht um diese Regelung herumkommen, zumal heute doch drinnen die Leute erst mal weg sind, die dafür sorgen konnten, dass der PV wirklich der Kopf der Bewegung bleiben konnte. Das soll natürlich nur eine Anregung sein.
[...]
13. Mein Aufenthalt. Morgen soll ich ausgewiesen werden. Mein Gesuch um Aufenthaltserlaubnis für ein Studium ist abgelehnt worden. Torp hat heute beim Justizminister [Arne Sunde] protestiert. Vorsichtshalber werde ich doch nicht zu Hause schlafen. Ich nehme die Sache mit Ruhe, wie die Norweger zu sagen pflegen.
[...]
Kampfbereit!
‹Herbert›[3]

Nr. 22
Aus der Ausarbeitung Brandts für die Auslandszentrale der Sozialistischen Arbeiterpartei Deutschlands: Einige Bemerkungen zur Diskussion über die Norwegische Arbeiterpartei
6. Oktober 1933

ARBARK, SAP-Archiv, Mappe 208.[1]

<u>Um was geht es eigentlich?</u>

Am 25. 9. [1933] hat mir der Gen[osse] Schwab [Jacob Walcher] u. a. geschrieben:

„Das, was Du über die Haltung der NAP. zum Bauernproblem sagst, lässt mehr als alles andere erkennen, dass diese Führung der norwegischen Arbeiterschaft zum Verhängnis wird. Ohne Zweifel sind heute die Chancen für eine zielklare Opposition in der NAP. sehr günstig, aber es ist jetzt notwendig, dass wir, die L[inke]O[pposition] und auch MotDag so operieren, dass wir alles gewinnen, was in der NAP. überhaupt für eine revolutionäre Politik zu haben ist."[2]

Nachdem ich das gelesen hatte, habe ich mich nur gefragt: Aber wie? – Das ist nämlich die entscheidende Frage, <u>wie</u> gewinnen wir die revolutionären Teile der NAP., <u>welche Taktik</u> haben wir gegenüber der NAP. einzuschlagen?

Es hat sich herausgestellt, dass bei den internationalen Diskussionen der letzten Wochen – besonders zwischen der SAP. und der LO. – die Frage der NAP. eine grosse Rolle gespielt hat.

„Es ist keine taktische Frage, sondern eine grundsätzliche" – schrieb Gen[osse] Trotzki am 26. 8. an den Genossen Schwab.[3]

Und der Gen[osse] Gurow[4] äusserte sich in einem Artikel „Anlässlich der Pariser Konferenz vom 27./28. August 1933" mit einer sehr deutlichen Spitze gegen die SAP.:

„Man muss schon hoffnungslos naiv, oder noch schlimmer, ein prinzipienloser Kombinator sein, um ein Bündnis oder eine Zusammenarbeit zu erhoffen mit einer durch und durch opportunistischen

Partei oder mit einer der kleinen Gruppen, die um sie herumschwirren."⁵

(Zu diesen „kleinen Gruppen" rechnet Gen[osse] G. Gurow übrigens auch die unter Führung J. Maurins stehende Kommunistische Katalonische Föderation, die stärkste kommunistische Partei Spaniens. Aber diese Frage muss einmal gesondert diskutiert werden.)

Nun ist die Sache immerhin so, dass die SAP. bisher zu einem gewissen, wenn auch einem noch so zweifelhaften und unfruchtbaren Zusammenarbeits-Verhältnis zur NAP. stand und auch bisher kein Beschluss einer Instanz der Sozialistischen Arbeiterpartei vorliegt, diese Zusammenarbeit aufzugeben.

In einem Brief „eines Genossen, mit dem L[eo] T[rotzki] eng zusammenarbeitet" und der mir aus Kopenhagen zugestellt wurde, heisst es:

„L.T. möchte die NAP. aus der Arbeitsgemeinschaft ausschliessen. Jedenfalls kommt unsere gleichzeitige Zugehörigkeit nicht in Frage. Für diese Partei kann man wohl nicht wie für die ILP. die Losung: Umwandlung in eine Komm[unistische] Partei stellen.

Er (Schwab) ist auch für Verzicht auf sie, Spaltung etc., will aber eine Verzögerungstaktik treiben, weil noch nicht alle erkannt hätten, was für eine Partei es sei."

Gut, aber bisher bestand die Taktik der SAP. darin, <u>unter Wahrung der grundsätzlichen Haltung</u>, mit der NAP. so gut wie eben möglich zusammenzuarbeiten.

Gen[osse] Schwab schrieb mir am 13. 8. [1933]:

„Ich teile vollständig Deine Einschätzung der Lage. Wir müssen alles tun, um unser Verhältnis zur NAP. so gut, wie es eben möglich ist, zu gestalten und alles [zu] unterlassen, natürlich unter Wahrung unseres prinzipiellen Standpunktes, was diese Beziehungen trüben könnte."⁶

Am 23. August:

„Um volle Klarheit über meine Einstellung zur NAP. zu schaffen, will ich auch Dir gegenüber erklären, dass ich nicht beabsichtige, einen Bruch mit der NAP. herbeizuführen oder durch eine entsprechende Politik ihn zu provozieren, aber ich will auch Dir gegenüber nochmals unterstreichen, dass wir aus Rücksicht auf die NAP. nicht auf die Verfechtung unseres Standpunktes verzichten dürfen."[7]

Die erste Frage ist die, ob es sich bei der Kritik der LO. an unserer Haltung gegenüber der NAP. überhaupt um die norwegische Frage handelt. Es deutet sehr viel darauf hin, dass man die Frage der NAP. nicht um der NAP. willen, sondern zur Austragung anderer Meinungsverschiedenheiten diskutiert. Das muss festgestellt werden. Diese Meinungsverschiedenheiten müssen natürlich ausgetragen werden.

Aber für uns ist wichtig, zu einer klaren Einsicht in die zweite Frage zu kommen. Das ist die Taktik in Norwegen selbst. Diese Frage muss von den verantwortlichen Genossen – drinnen wie draussen – diskutiert werden. Sie kann nur die Vorwärtstreibung der norwegischen Frage zur Folge haben, wenn man nicht in den Wolken diskutiert, sondern sich die Verhältnisse klar macht, wie sie in Norwegen wirklich sind.

Der Charakter der NAP.

In den Notizen über die Unterhaltungen zwischen dem Gen[ossen] L[eo] T[rotzki] und J. Schwab [Jacob Walcher] heisst es:

„In der prinzipiellen Beurteilung der Norwegischen Arbeiterpartei gab es zwischen dem Gen. L. T. und J. Sch. keine Meinungsverschiedenheiten."[8]

Es ist zu hoffen, dass diese Feststellung auch innerhalb des Vertrauensleutekörpers der SAP. klar erfasst worden ist. Wir müssen uns klar darüber sein, dass wir es bei der NAP. mit einer typisch rechtszentristischen Partei zu tun haben, die durch ihre Politik die revolutionäre Entwicklung in Norwegen hemmt, und die in der entscheidenden Situation nicht in der Lage ist, dem norwegischen Proletariat die Führung im Kampf um die Eroberung der Macht zu geben.

Das ist die eine, die entscheidende Seite. Darüber muss volle Klarheit bestehen.

Die andere Seite ist die, dass die NAP. etwa 90 000 Proleten hinter sich hat (allerdings zum allergrössten Teil durch kollektiven Anschluss von Gewerkschaften), dass sich unter diesen Mitgliedermassen tausende wirklich revolutionärer Proletarier befinden, die in einer Reihe von bedeutenden Aktionen der letzten Jahre ihrem Kampfwillen Ausdruck gegeben haben. Die Kominternsekte spielt daneben keine Rolle.

Die NAP. ist meiner Ansicht nach eher mit der Vorkriegssozialdemokratie als mit der SPÖ. zu vergleichen. Für Norwegen gibt es keine andere Perspektive als die, dass die notwendigen kommenden Kämpfe – wenn es überhaupt dazu kommen soll – durchgeführt werden müssen von den revolutionären Teilen, die heute in der NAP. vorhanden sind. Sie sind der wichtigste Faktor in jeder Rechnung, die man für die norwegische Frage aufstellt. <u>Diese</u> NAP. ist untauglich, aber im wesentlichen aus dieser NAP. wird die Partei hervorgehen, die unser wirklicher Kampf- und Bundesgenosse sein wird.

<u>Der norwegische Louis Blanc</u>[9]

Durchaus zutreffend kennzeichnete Trond Hegna, einer der führenden Genossen der MotDag-Gruppe, im vorigen Jahre Martin Tranmæl als den norwegischen Louis Blanc.

Die von Tranmæl bestimmte Politik der NAP. ist seit Jahr und Tag eine Politik, die der Entscheidung ausweicht. Tranmæl war es z. B., der die Krisenpolitik einleitete mit der verhängnisvollen Irreführung vom

„gesunden und lebenstüchtigen Arbeitsleben" und die

„gesellschaftliche Leitung unseres (!) Bank- und Geldwesens"

forderte,

einer Krisenpolitik, die auf die Verwischung der Klassengegensätze und den Appell an das Verständnis der Bourgeoisie hinauslief.

Diese politische Linie führte im Parlament zu einer Tolerierungspolitik gegenüber der linksbürgerlichen Regierung und zu einer Bereitwilligkeitserklärung zur „Zusammenarbeit der Klassen".

Tranmæl kommt vom Syndikalismus (er gehörte in Amerika zu den I.W.W.). Er hat sich niemals der Parteidisziplin untergeordnet, er lehnte die Unterwerfung unter die 21 Bedingungen[10] ab und bezeichnete die Forderung der kommunistischen Disziplin als „erniedrigend".

Auf der andern Seite aber baut sich seine ganze Position in der Norwegischen Arbeiterpartei auf seiner persönlichen Machtstellung auf, um dieser seiner persönlichen Machtstellung willen lavierte er gestern nach links, heute nach rechts, morgen – wer weiss wohin. Die Tranmæl-Parteileitung richtet ihre Politik immer so ein, dass sie oben bleibt. Sie hält jede ernsthafte Opposition nieder, züchtet aber Oppositionen auf, die für die Festigung der eigenen Position zweckmässig sind. Die Parteileitung muss, wenn sie oben bleiben will, jede ernsthafte kommunistische Regung niederhalten, muss jeder Entscheidung ausweichen, muss – dem norwegischen Proletariat zum Verhängnis werden.

Das unter Tranmæls Redaktion stehende „Arbeiderbladet" spiegelt diese Situation wider. Ein hoffnungsloses Gemisch aus Reformismus, Pazifismus, revolutionären Redensarten, schlimmer als das „Kampfsignal" unter Seydewitz' Redaktion.

So wie Tranmæl es ablehnt, sich der Disziplin zu unterwerfen, so rücksichtslos geht er gegen die sich regende Opposition los. [...]

Der letzte Parteitag

Ich habe schon im Bericht über den Ende Mai stattgefundenen Parteitag[11] darauf hingewiesen, dass das dort angenommene Programm in wesentlichen Fragen die Antwort schuldig bleibt. Ich habe auch betont, dass man von einem organisierten linken Flügel leider nichts merken konnte, dass das Zentrum (Tranmæl-Torp) die Lage beherrschte und die sozialdemokratische Rechte und Gewerkschaftsbürokratie ausserordentlich geschickt operierte (einstimmige Zustimmung der Rechten zum Parteiprogramm, Zurücknahme des Antrags auf Eintritt in die 2. Internationale unter dem Eindruck der deutschen Ereignisse).

Das jetzige Programm der NAP. weicht den Fragen der Zertrümmerung des bürgerlichen Staates, des bewaffneten Aufstandes, der Diktatur des Proletariats, kurz, des revolutionären Weges zur Macht vollständig aus.

Es heisst im Programm:

„In ihrem Wirken wünscht die Partei organisatorische, wirtschaftliche und politische Kampfmittel zu gebrauchen und der Gewalt zu entgehen."[12]

Ganz logisch daraus abgeleitet nährt die Partei die Hoffnung auf die bürgerliche Demokratie und auf die Volksregierung (folkestyre), wie es in Norwegen heisst. Für diese „folkestyre" kämpfen in diesem Wahlkampf alle bürgerlichen Parteien, einschliesslich der Faschisten, und die Arbeiterpartei.

Wirtschaftlich huldigt das NAP.-Programm der Illusion über „Staatskapitalismus" und „Planwirtschaft". Dazu heisst es im Programm:

„Die ökonomische Entwicklung hat die Wirtschaft reif gemacht für die Sozialisierung und den Übergang zum Sozialismus dadurch erleichtert, dass der Privatkapitalismus durch den organisierten Kapitalismus und den Staatskapitalismus ersetzt wird."[13]

Im Arbeitsprogramm wird der entscheidende Fehler gemacht, dass nicht der Rahmen des Möglichen und Unmöglichen im bürgerlichen Staat gezeigt wird und praktisch der Glaube an ein friedliches Hineinwachsen in den Sozialismus grossgezüchtet wird.

Im „Arbeiderbladet" hat Ole Colbjørnsen, der wirtschaftliche Theoretiker der NAP.-Führung, in derselben Richtung das Roosevelt-Programm wieder und wieder bejubelt.

Die Bauernfrage

Deutlicher als auf einem andern Gebiete zeigt sich bei der Bauernfrage die Unfähigkeit der gegenwärtigen NAP.-Führung. Die Arbeiterpartei geht zwar bei den Wahlen auf dem Lande vorwärts und ist dort zur stärksten Partei geworden. Sie hat es aber nicht verstanden, die durch die Krise radikalisierte Kleinbauernschaft organisatorisch zu erfassen.

Als sich 1931 ein beträchtlicher Teil der kleinen und kleinsten Bauern (man muss wissen, dass es an Grossbauern überhaupt nur einige hundert im Osten des Landes gibt) gegen Schuldenlast und

Zwangsversteigerungen zusammenschloss, nahm die NAP. dieser Krisenbewegung gegenüber eine feindliche Stellung ein. Plötzlich wunderte sie sich, wie die Kleinbauern in der Provinz Telemark bei der Verhinderung von Zwangsversteigerungen unter dem Gesang der Internationale demonstrierten, wie es im Mai dieses Jahres geschah. Zum Teil wurde dann auf dem Parteitag der Versuch gemacht, sich an die Aktion anzuhängen.

Bis heute aber lehnt die NAP-Führung die Organisierung einer breiten Kleinbauernbewegung ab (die Reste der ersten Krisenbewegung sind inzwischen bei den Faschisten gelandet). Sie lehnt alles ab, was ihr über den Kopf wachsen könnte.

Aber die Bauernfrage ist keine nebensächliche Frage. Die NAP. hat die Mehrheit der Arbeiterklasse hinter sich. Der Sieg der Arbeiterklasse oder des Faschismus steht und fällt mit der Entscheidung des Kleinbauerntums, der Wald- und Landarbeiter und der Fischer. Ein Anschluss dieser Massen an die Arbeiterbewegung ist nur durch eine revolutionäre Krisenpolitik zu erreichen. Die vollzogene Gewinnung des entscheidenden Teils dieser Schichten bedeutet dann aber andererseits die Weiterdrängung zum Kampf um die Macht.

Norwegen steht unmittelbar vor der Stortingswahl.[14] Die NAP. bekommt sicher einen Wahlerfolg. Sie wird mehr als 40 % aller Stimmen erhalten. Vielleicht wird sie sogar eine Minderheitsregierung bilden. Das bedeutet entweder Regierungspolitik nach dänischem und schwedischem Muster zu machen oder aber den Storting nach Hause zu schicken und damit den Kampf um die Macht zu eröffnen.

Die Chancen für einen solchen Kampf wären garnicht schlecht. Aber die Partei in ihrer heutigen Form und mit ihrer gegenwärtigen Führung wird den Kampf weder führen wollen noch können.

Sie will ihn nicht, weil sie Illusionen über den friedlichen Weg zum Sozialismus in Skandinavien hat, sich im übrigen aber mit der auch von den Austromarxisten soviel besprochenen Ausrede von der „konterrevolutionären Epoche" zufriedengibt. Lenin hat dazu schon genug gesagt in seiner Auseinandersetzung während des Krieges mit der Schweizer Sozialdemokratie.[15]

Internationale Haltung der NAP.

Nach dem Bruch mit der Komintern (1923), arbeitete die Tranmæl-NAP. mit dem Pariser Büro zusammen. 1927 bei der Vereinigung mit den Sozialdemokraten traten diese aus der 2. Internationale, Tranmæl aus dem Balabanoff-Büro aus.[16]

1932 war ein Vertreter der NAP. dabei, in Berlin die Arbeitsgemeinschaft der linkssozialistischen Parteien zu gründen. Diese Arbeitsgemeinschaft war der Parteiführung ganz angenehm. Sie hatte eine internationale Verbindung in Ordnung und brauchte sich über irgendwelche Konsequenzen keine Sorgen zu machen. In dem Grade aber, wie die ILP. radikalisierte, die OSP. nach links ging und in der SAP. der kommunistische Flügel sich durchsetzte, wurde der NAP. die Zugehörigkeit zur Arbeitsgemeinschaft unangenehm.[17]

Zwar erklärte Haakon Meyer in Paris, dass seine Partei zu den Beschlüssen von Brüssel stehe.[18] Doch in Wirklichkeit hat man über die Brüsseler Komiteesitzung im Juni in der norwegischen Parteipresse an keiner Stelle nur ein Wort erwähnt, viel weniger noch die Resolutionen zur Diskussion gestellt.

Im Sommer haben bestimmte Kreise der Parteileitung systematisch behauptet, es gäbe keine unabhängigen Parteien mehr. Das sollte der Neuorientierung zur Grundlage dienen. Welches ist diese „Neuorientierung"? –

Das ist das Hinarbeiten auf eine skandinavische Front mit den dänischen, schwedischen und finnischen Sozialdemokraten, das vor allem seit längerer Zeit von der Gewerkschaftsführung planmässig betrieben wird.

In diesen Zusammenhang gehört auch die zustimmende Äusserung Tranmæls zum Kongress der 2. Internationale und Halvard Olsens zum Brüsseler Kongress der Amsterdamer Internationale[19], auf dem die norwegischen Gewerkschaften mit Gastdelegierten vertreten waren.

Die NAP. will in Wirklichkeit von der Zusammenarbeit mit den „unabhängigen" Parteien nichts mehr wissen. Das ist wichtig. Darum geht Gen[osse] Trotzki von einer falschen Voraussetzung bei seiner

Kritik aus. Er sagt: Wir müssen mit der NAP. brechen, damit die Führung nicht länger die Möglichkeit hat, sich mit der Arbeitsgemeinschaft gegenüber den Arbeitern zu maskieren.

Tatsächlich haben wir es aber mit einer ganz anderen Situation zu tun. Die NAP-Führung will mit der Arbeitsgemeinschaft seit der Zeit brechen, wo sie gesehen hat, dass an Seydewitz' Stelle der Genosse Schwab getreten war, dass Schmidt und de Kadt sich auf den Boden der kommunistischen Grundsätze stellten und als John Paton abberufen wurde und sich hinter Brockway und Maxton das Schreckgespenst einer kommunistischen Opposition erhob. Die NAP.-Führung ist in einer Zwickmühle. Sie kann heute noch nicht brechen, weil das zu ganz unerwünschten Diskussionen innerhalb der Mitgliedschaft führen würde, die weitgehende Folgen haben können.

Tranmæl hat in seinem Leitartikel am 7. 9. [1933] in „Arbeiderbladet" deutlich gesagt, dass die NAP. nicht nur mit aller Kraft gegen die neue Internationale eintreten wird, sondern auch gegen den Weltkongress in der geplanten Form ist. (Der Parteivorstand hat noch keine Beschlüsse in diesen Fragen gefasst.)

[...]

Jede Möglichkeit, heute gegen den Willen der Führung die Frage der neuen Internationale – und das heisst zugleich die Probleme revolutionärer Politik überhaupt – zu diskutieren und sie zu propagieren, muss ausgenutzt werden.

Sehr falsch war es, wenn Fenner-Brockway bei seinem Norwegen-Besuch im Juni erklärte, die NAP. sei diejenige der unabhängigen Parteien, die als Massenpartei eine wirklich revolutionäre Politik führe. Hinter solchen Redensarten kann sich die NAP.-Führung allerdings gut verkriechen. Ganz anders steht die Sache aber, wenn Gen[osse] Schwab bei seinem Besuch in einem Pressekontor-Interview grundsätzlich auf die Lehren der deutschen Entwicklung einging, wenn er bei seinen Vorträgen vor der Jugend und vor den Osloer Parteifunktionären kein Blatt vor den Mund nahm und die Parteileitung nicht nur in Verlegenheit, sondern auch in Rage brachte, und wenn der SAP.-Vertrauensmann in Oslo [Brandt] bei allen sich bietenden Gelegenheiten die grundsätzliche Stellungnahme der SAP. herausstellt und auswertet.

Opposition in der NAP. und die Gruppe „MotDag"

Wie wird die Entwicklung in Norwegen weitergehen? Worauf muss man seine Politik einstellen? –

Die einige hundert Mann starke Kominternsekte[20] hat keinerlei wesentliche Bedeutung. Bei der Spaltung 1923 bekam Tranmæl nur zwei Stimmen mehr als die Anhänger der Internationale. Die Geschichte der K.P.N. von 1923 bis 1933 ist ein Spiegelbild des Niederganges der Komintern.

Die Arbeiter, die in Norwegen die Revolution machen werden, stehen heute zum überwiegenden Teil in der NAP. Dort muss man sie gewinnen. In den Gewerkschaften, in den Parteivereinen, den Jugendgruppen regt sich die Opposition. Diese Opposition zusammenzufassen, ihr ein klares Ziel zu geben, sie positiv im Kampf um die Arbeiter der NAP. einzusetzen, das ist die Aufgabe, die brennt.

Bei der Herausbildung einer neuen Gruppierung in der norwegischen Arbeiterbewegung spielt die Organisation „MotDag" eine wesentliche Rolle. MotDag besteht aus etwa 100 Intellektuellen, hat eine eigene Zeitschrift, den führenden politischen Verlag in Norwegen und beherrscht eine Reihe von Intellektuellenorganisationen. MotDag's Perspektive ist, zunächst die eigene Organisation zu stärken, die zum Teil vorhandenen Verbindungen mit Gewerkschaftsvertrauensleuten auszubauen und zu festigen und dann im einzelnen festzulegen, wie der Generalangriff zu eröffnen ist.

Eine Schwäche MotDag's ist meiner Ansicht nach die noch nicht genügende Verbindung mit der Arbeiterschaft (so berichtet unser Freund Kurt [Jonas], der in einem der grössten Osloer Betriebe arbeitet, dass dort kein einziger Arbeiter „MotDag" kannte). Auch muss man klar erkennen, dass viele oppositionelle NAP.- und Jugendgenossen eine positive Haltung MotDag's zur Arbeiterbewegung vermissen.

Von einer LO.-Gruppe[21] habe ich zwar schon wiederholt von Kopenhagen aus gehört, habe aber im Laufe meiner mehrmonatigen

Tätigkeit in Norwegen leider noch keinen LO.-Genossen entdecken können. Eine schriftliche Hinwendung an eine von Kopenhagen gesandte Adresse blieb bisher ohne Antwort.

Es ist unmöglich, heute schon die kommenden Gruppierungen zu erkennen. Es ist auch noch unmöglich zu sagen, ob es dabei zu einem Kampf um die NAP. [kommen wird] oder um die Abtrennung des revolutionären Flügels gehen wird. Heute gilt es erst einmal, diesen linken Flügel zu formieren. Darauf werden auch die MotDag-Genossen ihr Hauptaugenmerk zu richten haben.

Was nun?

Die Frage steht ja, ob wir mit der NAP. brechen sollen oder nicht.
   Die Antwort ist eine zweifache. Sie lautet anders für die internationale Lage als für Norwegen selbst.
   Sowohl für Schweden wie für England würde ein klarer Bruch mit der NAP. im Interesse der dortigen Vorwärtsentwicklung liegen. Die schwedische Partei[22] ist in Gefahr, nach dem Bruch mit der IVKO sich zu sehr an die NAP. anzulehnen (obgleich diese nichts von ihr wissen will). Das würde also in Schweden Rechtsentwicklung bedeuten. Ein Bruch würde dort die zentristischen Tendenzen schwächen.
   In England argumentiert der linke Flügel gegen die Pariser Konferenz[23] mit der Begründung, das sei eine reformistische Angelegenheit. Ein klarer, prinzipieller und taktisch klug abgewogener Bruch mit der NAP. würde diesem linken Flügel erleichtern, den kommunistischen Inhalt unserer Politik zu erkennen.
   Aber für Norwegen selbst wäre ein Bruch unpassend. Ich sehe hier vollkommen davon ab, dass wir materiell in der nächsten Zeit Beträchtliches von der NAP. zu erwarten haben. Das rechnet hier nicht. Aber in Norwegen würde heute ein Bruch mit der NAP. vollständig verpuffen.
   Trotzki schrieb am 26. 8. an Schwab:
   „Durch die vollständig falsch eingeschätzte Verbindung mit der NAP. sind Sie im Begriff, die MotDag zu verlieren. MotDag ist aber die einzige Gruppe, die Sie in Norwegen haben.

Diese Gruppe ist bei weitem nicht ‚intransigent'. Es ist ihr aber nicht gelungen, die NAP. ‚wie sie ist' zu beeinflussen. Eine der Ursachen, so glaube ich wenigstens, ist die Zugehörigkeit der NAP. zu der Arbeitsgemeinschaft, die Tranmæl & Co. zu nichts verpflichtet, sie aber vor den norwegischen Arbeitern auf internationalem Gebiete deckt und beschützt."[24]

Die tatsächliche Lage ist die, daß Genosse Falk und ich in den in diesem Kapitel aufgezeigten Punkten vollkommen einig sind. Einig sind wir uns auch darüber, dass heute weder für die MotDag-Gruppe noch für die oppositionellen Strömungen in der NAP. ein Bruch etwas nützen würde.

Wenn heute doch gebrochen werden muss, dann muss Tranmæl brechen. Dann nämlich werden die Arbeiter fragen: warum? –

Tatsache ist, dass zwischen den MotDag-Genossen und mir über die Fragen der weiteren Arbeit in Norwegen eine weitgehende Übereinstimmung besteht und dass wir uns auf engste ergänzende Zusammenarbeit eingestellt haben.

Jetzt kommt es darauf an abzuwägen, ob der Bruch international notwendig ist, selbst auf die Gefahr hin, dass er in Norwegen völlig verpufft.

Wichtig ist weiter, sich ernsthaft in die norwegische Lage hinein zu versetzen und nicht schematisch, sondern beweglich die Fragen der Herausbildung der neuen norwegischen Arbeiterbewegung zu erörtern.

Man vergesse dabei nicht, dass das in Oslo gemacht werden muss. –

‹Willy Brandt›[25]

Nr. 23
Aus dem Schreiben Brandts an den Leiter der Auslandszentrale der SAP, Walcher
5. Dezember 1933

ARBARK, SAP-Archiv, Mappe 208.

Lieber Jacob!
[...]
Mit Olav Scheflo hatte ich vorige Woche eine Unterredung und werde auch weiterhin mit ihm in Kontakt bleiben. Er stellt die Frage der Herausbildung eines linken Flügels ähnlich wie wir. Nur hält er unsere These, dass man die NAP nicht erobern könne, für unbewiesen. Er meint, dass sogar eine Chance besteht, durch Zusammenwirken aller antitranmælitischer Kräfte[1] auf dem nächsten Parteitag die jetzige Führung zu stürzen. Jede andere Führung, selbst eine rein sozialdemokratische, würde aber mehr Bewegungsfreiheit und damit mehr Möglichkeit für die Sammlung der Linken geben. Erst wenn das sich als unmöglich erweist, stellt Scheflo die Perspektive der Spaltung.

Von dem Skandal mit dem norwegischen Jugendverband hast Du im letzten Rundbrief[2] erfahren. Wenn ich jetzt nicht entschlossen auftrete, werden wir tatsächlich die Küchentreppe hinuntergeworfen, ohne dass Hund noch Hahn danach kräht. Ich habe meine Taktik etwas anders angelegt als im Rundschreiben mitgeteilt wurde. Mein Schreiben an den Jugendverband ist noch sehr höflich gehalten. Ich frage an, ob es sich nicht etwa um ein Missverständnis der Holländer handelt oder ob vielleicht die AUF-Leitung nicht gewusst habe, um welche Konferenz es sich handelt. Das ist für die weitere Verfolgung der Angelegenheit besser als ein ultimatives Schreiben, das ich zunächst geplant hatte.

Das Komitee, das auf meine Initiative zur konspirativen Arbeit im Ungdomsfylking[3] gebildet wurde und von dem ich im Rundbrief berichtete, besteht aus Aake Ording, dem kleinen Sunnanå, Dr. Lange von „Mot Dag", dem Metallarbeitervorsitzenden Aamot und dem Vorsitzenden der Bauernjugendgruppe, Kvale, vom Ungdomsfylking und mir. Wir haben unsere Arbeit schon aufgenommen und versenden in diesen Tagen ein norwegisches Informationsmaterial von mir über die Fragen der internationalen Jugendbewegung. Ziemlich feste Verbindungen haben wir bereits nach: Oslo, Trondheim, Bergen, Fredrikstad, Hamar, Gjövik, Kristiansand, Skien und Rjukan.

Daneben wachsen meine eigenen Beziehungen zu Parteileuten in der Provinz und ich arbeite systematisch daran, einen Apparat von solchen Verbindungen für den Tag stehen zu haben, wo wir offiziell mit der NAP fertig sind. Meine Arbeitsverhältnisse haben sich nun etwas gebessert. E[rling] F[alk] ist mir behilflich, ich gehe dort ein und aus wie es mir passt, spreche auf Sitzungen usw. [...]

Herzlichen Gruss von Trudel [Gertrud Meyer] und ‹Willy Brandt›[4]

Nr. 24
Aus dem Schreiben Brandts an den Leiter der Auslandszentrale der SAP, Walcher
16. Dezember 1933

ARBARK, SAP-Archiv, Mappe 208.

Lieber Jacob!
[...]
<u>Meine Arbeit</u>.[1] Ich bin sehr auf die Kritik gespannt, die mir wegen des Artikels über die Aufgaben einer norwegischen Arbeiterregierung zugesandt werden soll. Ich muss Dir nämlich mitteilen, dass der Inhalt genau dem entspricht, was die Mot-Dag-Genossen jetzt in der Agitation vertreten. Ich hatte die Dinge vollkommen mit E[rling] F[alk] durchgesprochen.

Man kann allerdings das, was ich geschrieben habe, nur aus der besonderen norwegischen Lage heraus verstehen. Hier gilt es, einen wesentlichen Einsatz gegen die Colbjörnsen'sche Phrasenpolitik[2] zu leisten.

Im übrigen bin ich mit Dir uneinig, wenn Du mir zur Aufgabe stellst, nur an Euch Informationen über die Lage hier oben und an die NAP Inform[ationen] über die SAP³ zu senden.⁴ Ganz im Gegenteil dazu sehe ich meine Aufgabe zu einem wesentlichen Teil darin, aktiv in die Diskussionen einzugreifen, hier alles zu tun, um die Entwicklung in unserm Sinne zu fördern. Du kannst vielleicht einmal E[rling] F[alk] danach fragen, ob ich dabei Dummheiten gemacht habe oder ob ich nicht doch⁵ schon einiges, z. B. bei der Herausbildung der Opposition im norwegischen Jugendverband, beigetragen habe.

Der von Dir gestellte Aufgabenkreis, also im Wesentlichen passiv zu bleiben, würde mir garnicht passen. Dann möchte ich lieber, dass der P[artei-]V[orstand] mir einen Auftrag drinnen gibt und hierher ein anderer Genosse kommt.

Natürlich habe ich noch grosse Lücken, vor allem was das Theoretische angeht. Aber gerade bei all' den Dingen, die sich aus der täglichen praktischen Arbeit ergeben, glaube ich, diese Lücken am Leichtesten überwinden zu können.⁶

[...]

Herzliche Grüsse, auch von Trudel [Gertrud Meyer] ‹Willy›⁷

Nr. 25
Aus dem Diskussionsbeitrag Brandts in der Debatte über die Lage in Deutschland auf der SAP-Konferenz in Paris im März 1934
5. März 1934

ARBARK, SAP-Archiv, Mappe 2, Protokoll der Konferenz vom 4.-9. März 1934 in Paris.¹

<u>Willi</u>: Die Fragen, die sich heute um das „Neue" drehen, sind nicht neu. Auch nach 1918 wollte man das Neue (K.A.P.²) usw.) Es ist gut, sich mit dem Neuen zu beschäftigen; aber nach meiner Ansicht hat doch wohl die Diskussion gezeigt, dass wir keine Ursache haben, von

unserer Prinzipienerklärung abzugehen. Sicher ist es gut, dass wir keine Parteilinie haben. Aber diese Diskussion heute kann nur eine Grundlage sein, sie muss weitergeführt werden. Meiner Meinung nach sollte die Partei ein theoretisches Diskussionsbulletin schaffen, das sich wirklich mit diesen Problemen auseinandersetzt, mit dem Ziel, auf die Kräfte der II. Intern[ationale] Einfluss zu nehmen. Mit vielem bin ich einig, was Josef [Lang] gesagt hat. Ein Beispiel aus Schweden. Die komm[unistischen] Genossen haben dort ein Manifest herausgebracht mit der einfachen Überschrift „Volksfront gegen Bürgerfront". Die Stalinisten haben geschrieen „Schweinerei". Die Genossen aber sagten: Wir geben von unserer komm[unistischen] Einstellung keinen Nota auf, wir müssen die Sprache der Massen sprechen. Wenn sie heute noch parlam[entarische] Illusionen haben, dann müssen wir dort anknüpfen.

Antonius [August Enderle] sagt, der Fasch[ismus] sei international zwangsläufig, am Ende stehe die prol[etarische] Revolution. Wir haben gestern versucht zu sagen, dass wir in bezug auf England, die USA usw. anderer Meinung sind und dass seine Auffassung unserer Zielsetzung widersprechen muss. Aber ob wir die eine oder andere Perspektive haben, so ist unsere heutige Aufgabe, dass wir alles tun müssen, um gegen den Faschismus und den Krieg zu kämpfen, und damit werden wir beiden Perspektiven gerecht.

Zu meinem Artikel über die Aufgaben einer norwegischen Regierung[3]. Ich bin eingetreten für ein konkretes revolutionäres Aktionsprogramm, mit dem wir die Massen in Bewegung bringen, und zwar mit folgenden Forderungen: 1.) eff[ektive] Hilfe für die verelendeten Massen, 2.) Moratorium für die Kleinbauern u[nd] Fischer, 3.) Aufhebung der reakt[ionären] Blockadegesetze. Jacob [Walcher] hat mir darauf geschrieben, es sei nicht unsere Aufgabe, die NAP zu stärken, sondern der Kampf um die Macht. Obgleich ich sonst sehr mit Jacob übereinstimme, sehe ich hier eine bedenkliche Tendenz.

[...]

Deutsche Fragen. Ich bin der Meinung, dass es nicht genügt, die Erfahrungen der deutschen Arbeiterbewegung seit dem Kriege nur durch gelegentliche Vorträge u[nd] Zeitungsartikel zugänglich zu

Willy Brandt 1934 mit einer norwegischen Studentenmütze nach seiner Immatrikulation an der Osloer Universität.

machen, sondern dass sie in einer umfassenden Arbeit, in einem Buch, einem Sammelwerk den Arbeitern der anderen Länder dargestellt werden müssen. Die Geschichte der deutschen Arbeiterbewegung nach dem Kriege ist notwendig. Ich habe eine Materialsammlung angefangen über die Politik der Komm.P.D. Das ist natürlich nur ein ganz kleiner Beitrag. Dieses Buch muss die gesamte Darstellung enthalten und daneben eine Materialsammlung. Ich bin durchaus einig mit Josef [Lang], dass es nicht genügt, immer mit dem alten Schema zu kommen, sondern wir müssen Material liefern können, in dem nicht nur gezeigt wird, was falsch war, sondern wie es besser gemacht werden kann.

[...]

Die Jugendfrage ist überhaupt nicht behandelt worden. Wie kann man über Deutschland reden, ohne auf die Frage der Jugend einzugehen? Wenn wir eine lange Perspektive stellen und ziehen die Jugend nicht in Rechnung, so bauen wir auf falschen Grund, denn es sind dann die 15jährigen von heute, die die Revolution durchführen müssen.

[...]

Ich habe versucht, die Frage des Arbeitersportes anzuschneiden, die von unseren Genossen im allgemeinen sehr vernachlässigt wird. Im Arbeitersport waren äusserst wertvolle Kader vorhanden. Unsere Osl[oer] Gruppe hat sich mit der Frage beschäftigt, und ich muss euch die folgende Stellungnahme vortragen: Heute gibt es in Aussig eine Gruppenleitung für den deutschen Arbeitersport, der von Karl Bühren geleitet wird. Diese Leute haben tatsächlich einige Verbindungen nach Deutschland, sie versuchen, die Sportemigr[ation] zu organisieren und die Verbindung nach Deutschland herzustellen. Unsere Genossen erwarten, dass die Partei eine klare Stellungnahme zu dieser Bewegung einnimmt. Unserer Meinung nach müssen wir den Arbeitersportlern sagen, dass diese Leitung nichts mit der Gruppenleitung des deutschen Arbeitersportes zu tun hat, dass Bühren für den Arbeitersport ist, was Wels für die Partei ist. Unsere Aufgabe muss es sein, die rev[olutionäre] Sportemigr[ation] neu zusammenzufassen. Unsere Leute wollen wissen, sollen wir mit Bühren zusammenarbeiten oder nicht.

Nr. 26
Referat Brandts auf der Sitzung der Erweiterten Auslandszentrale der SAP in Paris:
Unsere Arbeit in Skandinavien
26. Februar 1935

ARBARK, SAP-Archiv, Mappe 6, Protokoll der Sitzung der erweiterten A-Z.

Willy: Unsere Arbeit in Skandinavien. Leichte wirtschaftliche Aufwärtsentwicklung, am geringsten in Dänemark, besser in Schweden. Ursachen: Rüstungsproduktion (Erzausfuhr, Holzausfuhr), Währungspolitik. Arbeitsbeschaffungsprogramm. Die Faschisten haben keinen Zuwachs, nur in Dänemark (Kleinbauern). Die Position der sozialdemokratischen Regierung in Schweden ist gefestigt, auch in Dänemark ist sie stabil. Gruppenbericht: In Oslo haben wir 4, in Bergen 3 Mitglieder. Es werden 130 Exemplare der N[euen]F[ront] vertrieben. Wir haben die Zahl ständig gesteigert und hoffen, noch höher zu kommen. In Oslo haben wir regelmässige Zusammenkünfte. Die Bearbeitung der Presse, besonders der Arbeiterpresse, erfolgt sehr ausgiebig. In Schweden gibt es jetzt 9 Mitglieder. Die Verbindung zur S[ozialistischen]P[artei]S[chwedens] muss ausgebaut werden. In Norwegen leben die Emigranten illegal oder getarnt. In Kopenhagen haben wir noch 7 Genossen. Im dänischen Jugend-Verband sind einige Hundert Oppositionelle ausgeschlossen worden, die mit uns Verbindung haben. – Die 3 skandinavischen Gruppen stehen in enger Verbindung; eine gemeinsame Konferenz ist geplant. Die Lage in Norwegen: Die N[orwegische]A[rbeiter]P[artei] hat 100 000, zum grossen Teil Kollektiv-Mitglieder. Sie ist die proletarische Partei; stark ist der Gedanke der Einheit, die Idee einer Spaltung ist undiskutabel. Unsere Taktik muss sich die Eroberung der Partei zum Ziele setzen. Die Grundhaltung der Mitglieder ist revolutionär. Die Gründe liegen in der Geschichte des Bauerntums, des Bürgertums und der späteren sprunghaften Industrialisierung. – Die Gewerkschaften haben 165 000 Mitglieder. Es gibt syndikalistische Einflüsse. Die ehemals kommunistische Leitung, die sich zu Rechten entwickelt hat, wurde im vorigen Jahr durch die Mitgliedschaft beseitigt. Nun haben die Tranmaeliten[1] (sehr gegen ihren Willen) die Verantwortung übernehmen müssen. Trotz Zusammenarbeit mit den skandinavischen Sozialdemokraten, kommt – wegen der Opposition der Mitglieder – ein Anschluss an die II. Internationale kaum in Frage; die Eingliederung in den IGB wurde im letzten Jahr auch abgelehnt. Der Erfolg unserer Konferenz[2] kann den Lösungstendenzen in der NAP von der IAG entgegenwirken. Der <u>Jugendverband</u> hat 24 000 Mitglieder, sie sind auch die aktivsten in der Partei, mit regelmässigem organisatorischen Leben und eigenem Programm. Die <u>KP</u> ist schwach, etwa 1000 Mitglieder, 2 Zeitungen. – <u>Mot-Dag</u>, Intellektuellen-Gruppe, grosser Verlag, Einfluss unter den Intellektuellen, wenig in der Arbeiterbewegung. Der arrogante Standpunkt, der Wille, „Schulmeister" der Arbeiterbewegung zu sein, wird von den gesunden oppositionellen Elementen der Partei abgelehnt. Deswegen ist es nötig, sich mehr von ihnen zu distanzieren und das Gesicht der Arbeiterschaft, der[3] NAP-Opposition, zuzuwenden. <u>Aufgaben</u>: Eine organisierte Linke in Partei und Gewerkschaften gibt es noch nicht. Wir müssen ihre Entwicklung fördern. Ein Programm ausarbeiten, um das sich die Linke scharen kann. Es war ein Fehler, dass wir den Krisenplan der NAP nur negativ beurteilt und nicht mit einer positiven Kritik herangetreten sind. Die NAP sagte, „für Arbeiterregierung", und mit der Losung „das ganze Volk in Arbeit" hat sie den Wahlerfolg errungen. Sie scheut sich aber vor der Ausnutzung ihres Erfolges. Die Linken müssen verlangen, dass die NAP die Regierung übernimmt, und dafür ein Programm ausarbeiten. Das sind schwierige Probleme für ein kleines Land mit einer so riesigen Handelsflotte.

Nr. 27
**Referat Brandts auf der Sitzung der Erweiterten Auslandszentrale der SAP in Paris:
Jugendarbeit
27. Februar 1935**

ARBARK, SAP-Archiv, Mappe 6, Protokoll der Sitzung der erweiterten A-Z.

Willy: Wir müssen feststellen, dass von uns auf dem Gebiet der Jugendarbeit nicht genug getan wird. Das hängt auch mit der komplizierten organisatorischen Sachlage zusammen. Man [die Parteileitung] hat in der Illegalität den Vorstand des SJVD liquidiert und hat gemeint, damit sei auch das Jugendproblem verschwunden. In Wirklichkeit aber ist die Jugendarbeit nötiger als je. Der Faschismus macht planmässig Jugendpolitik, um die heranwachsende Generation von den Traditionen der Arbeiterbewegung abzuschneiden. Wenn ihm das bei der deutschen Klassenstruktur auch nie restlos gelingen wird, so besteht doch eine grosse reale Gefahr. Je länger unsere Perspektive, desto wichtiger ist die Jugendarbeit. Sie ist auch auf internationalem Gebiet von grösster Bedeutung. Die Jugend wird keine unbedeutende Rolle bei der internationalen Regenerierung spielen. Wir müssen bestrebt sein, uns einzuschalten. – Obwohl der SJVD nicht mehr selbständig besteht, müssen wir doch den Namen aufrecht erhalten, und zwar nicht nur, weil noch teilweise Gruppen bestehen, sondern weil die SJV-Genossen in der SAP besondere Aufgaben haben und mit anderen Jugendlichen Beziehungen pflegen. Auch für unsere internationale Arbeit ist der SJV nötig. Die Zentrale Auslandsstelle des SJVD betrachtet sich als Ressort der Partei. Wir haben jetzt in O[slo] drei Genossen bei uns. Es ist notwendig, dass Genossen, die speziell für die Jugendarbeit verantwortlich sind, in allen Leitungen sitzen. Wir dürfen das nicht überstürzt durchführen, aber wir müssen sogleich beginnen, die Genossen von dieser Notwendigkeit zu überzeugen. Wenn kein geeigneter Jugendlicher vorhanden ist, dann kann in der Leitung auch ein älterer Genosse diese Funktion übernehmen. Die besonderen Jugendzellen, die in vielen Bezirken bestehen, soll man beibehalten, da sie sich mit speziellen Jugendproblemen beschäftigen. Unsere <u>deutsche Jugend-Arbeit</u> stiess auf besonders grosse Schwierigkeiten. Es fehlte an Kräften. Nach der vollen Inanspruchnahme <u>Sigis</u> [Siegfried Pfeffer] mit der Administration der N[euen]F[ront] und nach der Verhaftung Kulis [Kurt Liebermann] war ich allein, und ich musste mich ausserdem mit dem internationalen Jugendbüro[1] beschäftigen. So musste unvermeidlich vieles vernachlässigt werden. Seit Dezember haben wir Jung [Walter Michaelis] für die deutsche Jugendarbeit freigestellt. Wir wollen verschiedene Materialien ausarbeiten, z. B. Arbeitsrichtlinien für drinnen und draussen (Diskussionsgrundlage), zweitens: eine Broschüre über HJ, Arbeitsdienst etc. herausgeben, auf Grund eingehender Materialsammlung. Auch wollen wir künftig spezielle Jugendfragen laufend in der N[eue]F[ront] und Ba[nner des revolutionären Einheit] behandeln. Endlich: gelegentliche Herausgabe besonderer i-Materialien[2] über Jugendfragen. Auf dem Parteitag muss die Jugendfrage erörtert und anschliessend eine besondere Jugendbesprechung abgehalten werden. – Die ZA (Zentrale Auslandsstelle) ist zugleich auch die Leitung für unsere Jugendarbeit im Ausland, wobei wir uns auf Vertrauensleute in den verschiedenen Ländern stützen. Für die Vertrauensleute geben wir Mitteilungsblätter, nur organisatorischer Art, heraus. – Die <u>internationale Arbeit</u>: Wir haben Verbindungen mit einer Reihe von Verbänden. Unsere Büroarbeit hat trotz aller Schwierigkeiten eine gute gefestigte Basis. Neue Verbindungen haben wir in letzter Zeit mit Dänemark und der Schweiz bekommen. Unser Verhältnis zu den Trotzkisten ist auf der Liller Konferenz[3] und der dort beschlossenen Resolution mit Billigung der AZ festgelegt worden. Damals <u>musste</u> man das Büro mit den Trotzkisten gründen, weil noch wenig andere da waren. Nach 1 Jahr Arbeit ist die Lage bereits ganz anders. Wir sind keineswegs mehr auf die Trotzkisten angewiesen. Die Schweden haben wenig gearbeitet, es ist aber trotzdem wichtig, dass sie auch weiterhin den Sekretär im Büro behalten.[4] Das Bulletin[5] wird weiter monatlich erscheinen und wahrscheinlich bald auch in einer englischen, französischen und skandinavischen Ausgabe. Schwierig ist die Arbeit in den lateinischen Ländern. Es muss in Paris ein Vertrauensmann des Stockholmer Büros eingesetzt werden.

Nr. 28
**Artikel Brandts
„Regierung der Arbeiterpartei"
Mitte April 1935**

Neue Front, 3. Jg., Nr. 8, Mitte April 1935.[1]

Der Hintergrund des Regierungswechsels

Bei den Parlamentswahlen im Oktober 1933 errang die NAP [Norwegische Arbeiterpartei] einen grossen Sieg. Sie erhielt 69 von den 150 Mandaten im Storting[2]. Dieser Wahlausfall war die Antwort der breiten Massen auf die Ohnmachtspolitik der bürgerlichen Parteien. Die norwegische Bourgeoisie erkannte die Gefahr, die in diesem Wahlresultat zum Ausdruck kam, und sie erzwang die Zusammenarbeit der bürgerlichen Parteien. Die Regierung Mowinckel, die sich parteimässig nur auf die 26 Abgeordneten der Linken[3] stützen konnte, blieb so am Ruder.

Am 15. März [1935] fiel nun aber diese Regierung. Ausser der Arbeiterpartei versagten ihr die 23 Abgeordneten der Bauernpartei und zwei Einzelgänger das verlangte Vertrauensvotum. – Auffallend war der Umschwung der Bauernpartei. Diese Partei war in ihrer Spitze immer von grossbäuerlichen Interessen diktiert, ihre Basis hatte sie jedoch nicht zuletzt in Massen von kleinbäuerlichen Wählern. Diese Basis hat rebelliert. Die von der Krise besonders hart betroffenen Bauern forderten immer energischer einen neuen Kurs. Hätte die Parlamentsfraktion der Bauernpartei diesem Verlangen nicht Rechnung getragen, wäre ein Grossteil ihrer Anhänger zur Arbeiterpartei übergegangen.

Die Regierung Nygaardsvold ist also durch das Verlangen breiter Massen nach planvoller Gestaltung der Wirtschaft, nach wirksamer Bekämpfung der Krise ans Ruder gekommen. Aber auch für bestimmte Kreise der Bourgeoisie hatte eine Regierung der NAP immer mehr ihren Schrecken verloren. Sie sahen in der Entwicklung der NAP während der letzten Jahre eine Garantie dafür, dass diese – zur Regierung gekommen – sich an das dänische und schwedische Muster halten werde.

Die NAP konnte sich der Regierungsübernahme nicht entziehen. Wir meinen sogar, dass es ein Fehler war, dass sie sich nach dem Wahlsieg im Oktober 1933 fast ausschliesslich auf die parlamentarische und platonische Forderung der Regierungsübernahme beschränkte, statt auch ausserparlamentarisch mit allen Kräften dafür zu kämpfen. So richtig es war, dass die NAP die Regierung übernommen hat, so problematisch erscheint uns in Anbetracht dieser Vorgeschichte, ob sich die Praxis dieser Regierung positiv für die norwegische Arbeiterklasse auswirken wird.

Welche Politik?

Einstimmigkeit bestand in der norwegischen Arbeiterbewegung darüber, dass man keine Wiederholung der ersten NAP-Regierung vom Jahre 1928 bringen dürfe. Damals gab man im Parlament eine revolutionäre Erklärung ab. Nach 18 Tagen kündigten aber die Banken der Regierung die Freundschaft. Und sie trat ab, trotz der revolutionären Erklärung. Eine Stärkung der Arbeiterbewegung wurde nicht erreicht, im Gegenteil, die Wahlen 1930 brachten eine schwere Schlappe.

In den führenden Kreisen der NAP setzte sich immer mehr die Meinung durch, dass man sich der Praxis der schwedischen und dänischen Sozialdemokraten angleichen müsse. Die jetzt gewählte Linie besteht darin, dass man durch jeweilige Zusammenarbeit mit der Bauernpartei oder mit einem Teil der Linken bis zur Budgetbehandlung im nächsten Frühjahr „regieren" will. Dann soll ein grosses Arbeitsprogramm vorgelegt werden, das die Bürgerlichen in einheitlicher Front ablehnen dürften. Und auf dieser Grundlage soll dann der nächstjährige Wahlkampf geführt werden, der der NAP die alleinige Mehrheit im Storting geben soll.

Niemand kann ernstlich von dieser Arbeiterpartei-Regierung verlangen, dass sie den Sozialismus in Norwegen durchführt. Wenn die grosse Vorwärtsentwicklung der NAP in den letzten Jahren – und besonders der Wahlsieg im Oktober 1933 – nicht in den Kampf um die Erringung der Macht ausmündete, hat das seine Gründe ausser in der politischen Situation in Norwegen in der Beschaffenheit der NAP. Der Kampf um die Macht ist tatsächlich ja auch etwas anderes, als die Besetzung von Spitzenpositionen im bürgerlichen Staat. Was eine solche Regierung bestenfalls könnte, wäre die Verbesserungen der Bedingungen für die wirkliche Machtübernahme. Auf Grund dessen, dass die Krise in Norwegen nicht so tief gewesen ist wie in vielen anderen Ländern und dass seit dem vorigen Jahre eine Konjunkturbelebung zu verzeichnen ist, bestehen hier noch Hoffnungen und auch gewisse Möglichkeiten für die Durchsetzung wirtschaftlicher Reformen und Verbesserungen. Aber selbst solche Reformen werden nur durchgesetzt werden können, wenn die Regierung, gestützt auf die Gefolgschaft der arbeitenden und arbeitslosen Massen in Stadt und Land, entschlossen ist, die Interessen dieser Massen auch gegen die Sabotage der Bourgeoisie zu verfechten. Konflikte mit der herrschenden Klasse auf dieser Basis könnten sehr wohl Schritte auf dem Wege zur wirklichen Machtübernahme bedeuten.

Die Erklärung, die die neue Regierung dem Parlament am 21. März unterbreitete, zeigte, dass man sich zunächst auf die Linie des geringsten Widerstandes (von Seiten der Bourgeoisie) einstellte. Wohl wurde auf das Programm der Norwegischen Arbeiterpartei verwiesen, gleichzeitig aber betont, dass man die Zusammenarbeit im Wirtschaftsleben fördern, die Rentabilität aller produktiven Arbeit sichern wolle und an die gemeinsame nationale Verantwortung appelliere.

Die ersten Wochen der Regierungspraxis

In der Debatte über die Regierungserklärung wurde kein Misstrauensantrag gestellt, einstimmig ging man zur Tagesordnung über. Die bürgerliche Presse gab auch ihrer Zufriedenheit darüber Ausdruck, dass die Arbeiterpartei-Regierung einen „vernünftigen" Kurs eingeschlagen habe. Dann begannen die Budgetverhandlungen. Es waren durchweg sogenannte „kleinere" Dinge, die bisher entschieden wurden. Aber diese Entscheidungen haben doch ihre Bedeutung. Zum ersten Mal wurde die königliche Apanage in Höhe von rund einer Million Kronen einstimmig bewilligt. Die Arbeiterpartei verzichtete auf ihre früheren Vorschläge für Herabsetzung auf 100 bzw. 150 000 Kronen. Ebenso einstimmig wurde der Etat für die Staatspolizei bewilligt, die sich häufig genug als eine arbeiterfeindliche Garde, besonders in Arbeitskonflikten, gezeigt hat. Bei der Bewilligung des Kuluretats erklärte der neue Kultusminister [Nils Hjelmtveit], dass die notleidenden Gemeinden ihren Anteil an den Pfaffenlöhnen aus einem Staatsfond vorgestreckt bekommen könnten. In diesen und vielen anderen Fragen verzichtete man auf die frühere ablehnende Haltung, um die Bürgerlichen bei späteren Abstimmungen zu gewinnen. Es zeigte sich aber schon bei einer solchen Frage wie der Aufhebung des Mieterschutzes in Oslo, dass solche Hoffnungen illusionär sind. Die Regierung erhielt ihre erste Niederlage, als die Bürgerlichen einheitlich die Interessen der Osloer Grundbesitzer wahrnahmen. In der Militärfrage hielt die Partei ihren alten Standpunkt aufrecht: Totale Abrüstung Norwegens und Einstellung der Rekrutenausbildung. Die Bürgerlichen aber setzten es gegen die Stimmen der Arbeiterpartei durch, dass die Dienstzeit von 60 auf 72 Tage erhöht wird. Eine der ersten Taten der neuen Regierung war, die Garantie für den Verkauf von Walöl im Werte von 20 Millionen Kronen an Deutschland zu übernehmen.

Das Kommende

Die Führung der Arbeiterpartei beruft sich darauf, dass man die gemachten Konzessionen schlucken müsse, wenn man in den ausschlaggebenden Fragen der Krisenbekämpfung etwas erreichen wolle. Leider muss man tiefe Zweifel hegen, wieweit überhaupt irgendein Positivum für die Arbeiter bei der Behandlung der Krisenfrage herauskommen wird. Wahrscheinlich ist nämlich, dass die zusätzlichen Mittel für Krisenabhilfe durch Umsatzsteuern zusammengebracht werden sollen. Lässt man sich auf diesen Vorschlag der Bauernpartei ein, so handelt man direkt gegen die Interessen der Arbeiterklasse. Aber weiter: die Blockbildung mit der Bauernpartei wird zu Zugeständnissen vor allem an die Grossbauern führen müssen, und gleichzeitig wird man die Bauernpartei als die Partei der Bauern monopolisieren. Verschlechterung der Lebenslage der Arbeiter und Zusammenarbeit mit den Gross- statt mit den Kleinbauern, diese Perspektive droht.

Zwischen 30 und 40 000 Arbeiter stehen vor neuen Tarifabschlüssen. Starke Forderungen auf Arbeitszeitverkürzung mit Lohnausgleich haben sich geltend gemacht. Die jetzt unterbreiteten Vorschläge des Reichsschlichters enthalten zwar keinen Lohnabbau und einige kleinere Verbesserungen. Dass diese Vorschläge aber einstimmig von der Zentralleitung der Gewerkschaften zur Annahme empfohlen wurden, hat den Grund darin, dass Arbeitskämpfe während der Regierungszeit der Arbeiterpartei unerwünscht sind. Eine bedeutsame Begleiterscheinung der Regierungsübernahme: die Hemmung der Kämpfe der Arbeiterklasse.

Die Wirkung der eingeschlagenen Linie macht sich schon jetzt in Enttäuschung und Passivität bemerkbar. Die Arbeiter und Kleinbauern haben erwartet, dass sie in der neuen Regierung einen Helfer im Kampf um die Durchsetzung ihrer Interessen finden würden. Sie beginnen zu fürchten, dass dies eine Fehlrechnung ist.

Die Aufgaben revolutionärer Sozialisten

In Anbetracht der hier angedeuteten Situation steht eine schwierige Aufgabe vor den revolutionären Sozialisten in der NAP. Im Interesse der weiteren Entwicklung der norwegischen Arbeiterbewegung ist es notwendig, dass sie klar aussprechen, was notwendig ist. Werden sie es nicht tun, werden sie nicht zu einem Sammelpunkt der Kampfkraft der jetzt Enttäuschungen erlebenden Arbeiter werden, dann werden diese bald in Passivität verfallen. Noch viel grösser sind die

Gefahren, die von der Enttäuschung der kleinen Bauern drohen. Die revolutionären Sozialisten müssen darum, bei Anknüpfung an das prinzipielle und das Arbeitsprogramm der NAP und indem sie dieses mit den inzwischen und jetzt gemachten Erfahrungen vergleichen, klare und einfache Losungen herausarbeiten, die den Massen für ihr Drängen einen Kompass geben können.

Diese Losungen müssen darauf fussen, dass es richtig war, die Regierung zu übernehmen, darüber hinaus aber aufzeigen, wo der Schuh heute am meisten drückt und wo die Aufgaben einer „Arbeiter-Regierung" liegen müssen, also etwa in Bezug auf Ingangsetzung tarifbezahlter Arbeit für Arbeitslose, auf Aufhebung der arbeiterfeindlichen Gesetze, auf das Verlangen der Kleinbauern und Fischer nach Schuldenabschreibungen und Zinserleichterungen und anderer Hilfen, nach Schaffung von eigenen wirtschaftlichen Organen der Landbevölkerung gegen das Monopol der Bauernpartei und in Zusammenarbeit mit den Gewerkschaften, auf die Herausarbeitung eines neuen Kurses des Aussenhandels und der Aussenpolitik, nämlich gegen den Plan des skandinavischen Blocks mit Hitlerdeutschland, für ein Handelsabkommen mit der Sowjetunion.

Über die Tageslosung hinaus gilt es, die Etappen zur Überleitung der Tageskämpfe in den Kampf um die Macht abzustecken. Auch diese Frage muss in engstem Zusammenhang mit den täglichen Erfahrungen der Regierungspolitik gesehen werden.

Die norwegische Arbeiterklasse wird in der Zeit der Arbeiterpartei-Regierung neue Erfahrungen sammeln. Sie wird diese Erfahrungen auswerten müssen auf die Politik und den Aufbau ihrer Organisationen. Wenn es den revolutionären Sozialisten Norwegens gelingt, hierbei ein Helfer zu sein, Partei und Gewerkschaften zu einer fruchtbaren Verarbeitung dieser Erfahrungen zu bringen, dann kann die Periode der Regierung Nygaardsvold positiv für die norwegische Arbeiterbewegung sein, selbst wenn die Resultate der Regierung selbst nichts anderes als die Konsequenz einer Politik parlamentarischer Illusionen sein können.

Nr. 29
Schreiben Brandts an die Journalistin Walter
1. November 1935

IISG, Freundeskreis Carl von Ossietzky, Mappe 25.

Sehr geehrte Frau Walter,
ich danke Ihnen bestens für Ihre Zeilen vom 15.10. und für die Drucksachensendung. Die Materialien, die sich bei Frau Lunden befanden, habe ich inzwischen auch erhalten. Die New Yorker Volkszeitung sandte ich Ihnen als Drucksache zu.

Leider muss man damit rechnen, dass die grossen Bemühungen für C[arl] v[on] O[ssietzky] nicht mit Erfolg gekrönt werden. Ich bin aber der Meinung, dass man nichtsdestoweniger die Kampagne mit voller Kraft fortsetzen muss. Ich werde dieser Tage noch einige Besprechungen mit Herren haben, die dem Nobelkomitee sehr nahestehen und werde dann vielleicht noch etwas klarer sehen können.

Einer meiner Freunde beabsichtigt, in der nächsten Woche einen längeren „Offenen Brief" an das Nobelkomitee im „Dagbladet" zu veröffentlichen.[1] Ich selbst schrieb schon im Sommer ausführlich im „Arbeiderbladet"[2] und habe jetzt mit der Redaktion vereinbart, dass ich wieder eine grössere Zusammenstellung mache.[3] Inzwischen sandte ich auch einen kleineren Artikel durch das Pressekontor an die etwa 40 Zeitungen der Arbeiterpartei in der Provinz. Die meisten haben ihn gebracht. Ich werde auch versuchen, noch einiges in Schweden und Dänemark unterzubringen.

Es würde mich sehr freuen, wenn Sie mich weiter auf dem Laufenden halten würden. Insbesondere würde mich interessieren zu wissen, ob Masaryk von dem Vorschlag weiss, den Preis evtl. zu teilen oder ob Sie einen Weg wüssten, Masaryk zu bewegen, dass er einem Mitglied des Komitees schreibt, er würde nichts gegen eine solche Teilung einzuwenden haben. Wahrscheinlich wird daran wohl kaum zu denken sein.

Benutzen Sie bitte in Zukunft folgende Adresse für mich: Gunnar Nielsen, Sörligaten 10 IV, II, Oslo.
Mit freundlichen Grüssen
‹Willy Brandt›[4]

Nr. 30
Aus dem Schreiben Brandts an das Mitglied der Auslandszentrale der SAP Fabian
9. November 1935

ARBARK, SAP-Archiv, Mappe 212.

[...]
3. Mit der neuen Nummer des Kampfbereit[1] ist es ein furchtbarer Kampf. Es zieht sich nun schon Wochen hin. Wir haben aber berechtigte Hoffnung, in der nächsten Woche endlich damit fertig zu werden.

Im Augenblick stellt sich aber die von uns benutzte Methode als zu kompliziert heraus. Wir haben darum daran gedacht, das K[ampfbereit] evtl. in Zukunft auf ganz dünnem Papier in Oktavformat herauszubringen (abgezogen). Das würde viel, viel einfacher sein, Ärger ersparen und würde auch ermöglichen, regelmässiger kommen zu können. Wir würden aber gern Eure Meinung zu dieser technischen Seite hören.
[...]
7. Wegen der Übersiedelung kann ich heute nichts Neues mitteilen.[2] Ich werde dazu aber in einigen Tagen schreiben können. Torp konnte ich dieser Tage nicht erwischen. Anfang der Woche habe ich mich absichtlich nicht bei ihm sehen lassen. Das hatte seinen Grund darin, dass ich am letzten Montag auf einer Versammlung des Osloer Kreises der [Arbeiter-]Jugend schärfstens mit der Bürokratie zusammenprallte. Sie hatten als Redner den Sekretär des dänischen und den

Vorsitzenden des schwedischen soz[ial]dem[okratischen] Jugendverbandes [Poul Hansen bzw. Torsten Nilsson] geholt. Was diese verzapften, geht auf keine Kuhhaut. Ich war gezwungen zu sprechen und wurde dabei ziemlich scharf und bekam auch mindestens die Hälfte der Versammlung auf unsere Seite. Neben dem Schweden aber, der mich als Kilbom-Lakei[3] (Kilbom und Nazis Hand in Hand, war seine Redensart) „charakterisierte", sprach die gesamte Jugendbürokratie schärfstens gegen uns und besonders gegen mich persönlich. Es ist offensichtlich, dass man sich nun auf volle Gleichschaltung an die Schweden und Dänen einstellt und alle Abweichungen runterhalten will. Es herrschte eine richtige Terrorstimmung. Deswegen habe ich es also unterlassen, in dieser Woche Verhandlungen zu hören[4], damit sich die Gewitterwolken etwas wieder verziehen.

Inzwischen konnte ich heute in Erfahrung bringen, dass man nichts weiter gegen mich unternehmen will, „da man der Linken keinen Märtyrer geben will", man will mir „nur auf die Finger schauen".
[...]
Beste Grüsse Euch allen ‹Willy›[5]

Nr. 31
Schreiben Brandts an die Journalistin Walter
25. November 1935

IISG, Freundeskreis Carl von Ossietzky, Mappe 25.

Sehr geehrte Frau Walter,
ich danke Ihnen bestens für Ihre Briefe vom 7. und 13. dieses [Monats].

Die betrübliche – und ausgesprochen feige – Entscheidung des Komitees[1] macht es ja nun überflüssig, dass ich am 10. Dezember zu

Ihrer Verfügung stehe. Ich hätte es gern getan und bin selbstverständlich auch weiterhin bereit, an der gemeinsamen Sache nach besten Kräften mitzuwirken. Als wir am vorigen Dienstag die Entscheidung des Komitees erfuhren, sprach ich sogleich mit Frau Lunden, durch die Sie ja auch sogleich unterrichtet wurden.

Wir sind uns voll darüber im Klaren, dass die Situation nun für O[ssietzky] sehr ernst ist. Das sozialistische „Arbeiderbladet" hatte in der Woche vor der Entscheidung noch einen Artikel gebracht, in dem ich auch ausdrücklich auf die ernste Lage hinwies.[2] Jetzt ist uns ein unvorhergesehener Umstand zur Hilfe gekommen: Knut Hamsun schrieb am Freitag [22. November] in den Osloer Zeitungen „Aftenposten" und „Tidens Tegn" einen schofen Angriff auf Ossietzky. Der Tenor der Sache war der: O[ssietzky] hat sich ja absichtlich einsperren lassen – er hätte fliehen können – um den Leuten im Ausland Agitationsstoff zu geben. Ich glaube, dass Hamsun sich direkt von den Nazis missbrauchen liess und dass es sich um einen bestellten Artikel handelt. Er wird darum wahrscheinlich auch in der Presse anderer Länder auftauchen. Hamsuns Artikel wirkte hier wie eine Bombe, er löste gewaltige Empörung in allen Kreisen aus. Am gleichen Tag brachte das liberale „Dagbladet" auf der ersten Seite eine Antwort des jungen Dramatiker[s] Nordahl Grieg unter der Überschrift „Antworte Ossietzky!", in dem er darlegte, wie der mutige Hamsun einen Mann mit Dreck bewirft, der in Papenburg gefesselt liegt. Redaktionell wurde auch eine längere Antwort gebracht, ebenfalls im „Arbeiderbladet". Am Sonnabend brachte „Dagbladet" den Artikel von Frau Lunden über den gegenwärtigen Zustand O[ssietzky]s. Im „Arbeiderbladet" schrieb Haakon Meyer, ein einflussreicher Mann der Linken, dass Hamsuns Angriff bewiesen habe, mit welchem Recht Ossietzky für den Friedenspreis vorgeschlagen worden sei. Er konkludierte damit, zu sagen, dass es noch nicht zu spät sei, dass das Komitee sich erneut versammeln und sich für O[ssietzky] entscheiden müsse.[3] – Daraus wird nun zwar sicher nichts werden.

Es wird aber zu einer neuen breiten Aufrollung des ganzen Falls kommen, auch in den andern nordischen Ländern. Und damit dürfte der Sache angesichts der traurigen Gesamtlage doch noch gedient sein.

Wichtig ist aber nun vor allem Folgendes: am letzten Januar läuft wieder die Frist für die nächstjährige Verteilung ab. Es ist unbedingt notwendig, dass O[ssietzky] so schnell wie möglich wieder von einigen vorschlageberechtigten Personen und Institutionen vorgeschlagen wird. Erstens damit man nicht zu spät kommt, zweitens aber auch, weil die Veröffentlichung dieser neuen Vorschläge verhindern kann, dass ein gefährliches Schweigen über den Fall O[ssietzky] eintritt.

Die Parlamentsfraktion der hiesigen Arbeiterpartei hat übrigens auch Vorschlagsrecht. Sie hat sich in diesem Jahr wie früher für den ehemaligen Stockholmer Bürgermeister Lindhagen ausgesprochen. Wenn nun die neuen Vorschläge rasch genug kommen, halte ich es für nicht ausgeschlossen, dass ich dahin wirken kann, dass sich die Fraktion evtl. für O[ssietzky] einsetzt. Das wäre immerhin nicht ohne Bedeutung.

Bitte, halten Sie mich über alles unterrichtet. Und teilen Sie mir mit, welches Material Sie von mir haben wollen.
Mit freundlichen Grüssen
Ihr ‹Willy Brandt›[4]

Nr. 32
Aus dem Schreiben Brandts an die Journalistin Walter
13. Dezember 1935

IISG, Freundeskreis Carl von Ossietzky, Mappe 25.

Liebe Frau Walter,
besten Dank für Ihre freundlichen Briefe. Ich schrieb Ihnen schon im vorigen Brief, warum sich meine Korrespondenz zur Zeit in einiger Unordnung befindet. Sie können aber fortan mit prompterer Erledigung der Dinge rechnen.

Ich danke Ihnen auch für die Exemplare des [„Neuen] Tagebuch[s"] und des „P[ariser] T[ageblatts]". [Heinrich] Mann war wirklich schwach, und das ist umso bedauerlicher als er meiner Meinung nach auf einen sehr guten Gedanken aufbaute, der aber nicht fest wurde, da wirkliche Unterlagen fehlten.[1]

Zu den Fragen der Einreichung von Vorschlägen Folgendes: ich erkundigte mich sehr eingehend beim Komitee[2] selbst über diese Dinge und erfuhr, dass jeder Vorschlag begründet sein muss. Soweit in der Begründung auf andere Materialien verwiesen wird, müssen diese mit eingeschickt werden. Nichts steht aber dem im Wege, dass man die eigene Begründung dadurch auf ein Minimum beschränkt, dass man sich auf eine andere Begründung beruft. So kann man auch bei diesjährigen Vorschlägen die letzten Begründungsmaterialien heranziehen.

Ungültig wären also Vorschläge, die nur den von Ihnen genannten Wortlaut haben würden. Gültig wären sie, wenn sie auf Begründungen zurückgreifen würden, die zum vorigen Vorschlag eingesandt wurden. Das scheint mir also die jetzt gegebene Möglichkeit zu sein, wobei dann alles dafür eingesetzt werden müsste, die neue Begründungsschrift auch baldmöglichst vorliegen zu haben.

Wegen der Arbeiterpartei halte ich es für das Angebrachteste, dass Sie mir mehrere Exemplare der Werbeschrift[3] senden, z. B. fünf. Meine Verbindungen in der Partei sind recht gute, und ich könnte zu den in Frage kommenden Leuten persönlich gehen und dadurch die Überreichung der Schrift mit einer persönlichen Aussprache verbinden. Ich werde Ihnen dann natürlich jeweils das Resultat dieser Besprechungen mitteilen.

Es gibt einige Sachen wegen der hiesigen Kampagne mitzuteilen:

Auf den Artikel von Professor Keilhau im Dagbladet antwortete ein Herr Marum, ein Vertreter der konservativen Studenten. Ich teilte Ihnen früher mit, dass diese Gruppe Hamsuns Angriff unterstützt hat. Darauf war auch Marums Artikel abgestimmt.[4]

In Aftenposten schrieb in der vorigen Woche der Schriftsteller Hermann Wildenvey, der Hamsun damit verteidigte, dass dieser nicht orientiert sei. Der alte Herr lebe auf Nörholmen und lese keine Zeitungen, während Nordahl Grieg und Överland das sicher täten. Darum müsse man Hamsun keine Vorwürfe wegen seines Angriffs machen. – Hamsun hat selbst darauf geantwortet: er lese durchaus Zeitungen und sei sehr gut unterrichtet und er wolle eine solche Entschuldigung nicht. Ausserdem sei es nicht wahr, dass er aufgrund seiner Verbindung mit Deutschland seinen Artikel geschrieben habe. – Die Redaktion von Aftenposten hat Hamsun in einem Leitartikel darin unterstützt und geschrieben: der Friedenspreis ist für wirkliche Friedensvertreter. Wenn es ein Preis für Gesetzesübertreter wäre, dann könnten Ossietzky und Mussolini ihn vielleicht bekommen!⁵

Im übrigen kann ich mitteilen, dass eine Reihe von Ortsgruppen des Arbeidernes Ungdomsfylking (Arbeiterjugendverband, 30 000 Mitglieder) schärfstens gegen Hamsun protestiert und für Ossietzky Partei ergriffen haben. – In der nächsten Nummer der Zeitung dieser Organisation wird wahrscheinlich eine Notiz von mir zum Fall erscheinen.⁶

Wichtig ist noch, dass der Oslo Arbeidersamfund (Osloer Arbeitergesellschaft), das Zentrum der politischen Arbeiterbewegung, dessen Vorsitzender seinerzeit auch Björnson war, zwei Resolutionen annahm: eine nimmt scharf gegen Hamsun Stellung und erklärt, dass das norwegische Volk anders denkt und mit O[ssietzky] ist. Die andere fordert sofortige Freilassung O[ssietzky]s aus dem Lager und Wiederaufnahme der Verteilung im Komitee.

Ich gehe mit einem grösseren Plan herum: dem einer norwegischen Broschüre über O[ssietzky]. Nur ist der Verlag noch nicht gefunden. Der Tiden-Verlag hat Lust dazu, aber es gibt Schwierigkeiten wegen der vielen Festtage, die nun kommen. Und schnell müsste eine solche Sache ja fertig werden. Vielleicht gibt es aber noch einen andern Verlag, der sich eignen würde. Wenn etwas daraus wird, werde ich Ihnen noch schreiben. Ich wollte darin folgende Abschnitte behandeln: Wer ist O[ssietzky]? – Der Kämpfer für Frieden und Fortschritt (Hintergrund: Entwicklung des Nachkriegsdeutschland) – Der Journalist (mit Zitaten) – Der Konzentrations-

lagergefangene – Der Friedenspreiskandidat – Die Diskussion um
O[ssietzky]. Die ganze Sache sollte etwa 60/70 Seiten stark sein und
für eine Krone abgesetzt werden. Aber vorläufig ist das ja noch sehr
vage.⁷
[...]
Mit freundlichen Grüssen
Ihr ‹Willy Brandt›⁸

Nr. 33
Aus dem Schreiben Brandts an die Journalistin Walter
21. Januar 1936

IISG, Freundeskreis Carl von Ossietzky, Mappe 25.

Liebe Frau Walter,
eben erhalte ich Ihre Briefe vom 17. und 18. d[iese]s [Monats] mit den
Anlagen sowie den französischen Text des Memorandums. Ich bestätigte auch noch nicht Ihr Schreiben vom 9. d[iese]s [Monats]. Wenn ich nicht früher schrieb, so hat ‹das›¹ seinen Grund darin, dass hier wirklich Erfolge zu erwarten sind und man ja in der Regel weniger schreibt, wenn es gut geht.

Durch meine lange Pause in der Korrespondenz unterliess ich auch, Ihnen zum neuen Jahr zu gratulieren. Entschuldigen Sie das bitte und seien Sie nicht böse, wenn ich Ihnen erst mit dieser langen Verspätung ein erfolgreiches [19]36 wünsche.

Zunächst also wegen der hiesigen Vorschläge: Ich hatte dieser Tage eine lange Reihe von Besprechungen wegen des evtl. Vorschlags der Arbeiterpartei. Heute wird die Sache im Zentralvorstand behandelt, der das entscheidende Wort spricht. Gleichfalls wird der Vorstand der Parlamentsfraktion darüber beraten. Dort ist es jedenfalls schon sicher, dass man sich für O[ssietzky] entscheiden wird. Morgen fällt dann die endgültige Entscheidung in der Fraktion. Dort

hat man einen alten sentimentalen Hang, den noch älteren Schweden Carl Lindhagen vorzuschlagen. Ich hoffe aber, dass diesmal O[ssietzky] durchgehen wird. Dafür ist alle mögliche Aussicht vorhanden. Sobald die Entscheidung vorliegt, werde ich Sie unterrichten. Falls es glückt, handelt es sich darum, dass mit einem Schlag 69 von 150 Abgeordneten des Storting[2] dafür sind. – Frau Lunden arbeitet gleichzeitig mit einigen liberalen Abgeordneten, und es besteht eine Chance, dass auch dort etwas erreicht werden kann. Wir sind jedenfalls recht optimistisch.
[...]
Meinen Broschürenplan habe ich vorläufig zurückgestellt. Es ist aber möglich, dass ich ihn etwa im März realisiere. Ich möchte nun nämlich all die neuen Vorschläge mit verarbeiten. Vor allem liegt ja eine so lange Frist zwischen dem 31. 1. [1936] und dem neuen Entscheidungstermin, dass dazwischen einiges organisiert werden muss. [...]
Ich habe inzwischen einiges in Schweden getan. Erstens stellte ich fest, dass für die Kandidatur bisher wirklich nur „Folkets Dagblad", die Tageszeitung der unabhängigen Sozialisten, deren Mitarbeiter ich bin, einging. Mehrere andere Zeitungen haben sich nur in berichtender Form teilweise an der Kampagne beteiligt. Zuletzt schrieb „F[olkets]D[agblad]" am 14. d[iese]s [Monats] ausführlich über O[ssietzky]. Sie wissen, dass von schwedischer Seite Prinz Carl vorgeschlagen wurde. [...]
Da ich die Leute von „F[olkets]D[agblad]" und ihrer Partei sehr gut kenne, schrieb ich gestern dorthin und ersuchte sie, O[ssietzky] offiziell vorzuschlagen. Diese Gruppe hat 8 Abgeordnete in der 2. und einen in der 1. Kammer. Es ist auch nicht ausgeschlossen, dass sie einen guten Teil der soz[ial]dem[okratischen] Abgeordneten mit hinter ihrem Vorschlag sammeln können, vielleicht auch einige Liberale. Möglich ist es also auch, dass wir Vorschläge aus Schweden erhalten.
[...]
Mit herzlichen Grüssen
Ihr ‹Willy Brandt›[3]

Nr. 34
Aus dem Schreiben Brandts an die Journalistin Walter
3. Februar 1936

IISG, Freundeskreis Carl von Ossietzky, Mappe 25.

Liebe Frau Walter,
besten Dank für Ihren Brief vom 27.1. [1936]
    Wegen der hiesigen Stortingsvorschläge kann ich leider nichts Neues mitteilen. Frau Lunden hat den bürgerlichen Sektor übernommen und das Sammeln von Unterschriften dort einem einflussreichen Herrn übergeben. [...]
    Falls es sich herausstellen sollte, dass es mit den linksbürgerlichen Abgeordneten nichts mehr geworden ist – was ja ausserordentlich bedauerlich wäre –, dann würde ich es für ratsam halten, dass man in der Propaganda nur die 69 Mann erwähnt, ohne auf die Parteizugehörigkeit [zur Norwegischen Arbeiterpartei] zu verweisen.
    Hier ist ausserdem noch ein guter Vorschlag von Herrn Harald Schjelderup, Professor der Philosophie an der Osloer Universität, eingereicht worden. [...]
    Sie werden gehört haben, dass die schwedischen Parlamentarier auch einiges zustande gebracht haben. Zunächst schlugen meine neun Freunde von der Sozialistischen Partei vor, dann schlossen sich verschiedene andere der Aktion [an], insgesamt 50 Mitglieder der ersten und zweiten Kammer. Ich bin noch nicht genau über die Parteizugehörigkeit aller unterrichtet, es dürfte sich aber vor allem um Sozialdemokraten handeln.
    [...]
    Mit besten Grüssen
    Ihr ‹Willy Brandt›[1]

Nr. 35
Aus dem Schreiben Brandts an den Leiter der Auslandszentrale der SAP, Walcher
14. August 1936

ARBARK, SAP-Archiv, Mappe 214.

Lieber Jim!
Deinen Brief vom 8. d[iese]s [Monats] habe ich vorgestern bei meiner Rückkehr erhalten.[1]
Ich habe bereits früher für mich dieselbe Verpflichtung akzeptiert, die wohl alle verbundenen Freunde anerkennen werden, mich allen vernünftigen Entscheidungen über Verwendung drinnen und draussen zu beugen. Zwar kann ich Euch nicht verhehlen, dass ich selbst erhebliche Zweifel wegen meiner Eignung für i. Arbeit[2] habe, Zweifel, die im Wesentlichen noch durch die Meinung meiner bisherigen Mitarbeiter bestärkt worden sind. Hinzu kommt, dass meine bisherige, stark extensive Arbeit es mir besonders schwer macht, einigermassen ungeschoren zu verschwinden und die Brücken hinter mir abzubrechen (es handelt sich dabei nicht nur um meine Exponierung hier im Lande, sondern auch um die internationale Arbeit).
Aber diese Dinge sind nicht unüberwindbar. Ich nenne sie, weil ich Euch die besonderen Schwierigkeiten der Vorbereitung vor Augen halten muss.
Die erste und schwierigste Frage ist nun die der ‹Wäsche›[3]. Ich möchte ja am liebsten mit einem regulären ‹nordländischen Frack›[4] fahren. Das wird aber jedenfalls nicht vor der Wahl[5] möglich sein. Also muss ich mich jetzt nach einem ‹neuen Schneider›[6] umsehen, Freund Haakon [Meyer] (der einzige, den wir bisher verwendet haben) ist nämlich längere Zeit auf Reisen. Ich werde mein Möglichstes tun und hoffe, damit zu Rande zu kommen.
Das Beste wäre wahrscheinlich, wenn ich mich mit irgendwelchen Studien beschäftigen könnte und wenn dann die materielle Unterstützung von hier aus geschickt würde. Wir werden uns darum

bemühen, sie durch eigene Quellen zu erhöhen, was ja sicher nur günstig für die Arbeit sein würde.

Ist es so, dass ich im Falle der Verwendung bei Euch vorbei kommen soll? Das wäre wohl ziemlich unumgänglich, wenn auch an sich viel dafür spricht, gerade als ‹Nordländer› direkt zu reisen von hier aus. – Auf jeden Fall ist es erforderlich, dass ich <u>sofort</u> Bescheid erhalte, wenn die Sache in der einen oder anderen Weise entschieden ist. Bis dahin werde ich natürlich schon sehen, was sich vorbereiten lässt.

[...]

Besten Gruss

‹Willy›[7]

Nr. 36
Artikel Brandts
„Bemerkungen zum Einheitsproblem"
Oktober 1936

Marxistische Tribüne, 1. Jg., Nr. 5, Oktober 1936.[1]

Wir müssen uns die im Augenblick zentralste Frage klar stellen: **Müssen die Moskauer Ereignisse**[2] **unsere Einstellung gegenüber dem Einheitsproblem ändern?** Es können sich Stimmungen geltend machen, die die durch die Kominternpolitik der letzten Periode[3] geschaffenen Verhältnisse für nicht mehr bestehend halten und die Ausrichtung unserer Politik auf den schärfsten unversöhnlichen Kampf gegen die von den Russen geleitete Komintern befürworten, ohne irgendwelche Beteiligung an gemeinsamen Handlungen oder gar Organisationen.

Wir geben die genau entgegengesetzte Antwort: **jetzt erst recht** müssen wir zum vordersten Bannerträger der Einheit werden. Vor unsern Augen spielt sich heute ein Prozess ab, der die Komintern in eine viel schlimmere Position als die des „Sozialfaschismus" der 3. Periode[4] führen kann. Gleichzeitig erfährt der internationale Reformismus eine nicht zu unterschätzende Stärkung. Abgesehen von dem ihm zukommenden ideologischen Gewinn stärken sich seine rechtesten, einheitsfrontfeindlichen Elemente.

Das, was in der S[owjet-]U[nion] vor sich geht, darf nicht bagatellisiert oder übergangen werden. Aber wir dürfen und können nicht mit moralischer Entrüstung zu parieren versuchen, obgleich es auch angebracht sein könnte, bestimmten moralischen Formen der revolutionären Arbeiterbewegung wieder Geltung zu verschaffen. Wir dürfen nicht einen Ultimatismus zulassen, der die Abgrenzung vom Moskauer Prozess zur Grenze unserer Einheitspolitik machen würde. Die ernste internationale Lage, die Entscheidung über Leben oder Tod, zwingt uns zu grösster Verantwortlichkeit. Die Machthaber der S[owjet-]U[nion] haben noch vor Vollstreckung der Todesurteile begonnen, das Ja oder Nein zu ihren Massnahmen zur Barrikadenfrage zu machen. Sie haben seitdem die Losung von der Einheitsfront und Einheitspartei wiederholt. Mit dem Ausgiessen von Dreckkübeln über die Vertreter des IGB und der II. Internat[ionale], die NAP u[nd] norwegischen Gewerkschaften, Otto Bauer und die französischen Sozialisten (und das ist nur der Anfang) haben sie bereits furchtbar **gegen** die Einheitsentwicklung zu wüten begonnen. Diese Politik fortgesetzt bedeutet nichts anderes als bewusste Zertrümmerung der hoffnungsvollen Ansätze der Einheits- und Volksfrontpolitik. Aber auch Zertrümmerung der Kominternsektionen von massgeblicher Bedeutung.

Hier geraten die Auswirkungen des Moskauer Prozesses unmittelbar in Konflikt mit den Kräften, die durch die KI-Politik der letzten Zeit gefördert oder überhaupt erst geschaffen wurden. Wir haben nicht nur die Aufgabe, das Banner des Marxismus nach mehreren Fronten zugleich zu verteidigen. Diese Aufgabe ist schon schwer genug. Wir müssen sie ernst und entschlossen übernehmen, zusammen mit den besten Elementen der K[ommunistischen] I[nternationale], mit den unabhängigen, mit den heute am schlimmsten enttäuschten sozialdemokratischen Linken. Vor allem aber haben wir die Pflicht darüber zu wachen, dass die Zertrümmerung der Ansätze proletarischer Einheitsentwicklung nicht gelingt. Viele parteikommunistische Genossen in allen Ländern, die den Moskauer Prozess in Schutz nehmen, weil sie meinen, sonst die S[owjet-]U[nion] aufgeben zu müssen, werden bereit sein, dem Rückfall in den „Sozialfaschismus" aktiven Widerstand entgegenzusetzen. Sie werden auch die Notwendigkeit der Unabhängigkeit von Moskau leichter einsehen. Diesen wachsenden Erkenntnissen gilt es, konkreten Ausdruck zu verleihen.

Die von der Diskussionsgrundlage der A[uslands-]Z[entrale][5] aufgerollten Fragen sind nicht überholt. An einigen Punkten verschieben sich die Gewichtsverhältnisse. Die Zentralfrage aber, die Einschaltung in die die Arbeiterbewegung erfassenden Sammlungsbestrebungen, bleibt verstärkt aktuell.

*

Wir wollen versuchen, einige weitere Fragen anzuschneiden, die teilweise über die Zustimmung oder Ablehnung der neuen Aufgabenstellung der Partei hinausgehen. Dabei lassen wir uns von der Auffassung leiten, dass als Ergebnis der Parteidiskussion eine Neufassung der Resolution vorgenommen werden muss und dass bis dahin die in Verbindung mit der Diskussionsgrundlage aufgeworfenen Fragen so breit wie möglich aufgerollt werden müssen.

Die **Frage der Wendung,** der unterschiedlichen Aufgabenstellung nach der Niederlage 1933 und heute, ist geeignet, Verwirrung anzurichten, wenn die damalige Position und ihre Nuancierungen nicht klar dargestellt werden. Die Resolution des März-Parteitages 1933 hält sich nach ihrer Kennzeichnung des Verrats der SPD und des schmachvollen Versagens der KPD in bewusst vorsichtigen Wendungen über die Neuformierung. Es heisst dort: „In allen Organisationen zeigen sich schon heute inmitten des politischen Zusammenbruchs wertvolle Kräfte, die sich zu behaupten suchen. Sie bilden in ihrer Gesamtheit die Keime der neuen, werdenden Arbeiterbewegung. Die SAP hat die Aufgabe, das Kristallisationszentrum all

dieser Kräfte zu werden, sie aus der Zersplitterung zusammenzuführen zu neuer zentraler Organisierung und neuer Aktivität..."
„Hier muss die SAP mit allem Nachdruck fordernd und helfend eingreifen, engste Verbindungen herzustellen versuchen... In nächster Zukunft gilt es vor allem, aus den Trümmern der Arbeiterbewegung die Bausteine zu ihrer Erneuerung zusammenzutragen..."[6]

Die Resolution der erweiterten Reichsleitung vom Juni 1933 spricht erneut von der „Notwendigkeit, in zäher, zielbewusster, auf längere Sicht ausgerichteter Arbeit für eine grundlegende Erneuerung der Arbeiterbewegung in Deutschland im internationalen Masstab zu wirken". Sie stellt dann, klarer und eindeutiger, fest: „Das Ziel dieser Arbeit ist, in Deutschland eine wahrhaft kommunistische Partei und in der Welt eine wahrhaft kommunistische Internationale zu schaffen." Im gleichen Punkt aber heisst es dann weiter: **„Sollte sich durch innerparteiliche Umgruppierungen in der Sowjet-Union oder unter dem Druck unserer Arbeit oder aus anderen Ursachen ein Umschwung in der Politik der K.I. ergeben, so müssten wir selbstverständlich zu diesen neuen Tatsachen Stellung nehmen und unsere weitere Taktik entsprechend orientieren."**

Die Parteiauffassung hat also damals die Möglichkeit einer veränderten Richtung unseres Kampfes um die Neuformierung ausdrücklich hervorgehoben. Es hat verschiedene Auffassungen über die Perspektiven der Neuformierung gegeben: Die SAP war aber einheitlich **nicht** festgelegt auf die Linie des Kampfes um die „neue KP" unabhängig von der Entwicklung der „alten Parteien".

Die Herausstellung des im schärfsten Kampf gegen den Reformismus, Zentrismus und Stalinismus zu vollziehenden Aufbaus der neuen Partei und Internationale erfolgte in Verbindung mit der auf der Pariser Augustkonferenz 1933[7] eingegangenen Allianz mit den Trotzkisten. Die Unbedingtheit der Festlegung war auch unter den damaligen Verhältnissen falsch. Dass sie zeitweilig das politische Gesicht der Partei prägte, beruhte auf einigen Erscheinungen, die sich besonders stark im Zentrum der Reichsorganisation geltend machten:

In den Monaten des Zerfalls der alten Parteien konnte es scheinen, als sei die SAP im Kern und Prinzip bereits zur neuen Partei geworden. Das Zentrum der Reichsorganisation rechnete damals mit einer organisatorischen Stärke, die nicht hinter der [der] KP[D]- und SP[D]-Reste zurückblieb. Unsere Partei hielt sich gerade in den kritischen Monaten ausgezeichnet, überall orientierten sich gute Teile der alten Organisationen, besonders der SP[D], zu uns hin. Dennoch war die daraus abgeleitete Einschätzung falsch. Sie ging nämlich nur vom augenblicklichen Kräfteverhältnis aus, ohne die relative Verschonung unserer Organisation bei dem massiven Angriff auf die grossen Parteien und die nach der ersten Verwirrung einsetzende Neugruppierung in Rechnung zu stellen.

Hinzu kommt, dass die geschlossene trotzkistische Konzeption unsere ideologisch nicht besonders gefestigte Partei – nicht nur ihren vorwiegend jungen Mitgliederstand, sondern auch die leitenden Kader – massgeblich beeinflusst hat. Der Trotzkismus erleichterte scheinbar die Orientierung auf die neuen Aufgaben, da er eine „Antwort auf alle Fragen" zu geben schien.

Die Partei muss die Fragen der damaligen Einschätzung der Situation richtig verarbeiten. Es ergibt sich **ganz eindeutig, dass es Unsinn ist, von einem Kurswechsel im Gegensatz zu den Parteibeschlüssen von 1933 zu sprechen.** Die damalige Lage muss verstanden sein, das erleichtert auch die Aufgabenstellung aus der heutigen internationalen Lage und den veränderten Problemen innerhalb der Arbeiterbewegung.

*

Die Wendung der Komintern eröffnete neue Perspektiven für unsere Arbeit. Wir dürfen aber nicht die Antwort auf die Frage schuldig bleiben, warum der Prozess der Neuformierung bis zur Kominternwendung so langsam, wenn überhaupt, vorwärtsgegangen ist. Bei dieser Antwort dürfen wir die offene **Kritik an uns selbst** nicht ausnehmen. Nicht zu Unrecht ist behauptet worden, dass die Führung der deutschen Arbeiterbewegung im Sommer '33 auf der Strasse lag. Warum haben wir diese Führung nicht übernehmen können?

Ein wesentlicher Grund liegt bestimmt darin, dass unsere Kader nur in geringem Masse in der proletarischen Massenbewegung verankert waren und darum praktisch und ideologisch zu wenig aus ihr schöpfen konnten. Die SAP hat sicherlich die am meisten realistische Einschätzung der Entwicklung des Faschismus und der illegalen Arbeiterbewegung gegeben. Infolge des Fehlens genügender geschichtlicher Erfahrungen blieb ihr trotzdem die Aufzeigung der tatsächlichen Entwicklung verschlossen. Die fehlerhafte Einschätzung der alten Parteien und unseres Verhältnisses zu ihnen wurde bereits angeführt. Diese Gründe bewirkten zusammen, dass wir nur in geringem Masse in der Lage waren, **eigene praktische Politik** zu entwickeln. Die Beschaffenheit der Kader und der Führungen erklärt, warum die Partei überhaupt viel zu wenig **eigene Antworten** auf die offenstehenden Fragen geben konnte.

Die Parole der Neuformierung musste auch weitgehend eine Phrase bleiben, wenn sie nicht [eine] gründliche Überholung der Doktrin und Klarmachung des konkreten Wachstums einer neuen revolutionären Arbeiterorganisation einschloss.

∗

Unser Verhältnis zu den Trotzkisten muss überprüft werden. Die Allianz mit ihnen im Viererpakt 1933[8] hat sich als falsch und schädlich herausgestellt. Es ist völlig ungenügend, wenn sich die Diskussionsgrundlage der A[uslands-]Z[entrale] darauf beschränkt festzustellen, dass die SAP das Abenteuer der Schnellgründung der 4. Internationale für Deutschland und die trotzkistischen Spaltungsversuche abgewehrt habe. Die Resolution des 33-er Parteitages begnügte sich in dieser Frage gar darauf zu kritisieren, dass die trotzkistischen Organisationen in unzulässiger Weise von der einen Person Trotzki abhängig seien.

Unserer Auffassung nach besteht der wesentlichste Gegensatz – ein Gegensatz prinzipieller Natur – zwischen uns und den Trotzkisten in der **Stellung zum Werdegang einer proletarischen Partei und zum Verhältnis zwischen Partei und Klasse.**

Die Trotzkisten wollen die neue kommunistische Partei, die Avantgarde des Proletariats, von der Ideologie her schaffen. Die bisherige Erfahrung dürfte bereits zur Genüge erwiesen haben, dass statt neuer kommunistischer Parteien bestenfalls Diskutierklubs dabei herauskommen. Für die Trotzkisten steht die Aufgabe der Schaffung einer ideologisch exakt ausgerichteten „Avantgarde" über die Arbeiterklasse. Vor uns steht die Pflicht, an der Schaffung wahrhaft kommunistischer proletarischer Massenparteien mitzuwirken, auf dem Boden der westeuropäischen Arbeiterbewegung, aus praktischem Leben und Tradition der arbeitenden Klasse unseres Landes heraus. Einer kommunistischen Massenpartei, die in sich die Summe der Erfahrungen der nationalen und internationalen Arbeiterbewegung verkörpert und durch die Zusammenfassung der im Proletariat vorhandenen Energien und seiner zielbewussten Kräfte das Höchstmass der zu realisierenden Kampfkraft darstellt.

Eintreten für die Einheitspartei bedeutet nach der trotzkistischen Auffassung Verrat an der Lehre von der Rolle der Partei. Für uns steht nicht die Wahl zwischen Einheitspartei und „neuer kommunistischer Avantgarde". Die Notwendigkeit eines zielbewussten Willenszentrums der proletarischen Massenbewegung ist unbestritten. Die Erkenntnis dieser Notwendigkeit ist nicht an jene Doktrin gebunden, dass diese Führung nur unabhängig von und im Kampf gegen die reformistischen, zentristischen und stalinistischen Parteien entstehen könne. Wenn aber die SAP an der Herausbildung dieses Willenszentrums und dieser kommunistischen Massenbewegung aktiven Anteil haben will, dann darf sie sich nicht in avantgardistischer Einfältigkeit auf den Weg der trotzkistischen Sekte begeben, sondern muss sich in das lebendige Ringen innerhalb der Einheitsbewegung einschalten, das durch die Komintern auf den Kampf um die Einheitspartei ausgerichtet ist.

Diese Frage müsste viel breiter aufgerollt werden. Sie stand bisher besonders in der Auseinandersetzung mit der trotzkistischen Abart des Bolschewismus. Wir sind überzeugt, dass sie zu einer Auseinandersetzung mit dem Bolschewismus selbst werden muss und dass ohne sie die Neuformierung erneut stecken bleiben wird.

*

Die **Entwicklung zur Einheitspartei ist** – besonders in der konkreten organisatorischen Gestaltung – unterschiedlich, ob man sie von der Emigration oder vom Reich her sieht.

Was das Reich angeht, so muss leider damit gerechnet werden, dass die illegalen Kader noch weiter aufgerieben werden. Schon heute haben wir es mit einer Situation zu tun, die es zweifelhaft erscheinen lässt, ob man noch von illegalen Parteien im Sinne zusammenhängender organisch arbeitender Verbindungen sprechen kann. Die nächste Entwicklung wird vermutlich diese Tendenz noch verstärken. In dieser Situation wird die Entwicklung zur Einheitspartei vor allem eine Angelegenheit der Emigration sein. Sie wird ihren Weg nehmen müssen über die Einheitsfront und den Block der proletarischen Organisationen. Man kann unter diesen Umständen von der Einheitspartei als von einer entwickelten Einheitsfront sprechen. Der proletarische Block und seine Konsolidierung in Form einer Einheitspartei werden in Bezug auf das Reich zunächst so aussehen, dass die verschiedenen Kaderreste einheitlich ausgerichtet werden. Vom Standpunkt der Stärkung der gesamt antifaschistischen Bewegung in Deutschland kann das nur positiv bewertet werden. Wenn durch die innerparteiliche Demokratie weiterhin die Gewähr dafür geschaffen wird, dass die fortschrittlichen Kräfte bei dieser einheitlichen Ausrichtung der illegalen Bewegung nicht erdrückt werden und dass der theoretische Abschnitt der Neuformierung nicht abgedrosselt wird, dann können wir durch eine deutsche Einheitsparteientwicklung nur gewinnen.

Die Diskussionsgrundlage der A[uslands-]Z[entrale] leidet jedoch darunter, dass sie fast nur auf die Einschätzung der alten Gruppierungen ausgerichtet ist. Wir müssen die Tatsache sehen, dass die vergangenen Jahre illegaler Arbeit zu einem grossen Teil Weiterführung der alten Politik in konspirativen Formen gewesen sind. Wir müssen den Bruch sehen zwischen dem zusammenschrumpfenden Abschnitt dieser Arbeit und den neuen Regungen und Zusammenschlüssen, die ihren Ausgangspunkt in den Betrieben und anderen sozialen Formationen haben. Eine unserer wichtigsten Aufgaben wird darin bestehen, unsere Kaderarbeit auf diese neuen Regungen, auf die aus der neuen Wirklichkeit entstehenden Grundsätze auszurichten. Für die sich spontan neu in Bewegung setzenden proletarischen Kräfte wird gleichfalls die Einheitsorganisation die gegebene Form der Beeinflussung und Weiterentwicklung sein. Ebensowenig wie wir uns bei der Volksfrontpolitik auf „heute von gestern" festlegen dürfen, darf sich unsere Einheitspolitik auf die Orientierung an alten Gruppen beschränken.

*

Schliesslich wollen wir uns noch mit der Warnung auseinandersetzen, **in der Einheit an sich nicht das Allheilmittel zu sehen.** Wir sehen die Notwendigkeit der Einheitsorientierung aus den konkreten Bedingungen dieser Periode; durch sie wollen wir der Schaffung der revolutionären Massenpartei und der Revolution näherkommen.

Gleichzeitig wäre es aber verhängnisvoll, die Einheitsorientierung zu einer Angelegenheit schlauen taktischen Manövrierens herabzumindern. Wir müssen erkennen, dass die Revolutionäre bisher die Bedeutung der Frage Einheit vielfach ignoriert haben. Das ist teils ein Resultat der historisch bedingten russischen Bewegung, übertragen auf die Internationale und unter neuen Bedingungen. Teils ein Festhalten an spezifischen Gegebenheiten der Kriegs- und Nachkriegsjahre. Und vor allem ein schlimmes Nichtverstehen der fest verankerten proletarischen Massenbewegung Westeuropas. Das Drängen der breiten Arbeitermassen nach Vereinigung der Kräfte erhielt weiteren Nachschub durch das Versagen der bisherigen Führungen und die dadurch gewachsenen Gefahren.

Die Revolutionäre haben es bisher den Reformisten häufig leicht gemacht, indem sie die Schuld an der Spaltung mit der Begründung der Unmöglichkeit, Feuer und Wasser zu vereinen, auf sich genommen haben. Wir müssen verstehen, die Einheit zu **unserer** Parole zu machen – gegen die tatsächlichen reformistischen Spalter. Wir haben keine Ursache, die Perspektive der von den Revolutionären durchzuführenden neuen Spaltung der Einheitsorganisation zu entwickeln. Wir haben andere Sorgen. Unsere Aufgabe besteht in der Durchdringung und Eroberung der Einheitsorganisation, welche konkrete Form sie auch annehmen mag. Die heutigen gesellschaftlichen Bedingungen und die von der Arbeiterklasse gemachten Erfahrungen werden es erleichtern, die Reformisten zu isolieren und unverbesserliche Schädlinge durch sozusagen operative Eingriffe zu entfernen.

Die SAP muss in der Tat verstehen, den Kampf um die proletarische Einheit mit dem Ringen um die revolutionäre Neuformierung zu verbinden. Sie muss Marxens Ruf nach Vereinigung des Proletariats zu ihrem Schlachtruf machen. Sie muss die Wiederherstellung der proletarischen Einheit wie eine Schlacht für den revolutionären Marxismus gewinnen.

Nr. 37
Hs. Schreiben Brandts an die Auslandszentrale der SAP
29. November 1936

ARBARK, SAP-Archiv, Mappe 115.

Liebe Freunde!
Ihr erhaltet anbei die pol[itische] Plattform unseres Bezirks[1] zur ‹Feier›[2] und hoffen, daß sie Euch in der Zwischenzeit auch schon auf anderem Wege erreichte. Der Sinn der folgenden Zeilen ist, einen Kommentar zu unserer Entschließung zu geben.

1) Zunächst einige praktische Voraussetzungen: die Plattform ist in der beiliegenden Fassung einstimmig von der B[ezirks-]L[eitung] angenommen worden, nach Beratung mit den Obleuten. Sie stellt die

Leitlinien für die Haltung unserer Delegation auf der ‹Feier› dar. Ein Teil der angeschnittenen Fragen war ja schon früher unter den Obleuten und in verschiedenen Gruppen Gegenstand der Diskussion. In den letzten Wochen war dann ‹Martin›[3] eine hauptsächliche Aufgabe darin gestellt, über den Stand der Diskussionen zu den einzelnen Fragen zu berichten. Er hatte bis jetzt Gelegenheit, mit etwa 20 Funktionären ziemlich eingehend über die Probleme zu sprechen; den hiesigen Bedingungen entsprechend natürlich ungleichmäßig intensiv. Diese Beratungen werden aber den Dezember hindurch noch weitmöglichst fortgesetzt. Dabei steht auch die Plattform der B[ezirks-]L[eitung] noch zur Diskussion, um alle Einwände oder Ergänzungen entgegenzunehmen und ihnen Rechnung tragen zu können.

2) Kriegsfrage:[4] Sie war schon am gründlichsten vorbehandelt worden. Besonders ‹Elfriede›[5] hatte im Sommer vor zahlreichen Einheiten darüber referiert. Für die wichtigsten Freunde wurden hier auch die Aufsätze aus den ersten beiden Nummern der M[arxistischen] T[ribüne] herausgebracht. Wie Ihr wißt, hatte ‹Elfriede› den Eindruck gewonnen, daß 95 % der Freunde den Johnschen [John, d. i. Paul Wassermann] Standpunkt teilen. ‹Martin› ist zu dem Resultat gekommen, daß das Bild durch jene Schätzung doch zu sehr vereinfacht war. Wenngleich es auch ihm ohne Zweifel richtig zu sein scheint, daß die Meinung der Freunde in der Johnschen Richtung tendiert, so ist doch gleichzeitig zu bemerken, daß viele Freunde bislang keine feste Entscheidung genommen haben. Folgende beiden Momente tauchten in den Diskussionen wiederholt auf: a) „theoretisch leuchtet uns die Franz'sche [Franz, d. i. Paul Frölich] Haltung ein, aber gleichzeitig merken wir, daß wir damit den eingetretenen Veränderungen und den heutigen Erfordernissen nicht gerecht werden", b) das Argument, daß die „neue Haltung" die Arbeit an <u>unserer</u> Front ungeheuer erschweren muß, daß es doch ziemlich unmöglich sei, den Kameraden klar zu machen, warum die franz[ösischen] Organisationen ihre Leute anfeuern müssen, auf uns zu schießen (der letztere Gesichtspunkt wurde auch von einem Freund vertreten, der im Heer steht). – Anderseits haben die Vorgänge in der inter-

Erste und letzte Seite des handschriftlichen Schreibens Brandts an die Auslandszentrale der SAP vom 29. November 1936.

10

provisorische Zentrale geben, der der Vertreter der wichtigsten Reichsbezirke angehören (natürlich nicht namentlich, sondern jeweils von der BL zu benennen). Wenn wir das schaffen, wird auch der Kontakt [+ das Vertrauensverhältnis] zwischen In- und Ausland stärker werden.

Zu den anderen Fragen wird Euch Freund H. schreiben. Nur noch soviel, daß Genthin alles in allem einen ausgezeichneten Eindruck von unserer hiesigen Mannschaft gewonnen hat.

Herzliche Grüße

Marianne

nat[ionalen] Politik der letzten Zeit sehr dazu beigetragen, die Erkenntnis der Formierung gesellschaftlicher Fronten im Weltmaßstab zu fördern. Das deutsch-jugo[slawische]-it[alienische] Bündnis, die belgische Neutralität, die verstärkten Angriffe auf das Russenbündnis in Frankreich und der C.S.R.[6] usw., besonders aber die Vorgänge in Spanien,[7] haben in diese Richtung gewirkt. – Das, was wir in der Plattform als Richtung für unsere vorläufige Stellung zur Kriegsfrage andeuten, wird hier zweifellos, von einzelnen Ausnahmen abgesehen, von der ganzen Org[anisation] getragen. – Mit am wichtigsten ist aber daran, wenn man auf der Basis der Anerkennung der veränderten Lage und der differenzierten Taktik – bei Aufrechterhaltung der Klassenkampflinie in allen kap[italistischen] Ländern – unsere Stellungnahme herausgearbeitet hat, [dass man] mit der Konkretisierung der für D[eutschland] stehenden Aufgaben vom Fleck kommt. Das ist eine so entscheidende Frage, daß ein Aufschub nicht angängig ist. Es ist auch ganz erklärlich, daß z. T. phantastische Vorstellungen über die Aufgaben – Überlaufen, Sabotageakte usw. – herrschen. Herauszuarbeiten ist: a) die Umstellung der Org[anisation] auf den Kriegsfall (Einschaltung von Frauen, Mädchen und zunächst nicht für Einberufung in Frage Kommende), weiter von den Einheiten aus auf dem Wege über private unpol[itische] Kontakte mit Müttern, Schwestern usw. soweit möglich Verbindungen zu den Einzuberufenden vorbereiten (das ist wichtig auch einmal für Berichte aus dem Felde, zum andern als Weg der Leute an der Front, wieder in Kontakt mit uns kommen zu können) und vieles andere, b) gründliche Darlegung über rev[olutionäre] Arbeit in den Betrieben, in der Heimat sonst und an der Front in der dann entstehenden Lage. – Die Aussprachen auf der ‹Feier› müßten schon die Basis für diese Materialien abgeben. – Ich möchte zu diesem Punkt noch hinzufügen, daß die Kriegspropaganda offensichtlich in ganz großem Maße abgleitet bzw. auch direkt gegen das Regime wirkt, abgesehen von den Berichten aus den Betrieben, die uns das Bild ziemlich allgemeiner scharfer Kriegsablehnung zeigen, hören wir gerade in den letzten Tagen auch aus Kreisen der alten Kämpfer (SA usw.), daß sich dort die Äußerungen mehren: „Krieg?, aber ohne uns".

3.) Die große Bedeutung unserer Haltung gegenüber der S[owjet-]U[nion] ist hier von vielen Freunden nicht klar genug gesehen worden. Es entspricht ja auch nur dem Allgemeinbild bei uns, wenn die Haltung sich bislang vielfach auf zweierlei beschränkte: erstens eine allgemeine sehr kritische Einstellung, die aber meistens nicht mit den sachlichen Voraussetzungen einer genügenden Kenntnis der Dinge verbunden ist, und zweitens die Aufrechterhaltung unserer „programmatischen" Verteidigungsstellung, die aber ein wenig blutarm geworden ist. – ‹Martin› hat hier die Beobachtung machen können, daß die ungeheure Hetze gegen die Russen bei vielen Leuten deutliche Spuren hinterläßt und auch an klassenbew[ussten] Arbeitern vielfach nicht spurlos vorübergeht. Zwei Beispiele: ein guter junger Funktionär von uns fragte, ob es denn richtig sei, daß die Lebenslage der Arbeiter in Rußland sich seit der Vorkriegszeit gebessert habe; andere Freunde berichten vom Stachanov-System als dem schlimmsten Antreibersystem (so eben nutzen es aber Ley und Co. aus). Die Dinge treffen zusammen mit jenen Vorkommnissen, die <u>alle</u> erschüttern müssen, wie der Prozeß,[8] der auch unter den KP[D]-Leuten kaum Verteidiger gefunden hat, und die neue Familiengesetzgebung.[9] Die ohne Gefühl für die Psyche des westeurop[äischen] Arbeiters vor sich gehenden Prahlereien im Mosk[auer] Sender[10] verstärken nur bei vielen der Besten das Mißtrauen (dagegen überwiegt aber ganz zweifellos das Positive, das der Sender sonst heute in D[eutschland] bedeutet). – ‹Martin› wurde nur aus einer Gr[uppe] berichtet, daß sich dort bei einem Freund Stimmungen in der Richtung geltend machten, unsere Verteidigungsposition aufzugeben. Bei vielen Freunden aber sind Unklarheit und Unsicherheit in dieser Frage vorherrschend. Unserer Meinung nach muß also die Verteidigungsstellung von unserer Seite aus noch eindeutiger als früher betont werden. Praktisch ist das größte Gewicht auf sachliches Informationsmaterial zu legen. Gleichzeitig müssen ernste Auseinandersetzungen über den wirklichen Charakter der heutigen Sowjetgesellschaft stattfinden. Diese Aufgabe wird aber jedenfalls die ‹Feier› unserer Meinung nach nicht <u>lösen</u> können.

4.) Zur Einheitsfrage haben die leitenden Freunde die M[arxistische] T[ribüne] Nr. 4 studiert. Im übrigen hat ‹Mart[in]› über die hauptsächlichsten Punkte referiert. Er wurde in dieser Frage am stärksten überrascht, da er davon ausgegangen war, die besonderen Verhältnisse im Reich würden sich als Elemente gegen die Revidierung unserer bisherigen Haltung geltend machen. Es zeigte sich aber im Gegenteil, daß praktische Arbeit und Atmosphäre hier schon von den eigenen Erfahrungen her die Voraussetzungen für die neue Aufgabenstellung geschaffen hatten. Die Freunde haben die eingetretenen Veränderungen erkannt, die hiesigen Bedingungen haben auch – nicht nur bei uns – dazu geführt, daß ein gut Teil der alten Gruppengrenzen abgetragen worden sind. – Natürlich macht man den positiven Einsatz für die Einheit abhängig davon, daß wir uns pol[itisch] rühren können (also innere Demokratie) und vor allem, daß man für das Reich kein Zusammenwerfen der verschied[enen] Gruppierungen vornehmen kann, sondern daß die Einheit organisch wachsen muß (so wie es auch in dem Beitrag für [die] M[arxistische] T[ribüne] [Nr.] 5 von W[illy] B[randt] aufgezeigt war).[11] Gleichzeitig aber drängen die i[llegalen] Bedingungen und die nahe Kriegsarbeit gebieterisch zur Vereinheitlichung der Antikräfte. – Kurz in diesem Zusammenhang ein Bild aus den andern hier: Bei K.P.[D] große neue Schläge, aber wesentlich Aufrollen „alter Kartotheken", das heute fest Erfaßte relativ schwach, Reserven und Stimmung für sie als Gegenpol stark. Unser Verbindungsmann zu ihnen sieht die Frage der Einheit im wesentlichen ebenso wie wir. Außerdem gibt es an der Basis einige Kontakte. – S.P.[D] arbeitet ganz lose, latent offenbar ziemlich beträchtliche Reserven. Einige lokale und persönliche Kontakte. Von den draußen bestehenden SP-Sondergruppen nichts zu merken. – Eine wesentliche Kraft ist das Element der alten Freigewerkschafter etc., die sich vielfach in den Betrieben geltend machen und deren Schu[lungs]m[aterial] nach dem Zusammenschluß einem Einsatz für die Einheit in richtiger Weise entgegenkommen würde.

5.) Unsere prinzipielle Anerkennung der V[olks]front liegt in der gleichen Richtung wie seinerzeit der diesbezügl[iche] Artikel der N[euen] F[ront]. – Wir sandten Euch vor[igen] Monat das Disk[ussions]material über Frankreich (Otto). Dazu ist von den verschiedenen Seiten das Nur-Negative, Neben-den-Dingen-Stehende kritisiert worden, und es war insofern ein wertvoller Beitrag zur V[olks-]F[ront]-Diskussion.

Wenn wir für D[eutschland] die wesentliche Ausrichtung auf die, wenn auch mit romantischen Mitteln und Zielen, zum Sozialismus strebenden Kräfte fordern, so bedeutet das nicht, daß wir damit gegen gewisse Zusammenarbeit auch mit den demokratischen usw. Kräften – oder besser Namen – draußen eingestellt sind. Wenn wir unserer eigenen Sache sicher sind, dürfen wir vor allem nicht engherzig sein. Von da aus ist aber gerade der Kontakt mit den Elementen des „nationalen Soz[ialismus]" von größter Wichtigkeit, die an den Wurzeln des Regimes von innen her nagen. Verschiedene Berichte der letzten Zeit zeigen uns, dass die Enttäuschung in SA, HJ usw. auch in der unteren und mittleren Führerschaft beachtlich vertreten ist. Außerdem, daß für diese Kräfte die Strasser-Gruppe[12] doch eine größere Rolle als verbindendes Element spielt – wenn auch nicht organisatorisch – als man von draußen den Eindruck haben kann. Jedenfalls unterstreichen diese Tatsachen die Notwendigkeit der von uns angedeuteten Ergänzung der VF-Bestrebungen.

6.) Die allgemeinen Feststellungen unter Abschnitt 6 in unserer Entschließung geben ja lediglich einen allgemeinen Rahmen. Viel schwieriger wäre es auch für uns unter heutigen Umständen, über seine Ausfüllung in Einzelheiten einig zu werden. Aber auch die allgemeine Abgrenzung scheint uns wichtig genug. Wenn sich herausstellt, daß das nicht sonst die Auffassung der Mehrheit der Freunde ist, muß die Zeitung[13] in mancher Hinsicht neugestaltet werden. Sie muß – neben anderen Änderungen – produktiver werden, was unser Eingreifen in die Diskussionen über die Vielheit der [vor] uns stehenden Probleme angeht. Gleichzeitig ist hierfür natürlich die einigermaßen regelmäßige Herausgabe der Zeitschrift von großer Bedeutung, die hier allen wichtigen Funktionären zugehen muß und ihnen eine große Lücke ausfüllen kann.

7.) ‹Martins› andere Überraschung – von der Frage der Einheit war oben die Rede – war die Haltung der Freunde zur d[eutschen] Perspektive. Er hatte angenommen, daß Auffassungen vom kurz bevorstehenden Zusammenprall der Kräfte möglicherweise als „Emigr[anten]phantasien" aufgefasst werden könnten. Im Gegenteil zeigte sich aber, daß gerade hier alle Freunde, die darüber eine Meinung haben, fast übereinstimmend mit recht kurzer Perspektive, d. h. mit Krieg im kommenden Jahr rechnen. Gründe: a) die gewaltige Zuspitzung der internat[ionalen] Gegensätze, wie sie sich insbesondere am Beispiel der spanischen Ereignisse zeigt und die z. T. sogar zu einer Überstürzung der Frontenbildung zwingt (Abstoßung Englands), einfach weil man nicht mehr lange Zeit hat. b) die sich dauernd mehr zusammenballenden inneren Schwierigkeiten. Ökonomisch haben wir in den letzten Wochen die Kalamitäten auf dem Geldmarkt erlebt, die nach der Schachtschen Wechselfinanzierung[14] kommen mußten. Die Erhöhung der Körperschaftssteuer sollte das Loch stopfen. Ihr folgte die neue Anleihe. Die Vorgänge an der Berliner Börse Mitte November sind gleichfalls ein ernstes Krisenzeichen. Mit dem 4 J[ahres-] Plan macht man den Versuch einer äußersten Konzentrierung aller Kräfte mit Hinblick auf den Krieg und dabei der schärfsten Knechtung der sozialen Widerstandskräfte.[15] Gleichzeitig aber bleibt der Plan wie alles andere aber ganz im Rahmen der kap[italistischen] Prinzipien. Nur wenn die Nazis diese fundamental angreifen könnten, hätten sie möglicherweise die Chance, das Rad sich längere Zeit weiter drehen zu lassen. – Wir sehen die Dinge aber zur selben Zeit so, daß man auf jeden Fall über die nächsten Monate noch ohne Krieg hinweg möchte. Die innere Lage ist dafür keineswegs die günstigste, wirtschaftlich ist vieles noch vorzubereiten und vor allem braucht man einige wesentliche militärische Erneuerungen und die Ausbildung des zweiten Jahrganges. – Die Wahrscheinlichkeit einer kurzen Perspektive verpflichtet uns, unsere Arbeit wesentlich darauf einzustellen, organ[isatorisch] und politisch. Die Verselbständigung und bessere Verankerung der Kader ist von dieser Seite aus die Hauptaufgabe.

8.) Die Betonung, daß das Schwergewicht der Arbeit im Reich zu liegen hat, ist ja von hier wiederholt und besonders auch durch unsere Freundin ‹Elfriede› erfolgt. Wir glauben, daß es nach der ‹Feier› möglich sein muß, mit verstärkten Kräften und einheitlicherer Ausrichtung des ‹Vereins›¹⁶ in verschiedenen Bezirken wieder an den Neuaufbau zu gehen. – Die Herausgabe des „B[anner der revolutionären Einheit]"¹⁷ muß neu geregelt werden. Es müßte mindestens vierteljährlich erscheinen, aber dann unbedingt pünktlich. Wichtig wäre auch die Herausgabe von Monats- oder Zweimonatsberichten aus dem, was wir aus dem Reich erhalten unter Mitverwendung allen übrigen zugänglichen Materials (Offizielles aus Zeitungen + Zeitschriften, aus der Emi[grations]presse bzw. den Sonderberichten anderer Gruppen). Diese Aufgabe müßte zusammenfallen mit der besseren Bearbeitung aller D[eutschland betreffenden] Fragen für die Zeitung. – Unsere Forderung nach Zentralisierung, der Auswertung aller i. Erfahrungen¹⁸ fällt zusammen mit dem von anderer Seite vorgebrachten Vorschlag einer „P[artei-] Schule".

9.) Wenn wir die Sicherung der Kader so stark betonen, dann auch darum, weil es auch hier Forderungen gibt, wir müßten wieder breiter und freier arbeiten (Einzeläußerung, die P[artei] hinke weit hinter der Klasse her). Da gilt es also zu bremsen. – Zur selben Zeit sind wir uns darüber klar geworden, daß es uns noch wenig gelungen ist, das heute richtige Verhältnis zwischen Kader- und Basisarbeit zu konkretisieren. Vielfach haben die Freunde nicht den Blick dafür offen, daß die Klassenbewegung auch heute lebt, nur in ganz anderen Formen, die wir aufspüren müssen um daran anknüpfen zu können. a) Schulungsarbeit. Die Materialen müssen von den heute stehenden Problemen ausgehen. Zu den erschienenen Dingen war die Äußerung kein Einzelfall, daß man das so auch schon bekommen hätte als man in die SAJ eintrat. b) Die Materialien zu den Tagesproblemen müssen so angelegt sein, daß sie weitmöglichst aus den Problemen der Betriebsarbeit etc. herauswachsen und dorthin dann wieder ausstrahlen. Die Argumentation muß auch so einfach sein, daß sie im Betrieb usw. anzuwenden ist. (Mit dem Artikel „Zur Lage" versuchten wir, diesen Weg zu gehen). c) Die legalen Formen usw. müssen viel mehr ausgenutzt werden, gerade bei der Betriebsarbeit. ‹Martin› deutete einiges in seinem Beitrag für die M[arxistische] T[ribüne] an, den Ihr wohl erhalten habt.¹⁹ Wir werden in den nächsten beiden Wochen noch eine gründlichere Arbeit über die heute mögliche

„Massenarbeit" anfertigen. Wir haben es uns vielfach zu leicht gemacht, indem wir Übertreibungen der KP[D]-Politik mit Recht ablehnen, dabei aber versäumten, die Dinge auf das richtige Maß zurückzuführen. d) die Betonung der Notwendigkeit der Jugendarbeit soll hier nochmals unterstrichen werden. Es wird wohl auf der ‹Feier› Gelegenheit sein, sich darüber in besonderen Besprechungen eingehend zu unterhalten.

10.) Die ‹Feier› wird eine Zentrale für den ganzen ‹Verein› zu finden haben. Diese muß stärker sein als die jetzige A[uslands-]Z[entrale]. – Daneben muß es eine erweiterte Zentrale geben, der die Vertreter der wichtigsten Reichsbezirke angehören (natürlich nicht namentlich, sondern jeweils von der B[ezirks-]L[eitung] zu benennen). Wenn wir das schaffen, wird auch der Kontakt + das Vertrauensverhältnis zwischen In- und Ausland stärker werden.

–

Zu den anderen Fragen wird Euch Freund H. [Werner Buchheister] schreiben. Nur noch soviel, dass ‹Martin› alles in allem einen ausgezeichneten Eindruck von unserer hiesigen Mannschaft gewonnen hat.
Herzliche Grüße
‹Marianne›[20]

Nr. 38
Aus dem Diskussionsbeitrag Brandts über Perspektiven aus dem Reich auf der „Kattowitzer Konferenz" der SAP
Anfang Januar 1937

ARBARK, SAP-Archiv, Mappe 3.

Wir stehen vor Abschluss des vierten Jahres der faschistischen Herrschaft in Deutschland. Diese vier Jahre haben einigermassen einschneidende Veränderungen des politischen Bildes gebracht, aber auch wichtige ökonomische Verschiebungen. Diese Verschiebungen sind in erster Linie diejenigen, die sich aus der militärischen Aufrüstung im weiteren Sinne ergeben. Alle ökonomischen und politischen Kräfte sind auf diese Aufgabe ausgerichtet, d. h. auf die Vorbereitung zum neuen Weltkrieg. Diese Entwicklung hat sich in einer kapitalistischen Welt vollzogen, die trotz dem Konjunkturaufschwung weiter zutiefst krisenerschüttert ist. Der Niedergang des Weltkapitalismus hält an. Sein Konjunkturaufschwung ist – und das ist kennzeichnend für die ganze Situation – heute zu einem wesentlichen Teil Ausfluss der Vorbereitung für das grosse Schlamassel von morgen, den Krieg. Der deutsche Kapitalismus suchte zur Abwendung seines Bankrotts den Ausweg der faschistischen Regierungsform. Die faschistische Herrschaft ist zugleich die Organisationsform des deutschen Kapitalismus für die Vorbereitung des Krieges als einzigem Ausweg aus der krisengeladenen und mit Bankrott geschwängerten Situation und für die sanierenden Eroberungen. Die heutige Lage des deutschen Kapitalismus steht unter dem Zeichen Krieg oder Bankrott.

Ich glaube, dass wir die Frage aufwerfen müssen, ob wir es in Deutschland heute mit einem neuen ökonomischen System zu tun haben. Die Frage ist zu verneinen. Der Faschismus hat in der Hauptsache zwei Wege zur Stabilisierung der kapitalistischen Verhältnisse beschritten. Einmal hat er die Arbeiterorganisationen zertrümmert, einen frontalen Angriff auf die Löhne unternommen, Preise, Steuern und Abgaben heraufgeschraubt und die Ausbeutung stark gesteigert. Zum anderen hat er den staatsdirigierten Teil der Wirtschaft vergrössert, vor allem von der Rüstungsindustrie, der Landwirtschaft und dem Aussenhandel aus. Diese Massnahmen haben jedoch nichts mit Planwirtschaft zu tun, wenn nicht Planwirtschaft als Bezeichnung für ganz konträre Dinge eingeführt werden soll. Mit Recht haben noch Göring und Josef Wagner in Verbindung mit dem Vierjahresplan[1] mit allem Nachdruck betont, dass der Nationalsozialismus dem Gedanken der Planwirtschaft feindlich gegenübersteht, und eine Reihe der Verordnungen auf wirtschaftlichem Gebiet noch bis in die letzte Zeit besagen das Gleiche. Wahr ist, dass die faschistischen Wirtschaftsmassnahmen vielen Kapitalisten Opfer auferlegen, zum Teil sehr harte Opfer, die bis zur Ausschaltung führen können. Ebenso wahr aber ist, dass diese Opfer der Preis sind für die Erhaltung des kapitalistischen Systems als solchem. Faschistische Wirtschaftspolitik ist kapitalistische Politik, und zwar Politik der stärksten kapitalistischen Gruppen. Von diesem aus wird die getätigte Opferpolitik neuerdings als „neue Dynamik" der deutschen Wirtschaft bezeichnet. Man will sie darin sehen, dass das Kapital heute weitgehend auf „Risikoprämie und Differenzrente" zu verzichten habe, da der Staat das Risiko abnehme und alle Kräfte für die Existenzfrage und die weitergehenden Aufgaben eingesetzt werden müssten. Und diese weitergehenden Aufgaben sind ganz eindeutig der Krieg, der die Opfer doppelt und vielfach wieder hereinbringen soll. Kein neues ökonomisches System ist in Deutschland entstanden, aber die Ökonomie ist ganz auf die Aufgabe der Kriegsführung ausgerichtet worden. Für die heutige Situation bezeichnet man das, was ist, als Wehrwirtschaft, die im Augenblick der akuten Kriegsgefahr zur Kriegswirtschaft wird. Es ist nicht übertrieben zu sagen, dass man schon bis zu diesem zweiten Stadium gekommen ist. Mir will scheinen, dass man für diesen Zustand mit Recht die Bezeichnung „Militärkapitalismus" geprägt hat. D. h.: Die kapitalistischen Interessen werden ganz nach den Erfordernissen des Militarismus ausgerichtet, und das Militär wird zum Compagnon des Grosskapitals. – Fried [Fritz Sternberg] stellt in seinen Thesen fest, Deutschland sei auch heute ökonomisch eines der schwächsten Glieder der kapitalistischen Welt.[2] Eben aus dieser inneren Schwäche drängt es über die engen Grenzen hinaus, zur mitteleuropäischen Wirtschaftseinheit. Das würde heissen: zur Vorherrschaft in Europa, zur Niederschlagung der S[owjet-]U[nion]. Dieses Drängen ergibt sich aus der Lage des deutschen Kapitalismus.

Die Rüstungskonjunktur, die sich diese Jahre hindurch abgespielt hat, drückte tatsächlich – zusammen mit der Erfassung grosser Teile der Jugend in Arbeitsdienst und Heer – die Arbeitslosenzahl stark herunter. Die Beschäftigungszahl kommt wieder auf den Stand der vorigen Konjunktur, die Räder sind wieder in Gang. Aber nicht „die Räder" schlechthin, sondern die der Rüstungsindustrie im weiteren Sinne, während die Produktion von Verbrauchsgütern stark nachhinkte und teilweise sogar zurückging. Im ersten Stadium dieser Rüstungskonjunktur konnten grosse Vorräte aufgesaugt werden, im gegenwärtigen zweiten Stadium ist das nicht mehr möglich. Die Frage der Neuinvestierungen, vor allem in Verbindung mit den zu errichtenden neuen Rohstoffindustrien, tritt nunmehr in den Vordergrund. Damit sind wir beim Problem der Finanzierung der deutschen Aufrüstung. Bekannt ist das ans Phantastische grenzende Anziehen der Steuer- und Abgabenschraube, die Schröpfung der staatlichen und privaten Versicherungsinstitute, die Ausplünderung der Sparkassen und die Praxis der Zwangsanleihen. Daneben wurde in weitem Masse Finanzierung durch kurzfristige Wechsel notwendig. Gewiss hat der Faschismus mit seinen Finanzierungsmethoden grosse Wendigkeit bewiesen. Und in der Sphäre der Abstraktion könnte man sich vielleicht auch eine Fortführung bis ins Unendliche vorstellen. Nicht aber in der konkreten Lage, mit der wir es zu tun haben, d. h. in einer dauernd Einflüssen von aussen und innen ausgesetzten kapitalistischen Wirtschaft. Die Finanzierungskunststücke konnten zeitweilig an sich Unhaltbares halten, aber sie können nichts am inneren Zustand des Systems ändern. Und dieser innere Zustand heisst Schwindsucht. Nicht umsonst mehren sich auch die Stimmen grosskapitalistischer Vertreter, die ziemlich klar auf die Grenzen der bisherigen Finanzierungsmethoden hinweisen. Die gegenwärtigen Wirtschaftsmassnahmen haben allein Sinn als Kriegsvorbereitung. Sonst müssten neue schwere Krisenerscheinungen sich einstellen, der Bankrott müsste offenbar werden.

Wenn auch eine ökonomische Katastrophe als Konsequenz der Lage des deutschen Kapitalismus droht, so droht akut keine Hungersnot der Bevölkerung. Richtig ist, dass die Erzeugungsschlacht und die Marktordnung die Abhängigkeit Deutschlands vom Ausland in Bezug auf Lebensmittel wie auch auf agrarische Rohstoffe nicht hat vermindern können. Besonders gross bleiben die Fettlücken und die Futtermittelschwierigkeiten. Richtig ist, dass die nationalsozialistische Versorgungspolitik die Unterernährung grosser Teile der Bevölkerung – beim Laufen der Räder – wachsen lässt. Das neue Kartensystem wird die Unterernährung nicht aufheben, sondern höchstens systematisieren können. Aber wir sollen uns nichts vormachen. Es ist von diesem Zustand der Knappheit an einzelnen wichtigen Lebensmitteln und der Senkung des Lebensniveaus durch die Nazipolitik noch eine beträchtliche Spanne zu dem Punkt, den man mit Recht als Hungersnot bezeichnen könnte.

Der Charakter der heutigen deutschen Wirtschaft als „Militärkapitalismus" kommt besonders deutlich in den umfassenden Umorganisierungsmassnahmen zum Ausdruck, die die militärische Schlagkraft des Landes heben sollen. Man muss sich vor Augen halten: 1914 gab es nach Kriegsausbruch 8 Monate Krise! Die Organisierung der Kriegswirtschaft wurde auf vielen Gebieten ernsthaft erst seit 1916 betrieben. Nun kann man gewiss sagen, man brauchte es damals nicht eher, weil man stark genug war. Das ist jedoch nur die halbe Wahrheit. Es war doch auch so, dass damals erst unter den Schlägen des Krieges die Erfahrungen gesammelt werden mussten. Diesmal will man alles Mögliche schon im Zeitpunkt des Kriegsausbruchs parat haben. Die Entfernung wichtiger Industrien aus den Grenzgebieten, die Wirtschaftsstreuung zum Schutze gegen Stossangriffe und zur Erreichung kleinerer, zeitweilig lebensfähiger Wirtschaftseinheiten, die Normung und Typisierung u. s. f. sind nur einige wichtige dieser Umorganisierungsmassnahmen. Der Vierjahresplan ist die straffe Konzentration aller wirtschaftlichen Kräfte unter militärischen Gesichtspunkten. Während man im vorigen Weltkrieg relativ lange Zeit bis zur Organisierung der Kriegswirtschaft brauchte, kann man heute feststellen, dass bereits im Friedenszustand eine nach der anderen derjenigen Massnahmen durchgeführt wird, die an sich erst für die Zeit des Kriegsausbruchs in Aussicht genommen sind. Ich denke hier an solche Massnahmen, wie die Todesstrafe gegen Kapitalflucht usf. Es wäre verlockend, eine Zusammenstellung derjenigen Massnahmen zu bringen, die nach der Meinung der heutigen Lenker der deutschen Wirtschaft im Falle eines Krieges zu ergreifen sind und die man inzwischen bereits verkündet hat. All das offenbart die innere Schwäche des Systems und zeigt auch, dass der Bogen schon vor dem Krieg ungebührlich straff gespannt wird.

Diese Konzentration aller Kräfte gibt Deutschland auf der einen Seite einen Vorsprung durch die souveräne Beherrschung der ganzen Kriegsmaschinerie. Auf der anderen Seite aber bedeutet das straffe Anspannen des Bogens vor dem Kriege, dass im Kriegsfall nicht mehr so viel Spannraum übrigbleibt, und d. h. doch, dass bei weiterem Anspannen der Bogen leichter platzt. Die Schwächen Deutschlands bei Kriegsausbruch liegen auf der Hand: Die Vorräte sowohl der Industrie wie der Lebensmittelversorgung und an Devisen sind gering. Es wird vor allem an jener Liquidität und Wendigkeit fehlen, die gerade die deutschen Professoren der Wehrwirtschaft für absolut notwendig halten. Vor allem aber wird sich herausstellen, dass die bislang in Schach gehaltenen und regulierten sozialen Spannungen dem Regime bald schwer zu schaffen machen werden. Die letztere Gefahr wird auch klar erkannt. Auf zwei Wegen versucht man ihr zu Leibe zu rücken: Einmal durch Verstärkung des Unterdrückungsapparates und insbesondere durch die Gleichsetzung von Arbeiter und Soldat (heute beginnend in der rechtlichen Stellung, morgen bis zum Kriegslohn gleich Soldatenlöhnung geplant), zum anderen durch Anstreben dessen, was man einheitlichen Volkswillen nennt, mit den Mitteln der Schul- und Jugenderziehung, der Propaganda schlechthin, der Pflege des Opferwillens (Sammlungen) und der Genügsamkeit (Eintopfsonntage, Kampf dem Verderb). Es ist nicht zu verkennen, dass insbesondere die Jugenderziehung nicht ohne Wirkung bleibt. Die allgemeinen Propagandamöglichkeiten werden leicht überschätzt. In Verbindung mit den Ereignissen in Spanien[3] konnten wir die Beobachtung machen, dass die Goebbels'sche Propaganda und Berichterstattung bei einem Teil der Bevölkerung, besonders bei der Arbeiterschaft, wie Wasser vom Ölmantel ablief. Diese Beobachtung hat einige Wichtigkeit für die Einschätzung der Propagandamöglichkeiten im Kriege. Auch für die heutige Situation ist übrigens bereits festzustellen, dass die Kriegsbegeisterung der Bevölkerung in unseren Reihen gerne überschätzt wird.

Die leitenden Freunde jenes Bezirkes, den ich hier mitzuvertreten habe, sind der Auffassung, dass vieles für eine recht kurze Perspektive spricht. Die allgemeine Alternative: Krieg oder Bankrott wird auch in den Entwürfen von Fried [Fritz Sternberg] und Kurt [Walter Fabian] betont.[4] Wenn wir in unserer Perspektive weitergehen und die Möglichkeit einer unlösbaren Zuspitzung der Widersprüche schon für das kommende Jahr für wahrscheinlich halten, so gewiss in erster Linie aus unserer Einschätzung der internationalen Situation. Auch Kurt gibt in seinen Leitsätzen zu, die internationalen Gegensätze hätten einen solchen Charakter angenommen, dass der Krieg täglich ausbrechen könne. Wir sind der Auffassung, dass die bereits erwähnten inneren Spannungen den Kurs auf Flucht in den Krieg in den kommenden Monaten weiter bestärken werden. Die verschiedenen Massnahmen in Verbindung mit dem Vierjahresplan bestärken uns in der Auffassung, dass es sich heute wahrscheinlich um die letzte Etappe vor dem Kriege handelt. Es mag gefährlich sein, die Einschätzung der Perspektive zeitlich zu terminieren. Wir meinen auch, dass man sich nicht durch die Wahrscheinlichkeit einer kurzen Perspektive hypnotisieren lassen darf. Unsere Arbeit muss weiter so ausgerichtet sein, als hätten wir noch mit einer längeren Frist zu rechnen. Der Gesichtspunkt der Sicherung der Kader muss weiter im Vordergrund stehen. Eine auf die Opferung der Kader gerichtete Politik wäre verbrecherisch. Aber wir müssen zugleich unsere Arbeit so ausrichten, dass wir nicht durch die möglichen – und ich meine wahrscheinlichen – raschen Wendungen der Lage überrascht werden. Daraus sind umfassende Schlussfolgerungen für den Umbau der Kaderorganisation zu ziehen, die genau durchgearbeitet werden und vor allem auf die Erziehung der Genossen zur Selbständigkeit hinzielen müssen. Die vorliegenden Entwürfe von Fried und Kurt erscheinen mir unbefriedigend. Sie müssten einer Kommission überwiesen werden, die sie zu überarbeiten versuchen müsste und dabei die im Laufe dieser Debatte vorgetragenen Gesichtspunkte mit zu verwerten hätte.

Nun will ich etwas über die Frage der Massenbasis des Regimes und die Haltung der Klassen ihm gegenüber sagen. Vom faschistischen Regime haben die stärksten Teile der Bourgeoisie, die Angehörigen des staatlichen Machtapparates und in beträchtlichem Umfang auch die bäuerliche Bevölkerung profitiert. Einer weiteren Auspowerung waren die Arbeiterklasse und der städtische Mittelstand ausgesetzt. – Wenn auch das Profitieren der Bourgeoisie nicht für die gesamte Klasse zutrifft und bestimmte bourgeoise Schichten unzweifelhaft benachteiligt und auf diese Art auch in eine gewisse Oppositionshaltung gedrängt wurden, so ist doch klar zu erkennen, dass von jener Seite kein wirklicher Widerstand gegen das Regime zu erwarten ist. Der Faschismus ist eben unter den gegenwärtigen Verhältnissen die einzige Sicherungsmöglichkeit gegen den Untergang der Bourgeoisie als herrschende Klasse überhaupt. – Der mächtig aufgeblähte Staatsapparat ersetzt heute zu einem wesentlichen Teil die frühere Massenbasis. Die Zahl der nichtbezahlten, aktiven und überzeugten Nazis ist gering. Von den Organisationen ist allenfalls die SS zuverlässig. Gerade in der letzten Zeit erhielten wir aus Kreisen der dezimierten SA wiederholt Berichte über die dort vorhandene Gärung, die sich zum B[eispiel] durch Nichtbeteiligung an Winterhilfesammlungen und durch allgemeines Geschimpfe über den Verrat der neuen Bonzen äusserte. Von alten SA-Männern konnte man auch hören: „Krieg, nun ja, aber ohne uns." Aus Kreisen der HJ kamen ebenfalls Berichte, die in die Richtung sozialistischer Opposition deuten. Berliner HJ-Funktionäre schimpften über die Kapitulation vor Kapital und Kirche und hoffen noch immer oder wieder, vielleicht auch zum ersten Mal, auf die neue Revolution. Bei geschickter Politik unsererseits gäbe es hier eine Menge wichtiger Anknüpfungspunkte. Die Masse der durch das Regime an die Futterkrippe Gelangten steht natürlich zu ihm. Aber man darf nicht übersehen, dass auch diese Masse der im Apparat Beschäftigten überaus uneinheitlich ist. Auf Grund verschiedener Berichte und Beobachtungen bin ich zu der Auffassung gekommen, dass dieser Apparat viel mehr der inneren Zusammengehörigkeit entbehrt, als wir vielfach annehmen, und dass er sich in einer kritischen Situation als ebenso brüchig erweisen wird wie jener, der 1933 abgelöst wurde. Die bei weitem stärkste Stütze des Regimes ist die Wehrmacht. Da ich soziale Ausbrüche im Reich, die auf das Heer übergreifen würden, noch nicht für im Bereich des Möglichen liegend ansehe, sehe ich jetzt nur die durch die Erfahrungen des Krieges sich einstellende Zersetzung als reale Schwächung dieses Machtfundaments. Dass der Boden dafür gegeben ist, zeigen unsere Berichte aus der Wehrmacht. Schon die mit der Entsendung zahlenmässig zunächst geringer Kontingente deutscher Truppen nach Spanien zusammenhängenden Geschehnisse üben bereits eine zersetzende Wirkung aus.

Wenn wir sagen, die Landwirtschaft habe vom Faschismus profitiert, so müssen wir uns gleich vor Verallgemeinerungen hüten. Nach wie vor ist die Lage der Landarbeiter katastrophal. Für die Klein- und Mittelbauern sind die erzielten Steigerungen der Verkaufserlöse zum guten Teil durch die Futtermittelschwierigkeiten und die Fülle der Zwangsmassnahmen der Darré'schen Marktordnung aufgewogen worden. Unter den Bauern macht sich eine starke Unzufriedenheit breit. Wo irgend möglich müssen wir Kontakt zur Landbevölkerung suchen. Die Forderung genossenschaftlicher Organisationen muss als Gegenlosung gegen die Darré'schen Zwangsmassnahmen im Mittelpunkt unseres Agrarprogramms stehen.[5] – Dass sich die Lage der städtischen Mittelschichten weiter verschlechtert hat, wurde bereits erwähnt. Es gibt offizielle Zahlen darüber, wie elend insbesondere die Lage der Kleinhändler ist. Von 350 000 in eine Untersuchung einbezogenen Lebensmittelgeschäften haben ¾ nicht mehr als 80 Mark Monatsverdienst abgeworfen. Das Geschimpfe ist mehr als Meckern und vielfach stärker als in Kreisen der Arbeiterschaft.

In Bezug auf die Arbeiterklasse können wir die erfreuliche Feststellung machen, dass es dem Faschismus nicht gelungen ist, in die entscheidenden Schichten des Proletariats einzudringen. Selbst viele, die dem Regime 1933 eine Chance zu geben bereit waren, sind inzwischen in die Oppositionsstellung zurückgekehrt. Richtig ist, dass die ökonomische Lage der Arbeiterklasse stark differenziert ist und dass die Spezialarbeiter in der Rüstungsindustrie nicht selten sehr hohe Löhne erhalten. In der Regel hat sie dies aber nicht mit dem Regime versöhnt. Erfreulicherweise ist in vielen Fällen festzustellen, dass sie die Vertretung ihrer Interessen energischer zu betreiben versuchen. Für die Arbeiterklasse als Ganzes trifft die Feststellung einer stark gesteigerten Ausbeutung zu, die als solche erkannt wird und in einer Oppositionsstellung gegen das Regime zum Ausdruck kommt. Gleichzeitig sind das Anhalten der demoralisierenden Folgen der kampflosen Niederlage, der Ohnmachtsempfindung gegenüber dem mächtigen Apparat und auch ein gewisses Hängenbleiben ideologischer Beeinflussung nicht zu verkennen. In den letzten Monaten waren im Lager der Arbeiterschaft tatsächliche Belebungszeichen festzustellen. Hier liessen sich die Folgen der internationalen Ereignisse, besonders der Erfolg der Volksfront in Spanien und Frankreich, der Streiks in Frankreich und natürlich der Kämpfe in Spanien feststellen. Die Arbeiter haben das Gefühl der proletarischen Kraft wieder gestärkt bekommen. Diese internationalen Ereignisse haben zahlreiche Diskussionen ausgelöst. In vielen Betrieben werden die Kämpfe in Spanien als „unsere Kämpfe" in allen Einzelheiten verfolgt. In einer Menge von Geldsammlungen, die leider Anlass zu grossen Verhaftungen waren, kam der Wille zur Solidarität zum Ausdruck. Die Gestapo selbst sah sich gezwungen, eine Sammeltätigkeit zu entfalten, um bei dieser Gelegenheit Verhaftungen vornehmen und einschüchternd wirken zu können. – Zugleich hat sich in den Betrieben eine Art Lohnbewegung entwickelt. Im August/Sept[ember 1936] wurde ein Angriff auf die Spitzenlöhne unternommen, der faktisch in den uns bekannten Fällen abgewehrt werden konnte. Die Unternehmer waren auf eine sehr energische Opposition gestossen. Bei dieser „Bewegung" konnte festgestellt werden, dass die führenden Elemente in der Belegschaft zumeist von früher her bewährte gewerkschaftliche Vertrauensleute waren, die heute in vielen Betrieben eine Art natürliche Vertrauensstellung geniessen. Diese betrieblichen Vertrauensleute, die durchweg die i[llegale] Arbeit glatt ablehnen, stellen heute neben der Gesamtheit der versprengten i[llegalen] Kader die wichtigste Kraft der deutschen Arbeiterbewegung dar. Wie sehr Lohnfragen diese Zeit hindurch auf der Tagesordnung gestanden haben, geht ganz deutlich aus den vielen Artikeln der Nazipresse hervor, die sich mit der Lohnfrage befassten. Die Äusserungsformen des Klassenkampfes sind je nach den betrieblichen Situationen verschieden: Vom einfachen Diskutieren über das Lancieren von Forderungen durch Vertrauensleute und Instanzen, langsameres Arbeiten gegen Lohnabbau bis zu streikähnlichen Handlungen und einzelne wirkliche Streiks. Wichtig ist jedenfalls die Feststellung, dass trotz der Fortdauer des Gefühls einer weitgehenden Lähmung neues Leben in den Betrieben zu entstehen beginnt.

Ich habe bereits gesagt, dass die i[llegale] Bewegung in dieser Lage eine unnütze Opferpolitik vermeiden muss. Sie wird im Hinblick auf die angeführten Erscheinungen einen etwas günstigeren Nährboden haben, wird sich jedoch zugleich einer noch grausameren Anwendung des Terrors gegenübersehen. Eine entscheidende Frage für unsere weitere illegale Arbeit ist es, die richtigen Formen der Massenarbeit ausfindig zu machen. Bisher haben wir es uns mit der Ablehnung der Taktik des trojanischen Pferdes[6] zu einfach gemacht. Mir scheint, dass hier die Gefahr der Selbstgenügsamkeit und der Isolierung vorliegt, die zum politischen Absterben führen müsste. Heute sind Betriebs- und Jugendarbeit die wichtigsten Gebiete unserer auf die Beeinflussung der Massen gerichteten Tätigkeit. Daneben müssen wir jedoch auch unsere Kräfte auf die faschistischen Massenorganisationen ausrichten. Eine Tätigkeit im Hinblick auf diese Organisationen ist viel weniger eine Frage des Eintritts als einer richtigen Blickrichtung. Über diese Frage wird noch gesondert zu sprechen sein.

Zum Schluss einige Mitteilungen über den Bezirk. ‹Metro›[7] selbst hat 200 fest erfasste Freunde. Ausserdem verfügen wir über einige Stützpunkte im Bezirk. Zu den 200 Mitgliedern sind 200 Sympathisierende im engeren Sinn hinzuzuzählen. Diesen Kreis könnte man sozusagen als die Hintermänner der Organisation bezeichnen. Die Ausstrahlung der Arbeit unserer Freunde erstreckt sich auf einen erheblich grösseren Kreis. Das am Ort selbst angefertigte Material, das in den letzten Wochen häufig erschien und auf der Basis 14tägigen Erscheinens stabilisiert werden soll, erreicht gut 400 Menschen. In den letzten Monaten war im Bezirk eine erfreuliche Stabilisierung und hie und da ein Fortschritt zu verzeichnen. Einzelne neue Freunde konnten eingegliedert werden. Mit einer Gruppe von einem Dutzend ehemaliger KP[D]-Mitglieder ist eine Angliederung an uns vereinbart worden. In den letzten Monaten weisen die Beitragsleistungen eine steigende Tendenz auf. Mehreren Familien inhaftierter Genossen konnten Weihnachten Sonderzuwendungen gemacht werden. Es war auch eine gewisse Steigerung der Aktivität festzustellen. Dabei konnten Tendenzen festgestellt werden, die den Sinn für das mögliche Tempo verloren und die Behauptung aufstellten, wir würden hinter der Arbeiterklasse einhermarschieren. Derlei Stimmungen liessen Neigungen zu unvorsichtigem Vorgehen aufkommen. Selbstverständlich ist solchen Tendenzen entgegengetreten worden. Zugleich haben wir uns bemüht, den richtigen Kern der Kritik an der Abkapselung vieler Einheiten herauszuschälen. Wir haben ein Material über Leitgedanken zur Massenarbeit herausgegeben. Die betrieblichen Kontakte sind, da fast alle Freunde in Arbeit stehen, ziemlich umfassend. Aber die planmässige Betriebsarbeit leidet sehr unter der Jugendlichkeit unserer Freunde. Das Gros unserer Mitgliedschaft steht im Alter bis zu 25 Jahren. Fast alle Funktionäre sind um 20 Jahre herum alt. Würde der Jugendarbeit mehr Aufmerksamkeit geschenkt werden, könnte Wertvolles geleistet werden. Schon jetzt verfügen wir über einige gute Verbindungen zur Wehrmacht. Die letzten Monate dienten vor allem der Vorbereitung der Tagung.[8] In einer ganzen Reihe von Obleute-Besprechungen der Unterbezirke und der einzelnen Einheiten wurden die Fragen der Partei durchberaten. Nach der Beratung mit den Obleuten hat die B[ezirks-]L[eitung] eine Plattform angenommen. Besonders stark wird in dieser Plattform die Forderung hervorgekehrt, den Schwerpunkt unserer Arbeit im Reiche selbst zu suchen. Das ist aber nicht nur eine Frage technisch-organisatorischer Art und der Bearbeitung der Probleme der deutschen Tagespolitik, sondern auch im Hinblick auf die grossen strittigen Probleme von Bedeutung. Ohne die Notwendigkeit der Auseinandersetzung über die Streitfragen in Frage zu stellen, bestehen wir doch darauf, dass bei der Diskussion über die Kriegsfrage die konkreten Aufgaben, vor die das Reich heute und morgen gestellt werden kann, in erster Linie berücksichtigt werden. Unseres Erachtens muss bei der Diskussion über die S[owjet-]U[nion] angesichts der faschistischen Hetze eine noch eindeutigere Verteidigungsposition bezogen werden. Zur Frage der Einheit: Wir wünschen eine den deutschen Verhältnissen angemessene Sammlung der Kräfte bei gleichzeitiger Berücksichtigung der i[llegalen] Bedingungen. Zur Frage der Volksfront in Deutschland muss die Partei die Ausrichtung auf jene Kräfte vornehmen, die in Anbetracht ihres sozialistischen Wollens das Lager des Regimes verlassen und mit seinen Trägern in Konflikt geraten.

Von den anderen Richtungen im Bezirk ist zu berichten, dass bei der SP[D] offenbar latent allerlei vorhanden ist. Die Verbindungen sind jedoch schwach und von einer eigentlichen Organisation dürfte kaum die Rede sein. Den Wander- und Sportvereinen, die von früheren SAJ oder anderen Mitgliedern aufgezogen worden sind, die jedoch in manchen Fällen wirklich völlig unpolitisch sind, kommt einige Bedeutung zu. Wir selbst haben ebenfalls zwei solche Vereine unter unserem Einfluss. Von dieser Seite her haben wir noch immer manche Rekrutierungsmöglichkeiten. Auch sonst verfügen wir über einigen Kontakt zu SP[D]-Genossen. In der letzten Zeit ist uns von der Existenz der verschiedenen SP[D]-Richtungen nichts bekannt geworden. – Die KP[D] hat weitere schwere Schläge erhalten, die vielfach ohne jede Verbindung mit einer momentanen Betätigung zu verzeichnen sind. Unseren Informationen zufolge funktioniert zur Zeit keine B[ezirks-]L[eitung] mehr. Dies ändert jedoch nichts daran, dass die KP[D] der Stimmung der in Frage kommenden Bevölkerungsteile nach offenbar die stärkste antifaschistische Kraft ist. Die Agitation der Nazis, das Gewicht der S[owjet-]U[nion] und der revolutionären Traditionen, nicht zuletzt die Tätigkeit des Moskauer Senders, verschaffen der KP[D] diese zentrale Position. Zu zahlreichen komm[unistischen] Genossen haben wir kameradschaftliche Verbindungen. Von den kleineren Gruppen berichtet man, dass die KPO noch einen gut funktionierenden Stamm aufweise. Kürzlich sind die Trotzkisten aufgerieben worden.

Nr. 39
Aus dem Schreiben Brandts an den Leiter der Parteileitung der SAP, Walcher
21. Januar 1937

ARBARK, SAP-Archiv, Mappe 215.

Lieber Jim!
[...]
Viel wichtiger ist, was die Gen[ossin] Marta [Rose Wolfstein] an politischen und persönlichen Verdächtigungen gegen mich auszusprechen imstande war und von welchem Misstrauen sie sich mir und meinen engsten Freunden gegenüber leiten liess.[1] Es ist mir unmöglich, darüber einfach zur Tagesordnung überzugehen. Solange diese Dinge unwiderrufen sind, gibt es über sachlich korrektes Verhalten hinaus keine Verständigung. Es gibt dann nur ein „entweder-oder". Da die Gen. Marta und Franz [Paul Frölich] in der P[artei-]L[eitung] eine zentrale Position einnehmen, bleibt leider mein Verhältnis zur Leitung durch diese Dinge nicht unberührt.

4.) Eure Entscheidung über meine weitere Verwendung werde ich abwarten. Massgebend wird allerdings für mich sein, welche Beschlüsse meine Freunde in der Jugend-Z[entral-]L[eitung] fassen und Euch unterbreiten werden.
[...]
6.) Ich wurde gestern in der Sache meines Aufenthaltes verhört. Dabei ergab sich, dass von den Pol[izei]behörden offensichtlich geplant ist, mir ein Verfahren a la L[eo]T[rotzki] wegen internationaler pol[itischer] Betätigung anzuhängen.[2] U. a. spielten folgende Dinge eine Rolle: a) Ich wurde wegen Doppelnamen verhört (der wohlwollende Verhörende gab mir zu verstehen, ich solle darüber im Klaren sein, dass die d[eutschen] Behörden wissen, wer W[illy] B[randt] sei), b) Ich musste genaue Auskunft über Zeitpunkte und Zweck meiner getätigten Auslandsreisen geben, c) Man interessierte sich, ob ich seit Ablauf alter ‹Wäsche›[3] ausserhalb des Landes war,

was ja wirklich nicht der Fall gewesen ist, d) ob ich ‹Wäsche› auf den Namen WB oder einen ‹anderen›[4] Namen habe, e) ob ich mich in D[eutschland] irgendwann seit [19]33 aufgehalten habe, f) genaue Angaben über meine Mitarbeit an in- und ausländischer Presse, g) ob Mitarbeiter der „Neuen Front", h) dazu Geschichten über Existenzmittel, Studium, Versammlungen hier usw. – Die Frage ist nun, auf welches Material man sich bei diesen dunklen Geschichten stützt. Im schlimmsten Fall kann man mich einige Tage festsetzen. Ich bin aber fest überzeugt, dass sich die Partei [Norwegische Arbeiterpartei] für mich engagieren und dass sich dann alles zum Besseren wenden wird.

[...]

Mit besten Grüssen Euch beiden[5], auch von Trudel [Gertrud Meyer] ‹Willy›[6]

Nr. 40
Artikel Brandts
„Zu unserer Losung: Sozialistische Front der jungen Generation"
Februar 1937

Kampfbereit, 1. Jg., Nr. 2, Februar 1937.[1]

Die in unseren Reihen um das Problem der „jungen Generation" aufgerollte Diskussion zeigt, dass wir in der Lage sind, an neue Fragen lebendig heranzugehen, neue Erfahrungen für die Herausarbeitung einer richtigen Politik auszuwerten. Das ist gut so, und wir wollen weiterhin nicht ängstlich sein, uns nach neuen Erfahrungen und Erkenntnissen neu zu orientieren, anstatt einfältig auf ausgetretenen Wegen weiterzulaufen. Auch die Frage der Einheitsorganisation wird von uns nach der im vergangenen Jahre geführten Diskussion anders beantwortet als früher – aber auch unter anderen Verhältnissen als früher! –, und ich bin überzeugt, dass diese neue Beantwortung des

Einheitsproblems sich sehr positiv auswirken kann. Gerade dies ist ein entscheidendes Kriterium revolutionärer Politik: die theoretischen Erkenntnisse und die überlieferten Erfahrungen anwenden und sie ergänzen zu können bei der Beantwortung neuer Fragen in neuen Situationen.

Ich bemühe mich, einige der in der bisher geführten Diskussion umstrittenen Fragen zu beantworten und im Zusammenhang damit auseinanderzusetzen, was wir mit der Parolenstellung „Sozialistische Front der jungen Generation" meinen.

1.) <u>Gibt es für uns überhaupt ein Generationenproblem?</u> – Es wäre töricht, diese Frage zu verneinen. Nicht viel besser ist es, sich um die Frage herumzudrücken. Die Freunde der Revolutionär-Sozialistischen Jugend (RSJ) Österreichs, vor denen ich grossen Respekt habe, haben sich die Beantwortung in ihrem Funktionärorgan [Rote Jugend] vor einigen Monaten damit erspart, dass sie auf die von der K[ommunistischen] J[ugend] gegebenen Problemstellung der „Jungen Generation" antworteten, Marx habe nicht zur Vereinigung der Jugend, sondern zur Vereinigung der Proletarier, der jungen und alten, gerufen.[2]

Würden wir die Fragestellung ablehnen oder die Beantwortung umgehen – wir würden nicht allein dem Faschismus eine wichtige Domäne freiwillig überlassen, wir würden vor allem erneut den Fehler machen, uns eine wichtige Seite der Erfassung des subjektiven Faktors zu verschliessen. Wenn Marx und Engels die Entwicklungsgesetze der menschlichen Gesellschaft herausarbeiteten, wenn sie bewiesen, dass die jeweils herrschenden Produktionsverhältnisse die entscheidenden und letzten Endes grundlegenden Faktoren der Entwicklung sind, die sich in den Kämpfen der Klassen Ausdruck verleihen, so haben sie doch den sich über die „ökonomische Basis" erhebenden „ideologischen Überbau" alles andere als unwichtig genommen. Es blieb Vulgärmarxisten vorbehalten, diese Seite einem idealistischen Literatentum zu überlassen. Lenin hat die gewaltige Bedeutung des subjektiven Faktors nicht genug unterstreichen können. Er hat darunter mehr als die revolutionäre Partei verstanden. Rosa Luxemburg setzte sich energisch gegen Missdeutungen der materialistischen Geschichtsauffassung zur Wehr, wenn sie sinngemäss ausführte: Wohl machen die Menschen die Geschichte nicht aus freien Stücken, trotzdem machen sie sie selbst.³

Wir sind als Marxisten dazu verpflichtet, die vielgestaltige Rolle des subjektiven Faktors, des Einsatzes der Menschen selbst, mit grossem Ernst zu untersuchen. Dazu gehört das Generationenproblem. Leider waren es die Faschisten, die uns die ungeheure Bedeutung und manchem wohl erst die Tatsache eines für uns bestehenden Generationsproblems nahebrachten. Die faschistische Ideologie fusst zu einem Teil darauf, dass – nach Rosenberg – der jahrtausendalte Kampf zwischen Vätern und Söhnen, die Spannung zwischen Revolutionärem und Konservativem dafür sorgt, „dass sich in steter Bewegung fortzeugend neues Leben formt". In der Praxis: Die Faschisten nutzten die jugendliche Rebellion gegen Elternhaus, Schule und die Gesamtheit alter Autoritäten aus. Sie lenkten die jugendliche Unzufriedenheit gegen die Repräsentanten einer altersschwachen, krisenerschütterten Ordnung. Nicht ohne grosse eigene Schuld konnte eine verkalkte und weitgehend degenerierte Arbeiterbewegung mit für das Bestehende verantwortlich gemacht werden, konnte der „Marxismus" kompromittiert, von den faschistischen Demagogen als mit zum „Alten" gehörig abgefertigt werden. – <u>Der Faschismus hat nicht das Generationenproblem geschaffen, er hat es für sich ausgenutzt.</u>⁴ Ich werde später darauf zu sprechen kommen, dass er inzwischen gezwungen war, auch an diesem Punkt die Ideologie entsprechend der ihm auferlegten realen Funktion umzumodeln.

Die Tatsache eines dauernd in verschiedener Intensität lebendigen Gegensatzes zwischen Jung und Alt wird kaum bestritten werden können. Es handelt sich um einen sozusagen gesellschaftsbiologischen Gegensatz. Nur zu bekannt sind uns allen die Konflikte im Elternhaus, auf der Schule, mit dem Meister und den älteren Arbeitskollegen, eben mit den „Alten", die sich tatsächlich oder angenommenermassen dem zur Geltung und Verselbständigung drängenden Jugendlichen hemmend in den Weg stellen. Aber nicht das macht das Problem der Generationen in erster Linie aus.⁵

Ich verstehe unter Generation eine Gruppe von Menschen, die in entscheidenden Jahren der Bewusstseinsbildung gemeinsam einschneidenden Eindrücken ausgesetzt war. Sagen wir: Diejenigen, denen der Weltkrieg zum vorherrschenden Erlebnis wurde, haben von dort her einen generationsmässigen Stempel aufgedrückt bekommen. Die Jugend, die bei den Kohlrüben des Krieges, in den Wirren der Revolution, der Unfähigkeit der Weimarer Epoche und der Ausweglosigkeit der Krise heranwuchs, erhielt dadurch ein gewisses gemeinsames Gepräge. Die Jugend schliesslich, die heute unter dem Eindruck nationalsozialistischer Herrschaft heranwächst, wird dadurch in der Bewusstseinsbildung, im generationsmässigen Schliff nicht unberührt bleiben. Nach dieser Definition gibt es also keine festen Generationsgrenzen, sondern ungleich lange und ungleich starke Abstufungen, die durch aufrüttelnde Erscheinungen im gesellschaftlichen Prozess entstehen. Spielte die generationsmässige Abstufung in der vergangenen Epoche eine mindere Rolle, trat sie stark zurück hinter die und wurde sie weitgehend überhaupt ausgeschaltet durch die klassenmässige Zerklüftung der Gesellschaft, so gibt <u>die besonders aufgewühlte gesellschaftliche Lage heute</u> der heutigen jungen Generation ein stärkeres einheitliches Gepräge. Diese spezifische gesellschaftliche Lage <u>lässt den Einsatz des Generationenkampfes zu einer eminent wichtigen Waffe im gesellschaftlichen Ringen werden.</u>

Die Tatsache des Vorhandenseins des Generationenproblems auch innerhalb der Klassenbewegung beweist ja nichts deutlicher als das Entstehen und die Entwicklung der proletarischen Jugendbewegung. Sie entstand fast überall gegen borniete Widerstände der in bürgerlicher Gedankenwelt gefangenen oder um die Posten bangenden Führerschaft der Parteien und Gewerkschaften. Sie wurde entmündigt und verfolgt, und bis heute ist dieses Generationenproblem in der Arbeiterbewegung noch nicht gelöst. Unsere eigene Organisation, der SJVD, ist aus dem Konflikt mit dem Parteivorstand der SPD entstanden, in der belgischen Bewegung erleben wir gerade jetzt den Konflikt zwischen der Belgischen Arbeiterpartei (POB) und den Jungen Garden, in Spanien wurde die Juventud Comunista durch

Beschluss des erweiterten Plenums der Arbeiterpartei für marxistische Einheit (POUM) der Partei politisch und organisatorisch unterstellt. Die Frage „Jugend und Partei" ist auch von uns schon mehrfach erörtert worden. In diesem Zusammenhang soll nicht geurteilt, sondern lediglich auf das dauernde Vorhandensein des Problems hingewiesen werden. Ich möchte auch nicht versäumen, anzudeuten, wie sich nach jeder Revolution ein Gegensatz bemerkbar macht zwischen jenen Kräften, die der Revolution zum Durchbruch verhalfen, und jener Generation, die unter den durch die Revolution geschaffenen neuen gesellschaftlichen Verhältnissen aufgewachsen ist.

2.) Wie ist das Verhältnis des Generationenproblems zum Klassenkampf? – Die vorher erwähnte Antwort der österreichischen Freunde macht die ganze Sache zu einfach. Es geht nicht an, zu sagen: Wir kennen kein Generationenproblem, für uns gibt es nur den Kampf der Klassen. Ich glaube im vorigen Abschnitt gezeigt zu haben, dass es für uns ein Generationenproblem als Teil des „subjektiven Faktors" gibt. Das Generationenproblem existiert auf der Basis der klassengespaltenen Gesellschaft und des Kampfes der Klassen um die gesellschaftliche Macht.

Das Verhältnis der Generationenentscheidung zum Kampf der Klassen kann vielleicht durch ein Schema veranschaulicht werden: Wir stellen uns die Gesellschaft als einen Block vor, der horizontal durch die Klassenlinien zerschnitten wird, unten die breite Schicht der Arbeiterklasse, ganz oben die dünne Schicht, im Schema eigentlich nur der Belag, der Bourgeoisie. Die Generationengrenzen gehen vertikal, senkrecht, durch die horizontale Klassenscheidung hindurch. Dieses Verhältnis im Schema besagt noch nicht viel. Es besagt vor allem noch nicht, dass in der vergangenen Epoche die vertikalen generationsmässigen Linien an den einzelnen Punkten stark genug waren, auf die klassenmässige Struktur unseres Gesellschaftsblocks in nennenswertem Masse einzuwirken. (Über die anderen Probleme des „subjektiven Faktors", vor allem das „Nachhängen" des Bewusstseins kann hier nicht gesprochen werden.) Anders an dem Ende des Gesellschaftsblocks, der unsere jetzige Epoche darstellt. Hier ist die generationsmässige Linie stärker geworden. Die junge Generation wird zu einem gesellschaftlichen Faktor bei weitgehendem Überwuchern der klassenmässigen Scheidung. Der Grund dafür liegt in der von uns allen viele Male festgestellten Tatsache, dass sich der Kapitalismus in seiner Niedergangs-, in seiner Verfallsepoche befindet. Im nächsten Abschnitt wird darüber konkret zu sprechen sein.

In unserer Epoche werden die Interessen der ganzen jungen Generation wie der gesamten Nation, der breiten Massen der Bevölkerung, identisch mit den Interessen der Arbeiterklasse. Der Sozialismus, ursprünglich Kampfziel zur Befreiung des Proletariats, wird zum „Rettungsanker der gesamten Menschheit", wie schon Rosa Luxemburg sagte.[6] Im Grunde nichts anderes als die von den Begründern des Marxismus gestellte Alternative: Aufstieg der Menschheit zum Sozialismus oder ihr Untergang in die Barbarei. Diese in gegenwärtiger Lage sogar für die gesamte Nation unmittelbar akut gewordene Entscheidung steht mit besonderer Wucht vor der jungen Generation.

3.) <u>Wie ist die Lage der jungen Generation?</u> – Zunächst müssen wir dabei noch auf die Frage eingehen, ob wir überhaupt das Recht haben, von einer „jungen Generation" zu sprechen. Offenbar gibt es einige Freunde, die sich damit begnügen, festzustellen, dass wir keine junge Generation, keine „Jugend an sich", sondern nur proletarische und bürgerliche Jugend kennen, und dass es unsere Aufgabe ist, den Kampf der ersteren gegen den Widerstand der letzteren mit aller Kraft durchzuführen. Zunächst müssen wir uns einmal darüber verständigen, dass es einen Begriff „Jugend" für das gibt, was jung ist, um es ganz banal zu sagen, ebenso wie es einen Begriff „Volk" für die Gesamtheit der Glieder eines Staates oder einer Nation gibt. Weiter aber operieren wir mit dem Begriff „Volk" als Bezeichnung für die breite Masse der Bevölkerung unter Nichtberücksichtigung der eigentlichen und wirklichen Nutzniesser der kapitalistischen Profitwirtschaft, der „oberen Zehntausend", und mit dem Begriff „Jugend" oder „junge Generation" als Bezeichnung für die breiten Jugendmassen unter Ausschaltung der „glücklichen Jugend" jener oberen Zehntausend.

In unserer Diskussion ist hervorgehoben worden, dass die generationsmässige Einheitlichkeit der Jugend im Streben nach Freiheit und Selbständigkeit gleichsam von selbst zerfällt, da das Bürgertum seine Jugend selbst befreit, während die proletarische Jugend ihre Befreiung nur durch die Verwirklichung des Sozialismus erreichen kann. Diese Argumentation ist allgemein richtig, sie lässt aber zunächst noch die strukturelle Wandlung völlig ausser Acht, die hier für die Niedergangsperiode des Kapitalismus schon früher angedeutet wurde.

Schauen wir nach Deutschland, untersuchen wir die Lage unserer jungen Generation. Für die grossen Massen der Arbeiterjugend gibt es heute das Problem der Arbeitslosigkeit bei weitem nicht mehr in dem Masse, wie das noch vor einigen Jahren der Fall war. Von dieser Seite her ist ein Faktor der dauernden Unsicherheit und Demoralisierung fortgenommen. Ist an seine Stelle für die Arbeiterjugend die Gewissheit oder auch nur die Aussicht auf eine lebenswerte Zukunft getreten? Keineswegs. Es wäre allerdings falsch, wollten wir die Änderungen verleugnen, die durch den Nationalsozialismus tatsächlich hier und da in den Betrieben, in der Ferienfrage usw. durchgeführt worden sind. Aber wir müssen uns über den Charakter dieser Änderungen und Verbesserungen vollkommen im klaren sein. Wenn die Ferien verlängert werden für die Teilnahme an Zwangslagern, wenn die Berufsschulzeit generell in die Arbeitszeit verlegt wird, damit die Jugendlichen noch aufnahmefähig bleiben für die „weltanschauliche Schulung" usw., dann wird schon durch diese Beispiele klar, dass es sich um solche Verbessungen handelt, die die Auswüchse der kapitalistischen Ausbeutung der Jugendlichen an extremen Punkten beschneiden, um die Einsatzfähigkeit dieser Menschen zu verbessern und vor allem – und das ist das Entscheidende – um sie in entsprechender Weise auf die eigentliche Perspektive des faschistischen Kapitalismus, den Krieg, vorbereiten zu können. Grundlegend hat sich die Lage der Arbeiterjugend nicht geändert. An die Stelle der Arbeitslosigkeit ist für viele der Zwangsdienst getreten. Alle Jugendlichen müssen durch Arbeitsdienst und Heer, viele werden zwangsweise aufs Land verschickt. Zwangsdienste und Kriegsvorbereitung zeigen die Zukunft, die der faschistische, militaristische Kapitalismus der arbeitenden Jugend zu bieten hat: nicht eine lebenswürdige Existenz, sondern elendes Verrecken im Massenmorden eines neuen Weltkrieges.

Das gilt aber weit über die Arbeiterjugend hinaus. Die Jugend der städtischen Mittelschichten befindet sich in der Lage, den Zusammenbruch väterlicher Existenzen unausgesetzt vor Augen zu haben. Die materielle Situation der Kleinhändler z. B. ist heute in Deutschland vielfach schlimmer als die der Industriearbeiter. Die Jugend der „freien Berufe", der Intelligenz, erlebt neben auch dort vielfach vorhandener wirtschaftlicher Misere den Kulturniedergang im faschistischen Kapitalismus und von dieser Seite her das Abschneiden eines lebenswerten Berufszweiges. Oder wenden wir uns der Landjugend zu. Die Landarbeiter Deutschlands befinden sich heute noch stärker als die Arbeiter der Industrie in einem Zustand weit gesteigerter Ausbeutung. Ihre Jugend wird noch sklavischer ans Land gebunden, als die Väter es waren. Die Kleinbauern haben nur in geringem Masse Anteil an der Steigerung der Verkaufserlöse der deutschen Landwirtschaft. Der grösste Teil wird durch die Darréschen Zwangsorganisationen[7] aufgefressen. Dem Kleinbauern wird das Leben noch unfreier und zukunftsloser gemacht. Aber auch die Jugend breiterer Teile mittlerer und grösserer Bauern sieht sich durch die Erbhofgesetzgebung und andere Massnahmen der Zukunft beraubt.[8]

Welcher Teil der Jugend bleibt übrig? Die kleine Zahl der Jugend der „oberen Zehntausend", der Grossgrundbesitzer und wirklichen fetten Grossbauern, die Jugend der durch Beschäftigung im Staats-, Militär- und Parteiapparat an das Regime gebundenen Funktionäre, die vielleicht selbst auf Nachfolgerschaft spekuliert. <u>Schon hier soll man darauf aufmerksam sein, dass die klassenmässige Abgrenzung bei der Jugend noch bei weitem nicht so scharf ist wie bei den älteren Jahrgängen. Auf die Tatsache des Entstehens immer grösserer Schichten „klassenloser" Jugend ist schon früher in unserer Diskussion hingewiesen worden. Darüber hinaus ist der Junge des Apparatangestellten, der des grösseren Bauern usw. zwar klassenmässig gruppiert, aber seine eigene gesellschaftliche Funktion ist noch nicht</u>

entschieden. Es wird gesagt, dass für die technische Intelligenz, für die Techniker und Ingenieure wie für die industrielle Verwaltungsintelligenz gerade unter dem kriegsvorbereitenden Faschismus grosse Entwicklungsmöglichkeiten gegeben sind, ebenso wie für die nichtproletarische Jugend verstärkte Möglichkeiten des Fortkommens im gewaltig aufgeblähten Staats- und Militärapparat bestehen. Das ist nicht zu bestreiten. Aber es wäre verhängnisvoll, daraus schliessen zu wollen, dass wir z. B. die technische Intelligenzlerjugend gleich von unserer Rechnung abzustreichen haben. Wir müssen im Gegenteil sehen, dass sie im faschistischen, militaristischen Kapitalismus zwar verstärkte Arbeitsmöglichkeiten hat, aber keine Möglichkeit der aufbauenden schöpferischen Entfaltung, und auch, dass wir auf die Gewinnung dieser Kräfte ganz besonderes Gewicht legen müssen, weil wir beim Aufbau stark auf sie angewiesen sind. Wir müssen ihnen gerade klarzumachen versuchen, dass Sozialismus für sie nicht Dethronisierung, sondern erstmalig wirkliche Entfaltungsmöglichkeit bedeuten wird.

Zusammenfassend: <u>Die Lage unserer heutigen jungen Generation ist dadurch gekennzeichnet, dass der ganz grossen Mehrzahl der Jugend keine Entwicklung zur wirklichen Selbständigkeit, sicheren Familiengründung usw. gegeben ist, dass nur eine dünne Schicht wirkliche Lebensmöglichkeiten im faschistischen Kapitalismus hat und dass die eigentliche Perspektive des faschistischen Kapitalismus, der Krieg, die ganze junge Generation mit Vernichtung bedroht.</u>[9] – Meiner Meinung nach sehr richtig sagte der tschechische Kommunist Wenzel Kopecky in seinem Referat über die Jugendfrage auf dem Parteitag der Kommunistischen Partei der Tschechoslowakei im April 1936: „Der Fluch der Lebenslage der heutigen jungen Generation besteht darin, dass diese junge Generation eigentlich bereits für die sozialistische Ordnung aufgewachsen ist, dass aber ihre Kindheit und Jugend noch die Zeit des Untergangs der kapitalistischen Ordnung durchleben musste, die der alten Generation keine Existenz mehr bietet, geschweige denn der jungen Generation." – Auf diesen Fluch der Lebenslage der heutigen jungen Generation haben wir früher hingewiesen. Unsere Folgerung ist: Für diese in der Zeit des Untergangs des Kapitalismus nicht mehr zurechtkommende Jugend wird die Formierung unter den Fahnen des Sozialismus, die Erkämpfung der sozialistischen Ordnung zum unmittelbaren Lebensinteresse.

Aber bedeutet eine solche Orientierung nicht, aus der proletarischen Jugendbewegung eine „Volksjugendbewegung", aus der Arbeiterbewegung eine „Volksbewegung" zu machen? Und nähern wir uns nicht damit jenen Kreisen, die das Rezept für die Wendung zum Besseren gefunden zu haben glauben, wenn sie sich für einen „Volkssozialismus" an Stelle des „Arbeitersozialismus" einsetzen? Darauf ist Folgendes zu antworten: Unser Weg ist nicht der der Fahnenflucht, nicht der der Kapitulation vor dem Feind. Aber <u>wir vertreten die Auffassung, dass die Arbeiterjugend ihre Mission nur dann erfüllen kann, wenn sie die breiten Massen der nichtproletarischen, aber ebenfalls nicht am Fortbestehen der herrschenden Zustände interessierten Jugend mit sich zusammenschweisst.</u> Das schliesst ein, dass die Befreiung der jungen Generation nur möglich ist durch Vollendung des proletarischen Klassenkampfes, d. h. durch die Machteroberung des arbeitenden Volkes als erstem Schritt zur klassenlosen Gesellschaft. Sicher ist es weiterhin so, dass die Jugend der Mittelschichten in ihrer Ideologie stärker ihrer realen gesellschaftlichen Lage nachhinkt als die Arbeiterjugend. Doch muss man sich auch hier vor Schematismus hüten. Der Junge aus dem verarmten Mittelstand hat schon weniger Berührung mit der „glorreichen Vergangenheit" als seine Alten, während auf der anderen Seite der Arbeiterjunge durch die ideologische Bearbeitung der Herrschenden lange Zeit an der Entwicklung seines natürlichen Klassenbewusstseins behindert werden kann.

Wir haben keine Ursache zu verleugnen, dass der Charakter der Arbeiterjugendorganisation bisher nur in geringem Masse, wenn überhaupt, dieser Sachlage Rechnung getragen hat. Der revolutionäre Inhalt der proletarischen Jugendorganisation äussert sich nicht darin, dass sich eine politische „Oberschicht" von den breiten Massen der Jugend absondert, sondern in der revolutionierenden Wirkung ihrer Massenarbeit. Wir haben vielzuwenig zu den breiten Massen der Jugendlichen sprechen gelernt, wir haben zuwenig ihre wirklichen Probleme gekannt,[10] oder wir haben gemeint, wir könnten etwas erreichen, indem wir ihnen ein besseres Leben vorlebten. Der neue Typus der Arbeiterjugendorganisation muss viel breiter sein, als es sowohl SAJ, KJV wie SJV in Deutschland waren. Diese waren mehr oder weniger sektenhaft abgeriegelt, sei es nun von der politischen oder volkstänzlerisch-lebensreformerischen Seite her. Der neue Typus der Jugendorganisation darf – das ist von mir auch früher in Anerkennung der KJI-Beschlüsse gesagt worden – nicht eine „Partei der Jugend" sein. Sie muss durch Entwicklung neuer Formen der Geselligkeit, des Sports usw. die Jugend so nehmen wie sie ist, muss sie bei ihren unmittelbaren Interessen packen und in der Arbeit weiterbringen. Das ablehnende Argument, dass bei Begründung der neuen KJI-Politik alle Grenzen sich auflösen, alles zu einem formlosen Brei zusammenläuft, reicht nicht aus. Wir haben endlich zu lernen, dass nicht Vorbringen richtiger Ablehnung auf die Dauer zur Existenz berechtigt, sondern die Entwicklung besserer Vorschläge.

In diesem Zusammenhang spielt zweifellos eine Rolle, dass manche Freunde eine verschrobene Vorstellung von der Hegemonie, d. h. der Führerschaft des Proletariats haben. In der bei uns geführten Diskussion ist auf enorm wichtige Wandlungen seit Marxens Zeiten bis heute hingewiesen worden. War es damals so, dass das moderne Proletariat sich erst noch vom bürgerlichen Liberalismus zu befreien, loszumachen hatte, so ist inzwischen seine soziale Stellung für den Gesamtverlauf des klassenmässigen Ringens unerschütterlich geworden. Zur Klassenauseinandersetzung um die gesellschaftliche Macht kommen wir aber nicht, indem wir auf dem Horn der Hegemonie des Proletariats blasen, sondern indem wir die breiten Volksmassen mit dem Proletariat vereinigen und so die Machtstellung des Grosskapitals immer hoffnungsloser gestalten. Die ultralinke Periode der Komintern sollte uns wirklich einiges gelehrt haben.[11] Wir haben keinen Gebrauch für Neuauflage in Liliputformat. Es ist hohe Zeit, dass wir uns von einigen Zwangsvorstellungen freimachen, nur dann schaffen wir die Voraussetzungen dafür, im Bündnis mit den breiten Massen kämpfen und siegen zu können.

4.) **Warum baut die faschistische Führung den Generationenkampf ab?** – Der Generationenkampf war ein wesentlicher Bestandteil der nationalsozialistischen Ideologie. Es sind Bücher geschrieben worden, die mit den unvermeidlichen Mystifikationen Generationenlehren für die verschiedensten Gebiete entwickeln. Rosenberg sprach auf dem Parteitag 1934 vom „Aufbruch der Jugend in die Welt" und meinte damit die Bildung der neuen Staaten nach dem vorigen Weltkrieg. Besonders war die ganze Sprache der nationalsozialistischen Jugendorganisationen mit einer Vorstellung vom „Aufbruch der Jugend" erfüllt.

Vor einigen Monaten konnte man in der „Frankfurter Zeitung" einen ziemlich deutlichen Ausfall mit der Argumentation einer Generationentheorie finden. Die FZ kramte das 1932 von einem rechtsstehenden Nicht-Nationalsozialisten, Günther Gründel, veröffentlichte Buch „Die Sendung der jungen Generation" aus und leitete daraus ab, dass die deutsche „Zwischengeneration" nur das Negative gemeinsam habe. Das Kriegserlebnis fehle ihr, ihre berufliche Laufbahn sei durch die Krise hoffnungslos gewesen, die Weimarer Unfähigkeit habe sie umgeben. Dem heutigen Staat, der noch weitgehend von Männern der „Zwischengeneration" gelenkt wird, stellte die FZ die vornehmliche Aufgabe der „Liquidation des traurigen Erbes der Vergangenheit".

Dagegen polemisierte der Reichsjugend-Pressedienst, der der FZ mit einem Artikel „Zwischengeneration – anders gesehen" antwortete. Er stellte fest, die Zwischengeneration habe in ihren Reihen die Ruhr-, Baltikum- und Oberschlesienkämpfer. Viele von ihr hätten in der SA und SS der Kampfzeit mitgekämpft. Die Zwischengeneration „erlebte zwar keine Materialschlachten, aber sie war stärker als die deutsche Not". – Der „Deutsche Student" griff in seiner Septembernummer [1936] in die Polemik ein. Dort wies Rudolf Grosche besonders darauf hin, wie die Krise auf die akademische Jugend gewirkt habe. „Alles ist zwecklos, und von allem wird einem abgeraten." Die akademische Jugend sei „geistiger Verkümmerung preisgegeben gewesen".[12] – Grosche rührt hier an das von unserem Standpunkt aus ungeheuer wichtige Problem, wie der die konservativen Erziehungsformen ablösende Liberalismus nicht in der Lage war, eine neue Disziplin, eine neue geschlossene Form zu schaffen. Das ist ein anderes Symptom für den kapitalistischen Zerfall. Es bleibt der sozialistischen Ordnung vorbehalten, eine neue Disziplin zu entwickeln. Grosches Artikel war nicht nur darum interessant, weil er die Jugend vor übertriebenem Optimismus warnte: „Es gehört keine prophetische Begabung dazu, vorauszusagen, dass wir nicht am Beginn eines goldenen Zeitalters, sondern vor grossen und schweren Veränderungen stehen. Kein Optimismus kann darüber hinwegtäuschen, dass die grossen Konflikte zahlreicher und ernster sind als je." Er schloss – und das ist in dieser Verbindung für uns wichtig – mit einem Signal zum Abblasen des Generationenkampfes: „Der Nationalsozialismus hat uns gelehrt, dass ein Kampf zwischen den Generationen keineswegs naturbedingt ist und dass die bestehenden Gegensätze überbrückt werden müssen im Interesse des gemeinsamen Zieles. So werden alle Generationen, die Frontgeneration, die Zwischengeneration und die HJ-Generation an der Schaffung des neuen deutschen Typus mitarbeiten, des politischen Soldaten."

Viel deutlicher aber noch wurde das Abblasen des Generationenkampfes in der Rede verkündet, die Baldur von Schirach am 7. Dezember [1936] aus Anlass des HJ-Gesetzes vor den Vertretern der in- und ausländischen Presse gehalten hat. Er führte dort aus: „Der Gegensatz der Generationen ist heute überwunden. Und das ist gut so. Denn Jugendbewegungen haben nur insoweit Daseinsberechtigung, als sie fähig sind, ihre Tätigkeit für den Staat und damit für alle Generationen positiv zu gestalten. Sie sind nicht daseinsberechtigt als Organisation unreifer, oppositioneller Kräfte gegen die Führung ihrer völkischen Gemeinschaft."

Ich sagte früher: Der Faschismus benutzte sich des Generationengegensatzes, um die gegen Elternhaus, Schule, Kirche, alte Reaktion und Kapitalismus rebellierende Jugend für sich zu aktivieren. Er knüpfte an eine subjektiv revolutionäre Eigenbewegung der Jugend an und lenkte sie in reaktionäre Bahnen um. Er hat sein reaktionäres Ziel erreicht. Und weil er es erreicht hat und es halten will, muss er seiner Jugend nun die radikalen Neigungen abgewöhnen. Um zu beweisen, dass die HJ heute „daseinsberechtigt" ist, muss Schirach erklären, dass er der „Treuhänder der Elternschaft" sein wolle, dass er noch nie einen Gottlosen in seinen Reihen geduldet habe, dass die Jugend sich nicht mit der grossen Politik befassen, sondern lediglich den Gedanken der Kameradschaft pflegen solle. Die Beibehaltung der Redensarten vom Vorrücken der jungen Generation wird für die nationalsozialistische Führung gefährlich, weil viele der Jugendlichen erkannt haben, dass die heutige Regierung die Marionetten [dar]stellt in den Händen der Kapitalisten, der Reaktion, des alten, zum Untergang verdammten Regimes, und dass die befreiende sozialistische Tat der Jugend erst noch zu vollführen ist. Und weil die Weiterführung des Generationenkampfes für den Faschismus so gefährlich wird, weil er ihn abblasen muss, darum müssen wir mit Nachdruck an diesem Punkt einsetzen. Nicht nur darum, aber mit verstärkter Notwendigkeit darum.

In unseren Reihen ist mit Recht darauf hingewiesen worden, dass der Faschismus weiterhin eine Front der Jugend will: die Front der jungen Soldaten, die Front der Jugend für den mörderischen Krieg. Und wir leiten diese Parole ab: <u>Sprengung der faschistischen Front der Jugend für den Krieg</u>. Gegen diese faschistische Kriegsfront, gegen die Front des Mordens für die Profite der oberen Zehntausend, für ein sterbenswürdiges verfaultes System, erheben wir die Parole der <u>Formierung der Sozialistischen Front der jungen Generation.</u>

Mir scheint wichtig, darauf hinzuweisen, dass die Agitation gegen die faschistische Kriegsfront, für die sozialistische Front, nicht in erster Linie eine Agitation unter der Parolenstellung des Friedens sein darf. Gewiss, das Grauen gegen das Ersticken im Giftgas und Verfaulen in Stacheldrähten, gegen das Morden von Frauen und Kindern muss geweckt, gestärkt werden. Aber entscheidend müssen wir anpacken an der aktivistischen Seite. Es gilt zu entwickeln, dass es nicht zu sterben lohnt für die Hitler, Blomberg, Krupp, Schacht und Thyssen, zum Schaden der breiten Massen der Jugend und des Volkes. Dass wir aber ein Ziel erkämpfen wollen, den Sozialismus, für den es zu sterben lohnt, ein Ziel, das zugleich die einzige wirkliche nationale Befreiung bedeutet.

5.) Welche Möglichkeiten ergeben sich für die Arbeit im Reich? – Im Reich wachsen immer neue Jahrgänge heran, die von der Arbeiterbewegung der Vorhitlerzeit so gut wie nichts mehr wissen oder sie nur noch in Form des faschistischen Zerrbildes kennenlernen. Diese Jugendlichen werden uns nicht mehr verstehen, wenn wir in unserer alten Form an sie herantreten. Wir müssen neue Formen entwickeln, um mit ihnen in Kontakt zu kommen, und wir müssen eine neue Sprache finden, in der wir uns mit ihnen verständigen können.[13]

Um das Problem der neuen Sprache ist früher diskutiert worden. Es handelt sich hierbei keineswegs um eines der grossen Welträtsel. <u>Wie sollen wir sprechen? So wie die Jugendlichen, an die wir uns wenden, selbst reden, so einfach, so voraussetzungslos.</u> Und es versteht sich dabei von selbst, dass wir uns an eine Jugend, die in den Ausdrucksformen des Nationalsozialismus zu sprechen und denken lernt, weitgehend in diesen Ausdrucksformen wenden müssen. Es wird eingewandt, dass wir niemals darauf verzichten dürfen, den Faschismus als den Todfeind und Peiniger der Arbeiterklasse anzuprangern. Oh nein, aber auf das Wie kommt es an. Es hat Zeiten gegeben, in denen die Kommunisten dauernd Revolution geschrien haben, in denen sie sich aber von der Möglichkeit der Durchführung der Revolution immer weiter entfernten. Es kommt nicht auf das Maulaufreissen, sondern auf die realen Wirkungen der Arbeit an. Ein Freund hat es mit Bezug auf die Volksfrontpolitik etwa so gesagt: Wenn wir als Sanfte-Heinriche real den Klassengegensatz vertiefen, den Klassenkampf fördern, dann kann uns das nur recht sein. – Die Revolution muss man erreichen, aber nicht erschreien. Den Faschismus kann man nur durch Entwicklung einer Gegenkraft erledigen, nicht durch Ausrufen, dass er die grösste Schande der Menschheit darstellt. „Der Faschismus" ist für die Jugendlichen zunächst noch kein Begriff. Man muss ihnen klarmachen, dass man die und die unwürdigen, unmöglichen Zustände, die auch sie bedrücken, die ihnen ihre Zukunft versperren, abschaffen will, dass sich die und die Machtträger des Systems in den Weg stellen. Diese Leitgedanken der Entwicklung einer Gegenbewegung aus der Auseinandersetzung um die primitivsten Wünsche und Sehnsüchte bis zum klaren Widerstand gegen das Regime haben wir in unserer gesamten Stellungnahme zur Betriebsarbeit wie in den Richtlinien zum Reichsberufswettkampf und zur Arbeit im Arbeitsdienst zu entwickeln versucht. Auf diesem Wege muss weitergearbeitet werden.

Es wäre aber verfehlt, wollten wir verkennen, dass für die Arbeit unter der Jugend auch die Verfechtung eines Ideals eine grosse Rolle spielt. Die Ansatzpunkte für die tägliche praktische Arbeit liegen in den unmittelbaren Wünschen und Forderungen der Jugendlichen. Der Faschismus aber verzichtet in mancher Hinsicht durchaus darauf, in der Verfechtung der Tagesinteressen mit uns zu „konkurrieren". Er gaukelt der Jugend eine „grosse Zukunft" in einem „mächtigen Staat" mit „Ruhm und Ehre" vor. Wir haben zu enthüllen, welches der wirkliche Inhalt dieser ideologischen Vertröstung der Jugend auf eine „grosse Zukunft" ist, und wir haben dem krisenerschütterten, kriegsgeladenen Faschismus-Kapitalismus das Ideal der sozialistischen Ordnung entgegenzustellen, einer Ordnung, die der ganzen arbeitenden Jugend ein menschenwürdiges Dasein sichern wird.[14]

Die Diskussion über die Zulässigkeit des Eintritts in die HJ haben uns die Nazis abgenommen. Die Tatsachen zwingen uns zur Arbeit dort. Aber ich stehe ganz allgemein auf dem Standpunkt, dass die Frage des Eintretens hier und anderswo gar nicht die zentrale für unsere Massenarbeit ist. Es kommt vielmehr auf die Blickrichtung an. Es kommt darauf an, zu erkennen, dass der Nationalsozialismus nicht zu stürzen ist, wenn nicht eine mächtige Bewegung aus den sozialen und politischen Formationen dieses heutigen deutschen Gesellschaftskörpers entwickelt wird. Entscheidend bleibt weiterhin die Arbeit in den Betrieben. Die Richtlinien der SAP für diese Arbeit sind unbedingt richtig, obgleich sie natürlich dauernd durch die praktischen Erfahrungen weiterentwickelt werden müssen. Wir müssen für die Jugendbetriebsarbeit noch sehr ernsthaft mit den ergänzenden Arbeitsmaterialien arbeiten.

Daneben müssen wir die Arbeit im Arbeitsdienst und Heer sorgfältig ausbauen, und vor allem die Arbeit in der HJ, den Sportorganisationen und anderen nationalsozialistischen Massen-

Willy Brandt (zweiter von rechts in der hintersten Reihe) im August 1939 während eines Kurses an der Arbeiterhochschule in Oslo.

organisationen. Die alte Auffassung der Zellenbildung ist vielfach schematisch angewendet worden. Es ist häufig viel wertvoller, wenn wir einen zuverlässigen Freund in einer solchen Formation haben, der um sich viele Verbindungen sammelt, die nicht in einem dafür nicht reifen Stadium mit dem hemmenden Bewusstsein der Ungesetzlichkeit erfüllt werden dürfen. Ich sagte, auf die Blickrichtung kommt es an. Und ich meine hiermit heute vor allem folgendes:

Das sozialistische Element im Nationalsozialismus, im Denken seiner Gefolgsleute, das subjektiv Revolutionäre an der Basis, muss von uns erkannt werden.[15] Es stellt eine Voraussetzung der richtigen Arbeit dar. Ich bin gar nicht der Meinung, dass man sagen kann, diese Elemente im Nationalsozialismus seien „nur zum Betrug der Arbeiter erfunden".[16] Es ist vielmehr so, dass der Nationalsozialismus in seiner Ideologie ein Sammelsurium darstellt und dass er es verstanden hat, sich in breiten Massen lebendige sozialistische Wünsche, revolutionäres Wollen nutzbar zu machen. Seiner gesellschaftlichen Funktion nach im niedergehenden Kapitalismus musste er sie umbiegen. Das hätte er aber kaum tun können, hätte er diese Elemente nur „erfunden" gehabt.

Wir müssen das sozialistische Sehnen in den breiten Massen der deutschen Jugend erkennen. Es ist das Sehnen nach einer Zukunft, in der Arbeit da ist, in der Entfaltungsmöglichkeiten für den Industriearbeiter, den Angestellten, den Bauern, den Techniker wie den Intellektuellen gegeben sein werden, in der der einzelne daran denken kann, sich ein glückliches Heim, eine Familie zu schaffen. Ich höre schon diejenigen, die darin ein reaktionäres Zugeständnis sehen. Gewöhnen wir uns doch ab, die Menschen nach dem Büchel zu betrachten, schauen wir sie uns mit ihren tatsächlichen Wünschen und Sehnsüchten an.[17] Und greifen wir nicht einer natürlichen Entwicklung voraus. Ich meine, die sozialistische Sehnsucht weit über die Grenzen der proletarischen Jugend hinaus entspringt einem mehr oder weniger klaren Verstehen dessen, dass die gegenwärtigen Zustände keine lebenswerte Zukunft sichern, und wir müssen nachhelfen damit zu beweisen, dass sie der Jugend nur die Zukunft des elenden Verreckens für den Profitsack weniger zu bieten haben.

Wir haben schon bislang die Position bezogen, dass man auf die Forderungen der Nazis und besonders der HJ auf bessere Berufsausbildung usw., Ausnutzung der Sprecher der Jugend, auf die Forderung des gerechten Lohnes usw. zurückgreifen soll, dass wir die Einlösung der Versprechen fordern. Wir müssen auf der ganzen Linie verstehen, dass wir je mehr erreichen werden, je einfacher wir argumentieren. Statt vieler Rezepte für die Arbeit in Arbeitsdienst und Heer z. B. käme es vor allem anderen darauf an, jedem Freund klarzumachen, dass seine erste und wichtigste Aufgabe darin besteht, eine wirkliche Kameradschaft der Jugendlichen untereinander zu entwickeln, eine Kameradschaft, die gegen alles Schikanieren standhält und die Grundlage abgeben kann für weitergehende Arbeit.

Das haben wir also im Grunde schon bisher für richtig gehalten. Aber was wir zu wenig verstanden haben, das war die Notwendigkeit, nicht von aussen an die Jugend heranzutreten, sondern von innen her, von gleicher Ebene auch zu ihr zu sprechen. Ich betone noch einmal, dass das Problem zu einem organisatorischen vereinfacht wird, wenn man meint, es durch „Eintreten" lösen zu können. Es bedeutet viel, viel mehr. Es bedeutet, von der Ebene der sozialistisch wollenden, aber nationalsozialistisch fehlorientierten Jugend aus eine weitgehend spontan schon vorhandene Bewegung zu fördern und weiterzuentwickeln. <u>Dabei wird die Jugendarbeit, die sozialistische Jugendbewegung, ein neues Gesicht bekommen.</u>

Auch Sering sagt in seiner Broschüre gegen den „Volkssozialismus"[18]: „Es ist eine wichtige Aufgabe der sozialistischen Arbeiterbewegung, an diese Schichten (der kritischen jungen Generation des Nationalsozialismus) heranzukommen, für die neue Generation, die die alten Verhältnisse nicht mehr kennt, die neue Sprache zu finden. Aber das Ziel dieses Herankommens, der Inhalt dessen, was mit der neuen Sprache gesagt wird, kann nur die Zerstörung der Illusionen dieser Menschen, nicht die Anpassung an sie sein. Diese Menschen, die sich betrogen fühlen, verstehen nicht, warum sie betrogen worden sind. Wir müssen ihnen helfen, es zu verstehen." – Dieser Aufsatz soll die Aufgabe haben, an einigen Punkten etwas darüber zu sagen, wie das „Herankommen" real aussehen kann. Die Propagierung der „Sozialistischen Front der jungen Generation" wird den Weg zur sozialistischen Revolution in Deutschland erleichtern können.

6.) <u>Ist unsere Parole identisch mit einer Jugendvolksfront?</u> – Nein, das ist sie nicht. Aber das bedeutet keineswegs, dass wir gegen die Politik der Volksfront sind und gegen die Volksfrontbestrebungen, die auf dem Gebiet der Jugendarbeit unternommen werden. Wir haben in bezug auf die Volksfront allgemein betont, dass wir von den für Deutschland vorhandenen demokratischen usw. Bündnispartnern nicht allzuviel halten. Wir haben betont, dass die Volksfrontpolitik viel stärker Sicht nehmen muss auf diejenigen Kräfte, die aus einem wenn auch unklaren sozialistischen Wollen heraus mit den Trägern des Regimes in Konflikt geraten.

Das gilt für die Jugend mit besonderer Berechtigung. Warum, dürfte sich aus dem früher Gesagten über die heutige besondere Lage der jungen Generation ohne weiteres ergeben. Welche Möglichkeiten gibt es heute für eine Volksfrontjugendpolitik in Deutschland? Es gibt vielleicht die eine oder andere Möglichkeit des Zusammenwirkens mit katholischen Jugendlichen. Alle solche Möglichkeiten sollen wir ohne Zögern ergreifen. Wir sind zu allen Bündnissen mit solchen Kräften bereit, die unsere Kampfbedingungen verbessern helfen und die allgemeine Situation zuungunsten des Regimes verändern können. Aber wir müssen sehr bestimmt vor der Übertragung der Bedingungen der demokratischen Länder auf die faschistische Wirklichkeit warnen. Die KJI-Politik leidet sehr darunter, dass sie alles über einen Kamm zu scheren geneigt ist. Die richtige Jugendpolitik muss aus den Verhältnissen des jeweiligen Landes abgeleitet werden.

Dass wir für Bündnisse mit allen als Bündnispartner möglichen antifaschistischen und freiheits- und friedensliebenden Jugendorganisationen sind, haben wir durch unsere Haltung gegenüber dem Genfer Weltjugendkongress im vorigen Jahr bewiesen. Es muss zugegeben werden, dass wir uns bei der Vorbereitung unserer Teilnahme am Kongress noch „linker" Fehler schuldig machten. Wir waren aber in der Lage, die Ergebnisse des Kongresses in positiver Weise auszuwerten und daraus wichtige Folgerungen für unsere gesamte weitere Arbeit abzuleiten. Wir haben auch schon vor Genf positive Vorschläge für ein Friedenskomitee der deutschen Jugend ausgearbeitet und in der Propaganda die einfache Frage gestellt: „Sterben für Krupp und Thyssen – oder leben für ein freies Deutschland?"

Die deutsche KJV-Politik der „Jungen Generation" ist weitgehend nur Volksfrontjugend-Politik. Wobei die Frage immer unklar bleibt, wo die Partner herkommen sollen, und wobei man ganz klar sehen muss, dass die heutige junge Generation in Deutschland für „Weimarer" Parolen nur schwer, wenn überhaupt, zu erwärmen ist. Genosse Ackermann stellte die Frage auf der Brüsseler Parteikonferenz der KPD im Oktober 1935 so: „ohne Rücksicht auf weltanschauliche, religiöse und sonstige Unterschiede, alle nichtreaktionären, nichtfaschistischen fortschrittlichen Kräfte der jungen Generation in eine breiteste Jugendbewegung gegen Faschismus und Krieg zu vereinigen".[19] Wir wiederholen, dass wir entschlossen sind, mitzutun, wo immer sich reale Möglichkeiten ergeben, eine solche „breiteste Jugendbewegung" zu entwickeln. Aber wir meinen, dass das in diesem Aufsatz Gesagte angetan sein dürfte, klarzumachen, dass die Aufgabenstellung der KJV-Genossen sich nicht entschlossen genug auf die konkrete deutsche Situation orientiert.

Darum gehen wir weiter, und wir wollen versuchen, durch die praktische Arbeit zu beweisen, dass wir in der Lage sind, eine sozialistisch ausgerichtete Jugendbewegung über die Versuche der Volksfrontjugend hinaus zu entwickeln. Die Propagierung einer „Sozialistischen Front der jungen Generation" richtet sich nicht gegen die Bestrebungen einer Jugendvolksfront. Sie versucht vielmehr, an einem neuen Punkt anzupacken und von dort her die deutsche Jugendarbeit neu auszurichten.

7.) Schlussbemerkung: Eine uns allen geläufige Parole besagt, dass wir die Jugend für den Sozialismus gewinnen müssen. Ich bin heute geneigt, umgekehrt zu sagen: Wir müssen den Sozialismus für die Jugend gewinnen. Wir müssen die alten Auffassungen überwinden, dass Jugendarbeit nur Parteiagitation unter der Jugend ist.

<u>Sozialistische Jugendarbeit erfüllt heute erst damit ihre Aufgabe, wenn sie sich imstande erweist, die Eigenbewegung der Jugend sozialistisch auszurichten und somit zur sozialistischen Jugendbewegung zu werden.</u> Dafür die Voraussetzungen zu schaffen, ist es heute höchste Zeit. In den breiten Massen der deutschen Jugend lebt ein spontanes Drängen zur sozialistischen Lösung. Eine Schere besteht allerdings zwischen diesem Drängen und dem kompromittierten organisierten Sozialismus. Die sozialistische Bewegung erneuern, die alte Bewegung kritisieren und sich von ihren Fehlern abzugrenzen, den fortdauernd jungen Marxismus mit neuen Erfahrungen und Erkenntnissen erfüllen und ihn von den Schlacken einer Generation der Versager zu befreien, das ist gleichbedeutend damit, die gefährliche Schere zu schliessen, den Sozialismus für die junge Generation zu gewinnen.

Es war in diesem Artikel nicht die Aufgabe, das Problem in seiner Vielfältigkeit über den deutschen Rahmen hinaus zu behandeln. Dennoch kann ich nicht darauf verzichten, meine ernsten Bedenken gegen jenen Aufruf anzumelden, den das EK unseres Internationalen Jugendbüros am 10. Januar herausgegeben hat. Die dort angeführten

„Argumente" in dieser Frage sind folgende: a.) „Es gibt keine Front der Jugend, sondern bürgerliche und proletarische Jugend, die durch verschiedene Klasseninteressen getrennt sind." b.) „Die Front der Jugend bedeutet Verzicht auf eigene, proletarische Jugendorganisationen." c.) Die Aufforderung an die internationale Jugend: „Entlarvt die konterrevolutionäre Propaganda für die Front der Jugend!" – Die Stempelung zum Konterrevolutionär sitzt bei den spanischen Freunden lose. Die Einheitsjugend wird glattweg als Jugend der Konterrevolution bezeichnet, ihre Losung als Ausgeburt konterrevolutionärer Schurkenhaftigkeit. Würden unsere Freunde in stärkerem Masse verstehen, dass sie in der vorliegenden Situation nur im Bündnis mit den breiten Volksmassen und nicht gegen die durch die Sowjetunion repräsentierten internationalen Kräfte siegen können, müssten sie auch erkennen, dass die Parole der „Front der Jugend" nicht mal für Spanien ohne weiteres gegenrevolutionär wäre. Es käme darauf an, sie mit sozialistischem Inhalt zu erfüllen. Es gälte, den breitesten Massen der Jugend klarzumachen, dass ihre Lebensinteressen sie auf die Front gegen Franco und im Interesse des Sieges über Franco unter sozialistischen Fahnen zwingen, dass die spanische Jugend mit Ausnahme einer kleinen Minderheit sich in einer Front der Kampfeinheit für den Triumph der Freiheit zusammenschliessen muss.

Zurück zu unseren unmittelbaren Aufgaben: Führen wir die Diskussionen über unseren weiteren Weg mit gründlicher Sachlichkeit weiter. <u>Gehen wir entschlossen an die Propaganda für die</u> Schaffung der „Sozialistischen Front der jungen Generation". Nicht gegen die Alten, sondern gegen das Alte. Für die einzige Lebensmöglichkeit unserer jungen Generation: für den Sozialismus.

Nr. 41
Artikel Brandts
„Von der illegalen Kampffront"
März 1937

Marxistische Tribüne, 2. Jg., Nr. 7, März 1937.[1]

Ein natürlicher Vertrauensmännerkörper.

„Wenn wir dem Kern des sich anbahnenden Widerstandes in den Betrieben nachspüren, treffen wir auf eine wichtige Erscheinung, über die übereinstimmende Mitteilungen aus einer größeren Zahl von Industrien und Betrieben vorliegen. Wir können nämlich feststellen, daß sich so etwas wie die **Herausbildung eines natürlichen Vertrauensmännerkörpers** vollzieht. Dieser „Vertrauensmännerkörper" bildet sich meist aus „alten" bewährten freigewerkschaftlichen Kollegen, die in den meisten Fällen nicht nur auf Grund früherer gewerkschaftlicher Tätigkeit, sondern auch gerade wegen ihrer Stellung im Produktionsprozess und den Kollegen gegenüber die natürliche Vertrauensstellung errungen haben, von der wir sprechen. Bei ihnen holt man sich Rat, auf ihr Wort hört man. Durchweg handelt es sich dabei um Kollegen, die nicht nur nichts mit den arbeitenden politischen Gruppierungen zu tun haben, sondern auch überhaupt illegale Betätigung bestimmt ablehnen. Die Tausende dieser alten Freigewerkschaftler, dieser eben bezeichnete Kern der Industriearbeiterschaft, stellt aber heute neben der Gesamtheit der illegalen Gruppierungen die wichtigste Kraft der deutschen Arbeiterbewegung dar. Diese betrieblichen Kerntruppen sind die Keimform der künftigen gewerkschaftlichen Organisation des Proletariats, wahrscheinlich auch zu einem großen Teil Rahmen für die Erfassung der Betriebsarbeiterschaft in den kommenden politischen Auseinandersetzungen.

Es gilt, lebendigen Kontakt zu halten.

Unsere Aufgabe kann selbstredend nicht darin bestehen, diesem Prozeß der natürlichen Vertrauensleutebildung entgegenzuwirken, was wir zudem auch gar nicht können. Wir können uns auch nicht einbilden, ihre Funktion für uns mit Beschlag belegen zu können. Die Aufgabe besteht vielmehr darin, den lebendigen Kontakt zu schaffen zwischen betrieblicher Bewegung und Vertrauensleutebildung einerseits und der politischen Kaderbildung anderseits.

Heute, weil dies die einzig zu verantwortende Form der überbetrieblichen Erfahrungsvermittlung und Zusammenfassung ist. Für morgen, um das Auseinanderklaffen dieser beiden Kräfte zu verhindern. Denn – in Anknüpfung an das früher Gesagte – diese betrieblichen Bewegungen werden zusammenbrechen und verpuffen, wenn sie nicht im entscheidenden Augenblick die Einordnung in den breiteren Rahmen und die Ausrichtung auf das revolutionäre Ziel erfahren. Die Arbeit der Partei anderseits wird erfolglos bleiben, wenn sie nicht gestützt auf diesem wichtigsten Teil der Klasse ihren Kampf führen kann.

Engen Kontakt zu den Kollegen zu erreichen, Vertrauen zu erwerben ist also die Hauptaufgabe. Derjenige ist kein guter Revolutionär, der in Isolierung seinen Kollegen gegenüber gerät, weil er irgendeine Form von Hochmut oder Überheblichkeit an den Tag legt. Anderseits ist es besonders für unsere jungen Freunde eine große Schwierigkeit, „voll" genommen zu werden. Diese Schwierigkeit ist nur durch geduldiges, zielklares Wirken zu meistern. Dann wird der Erfolg nicht ausbleiben. Wo nicht schon vorher die Voraussetzungen für die Erreichung der genannten natürlichen Vertrauensstellung gegeben sind, soll man nicht versuchen, sie sich künstlich anzueignen. Vielmehr soll man dahin wirken, den notwendigen Einfluß über die andern betrieblich anerkannten Kollegen geltend zu machen, ihnen zu helfen, mit ihnen in ein besonders gutes kameradschaftliches Verhältnis zu kommen.

Wie richtige Betriebsarbeit aussehen muß.

Von Betriebsarbeit kann keine Rede sein, wenn man sich nur am allgemeinen Gemeckere beteiligt und darüber vielleicht die eine oder andere Nachricht weitergibt. Diese Arbeit, ernst genommen, setzt voraus, daß man sich energisch in die ganzen Probleme des Betriebs hineinkniet, sich einen wirklichen Überblick verschafft, damit man von der so gewonnenen größeren Einsicht aus auf die Kollegen Einfluß nehmen kann. Falsch wäre es auch zu meinen, ein beachtlicher Erfolg sei nun erreicht, wenn die Betriebsdiskussionen „auf das politische Niveau" erhoben worden seien. Vielfach ist das gar nicht von weiterem Nutzen und verpufft sehr schnell. Das Wichtigste ist, sich mit den **tausend kleinen Fragen des Alltags** auseinanderzusetzen, an ihnen die Kollegen anzupacken, von ihnen aus die weiteren Zusammenhänge aufzurollen. Auch das erfordert wiederum, daß man fleißig mit den Fragen arbeitet, sich bei den Freunden Rat holt und mit ihnen die jeweilige Lage durchspricht. Die Einheiten müssen es sich angelegen sein lassen, sich nicht auf gelegentliche summarische Berichterstattung aus den Betrieben zu beschränken, sondern sich mit den vorgebrachten Äußerungen zu beschäftigen, mit der Art, wie man weiter die Diskussionen befruchten müßte, welche primitiven Forderungen der Situation entsprechen würden. – Denkt immer daran, daß für den einfachen Menschen das Leben nicht aus „Ismen" besteht, sondern aus Essen, Schlafen, Fußballspielen, Kanarienvögeln, Schrebergarten und anderen schönen Dingen. Und vergeßt nicht, daß es Lenin war, der vorschlug, mit der Forderung nach „Teewasser" Leben in den Betrieben auszulösen. Wir müssen lernen, nicht immer von der hohen Politik zu reden, sondern zu ihr den Weg durch das jeweilige „Teewasser" zu bahnen.

Wo ist Zellenbildung möglich?

Unsere Richtlinien für die betriebliche Arbeit sind bislang zweifellos zu schematisch auf die Aufgabe der **„Zellenbildung"** ausgerichtet. Hier muß man sich mehr auf das einstellen, was praktisch möglich ist. Zellenbildung ist natürlich dort am Platze, wo mehrere unserer Freunde in einem Betrieb tätig sind. Dann handelt es sich also um eine politische Zelle im betrieblichen Rahmen. Sonst aber sind wir der Meinung, daß man sich nicht übernehmen soll. Zellenbildung hat nur dann einen Sinn, wenn Qualität und praktische Bedingungen der in Frage kommenden Leute eine kontinuierliche kollektive Arbeit erlauben. Im übrigen wird Organisiererei nur von Übel sein. Die in vielen Fällen zweckmäßigere Art ist die der lockeren Erfassung der verschiedenen zuverlässigen Kollegen und dadurch die Wahrung einer Form, die leichtere Rückzugsmöglichkeiten läßt und das Gefahrenmoment einschränkt. Unabhängig von der organisatorischen Form, die man wählt, darf es nie an zu verarbeitendem Stoff fehlen. Vom Betrieb aus stehen die Lohn- und Arbeitsverhältnisse, im Zusammenhang mit der DAF[2] die der sozialen Leistungen. Vergleiche mit früher oder mit anderen Betrieben können zu günstigen Diskussionen führen. Anknüpfen an die Veröffentlichungen im „Arbeitertum"[3], die offiziellen Zeitungen und Zeitschriften, kann geeignet sein, das Blickfeld für die breiten Zusammenhänge zu öffnen.

Wir sind die sogenannten Vertrauensräte.

Eine besondere Frage ist die der Haltung gegenüber der Einrichtung der sogenannten **Vertrauensräte**. Auch in dieser Hinsicht ist die Lage außerordentlich unterschiedlich in den einzelnen Betrieben. Immerhin läßt sich in vielen Fällen feststellen, daß nicht unwesentliche Veränderungen gegenüber der Situation vor zwei Jahren oder auch noch vor einem Jahr vor sich gegangen sind. In dieser Zeit hat die Vertrauensrätefunktion vielfach mehr reale Bedeutung erhalten, die Arbeiter wenden sich öfter als früher mit ihren Wünschen und Forderungen an den Vertrauensrat, teilweise, weil sich tatsächlich einige Besserungen auf diesem einzigen legalen Kanal nach oben erreichen ließen und lassen, teilweise auch um gutgläubigen Nazis einen guten Anschauungsunterricht über Theorie und Praxis nationalsozialistischer Arbeiterpolitik zu erteilen. An dieser Wendung dürfen wir nicht stillschweigend vorbeigehen. In vielen Fällen natürlich, wo einfach Unternehmerkreaturen am Werk sind, muß weiter alles geschehen, um ihnen nicht die Legalisierung durch eine Vertrauenshaltung seitens der Belegschaft zu geben. Aber das schließt nicht aus, sie trotzdem zwecks Belehrung des einen oder anderen Wankelmütigen unter den Kollegen gehörig unter Druck zu setzen. In den andern Fällen wäre die auf „Boykott" ausgerichtete Parole geradezu verhängnisvoll. Sie würde einen Riß in der Belegschaft entstehen lassen, durch den die wertvollsten Elemente isoliert werden könnten. Die Politik des Boykotts ist der revolutionären Arbeiterbewegung durchweg noch immer schlecht bekommen. Es kommt darauf an, der jeweiligen Lage des Betriebs und der Stimmung der Belegschaft entsprechend eine bewegliche Taktik einzunehmen, die nicht darauf verzichten kann, auch die Einflußnahme auf die Vertrauensräte mit allen Kräften in unsere Arbeit einzubeziehen.

Jugendarbeit.

Neben der Betriebsarbeit stellt die Jugendarbeit den wichtigsten Abschnitt unserer Massenarbeit dar. Es handelt sich nicht nur um die Sicherung des immer notwendigen Nachschubs der jüngeren Jahrgänge für uns, sondern auch um das Erkennen, daß das Regime seine Kraft wesentlich auf die jüngeren Jahrgänge einstellt. Hier versucht es, abzuschneiden, um die Jugend in den Auseinandersetzungen der kommenden Jahre fest in der Hand zu haben.

Die HJ ist Staatsjugendorganisation geworden. Die Arbeit in ihr ergibt sich von selbst. Natürlich werden solche Jugendliche, die erst auf Grund des neuen Gesetzes eintreten, wenig Möglichkeit haben, sich zu bewegen. Aber auch so können sie beobachten, einzelne persönliche Verbindungen anknüpfen usw. (Im übrigen aber muß für alle Organisationen des Regimes gesagt werden, daß zumeist viel wichtiger als die Arbeit des einen oder anderen Freundes hier und dort ist, daß alles, was an persönlichen, verwandtschaftlichen usw. Verbindungen zu aktiven Leuten solcher Organisationen vorhanden ist, viel planmäßiger ausgenutzt werden muß. Zunächst, um sich dadurch laufend zu unterrichten, dann auch, um auf diesem Wege Einfluß geltend zu machen.) Die Arbeit in der HJ ist insofern leichter, als die „radikalen" Redensarten der HJ-Führung, zumindest in der Vergangenheit, sei es in Bezug auf die sozialen Forderungen der Jugend und dem deutschen Sozialismus, sei es gegen Kirche und Reaktion, wertvollste Anknüpfungspunkte bieten. Dabei darf nicht verkannt werden, daß ja tatsächlich einige Verbesserungen für Lehrlinge und jugendliche Arbeiter durchgeführt worden sind. Da muß man nun weiterstoßen, gerade auch in Verbindung mit dem Reichsberufswettkampf.[4] Man wird dann auch an diesem Frontabschnitt erleben, daß das Regime seiner Jugend Schläge erteilt, wie es schon heute bei der Umorganisation der HJ ganz deutlich wird. Und diese Schläge sind das nützlichste Lehrgeld. Die Tätigkeit der **Sport**verbände ist etwas eingeengt worden. Trotzdem liegen dort weiterhin sehr gute Arbeitsmöglichkeiten. Im Rahmen der Sportorganisation ist es vor allem leicht möglich, dem Zusammenschluß von Freunden eine legale Tarnung zu geben und auch andere Leute, an die wir herankommen wollen, leicht zu erreichen.

Kameradschaft zwischen jung und alt.

Sehr stark betonen müssen wir auch die Notwendigkeit der **Kameradschaft zwischen erwachsenen und jugendlichen Arbeitern.** In dieser Beziehung sieht es in vielen Betrieben und auch sonst schlimm aus. Wenn ältere Arbeiter ihre jugendlichen Kollegen über die Schulter ansehen, so ist das Begünstigung der Arbeit des Regimes, das an dieser Generationsgegensätzlichkeit nur Interesse haben kann. Die Arbeiterbewegung hat auch schon mit ihrer früher an den Tag gelegten Verkennung bzw. Bagatellisierung der Jugendfrage schwere Fehler begangen, um deren Überwindung man sich heute bemühen müßte. Der ältere Arbeiter muß im Betrieb und außerhalb seine Pflicht erfüllen, indem er sich um einen Jugendlichen oder mehrere ganz besonders kümmert, ihnen Ratschläge erteilt, sie weiterbringt und so der Bewegung ihren Nachwuchs sichert. Der Jugendliche auf der andern Seite muß es sich angelegen sein lassen, in geduldiger Arbeit trotz etwas vorhandenen Mißtrauens das volle Vertrauen der älteren Kollegen zu erwerben.

Wenn man sich vor Augen hält, daß eine solche, vom politischen Kern ausstrahlende Tätigkeit – die ja natürlich auch bislang geschieht – in der Zukunft planmäßiger vorgenommen wird und daß sie sich im Gesamtmaßstabe vollzieht, dann wird man einsehen, daß auch von einem zahlenmäßig sehr beschränkten Kreis sehr viel erfaßt werden kann. Dann hat die Organisation ihre Fühler überallhin ausgestreckt, dann schließt sich die Schere zwischen den latent in der Masse vorhandenen Kräften, die sich morgen in spontanen Bewegungen Ausdruck verleihen können, und dem organisierten politischen Kern, der dieser spontanen Bewegung Richtung und Zusammenhalt zu bringen hat.

Vom Ausland her kann diese Arbeit noch wesentliche Ergänzung finden, wenn die gesamte Tätigkeit stärker auf die Situation im Reich abgestimmt wird. Die Kanäle zwischen Ausland und Reich sind zahlreich. Man braucht hier nur an den Reiseverkehr und den Verkehr der Seeleute denken. Hier liegt eine große praktische Aufgabe der Auslandsgruppen vor.

Es mag schließlich auch erwähnt werden, daß diese allgemeine antifaschistische Arbeit durch engeren Erfahrungsaustausch, gemeinsame Stellungnahme und Veröffentlichungen der verschiedenen Gruppen oder Parteien im Ausland wirksamer als bisher unterstützt werden kann.

Nr. 42
Aus dem Schreiben Brandts an die Parteileitung der SAP und die Zentralleitung des SJV
31. März 1937

ARBARK, SAP-Archiv, Mappe 168.

[...]

Die POUM hat keine Vorstellung von der internationalen Lage der Arbeiterbewegung, und der Teil, der eine gewisse Ahnung davon hat, neigt bei der Beantwortung der Fragen der Neuformierung zur trotzkistischen Antwort. Man geht eben davon aus, dass man das reine Banner der POUM in der ganzen Internationale entrollen muss, um daraus eine Internationale werden zu lassen. Zur S[owjet-]U[nion] hat die POUM auch keine Linie, sie macht nur „Taktik". Sie hat keine Klarheit über die von uns bitter gesammelten Lehren über den Trotzkismus. Aber ich bin weit davon entfernt, zu glauben, dass es sich um isolierte internationale Fehler handelt. Vielmehr weiss ich, dass sie ihren Ursprung bzw. ihre Parallelen in der nationalen Politik haben.

Was sollen wir tun? Meine Meinung ist die, dass wir nach der hier eingenommenen Haltung schon jetzt davon ausgehen müssen, dass wir volles Recht auf unsere ungehemmte Handlungsfreiheit haben. Ohne irgendwie vor den Stalinisten weiche Knie zu bekommen, müssen wir hier an unseren Freunden Kritik üben. Wir müssen in das Büro[1] und auf die Konferenz, falls sie noch stattfinden sollte, gehen, um unsere kritischen Positionen zu verteidigen. Gegen eine POUM-Internationale, ebenso wie ich gegen eine SAP-Internationale eintreten würde. Sehen muss man aber, dass wir sowohl von der Partei wie von der Jugend aus auf Grund der hier zu Tage tretenden Lage daran gehen müssen, unsere internationale Arbeit zu verselbständigen, unsere internationalen Sekretariate auszubauen und selbst eine planmässige Arbeit zu betreiben.

Ich will heute auch einige Bemerkungen kritischer Art über die <u>nationale Politik unserer Bruderpartei</u> machen.

a) es fehlt überall die korrekte Definition des Charakters des Krieges. In der Verfilzung der Elemente des Klassenkrieges und des nationalen Unabhängigkeitskrieges ist in dieser Etappe der Auseinandersetzung das Schwergewicht auf das Element des Freiheitskrieges gegen den internationalen Faschismus übergegangen. Die POUM hält steif an der Definition des Kriegs lediglich als Klassenkrieg fest. Sie hat von dort ausgehend und auch von anderen Ausgangspunkten her keinen korrekten Standpunkt zu den nationalen und „nichtproletarischen" Elementen des Krieges.

b) die Partei ist unkonkret in ihrer politischen Aufgabenstellung. Richtig ist ihre strategische Grundlosung, dass Krieg und Revolution untrennbar verbunden sind. Aber was praktisch daraus wird, ist teilweise erschreckend. Ich habe mir dieser Tage die Arbeit gemacht, die

Monate hindurch die Stellung der Partei zur Frage der Arbeiterregierung nachzulesen. Da zeigt es sich, dass es im Zentralorgan und in den offiziellen Veröffentlichungen der Leitung bunt wechselt zwischen der Vorstellung von einer Arbeiterregierung als einer Regierung der Arbeiterparteien und der Gewerkschaften (teilweise mit der Billigung der Minderheitsteilnahme der kleinbürgerlichen Parteien) und einer Arbeiterregierung als aus der konstituierenden Versammlung der Arbeiter-, Bauern- und Soldatendelegierten hervorgegangen. Auch in der jetzigen Krise der Generalidad[2] ist es so, dass man vor einigen Tagen Plakate aufschlug für die konstituierende Versammlung und die aus ihr hervorgehende Arb[eiter]regierung, während am Sonntag das ZK einen Aufruf annahm, der Arb[eiter]regierung als Regierung der Arbeiterorganisationen verlangt.

c) Die Stellung zum Problem der Volksfront ist offenbar schwach und falsch. Im vergangen[en] Jahr hat man es zunächst als wahltechnische Angelegenheit gelöst. Die Teilnahme an der Regierung der Generalidad rechtfertigt man damit, dass es sich bei weitem nicht um eine VF-Regierung handelt, sondern um eine sozialistische Regierung!

d) Es wird eine falsche bzw. überhaupt keine Einheitsfrontpolitik gemacht. Die E[inheits-]F[ront]-Politik den Anarchisten gegenüber trägt vorwiegend den Charakter der Deckung hinter deren breiten Rücken vor den Angriffen der PSUC.[3] Bei der Jugend war es sogar so, dass man planmässig das Bündnis zwischen Einheitsjugend und Anarchisten kaputtgemacht hat, um dann ein neues, „revolutionäres", mit der anarchist[ischen] Jugend zu schliessen, das aber nicht in Funktion getreten ist. – Zu allem andern kommt, dass man eine Politik macht, die

e) katalonisch beschränkt ist. Die UGT im übrigen Spanien ist etwas anderes als die in Katalonien, die SP und KP sind etwas anderes als die PSUC. Man geht doch von den entscheidenden Leuten so an die Frage heran, dass zwischen diesen Elementen und den Anarchisten-POUM auf der anderen Seite die Barrikade steht, während ich der Meinung bin, dass man durch Bündnis- und Aktionseinheitspolitik, und nur dadurch, siegen kann.

f) hinzu kommt die international trotzk[istische] Konzeption. Es wären manche andere, besonders auch grundsätzliche, Dinge zu sagen. Ich werde sie bis auf ein anderes Mal aufsparen. Hier will ich noch anführen, dass die Partei einen führerlosen Eindruck macht.

Ihr müsst das alles richtig verstehen. In Katalonien ist offenbar der fortgeschrittenste und ergebendste Teil der Arbeiterklasse in der POUM, sie ist mit uns organisatorisch verbunden, wir gehen allesamt einig mit ihrer strategischen Grundkonzeption. Aber gerade darum haben wir die Pflicht, klar zu sehen, was ist. Und zumindest unter uns – aber ich meine, auch mehr – aussprechen was ist.

[...]

Ja, jetzt hab ich schon wieder keine Maschine mehr, und ich muss ~~sehen, wie ich mit der Hand weiterkomme.~~ für heute Schluß machen.[4]

‹W.›[5]

Nr. 43
Aus dem Schreiben Brandts an die Zentralleitung des SJV
31. März 1937

ARBARK, SAP-Archiv, Mappe 168.[1]

Meine lieben Freunde!
Ich hoffe, dass Ihr meine bisherigen Briefe erhalten habt. Heute gibt es folgendes zu sagen:

1.) Ich bin jetzt vier Wochen hier[2] und habe noch keinen einzigen Brief, keine Zeile Material, kein Lebenszeichen von Euch erhalten. Ihr werdet verstehen, dass das eine völlig unhaltbare Situation für mich ist. Neben der politischen und persönlich-materiellen Misere kommt die völlige Abgeschnittenheit hinzu. In der ‹Metro›[3] bin ich bei weitem nicht so isoliert von der Organisation gewesen wie hier.

Bekümmert Euch bitte bei Jim [Jacob Walcher] darum, was mit der Post von Paris aus geschieht. Wir haben einen gewissen Verdacht, dass bestimmte Elemente unserer Bruderpartei[4] einfach unsere Post unterschlagen. Aber lasst Euch durch diesen Verdacht nicht veranlassen, nicht mehr zu schreiben.
[...]
7.) Im ersten Brief von hier schrieb ich Euch, dass ich völlig ohne Geld bin, Schulden machen muss und unter elenden Bedingungen lebe. Wollt Ihr bitte – falls das nicht geschehen ist – eine Überweisung für mich an Fenner Brockway vornehmen und ihm mitteilen, dass er sofort MacNair hier Bescheid gibt, mir den betr. Betrag in gutem Kurs in Peseten auszuzahlen.
[...]
Salut
Willy

Nr. 44
Aus dem Schreiben Brandts an den Leiter der Parteileitung der SAP, Walcher
10. April 1937

ARBARK, SAP-Archiv, Mappe 168.

Lieber Jim!
Morgen wird Hans [Max Diamant] nun wohl los kommen[1], und bei der Gelegenheit kann man also wieder mal von sich hören lassen. Damit, dass ich hier keine Post mehr erhalten werde und mich auch sonst in mehr als einer Hinsicht in einer ausgesprochenen Zwangslage befinde, habe ich mich auch bald abgefunden. – Willst Du bitte dafür sorgen, dass die mitgeschickten Sachen für Oslo und besonders für Trudel [Gertrud Gaasland] gleich weitergehen.

Anliegend sende ich Dir einen Bericht vom 4. d[iese]s [Monats], Durchschriften von Artikeln über Aragon und die hiesige Krise für Oslo², sowie einen Radiospeech von mir. Ausserdem eine Note, die ich zur Situation im Jugendbüro³ verfasst habe. Dass es gelungen ist, Fritz [Peter Blachstein] aus der Exekutive des Jugendbüros herauszubekommen, ist bei der sonstigen Lage hier ein günstiges Resultat dieser Angelegenheit. Im Interesse des ‹Vereins›⁴ bin ich auch bereit, vorläufig die Sektion⁵ hier zu machen, aber ich will ausdrücklich ‹Euch gegenüber›⁶ erklären, dass die Funktion von mir als eine technische aufgefasst wird, weil ich politisch an zu vielen Punkten nicht einverstanden bin.

[...]

Für den Fall, dass ich nicht schon in den ersten Wochen von hier weg soll (was evtl. erforderlich ist, wenn die Jugend-Z[entral-]L[eitung der SAP] darauf besteht), habe ich Trudel vorgeschlagen, dass sie sich dort oben⁷ für einige Monate überflüssig macht und in den nächsten Wochen hierherkommt. Falls sie selbst mit meinem Vorschlag einverstanden ist und dementsprechend schreibt, solltet Ihr keine Schwierigkeiten machen. Es wäre für sie überaus nützlich, einmal herauszukommen und die Dinge hier kennenzulernen, und für die Arbeit wäre es auch nur günstig.

Vor allem hoffe ich, dass das Nichtankommen der Post geklärt wird und dass Ihr Euch darüber unterhaltet, wie wir die Sache von Euch aus neu organisieren. Es ist untragbar, hier so abgeschnitten zu sein.

Herzliche Grüsse Dir und Herta ‹Willy›⁸

Nr. 45
**Aus der Ausarbeitung Brandts für die Parteileitung der SAP:
Die blutige Maiwoche in Barcelona
11. Mai 1937**

ARBARK, SAP-Archiv, Mappe 16, Zur Spanien-Frage (Aus den Briefen des Genossen Willi [Brandt]), Internes Informationsmaterial Nr. II.

[...]
In den Tagen vor dem ersten Mai [1937] war eine erneute Verschärfung der ohnehin seit Monaten latenten Krise in Barcelona und Katalonien eingetreten. Schlaglichtartig wurde das durch die Ermordung von Roldan Cortada am 25. April und ihre Nachwirkungen beleuchtet. Roldan Cortada war Vorsitzender des Kommunalarbeiterverbandes in Katalonien, Mitglied des Regionalkomitees der UGT und ein leitender Mann der PSUC. Er wurde in einem Vorort von Barcelona, Molins de Llobregat, umgebracht, unter Umständen, die bis heute nicht recht geklärt sind. Leider handelt es sich bei diesem Terrorakt um keine Einzelerscheinung. Der Tod von Roldan Cortada war Ausdruck auf der einen Seite für die traditionsmässig vorhandenen Schwierigkeiten in der spanischen Arbeiterbewegung, auf der andern Seite für eine mit Explosivstoff geladene Atmosphäre aus einer Lage heraus, in der die Erfordernisse des Krieges alles beherrschen, in der sich die sozialrevolutionäre Fragestellung nicht entschieden genug durchsetzen konnte und in der der Abbau wichtiger revolutionärer Errungenschaften eine unleugbare Tatsache ist. Man musste aus dieser Lage heraus seit langem stärkere Explosionen befürchten. In den Tagen vor dem 1. Mai gab es eine Reihe ernster Tatsachen zu verzeichnen: auf die Ermordung von Roldan Cortada folgte am 27. April eine grosse Begräbnisdemonstration der PSUC und der UGT, die zumindest von Teilen der Anarchisten als Herausforderung aufgefasst worden ist. Sie war in der Tat eine Demonstration für das Wachstum der PSUC und sie drückte den Willen der PSUC aus, sich nunmehr rück-

sichtsloser durchzusetzen und nach der mühsam überwundenen Regierungskrise der Generalidad[1] die Führung des politischen Geschehens in Katalonien eindeutig an sich zu nehmen.

In den Nächten vom 28. zum 29. und vom 29. zum 30. April fanden gegenseitige Entwaffnungen von anarchistischen und PSUC-Kräften in den Strassen von Barcelona statt, in der Altstadt wurden auch schon Barrikaden errichtet. Die Leitung der anarchosyndikalistischen CNT aber versuchte alles, um zu Verhandlungen und zu einer gütlichen Regelung zu kommen. Zur selben Zeit fanden einige Zusammenstösse in der katalanischen Provinz statt. So wurde eine Strafexpedition nach Molins de Llobregat entsandt, und im Grenzort Puigcerda kam es zu einem ernsten Konflikt zwischen Kräften der CNT und der PSUC. Diese Beispiele würden genügen, um die Atmosphäre in Barcelona vor der blutigen ersten Maiwoche zu kennzeichnen.

Man muss sich aber auch die dahinterliegenden Momente klar vor Augen halten. Es stehen sich zwei Auffassungen über den Charakter des Krieges gegenüber. Die PSUC, wie die KP im übrigen Spanien, betrachtet ihn ausschliesslich als einen nationalen Verteidigungskrieg gegen den Faschismus, die POUM sieht in ihm lediglich einen Klassenkrieg, nationalen und internationalen Charakters. Die grossen Organisationen der CNT/FAI schwanken zwischen diesen extremen Definitionen. Keine Organisation hebt klar das Ineinandergreifen der Elemente des sozialen und des nationalen Krieges hervor. Die PSUC ist in Verfolgung ihrer These zu einem solchen Bündnis mit den kleinbürgerlichen und bürgerlichen Kräften gekommen, das diesen eine ständig zunehmende Bestimmung über die politischen Geschicke des Landes und über die der Arbeiterklasse eingebracht hat. Während in den letzten Monaten vor dem Juli [19]36, in den Monaten der spanischen Volksfront, die Streiks der Arbeiter und die Agrarbewegungen der Landarbeiter, Pächter und Kleinbauern das Tempo der Entwicklung bestimmten, sehen sich die Arbeiter heute wichtiger revolutionärer Errungenschaften beraubt. Normalisierung tat not. Normalisierung war die notwendige Voraussetzung einer wirksamen Kriegführung. Die Frage war, Normalisierung auf welcher Basis. Indem man die Normalisierung in der grossen Linie in den Formen des bürgerlichen Demokratismus durchführte, geriet man in Gegensatz zu den revolutionärsten Elementen der Arbeiterklasse. Die rein antifaschistische Fragestellung ohne sozialistische Perspektive erwies sich eben als eine Fragestellung ohne Perspektive. Sie war geeignet, in Katalonien stärker als im übrigen Spanien die Widersprüche zu dem anarchosyndikalistisch erzogenen Proletariat zu vertiefen.

In der geschilderten äusserst gespannten Situation ereignete sich am Montag, dem 3. Mai, etwas, was den Ausgangspunkt der blutigen Tage vom 3. bis 7. Mai bildete: die Besetzung der Telefonica[2]. Nachmittags gegen drei Uhr erschienen drei Lastwagen mit bewaffneten Guardias de Asaltos und Guardias Nacionales[3] – unter Führung des Kommissars für die öffentliche Ordnung, Rodriguez Sala (PSUC) und auf Veranlassung des Ministers für innere Sicherheit, Aiguadé (Esquerra [Republicana][4]) – bei der Telefonica, um auf diese Weise die Einsetzung eines Staatskommissars in der Telefonzentrale zu erzwingen. Es ist noch nicht ganz klar, was diesen Beschluss der Behörden herbeigeführt hat. Die Telefonica wurde gemeinsam von der CNT und UGT verwaltet. Es wird behauptet, einige Tage zuvor seien UGT-Leute ausgeschifft worden und man habe die Telefonverbindungen der Regierung mit kritischen Provinzorten abgeschnitten.

Wie dem auch immer sei, die Verantwortlichen mussten sich darüber im Klaren sein, dass die Besetzung als Provokation wirken würde, dass sie in dieser Situation der Funke war, der das Pulverfass zum Explodieren bringen konnte. Diese Verantwortlichkeit muss festgehalten werden. „Treball" und „Noticias", die Barcelonaer Organe der PSUC und der UGT, und in noch stärkerem Masse Zeitungen gleicher Richtung ausserhalb Kataloniens benennen die Provokateure so: die Unkontrollierten, die Trotzkisten der POUM und die Faschisten. Über die Haltung der POUM wird später zu sprechen sein. Dass sich faschistische Agenten in die Bewegung eingeschlichen haben, ist durchaus wahrscheinlich. Dass die Agenten der 5. Kolonne[5] krampfhaft und vielfach mit Erfolg im Hinterland wühlen, ist erwiesen. Erwiesen ist aber auch, dass ihre Tätigkeit sich auf alle Abschnitte der antifaschistischen Front erstreckt. Dass die „Unkontrollierbaren" eine bedeutsame und nicht immer heilvolle Rolle gespielt haben, ist ebenfalls sicher. Die Meinungen gehen auch nicht darüber auseinander, dass Kontrolle notwendig ist, sondern darüber, wer kontrollieren soll.

Der Ausbruch der Kämpfe erfolgte unmittelbar auf die Besetzung der Telefonica. [...]

Wie war zu diesem Zeitpunkt die Position der verschiedenen Organisationen? – Die entscheidende Kraft war die CNT/FAI. Auf ihr ruht eine grosse Verantwortung. Sie hat sich dieser Situation nicht gewachsen gezeigt. Sie war weder in der Lage, den Zusammenstoss zu verhindern, noch ihn in einen erfolgreichen Vorstoss der Arbeiter umzuwandeln. Am Montagabend kam eine Note des Regionalkomitees der CNT/FAI heraus, in der die Mitglieder und Anhänger aufgefordert wurden, nur den Weisungen des Regionalkomitees zu folgen und in der zuvor gesagt war, das Komitee habe gegen die Provokation der Besetzung der Telefonica interveniert und fordere die Zurückziehung aller bewaffneten Kräfte. In der Tat zeigte sich an diesem Montag, dass der Leitung der CNT die aktiveren Kräfte ihrer Bewegung entglitten waren, etwas, was schon seit geraumer Zeit als Tendenz zu spüren war. Die Leitung der CNT/FAI stand zunächst rat- und machtlos gegenüber jener in den Strassenkämpfen ausmündenden Mobilisierung ihrer aktiven Kräfte, die dann von den extremen anarchistischen Gruppen der FAI und der Juventudes Libertarias geführt wurden, soweit von Führung überhaupt die Rede war.

Die PSUC und die UGT wie die nichtproletarischen Parteien stellten sich von Beginn an bedingungslos hinter die Regierung. Trotzdem verwischten sich die Grenzen: Während bestimmte Teile der in der CNT organisierten Betriebsarbeiterschaft schon zu Beginn gegen die Aktion standen, haben geringere Gruppen von UGT-Arbeitern gemeinsam mit der CNT auf den Barrikaden gestanden. Die aktiv auf der Seite der Guardias teilnehmenden Gruppen der PSUC und des Estat Catala[6] waren gering an Zahl. Die grossen Massen der Bevölkerung standen den Kämpfen mit passiver Scheu und Angst gegenüber.

Die POUM sah im Ausbruch der Kämpfe ein „Wiedererwachen des Geistes vom 19. Juli[7] [1936]". Sie begnügte sich mit allgemeinen Parolen wie: Revolutionäre Arbeiterfront, Bildung von Komitees zur Verteidigung der Revolution. Ihre Mitglieder standen an der Seite der Militanten der CNT/FAI, zahlenmässig ist die Partei jedoch in Barcelona viel schwächer als im übrigen Katalonien. Die Partei beantwortete nicht konkret die Fragen: Können wir uns heute diese Auseinandersetzung leisten, und wozu soll diese Auseinandersetzung führen?

In den folgenden Tagen hat die Leitung der CNT die Position bezogen, die durch den Aufruf „Frieden, Brüder!" gekennzeichnet ist. Dieses einfache Appellieren daran, keinen Bruderkampf zu führen, im Hinterland kein Blut zu vergiessen, war unpolitisch. Der Ausgangspunkt des Konflikts war aber höchst politischer Natur. Der Konflikt erheischte politische Antwort, politische Lösung. Die Tatsache der als Provokation wirkenden Besetzung der Telefonica ist festgestellt worden. Revolutionäre Sozialisten konnten sich aber nicht auf das Zurkenntnisnehmen der spontanen Erhebung eines Teils der Arbeiterklasse beschränken, sie mussten sagen: Wir können uns diesen Kampf einfach nicht leisten. Er kann unsere Front ins Wanken bringen. Während der gemeinsame Feind im Lande steht, können wir uns nicht in der Retaguardia[8] gegenseitig niedermachen. Notwendig war die Einsetzung gerade der revolutionären Kräfte für die schnellste Überwindung des Bürgerkriegszustandes, verbunden mit der Durchsetzung von solchen Forderungen, die Garantien darstellen konnten für die Stärkung der antifaschistischen Kampfeinheit und für die Sicherung der revolutionären Positionen in ihr. Die zentrale Frage in diesem Augenblick war die der Polizei. Die einzige Form, in der sie zu lösen war, war diese: Schaffung einer einheitlichen Sicherheitskörperschaft des Hinterlandes auf der Basis der beiden Gewerkschaften.

[...]

Die neue Regierung der Generalidad basiert stärker als die vorige auf dem Bündnis zwischen CNT und UGT. Die Leitung der CNT ist bemüht, bei sich Ordnung zu schaffen und sich stärkere Autorität zu sichern. Es bleibt die Frage der POUM. „Treball", das Blatt der PSUC, fordert die Vernichtung der POUM, die als faschistische Organisation bezeichnet wird. Die Leitung der katalanischen UGT hat den Ausschluss aller Führer der POUM und aller POUM-Mitglieder, die [am] aktiven Kampf teilgenommen haben, aus den UGT-Gewerkschaften beschlossen. Die „Batalla", das Zentralorgan der POUM, wurde in den Kampftagen besetzt, allerdings inzwischen wieder freigegeben. In Regierungskreisen erklärt man, es werde sehr schonend regiert werden, aber mit einem Vorgehen gegen die POUM müsse man rechnen. Es ist kaum anzunehmen, dass die CNT einen solchen Schlag gegen die POUM zulassen wird. Es wäre ein Schlag gegen die Sache der Revolution und ein Schlag, der in dieser ersten Situation zweifellos neues Blutvergiessen zur Folge haben würde. Es geht nicht an, den Streit auf dem Buckel der schwachen POUM auszutragen. Es geht nicht an, eben jene Atmosphäre wieder aufleben zu lassen, aus der heraus die Blutwoche entstanden ist.

Das enthebt nicht von der Pflicht zur kritischen Prüfung der tatsächlichen Position bei der POUM während dieser Tage. Die tatsächliche Position war unkonkret und schwankend. (Die Leitung der POUM in Sabadell, einer Industriestadt in der Nähe von Barcelona, soll übrigens am Freitag einen Aufruf gegen die Teilnahme der Partei an den Kämpfen herausgebracht haben). Die POUM schmeichelte den Rebellierenden am Dienstag, als sie leichtweg vom wiederauferstandenen Geist des 19. Juli sprach. Sie sprach am Dienstag vor allem nicht aus, dass man sich zu diesem Zeitpunkt diese Kämpfe einfach nicht leisten konnte. Sie gab auf der andern Seite der Aktion, in der sie sich zusammen mit den aggressiven anarchistischen Gruppen an die Spitze gestellt sah, keine konkreten Aufgabenstellungen. [...]

Die POUM hat in diesen Tagen an den russischen Juli 1917 erinnert. Die Bolschewiki bogen den Aufstandsversuch in eine bewaffnete Demonstration um. Die Bolschewiki sprachen im Sommer 1917 auch deutlich genug aus, welche Notwendigkeiten dadurch aufgezwungen wurden, dass Kornilow vor den Toren stand. Im heutigen Spanien konnte die Frage der Macht sowohl aus objektiven Gründen des Landes selbst wie des internationalen Charakters des Krieges nicht gestellt werden. Es ist noch nicht abzusehen, wie sehr die Blutwoche in Barcelona revolutionäre Machtpositionen gefährdet hat.

Über tausend Tote, einige tausend Verwundete, unter den Toten wichtige Funktionäre wie Sesé und Domingo Ascaso von der CNT – das ist eine Bilanz, die schon schlimm genug wäre. Das Feixen der spanischen und internationalen Faschisten und Reaktionäre sollte allen zu denken geben. Die Frage ist diese: wird auch dieses Blut umsonst geflossen sein, oder wird es zusammen mit den ungeheuren Opfern an den Fronten dazu beitragen, bessere Bedingungen für den Sieg über den Faschismus und für die sozialistische Umgestaltung Spaniens zu schaffen.

Die Opfer vom 3. bis 7. Mai rufen zur Festigung der antifaschistischen Aktionseinheit als Voraussetzung für den Sieg an der Front und für die Lösung der gegenwärtigen Probleme des Hinterlandes. Sie rufen zur Gewerkschaftseinheit, zum Bündnis der breiten arbeitenden Massen in Stadt und Land mit der Arbeiterklasse. Sie rufen Alarm dagegen, dass das arbeitende Volk um die Resultate seines heldenhaften Kampfes im Juli [1936] und an den Fronten gegen den Faschismus geprellt wird. Sie rufen Alarm für die Rettung der Revolution, für den Sieg, für den Sozialismus.

Nr. 46
Referat Brandts auf der Sitzung der erweiterten Parteileitung der SAP:
Ein Jahr Krieg und Revolution in Spanien
5. Juli 1937

Ein Jahr Krieg und Revolution in Spanien. Referat des Gen. Brandt auf der Sitzung der erweiterten Partei-Leitung der SAP, Anfang Juli 1937.
Herausgegeben von der Sozialistischen Arbeiter-Partei Deutschlands, Paris 1937, S. 1–36.

Ein Jahr lang schon tobt der revolutionäre Krieg in Spanien. Ein Jahr lang sind wir Zeugen dieses grössten Ereignisses in der Geschichte der internationalen Arbeiterbewegung seit der grossen russischen Revolution. Schon im Oktober 1934, als sich die asturischen Bergarbeiter erhoben und ihre Losung „Sterben oder siegen" in die Tat umsetzten, wussten wir, dass wir von Spanien Grosses zu erwarten hatten. Nach den demoralisierenden Wirkungen der deutschen Niederlage war das damals ein Aufrütteln. Widerstand entfaltete sich gegen die faschistische Reaktion, es zeigten sich Beweise für den Wiederanstieg der sozialistischen Kräfte.

Heute und seit einem Jahr wird auf dem Boden der iberischen Halbinsel die erste offene Schlacht gegen den internationalen Faschismus ausgefochten. Sie ist ein Vorgefecht in der grossen, unweigerlich herannahenden Weltauseinandersetzung zwischen Fortschritt und Reaktion, zwischen Faschismus und Sozialismus. Und die Vorentscheidung Spanien ist bis heute eine Entscheidung zugunsten des Fortschritts, der Freiheit, des Sozialismus. Zehntausende spanischer und internationaler Sozialisten und Kommunisten haben für diesen Kampf ihr Leben gegeben. Unter ihnen unsere Genossen Trude [Augusta Marx], Rudolf [Hable], [Herbert] Wolf, Erich, Genossen der Kommunistischen Partei wie Hans Beimler, Genossen aus allen Ländern. Wir verneigen uns vor ihnen als den wirklichen Avantgardisten internationaler proletarischer Solidarität.

Wir bangen um das Schicksal der spanischen Revolution, des revolutionären Krieges. Wir sehen die grossen Gefahren, die sich aufgetürmt haben. Aber grösser als unsere Sorgen um das Heute ist unsere Achtung vor dem Vollbrachten. Als Angehörige der geschlagenen deutschen Arbeiterbewegung haben wir vor allem zu lernen und zu helfen. Aber wir haben auch die Pflicht, die spanische Bewegung kritisch zu würdigen, um unsere Erfahrungen zu vermitteln und um für unseren eigenen weiteren Kampf zu lernen. Wir müssen helfen und kritisieren, um zu helfen.

Der Hintergrund.

Was haben wir schon von Spanien, von den Spaniern gewusst, bevor der grosse Kampf im Juli vergangenen Jahres begann? Aber auch umgekehrt: Was wussten sie schon von uns? – Es ist ein steiler Sturz, den Spanien durchmachte: vom ersten Kulturstaat Europas über die gleichbleibend ruinierende Herrschaft der Bourbonen, Habsburger und der katholischen Kirche bis zu einem abgeschiedenen, zurückgebliebenen Vasallenstaat, bis zu einem verlotterten Verwandten der europäischen Staatenfamilie. Bismarck soll einmal gesagt haben: „Unter allen europäischen Nationen bewundere ich die spanische am meisten. Wie lebenskräftig muss doch dieses Volk sein! Seine Regierungen bemühen sich ausnahmslos, es zugrunde zu richten und haben es noch nicht fertiggebracht."[1] Halten wir uns jedoch nicht bei verlockenden Parallelen aktuellster Prägung auf, schauen wir zunächst auf den Hintergrund heutigen Geschehens.

Spanien ist nicht nur nie mit der bürgerlichen Revolution fertiggeworden, es hatte die wesentlichsten Aufgaben der bürgerlichen Revolution überhaupt noch vor sich: die Brechung der Macht der Kirche, des Adels, der Grossgrundbesitzer und der übrigen Elemente des Feudalismus. Eines Feudalismus, der auf das Engste verflochten und versippt ist mit den Mächten des spanischen und des internationalen Grosskapitals.

Spanien ist ein Agrarland. Nach der Berufszählung von 1920 arbeiteten nahezu 3/5 der Berufstätigen in der Landwirtschaft, ein knappes Viertel in der Industrie. Die spanische Landwirtschaft ist eine der primitivsten in Europa. Diese Zurückgebliebenheit war geradezu die Sicherung für die Aufrechterhaltung der feudalen Bodenverhältnisse, die deshalb auch schon vor der Jahrhunderthälfte durch hohe Zölle geschützt wurden. Der Weizenpreis lag in Spanien um das Vierfache höher als der Weltmarktpreis. 12 000 Familien hatten die Hälfte des ländlichen Besitzes in ihren Händen. Die grosse Masse der ländlichen Bevölkerung bestand aus den Millionen der Kleinstbesitzer und Pächter, die zumeist unter den kärglichsten Bedingungen lebten, und den Landarbeitern, die, wie in Andalusien, mit dem Vieh zusammen in Stroh- und Lehmhütten hausten und deren Tagelöhne trotz der gesetzlichen Höhe von 3,5 Peseten bis auf 60 Centimos fielen. Ein krasses Beispiel für die Zurückgebliebenheit ist die Tatsache, dass es noch heute mehr als 5 000 Orte mit über tausend Einwohnern in Spanien gibt, die ohne einen Tropfen Trinkwasser sind, das stundenlang mühselig herangeholt werden muss.

Willy Brandt und Gertrud Meyer im Sommer 1937 während eines Aufenthalts in Frankreich.

In einigen Teilen des Landes gibt es eine entwickelte Industrie. So vor allem die Schwerindustrie im Norden, die Textilindustrie in Katalonien und eine Fertigwarenindustrie in Madrid. Die Industrie ist vorwiegend in den Händen ausländischen Kapitals. Ausländische Bankfürsten und spanische Granden thronen über der Masse der Bevölkerung, die in Elend und Unfreiheit lebt.

Die best organisierten Mächte der spanischen Gesellschaft waren die Kirche und die Armee. 1924 zählte man eine Armee von 12 000 Mönchen und 42 000 Nonnen. Die katholische Kirche stellte eine gewaltige wirtschaftliche Macht dar. Sie war nicht nur der erste Grundbesitzer im Lande, sondern besass alle Arten von Unternehmungen, von Banken und Fabriken bis zu Zeitungen und Bordellen. Und die Kehrseite der Medaille: im Zeichen der kulturellen oder besser anti-kulturellen Macht der Kirche bestand die Hälfte der Bevölkerung aus hundertprozentigen Analphabeten. 50 % der Kinder besuchten keine Schule. Von den anderen ging wiederum die Hälfte in die Pfaffenschule.

Mit der Armee sah es so aus, dass auf sechs Soldaten ein Offizier kam! Das Offizierskorps bot nicht nur Unterschlupf für die feudalen Herrensöhne, sondern auch für einen Teil der Jugend des Bürgertums, der in entwickelteren Ländern von der Wirtschaft und vom zivilen Staatsapparat aufgenommen wird. In der Staatsmaschinerie herrschte eine unglaubliche Korruption und innere Fäulnis.

Gleichzeitig muss man sehen, dass das Kleinbürgertum in Spanien ein wesentlich stärkeres soziales Gewicht hat als das etwa in der russischen Revolution der Fall war. Innerhalb des Kleinbürgertums spielte eine ganz besondere Rolle die bürgerliche Intelligenz, die Träger der demokratischen und d. h. zumeist gleichzeitig der separatistischen Bewegungen war. Auf der anderen Seite hatte die Entwicklung, die der Entscheidung im vorigen Jahr voranging, bewiesen, dass auch in Spanien das Kleinbürgertum nicht fähig war, eine selbständige politische Rolle zu spielen, geschweige denn, die Aufgaben der bürgerlichen Revolution zu verwirklichen.

Die spanische Arbeiterbewegung trägt sehr deutlich die Züge der Zurückgebliebenheit des Landes. Die Anfänge der Arbeiterbewegung gehen bis in die 30er und 40er Jahre des vor[igen] Jahrh[underts] zurück. Seit 1870 ist der Anarchosyndikalismus eine Macht. Um diese Zeit wurde er in Katalonien durch einen Schüler Bakunins ausgebreitet und organisatorisch zusammengefasst. Der Anarchosyndikalismus hatte mit seinen Postulaten der direkten Aktion, des scharfen Antiparlamentarismus, Antiklerikalismus und Dezentralismus einen günstigen Nährboden in einer Arbeiterbevölkerung, die bei schlimmster Ausbeutung keine Möglichkeit zur Teilnahme am politischen Leben hatte. Das Gleiche galt für die unter unmenschlichen Bedingungen lebende Landarbeiterschaft. Um dieselbe Zeit, als der Anarchismus besonders in Katalonien Fuss fasste, entstand in Madrid unter Pablo Iglesias der Ausgangspunkt des marxistischen und im weiteren Verlauf reformistischen Flügels der Arbeiterbewegung. Die revolutionären Traditionen der spanischen Arbeiterbewegung liegen überwiegend bei den Anarchisten.

Schon nach dem letzten Weltkrieg wurde Spanien von einer breiten revolutionären Bewegung erfasst, die aus den während der Kriegszeit – Spanien blieb bekanntlich neutral – gewachsenen politischen und sozialen Spannungen resultierte und die Arbeiterbewegung in einem solchen Masse radikalisierte, dass die CNT vorübergehend den Weg bis nach Moskau ging.

Die jetzige Entwicklung der spanischen Revolution datiert seit 1930, seit dem Rücktritt des Diktators Primo de Rivera. Die Weltwirtschaftskrise, die 1929 begann, hat mit aller Schärfe auch Spanien erfasst und die alte Ordnung aus den Fugen gebracht. Im April 1931 erlitten die monarchistischen Parteien eine mächtige Schlappe bei den Gemeindewahlen. Die Monarchie fiel und am 16. April wurde die Republik proklamiert. In den nun folgenden Jahren erleben wir auch in Spanien, dass Bourgeoisie und Kleinbourgeoisie unfähig sind, die bürgerliche Revolution durchzuführen. Im September 1933 gibt es durch den reaktionären Wahlsieg einen starken Rückschlag, aber die Arbeiterbewegung ist reifer geworden, sie macht einen Klärungsprozess durch. Im Oktober 1934 erheben sich in einem heldenhaften Kampf die asturischen Bergarbeiter gegen die Aufnahme der Gil Robles-Leute in die Regierung. Asturien wird niedergeschlagen, viele tausend ermordet, 30 000 werden eingesperrt, es beginnt die blutigste Periode des „schwarzen Doppeljahres", der Niederknüppelung der Arbeiterbewegung. Aber der Strom ist nicht mehr abzudämmen. Die Unterdrückungsmassnahmen der Reaktion führen zum Umsichgreifen einer mächtigen demokratischen Massenbewegung, zu grossen Streiks der Arbeiter und zu Bewegungen der Landarbeiter, Pächter u[nd] Kleinbauern. Das alles bildet die Basis für die spanische Volksfront, unter deren Zeichen das Spanien von 1935/36 entsteht.

Fassen wir zusammen: In Spanien ist die bürgerliche Revolution noch durchzuführen. Sie kann nur durchgeführt werden als Volksrevolution unter der Führung der Arbeiterklasse. Die Arbeiter können aber bei der Erkämpfung der demokratischen Reformen nicht stehen bleiben. Sie müssen für die sozialistische Vollendung der Revolution kämpfen. Die Elemente der demokratischen und der sozialistischen Revolution verflechten sich miteinander, werden unteilbar. Darum bezeichnen wir den Charakter der spanischen Revolution als demokratisch-sozialistisch.

Die spanische Volksfronterfahrung.

Wir sagten schon, dass die Basis für die Volksfront geschaffen wurde durch die demokratische Massenbewegung – besonders gegen das Oktoberunrecht[2] –, durch die Streiks der Arbeiter und die Agrarbewegungen – und man muss hinzufügen, durch die Radikalisierung und das Streben nach Einheit in der Arbeiterklasse und das Erkennen, dass man ohne ein festes Bündnis mit den breiten Volksmassen nicht vorwärts kommen konnte. Das Wahlabkommen der linken Parteien – der Volksfront-Wahlpakt mit einem ziemlich bescheidenen Programm, aber mit der konkreten Zielsetzung des Sturzes der Lerroux – Gil Robles und der Amnestie für die politischen Gefangenen – wurde erst im Januar [19]36 unterzeichnet. Im Februar erreichte die Volksfront die Mehrheit der Mandate und (entgegen anderslautenden Berichten) auch die Mehrheit der Stimmen. Zum ersten Male verzichteten die Anarchosyndikalisten auf ihre „Wählt-nicht"-Parole.

Aus dem Februarwahlsieg ergab sich zweierlei: ein neuer Auftrieb für die Volksfrontmassenbewegung und eine Volksfront-Regierung, zunächst unter Azaña, dann unter Quiroga. Regierung und Massenbewegung sind jedoch nicht identisch. Die Regierung hemmte nicht nur die Bewegung, sie entfremdete sich ihr auch immer mehr und stellte sich in vielen Fragen gegen sie. Sie liess den alten Staatsapparat im Wesentlichen weiterbestehen. Mola bekam eine wichtige Kommandostelle im Heer. Franco wurde so versetzt, dass er eine entscheidende Kommandantur erhielt. Man duldete die Putschvorbereitung der Reaktion. Die Regierung liess die katholische Kirchenmacht u[nd] das Grosskapital im Wesentlichen ungeschoren. Sie setzte für die Agrarreform ein Schneckentempo fest. Nicht genug damit, Guardia Nacional[3] wurde dort eingesetzt, wo die Bauern selbst zur Bodenaufteilung schritten. Das alte Kolonialsystem wurde aufrechterhalten. Kurz: die Regierung betrieb eine schwächliche, schwankende und damit in vielem reaktionäre Politik.

Ist das aber gleichbedeutend damit, dass die Taktik der Volksfront vom proletarischen Standpunkt untauglich ist? Keineswegs. Es gibt Leute, die sich die Erkenntnis des Geschehens auf die Weise unmöglich machen, dass sie erklären: Die Volksfront hat die Schuld am Juliputsch,[4] sie hat eigentlich zu nichts anderem geführt als zu diesem reaktionären Aufstand. Und nach dem Rezept „Ende schlecht, alles schlecht" hat man damit die ganze Frage der Volksfront „erledigt". Ja, die Volksfront-Regierung hat eine grosse geschichtliche Schuld auf sich geladen, dass sie die Putschvorbereitung zuliess. Aber das ist nur die eine Seite. Andererseits nämlich hat die Volksfrontbewegung zu einer solchen Zuspitzung der Klassenkampfsituation, zu einer solchen Stärkung der Arbeiterkräfte geführt, dass die Reaktion zur präventiven Konterrevolution getrieben wurde. Der Eröffnungsschuss am 17. Juli [1936] in Marokko erfolgte etwas zu früh. Aber es war nur noch eine Frage von Tagen. Heute ist einwandfrei bewiesen, dass bereits eine Woche nach den Februarwahlen eine faschistische Konferenz in Valencia stattfand, auf der nicht nur Putschpläne gebrütet wurden, sondern auf der auch bereits über die aktive Unterstützung Nazi-Deutschlands berichtet werden konnte. Wir sagen, die Reaktion griff zur präventiven Konterrevolution. Denn das, was formell ein Angriff gegen die demokratische Republik war, das bedeutete im Kern der Sache einen Schlag der reaktionären Mächte gegen die herannahende zweite Revolution.

Die Reaktion war damit in die Rolle von Rebellen gegen die Legalität gedrängt. Das bot nicht nur innen- und aussenpolitische Vorteile, das trug auch dazu bei, Teile von Heer und Polizei mit den Arbeitern in eine Front zu bringen. Man wird sich daran erinnern, dass am 12. Juli ein junger Offizier der Guardia de Asalto[5] in Madrid von Reaktionären ermordet wurde. Am folgenden Tag musste der reaktionäre Politiker Sotelo dran glauben. Die aktivistischen Elemente der „Asaltos" wollten durchgreifen. Und die Guardias de Asaltos, die republikanischen Schutzgarden, sind denn auch so gut wie hundertprozentig auf der Seite der Regierung und der Arbeiter geblieben. Vom Heer gingen 90 % der Offiziere und 2/3 der Soldaten mit Franco, ausserdem der grösste Teil der Guardia Nacional. Aber zu den Asaltos und dem einen Drittel der Soldaten kam die Mehrzahl der Flotte und der Luftwaffe. Man muss sich fragen, was erst bei einer entschlossenen Regierungspolitik gegen die Reaktion in dieser Hinsicht hätte erreicht werden können. Und hier können wir ernsthaft die Frage aufwerfen, ob es nicht im Interesse der spanischen Revolution lag, wenn sich die spanische Arbeiterklasse nach den Februarwahlen selbst an der Regierung beteiligt hätte.

Das zweite Argument gegen die Volksfront ist: im Juli versuchte Martinez Barrio, der Führer der republikanischen Union, Teilnehmer an der Volksfront, ein Verständigungskabinett zu bilden, in dem Mola gar Kriegsminister werden sollte. In vielen Städten verweigerten die Republikaner die Auslieferung der Waffen an die Arbeiter, und dadurch sind wichtige Punkte in die Hände der Faschisten gefallen. Erst am 19. Juli verordnete Giral die Bildung einer Volksmiliz und die Bewaffnung der Arbeiter. Das ist alles wahr. Aber wir dürfen nicht an der Oberfläche bleiben. Kein Revolutionär bestreitet die Unzuverlässigkeit der bürgerlichen Bündnispartner der Arbeiterklasse. Aber wer nicht blind ist, kann nicht leugnen, dass zugleich etwas viel Wichtigeres sich vollzog, nämlich das Zustandekommen eines wirklichen Bündnisses der Arbeiterklasse mit den Kleinbürgern und Bauern. In der wirklichen Bewegung setzte sich überall die Führung der Arbeiterklasse durch, die in der Tat die notwendige Voraussetzung einer fruchtbaren Volksfrontpolitik ist.

Der Doppelcharakter des Krieges.

Hinter dem Putsch der Militärfaschisten gegen die Republik stand Grösseres: der Ausbruch der gewaltigen gesellschaftlichen Spannungen. Das zeigte sich denn auch gleich aus der Formierung der massgeblichen Kräfte.

Hinter Franco stand der gesamte Feudalismus u[nd] die überwältigende Mehrheit der Grossbourgeoisie. Francos Massenbasis war von Anfang an sehr schwach. Er konnte sich lediglich auf traditionelle, religiöse und monarchistische Stimmungen des Kleinbürgertums stützen, besonders in Navarra und Galicien. Die spanische Falanx, in der die aktivistischen Strömungen der nationalistischen kleinbürgerlichen Jugend erfasst waren, musste inzwischen von der Reaktion selbst niedergemacht werden.[6] Diese Leute träumten von einem „nationalen Syndikalismus" und orientierten sich stark an dem, was die deutschen Nazis propagiert hatten. Das kann sich aber diese Reaktion nicht leisten. Dazu hat sie nicht genug Spielraum. Sie stützt sich allein auf den brutalen Terror. Man soll die Kraft auch einer solchen, allein auf die blutige Unterdrückung basierten totalen Diktatur nicht unterschätzen. Die faschistische Einheitspartei ist ein sichtbarer Ausdruck der Totalisierung. Aber auf längere Sicht können diese Dinge die fortschreitende Zersetzung im Franco-Lager nicht verhindern. Sie ist schon heute zu spüren und erhält vor allem ihren Ausdruck durch starke Reibungen zwischen den nationalistisch-spanischen und den ausländischen Offizieren.

Franco ist nicht nur der Repräsentant der spanischen Reaktion, von Feudalismus und Grosskapital, er ist der Agent der faschistischen Imperialisten Deutschlands und Italiens. Hitler-Deutschland bewährt sich in der spanischen Auseinandersetzung als Haudegen für die Interessen der internationalen Konterrevolution. Es will den revolutionären Herd in Spanien austreten. Hitler-Deutschland ist scharf auf die Rohstoffe Spaniens und Spanisch-Marokkos. In den vergangenen Jahren spielten die Eisenerze aus Marokko und das Kupfer aus den Gruben von Rio Tinto für die deutsche Aufrüstung eine bedeutende Rolle. Hitler-Deutschland ist zugleich bemüht, sein Aufmarschgebiet für den kommenden Weltkrieg vorzubereiten. Es möchte Frankreich in die Zange nehmen und den französisch-russischen Pakt sprengen. Italien verfolgt gleiche klassenmässige und ähnliche imperialistische Ziele. Es möchte insbesondere durch die Unterwerfung Spaniens zum Herrscher des Mittelmeeres werden. Hinter dem italienischen Faschismus steht aber noch der Vatikan, der in Spanien eines seiner festesten Bollwerke fallen sieht und darum mit einer Verbissenheit zu Werke geht, die an die Zeit der Ketzerverfolgung erinnert.

Der Kampf der Arbeiter, Bauern, Kleinbürger, der breiten Massen des spanischen Volkes gegen Feudalismus und Grosskapital und ihre internationalen Auftraggeber ist primär ein klassenmässiges, gesellschaftliches Ringen. In ihm ist jedoch von Anfang an das Element des Kampfes um die nationale Unabhängigkeit enthalten. Es hat nichts mit Marxismus zu tun, wenn man verkennt oder gar verleugnet, dass das Mass an nationaler Unabhängigkeit, das in der imperialistischen Epoche überhaupt möglich ist, eine Voraussetzung für den Kampf um den Sozialismus darstellt. Indem sich das Proletariat zum bewussten Verfechter der historisch-nationalen Interessen macht – die die Bourgeoisie verrät –, wird es auch zu einem viel stärkeren Anziehungspunkt für die breiten Volksmassen werden. In Spanien haben wir beobachten können, wie im Verlauf der massiven Intervention der faschistischen Grossmächte das Element des nationalen Freiheitskrieges immer stärker in den Vordergrund getreten ist. Es ist falsch, und führt zu antisozialistischen Konsequenzen, nur den Unabhängigkeitskrieg zu sehen und den Krieg um die Gesellschaftsordnung zu verleugnen, wie das bei der KP der Fall war. Es ist ebenso falsch, über den Klassenkrieg den Krieg um die Freiheit vom Joch des faschistischen Imperialistenblocks zu vergessen, wie das zumindest bei einem Teil der Anarchisten und weitgehend bei der POUM der Fall war. Die richtige Politik kann nur abgeleitet werden aus der Erkenntnis, dass die Elemente des Kampfes um die Gesellschaftsordnung und des nationalen Independenzkrieges[7] eng miteinander verflochten sind.

Die Haltung der Weltbourgeoisie bei Ausbruch der spanischen Auseinandersetzung war ausserordentlich interessant. Trotz entgegengesetzter nationaler Interessen und imperialistischer Teilinteressen traten die bewusstesten Kreise der Grossbourgeoisie in Frankreich und England entschieden für Franco ein; de Kirillis, der „Jour" und „Matin" etc. in Frankreich, die Rothermere-Presse, aber auch Zeitungen der gemässigten Konservativen in England. Die „demokratische" Grossbourgeoisie entscheidet sich bei der Wahl zwischen der Preisgabe imperialistischer Teilinteressen und nationaler Interessen gegenüber der Gefahr des Sieges der sozialistischen Revolution ohne Bedenken für die erste Alternative, d.h. für den Sieg Francos. Die französische und englische Regierung spiegeln durch ihre Politik zweierlei wider: einmal die Haltung der Grossbourgeoisie, andererseits den Druck der Arbeiterklasse, die einhellig und trotz aller Manöver mit ihrer Sympathie auf der Seite des antifaschistischen Spanien ist. Aus dieser Zange heraus ist die berüchtigte Nichtinterventionspolitik geboren, die von Blum eingeleitet wurde. Die Nichtinterventionspolitik stellte zunächst mal die rechtmässige Regierung Spaniens mit den Rebellen auf eine Stufe, sie begünstigte Franco, sie führte zu einer Blockade des antifaschistischen Spanien. Sie gab den Boden ab für die Waffenstillstands- und Kompromisspläne. Die offizielle Nichtintervention war eine Bemäntelung und objektive Hilfe der faschistischen Intervention.

Die internationale Arbeiterklasse hat ihre Solidarität mit ihren spanischen Brüdern in einem früher nie gekannten Ausmass praktisch bekundet. Millionen sind gesammelt worden. Lebensmittel, Medikamente, Lazarette wurden geschickt. Zehntausende der besten Sozialisten und Kommunisten aus der ganzen Welt reihten sich in Milizen und Volksheer ein und haben in grosser Zahl Blut und Leben geopfert. Aber zugleich haben sich die massgebenden Arbeiter-Organisationen an die Nichtinterventions-Politik der Regierungen angehängt. Sie haben ihre Haltung mit der Notwendigkeit begründet, dass der grosse Krieg verhindert werden müsse. In Wirklichkeit wird auf diesem Wege Folgendes erreicht: Durch die Verhinderung der grossen gemeinsamen Aktion der Arbeiterklasse kann sich der Faschismus immer weiter vorwagen. Der grosse Krieg kann nicht verhindert werden, wenn man den „kleinen" verloren gehen lässt. Die kommende Weltentscheidung zwischen Faschismus und Sozialismus erlebt heute in Spanien eine Vorentscheidung. Da kann die internationale Arbeiterklasse nicht passiv bleiben.

Von den Julikämpfen bis zum Fall von Bilbao.

Im Juli [1936] erreichten die Arbeiter im Bündnis mit den Bauern und Kleinbürgern einen verhältnismässig leichten Sieg in den wichtigsten Zentren Spaniens. Das hat dazu geführt, dass man vielfach die danach stehenden Aufgaben nicht ernst genug genommen hat. Einmal rechnete man wohl nicht stark genug mit der ganzen Verbissenheit, die Klassen aufzubringen im Stande sind, die geschichtlich unweigerlich zum Untergang verurteilt sind. Zum anderen war man sich an der antifaschistischen Front bestimmt nicht darüber klar, was alles hinter den rebellierenden Generälen stand.

Zunächst hatte Franco schon darum einen grossen Vorsprung in militärischer Hinsicht, weil er über den Grossteil der alten Armee verfügte. Man meint, dass es etwa 180 000 Mann waren, einschliesslich der Fremdenlegion und der gleich in den ersten Tagen nach Spanien geschafften Marokkaner. Er hatte somit eine ausgebildete, disziplinierte und ausgerüstete Armee. In ihr befanden sich von Beginn an ausländische Ratgeber. Und was stand ihr gegenüber? Keine Armee, aber ein ungeheurer Heroismus des revolutionären Spaniens, das sich mit nackten Leibern der militärfaschistischen Armee entgegenwarf. Aus diesen ersten Kämpfen entstanden die antifaschistischen Milizen, fast überall in Form von gesonderten Milizen der verschiedenen antifaschistischen Organisationen. Die Milizianos waren durchweg ohne jede militärische Ausbildung. Es fehlte an Kriegsmaterial und an militärischer Leitung. Unten wie oben fehlte die Koordinierung der antifaschistischen Streitkräfte. Wir brauchen nur an das Mal[l]orca-Abenteuer[8] zu erinnern, um die ganze Schwierigkeit zu erkennen. Die Revolutionäre bewährten sich in den Juli-Tagen. Sie bewährten sich weniger bei den Aufgaben der Kriegsführung, die nach dem Juli zur Lösung standen.

In der Entwicklung des spanischen Krieges können wir ziemlich deutlich verschiedene Abschnitte unterscheiden.

Der erste Abschnitt umfasst die Julikämpfe in den Strassen von Madrid, Barcelona usw. Er führt zur Niederschlagung der militärfaschistischen Rebellion in den wichtigsten Zentren.

Im zweiten Abschnitt, der sich unmittelbar an die Julikämpfe anschliesst, formieren sich die Fronten. Die Rebellen verfügen über eine Süd- und eine Nordarmee. Durch einen Vorstoss längs der portugiesischen Grenze, nach dem Fall von Badajoz[9] Mitte August mit der fürchterlichen Niedermetzelung in der Stierkampfarena, gelingt ihnen die Vereinigung ihrer beiden Armeen. Sie lenken diese vereinigte Armee gegen die Hauptstadt. Madrids Fall soll das Schicksal des Krieges besiegeln. Die Initiative lag bei den Faschisten. Sie nahmen Irun und brachten damit den republikanischen Norden in eine prekäre Lage. Ende Oktober nahmen sie Toledo. In grossem Ausmass setzten sie Tanks und Flugzeuge deutscher und italienischer Herkunft mit Bemannungen aus den gleichen Ländern ein. Die Lage Madrids erschien tatsächlich völlig hoffnungslos.

Mit dem 7. November [1936], mit dem Scheitern der faschistischen Berennung der Hauptstadt, beginnt der dritte Kriegsabschnitt. Die Waffenhilfe der U[d]SSR und der Heldenmut der Madrider Bevölkerung sowie der Opfermut der internationalen Brigaden haben die faschistische Offensive gebrochen. Eine gewisse Stabilisierung tritt an den spanischen Fronten ein. Die antifaschistische Seite lernt, wenngleich sie auch noch schwere Schläge einstecken muss wie den Fall Malagas am 7. Februar [1937]. Das antifaschistische Spanien baut ein Heer, bei dessen Schaffung die Internationalen[10] eine ehrenvolle Rolle spielen.

Das Volksheer besteht im März seine erste grosse Probe in der Abwehr der faschistischen Offensive bei Guadalajara Mitte März, die sich zu einer Vernichtung der italienischen Divisionen auswirkte. In dieser vierten Periode ist die Initiative auf die antifaschistische Seite übergegangen. Auf Guadalajara folgen weitere Erfolge an der Zentrumsfront, Siege bei Pozoblanco usw. im Süden, Erfolge in Asturien und Belebung an der Aragonfront. Die Zersetzung im faschistischen Lager macht grosse Fortschritte. Es werden jetzt soviele Überläufer am Tag gemeldet wie früher in der ganzen Woche. Die Zahl der Partisanen nimmt zu. Die Faschisten entschliessen sich in dieser Situation dazu, massiv gegen die baskische Front vorzugehen. Die fürchterlichen Vernichtungsbombardements auf Durango und Guernika[11] in der ersten Aprilhälfte zeigen, wessen Franco-Hitler-Mussolini fähig sind.

Mitte Juni etwa beginnt ein fünfter Abschnitt des Krieges. Bilbao, die tapfer verteidigte Hauptstadt des baskischen Landes, wird am 18. Juni genommen. Eine endlich unternommene Aragonoffensive scheitert trotz grossen Materialeinsatzes. Die militärische Lage wird kritisch, nicht mal in erster Linie wegen des Falles von Bilbao, mit dem man seit Monaten rechnen musste, sondern vor allem wegen der demoralisierenden Vorgänge im Hinterland, über die gleich zu sprechen sein wird. Die militärische Lage wird ausgesprochen kritisch, aber nicht hoffnungslos. Neue Vorstösse an der Zentrumsfront zeigen, wessen die antifaschistischen Soldaten sogar in dieser Zeit der inneren Spannungen fähig sind. Das antifaschistische Spanien hat hinter seinem Heer von einer halben Million noch grosse Reserven. Reserven, die Franco in diesem Ausmasse längst nicht hat. Im antifaschistischen Spanien gibt es Dolchstösse im Hinterland, das ist schlimm genug. Aber die Franco'sche Armee trägt einen giftigen Wurm im Leib, und das ist militärisch viel schlimmer. Wir können heute sagen, ohne in unerlaubten Optimismus zu verfallen: Wenn wir es weiter mit der bisherigen Kräftekonstellation zu tun haben, hat das antifaschistische Spanien die grösseren Erfolgschancen im Krieg mit Franco.

Ein Jahr des revolutionären Krieges ist vergangen, ohne dass es gelungen ist, eine leistungsfähige, einigermassen zureichende Kriegsindustrie im antifaschistischen Spanien aufzubauen. Aus einer Verkennung des Ernstes und der Dauer des Krieges u[nd] vor allem aus den inneren Gegensätzen heraus (Katalonien!) ist diese zentrale Frage vernachlässigt worden. Und sie ist es vielleicht, die die militärische Entscheidung bringt. Die russischen Lieferungen sind erschwert. Immerhin wird berichtet, dass in den letzten Monaten eine wesentliche Basis für die eigene Produktion von Munition, Artillerie, Tanks, Flugzeugen und sogar Torpedobooten geschaffen worden sei.

Einige revolutionäre Kritiker machen sich die Sache einfach, wenn sie sagen, militärische Niederlagen seien eben die Folge davon, dass keine Rote Armee geschaffen worden sei, dass die Armee nicht den richtigen revolutionären Geist gehabt habe. Man muss mit der Kritik bei sich selbst beginnen. Und da muss man offen und ehrlich sagen, dass gerade die Revolutionäre zu wenig militärisch waren. In den Fragen des Krieges mussten sie ihre grosse Probe bestehen. Dort mussten sie ihren Führungsanspruch unter Beweis stellen. Sie durften es nicht geschehen lassen, dass sie gewogen und zu leicht befunden wurden. Aus den Organisationsmilizen galt es, eine straff zentralisierte, revolutionär-antifaschistische Armee zu schaffen. Es galt, die gesamte Industrie straff zu zentralisieren und den Erfordernissen der Kriegsführung unterzuordnen. Insofern sagen auch wir: Erst den Krieg gewinnen. Aber wir fügen hinzu: und die revolutionären Errungenschaften retten. Man kann siegen, ohne die Revolution zu Ende zu führen. Aus dem militärischen Sieg würde die revolutionäre Bewegung neue gewaltige Energien schöpfen können. Aber man kann letzten Endes nicht siegen, wenn man die Revolution erdrosselt. Erst die Revolution machen und dann Krieg führen heisst aber ganz einfach: erst geschlagen werden. Dann wären die Streitfragen „ganz einfach" gelöst. Die Faschisten würden mit dem Abmurksen der gesamten linksradikalen Kerntruppen einen dicken Strich durch unsere Diskussionen machen.

Das revolutionäre Spanien.

Dieses Spanien hat sein Gesicht verändert. Wir vergessen das über dem Tagesstreit zu leicht. Richtig, die roten und schwarzroten Fahnen in den Strassen von Barcelona und Valencia, die auch der Anzahl nach stark zurückgegangen sind, sind seit dem Juli [19]36 mächtig ausgeblichen. Aber dieses Ausbleichen ist symbolisch für die Normalisierung des gesellschaftlichen Lebens in bürgerlichen Erscheinungsformen, die gerade in den letzten Monaten grosse Fortschritte gemacht hat. Das kann uns aber nicht vom Kern der Sache abbringen.

Die Aufgaben der bürgerlichen Revolution sind in der antifaschistischen Hälfte Spaniens zum grossen Teil im ersten Ansturm gelöst worden. Ein reinigender Sturm hat die Kirchen und Klöster gesäubert. Die Macht der Kirche als eines sozialen und ökonomischen Faktors ist gebrochen. Die Granden, die Grossgrundbesitzer sind verschwunden, ebenso ein guter Teil des korrupten reaktionären Bürokratengesindels. Mit ihnen gingen so gut wie alle Grossunternehmer und Bankherren. Wo sie sich nicht beeilten, hat man ein wenig nachgeholfen, und mit dem Ansturm der Bürgerlichen wurden die ersten Schritte der sozialistischen Revolution unternommen.

Das antifaschistische Spanien ist das Spanien der kulturellen Revolution. Die breiten Massen drängen danach, lesen und schreiben zu lernen – und zu lehren. Die jungen Soldaten verschlingen gute Literatur und theoretische Bücher im Schützengraben. Im Hinterland entstehen prächtige kulturelle Zentren. Das spanische Mädel wird freier. Die antikulturelle Macht der Kirche ist gebrochen.

Das antifaschistische Spanien ist das Spanien der Agrarumformung. Bauern und Landarbeiter nahmen das Land der Grossen. Unter dem Einfluss der Anarchisten wurde in den wichtigsten Gebieten zur Kollektivierung geschritten. Durch Zwangsmassnahmen in der Anfangszeit ist viel Unheil angerichtet worden. Im Ganzen gesehen ist die Kollektivierungs-Linie unserer Meinung nach nicht richtig. Erstens darum, weil sie nicht so ohne weiteres der Struktur des Landes entspricht und weil weiter die Industrie fehlt, deren Produktion von landwirtschaftlichen Maschinen Voraussetzung für die Kollektivierung ist. Zweitens, weil es sich in dieser Volksrevolution nicht darum handelt, den Klassenkampf auf dem Lande zwischen Landarbeitern und Landarmen einerseits und Mittelbauern andererseits zu entfachen, sondern weil es gilt, die mittleren Eigentümer mit zu erfassen für den Kampf und Krieg gegen die Reaktion. Das Unheil, das sich aus Zwangskollektivierungen ergab, spielt heute jedoch nur eine geringe Rolle. – Mindestens ebenso stark ist aber die Wirkung von Massnahmen, die die Kommunistische Partei unterstützt und die auf die Rückgängigmachung <u>freiwilliger</u> Kollektivierung hinausläuft. – Auf dem Lande herrscht vielfach eine Wut gegen die „Komitees", und es besteht die Gefahr, dass man die Bauern gegen sich bekommt, die an sich dazu prädestiniert sind, sich nach einem übereilten Frieden zu sehnen, da ihnen ja erst das Ende des Krieges die wirkliche Ausnutzung des Errungenen erlauben wird. Diese Friedenssehnsucht kann leicht zur Basis für faules Kapitulantentum werden. Die Gefahr besteht heute nicht mehr in radikalen Ausschweifungen, sondern im Fehlen einer einheitlichen Linie in der Agrarfrage. Das hindert auch, alle Kräfte der Landwirtschaft für die Versorgung in diesem harten Krieg auszunutzen. Damit sollen die tatsächlichen Leistungen nicht verkleinert werden. Wir wollen nur daran erinnern, dass in diesem Jahr in der befreiten Hälfte von Aragon mehr Kartoffeln geerntet werden als früher in ganz Spanien zusammen. Die einheitliche Perspektive kann nur sein: Nationalisierung des gesamten Bodens, Produktions- u[nd] Verkaufsgenossenschaften der Bauern.

Die Arbeiter schritten dazu, die Fabriken und Verkehrsmittel, die die Kapitalisten im Stich liessen, zu übernehmen. In Katalonien war das am deutlichsten ausgeprägt. Katalonien ging den Weg der betrieblichen Kollektivierung, generell für alle Betriebe mit mehr als 100 Arbeitern, mit Differenzierungen für die kleineren Betriebe. Wir achten die grossen schöpferischen Kräfte, die das katalanische Proletariat in den übernommenen Betrieben entfaltet hat. Aber wir dürfen vor den zutage getretenen Mängeln unsere Augen nicht verschliessen. Die Anarchisten haben die Linie der Betriebskollektivierung durchgesetzt, weil sie glaubten, damit staatskapitalistische Verirrungen und neue Bürokratisierung zu umgehen. Erreicht worden ist aber in vielen Fällen etwas anderes, nämlich ein „Gewerkschaftskapitalismus". Und vor allen Dingen wurde die absolut notwendige Zentralisierung der Wirtschaft verhindert, die die Voraussetzung für ihren erfolgreichen Einsatz im Kriege bildet. Heute ist die Lage so, dass 80 % der Betriebe in Katalonien unrentabel sind. Im übrigen Spanien gibt es auch heute noch grössere kapitalistische Betriebe, die jedoch unter Arbeiterkontrolle stehen, während die Kriegsproduktionsbetriebe sich in Staatshänden unter Kontrolle der Arbeiter befinden. Die Lage erfordert straffe Zentralisierung der Wirtschaft bei entwickelter Kontrolle. Daran hapert es gerade heute am meisten, weil die Kontrolle in vielen Fällen zu einer bürokratischen Einrichtung der Gewerkschaften geworden ist. Man hat vielfach bisher nicht verstanden, um was es eigentlich geht. Typisch dafür ist, dass die Leitung der CNT in einem grossen und wichtigen Betrieb in Barcelona die Wandzeitung für die jugendlichen Stossbrigaden abreissen liess, weil sie nicht eine neue Ausbeutung zulassen wollte! Und als Gen[osse] Andrade von der Leitung der POUM sich Ende Mai oder Anfang Juni in einem Artikel zur Betriebsarbeit äusserte, sprach er nur von der Parteipropaganda und nicht mit einem Wort von der Notwendigkeit der Steigerung der Produktion, um den militärischen Sieg so bald wie möglich zu sichern.

Dass es Unsinn ist, Kleinbetriebe, wie etwa die Schusterwerkstätten, zu kollektivisieren, hat man schnell eingesehen. Auf der anderen Seite muss man aber z. B. den verhängnisvollen Einfluss kennen, den heute die GEPCI, die Gewerkschaft der Gewerbetreibenden und kleinen Unternehmer innerhalb der UGT in Katalonien ausübt. Notwendig waren und sind weitgehende Garantien für das Kleinbürgertum. Aber zugleich ist notwendig ein rigoroser Kampf gegen alles Spekulantentum und es war insbesondere seit langem notwendig, im ganzen Land die Lebensmittelversorgung straff in staatliche Hände zu legen.

Auf der politischen Ebene entstand im antifaschistischen Spanien mit der Julirevolution eine Doppelherrschaft besonderen Charakters. Neben die Reste des alten Machtapparates traten neue Formationen. Neben die Reste des alten Heeres die antifaschistischen Milizen, neben den treugebliebenen Teil der Polizei Milizen des Hinterlandes und Kontrollpatrouillen. Es entstanden die Volksgerichte. In allen diesen Institutionen war der proletarische Einfluss vorherrschend. Aus den antifaschistischen Organisationen, einschliesslich der linksbürgerlichen, und ernannt von ihren lokalen bezw. zentralen Spitzen, entstanden die „Komitees". Weil die Komitees so entstanden sind, ist es Unsinn, sie mit „Räten" zu verwechseln. Das entwickeltste „Komitee" war das „Zentralkomitee der antifaschistischen Milizen" in Barcelona, das zeitweilig die wirkliche Regierung in Katalonien darstellte, während die alte Regierung der Generalidad[12] mit dem Präsidenten Companys ein kümmerliches Schattendasein fristete.

Dieses Nebeneinander war auf die Dauer unmöglich. Es musste eine Lösung in der einen oder anderen Richtung erreicht werden. Die Aufgaben, die der Krieg stellte, erforderten das gebieterisch. Es gab zwei mögliche Entwicklungslinien: entweder die Entwicklung neuer Organe von unten bis oben aus der entfalteten Massenkampfkraft, d. h. Organe der antifaschistischen Demokratie. In ihnen konnte und musste die proletarische Hegemonie gesichert und ausgebaut werden. Oder aber – und dieser Weg wurde beschritten – die Wiederauffüllung des alten Machtrahmens mit neuer Autorität durch Aufnahme der Vertreter der Arbeiterorganisationen. Dies und nichts anderes bedeutet die Neubildung der Regierung Caballero am 4. September [1936], verstärkt durch den Regierungseintritt der Anarchisten im November und die Bildung der katalanischen Regierung unter Taradellas bei Teilnahme sowohl der Anarchisten wie der POUM am 30. September. Natürlich waren diese Regierungen nicht dasselbe wie die Regierungen vor dem Juli, aber sie leiteten den Kurs ein, der fortschreitend das Schwergewicht in der antifaschistischen Front von der Arbeiterklasse weg verlagerte, der das Entstehen neuer Organe verhinderte, der Organe, die bereits ohne Kraft und Leben gewesen sind, wieder aufpulverte, so z. B. das Rumpfparlament vom Februar.[13]

<u>Das Versagen der Führungen.</u>

Notwendig war eine wirkliche Regierung des Sieges. Eine Regierung unter der Führung der Arbeiterklasse, nicht der alten Arbeiterführer. Eine antifaschistische Regierung aus den Vertretern der Arbeiter, Bauern und Kleinbürger, gestützt auf die Organe der antifaschistischen Demokratie. Eine Regierung mit der einen Aufgabe: den Krieg zu gewinnen, dafür die Voraussetzungen zu schaffen durch den Aufbau einer zentralen Armee, durch Zentralisierung der Wirtschaft. Dadurch musste die Weiterentwicklung in sozialistischer Richtung gesichert werden.

Diese Politik aber ist gescheitert an den führenden Arbeiterorganisationen. Ihr Versagen in Lebensfragen der Revolution und des Krieges soll im Folgenden beleuchtet werden.

Die Kommunistische Partei.[14]

Die KP, die heute zur zentralen politischen Kraft im antifaschistischen Spanien geworden ist, hat eine Periode raschen Wachstums hinter sich. Bei den Februarwahlen [19]36 erlangte sie dank der Volksfront 14 Mandate, während sie zuvor nur eins gehabt hatte. Heute zählt sie 250 000 Mitglieder, während ihre Mitgliedschaft vor einigen Jahren noch in einem einzigen mittelgrossen Saal Platz gehabt hätte. Es ist wahr, dieser Zuwachs besteht zu einem grossen Teil aus Kleinbürgern, die in der KP die konsequenteste Vertreterin ihrer Interessen sehen. Aber das ist nur <u>eine</u> Erscheinung. Wichtiger ist immerhin, dass es der KP gelungen ist, auf die proletarische und aktivistische Jugend wohl die stärkste Anziehungskraft auszuüben. Die linke sozialistische Jugend hat vordem den Hauptstrom des linken Flügels der SP gebildet. Die Vereinigte Sozialistische Jugend[15], in die die Kommunisten mit ein paar tausend Mann hineingingen, steht heute mit ihren 300 000 Mitgliedern (und mag die Ziffer auch zu hoch angegeben sein) unter der vorwiegenden Führung der KP. Hinzu kommt, dass in Katalonien als Komintern-Sektion die PSUC besteht, deren 50 000 Mitgl[ieder] der KP noch hinzugerechnet werden müssen. Wie ist dieses ganz ausserordentliche Wachstum zu erklären? Zunächst einmal haben wir es mit dem Ausfluss der Einheits- u[nd] Volksfrontparolen zu tun, als deren Verfechter die KP-Leute nach dem VII. Kongress der Komintern in Spanien das Ohr der Massen eroberten. Sie waren die Vertreter einer Politik der Vereinigung der Kräfte, die zum Februarwahlsieg führte. Dann können wir nicht ernst genug die Stärkung einschätzen, die die KP erfahren hat als die spanische Vertreterin der U[d]SSR, dem Lande der Waffenhilfe. Aber wir müssten blind sein, wollten wir nicht weiter sehen, dass die KP in den Augen breiter Massen die konsequenteste Verfechterin der militärischen Notwendigkeiten geworden ist. Die KP trommelt tagaus und tagein: Einheitskommando, einheitliches Heer, Stossbrigaden an der Front und im Hinterland, vormilitärische Ausbildung der Jugend usw. usw. Und das ist nicht nur Schein. Ohne die Verdienste zu sehen, die sich die Kommunisten um die militärischen Fragen erworben haben, ohne die Verwickeltheit der progressiven und regressiven Elemente in der Politik der KP zu erkennen, wird man zu völlig falschen Folgerungen kommen.

Die Komintern und ihre spanischen Sektionen, die KP und die PSUC wie auch die Vereinigte Jugend, geben vor, eine radikale Demokratie mit stark sozialem Inhalt zu erstreben. In den früheren Monaten hiess es bei ihnen einfach: Erst den Krieg gewinnen, über das weitere unterhalten wir uns hinterher. Und das hatte etwas Bestechendes. Es kam aber auch vor, dass dieselbe KP in ihrem Zentralorgan für die demokratische Republik und in Frontzeitungen für den Sozialismus kämpfte. In der letzten Zeit hat Jose Diaz den Versuch unternommen, eine Parole zu lancieren, die stärker den Doppelcharakter des Kampfes zum Ausdruck bringt, indem er sagte: den Krieg gewinnen und die Volksrevolution retten. Um was handelt es sich wirklich? Es handelt sich darum, dass die Führung der U[d]SSR, der die Komintern untergeordnet ist, in Spanien die Niederlage Deutschlands und Italiens wünscht. Die Führung der U[d]SSR hält die Weltkriegsgefahr für äusserst akut. Auf die internationale Arbeiterklasse setzt sie schon lange nicht mehr. Sie versucht, die Niederlage Hitlers und Mussolinis und die Verhinderung des Sieges von Franco durch Paktieren, vor allem mit Frankreich und England, zu erreichen. Deshalb ist die Komintern bestrebt, die spanische Revolution in den bürgerlich-demokratischen Rahmen hineinzuzwängen.

Die Russen wollen wirklich Franco schlagen. Und ohne die russische Waffenhilfe wäre es dort unten schon längst aus gewesen. Das muss man ganz klar aussprechen. Aber an diesem Punkt zeigt sich wieder mit ganzer Schärfe das Ineinandergreifen des Fortschrittlichen und Rückschrittlichen. Mit dem aktiven Eingreifen der Russen im vorigen Oktober ist zweifellos ein Bruch in ihrer seit vielen Jahren verfolgten Aussenpolitik erfolgt. Sie haben damit begonnen, wieder eine aktive, selbständige aussenpolitische Linie zu verfolgen. Und an jenem Punkt deckten sich ihre Interessen mit denen der spanischen und internationalen Arbeiterklasse. Der Einsatz der Russen für die Vernichtung Francos war eine ausserordentlich fortschrittliche Angelegenheit. Aber die Russen entwickelten eben ihre neue aussenpolitische Aktivität im Rahmen ihrer veränderten Konzeption. Sie lieferten und liefern nicht ohne Bedingungen. Nun, niemand ausser ganz Verrückten, hat von ihnen verlangt, dass sie Waffen mit der Erklärung liefern sollten, sie seien für den Sieg der proletarischen Revolution bestimmt. Sie brauchten und sollten lediglich die legale spanische Regierung unterstützen. Sie gingen aber weiter. Sie knüpften an ihre Lieferungen politische Bedingungen. Bedingungen, die sich aus ihrer Konzeption ergaben, dass aus internationalen Gründen in Spanien nicht über die demokratische Republik hinausgegangen werden kann und darf.

Aber die Dinge haben ihre Konsequenzen. Das Hineinzwängen in den demokratischen Rahmen führt dazu, dass auch solche revolutionären Errungenschaften abgebaut werden, die bereits in der Julirevolution gemacht wurden. Das führt zu Zusammenstössen mit den weitertreibenden Teilen der Arbeiterklasse. Und die Folge dieser Entwicklung ist keine andere, als dass sich das Schwergewicht im antifaschistischen Lager zum Kleinbürgertum und zu den antifaschistischen Teilen des Bürgertums hin verlagert und dass der Einfluss der englischen und französischen Bourgeoisie auf die Leitung des antifaschistischen Spanien wächst. Die Revolution lässt sich nicht auf Eis legen. Auch das wissen die Russen. Und welche Folgerungen leiten sie daraus ab? Alle Tatsachen deuten darauf hin, dass sie die Parole der demokratischen Republik neuen Typus ausgeben – und ein Spanien mit ihrem Führungsmonopol meinen. Wir kommen gleich darauf zu sprechen, wie sich eine solche Linie auf Front und Hinterland auswirken muss. Dass sie in der grossen internationalen Politik den angestrebten Erfolg nicht gebracht hat, liegt klar auf der Hand. Trotz der Normalisierung auf bürgerlicher Ebene haben die Regierungen Englands und Frankreichs auf ihre sogenannte Nichtinterventions-Politik nicht verzichtet. Sie haben im Gegenteil ihre Kompromisspläne auf Kosten der spanischen Arbeiterklasse freier und frecher zu vertreten begonnen.

Um die von ihnen erstrebte Monopolisierung der Führung zu erlangen, scheuen die Kommunisten kein Mittel. Doch in einer Situation, wo alles auf die Sammlung der Kräfte gegen Franco ankommt, müssen die Methoden [der] KP, die Methoden der Verleumdung ihrer proletarischen Widersacher, der Hetze und des blinden Terrors gegen sie, der Absorbierung und Vernichtung aller anderen – als Gleichschaltung nach dem Muster der PSUC und der Vereinigten Jugend – die Kampfmoral untergraben und lebensgefährlich für den antifaschistischen Krieg werden. Diese Methoden drohen die ganze internationale Arbeiterbewegung erneut zu vergiften und zurückzuwerfen, sie drohen die Ansätze der Einheitsentwicklung in einen Scherbenhaufen zu verwandeln. In Spanien haben sie bereits dazu geführt, die positive Entwicklung der anarchistischen Massenbewegung zu bremsen und teilweise eine gefährliche Rückentwicklung auszulösen.

Die KP ist heute die ausschlaggebende politische Kraft im antifaschistischen Spanien. Wenn sie auch nicht die Führung der Regierung in den Händen hat, so beherrscht sie doch heute den grössten Teil des Staatsapparates. Die Offiziere sind zum grössten Teil bei ihr organisiert, die Polizei ist überwiegend in ihren Händen. Spanien ist in einer Entwicklung zur kommunistischen Parteidiktatur. So sind wir denn, wenn nicht auf dem Wege zu einem kommunistischen, so doch zu einem KP-Spanien...

Die Sozialisten.

Die Sozialistische Partei befand sich in einer schweren inneren Krise, als sie in die Julibewegung eintrat. Drei Gruppen standen einander in scharfem Kampf gegenüber. Mit der Julibewegung hörte die Partei zunächst auf, als einheitliches Ganzes weiterzuexistieren. Erst in den letzten Monaten hat sich das wieder geändert. In Verbindung mit den neuen Kämpfen zwischen Caballero und Prieto,[16] in Abwehr gegen die KP-Monopolansprüche und auch als Voraussetzung der von einem Teil erstrebten Einheitsparteientwicklung hat sich eine Reorganisierung der sozialistischen Parteiorganisation durchgesetzt. Heute rechnet man damit, dass die SP zwischen 150–200 000 Mitglieder erfasst.

Innerhalb der SP hat ein völliger Frontenwechsel stattgefunden. Lange Zeit hindurch war Caballero nicht nur der Verbündete der KP, mehr, er wurde von der KP in Spanien und in der ganzen Welt als das Vorbild eines revolutionären Sozialisten, ja als der „spanische Lenin", hingestellt. Das steht in einigem Gegensatz zu der heutigen Haltung der KP, die Caballero wie einen toten Hund zu behandeln versucht. Es ist schwer, die wirklichen Gründe für den Bruch zwischen ihm und der KP aufzuspüren. Sicher aber ist, dass er gegen die KP-Diktatur aufgemuckt hat, dass er die Absorbierung seiner Freunde vom linken Flügel und besonders von der Jugend sah und wohl auch, dass ihm, als Gewerkschaftler, die demokratischen Anwandlungen der KP zu weit gingen. Viel schwerer ist es, Klarheit darüber zu bekommen, wieweit die Vorwürfe der KP berechtigt sind, dass Caballero sich den militärischen Notwendigkeiten nicht gewachsen gezeigt habe. Um die Forderung der KP, nach der Maiwoche gegen Barcelona vorzugehen, kam es zum offenen Krach und gleich danach zum Fall Caballeros.[17]

Der neue Verbündete der KP ist die Prieto-Gruppe, die den Apparat der SP beherrscht. Prieto ist im Grunde immer Rechtssozialdemokrat geblieben. Aber darum steht er der KP in der jetzigen Situation am nächsten. Der Prietoflügel arbeitet auch gemeinsam mit der KP an der Schaffung der Einheitspartei, während er gleichzeitig bemüht ist, Regierungspositionen dazu auszunutzen, den eigenen Einfluss auf Kosten der KP zu erweitern. Die Entwicklung zur Einheitspartei wird von Seiten der einheitlichen Jugendorganisation her stark gefördert. Sie geht auch darum jetzt rascher, weil sowohl KP wie Prieto daran interessiert sind, die neue Sammlung des Caballeroflügels nicht zu weit gedeihen zu lassen. Ganz klar ist jedoch, dass eine solche Einheitspartei unter der Herrschaft der KP stehen würde und dass sie den Kombinationen der Sozialisten nicht entsprechen wird. Wieweit sie dennoch ein Fortschritt gegenüber der heutigen Situation wäre, ist im jetzigen Stadium schwer zu beantworten.

Schon bevor es zur Caballerokrise gekommen war, hat sich innerhalb der Vereinigten Jugend eine linke Opposition zu formieren begonnen. Nachdem Caballero gefallen war und sich über ihm die Dreckkübel der KP-Presse öffneten, haben sich wichtige Sektionen der

SP vorbehaltlos mit ihm solidarisiert. Caballeros wichtigster Stützpunkt ist aber auch heute noch die UGT, die sozialistische Gewerkschaftszentrale, die zwischen 1,5 und 2 Millionen Mitglieder zählen dürfte. Caballero behauptet, in der Mitgliedschaft weiterhin die Mehrheit hinter sich zu haben. In der Executive hat er sie jedenfalls, während er sich im Nationalkomitee in der Minderheit befindet. Der Einfluss der KP in den Gewerkschaften ist weitgehend überschätzt worden. Bei einer UGT-Wahl in Asturien vor einigen Monaten erhielt der kommunistische Einheitskandidat nur 12 000 Stimmen gegen 87 000 für den Sozialisten. Selbst in Madrid, der Hochburg der KP, unterlag sie in wichtigen gewerkschaftlichen Abstimmungen gegenüber den Sozialisten. Das bedeutet, dass man bei allem Wachstum nicht übersehen soll, dass der Kern der früher sozialistisch organisierten Arbeiterschaft auch heute noch zur SP steht, während andere Kreise durch die Praxis der KP wieder von ihr abgestossen wurden.

Noch eins: Wir erleben heute den Beginn eines Wettlaufs zwischen Gewerkschaftseinheit und Parteieinheit. Die Caballerokrise war zu einem Teil auch geboren aus dem Zusammenwirken zwischen Caballero und den Vertretern der CNT. Caballero griff die Forderung der Gewerkschaftseinheit der CNT auf. Es ist klar, dass eine Gewerkschaftseinheit, die von den heutigen Führungen der CNT und der UGT bewerkstelligt würde, den Monopolisierungsbestrebungen der KP einen Damm entgegenstellen könnte. Darum haben die Kommunisten und ihre Freunde bei den Sozialisten, vor allem im Nationalkomitee der SP, die Parole der Einheitspartei in den Vordergrund gerückt. Und sie gehen wohl nicht fehl in der Annahme, dass eine solche Einheitspartei den Caballero-Flügel in der UGT in die Minorität bringen könnte und damit auch das Problem der gewerkschaftlichen Einigung mit der CNT neu stehen würde.

Die Anarchosyndikalisten.

Die anarchosyndikalistische CNT gibt eine Mitgliederzahl von 2 Millionen an, davon eine Million in Katalonien. Ihre Stärke dürfte etwa der der UGT entsprechen. In der anarchistischen FAI gibt es nur einige zehntausend Mitglieder. Daneben stehen dann noch die Juventudes Libertarias, die Jugendorganisation der CNT/FAI, mit über 200 000 Mitgliedern. Im Ausland sieht man vielfach einen Gegensatz zwischen der syndikalistischen CNT und der anarchistischen FAI. Dieser Gegensatz existiert heute in Wirklichkeit nicht. Früher war er vorhanden und führte auch zur Abspaltung derjenigen Syndikalisten, die sich der „bolschewistischen" FAI nicht fügen wollten. Heute spielt die in kleinen, abgeschlossenen Einheiten organisierte FAI die Rolle einer Kaderorganisation innerhalb der CNT, in der fast alle Funktionäre der FAI[18] erfasst sind.

Der spanische Anarchosyndikalismus repräsentiert weitgehend die revolutionären Traditionen des spanischen Proletariats. In ihm sind grosse moralische Qualitäten aufgespeichert, grosser Mut und starke Einsatzbereitschaft seiner Militanten. Aus dem dezentralistischen Postulat kommt dazu eine antibürokratische Haltung, die als Gegengewicht gegen die bürokratische Entartung, die die Arbeiterbewegung sonst angefressen hat, durchaus gesund sein kann. Die Genossen in den meisten Ländern kennen nur ein Zerrbild der anarchosyndikalistischen Bewegung, nämlich das der schrulligen anarchistischen Sekten am Rande der eigentlichen Arbeiterbewegung. Ganz anders in Spanien. Die spanische Bewegung hat sich denn auch im Juli [1936] von ihrer grossen Seite gezeigt. Sie hat den wesentlichen Anteil an der Niederschlagung des militärfaschistischen Aufstandes. Sie zeigte sich im Anschluss daran fähig, sich in den wichtigen Fragen der Staatsmacht, des Militärs usw. den Realitäten anzupassen. Sie hat in den seitdem vergangenen Monaten grosse schöpferische Kräfte freigesetzt. Aber sie hat doch nicht den Sprung vom Gestern ins Heute zustandegebracht. Ihre Ideologie war Leitlinie für das praktische Handeln nur insofern, als es destruktive Aufgaben zu bewältigen galt. Als man darüber hinaus musste, zeigte sich, dass die CNT/FAI schwankte zwischen einem mehr opportunistisch bestimmten Anpassen an die Gegebenheiten und dem Hängenbleiben in alten Dogmen und Vorurteilen. Sie brachte es nicht zustande, die Erfordernisse der akuten Situation nun auch grundsätzlich zu verarbeiten, das heisst, sich an den Marxismus heranzuarbeiten. Sie blieb in den entscheidenden Fragen ohne konkrete Konzeption und hat darum keine führende Rolle im weiteren Verlauf der spanischen Auseinandersetzung spielen können.

Die rückläufige Entwicklung der Revolution und die Bedrohung der Positionen der Arbeiterklasse und besonders der eigenen Positionen der CNT haben zu einer wenig erfreulichen Differenzierung im Lager des Anarchosyndikalismus geführt. Auf dem rechten Flügel gibt es eine Gruppe, die sich faktisch zu reformistischen Positionen hinentwickelt hat. In der früheren Regierung war Garcia Olliver Ausdruck für diese Tendenz. Die Gruppe um das Nationalkomitee der CNT mit Vasquez, Federica Montseny, Santillan und anderen geht heute von der Auffassung aus, dass die Revolution für diesmal gescheitert sei. Jetzt bestehe die ganze historische Aufgabe darin, den Krieg zu gewinnen, aus dem im Falle des Sieges über Franco eine fortgeschrittene bürgerliche Demokratie hervorgehen würde. Dann gelte es weiterzukämpfen. Diese Auffassung mündet aus einmal in einer kritischen Tolerierung der Regierungen, zum andern in einer Unterordnung aller anderen Aktivitäten unter das Ziel der Einigung mit der UGT. Trotz aller schwachen Punkte müssen wir wohl sehen, dass diese Gruppe um das Nationalkomitee heute doch die fortschrittlichste Gruppe der spanischen CNT/FAI ist. Aber wir müssen gleichzeitig mit Erschrecken feststellen, wie grosse Teile der anarchosyndikalistischen Massenbewegung aus bitterer Enttäuschung zu schon halbwegs überwundenen Positionen zurückkehren, zu ihrer apolitischen und dezentralistischen Haltung; dass sich Stimmungen herausbilden wie diese: „Lasst die anderen man den Krieg machen, wir machen hinterher die Revolution". Die Enttäuschung ist gross. Umso grösser, weil man den Anarchisten, die sich viele als wilde Männer mit Messern zwischen den Zähnen vorstellen, im Grossen und Ganzen nachsagen muss, dass sie in den inneren Auseinandersetzungen eine wahre Lammesgeduld gezeigt haben, dass sie in vielem eine geradezu rührende Naivität an den Tag legten. Die entwicklungsfähigsten Elemente der CNT/FAI stehen wohl in deren Jugendorganisation. Aber gerade dort konnten wir in den letzten Monaten den Rückfall in alte anarchistische Dogmenvorstellungen beobachten. Die Gruppe der „Freunde Durrutis", die in Barcelona von der CNT/FAI abgesondert wurde, ist einigermassen buntscheckig zusammengesetzt und repräsentiert unserer Meinung nach weder den Ansatz von etwas Neuem noch den ernsten Ausdruck breiterer Strömungen in der CNT. Die angedeutete Entwicklung hat weiter dazu geführt, dass sich unter den anarchosyndikalistischen Massen Verzweiflungsstimmungen breitgemacht haben, Stimmungen, die hier und da schon zu Verzweiflungshandlungen geführt haben und die in der weiteren Entwicklung die Gefahr einer terroristisch-putschistischen Strömung heraufbeschwören.

Die Politik der POUM.

Wir haben uns schliesslich mit der Politik der POUM, der Arbeiterpartei für Marxistische Einheit, auseinanderzusetzen. Die POUM vertritt in Katalonien einige zehntausend der besten Vertreter des marxistischen Flügels der Arbeiterbewegung. Im übrigen Land hat sie nur schwache Stützpunkte. Die POUM hat eine richtige Grundthese darin zum Ausdruck gebracht, dass sie die Untrennbarkeit von Krieg und Revolution vertrat und dass sie die Notwendigkeit der Hegemonie der Arbeiterklasse in der Revolution hervorhob. Bevor wir nun die tatsächliche Politik der Partei behandeln, müssen wir uns zunächst darüber im Klaren sein, dass eine so junge Partei, die noch kaum zur Partei verwachsen war, die stärker den Charakter einer Propagandaorganisation als einer handelnden Parteieinheit hatte, deren führende Kader im Juli [1936] starke Lücken erhielten und deren Führer gleich zu Beginn von den Faschisten ermordet wurde, von vornherein keinen leichten Stand hatte. Einen leichten Stand auch darum nicht, weil sich in Spanien der gewaltige Kräfteeinsatz der Komintern mit der Autorität und der direkten Hilfe der U[d]SSR zugunsten der KP und der PSUC und gegen die POUM als unabhängige revolutionäre Partei entfaltete.

Wenn wir eine sachliche Wertung der von der POUM geführten Politik vornehmen, dann müssen wir offen sagen, dass sich kein günstiges Bild ergibt. Wir müssen sehen, dass trotz einiger ganz richtiger Grunderkenntnisse verhängnisvolle Fehler gemacht wurden, dass die Partei vor allem in den letzten Monaten in fast jeder praktischen Frage eine falsche Position einnahm. Die Partei hat es nicht verstanden, die grundlegenden marxistischen Erkenntnisse entsprechend der spanischen Wirklichkeit zu konkretisieren und sie in praktische Politik umzumünzen. Die Fehler der POUM sind zumeist ultralinker, sektiererischer Art. Sie stellen in vielem einen Rückfall zu dem dar, was wir an der Komintern in der berühmten „dritten Periode"[19] auszusetzen hatten. Aber es gibt zugleich bei der POUM ein opportunistisches Element, was noch zu beweisen sein wird. Es ist gewagt, so offen in einer Zeit zu sprechen, wo die Partei, um die es sich handelt, schweren Verfolgungen ausgesetzt ist. Aber wir können keine Politik betreiben, die sich von Sentimentalitäten leiten lässt. Es ist unsere Pflicht, offen und klar das zu sagen, was war und was ist.

Die POUM hat zunächst einmal keinerlei korrekte Erklärung über den Charakter des Krieges gegeben. Die grosse Wandlung, die sich durch die massive Intervention der faschistischen Grossmächte ergeben hat, wurde von ihr kaum berücksichtigt. Sie schätzte die in Spanien wirksamen Kräfte illusionär ein, weil sie nur Katalonien sah, und sie hatte keine konkrete Vorstellung von den in der Welt wirkenden Kräften, weil sie sich einerseits von schematischen Vergleichen mit der Entwicklung der russischen Revolution leiten liess und andererseits einen Wunderglauben in das internationale Proletariat setzte, das zur Weltrevolution schreiten müsse. In Spanien selbst hat sie aus dem Auge verloren, dass es auch noch eine andere, grössere Hälfte des Landes gibt, die von Franco beherrscht wird. Es ist ihr nicht gelungen, sich genügend Rechenschaft über Ernst, Tiefe und Dauer der spanischen Auseinandersetzung abzulegen. Und aus diesen Gründen hat die POUM nicht die richtige Vorstellung von den militärischen Notwendigkeiten gehabt. Als revolutionäre Partei musste sie sich zur entschlossensten Kriegspartei machen. Sie durfte diese Funktion nicht auf andere übergehen lassen. Sie durfte sich nicht auf abstrakte Formeln von einer Roten Armee und auf kritische Bemerkungen zu den Handlungen der andern beschränken. Das genügte nicht, das war falsch und das konnte auch nicht durch den selbstlosen Einsatz der POUM-Formationen an der Front wettgemacht werden.

Einen weiteren Kardinalfehler beging die Partei in der Einheits- und Volksfrontfrage. Ihre Beteiligung am Volksfront-Wahlpakt im Februar [1936] trug einen reinen Zwangscharakter. Sie sah, dass sie nur so das erwünschte Mandat erzielen konnte und schloss sich darum an. Sie verzichtete aber darauf, sich in die Volksfront einzuschalten, sich mit den durch die Volksfront mobilisierten Massen zu verbünden, um dann weiter vorstossen zu können. Nicht „Gegen die Volksfront" durfte die Parole sein, sondern: „Über die Volksfront hinaus". Die POUM hat dann noch einmal Volksfrontpolitik gemacht, als sie sich Ende September [1936] an der katalanischen Generalidad beteiligte. Aber sie liess den Inhalt dieses Schrittes unklar. Sie sprach davon, dass es sich um eine sozialistische Arbeiterregierung handle, während wir es tatsächlich mit einer Volksfrontregierung zu tun hatten. Durch diese Haltung wurde erstens die Machtfrage verwischt, zweitens wurde so eine richtige Einstellung zum Problem der Volksfront auch zu diesem Zeitpunkt unmöglich gemacht. Später hat die POUM ihre Beteiligung an der Regierung rein opportunistisch mit dem Argument gerechtfertigt, sie hätte sich andernfalls von den Massen isoliert. Die POUM lehnte auch die Taktik der proletarischen Einheitsfront ab. Sie forderte eine „revolutionäre Arbeiterfront" zusammen mit der CNT und der FAI. Man hörte das Argument, dass man doch mit Noske keine Einheitsfront machen könne, und Gen[osse] Nin schrieb in seinen Thesen, dass die KP gefährlicher sei als die Bourgeoisie. Das war mehr als ein Rückfall in die KP-Theorien vom Sozialfaschismus.[20] Erstens ist das mit den „Noskes" nicht so ganz einfach. Während es im Deutschland von 1918/19 die Ebert und Noske waren, die als Einpeitscher auf der anderen Seite der Barrikade gegen die Arbeiterklasse standen, so ist hier immerhin der kleine Unterschied zu verzeichnen, dass die gesamte Arbeiterbewegung, einschliesslich derjenigen Sektoren, die nicht über die bürgerliche Demokratie hinauszugehen bereit sind, gemeinsam in blutigem Kampf gegen die faschistische Konterrevolution stehen. Zweitens enthielt die aufgezeigte Orientierung in der Bündnisfrage eine

Begünstigung des Festhaltens der CNT/FAI an ihren anarchistischen Vorurteilen. Drittens hätte man unumwunden erkennen und aussprechen müssen, dass kein Sieg über Franco und erst recht kein Sieg der Revolution möglich ist ohne das gemeinsame Handeln der Massen der Arbeiter, die vor allem hinter der SP, der KP, der Vereinigten Jugend standen und stehen. Das Beispiel der misslungenen Jugend-Einheitsfront zum 1. Mai in Barcelona ist äusserst lehrreich. Die Anarchisten hatten die Initiative, die PSUC-Leute machten zunächst Schwierigkeiten. Dann erklärte die POUM-Jugend in ihrem Organ: zwischen der Front der revolutionären Jugend und der Front der konterrevolutionären Jugend – die durch die Vereinigte Jugend vertreten werde – könne und dürfe es kein gemeinsames Handeln geben.

Das sind eigentlich schon die entscheidenden Fragen: die des Krieges und die der Einheit. Es gibt auch noch andere, kaum minder ernste. So hat es die Partei nicht verstanden, das Problem der neuen Organe nur irgendwie konkret zu lösen. Sie begnügte sich mit abstrakten Formeln. Sie verwechselte die „Komitees" mit Räten, die katalanische Volksfrontregierung mit einer sozialistischen Arbeiterregierung. Sie hatte von daher ein falsches Verhältnis zu den Verbündeten, ohne die der Sieg unmöglich ist, zum Kleinbürgertum und zur Bauernschaft. Die POUM hat in Überschätzung der eigenen Kraft geglaubt, sie könne in Frontalstellung gegen alle andern durchkommen und den Sieg an ihre Fahnen heften. Das brachte sie in eine sektiererische und nicht in eine führende Position. Sie erkannte nicht die Notwendigkeit eines richtigen Verhältnisses zu den anderen Faktoren, die im Spiele waren. Die POUM-Jugend brachte es fertig, noch in den letzten Wochen in den Strassen von Barcelona das Plakat anzuschlagen: Kampf bis zum Tod gegen den Faschismus und die bürgerliche Demokratie!

Gewiss, die Partei hat es nicht leicht gehabt. Sie wurde von der Verleumdung, der Hetze der KP u[nd] der Komintern getroffen. Aber sie musste diesen Angriffen gewachsen sein. Sie liess sich jedoch dadurch noch stärker in die ultralinke Sackgasse hineintreiben. Das Sich-Überschlagen in ultralinkem Subjektivismus ist besonders kennzeichnend für die Zeit seit der Jahreswende.

Wir müssen das sagen und einiges mehr noch. Aber niemand soll kommen und behaupten, dass das die Verfolgungen rechtfertige, die sich heute gegen die POUM richten. Nein, dabei handelt es sich recht und schlecht um die wahnwitzige Zielsetzung der Komintern, alle Kräfte zu vernichten, die sich ihr nicht gleichschalten wollen. Darum handelt es sich, und deshalb muss die ganze internationale Arbeiterbewegung diesen Schlag der Komintern entsprechend parieren. Es geht darum, ob es zugelassen werden soll, dass die Träger einer anderen Auffassung, dass revolutionäre Arbeiter mit den Mitteln der Fälschung, der gemeinsten Verleumdung, der Lüge, des Terrors ausgerottet werden sollen. Dem muss man in den Arm fallen!

Beweist das Schicksal der POUM etwas gegen die Wirkungsmöglichkeiten der unabhängigen revolutionären Organisationen? Das wäre nur dann der Fall, wenn wir uns sagen müssten, das das Versagen der POUM auf ihre Selbständigkeit und nicht auf ihre Politik zurückzuführen ist. Da aber das letztere der Fall ist, spricht die spanische Erfahrung nicht gegen die Chancen unabhängiger revolutionärer Parteien. Wohl aber hat die spanische Entwicklung gezeigt, dass eine unabhängige revolutionäre Politik zu einer Lebensfrage der Arbeiterbewegung geworden ist. Wir aber müssen aus den Fehlern der POUM lernen, damit alte Fehler nicht wiederholt werden.

Krise des revolutionären Krieges.

Die Entwicklung während der letzten Monate hat ungeheure Gefahren angehäuft, die Revolution und Krieg in eine ernste Krise gebracht haben. Wir erlebten zunächst die blutige Maiwoche [1937] in Barcelona, die der Ausdruck der ganzen Verkrampftheit der Beziehungen im proletarischen und antifaschistischen Lager war. Die Kommunisten, d.h. die PSUC, streckten die Hand nach der Hegemonie aus. Die anarchistischen Revolutionäre rebellierten gegen die Normalisierung, die vielfach mit der Sabotage der katalonischen Kriegsführung Hand in Hand ging. Terrormethoden wurden alltäglich praktiziert. Die Provokationen des separatistischen „Estat Catala"[21] und der PSUC-Führer brachten die Spannungen zum Ausbruch. Die Maiwoche signalisierte die Gefahr der Auswirkung der Konflikte im Hinterland auf die Front und die der Intervention der demokratischen Mächte.

Es folgte die Caballero-Krise. Die KP rückte vor, setzte der neuen Regierung ihr Gepräge auf. Der bürgerliche Einfluss war mit der KP gestärkt worden. Die KP begann mit ihrer Politik ihre eigene Front zu erschüttern, den Ast anzusägen, auf dem sie selbst sitzt! Die Gewerkschaften, die Arbeitermassenorganisationen, blieben an der Regierung Negrin unbeteiligt. Die Gegensätze spitzten sich zu. Dort wurden die Anarchisten abgestossen, aller Verständigungsbereitschaft zum Trotz. Hier sammelte sich um Caballero die linke sozialistische Opposition. Und Caballero gelangte, getragen von ihr, wieder an die Spitze der UGT. Die erstrebte Zentralisierung der Kräfte im Interesse der Kriegsführung war damit nicht erreicht. Auch innerhalb der neuen Regierung setzten sich die Cliquenkämpfe und Spekulationen auf Kosten des antifaschistischen Krieges fort.

Mitte Juni [1937] begann der direkte Schlag gegen die POUM. Gleichzeitig begannen die Verhaftungen von anarchistischen und dann auch von sozialistischen Funktionären. Mehrere hundert POUM-Genossen wurden verhaftet, die Häuser beschlagnahmt, die Presse unterdrückt, der Kommandeur der POUM-Truppen, Rovira, von der Front weg verhaftet. Das alles zum grossen Teil über den Kopf der Regierung hinweg, durchgeführt von der kommunistischen Polizei. Mit gefälschten Dokumenten, mit erfundenen Anklagen wurde der Versuch gemacht, diesen Teil der Arbeiterbewegung auszuschalten. Es ist zu hoffen, dass als Folge der internationalen Proteste und auch der offenen Kritik, die an vielen Stellen Spaniens dagegen laut geworden ist, es unmöglich sein wird, die verbrecherischen Pläne zu realisieren. Aber schon jetzt ist eine ernste Schädigung und Demoralisierung von Front und Hinterland erreicht.

In den gleichen Tagen fiel Bilbao. Wahrscheinlich war es nicht zu halten. Aber es scheiterten auch die geplante Aragonoffensive und die versuchten Vorstösse bei Madrid. Die Franco-Leute sind militärisch gestärkt. Eine militärische Krise kommt zu der politischen hinzu. Jedoch ist noch nichts verloren. Bis aufs Messer muss man gegen allen Defaitismus kämpfen. Wenn wir es weiterhin mit den jetzt zu übersehenden Kräften zu tun haben, dann braucht uns um den militärischen Sieg auch heute nicht bange zu sein. Aber die Auseinandersetzung kann nicht isoliert militärisch betrachtet werden. Die Konflikte im Hinterland sind Gift für die Front. Und dahinter stehen die inzwischen noch gewachsenen aussenpolitischen Gefahren.

Es hat eine offene Krise in Barcelona gegeben, die mit dem Ausscheiden der CNT aus der Regierung abgeschlossen wurde. Und dennoch bleibt die CNT weiterhin die zentrale Kraft in Katalonien. In Valencia[22] gab es eine versteckte Krise, die immer noch nicht wirklich gelöst ist und die das Verhältnis zwischen den Kommunisten und einer Reihe der anderen Regierungsmitglieder betrifft. Aussenpolitisch haben wir noch immer die verstärkte Intervention von deutscher und italienischer Seite. Und zugleich haben sich unter der Führung der englischen Bourgeoisie die Kräfte verstärkt, die einem Waffenstillstand, einem Kompromiss zusteuern.

Gibt es da noch Chancen? Es gibt sie, und wir sagten schon, dass jeder Defaitismus schonungslos bekämpft werden muss. Und selbst wenn vieles noch so schlimm und kaum mehr gut zu machen ist: Franco bleibt der Feind Nummer Eins! Um ihn zu schlagen, bedarf es der festen Aktionseinheit der Arbeiterkräfte und aller antifaschistischen Elemente. Wer sich dem widersetzt oder wer es durch seine Handlungen unmöglich macht, lädt ungeheure geschichtliche Verantwortung auf seine Schultern. Die deutsche Arbeiterbewegung ist kampflos zugrundegegangen, weil sie sich nicht zum gemeinsamen Kampf gegen den gemeinsamen Feind durchrang. Der spanische Freiheitskrieg darf sich nicht im inneren Kampf verbluten. Um das zu verhindern und um die revolutionären Errungenschaften zu retten, bedarf es im Rahmen breiter Aktionseinheit einer Sammlung der bewusst sozialistischen Kräfte aus dem sozialistischen, kommunistischen, anarchistischen und unabhängigen Lager in einem festen Schutz- und Trutzbündnis. Nur so kann man den Krieg gewinnen und die Revolution retten.

Unsere Aufgaben.

Die internationale Arbeiterbewegung kann viel tun, um den endgültigen Ausgang der spanischen Auseinandersetzung entscheidend zu beeinflussen. Für die internationale Arbeiterklasse, für Freiheit und Sozialismus in der ganzen Welt, hängt ausserordentlich viel von dem Ausgang des spanischen Kampfes ab.[23] Schon hat der Kampf auf spanischem Boden dazu geführt, dass der Faschismus tief getroffen wurde. Seine Unverwundbarkeitslegende ist zerstört. Deutsche Flugzeuge wurden bei Madrid, italienische Divisionen bei Guadalajara vernichtet. Die internationale Arbeiterklasse und ganz besonders die geknechtete Arbeiterschaft im faschistischen Deutschland hat aus dem heroischen Kampf ihrer spanischen Brüder neue Kraft geschöpft.

Jetzt ist es an ihr, aktiv einzuspringen. Ein Jahr ist vergangen, und die so notwendige einheitliche internationale Solidaritätsbewegung ist, vor allem wegen der Sabotage von Führern der II. Internationale und des IGB, nicht zustandegekommen.[24] Sie muss erzwungen werden.

Diese einheitliche Hilfsbewegung der internationalen Arbeiterklasse muss sich erstrecken auf die unmittelbare Hilfe für Spanien, auf den Kampf gegen die faschistischen Interventen, für die Zurückziehung der faschistischen Armeen und Flotten. Sie muss sich aber auch vor allem entwickeln als ein Druck auf die Regierungen der demokratischen Länder. Die Blockade gegen das antifaschistische Spanien muss fallen. Die Begünstigung Francos darf nicht länger geduldet werden. Die Arbeiterklasse darf nicht zulassen, dass die englischen und französischen Regierungen Schachergeschäfte auf dem Buckel des kämpfenden und leidenden spanischen Volkes machen. Sie muss sich den Kompromissplänen widersetzen. Sie muss dazu beitragen, dass der totale Sieg über Franco errungen wird.

Die internationale Arbeiterbewegung muss aber auch ihre Kräfte dafür einsetzen, dass in Spanien der Bruderkampf nicht weitergeführt wird, dass die Verfolgungen gegen die POUM und andere Revolutionäre aufhören.[25]

Wir als deutsche revolutionäre Sozialisten können heute wenig tun. Wir versprechen aber den spanischen Genossen, dass wir den illegalen Kampf gegen das Hitlerregime, den Schlächter spanischer Arbeiter, Frauen und Kinder, verstärkt fortsetzen werden, dass wir noch mehr als bisher Aufklärung schaffen werden über das verbrecherische Treiben der deutschen Machthaber in Spanien. Gelingt uns das in genügendem Masse – aber auch das setzt einheitliches Handeln voraus! – dann wird Hitler vielleicht von der spanischen Krankheit nicht mehr genesen. Wir versprechen den spanischen Genossen auch, dass wir ernsthaft daran arbeiten werden, die spanischen Erfahrungen für unseren Befreiungskampf zu verwerten. In diesem Sinne grüssen wir die spanischen Helden und rufen:
ES LEBE DIE SPANISCHE REVOLUTION!
ES LEBE DER SIEG ÜBER DEN FASCHISMUS!

Nr. 47
Aus dem Schreiben Brandts an die Parteileitung der SAP
19. Oktober 1937

ARBARK, SAP-Archiv, Mappe 216.

Liebe Freunde!
Ich komme eben von der VF-Tagung des Nordens[1] zurück und will ein paar Zeilen darüber schreiben. [...]

Die Tagung war ein grosser Erfolg. Vor allem brachte sie ganz erhebliche Fortschritte in der praktischen Zusammenarbeit. Das ist das allerwichtigste. Daneben ist es aber auch nicht unwesentlich, dass sie ein besonderer Erfolg der SAP-Delegation gewesen ist. Ich gehe davon aus, dass Antonius [August Enderle] gleich einen eingehenden Bericht schreibt und dann auch die Beschlüsse sowie einen Bericht für die nächste N[eue] F[ront] übermittelt,[2] sobald diese Dinge fertiggestellt sind. Darum kann ich mich heute mit einigen kurzen

Bemerkungen begnügen. Es nahmen teil: 12 Freunde der KP[D], 8 der SPD und vier von uns (Ant[onius, d. i. August Enderle], John [Paul Wassermann], Hermann [Hans Paul Schwarz] und Willy). Die Generaldebatte am Sonnabendvor- und nachmittag über die Aufgaben der VF und die Lage an der Wasserkante³ sowie über die konkreten Dinge, die von unseren Ausschüssen im Norden zu leisten sind, war ausserordentlich erfreulich. Zum Schluss hatten alle das Gefühl, hier gibt es eine Reihe von Meinungsverschiedenheiten und Nuancen, aber sie alle haben Platz im Rahmen der gemeinsamen Auffassungen. Die KP[D]-Freunde zeigten einen ehrlichen Willen zur loyalen Zusammenarbeit, sodass konkrete Resultate auf allen wichtigen Gebieten zustandekamen. Besonders erfreulich⁴ ist die Zusammenfassung der Arbeit im Norden in den Händen der Polkommission der Stockh[olmer] Arbeitsgemeinschaft⁵ mit je einem Verbindungsmann in Kop[enhagen] und O[slo]. Dadurch sind alle drei Gruppierungen paritätisch vertreten. Dasselbe gilt für die gemeinsame Zeitung⁶ für die Wasserkante und die andern in Aussicht genommenen Aufgaben. Ich bin davon überzeugt, dass der Bericht über diese Tagung viel zur Klärung der Lage in Paris beitragen kann. Bei uns gab es keine „Bombenreferate", sondern praktische Beratungen, vor allem immer wieder ausgehend von der wirklichen Lage an der Wasserkante. Und das ist der Weg, der zum Erfolg führt. Der Höhepunkt der ganzen Tagung war der Sonntagvormittag mit dem Gew[erkschafts]referat von A. [August Enderle] und einer sehr lebhaften Diskussion. Hier kam eine längere Stellungnahme völlig einheitlich zustande.⁷ [...]
Nachmittags sprach ich zur Jugendfrage, ein KP-Freund über Kulturfragen. Diese Punkte erbrachten nicht so viel. Aber ich bin auch mit der Jugendfrage ein gutes Stück weitergekommen, besonders durch die Bildung eines Jugendausschusses für den Norden aus je einem SAJ, KJV und SJV-Mann unter meiner Verantwortung. Wir hatten gestern schon die erste Ausschusssitzung und legten in völliger Einmütigkeit die praktische Arbeit fest. Natürlich schreibe ich dazu auch noch ausführlicher. Auch die gestrige Behandlung der Hilfsfragen war sehr inhaltreich und anregend. Alle Teilnehmer haben die Störungen in der Pariser Arbeit⁸ bedauert und den Willen ausge-

drückt, an der Überwindung der zentralen Schwierigkeiten mit vereinten Kräften zu wirken. Ich muss Euch sagen, dass ich selten eine Tagung mitgemacht habe, die mich in diesem Masse befriedigte. Besonders wohl deshalb, weil man garnicht wissen konnte, ob es nicht zum Krach statt zur Einigung kommen würde.

So, liebe Freunde, damit komme ich gleich zur Lage der VF bei Euch. Ich bin natürlich ganz mit der Haltung einverstanden, die Jim [Jacob Walcher] als unser Vertreter eingenommen hat. Und die praktische Arbeit, die wir in den letzten Tagen geleistet haben, ist wohl eine wirkungsvolle Unterstützung unserer Position. Mir scheint aber unbestreitbar, dass einer der Gründe für die Krisen darin zu suchen ist, dass der Pariser Ausschuss in der praktischen Arbeit keine wirkliche Basis hat. Und wir sind wohl an die Dinge auch manchmal zu polemisch und zu sehr vom Standpunkt des „Ausnutzens" herangegangen. Das ist gerade unsere Stärke in St[ockholm] und O[slo], dass man an uns als Faktoren der realen VF-Arbeit nicht vorbeikommt. Es gibt für uns garkeine Meinungsverschiedenheit darüber, dass wir unsern Kampf für die Loyalität und die Gleichberechtigung in der Zusammenarbeit bis zu Ende durchfechten müssen. Aber wir werden das am Besten tun können, wenn wir jetzt auch in Paris mehr aus der Rolle des Polemikers heraustreten und von uns aus das in den Vordergrund schieben, worauf die KP[D] immer herumreitet: die praktische Arbeit im Sinne der VF. Wir müssen Vorschläge machen und Anregungen geben. Hier hat die N[eue] F[ront] zweifellos viel versäumt. Bei der letzten Nummer hat man den Eindruck des Kritikasters, nicht so sehr desjenigen, der etwas Positives beizutragen hat. Durch positive Vorschläge und Leistungen müssen wir aber unser Vertrauen stärken und erhalten. Wir müssen auch sagen, dass wichtiger noch als Aufrufe und Erklärungen solche Fragen wie Gewerkschaftsarbeit, Jugendarbeit usw. sind, mit denen man im Sinne der Konferenz im Norden in Gang gehen sollte. [...]

Herzliche Grüsse

⟨Willy⟩[9]

Nr. 48
Aus dem Schreiben Brandts an die Gruppe Oslo der SAP und zugleich an die Parteileitung der SAP in Paris
4. November 1937

AdsD, WBA, A 5, Allgemeine Korrespondenz 1937.

Liebe Freunde!
Der Verlauf der gestrigen Gruppensitzung zwingt mich, Euch diesen ausführlichen Brief zu schreiben.

Es hiesse die Wahrheit mit Füssen treten, wenn ich darauf verzichten würde, in diesem Brief einleitend festzustellen, dass in den vergangenen Wochen innerhalb der Gruppe eine unqualifizierte Stimmungsmache gegen den Gen[ossen] S[verre, d. i. Walter Michaelis] betrieben worden ist. Ein Genosse, der zu wiederholten Malen seine ganze Einsatzbereitschaft für unsere Sache bewiesen hat, der damit manchen Genossen als Beispiel dienen könnte, ist in der Tat als gemeiner Betrüger hingestellt worden. Ich habe auf der Gruppensitzung vor 14 Tagen, auf der diese Frage zur Sprache kam, keinen Zweifel darüber gelassen, dass ich mich unvorbehalten mit dem Genossen S[verre] solidarisiere. Ich habe aber auch ganz eindeutig darauf hingewiesen, dass es sich bei den Verdächtigungen gegen S[verre] in Wirklichkeit und in erster Linie um einen planmässigen Angriff eines Teils der Gruppe gegen mich handelte. Die weitere Entwicklung hat gezeigt, dass ich damit im Recht war.

Auf der gestrigen Sitzung hat der Gen[osse] Hermann [Hans Paul Schwarz] lange gesprochen, um den Beweis zu erbringen, dass man mich unmöglich mit der Vertretung der Gruppe in der Leitung der Arbeitsgemeinschaft[1] beauftragen könne. In keinem einzigen Punkt haben die Argumente des Gen[ossen] Hermann standgehalten. Und besonders konnte keiner der Genossen widersprechen, als ich Hermanns Behauptung widerlegte, in der A[rbeits-]G[emeinschaft] nicht die Auffassungen der Gruppe vertreten zu haben. Auf Grund dieser Sachlage und der von mir ins Feld geführten sachlichen Beweggründe konnte ausser Hermann keiner der Genossen meinem Vorschlag entgegentreten, John [Paul Wassermann] und mich mit der Vertretung in der Leitung der A[rbeits-]G[emeinschaft] zu betrauen.

Soweit lag im Grunde eine Zwangssituation vor. Offenstehen blieb aber eine andere Frage, die von Hermann aufgeworfen worden war. Er hat den Vorschlag gemacht, statt mich John mit der Funktion des Osloer Mitglieds im Zentralen Arbeitsausschuss Norden² zu betrauen. Durch Mehrheitsbeschluss der Gruppe ist diesem Antrag des Gen[ossen] Hermann stattgegeben worden. [...] Es ist notwendig, dazu einige Bemerkungen zu machen.

Unter normalen Verhältnissen des hiesigen Gruppenlebens würde man sachlich abgewogen haben, was für den einen und für den anderen für die Übernahme dieser Funktion spricht. Dabei hätte manches für den Gen[ossen] John, manches für mich sprechen können. Es ist jedoch klar, dass das Osloer Mitglied im ZAN [Zentraler Arbeitsausschuss Norden] der politische Repräsentant der Osloer SAP sein muss. Diese Frage ist gegen mich entschieden worden. Zum anderen kommt aber der gestrige Beschluss meiner wirklichen Absetzung gleich. In Göteborg³ wurde eine Sechserkommission gebildet, der von der SAP Gen[osse] Antonius [August Enderle] und ich angehörten. In diesem Kreis ging man davon aus, dass der KP-Vertreter aus Kopenhagen der Gen[osse] Jens [Herbert Warnke] und der SAP-Vertreter aus Oslo ich sein würde. Auf dieser Grundlage besprach der Gen[osse] Jens mit Stockholmer Genossen und mir die Frage des Zusammenkommens zu einer ZAN-Sitzung im Dezember in Stockholm. Auf Grund der Tatsache, dass ich der erste Vertreter der Gruppe in der Osloer AG und neben Antonius unser Vertreter in der Kommission war, lag für mich auch kein Grund vor, daran zu denken, dass die Gruppe diese Regelung desavouieren würde. Nach der Göteborger Konferenz sandte mir Gen[osse] Antonius als Verbindungsmann für Oslo die Materialien für die Osloer AG, ich berichtete darüber zweimal im Kopf der AG⁴, hatte also bereits zu fungieren begonnen, als gestern die Umbesetzung durch den Beschluss der Gruppe erfolgte. Die Gruppe musste sich natürlich darüber im Klaren sein, dass es sich dabei um einen Konflikt handeln würde, der zum Schaden der Partei vor der KP und SP ausgetragen würde.

Dazu kommen nun die Begründungen, die die Sprecher der Mehrheit der Gruppe für ihren Schritt gegeben haben. Gen[osse] Hermann hat als Vorschlagssteller erklärt, dass er „von verschiedenen Genossen einen sehr unsauberen Eindruck" und „persönlich und menschlich kein Vertrauen zu Willy Brandt" habe. Gen[osse] John hat die Erklärung von Hermann damit quittiert, dass er erklärte, der jetzige Krisenzustand der Gruppe beruhe „zum grossen Teil in Fehlern der die Gruppe führenden Genossen, insbesondere Willys". [...] Gen[osse] Ewald [Emil Dinkla] setzte sich für John ein, da er der „sicherste Garant für den Kurs der Gruppe" sei. Er führte weiter aus, die Gruppe hätte während des Jahres meiner Abwesenheit besser gearbeitet als zuvor, da ich die Leitung innehatte.

Diese Begründungen für meine Desavouierung sind nicht aus der Welt zu schaffen. Sie haben eindeutig gezeigt, dass meine Vertrauensbasis in der Gruppe zerstört ist. Dass hier ein planmässiges Intrigenspiel seine Wirkung gehabt hat, lässt sich kaum verkennen, und auch der gestrigen „Aktion" war die Planmässigkeit deutlich anzusehen.

Ich habe Euch über meine Einstellung zu den früher diskutierten Fragen in mehreren Sitzungen offen meine Meinung gesagt. Ich habe auch nicht gezögert, eigene Fehler und Irrtümer zuzugeben. Auf Diplomatie habe ich dabei verzichtet. Aber Ihr müsst verstehen, dass alles seine Grenzen hat. Erstens wäre es politisch und menschlich unsauber, wenn die Gruppenmehrheit nicht von sich aus die weiteren Konsequenzen ziehen würde. Wenn die Dinge so liegen, wie sie sich gestern offenbarten, dann hat der Gen[osse] John die politische Leitung der Gruppe, ihre Vertretung in der AG und ihre Repräsentation gegenüber der norwegischen Bewegung zu übernehmen. Zweitens kann ich es vor mir selbst und vor der Bewegung nicht mehr verantworten, für die Arbeit mit dieser Gruppenmehrheit noch Kraft und Zeit einzusetzen. Ich habe Wichtigeres zu tun, als mich noch weitere Monate mit übler Misssucht und Osloer Emigrationsintrigen herumzuschlagen.

Darum habe ich mich – gewiss nicht leichten Herzens – entschlossen, alle mir von der Gruppe übertragenen Funktionen mit sofortiger Wirkung niederzulegen und die P[artei-]L[eitung] zu ersuchen, diesem meinem wohlüberlegten Entschluss keine Hindernisse in den Weg zu legen. Ich werde der neuen Leitung, d. h. vor allem dem Gen[ossen] John, keine Schwierigkeiten bereiten, sondern mich auf meine ausserhalb Oslos liegenden Aufträge der Organisation und auf verstärkte Betätigung in der norwegischen Arbeiterbewegung beschränken. In der AG werde ich mich bemühen, auf dem Wege über die Jugendkommission mitzuarbeiten, an der ich mich als Funktionär des SJV beteiligen werde.

Dieser Schritt wird mir besonders schwer darum, weil ich einige Jahre hindurch für diese Gruppe gelebt habe und um ihre Durchsetzung in der norwegischen Bewegung rang, und weil ich mich persönlich zutiefst mit den Genossen verbunden fühle, die damals mit mir zusammen und dann während des Jahres meiner Abwesenheit in praktischer Kleinarbeit mehr als in grossen Reden erreicht haben, dass sich diese Gruppe in der Partei sehen lassen konnte. Mein Entschluss ist mir auch darum nicht leicht geworden, weil mich in den vergangenen Jahren mit dem Gen[ossen] John eine weitgehende politische Übereinstimmung und auch ein Stück persönlicher Freundschaft verbunden hat. Wenn sich heute Genossen, die der praktischen Politik auf der Grundlage gemeinsamer Auffassungen von John und mir keine geringen Schwierigkeiten bereitet haben, gegen mich hinter John verstecken können, so kann ich das nur bedauern und hoffen, dass sich das auch mal wieder ändert. Ich denke jedenfalls, dass es notwendig ist, eine bestimmte Entwicklung ablaufen und sich dann auch enthüllen zu lassen.

Weil die Fragen unserer Einheitspolitik eine Rolle bei der Gegenüberstellung von John und mir gespielt haben, will ich in einigen Sätzen meine Position umreissen:

1.) Die Grundgedanken der Diskussionsgrundlage der damaligen A[uslands-]Z[entrale] zur Frage der Einheitspartei und die dazu von der Gruppe Oslo vertretenen Auffassungen sind zweifellos durch die seitherige Entwicklung bestätigt worden.

2.) Die deutschen Notwendigkeiten und Möglichkeiten unterstreichen deutlicher als früher die Richtigkeit unserer positiven Einstellung zur Einheits- und Volksfrontfrage. Ein entscheidender Grund für die Krise des Pariser Ausschusses liegt in der Losgelöstheit von der praktischen, nach drinnen gerichteten, Arbeit. An diesem Mangel ist unsere eigene Organisation nicht unschuldig. In der Aufzeigung des anderen Weges liegt die grosse positive Bedeutung der Göteborger Konferenz.

3.) So sehr die internationale Entwicklung es immer wieder klargemacht hat, dass unser Schicksal nicht von dem der S[owjet-]U[nion] zu trennen ist und dass jede Einheits- und Volksfrontpolitik mit der KP bzw. der Komintern als zentraler Kraft rechnen muss, so deutlich ist es auch geworden, dass die historisch gewordenen Methoden der Kominternpolitik in vielen Fällen die von der S[owjet-]U[nion] und der Komintern selbst erstrebte Entwicklung stören und schädigen. Für uns besteht eine wichtige Aufgabe darin, die Einheitsbewegung gegen solche Schädigungen und Rückschläge zu schützen.

4.) Die von uns schon in der vorjährigen Einheitsresolution geforderte Kartellierung mit den linkssozialistischen Kräften hat die Aufgabe, mit der KP auf einer solideren Grundlage zusammenarbeiten zu können, ihr ihre Ausschaltungsbestrebungen gegenüber der SAP und anderen Gruppen unmöglich zu machen und den Kampf gegen die reformistischen Einheitsfeinde zu intensivieren. Wenn wir die Einheit wollen, die breiter ist als ein Arrangement zwischen uns und der KP, dann ist unser natürlicher Platz da, wo wir an der Formierung des sozialistischen Bündnispartners für die Einheit gestaltend Anteil nehmen können. Eine solche Aufgabenstellung lässt uns mithelfen an dem historischen Werk des Zusammenführens der SU und westeuropäischen Arbeiterbewegung und muss uns zur bewussten Ausrichtung auf die linken Kräfte der Sozialistischen Arbeiter-Internationale veranlassen.

5.) Die Partei muss in ganz anderer Weise als bisher die Beschlüsse von Kattowitz[5] und der EPL[6] in die Tat umsetzen, alle Organisationsteile in dieser Einheitsarbeit mit dem Pariser Zentrum verbinden und der Zeitung und den anderen Veröffentlichungen ein entsprechendes Gesicht geben. In der praktischen Arbeit müssen wir uns, wie in Göteborg, eine feste Position erwerben.

6.) In Oslo haben wir praktisch im Sinne der Parteibeschlüsse und der Ergebnisse der Göteborger Konferenz zu arbeiten. Wir müssen diese lokale Arbeit ständig in Einklang bringen mit dem zentralen Stand der Einheitsbewegung und mit der Arbeit der PL. Das bedeutet nicht, dass es hier brechen soll, wenn es in Paris zum Bruch kommen sollte. Auch nicht, dass wir lokal ein Kartell mit den Sozialdemokraten schliessen müssen. Aber wir dürfen nicht eine gegen die zentralen Kartellierungsbestrebungen gerichtete Linie verfolgen. Nur wenn wir mit Paris an einem Strang ziehen, werden wir die stärkere Aktivierung der eigenen Partei für die Einheitsbewegung, die erwünschte Wirkung auf die Instanzen der KP und SP erreichen und ein positives Bespiel geben können.

Kampfbereit!

‹Willy Brandt›[7]

Nr. 49
**Artikel Brandts
„Unmögliche Methoden"
17. Dezember 1937**

Arbeiderbladet, 54. Jg., Nr. 294, 17. Dezember 1937. Übersetzung von Willy Brandt in: ARBARK, SAP-Archiv, Mappe 216.[1]

Alle, die an der Arbeiterbewegung teilnehmen, haben das Recht und die Pflicht, sich für diejenigen politischen Linien einzusetzen, von denen sie meinen, dass sie der Sache des Sozialismus am förderlichsten sind, wenn sie gleichzeitig die richtige Verantwortung gegenüber der Gesamtbewegung fühlen. Solange verschiedene Auffassungen innerhalb der Arbeiterklasse bestehen, wird es dann so sein, dass die eine der Arbeiterklasse mehr nützt als die andere oder die anderen <u>objektiv</u> gesehen dem Gegner dienen.

Ausserdem ist es immer eine wichtige Aufgabe der Bewegung gewesen, auf der Hut gegen die Unsauberkeit zu sein. Die Bourgeoisie hat immer neue Mittel gefunden, um die sozialistische Bewegung zu schädigen, nicht zuletzt dadurch, dass sie Provokateure und Spione in die Arbeiterorganisationen geschickt hat.

Aber es ist äusserst gefährlich, diese beiden Dinge zu vermengen. Die Kommunisten sind aber gerade geneigt, das gegenwärtig zu tun. Wenn sie von einer Person oder von einer Gruppe meinen, dass sie objektiv gesehen dem Faschismus hilft, vereinfachen sie es dahin, dass der Betreffende ein faschistischer Agent ist. Eine solche Methode ist unmöglich und trägt wesentlich dazu bei, die notwendige Sammlung zu hindern, wie u. a. die Entwicklung in Frankreich zeigt.

Besonders schädlich sind diese kommunistischen Methoden in den Ländern, wo die Arbeiterbewegung gezwungen ist, illegal gegen den Faschismus zu kämpfen. In Österreich bestand seit Juli 1936 eine Aktionsgemeinschaft zwischen der Kommunistischen Partei und der Sozialistischen Partei (den Revolutionären Sozialisten). Diese Einheitsfront hat sich faktisch aufgelöst. Schon im Oktober veröffentlichte die „Arbeiter-Zeitung" eine Verlautbarung von Seiten der sozialistischen Parteileitung, die die grosse Verantwortung der Kommunisten zeigte.[2] Sie hatten der sozialistischen Parteileitung z. B. eine Liste von angeblichen „sozialistischen Trotzkisten" geschickt. Sie benutzten auch die illegalen Namen dieser Leute, sodass sie der grössten Gefahr von Seiten der Polizei ausgesetzt wurden. Nachdem die Sozialisten den Tatbestand untersucht hatten, konnten sie feststellen, dass die meisten lediglich Sympathisierende waren, die darum auf die schwarze Liste gekommen waren, weil sie sich mit Kommunisten in Diskussionen eingelassen hatten. Einzelne andere waren gerade eifrige Sprecher für die Einheitsfront gewesen. In der letzten Nummer des „Kampf" schreibt der Führer der Revolutionären Sozialisten, Gustav Richter [Josef Buttinger], dass die Einheitsfront durch eine neue kommunistische Offensive gegen die Sozialisten abgelöst worden ist, selbstverständlich eine „Einheits-Offensive", wie er hinzufügt.[3] Er sagt auch, dass die Anti-Trotzkisten-Kampagne bisher lediglich dazu geführt hat, einigen halbtrotzkistischen Gruppen Leben einzuflössen, die ohne Ausnahme aus der Kommunistischen Partei hervorgegangen sind. Trotzdem wollen sich die Sozialisten erneut dafür einsetzen, der Zusammenarbeit eine gesunde Grundlage zu geben.

Etwas ähnliches sieht man in der <u>deutschen</u> Bewegung. Die deutsche K.P. hat eine ganze Spezialnummer ihrer theoretischen Zeitschrift „Die Internationale" gegen den Emigrations-Trotzkismus herausgegeben.[4] Es werden annähernd dreissig Emigranten genannt, die trotzkistisch-faschistischer Tätigkeit beschuldigt werden, darunter einzelne Trotzki-Anhänger, im übrigen oppositionelle Kommunisten, Brandlerleute[5], Sozialisten. Die Beschuldigungen gegen die meisten dort genannten sind beweislich falsch. Aber dieses Dokument ist besonders unsympathisch, weil es in der konkreten Forderung ausmündet, dass die demokratischen Länder keinem der „trotzkistischen Schurken" Asylrecht geben dürfen.

Wenn ernste Worte einen Sinn haben sollten, muss man so ernst wie möglich an die Kommunisten appellieren, dass sie der Bewegung wegen mit diesen nicht nur leichtfertigen, sondern auch verantwortungslosen Methoden Schluss machen.

Nr. 50
**Artikel Brandts
„Sind alle Deutschen Nazisten?"
Dezember 1937**

Arbeider-Ungdommen, 50. Jg., Nr. 25, Weihnachten 1937[1] *(Übersetzung aus dem Norwegischen: Einhart Lorenz).*

Hitlers „Nationalsozialistische Arbeiterpartei" erreichte ihren ersten großen Wahlsieg bei den Septemberwahlen 1930. Die Nazisten sammelten 6,4 Millionen Stimmen oder 18 % der gesamten Stimmenzahl. Bei den Präsidentenwahlen 1932 erhielt Hitler 13,6 Millionen Stimmen oder 36 %. Hitler wurde am 30. Januar 1933 zum Reichskanzler ernannt, und die Terrorwahlen am 5. März brachten ihm 17,3 Millionen Stimmen oder 43,9 %. Zusammen mit den 8 % der Deutschnationalen wurde die Mehrheit erreicht. Nach 1933 sind ja im Dritten Reich einige „Volksabstimmungen" abgehalten worden, die einen Stimmenanteil von 98 % für die nazistische Führung brachten. Sogar die misshandelten Gefangenen in den Konzentrationslagern stimmten geschlossen für die Hitlerführung. Und das sollte ein Beweis dafür sein, dass die Abstimmung den Willen des Volkes ausdrückte!

Gleichzeitig wissen wir, dass der Nazismus in den Jahren 1930 bis [19]33 wirklich als politische Massenbewegung in Erscheinung treten konnte. Gerade *das* ist es ja, was die *faschistische* Reaktion kennzeichnet: dass sie auf einer aktivistischen Massenbewegung basiert. Und diejenigen, die die Verhältnisse in Deutschland in den letzten Jahren beobachtet haben, haben oft zum Ausdruck gebracht, dass breite Bevölkerungsschichten noch immer der Hitlerführung folgen.

Dennoch wollen wir postulieren, *dass der Nazismus in der Minderheit verbliebe, wenn heute unter angemessenen rechtlichen Verhältnissen eine geheime Volksabstimmung durchgeführt würde.*

Die überwiegende Mehrheit der Arbeiterklasse hat sich nie dem Nazismus angeschlossen. Ein kleiner Teil war 1933 bereit, Hitler „eine Chance zu geben". Die große Mehrheit hatte eine zutiefst ablehnende Haltung gegenüber dem Dritten Reich eingenommen. Die durch und durch arbeiterfeindliche Politik des Nazismus hat auch die Zweifelnden überzeugt. Die Stimmung an den Arbeitsplätzen ist durchgehend antinazistisch, obwohl die gleichen Arbeiter zu den Nazidemonstrationen herauskommandiert werden und bei dem, was sie sagen, aufpassen müssen, um nicht verhaftet oder vielleicht erschlagen zu werden. Unter den braunen Hemden schlagen rote Herzen.

Die Bauern und der Mittelstand haben dem Nazismus die stärksten Hilfstruppen gestellt. Die Bauern haben anfangs auch einige ökonomische Vorteile erreicht. Aber diese sind von Zwangsmaßnahmen abgelöst worden, die den deutschen Kriegskapitalismus heute kennzeichnen. Dem Mittelstand ist es schlimm ergangen. Die großkapitalistische Politik der Nazisten hat oft die kleinen Händler, Handwerker usw. härter getroffen als die Arbeiterklasse. Die Unzufriedenheit in diesen Bevölkerungsschichten macht sich oft stärker geltend als bei den Arbeitern, die nicht in diesem Grad individuell reagieren. Am meisten enttäuscht ist ein Teil der einst aktivsten Nazisten, die mit „deutschem Sozialismus" etwas ganz anderes gemeint haben als das, was heute in Deutschland praktiziert wird. Auch ein Teil des Bürgertums ist unzufrieden. Der Nazismus ist ja gezwungen, einen Teil der privatkapitalistischen Interessen zu treffen, um die gemeinsamen kapitalistischen Interessen zu sichern.

Die Jugend ist früher stark dem deutschen Faschismus gefolgt. Die jüngsten Bevölkerungsgruppen sind auch heute am stärksten der nazistischen Beeinflussung ausgesetzt. Aber viele Illusionen aus der Schule und der Hitlerjugend gehen kaputt, wenn die Jungen mit dem Arbeitsleben und den Zwangsdiensten in Berührung kommen. Breite Schichten der jungen deutschen Generation reagieren gegen die ständige Unterdrückung und Militarisierung und gegen den Verrat an ihren Idealen.

In breiten deutschen Bevölkerungsschichten lebt ein starker Wunsch nach Freiheit und demokratischen Rechten. Diejenigen, die gegen Hitler waren, bevor er an die Macht kam, sind auch später nicht überzeugt worden. Aber viele von denen, die ihm früher folgten, haben verstanden, dass sie getäuscht worden sind. Der Kirchenkampf ist der bisher stärkste Ausdruck für die Sehnsucht der Bevölkerung nach demokratischen Rechten. Selbst die primitivsten Grundrechte werden nur im offenen Kampf gegen das Hitlerregime erreicht werden können. Neben der demokratischen Opposition und auf vielerlei Weise mit ihr verwoben wächst die soziale Opposition. Die verhältnismäßig bedeutende illegale sozialistische Bewegung hat nie den Kampf aufgegeben und wird die organisierende und sammelnde Rolle spielen, wenn die Oppositionsbewegung ernstlich über die Betriebe und Dörfer hinauswächst.

Hitler hatte immer seinen stärksten Trumpf in den außenpolitischen Fragen. Viele, die an anderen Fronten enttäuscht waren, waren bereit, ihm hier zu folgen. Das Gespenst des Bolschewismus hat bis jüngst auch eine große Wirkung gehabt. Aber gerade an diesem Punkt ist ein bedeutungsvoller Durchbruch zu verspüren. Die Stimmung gegen den Krieg hat zugenommen, besonders im Zusammenhang mit dem Interventionskrieg in Spanien. Man kann sicher sagen, dass Hitler in den kommenden Krieg mit mehreren Millionen Deutscher gegen sich ziehen wird. Und das wird kaum angenehm ...

Der Nazismus hat dennoch eine starke Grundlage in dem mächtig angeschwollenen Machtapparat, in dem neuen deutschen Heer, in den Terrororganisationen und in den Hunderttausenden, die an diesen Fronten ihr Auskommen bekommen haben. Eine starke Grundlage, weil die Waffen auf dieser Seite konzentriert sind und weil die Mehrheit auf der anderen Seite noch unsicher und gespalten und auf vielerlei Weise durch den Terror und die Kriegsmaschine verängstigt ist.

Aber die Belastung, die eine kommende Krise oder Krieg für die deutsche Führung mit sich führen wird, wird aller Wahrscheinlichkeit nach den Beweis dafür bringen, dass – wenn nicht alle, so auf jeden Fall die Mehrheit der Deutschen Antinazisten und also dennoch ein Kulturvolk sind!

Nr. 51
Schreiben Brandts an die Parteileitung der SAP
27. Dezember 1937

ARBARK, SAP-Archiv, Mappe 216.

Liebe Freunde!
Ich will Euch heute einige „Bemerkungen" zu den Fragen unserer Einheitspolitik und unserer weiteren Perspektiven schreiben.

Wenn wir uns an die Beschlüsse der Partei halten, können wir in den letzten beiden Jahren drei Etappen unserer Einheitspolitik feststellen. Die SAP schwankte, nachdem ihre alte Konzeption der

„neuen Partei" zerbrochen war. Es ging darum, ihr wieder einen neuen Kurs zu geben. Die Diskussionsgrundlage der damaligen A[uslands-]Z[entrale] zur Frage der Einheitspartei vom August [19]36, die sich aus unsern im ersten Halbjahr geführten Beratungen ergab, stellte einen ernsten Versuch dar, der SAP eine neue Ausrichtung zu geben, ihr fassbare und mögliche Aufgaben zu stellen. Leider sind die damals an die Einheitspartei-Plattform geknüpften Erwartungen nicht in Erfüllung gegangen. Das Schwanken der Partei hat kein Ende gefunden, es setzten sich lediglich Tendenzen einer neuen geschlossenen Konzeption durch. Zunächst verging die Zeit bis zur Kattowitzer Konferenz[1] mit der komplizierten innerparteilichen Situation, die sich in erster Linie aus den Zuständen in der Auslandszentrale ergab. Die Kattowitzer Beschlüsse fällten eine deutliche Entscheidung, blieben aber sehr allgemein. Wirkliche Bedeutung hatte vor allem die Zustimmung zur Volksfrontarbeit, in der sich die praktisch mögliche Einheitsarbeit ausdrückte. Nach Kattowitz kam es jedoch nur minimal zu einem Wirken im Sinne der dort gefassten Beschlüsse. Ein grosses Mass von Energien wurde durch die Krise in der Auslandsorganisation verzehrt.[2] Die EPL[3], die einen gewissen Abschluss der Parteikrise brachte, fasste in den Fragen der Einheitspolitik deutlichere Beschlüsse als die Kattowitzer Konferenz. Aber wir müssen zugeben, dass sie uns in den Fragen der Perspektive unserer Partei nicht weiterbrachte. Die Diskussion um den in Verbindung mit der EPL eingereichten Resolutionsentwurf für eine revolutionär-sozialistische Einheitspartei zeigte eine ziemlich völlige Übereinstimmung in der Frage unseres weiterzuentwickelnden Bündnisses mit den linken sozialdemokratischen Gruppen. Die wirkliche Frage aber blieb offenstehen: Bündnis mit welchen weitergehenden Zielen?

Wir unterliegen leicht der Gefahr, die Bauchschmerzen schon vor dem Essen zu bekommen, an dem wir uns den Magen verderben könnten. Es geschieht bei uns allzu leicht, dass wir diskutieren, uns auseinanderdiskutieren und nicht verstehen, uns um die entscheidenden Punkte zu konzentrieren und dem Willen unserer Beschlüsse entsprechend zu handeln, auch wenn sie nicht immer jeden vorhandenen Zweifel beheben können. Ich möchte heute zunächst einige Folgerungen aus unserer bisherigen Einheitspolitik ziehen:

Alle Erfahrungen, die wir in den letzten beiden Jahren aus der innerdeutschen Arbeit sammeln konnten, sprechen mit stärkstem Nachdruck für die Grundlinie unserer Einheitspolitik. Diese Politik wird im Reich nicht nur von unseren Kadern – mit ganz wenigen bedauerlichen Ausnahmen – verstanden, sie bringt uns auch Sympathien bei anderen Kreisen ein und ermöglicht uns die Erfassung neuer Schichten. Wir können unsere deutsche Einheitspolitik bestimmt nicht nur taktisch erzwungen sehen. Es handelt sich um viel mehr als darum, dass die Komintern uns völlig „das Wasser abgraben" würde.

1.) Die Gegenkraft der deutschen sozialistischen und antifaschistischen Bewegung ist darum noch geringer als sie ohnehin schon sein würde, weil es ihr nur ansatzweise gelungen ist, sich auf die durch den Faschismus geschaffene neue Wirklichkeit umzustellen. Im Grossen und Ganzen wurden die Rezepte von vor [19]33 weiter verabfolgt, nur in konspirativer Aufmachung und auf dauernd verengtem Kampfboden. Welche besonderen Ziele eine Gruppe wie die SAP auch immer sich stellen möge, für die Realisierungsmöglichkeit dieser Ziele wird alles davon abhängen, ob die allgemeine Entwicklung der deutschen Gegenkräfte zu einem ernstzunehmenden innen- und aussenpolitischen Faktor über die heutigen bescheidenen Ansätze hinaus möglich sein wird. Die Förderung dieser allgemeinen Entwicklung scheint nur möglich bei Ausschöpfung aller Reserven der „Restbewegung". Die Volksfrontbestrebungen sind ein wichtiger Versuch zu dieser Konzentration. Es mag sein, dass der Rahmen der „Volksfront" zerbricht, es mag sein, dass andere Versuche unternommen werden, – die Aufgabe bleibt für diese Etappe bestehen. Die Kraft, die der kommenden deutschen Revolution ihren besonderen Weg zu zeigen berufen sein wird, kann sich heute nur auf dem Wege über die Erfassung aller zersplitterten Teilkräfte der „Gegenbewegung" entwickeln. Die Notwendigkeit der Konzentration der Kräfte der illegalen Arbeiterbewegung und der übrigen antifaschistischen Elemente bestimmt heute den Standort auch unserer

Gruppe in der deutschen Entwicklung. Gegenüber der Gesamtaufgabe ist die heute vor uns stehende Aufgabe nicht in erster Linie eine differenzierende, sondern eine konzentrierende. Das kann sich ändern, wenn neue offensive Aufgaben vor uns stehen werden.

2.) In unseren Auseinandersetzungen mit dem Trotzkismus hat die Frage des Verhältnisses zwischen Partei und Klasse und die des Werdegangs der Arbeiterpartei eine gewisse Rolle gespielt. Leider haben wir es hier wie an vielen anderen Punkten unserer in den letzten Jahren geführten Diskussionen versäumt, radikal zu sein, von der aktuell bestimmten Diskussion aus den Dingen auf den Grund zu gehen. Ansatzweise aber hat ein grösserer Teil unserer Genossen bei der Zurückweisung der trotzkistischen Interpretation des Bolschewismus die Auffassung vertreten, die auf eine Überwindung des Gegensatzes Partei / Klasse abzielt. Wir brauchen eine revolutionäre Massenpartei, die aus dem praktischen Leben und der Tradition der Arbeiterklasse unseres Landes herauswachsen muss. Wir brauchen eine revolutionäre Partei, die die grösste Summe der Erfahrungen der deutschen und der internationalen Arbeiterbewegung verkörpert und durch die Zusammenfassung aller in den arbeitenden Massen vorhandenen Energien und besonders ihrer zielbewussten Kräfte das Höchstmass der zu realisierenden Kampfkraft darstellt. Wir haben niemals die unbedingte Notwendigkeit eines zielbewussten Willenszentrums der proletarischen Massenbewegung in Zweifel gestellt. Aber wir haben versucht, uns von der Doktrin freizumachen, dass die Schaffung und die Existenz dieser Führung nur unabhängig von und im Kampf gegen die reformistischen, zentristischen – und stalinistischen – Parteien möglich sei. Die angestrebte revolutionäre Massenpartei soll die Klassenenergien auf die wirksamste Weise konzentrieren und einsetzen können, in ihr wird sich das „Willenszentrum" de facto zu konstituieren haben. Gewiss, heute ist die Schaffung dieser Partei rein praktisch eine Unmöglichkeit. Aber notwendig ist heute doch zu überprüfen, ob unsere Gruppenentwicklung im Grossen und Ganzen mit der Entwicklung der übrigen Klassenkräfte harmoniert oder ob wir es nötig haben, eine grössere Übereinstimmung herbeizuführen.

Eine weitere Folgerung aus den bisherigen Erfahrungen der Einheitspolitik: Die zentrale Bedeutung der S[owjet]U[nion] und der deutschen Kominternsektion für jede ernstzunehmende antifaschistische Konzentration ist nicht in Zweifel zu ziehen. Trotzdem wäre es an der Zeit, gewissenhaft zu überprüfen, womit wir in unserer Einschätzung nach dem VII. Kongress[4] und in unserer Einheitsdiskussion Recht hatten und womit nicht. Zu blauäugig haben wir sicherlich die Regenerationsmöglichkeiten des inneren Regimes der Komintern und ihrer Sektionen beurteilt. Die meisten seither erfolgten Rückschläge haben gerade an diesem Punkt ihre Erklärung. Darüber hinaus ist es aber auch nicht zu bestreiten, dass der politischen Linie nach ein nicht geringer Widerspruch klafft zwischen den Worten auf dem VII. Kongress und den seither gemachten Erfahrungen. Wir können aber bisher nicht von einer Wendung weg von der Linie der Einheits- und Volksfrontpolitik sprechen. Gerade wenn wir wissen, dass heute stärker denn je die Zweckmässigkeiten der Aussenpolitik der S[owjet]U[nion] entscheidend sind, müssen wir zugeben, dass wenig für die Aufgabe der <u>Grundlinie</u> des Kurses der „Verbreiterung" spricht. Gleichzeitig drohen die praktischen Äusserungsformen des heutigen Kurses, wie sie u. a. durch den letzten Dimitrowartikel zum Ausdruck gekommen sind, die Grundlagen der Bündnispolitik zu zerstören.[5] Das darf uns nicht aus dem Geleise werfen. Wir haben die gemeinsamen Lebensinteressen der S[owjet]U[union] und der internationalen Arbeiterbewegung auch dann und gerade dann zu verteidigen, wenn sie durch die konkrete Praxis der Kominternpolitik schwer geschädigt werden. Täten wir das nicht, würden wir unsere Politik von Ressentiments bestimmen lassen. Wir haben uns sehr vor der Gefahr zu hüten, in irgendeine Form von „Anti-Komintern-Pakt" innerhalb der Arbeiterbewegung hineingezogen zu werden.

Eine weitere Erfahrung haben wir aus der inneren Entwicklung des spanischen Krieges ableiten können. Ohne in diesem Zusammenhang auf Einzelheiten einzugehen, kann man wohl feststellen, dass das Schicksal der POUM ebenso wie das der Anarchosyndikalisten und der Caballero-Gruppe uns warnend vordemonstriert haben,[6] zu welch schädlichen Konsequenzen die unserer Grundauffassung widersprechende Einstellung in den Fragen der Einheit und Volksfront führt.

Konkret hat sich unsere Einheitsarbeit in erster Linie (vielleicht zu ausschliesslich) im Pariser VF-Ausschuss[7] abgespielt. Die dort entstandene Krise ist bestimmt in erster Linie den Gleichschaltungsbestrebungen der KPD-Vertretung entsprungen. Sie hängt aber auch mit der Gesamtsituation dieses Ausschusses zusammen, seiner ungenügenden Verbindung mit dem Reich, der nicht genügenden Stabilität seiner sozialdemokratischen und seiner bürgerlichen Vertretung, und – last not least – einigen entscheidenden Schwächen unserer eigenen Arbeit. Es ist nicht von der Hand zu weisen, dass innere Widersprüche unserer Politik die Position der KPD gestärkt haben. Diese Widersprüche sind vor allem eine Frage unserer Leitung, die nicht genügend bestrebt ist, sich[8] zu einer einheitlichen Leitung zu entwickeln. Es hat unserer Politik auch an Konkretheit gemangelt. Der Vorwurf der „Doppelzüngigkeit" konnte manchmal sogar bei uns wohlgesinnten Leuten auf günstigen Boden fallen, weil wir es an praktischer Arbeit im Sinne unserer Beschlüsse fehlen liessen. Eine kleine Partei wie die SAP kann nicht alle Welträtsel lösen, sie soll sich als vordringlichste Aufgaben nicht mehr vornehmen als sie wirklich leisten kann. Hat sie aber auf dem beschränkten Abschnitt Erfolg, sammelt sie dort Erfahrungen in der praktischen Arbeit, dann wird sie mit viel grösserer Sicherheit auf die Bewältigung neuer Aufgaben lossteuern können. Unsere Zeitung und unsere Zeitschrift haben nur ganz ungenügend Ausdruck für das gegeben, was nach Kattowitz und nach der ELP das Zentrale sein musste, unsere Einheitspolitik. Unsere Organisationsteile wurden ungenügend zu einheitlichem Wirken im Sinne der Parteibeschlüsse zusammengefasst. Unserer Leitung fehlt vielfach die Einstellung auf die konkreten Erfordernisse der innerdeutschen Arbeit.

Die Einheitspolitik der letzten Jahre hat aber den einen Erfolg des freundschaftlichen Verhältnisses zu den linkssozialdemokratischen Gruppen gehabt, aus dem heraus der Gedanke eines linkssozialistischen Kartells konkrete Form anzunehmen beginnt. Der

Gedanke ist ja nicht neuen Datums. Auch in der Diskussionsgrundlage der AZ zur Frage der Einheitspartei gab es einen besonderen Passus über die Notwendigkeit der Lösung dieser Teilaufgabe, und die Kattowitzer Konferenz hat diesen Punkt mit besonderem Nachdruck unterstrichen.

Der Ausgangspunkt der heutigen Kartell-Bestrebungen ist nicht gefahrenlos. Gewiss ist es eine der einfachsten strategischen Regeln, einem Angriff gegenüber Deckung zu suchen, wenn man ihm nicht mit einer Gegenoffensive begegnen kann. Es ist absolut notwendig, diesen Ursprung der forcierten Kartellbestrebungen klar herauszustellen. Wir hatten das Bedürfnis, uns vor den massiven Angriffen von Seiten der KPD zu schützen, in diesem Bedürfnis trafen wir uns mit einem Teil der Sozialdemokraten. Dessen brauchen wir uns nicht zu schämen. Wir müssen nur immer an die eigentliche politische Aufgabe denken, die nicht darin bestehen kann, auf dieser Ebene des Pariser VF-Ausschusses einen „Anti-KPD-Pakt" oder ein „Nichtangriffsabkommen" mit den SPD-Gruppen zu schliessen, sondern eine Aufgabe zu lösen, die die breitere revolutionäre Einheit ihrer Verwirklichung näherbringt.

Es ist heute wohl nicht mehr üblich, die Spaltung vom Oktober [19]31 zu idealisieren. Ebenso wie sich damals in der SAP manches ein Stelldichein gegeben hat, was besser in der SPD oder bei den Splittergruppen geblieben wäre, ebenso blieben in der SPD ganz entscheidende Kräfte, die eigentlich an unsere Seite gehörten. Aus Gründen, die hier nicht erörtert werden können, beschränkte sich die damalige Spaltung doch wesentlich auf die Sezession der ungeduldigen radikalisierten Jugend. Die Differenzierung in der deutschen reformistischen Arbeiterbewegung hat 1931 einen Sprung gemacht. Die überwiegende Mehrheit der Betriebsarbeiterschaft stand unter der Kontrolle der Sozialdemokratie. Ihre Gewinnung war entscheidend. Obgleich einige Gruppen von der KPD angezogen worden sind und obgleich insgesamt in der innerdeutschen illegalen Bewegung die Sympathien für die S[owjet]U[nion] mächtig angewachsen sind, müssen wir doch klar erkennen, dass sich die ehemals sozialdemokratisch organisierte Arbeiterschaft nicht einer der anderen

Organisationen zugehörig fühlt, wenngleich sie sich auch gewiss nicht mit der vor [19]33 geführten Parteilinie und mit dem Prager Sopade-Büro[9] identifiziert. Wir können mit einiger Sicherheit sagen, dass dieser Zustand bis zu einer Veränderung der politischen Verhältnisse in Deutschland und auch noch danach andauern wird. Uns ist es nicht gelungen, diese sozialdemokratische Arbeiterschaft anzuziehen, und wir müssen einsehen, dass uns das als SAP auch nicht gelingen wird. Für uns genügt nicht allein die Gesamtperspektive auf Einheitspartei, es kommt darauf an, diese Gesamtperspektive zu konkretisieren, unseren näheren Standort zu bestimmen. Und diese nähere Standortbestimmung muss der Struktur der deutschen Bewegung entsprechend davon abhängig gemacht werden, wie wir den stärksten Kontakt zur sozialdemokratischen Arbeiterschaft herstellen können. Ich werde noch auseinandersetzen, dass, von der internationalen Warte gesehen, unser Platz bei der nicht von der Komintern dirigierten westeuropäischen Bewegung sein muss. Für Deutschland heisst das bei den fortschrittlichen Kräften der deutschen Sozialdemokratie. Wir können die Frage aber auch enger sehen: Unsere heutigen Bestrebungen zur Zusammenarbeit mit den linken Sozialdemokraten bedeuten gewissermassen eine Weiterführung der Differenzierung, die 1931 einen Sprung gemacht hat, der aber inzwischen durch die traurigen Erfahrungen der Niederlage und der faschistischen Diktatur starker neuer Nährboden gegeben wurde.

Die linken SPD-Gruppierungen sind gewiss keine imponierenden homogenen Gebilde. Aber es wäre ganz falsch, ihre Bedeutung bagatellisieren zu wollen. Sie repräsentieren in ihrer Gesamtheit die Mehrheit – wenn auch nicht organisatorisch, so doch politisch – der sozialdemokratischen und gewerkschaftlichen Kader, Gruppen und Zirkel im Reich. Und das ist keine Kleinigkeit. Die Pariser Gruppe mit Braun und Breitscheid verfügt nicht nur über Verbindungen an der Saar, in der Emigration, über eine entwicklungsfähige Wochenzeitung,[10] über Verbindungen in der Internationale, sie hat auch Resonanz im Reich. „Neu Beginnen" hat in erster Linie Kräfte, die aus der SAJ und aus den Jungsozialisten hervorgegangen sind, neben einer Reihe geschulter Kommunisten.[11] Böchels RS-Gruppe und auch

Seydewitz' Gruppe verfügen über Verbindungen und repräsentieren Teile der innerdeutschen Bewegung.[12] Die Kreise der SAJ um Schmidt, mit denen wir bereits vom SJV her in fester Zusammenarbeit stehen, repräsentieren die Teile der sozialdemokratischen Jugend, die überhaupt für aktive antifaschistische Jugendarbeit zu haben sind. Insgesamt handelt es sich bei diesen Gruppen – das soll man auch gegenüber den Bagatellisierungsversuchen von Seiten der KPD nicht vergessen – um alle, die sich heute für positive Einheits- und Volksfrontpolitik einsetzen.

Ich gebe mich auf der anderen Seite keinen Illusionen hin. Ich weiss genau, dass das Prädikat links bei diesen Gruppen teilweise schon in Anführungszeichen zu setzen ist. Aber ich sehe dabei auch den Zustand der Gesamtbewegung, und auch den Zustand unserer eigenen Gruppe. Wir haben in den letzten Jahren weitgehend an Inzucht gelitten. Es würde uns gut tun, wenn einige der heute nach innen abgeleiteten Kräfte neue nach aussen gerichtete Aufgaben gestellt bekämen. So bedingt unsere Weisheiten sein mögen, in einer engen Zusammenarbeit mit diesen Gruppen würden sie sich überwiegend als positiv herausstellen. Es handelt sich bei der Zusammenarbeit doch nicht um unverbesserliche Apparate, mit denen wir es zu tun haben, sondern im Grossen und Ganzen um entwicklungsfähige Kräfte, mit denen gemeinsam wir uns weiterentwickeln werden. Wir sollen also entschlossen für die Kartellpolitik eintreten und klar das Ziel der Verschmelzung ins Auge fassen. Die KP[D] wird sauer auf diese Entwicklung reagieren. Das kann uns aber nicht schrecken. Das Sopade-Büro wird ebenfalls allen Grund zur Nervosität haben. Wir aber haben bei dieser Perspektive nichts zu verlieren. Oder doch: Unsere Bündnisfähigkeit ist nämlich vom Grade unserer Einheitlichkeit abhängig. Die Partei darf nicht länger schwanken. Sie ist in eine schwerwiegende Diskussion nach der andern hineingeführt worden, Diskussionen, die meistens ohne Abschluss geblieben sind. Die Partei muss entschlossen vereinheitlicht und auf einen klaren Kurs gestellt werden. Das ist wiederum vor allem eine Frage der Leitung. Ihr Ansehen in der Organisation ist ramponiert. Man hat verlernt, mit ihr als einer einigermassen geschlossenen Körperschaft zu rechnen. Gewiss lässt sich Autorität ebensowenig wie politische Einheitlichkeit künstlich erzeugen. Aber klarmachen muss man sich den heutigen Zustand, um sich zu überlegen, was selbst unter den heutigen Bedingungen gebessert werden kann.

Unsere nächste Perspektive innerhalb der deutschen Bewegung: Zusammenarbeit und wenn möglich Verschmelzung mit den aktiven sozialdemokratischen Kräften. Soweit ich übersehen kann, gibt es dagegen keine ernsten Einwände. Dann sollen wir uns fest um diese Linie sammeln, praktisch ans Werk gehen und uns darüber klar sein, dass nicht <u>wir</u> alle Bedingungen bestimmen können. Wir müssen zwischen Entscheidendem und Nebensächlichem unterscheiden können. Entscheidend ist diese linkssozialistische Bündnispolitik, mit deren Realisierung, selbst in der Form der Verschmelzung, nicht ein Ziel an und für sich, sondern nur eine Etappe auf dem Weg zu unseren weitergehenden Zielen erreicht ist. Sind wir uns soweit einig, dann müssen wir uns angelegen sein lassen, tangierende Fragen vom Standpunkt der politischen Zweckmässigkeit zu beurteilen.

Es ist nicht verwunderlich, dass die <u>Frage der Internationale</u> im Zusammenhang mit unserer deutschen Bündnispolitik diskutiert wird. Bei der Standortbestimmung der Partei lassen sich natürlich die internationalen nicht von den deutschen Fragen trennen. Die Fragen der SPD-Genossen, wie wir uns in der Frage der Internationale stellen werden, und der Jammer über das Londoner Büro[13] sind nur äusserer Anlass der Erörterung unserer internationalen Beziehungen. Sie müssten auch aus anderen Gründen überprüft werden. Die Frage war für uns verhältnismässig einfach, solange wir uns vorstellten, aus dem Londoner Büro ein neues internationales Zentrum machen zu können. Nachdem wir diese Vorstellung korrigieren mussten, stehen die Dinge anders.

Wir können keine Standortbestimmung vornehmen, ohne uns den entscheidenden weltpolitischen Gegensatz vor Augen zu halten. Angesichts des Hauptgegensatzes zwischen dem Block der faschistischen Imperialismen, um den sich die Kräfte der kapitalistischen Reaktion scharen, und der Front der „Gegenkräfte" des Sozialismus und der Demokratie wird in erster Linie danach gefragt, ob man auf der einen oder der anderen Seite steht, und erst dann, welche näher bestimmte Position man <u>innerhalb</u> der „Gegenfront" einnimmt. Eigeninteressen, und mögen sie ideologisch noch so stark fundiert sein, weichen vor der entscheidenden Fragestellung. Für die SAP genügt es nicht, allgemein zu erklären, dass sie sich der „Gegenfront" zugehörig fühlt. Niemand wird etwas anderes annehmen. Es kommt darauf an, <u>die</u> Funktion zu erfüllen, die den wirksamsten Einsatz der bescheidenen Kräfte ermöglicht. Wo kann diese Funktion erfüllt werden? In der heutigen internationalen Lage ist es von geradezu historischer Bedeutung, die Kräfte der S[owjet]U[nion] mit denen der westeuropäischen Arbeiterbewegung zusammenzuführen. Die westeuropäische Arbeiterbewegung untersteht zu einem Grossteil der Kontrolle der Parteien der Sozialistischen Arbeiter-Internationale, die in den letzten Jahren in ihrer Mehrheit eine reaktionäre Politik betrieben haben. Umso dringlicher steht die nicht erfüllte Aufgabe vor uns und gleichstrebenden Kräften. Keine andere internationale Gruppierung als die linke Gruppe der SAI, deren Sprecher vielfach Otto Bauer gewesen ist, hat prägnanter diese Aufgabe gestellt und wohl auch teilweise zu lösen versucht. An ihrer Seite können wir unsere Pflicht erfüllen, darum müssen wir mit ihr in Verbindung kommen. Diese Aufgabenstellung ist notwendig, und sie ist möglich. Und selbst wenn es so wäre, dass wir in entscheidenden Fragen der Komintern näher stehen würden, könnten wir eine nützlichere Funktion an der Seite der Linken der II. Internationale erfüllen. Wir könnten vor allem wirksamer daran mithelfen, den verhängnisvollen Moskauer Methoden dadurch entgegenzuwirken, dass wir die westeuropäische Bewegung stärken und unabhängig erhalten. (Zugleich hätten wir darüber zu wachen, dass nicht aus der Abwehr neue politische Verirrungen entstehen, dass z. B. aus der Unabhängigkeit von der Peitsche eine Unabhängigkeit von den Interessen der S[owjet]-U[nion] gemacht würde, die es vom revolutionären Standpunkt überhaupt nicht geben kann.)

In der heutigen internationalen Situation mit der entscheidenden Aufgabe des Zusammenführens von S[owjet-]U[nion] und westeuropäischer Arbeiterbewegung bleibt immer weniger Platz für Sondergebilde. Die historische Notwendigkeit der grundlegenden Neuformierung der Arbeiterbewegung bleibt gewiss bestehen, aber sie kann sich nur im Schosse der „Gegenfront" entwickeln. Unsere Erfahrungen mit dem Londoner Büro sind der schlagendste Beweis für diese Behauptung.

Nach der vorübergehenden „Konjunktur" der unabhängigen Gruppen nach 1933 ist die Gruppierung des Londoner Büros faktisch auseinandergefallen. Sie ist ja auch nie eine einigermassen homogene Gruppierung gewesen, sie wurde durch negative Übereinstimmung zusammengehalten. Ein Fall für sich ist die trotzkistische Schädlingsarbeit, die wir hier nicht zu diskutieren brauchen. Aller übriger Abzug von der „Londoner Gruppierung" geht im Wesentlichen zur II. Internationale. Die NAP brach mit dem Büro und wird sich zu Anfang des kommenden Jahres der II. Internationale anschliessen, nachdem vorher die „Mot Dag"-Gruppe in die NAP aufgegangen ist. Die NAP treibt die fortschrittlichste Politik der Parteien der nordischen Länder, sie ist trotz allem eine der gesündesten Arbeiterbewegungen in der Internationale. Die von ihr geleitete gewerkschaftliche Landesorganisation hat in der kurzen Zeit ihrer Zugehörigkeit zum IGB dort eine ausgesprochen progressive Rolle gespielt. Die österreichische „Rote Front" ging zu den der II. Internationale angeschlossenen RS, die eine respektable Bewegung darstellen und uns, nebenbei gesagt, an Prinzipienfestigkeit wahrscheinlich um nichts nachstehen. Die PUP ging zur SFIO, der wohl fortschrittlichste Teil der schwedischen S[ozialistischen] P[artei] zur Sozialdemokratie. Ähnliches vollzog sich bei der holländischen OSP. Die ILP hat die Frage des Wiedereintritts in die Labour Party und damit in die II. Internationale gestellt. Bei den Maximalisten hat sich eine neue Abspaltung vollzogen, nachdem vor [19]33 schon die wichtigste Gruppe um Nenni zur II. Internationale gegangen war. Gerade in diesen Tagen hören wir, dass sich im Januar [1938] auch die rumänische unabhängige Partei, die dem Büro angeschlossen ist, mit der SP vereinigen will. Ähnliches haben wir auch bei Gruppen gesehen, die organisatorisch nicht mit dem Büro verbunden waren (z. B. Bringolf in der Schweiz, Jugend des polnischen „Bund" usw.).

Wir können an dieser Entwicklungstendenz nicht stillschweigend vorübergehen.

Wir wollen auch international die Arbeitereinheit herstellen. Was anders haben wir gegenüber den trotzkistischen Parolen betont als die Notwendigkeit einer einheitlichen revolutionären Internationale! Wir sind zugleich weiterhin Verfechter unabhängiger Arbeiterpolitik. Aber die Unabhängigkeit der Politik ist nicht identisch mit der Sonderexistenz der unabhängigen Gruppen. Das Kriterium der Unabhängigkeit besteht in der Freiheit gegenüber der Bourgeoisie und gegenüber dem Apparat der Komintern. Wenn wir die Frage so stellen, dann geht die Grenze quer durch die II. Internationale hindurch. Und was, wenn wir die Frage nach den Prinzipien stellen? Es wird niemand behaupten können, dass unsere Mitarbeit im Londoner Büro der prinzipiellen Übereinstimmung mit den dort vertretenen Gruppen entspringe. Die linke Gruppierung innerhalb der SAI steht uns in den entscheidenden Fragen sicherlich näher als das heutige Londoner Büro.

Ich halte also international für die entscheidende Aufgabe – und zwar von verschiedenen Ausgangspunkten her –, dass wir in enge Zusammenarbeit mit den linken und einheitswilligen Elementen der SAI kommen. Diese Frage ist wichtiger als die des ganzen Londoner Büros. Was darüber hinaus geht, bedarf heute noch keiner Entscheidung. Darüber werden auch die Erfahrungen der kommenden Zeit noch ein Wort mitzureden haben. Verhindern müssen wir nur, dass wir uns durch Stellungnahmen, die in Wirklichkeit einer anderen Periode des Kampfes entspringen, die Möglichkeiten des aufgezeigten Wirkens in der deutschen und internationalen Bewegung zerstören. Wenn wir die Fragen so betrachten, wie sie heute vor uns stehen, dann ist die Haltung gegenüber der II. Internationale keine Frage der Prinzipien, sondern eine Frage der politischen Zweckmässigkeit. Über mehr brauchen wir uns vorläufig nicht einig zu sein.
Beste Grüsse
W. B.

Nr. 52
Artikel Brandts
"Spaniens junge Frauen"
Juni / Juli 1938

Arbeiderkvinnen, 29. Jg., Nr. 6 [Juni 1938] und Nr. 7 [Juli 1938, dort unter dem Titel: Spaniens junge Frauen im Kampf für die Freiheit][1] (Übersetzung aus dem Norwegischen: Einhart Lorenz).

I.

Als Franco und die anderen Landesverräter gemeinsam mit den ausländischen faschistischen Mächten gegen die Mehrheit des Volkes rebellierten, ging es um die Frage, ob die gesellschaftliche Entwicklung Spaniens weiter in Richtung politischer Freiheit, sozialen Neuschaffens und kultureller Erhebung gehen – oder ob das Land erneut Opfer der mittelalterlichen Mächte werden solle.

Die Frauen Spaniens hatten erfahren, was die mittelalterlichen Gesellschaftsverhältnisse bedeuteten. Sie waren rechtlos und blieben im alten Spanien unaufgeklärt. Am schlimmsten waren die Verhältnisse in den ländlichen Gebieten. Dort wurden die Frauen meistens ganz einfach wie Sklaven behandelt und in völliger Unwissenheit gehalten. Abgesehen von den am schlechtesten bezahlten Industriezweigen und der Landwirtschaft waren sie vom Recht auf Arbeit ausgeschlossen.

Die aufgeklärtesten und mutigsten Frauen in Spanien haben seit längerem gegen das Mittelalter opponiert. Aber erst in den letzten Jahren vor 1936 fand ein Aufbruch statt. Aber seit dem Juli 1936, dem Zeitpunkt, an dem der Bürgerkrieg begann, kam es zu einer fundamentalen Änderung in der Stellung der spanischen Frauen.

Der beste Teil der jungen Frauen Spaniens stand in den kritischen Julitagen gemeinsam mit den Männern auf den Barrikaden. Sie waren auch in den ersten Milizkolonnen, die an die Front fuhren. Diese Frauen haben nicht nur den Beweis erbracht, dass sie ebenso tüchtig wie die Männer sind. In mehreren Fällen war ihre Tapferkeit ohnegleichen. In den kritischen Novembertagen 1936, als die Francotruppen Madrid erobern wollten, begannen die Soldaten an einer Brücke, die den Weg in das Zentrum der Stadt öffnete, vor den Marokkanern zurückzuweichen. Da waren es die Frauen dieses Stadtteils, die die Waffen aus den Händen der Soldaten rissen – und die Brücke verteidigten.

Aus verschiedenen wohlüberlegten praktischen Gründen sind die Frauen nach Verlauf der ersten Monate aus den militärischen Formationen zurückgezogen worden. Aber heute gibt es noch immer tüchtige weibliche Offiziere im Volksheer der Republik, besonders in den Stäben. Frauen haben sich auch in den besonders fordernden Spezialabteilungen des Heeres geltend gemacht. An der Madridfront leitete ein 18-jähriges Mädchen eine Antipanzerabteilung. Sie hatte die Aufgabe, die faschistischen Panzer mit brennenden Benzinflaschen zu stoppen.

General *Miaja*, der Oberkommandierende des Volksheeres an der Mittel- und Südfront, hat den Einsatz der Frauen mit diesen Worten charakterisiert: Die weibliche Jugend war eine große Hilfe. Noch heute arbeitet sie in den Krankenhäusern und Lazaretten. Viele junge Frauen und Mädchen haben ihr Leben für die heilige Sache geopfert. Nach dem Krieg haben wir die besondere Pflicht, dieser selbstlosen jungen Frauen zu gedenken.

Das Volksheer ist die neue Jugendbewegung Spaniens. Die *Alerta*-Schulen haben die Aufgabe, die Jugend auf die Anforderungen der Zeit vorzubereiten. Die Mädchen werden als Krankenschwestern ausgebildet. In Madrids Alerta-Schule konnte man ein 16-jähriges Mädchen treffen, das bereits monatelang in einem Krankenhaus in Nordspanien gearbeitet hatte, ein anderes im gleichen Alter war seit Ausbruch des Krieges bis 1937 im Sanitätsdienst des 5. Regiments tätig. Andere Mädchen hatten sich zu Gruppen, die Krankenhäuser besuchten, zusammengeschlossen. Sie helfen den verwundeten Genossen, andere führen wertvolle Kulturarbeit in den Soldatenheimen dicht hinter der Front aus. Andere nehmen sich der Kinder an, die ihre Eltern auf Grund des barbarischen Krieges verloren haben. Viele haben ihr Blut dem Sanitätsdienst gespendet. Es gibt Hunderte von

Aufgaben: die Organisation von Kinderheimen, Heime für Flüchtlinge, Verwundete und werdende Mütter, Kinderbibliotheken usw.

Im Laufe der Zeit haben Frauen in zunehmendem Umfang den Platz der Männer im Arbeitsleben übernehmen müssen. In den Dörfern gibt es Tausende von Höfen ohne Männer. Die Frauen und Mädchen haben die ganze Arbeit übernommen. Ebenso wie in der Industrie haben sie in vielen Fällen Arbeitsgruppen, Stoßbrigaden, gebildet, um die Produktion zu erhöhen.

Je mehr Männer die Front erfordert, desto mehr Arbeitsplätze müssen von Frauen übernommen werden. Ende 1937 arbeiteten 50 000 junge Frauen in der militärischen Bekleidungsproduktion. In der Kriegsindustrie gab es einen bedeutenden prozentualen Anteil weiblicher Arbeitskraft. In der Landarbeit ist ihr Anteil gegenüber der Vorkriegszeit um 50 Prozent gewachsen. Zu dem genannten Zeitpunkt gab es 1725 kollektive Frauenwerkstätten und eine Reihe Frauenklubs in den Fabriken.

Der Kriegsbetrieb „Standard" in Madrid beschäftigt 1200 Arbeiter. 60 Prozent sind Frauen. Eines Tages ergriffen zehn junge Arbeiterinnen die Initiative zur Gründung einer Stoßbrigade. Sie vereinbarten, zwei Stunden früher zur Arbeit zu kommen und 12 statt 10 Stunden zu arbeiten. Ihr Beispiel riss die gesamte Belegschaft mit. In einem anderen Betrieb fragte man ein Mitglied einer weiblichen Arbeitsgruppe von 25 Leuten, warum sie in der „Stoßbrigade" war. Sie antwortete: Der Unterschied zwischen früher und heute ist einfach. Früher arbeiteten wir Überstunden, um eine Pesete mehr zu verdienen. Heute machen wir alle freiwillig Überstunden, um den Krieg gegen die Faschisten so schnell wie möglich zu gewinnen. –

Die kritische militärische Situation des Frühlings hat dazu geführt, dass noch mehr Frauen als früher ihren Platz in der Industrie finden mussten. Überall, wo es möglich war, haben die Gewerkschaften versucht, wehrtaugliche Männer aus dem Arbeitsleben abzuziehen. Berufszweige wie Handel, Bürotätigkeiten, Hotel- und Restaurantgewerbe usw. sind fast völlig ohne männliche Arbeitskraft. Gleichzeitig ist die weibliche Berufsausbildung in anderen Zweigen, wie z. B. bei Straßenbahnen, als Chauffeure, in der Schwerindustrie,

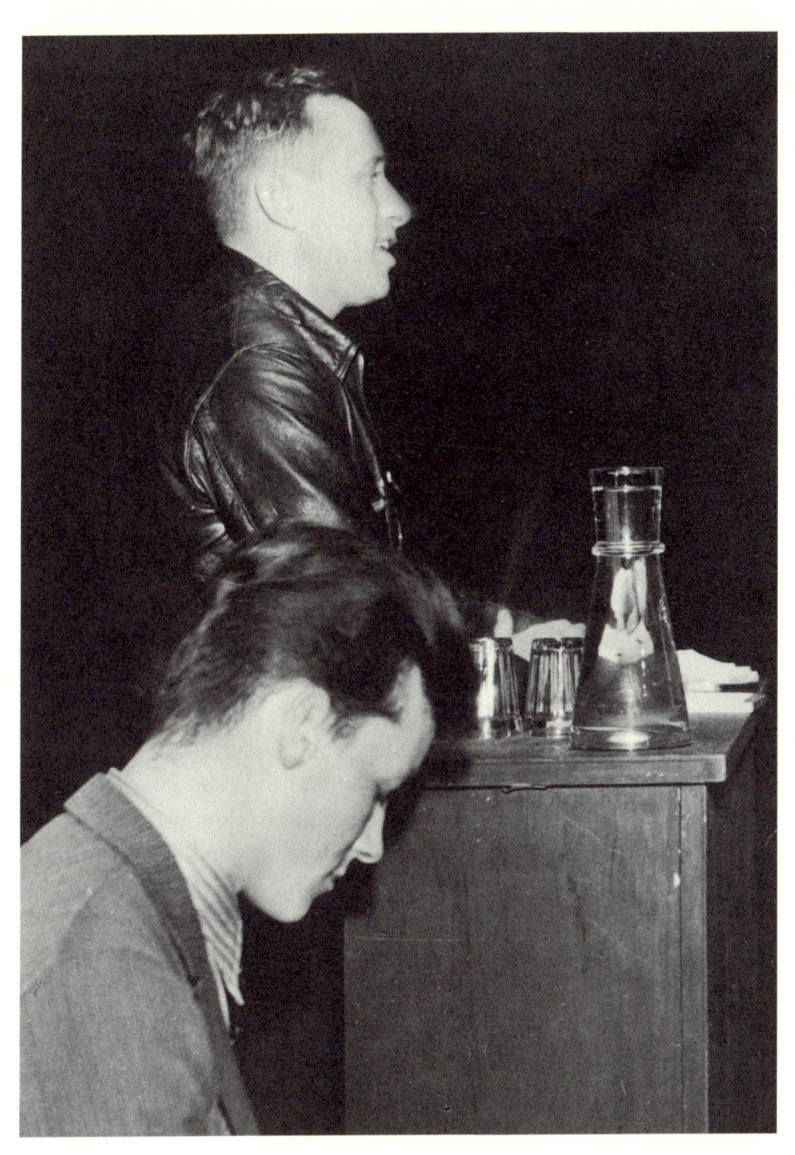

Willy Brandt und der holländische Schriftsteller Jef Last während einer Veranstaltung des humanitären norwegischen Hilfskomitees für das republikanische Spanien im Jahre 1937.

beschleunigt worden. Die Gewerkschaften haben auch Kurse begonnen, in denen Frauen zu allen Arten von Vertrauensämtern in den Organisationen und am Arbeitsplatz ausgebildet werden.

Fast ebenso wichtig wie der praktische Einsatz von Frauen ist ihre moralische Unterstützung, in dem sie den Soldaten immer wieder neuen Mut geben, obwohl sie selbst den Verwüstungen der Bombenangriffe ausgesetzt sind und oft nicht einmal das nötigste Essen für die Kinder haben. Dennoch marschieren Frauendemonstrationen durch die Straßen von Madrid, Barcelona und Valencia, die Plakate wie diese mit sich führen: Mütter, sendet eure Söhne an die Front. – Wir wollen keine Feiglinge als Männer haben – und immer wieder das stolze Wort der Passionara [Dolores Ibárruri]: Lieber die Witwe eines Helden als die Ehefrau eines Sklaven!

II.

Im alten Spanien und auch noch 1936 war es für eine „anständige" Frau oder ein „ordentliches" Mädchen fast unmöglich, in Spanien ein Café zu besuchen. Es war undenkbar, dass sich ein Mädchen allein öffentlich mit einem Jungen zeigte. Ein gemeinsamer Spaziergang konnte höchstens unter Aufsicht der Mutter oder einer Tante stattfinden. Man konnte auch besondere Tanten für diesen Zweck mieten.

Und die Kehrseite der Medaille, die Prostitution, war die „natürliche" Form der Sexualität für die männliche Jugend. Bis 1931 hatte der Mann nach spanischem Gesetz das Recht, seine Ehefrau im Falle von Untreue zu töten. Bis 1931 gab es im spanischen Recht auch kein Scheidungsrecht. Und einer der Hauptpunkte im Programm des reaktionären Politikers Gil Robles war, das Scheidungsgesetz der Republik abzuschaffen.

Der Freiheitskrieg des Volkes hat die Macht der Kulturreaktion gebrochen. Die jungen Frauen begannen, mit den Männern in deren aktivem Einsatz im Kampf zu konkurrieren. Das hat auch zu einer langsamen Änderung im Verhältnis der beiden Geschlechter geführt. Der Bordellsexualität wird der Boden entzogen und man kann die Konturen einer neuen und besseren Moral sehen.

Die katalanische Regierung beschloss wenige Monate nach Kriegsbeginn ein Dekret, das die Möglichkeit für Abortus provocatus[2] aus medizinischen, sozialen und eugenischen Indikationen gibt. Das Gesundheitsministerium versucht, Informationen über Schwangerschaftsverhütungen zu verbreiten. Wie nicht anders anzunehmen, haben diese Dinge während des Krieges noch keine überwältigende praktische Wirkung gezeigt, aber in ihnen manifestiert sich ein klarer Bruch mit der Vergangenheit. In Katalonien und im übrigen republikanischen Spanien wurden Scheidungsbüros errichtet, die besonders in der ersten Zeit von einer Reihe junger Frauen aufgesucht wurden, die in vielen Fällen bereits als Kinder verheiratet worden waren und die eine Ehe auflösen wollten, die nur Zwang und Elend bedeutete.

Die Tageszeitung der Jugend in Valencia stellte im Herbst 1937 folgende Frage an die Leser: Wie soll nach Deiner Meinung das Verhältnis zwischen jungen Frauen und Männern sein?

Ein Soldat der 16. Brigade antwortete: Das Verhältnis von Mann und Frau muss auf gleichen Rechten und Freiheiten basieren.

Und ein junges Bauernmädchen aus dem Levantegebiet[3]: Wir wollen, dass unsere männlichen Kameraden uns mit Respekt behandeln und uns dabei helfen, die gleichen Rechte zu erhalten, die sie selbst haben.

Eine Büroangestellte: Das Verhältnis zwischen Mann und Frau muss eine gute Kameradschaft sein, denn sie arbeiten für das gleiche reine und aufrichtige Ideal und alle Heuchelei muss beiseite geräumt werden.

Ein junger Arbeiter: Das Verhältnis zwischen Mann und Frau? Sehr herzlich. Eine freie Kameradschaft, ohne alles Misstrauen.

– Krieg pflegt mit moralischer Auflösung verbunden zu sein. Auch in Spanien fehlt es nicht an Schwierigkeiten und Rückschlägen. Aber der Freiheitskrieg und die Volkserhebung haben die Grundlage für eine neue Moral geschaffen, während der Krieg noch auf das Schlimmste tobt.

Die Teilnahme der Frauen am Freiheitskampf, am Arbeitsleben und der Bruch mit den mittelalterlichen Schranken haben dazu geführt, dass sie wirklich am Organisationsleben beteiligt sind. Sie sind heute in den politischen Parteien der Volksfront und in den Gewerkschaften, und die weibliche Jugend hat ihre eigenen starken Organisationen gegründet. Dieser Verband bedeutet nicht, dass man sich von der übrigen Jugendbewegung isoliert. Im Gegenteil: Im April 1936 gab es nur 10 weibliche Mitglieder in den Madrider Abteilungen der sozialistischen und kommunistischen Jugendverbände. Im Herbst 1937 waren 3 500 Mädchen im vereinigten sozialistischen Jugendverband Madrids organisiert.

Im Mai 1937 wurde der Verband der jungen Mädchen in Madrid nach einigen Monaten Vorbereitungszeit gebildet. Er begann damit, die Zeitung „Muchachas" herauszugeben. Heute hat die weibliche Jugendbewegung mehrere eigene Zeitungen im republikanischen Spanien. Ende Mai hielten sie ihre erste Konferenz in Madrid. In Katalonien wurde im April 1937 die Allianz junger Mädchen (L'Alliança nacional de la Dona Jove) gegründet. Die unterschiedlichen antifaschistischen Jugendorganisationen schlossen sich zusammen, um diesen Zusammenschluss zu errichten. Auf der ersten katalanischen Konferenz, am 30. und 31. Juli 1937, waren ca. 100 000 katalanische Frauen repräsentiert. Die weibliche Jugendbewegung errichtet eigene Heime in den Städten, in den Fabriken und in den ländlichen Gebieten. Im Januar 1937 gab es solche Heime noch nicht. Im Juli waren bereits die ersten fünfzig errichtet. Die Bewegung hat auch selbst Werkstätten für die Produktion von Bekleidung für die Soldaten draußen an der Front organisiert und sie hilft bei der Einordnung der Frauen in die Industrie und die Landwirtschaft, wo sie die männliche Arbeitskraft ersetzen sollen.

Die Freiheit, die so hartnäckig in Spaniens Schützengräben verteidigt wird, ist nicht nur die politische Freiheit, sondern auch die Freiheit der Frauen als Menschen. Deshalb führen die Frauen Spaniens den Kampf weiter, trotz Leid und Entsagung und mit dem Leben als täglichem Einsatz.

Nr. 53
Ms. Manuskript Brandts
„Hitler ist nicht Deutschland!"
28. September 1938[1]

AdsD, WBA, A 3, 1938 A-K.

Kriegsangst überall.

Der Faschismus, der sonst nur Hohn und Spott für demokratische Freiheiten übrig hat und der sich der Phrase des „Selbstbestimmungsrechts" lediglich zur Tarnung seiner imperialistischen Ziele bedient, legt in kritischen Zeiten starken Wert darauf, als Willensvollstrecker des einmütigen Volkswillens in Erscheinung zu treten. Er findet auch immer wieder Dumme, die von den gelegentlichen Wahl-Schwindeleien und häufigen Massenaufmärschen auf die 99-prozentige Zustimmung des deutschen Volkes zu den Massnahmen und Forderungen der Naziregierung schliessen.

In Wirklichkeit haben aber die letzten Monate und Wochen mit den bisher gewaltigsten Massenkundgebungen (siehe Nürnberger Parteitag) zu einer stärkeren Auflockerung in der Massenbasis des Naziregimes geführt, als sie jemals nach der Zerschlagung aller proletarischen und nichtfaschistischen Organisationen vorhanden gewesen ist. Die wachsenden wirtschaftlichen Schwierigkeiten lösten Zweifel und Befürchtungen gerade auch in kleinbürgerlichen und bürgerlichen Schichten und Misstimmung unter der Bauernschaft aus. Die Judenverfolgungen stiessen auf viel deutlichere Ablehnung der Bevölkerung, als das früher der Fall gewesen war.[2] Alles wird aber überschattet durch die Furcht vor dem Krieg, das Fehlen jeder Kriegsbegeisterung, die in den vergangenen Wochen übereinstimmend in den verschiedenen Teilen des Reiches festgestellt werden konnte. Die Korrespondenten der grossen bürgerlichen Zeitungen des Auslandes konnten sich dieser tatsächlichen Volksstimmung nicht verschliessen, die im grellsten Widerspruch zu den immer aggressiver werdenden Kriegsdrohungen der deutschen Machthaber stand.

Die eigenen Berichte aus den verschiedensten Teilen des Reichs sprechen durch die Bank von der Kriegsangst breitester Schichten der Bevölkerung. In einem Berliner Bericht heisst es:[3]

„Im allgemeinen ist die Stimmung sehr ernst geworden. Die Veränderung gegenüber einigen Monaten vorher ist offenbar. Die Kriegsfurcht, und teilweise sogar Panik, beherrscht alles. Selbst wenn die Stimmung ab und zu abflaut, so bleibt die Spannung doch im Hintergrund bestehen. Und das macht das Volk langsam aber sicher nervös. Eine latente Nervosität und Erregung prägen die Situation. Natürlich ist das nur die Hauptlinie, aber das Entscheidende in der Stimmung. Es kann nicht oft genug wiederholt werden, dass das Volk nur Abscheu und Angst vor dem Krieg empfindet."

Aus Ostsachsen wird geschrieben:

„Die Angst vor einem Krieg ist hier sehr gross. Die Bevölkerung ist trotz des gegenteiligen Geredes der Nazis der Ansicht, dass ihre Heimat unmittelbar vom Kriege betroffen werden wird. Die meisten Leute leben in einer ständigen Angst. Es lässt kaum noch jemand etwas vorrichten, z. B. Häuser streichen oder sonstiges ausbessern."

Und aus Mecklenburg erfahren wir:

„In unserer Umgebung ist niemand kriegsbegeistert. Die Leute schimpfen sogar auf den Führer, weil er sie ewig in Aufregung hält. Er hat uns zwar Arbeit gegeben, aber seit dem Krieg haben wir keine so unruhigen Zeiten erlebt wie seit seiner Regierungsübernahme."

Ähnliche Berichte sind uns aus Westdeutschland, Wien, dem östlichen Grenzgebiet und von der Wasserkante[4] zugegangen. Sie lassen den Schluss zu, dass mit Ausnahme einer verhältnismässig kleinen Minderheit von einer Kriegsbegeisterung (mindestens bis Ende September) keine Rede sein konnte.

Eine deutliche Bestätigung dieser Feststellung wurde durch eine Reihe von Schreibereien der Nazipresse gegeben. Da zog man zu Felde gegen die berühmten Meckerer, gegen diejenigen, die Kriegsgerüchte kolportieren, gegen das Abhören ausländischer Sender und gegen die Erzählungen von Leuten, die Auslandsreisen gemacht haben! Himmlers „Schwarzes Korps" schrieb geradezu alarmierend: „Aber es muß als ein Verbrechen bezeichnet werden, wenn dunkle Gestalten durch die Gegend geistern, um Gerüchte in die Welt zu setzen, die keinen anderen Zweck verfolgen, als eine Kriegspsychose zu erzeugen, um damit die Bevölkerung zu beunruhigen." Und an einer anderen Stelle: „In Angst und Schrecken versucht man die Einfältigen zu setzen. Man flüstert von Hunger, Krieg und Massensterben, und wie bei allen Gerüchten will keiner der Urheber von ihnen sein, sondern beruft sich immer wieder auf irgendeine imaginäre Quelle..."[5]

Proteste und Diskussionen.

Es ist jedoch nicht mehr nur bei der Kriegsangst und bei irgendwelchem „Herummeckern" geblieben. Die allgemeine Unsicherheit, das Gefühl, unmittelbar vor dem Absprung des Regimes in das Kriegsabenteuer zu stehen, haben zu einer Reihe von Äusserungen der Unzufriedenheit und von Protesten gegen die Politik der Kriegsprovokation geführt und zu Überlegungen und Diskussionen Anlass gegeben, die noch vor wenigen Monaten undenkbar gewesen wären.

Auf den Berliner Bahnhöfen kam es anlässlich des Abtransports von Arbeitspflichtigen und Reservisten wiederholt zu erregten Szenen. Wir erfuhren darüber u. a. folgendes:

„Anlässlich der Abreise einer Kolonne Arbeitsdienstpflichtiger kam es spontan zu Äusserungen grössten Unwillens. Frauen schrieen, dass die Männer sich nicht fortschleifen lassen dürfen, und ein Teil versuchte, noch vom Bahnhof wieder runter zu kommen. Aber sie wurden festgenommen und wohl sicher verhaftet. Die Stimmung war äusserst gespannt. Sie entspringt der furchtbaren Kriegsangst und der Tatsache, dass weder die Männer selbst noch ihre Frauen wussten, wo sie eigentlich hingeschickt wurden. Diese Unsicherheit machte alle wahnsinnig nervös. Mehrmals wurde auch bei Abgang der Züge die Notbremse gezogen (z. B. auf dem Potsdamer Bahnhof)."

In einem anderen Bericht aus Berlin heisst es:

„Bei der Abfahrt der Züge, in welchen die Arbeiter für die Befestigungsbauten nach dem Westen gebracht wurden, kam es wiederholt zu erregten Szenen. Die Frauen begleiteten ihre Männer auf die Bahnhöfe und bereits unterwegs bildeten sich Trupps von Männern und Frauen, die lebhaft gegen die Verschickungen sich unterhielten. Besonders auf dem Bahnhof Friedrichstrasse versuchten die Frauen dann, den Abgang zweier solcher Züge zu verhindern. Sie hängten sich an die Waggons, als das Abfahrtsignal gegeben wurde; oder sie liessen die Hände der Männer nicht los und verliessen die Trittbretter nicht. Die Männer wurden durch das Verhalten der Frauen gleichfalls erregt und zertrümmerten einige Wagenfenster. Die Bahnhofswache erhielt dann Verstärkung, und die Frauen wurden von den Zügen abgedrängt. Immerhin wurde so die Abfahrt um zwei Stunden verzögert. Zu Verhaftungen soll es nicht gekommen sein. Die Massnahmen der Nazis gegen die Wiederholung solcher Auftritte bestanden darin, dass sie bei den nächsten Transporten verhinderten, dass die Frauen den Bahnsteig betraten. Sie wurden von SS-Leuten an den Sperren zurückgehalten."

Besonders erregte Szenen haben auch auf dem Bahnhof Alexanderplatz stattgefunden. In der gleichen Richtung liegt ein Bericht aus Wien:

„Bei den Arbeitertransporten nach Deutschland ist es den Angehörigen verboten worden, sich am Bahnhof zum Abschied einzufinden. Der Grund liegt darin, dass es stets Demonstrationen dabei gegeben hat. Es ist unter anderem auch „Rot Front" gerufen worden, und beim Winken waren die Fäuste immer geballt. Viele Arbeiter mussten von der SA gewaltsam in die Wagen gepresst werden, weil die Frauen und Mütter sich gegen die Verfrachtung wendeten. Jetzt stellen sich die Frauen oft an der Strecke entlang, und die Arbeiter grüssen aus dem fahrenden Zug mit „Freiheit" und „Rot Front" und ballen die Fäuste."

Womöglich noch wichtiger als diese Verzweiflungsausbrüche, die sich mit dem spontanen Willen zum offenen Protest vermischen, ist der festgestellte Umschwung in der allgemeinen politischen Betrachtungsweise ziemlich breiter Schichten, die bisher passiv waren und ihren Frieden mit dem Regime geschlossen hatten. Je grösser die

Gefahr wird, umso stärker wird das Interesse für Meldungen aus dem Ausland. Bisher Uninteressierte jagen den letzten Meldungen nach, und in den Diskussionen von Mann zu Mann, teilweise auch in den Betrieben von Gruppe zu Gruppe, machen sich neue Gesichtspunkte geltend. Es ist nur zu verständlich, wenn auch gefährlich, dass Teile der Arbeiterklasse wiederum die Befreiung durch den Krieg herbeiwünschen. Andere rechnen mit einer Aufteilung Deutschlands nach einem neuen Weltkrieg. Besonders bedeutungsvoll ist ein Wandel in der Betrachtung der Nazipolitik, wie er uns in nachfolgendem Bericht aus einem wichtigen Zentrum des Reiches vermittelt wurde:

„Es sind nicht wenige in Deutschland, die die eigentlichen Ursachen der wachsenden Kriegsgefahr sehen. Und das ist nicht nur ein Ergebnis der ausländischen Aufklärung (in allererster Linie Radio). So langsam beginnt nämlich auch die gewaltige Aufrüstung im Lande zu wirken. Mehr und mehr wird es klar, dass im Grunde alles für die Aufrüstung geht. Die Aufrüstung überschattet in ständig wachsendem Grad alles andere. Daher kommt es auch, dass das allgemeine politische Denken der Leute sich verändert. War es früher das Hauptargument, dass die Erwerbslosigkeit abgeschafft wurde, und war früher der einzige Masstab für die Politik des Nationalsozialismus die tiefste Krisensituation von 1932/33, so verschwindet jetzt diese Betrachtungsweise mehr und mehr. Eine neue Frage rückt in den Gedankenkreis der Leute: warum geht alles für die Aufrüstung, was könnte man alles tun anstelle der Aufrüstung? Diese Veränderung im allgemeinen politischen Denken ist wohl das entscheidende in der Wandlung der Stimmung."

Dabei handelt es sich um Stimmungen in der breiten Masse. Die proletarischen Kernschichten nehmen in sehr viel unmittelbarerer Weise an den aussenpolitischen Vorgängen Anteil. Ihre Hoffnung geht dahin, dass die Tschechen fest bleiben mögen. Sie erkennen auch den Charakter der Politik der Westmächte. „Über die Engländer schimpft man heftig", heisst es in einem Bericht aus Sachsen, „da die Freunde annehmen, dass man solange verhandelt bis die Nazis doch für eine Weile Ruhe geben. Und da es ihrer Ansicht nach zum Krieg kommen wird, sollte man nicht den günstigsten Zeitpunkt verpassen."

Stimmung in Betrieben und Wehrmacht.

Auf dem Hintergrund der allgemeinen Unsicherheit und Nervosität hat sich auch in den Betrieben eine gewisse Belebung vollzogen, die sich ausser in Diskussionen auch in stärkeren Versuchen der kollektiven Interessenvertretung gegenüber der immer steigenden Auspressung äussert. Aus Berlin wird bekannt, dass die Nazibonzen offen über den Produktionsrückgang schimpfen und ihn mit Sabotage seitens der Arbeiterschaft erklären. Auch aus anderen Gebieten wird von Leistungsrückgang berichtet. Gewiss liegt die eigentliche Ursache vor allem darin, dass die Antreibermethoden nicht unbeschränkt weiter gesteigert werden können und dass die Einschaltung weiblicher Arbeitskraft nicht ohne Schwierigkeiten vollzogen werden kann. Aber es steckt darin auch ein Stück passiven Widerstandes der Arbeiterschaft.

Zuverlässige Informationen über kürzere Arbeitsniederlegungen liegen aus einem grossen chemischen Werk in Mitteldeutschland, aus dem oberschlesischen Grubengebiet, aus einem süddeutschen Rüstungsbetrieb, von einer Kraftfahrerkolonne in Sachsen vor. Eine starke Auflockerung der Disziplin hat sich unter den Befestigungsarbeitern im Westen geltend gemacht. Die Bedingungen des Kriegsrechts haben bereits zu mehreren Verzweiflungsausbrüchen geführt. In Bergzabern (Rheinpfalz) haben 120 Bauarbeiter aus Berlin in der Nacht einen Vorarbeiter erstochen, der mit 20 Stichen im Leib aufgefunden wurde. Die ganze Kolonne ist daraufhin verhaftet worden. Der Betriebsterror hat an zahlreichen Orten bereits Formen angenommen, die etwa dem entsprechen dürften, was für den Kriegsfall vorgesehen ist. Von verschiedenen Seiten ist darüber berichtet worden, dass „Rädelsführer" irgendwelcher solidarischer Schritte der Belegschaften aus dem Betrieb herausgeholt und auf der Stelle erschossen werden. Im Ganzen kann man aber feststellen, dass unter der Betriebsarbeiterschaft die Tendenz zu einer beginnenden politischen Opposition auch in solchen Kreisen begonnen hat, die im Laufe der letzten Jahre apolitisch geworden waren. Sie standen unter dem Eindruck der Allmacht des Hitlerschen Staatsapparats. Jetzt fühlten sie in der gesamten gesellschaftlichen Atmosphäre Ansatzpunkte neuer Opposition.

Völlig abwegig ist es auch anzunehmen, dass die Wehrmacht fest in den Klauen des faschistischen Regimes sei. Die anfänglichen Illusionen aus der Zeit der Schulbank und der Hitlerjugend sind in vielen Fällen schon verflogen, wenn die Jungens den Arbeitsdienst durchgemacht haben. Die Berührung mit den Methoden des preussischen Kommiss' trägt nicht dazu bei, die Kriegsbegeisterung zu stärken. Aus einer bayrischen Garnison ist bekannt geworden, dass in einer einzigen Kompanie in einer Woche 17 Mann bestraft wurden. An der Unteroffizierschule Eiche-Potsdam gab es im Laufe von sechs Monaten 17 Selbstmorde und 14 Desertationen. Es hat auch bereits symptomatische Bedeutung, wenn im Laufe weniger Monate 157 Angehörige aktiver Wehrmachtsangehöriger ausgerechnet in die Tschechoslowakei desertiert sind. Es ist sicherlich eine starke Übertreibung, wenn einer der Militärflüchtlinge berichtet, in seiner Einheit habe man sich nicht einigen können, ob man „vorher" oder „nachher" überlaufen solle. Aber als sicher kann angenommen werden, dass es auch in grossen Teilen der aktiven Wehrmacht an Kriegsbegeisterung fehlt.

Die Hetze gegen die C.S.R.

In den allerletzten Wochen ist die Presse- und Lügenhetze gegen die Tschechoslowakei bis zu einem unglaublichen Grade gesteigert worden. Es wäre falsch zu glauben, diese Hetze sei ohne Wirkung geblieben. Schon in den früheren Berichten hiess es, dass kleinbürgerliche Schichten ausser unentwegten Nazis und ziemlich grosse Schichten der Jugend doch von der Hetze gegen die Tschechen erfasst wurden. Im Verlauf des Monats September ist es aber offenbar geglückt, auch breitere Schichten mit den Lügen und Verdrehungen zu fangen. Das zeigt zugleich, dass es dem Reichslügenministerium[6] im Ernstfalle sicher noch einmal gelingen wird, manche der Unsicherheitsfaktoren aufzuheben und die nationalistischen Gefühle aufzupeitschen.

Über die Stimmung in den letzten Krisenwochen erfahren wir, die Nazis hätten zum Motto gemacht: „Diese verdammten Mord- und Drecktschechen müssen endlich eine tüchtige Tracht Prügel bekommen. Nicht nur die sudetendeutschen Gebiete müssen befreit werden, nein, die ganze C.S.R. muss als Staat liquidiert werden. Die Slowaken sollen leben, die Ungarn sollen leben, die Polen sollen vielleicht auch noch leben, aber die Tschechen müssen ausgerottet werden." Solche Stimmungen herrschen nicht nur in bürgerlichen und kleinbürgerlichen Kreisen, sondern auch bei Teilen der Arbeiterschaft. Viel hat dazu beigetragen, dass die Bevölkerung nach der Chamberlain-Aktion[7] den Eindruck gewann, die Weltkriegsgefahr sei gebannt und Deutschland werde jetzt „lediglich" mit den Tschechen „abrechnen". Unser Berichterstatter fügt aber seinen Mitteilungen über die Hetze gegen die C.S.R. hinzu:

„Aber trotz allem habe ich den Eindruck, dass diese Stimmung nur oberflächlich ist und nicht tiefer geht. Die Depressionsstimmung über die Ungewissheit der nahen Zukunft wächst selbstverständlich auf Grund der grossen Militärtransporte, die das Volk sehr genau beobachtet. Das Volk sieht und hört mehr als das, was auf den Strassen vor sich geht."

Wenngleich es also gelungen ist, die beginnende Auflockerung einzudämmen, kann man nicht sagen, dass sie aufgehoben worden sei. Andererseits wäre es völlig abwegig, aus den verschiedenen Auflockerungssymptomen übertriebene Schlussfolgerungen ableiten zu wollen. Was insbesondere die Arbeit im Reich angeht, so muss sie im Gegenteil noch mehr als bisher darauf eingestellt werden, dass neue, alles überbietende Schläge des Terrorapparats erfolgen werden. Für die Propaganda, vor allem auf dem Wege des Rundfunks, ergeben sich demhingegen neue, weiterreichende Aufgaben.

Bei Freunden im Reich hat sich auf Grund ihrer Beobachtungen die Meinung herausgebildet, Hitler könne gegenwärtig schon darum keinen Krieg führen, weil er ideologisch denkbar schlecht gerüstet sei und schon bald nach Kriegsausbruch mit Überraschungen rechnen müsse. Es ist sehr schwer abzuschätzen, ob die innere Lage in Deutschland kriegshemmend oder -fördernd gewirkt habe. Offenbar haben gewisse Gestapokreise, die über die Stimmung gut unterrichtet sind, zum Losschlagen geraten, weil sie eher an eine Verschlimmerung als eine Besserung der Lage auf dem „inneren Kriegsschauplatz" glaubten. Am günstigsten ist es jedoch ohne Zweifel für das Regime, seine Beute erneut im Frieden heimzubringen. Das würde gerade nach all den Zweifeln und Erscheinungen der Unsicherheit zu einem neuen starken Prestigegewinn für Hitler und zu einer furchtbaren Enttäuschung und Lähmung der oppositionellen Kräfte führen.

Vielfach ist die Frage aufgeworfen worden, ob nicht auch die ausländischen Mächte von der wirklichen Stimmung der deutschen Bevölkerung ausser von den wirtschaftlichen Schwierigkeiten und den Mängeln in der Kriegsvorbereitung wüssten. Gewiss wissen sie davon. Und dass sie davon wissen, ist für die Bourgeoisie der Westmächte ein Grund mit dazu, der kriegerischen Auseinandersetzung mit dem III. Reich auszuweichen. Das Gespenst der deutschen Revolution schreckt, auch wenn es erst in schwachen Konturen durch einen dicken Schleier sichtbar wird.

Nr. 54
Artikel Brandts
„Hitler ist nicht Deutschland"
28. September 1938

Telemark Arbeiderblad, 17. Jg., Nr. 224, 28. September 1938[1] *(Übersetzung aus dem Norwegischen: Einhart Lorenz).*

Man ist allzu geneigt zu glauben, dass es keinen Unterschied zwischen dem Wort des Diktators und den Auffassungen des beherrschten Volkes gibt. Während der akuten internationalen Krise ist man oft davon ausgegangen, dass das deutsche Volk hinter Hitlers Forderungen und Drohungen steht und gegebenenfalls ohne Widerspruch der Kriegsorder der Diktatur folgen wird. Fünfeinhalb Jahre Hitlerherrschaft mit der Vernichtung aller politischen Organisationen und der demokratischen Meinungsfreiheit hat die Leute glauben lassen, dass alle Deutschen Nazisten sind.

Was die Deutschlandkorrespondenten der großen bürgerlichen Zeitungen im Laufe der letzten zwei Monate nach London, Paris, Brüssel, Zürich usw. berichteten, ist jedoch etwas ganz anderes. Sie schreiben, dass die große Masse der deutschen Bevölkerung den Krieg fürchtet und mehr oder weniger offen beginnt, die Kriegsvorbereitungen zu kritisieren. Sie räumen ein, dass die Opposition nie eine breitere Grundlage hatte, seit Hitler seine Gegner 1933 niederschlug.

Wir haben uns in diesen Tagen in eine Reihe wichtiger direkter Berichte aus Deutschland eingearbeitet und uns der Zuverlässigkeit der Informationen vergewissert.[2] Diese Informationen aus Deutschland bestätigen nicht nur die Eindrücke der ausländischen Journalisten, sondern ergänzen sie auf eine äußerst instruktive Weise.

Unsere Informationen stellen übereinstimmend fest, *dass es tatsächlich keine Kriegsbegeisterung in Deutschland gibt.* Meldungen aus Berlin, Sachsen, Köln, Hamburg und Österreich berichten von der Kriegsangst der deutschen Bevölkerung. Ein Brief aus Berlin zeigt sogar, dass in breiten Schichten eine Art Panik über die akute Kriegsgefahr entstanden ist. Während ein großer Teil der Bevölkerung bisher damit argumentierte, dass der Nationalsozialismus zumindest die Arbeitslosigkeit beseitigt hat, stellt man heute die Frage, was man statt der riesigen Aufrüstung hätte tun können. Bereits im Juli begann sich die Stimmung zu ändern. Die Massen reagierten gegen die neuen Judenverfolgungen.[3] Die Gestapo antwortete mit neuen Massenverhaftungen, nicht nur von alten Sozialisten und Kommunisten, sondern auch von alten Konservativen. Der alte deutschnationale Reichstagsabgeordnete Graf Westarp ist inzwischen zu 15 Jahren Zuchthaus verurteilt worden.[4] Die gleichgeschaltete deutsche Presse begann eine Kampagne gegen die Kritiker, gegen die, die ausländische Sender hörten und „Gerüchte" über die Kriegsgefahr verbreiteten.

Natürlich hat der Nazismus noch immer eine Massengrundlage, besonders unter den Jugendlichen. Desto wichtiger ist es festzustellen, dass sich die Kriegsfurcht auch im deutschen Heer geltend macht. Auch hier wird verschärfter Terror angewandt, um die Opposition niederzuhalten. In einer Kompanie in Bayern wurden 17 Rekruten im Laufe einer Woche bestraft. An der Unteroffiziersschule Eiche-Potsdam gab es im ersten Halbjahr 1938 17 Selbstmorde und 14 Desertationen. Oder – um ein drittes Beispiel zu nennen: Im Laufe der letzten Wochen sind 157 deutsche Soldaten in die Tschechoslowakei desertiert!

Sehr bezeichnend sind die Unruhen, die wiederholt beim Transport von Arbeitern stattgefunden haben, die beim Bau der Befestigungsanlagen an der französischen Grenze teilnehmen sollten. Detaillierte Informationen liegen über diese Unruhen aus Berlin und Wien vor. Auf dem Bahnhof Friedrichstraße in Berlin machten die Frauen der abkommandierten Soldaten einen „Skandal". Durch sie wurde die Abfahrt des Zuges um zwei Stunden verzögert. Auf dem Bahnhof Potsdamer Platz wurde mehrmals die Notbremse gezogen, als der Zug abfahren sollte. Am Alexanderplatz gab es Tumulte und Schlägereien mit der Polizei. In Wien wurde bei Abfahrt des Zuges „Freiheit" und „Rot Front" gerufen. Ähnliche Dinge ereigneten sich verschiedentlich, als Reservisten einberufen wurden.

Auch an den Arbeitsplätzen geschieht mehr. Die Stimmung ist nervös. Die Menschen diskutieren wieder untereinander. Die Arbeiter haben sich verschiedentlich gegen die forcierte Ausbeutung zur Wehr gesetzt. In einem großen Rüstungsbetrieb in Süddeutschland wurde drei Tage lang Sabotage verübt. Aus Oberschlesien wird von einer Arbeitsniederlegung der Bergarbeiter berichtet. In Sachsen streikte eine Gruppe Kraftfahrer, in den Leuna-Werken in Thüringen gab es ebenfalls einen kürzeren Streik. Die Arbeiter der Befestigungsanlagen in Bergzabern (Rheinpfalz) gerieten in eine derartige Situation, dass sie vor einer Woche einen nazistischen Vorarbeiter töteten. Die Gestapo antwortet auch an den Arbeitsplätzen mit verschärftem Terror. Es gibt mehrere Beweise dafür, dass Arbeiter von den Arbeitsstellen geholt und unmittelbar danach von der SS erschossen wurden.

Das sind nur einige Beispiele für die Änderungen, die im deutschen Volk, das in dieser Situation das Messer an der Kehle fühlt, heranwachsen. Man soll gewiss diese Symptome nicht überschätzen. Wenn es zum Krieg kommen sollte, wird die Propagandamaschine eine gewaltige, nationalistisch angeheizte Stimmung erzeugen. Der Terrorapparat wird ebenfalls grausamer werden, als er es heute ist.

Aber das deutsche Volk wünscht Frieden. Das deutsche Volk ist im Begriff, mit den friedenswilligen Kräften in Europa Kontakt zu suchen. Es besteht kein Zweifel darüber, dass die Arbeiter und Bauern einen eventuellen Nazikrieg in einen Freiheitskrieg gegen den Nazismus verwandeln werden. Die Kräfte der Demokratie haben keinen Grund zu vergessen, dass sie, wenn sie eine konsequente und starke Politik gegen die Friedensstörer führen, einen wichtigen Alliierten in Deutschland erhalten können.

Nr. 55
Artikel Brandts
„Deutschland vor und nach München"
Dezember 1938

Det 20de århundre, 39. Jg., Heft 10, Dezember 1938[1] *(Übersetzung aus dem Norwegischen: Einhart Lorenz).*

Deutschlands Sieg in München[2] beruhte ebenso wenig wie seine früheren Siege auf mystischen Faktoren. Der Nationalsozialismus hat wiederholt eine hervorragende Fähigkeit gezeigt, die vielfältigen Schwächen und Gegensätze des kapitalistischen Europas auszunutzen.[3] Die Besetzung Österreichs war der Beginn zur entscheidenden Etappe in Deutschlands Expansion nach Südost- und Osteuropa. Nachdem Österreich erobert war, stand die Tschechoslowakei der Offensive nach Südosten im Wege. Dieses Hindernis ist beiseite geräumt worden. Was von der tschechischen Republik übrig blieb, ist ein deutscher Vasallenstaat.[4] Ein wichtiger Punkt im imperialistischen Programm Deutschlands ist Realität geworden.

Das Tempo der Offensive ist jedoch auch von innerdeutschen Faktoren bestimmt worden. Die Depression an den deutschen Börsen, die Aktion gegen jüdisches Eigentum[5] und die neuen Steuerpläne legten im Sommer Zeugnis von den zunehmenden wirtschaftlichen Schwierigkeiten ab.[6] Die Wirtschaftszeitschriften des Großkapitals verheimlichten nicht, dass sich die deutschen Finanzierungsmethoden[7] nicht bis ins Unendliche praktizieren ließen. Die Begeisterung nach dem Streich gegen Österreich[8] dauerte auch nicht besonders lange. Die Stimmung in der Bevölkerung wurde lasch und zweifelnd, und die Regierung benötigte neue Initiativen, um alle diese Schwierigkeiten zu meistern.

Die militärische Grundlage für die Aktion gegen die Tschechoslowakei wurde durch die gewaltige Mobilisierung gelegt, die im August begann und die in der Zeit des Parteitags in Nürnberg anderthalb Millionen Soldaten in den unterschiedlichen Manöverabschnitten vereinte. Der Generalstab nahm die Gelegenheit wahr, die Schwächen zu korrigieren, die sich beim Einmarsch nach Österreich gezeigt hatten. Wenn es damals zu militärischen Konflikten gekommen wäre, hätte Deutschland ein großes Fiasko erlebt. Die schwächsten Punkte waren der Truppentransport und die Versorgung mit Lebensmitteln. Der totalitäre Staat führte eine totale Mobilisierung durch. Deutschland ähnelte einem großen Kriegslager.[9]

Neben der militärischen Vorbereitung gab es die propagandistische. Aber in diesem Punkt war die Position des Nationalsozialismus äußerst schwach. Die Ungewissheit und die Unruhe in der Bevölkerung wurden immer stärker, die Massengrundlage des Nazismus wurde geringer als in der Zeit, in der die Arbeiterorganisationen niedergeschlagen worden waren. Die Aufdeckung dieser inneren deutschen Situation ist außerordentlich wichtig, um Schluss mit der Legende zu machen, dass Deutschlands Stärke und innere Sammlung den Sieg in München ermöglichten, und um gegen die Propaganda von der Überlegenheit gerüstet zu sein, mit der die Diktaturen prahlen.

Während der Sommermonate konnte man in Deutschland eine wachsende Unzufriedenheit in der Bourgeoisie und im Mittelstand ebenso wie bei den Bauern registrieren. Sie reagierten auf die wirtschaftlichen Schwierigkeiten und den neuen Steuerdruck. Die Judenverfolgungen stießen auf wenig Sympathie in der Bevölkerung. Und parallel zur Verschärfung der Propaganda und zur zunehmenden Mobilisierung wuchs von Tag zu Tag die Kriegsangst. Das Bild, das man sich auf der Grundlage der vorliegenden Berichte, die von zuverlässigen Auslandskorrespondenten und direkten Nachrichten aus Deutschland stammen, bilden kann, läuft darauf hinaus, dass nur eine kleine Minderheit des deutschen Volkes kriegsbereit war. Die Reaktion der Bevölkerung auf die Kriegsvorbereitungen war wesentlich stärker als die unterdrückte Kritik, von der man immer hört und die auch nicht von einer nazistischen Diktatur ausgerottet werden kann.

An verschiedenen Orten, z. B. in Berlin und Wien, gab es kleinere Demonstrationen und dramatische Auftritte bei der Abreise der Reservisten und Zwangsarbeiter. Noch wichtiger als solche Auftritte waren die Änderungen, die man bei der Art, wie der einfache Deutsche die Dinge sah, konstatieren konnte. Das Interesse an ausländischen Nachrichten nahm gewaltig zu. Die Diskussionen zwischen den Menschen drehte sich um die alles überschattende Frage – den Krieg. Menschen, die sich bisher von politischen Diskussionen ferngehalten hatten und damit zufrieden waren, dass Hitler Millionen von Erwerbslosen Arbeit geschaffen hatte, stellten die peinliche Frage: Was hätte man nicht *statt* der gewaltigen Aufrüstung tun können, die nun droht, das Land und die Leute in den Krieg zu führen? An den Arbeitsplätzen rührte es sich auch. Die Nazisten klagen über Sabotage. Das Kriegsrecht wurde verhängt. An verschiedenen Orten wurden Arbeiter in Rüstungsbetrieben, die sich zum Sprecher ihrer eigenen Interessen und der ihrer Kameraden gemacht hatten, verhaftet und erschossen. Man erhielt einen Vorgeschmack davon, wie die „innere Front" im Krieg geleitet werden sollte. Die Zersetzung reichte bis in die Reihen der Naziorganisationen. Nicht einmal die aktiven Militärformationen waren so zuverlässig, wie man annehmen könnte. Allein an der tschechischen Grenze desertierten in den letzten Wochen vor der Septemberkrise 130 deutsche Soldaten und einige berichteten, dass die Diskussionen in ihren Kompanien darum gingen, ob man vor oder nach Kriegsausbruch abhauen sollte.

Man soll sich vor Übertreibungen hüten. Die Auflösungstendenzen waren verstreut, und es ist sehr schwierig, sich bei einem Diktaturstaat ohne Rede- und Pressefreiheit ein zuverlässiges Gesamtbild zu machen. Es ist sicher, dass der Propagandafeldzug gegen die Tschechoslowakei letztlich auch bei einem beträchtlichen Teil der Menschen Anklang fand, die gegen die Kriegsvorbereitung reagierten, die aber keine Möglichkeit haben, sich ein selbstständiges Bild von der Lage zu machen. Der Gesamteindruck ergab jedoch, dass Deutschland in moralischer und ideologischer Hinsicht so schlecht gerüstet war, dass nüchterne Beobachter in Berlin meinten, es würde schon aus diesem Grunde äußerst zweifelhaft sein, ob sich die Machthaber im Ernst in eine kriegerische Katastrophe „retten" könnten.[10]

Was außenpolitische Fragen betrifft, herrscht große Unklarheit über das Verhältnis von Großkapital und Heeresführung auf der einen Seite und der nazistischen Staats- und Parteiführung – möglicherweise auch innerhalb der Nazipartei – auf der anderen. Die Gegensätze zwischen den verschiedenen Flügeln der herrschenden Partei sind in der Außenpolitik am geringsten ausgeprägt. Das Expansionsprogramm ist deren gemeinsame Grundlage. Es sind die Randgruppen und die so genannten „Nationalrevolutionäre", die von einer national-sozialistischen Grundlage her in Opposition zur deutschen Außenpolitik stehen. Innerhalb der deutschen Kapitalistenklasse und im Offizierskorps gibt es starke Kräfte, die die Außenpolitik des Nazismus mit großer Skepsis betrachten. Sie haben auch wiederholt vor dem Hasardspiel gewarnt, weil sie dessen Konsequenzen fürchten. Aber sie haben kein eigenes außenpolitisches Programm, das den Bedürfnissen des nazistischen Kapitalismus entspricht. Deshalb fiel General von Fritsch während der Krise um den 4.

Februar[11] und deshalb musste Generalstabschef Beck vor einigen Monaten abtreten. Der Nazismus hat gegenüber der Kapitalistenklasse eine gewisse selbstständige Position gewonnen. Aber heute ist ein größerer Teil des Kapitals an das Bestehen des Nazismus gebunden als in der Zeit nach Hitlers Machtübernahme. Der überwiegende Teil der deutschen Wirtschaft ist in die Rüstungsproduktion gepresst worden. Die Kapitaleigner sind oft daran gehindert worden, die Profite zu realisieren. Sie können nur den Profit ernten und das Kapital retten, wenn die imperialistische Expansion gelingt. Deshalb halten sie im entscheidenden Punkt mit der Naziführung zusammen. Der Bruch kann nur kommen, wenn diese Kreise davon überzeugt sind, dass die Politik des Nazismus zu einem offenbaren Zusammenbruch führt, vielleicht zu einem noch sichereren Zusammenbruch als dem, der folgen würde, wenn die Expansion zum Stillstand käme. Möglicherweise wäre eine solche Situation eingetreten, wenn es der Nazismus gewagt hätte, in einen Krieg gegen eine übermächtige Ost-West-Konstellation zu ziehen. Das ist ein weiterer Grund, weshalb sich die Machthaber in Deutschland überlegen mussten, einen Kriegsausbruch zu riskieren.

Hitler ist sich über die Kräfteverhältnisse in Europa im Klaren gewesen. Wahrscheinlich war er sich auch über die inneren Schwierigkeiten im Klaren. Das politisch Imponierende an seinem Auftreten ist die Ausnutzung dieser Erkenntnis, so dass er Schwäche in Stärke verwandelte. Die Machthaber in Berlin wussten, dass die herrschenden Klassen in England und Frankreich vor den etwaigen Konsequenzen einer deutschen Niederlage Angst hatten.[12] Es heißt, dass Hitler in einem Gespräch mit dem britischen Botschafter, Henderson, Anfang September [1938] erklärte, dass er sich völlig darüber im Klaren war, dass Deutschland nur schwer gegen ein gemeinsames Auftreten der Westmächte und der Sowjetunion bestehen könne. Aber, so fügte er hinzu: Aber gerade das können Sie nicht wünschen, denn nach mir kommt nur der Bolschewismus. – Hitlers politische Stärke liegt darin, dass er die Machtfrage als das Entscheidende in der Politik begriffen hat und dass er um die Angst des alten Europa vor einer sozialen Umwälzung weiß.[13]

Innerhalb Deutschlands wurde der Nationalsozialismus nach dem Münchener „Frieden" erneut gestärkt. Hitlers Prestige nahm weiter zu. Gerade nach aller inneren Zersetzung, die sich bemerkbar gemacht hatte, wirkte die Lösung der Krise als neuer Beweis für die unwiderstehliche Kraft des Führers. Die Haltung der Westmächte wirkte auf den kritischen Teil der deutschen Bevölkerung niederdrückend und demoralisierend. Aber der deutsche Sozialismus wird auch diese Niederlage überleben.

Dennoch ist es so, dass der Rückschlag nach München nicht so große Konsequenzen hatte, wie man fürchten musste. In der Außenpolitik wurde der Friedensrausch von München von Ernüchterung mit zunehmendem Rüstungstempo in allen Ländern und neuer Zuspitzung an verschiedenen Fronten abgelöst. In Deutschland gibt es wenige, die glauben, dass in München der Frieden gesichert wurde. Das Vorgehen des Nazismus in den letzten Monaten hat ebenfalls dazu beigetragen, diese Ansicht zu unterstreichen. Die Judenpogrome von bisher unerwarteten Ausmaßen und mit mittelalterlichen Methoden[14] waren, außer der Sicherung des jüdischen Eigentums für die Staatskasse, auch dafür berechnet, die Stimmung in den NS-Kreisen zu heben. Aber obgleich man auch die Hitler-Jugend und die Sturmabteilungen für die Verfolgung einsetzen konnte, hat die einfache Bevölkerung doch eine passive Haltung eingenommen und vielerorts der Verachtung Ausdruck gegeben, die sie einem Regime gegenüber empfindet, das sich solcher Mittel bedient. Die weiterhin existierenden außenpolitischen Forderungen der Regierung in Bezug auf Kolonien und neue Grenzgebiete haben auch die Überzeugung bestärkt, dass man seitens der deutschen Machthaber nicht mit einem Friedenskurs rechnen kann. Deutschland ist sicher nicht gesättigt, sondern es hat nur mehr Appetit bekommen.

Deutschland hat jedenfalls vorübergehend einen Teil der Schwierigkeiten überwunden, zu der die kriegskapitalistische Planpolitik geführt hatte. Die neuen Erfolge bringen eine neue Atempause, aber keine Lösung. Die fundamentalen gesellschaftlichen Gegensätze bestehen weiter. Die neuen Siege schaffen auch eine zunehmende Anzahl innerer Gegensätze im nazistischen Mitteleuropa.

Der Zusammenhang zwischen Innen- und Außenpolitik wird nicht zuletzt durch den inneren Machtzuwachs des Nazismus illustriert. Im Herbst [1938] war die deutsche Opposition einen Augenblick lang im Begriff, zu einem realpolitischen Faktor zu werden. Nach München wurde sie erneut weit zurückgeworfen und sie wird noch mehr an Boden verlieren, falls die deutsch-englische Zusammenarbeit eine längere reaktionäre Periode begründen sollte. Die deutsche Opposition hat somit auch Gelegenheit, gewisse Lehren aus dem Geschehen zu ziehen. Eine der Lehren müsste sein, dass sie sich nur auf der Grundlage der gesellschaftlichen Entwicklung Deutschlands orientieren kann und dass sie nicht mit Hilfe ausländischer Bajonette der Sieger von morgen werden wird.

Nr. 56
Artikel Brandts
„Die Judenverfolgungen in Deutschland"
1. Januar 1939

Telegraf og Telefon, 9. Jg., Nr. 1, 1. Januar 1939[1] *(Übersetzung aus dem Norwegischen: Einhart Lorenz).*

Der Antisemitismus, die „Theorie" der Judenverfolgung, hat immer eine bedeutende Rolle in der Politik und Propaganda des Nationalsozialismus gespielt. Der Experte des Nazismus auf diesem Gebiet ist der Gauleiter in Nürnberg, Julius Streicher, der auch Herausgeber des pornographischen Blattes „Stürmer" ist. Heute triumphiert der *Streicherismus* in Deutschland.

Die neuen Verfolgungen begannen in der zweiten Novemberwoche. Da hieß es, dass das deutsche Volk Rache für die Schüsse, die ein junger polnischer Jude [Herschel Grynszpan] auf den Legationsrat an der deutschen Botschaft in Paris [Ernst vom Rath] abgefeuert hatte, haben soll. Hunderttausende sollten die Handlung eines Jugendlichen ausbaden. Der Attentäter in Paris hatte offenbar im Zustand geistiger Verwirrung gehandelt. Es hat auch eine Rolle gespielt, dass seine eigene Familie Opfer antisemitischer Verfolgungen wurde. Auf jeden Fall hatte er nichts mit irgendeiner antinazistischen Organisation zu tun. Sie distanzieren sich nämlich unbedingt von solchen Terrorhandlungen. Aber das tun die Nazisten nicht. Die so genannten Fememörder[2], die ihr Unwesen in den ersten Jahren nach dem Weltkrieg getrieben haben, spielen eine große Rolle in der Nazipartei. Und diejenigen, die Bundeskanzler Dollfuss in Wien im Juli 1934 ermordet hatten, wurden zu Volkshelden gemacht, nachdem Österreich von deutschen Truppen erobert worden war.

Die Meldung vom Tod des Legationsrats erfolgte 7 Uhr abends durch den deutschen Rundfunk. Die „spontane" Aktion gegen die deutschen Juden begann dagegen mitten in der Nacht. Die Sturmtruppen rückten wie in alten Tagen aus. Ein wesentlicher Teil dieser Terrortruppen wurde aus den nazistischen Jugendorganisationen rekrutiert. Und hinter ihnen folgten die Verbrecher, die die Gelegenheit zum Stehlen benutzen wollten. Auch das war nichts Neues.

In Großdeutschland leben ca. 600 000 Menschen mit jüdischem Ursprung, zusammen mit den christlichen „Nicht-Ariern" steigt die Zahl auf 750 000. Alle diese Menschen sind nun einer Behandlung ausgesetzt, die ihr Gegenstück nur im schwärzesten Mittelalter findet. Wohnungen und Geschäfte werden zerstört, Wertgegenstände und Waren gestohlen. Viele wurden ermordet, noch mehr misshandelt, Zehntausende in Konzentrationslager und andere Gefängnisse gesteckt. Viele wollten nicht auf die Henker warten und begingen Selbstmord. Das Konzentrationslager Buchenwald wurde in ein Lager speziell für Juden umgewandelt. Buchenwald liegt in der Nähe von Weimar. Weimar – Goethes Stadt. Goethe, der sich ebenso wie andere große deutsche Geistesmenschen, Lessing, Herder usw., scharf vom Antisemitismus distanziert hatte und bereitwillig den großen Einfluss der Juden auf die Entwicklung des deutschen Geisteslebens einräumte.

Die Kirchen der Juden, die Synagogen, wurden niedergebrannt. Im Sommer war es noch so, dass sich jüdische Männer auf den jüdischen Friedhöfen versteckten. Sie schliefen dort auch in den Nächten, um sicher zu sein. Dieses Mal wurden auch die Friedhöfe zerstört, ebenso wie die jüdischen Altersheime, Kinderheime, Schulen, Krankenhäuser. Greise wurden aus den Fenstern des zweiten Stockwerks auf die Straße geworfen.

Nachdem die Banden getobt hatten, begannen die ökonomischen Repressalien. Die Juden wurden dazu verurteilt, gemeinsam eine Milliarde Mark zu bezahlen. Die Nazisten behaupteten zuerst, dies wäre ein Zehntel des gesamten Vermögens der deutschen Juden, später sprach man von einem Siebtel. Von anderer Seite wird jedoch mitgeteilt, dass das gesamte Vermögen der Juden drei Milliarden ausmacht, während die „Times" vom 14. November nur zwei Milliarden nennt. Außer dieser Geldstrafe sollen die Juden die Reparaturen nach der Verfolgung und Zerstörung bestreiten. Allein dies wird ein Betrag von mehreren hundert Millionen Mark, zugleich sind alle Versicherungsleistungen beschlagnahmt worden. Es handelt sich also ganz einfach darum, die deutschen Juden zu exproprieren. Das wird noch deutlicher, wenn man sich vergegenwärtigt, dass kein deutscher Jude nach dem 1. Januar 1939 ein Geschäft betreiben darf. Die Geschäfte werden zu phantastisch niedrigen Preisen verkauft und zwei Drittel dieser Geschäfte sollten sofort liquidiert werden. Vor der letzten Verfolgung, am 1. Oktober 1938, waren bereits 30 % der deutschen und 50 % der österreichischen Juden auf die Unterstützung öffentlicher Institutionen angewiesen. Man rechnet damit, dass 70 % der Juden nach dem 1. Januar [1939] von öffentlicher Unterstützung abhängig sein werden.

Und das wird ein Argument für neue Verfolgungen. Das SS-Organ „Schwarzes Korps" argumentiert bereits damit, dass die Juden in Zukunft in verbrecherische Aktivitäten herabsinken werden. Deshalb müssen sie „mit Feuer und Schwert" ausgerottet werden.[3]

Propagandaminister Goebbels erklärte feierlich, dass nicht davon die Rede sein könne, die Judenviertel des Mittelalters, die Ghettos, wieder einzuführen.[4] In Berlin hat man jedoch inzwischen das eingeführt, was sie in Deutschland als „Judenbann" bezeichnen. Statt Verboten, in bestimmten Gegenden zu wohnen, werden die Juden nun *aufgefordert*, sich in bestimmten Stadtteilen anzusiedeln. Juden ist es nicht erlaubt, Theater, Kinos, Konzerte, Museen, öffentliche Bäder, Sportplätze und eine Reihe von Straßen im Zentrum der Stadt zu besuchen. Wenn sie gezwungen sind, dieses Gebiet zu durchqueren, benötigen sie eine besondere Legitimation durch die Polizei. Man bereitet gleichzeitig eine besondere Kennzeichnung aller Juden vor.

Ab 3. Dezember ist es für Juden verboten, Auto zu fahren. In einzelnen Städten, wie z. B. in Görlitz, dürfen sie auch die Straßenbahn nicht mehr benutzen.

Man könnte viel mehr Beispiele für diese Barbarei nennen, die sich mitten in Europa entfalten darf. Aber wichtiger als die Beispiele ist die Frage danach, was hinter diesen Grausamkeiten steckt. Es ist nicht so leicht, einen Sinn in allem zu finden. Vieles ist widersinnig in der Politik des Nazismus – hier, wie auf anderen Gebieten. Teils sind die Pogrome nur Ausdruck für den rücksichtslosen Kampf des Nazismus gegen alles, was Humanität heißt, und für seinen Marsch hin zu einer neuen barbarischen Religion.

Judenverfolgungen sind im Verlauf der Geschichte oft von der politischen Reaktion als Blitzableiter benutzt worden. So verhält es sich auch dieses Mal. Der Kampf gegen die jüdischen Kapitalisten ist das Einzige, was vom antikapitalistischen Programm des Nazismus übrig geblieben ist. Sie dirigieren die Jugend und die Sturmabteilungen gegen die Juden und gehen eine festere Allianz mit dem deutschen Großkapital ein. Sie hetzen den einen Teil der Bevölkerung gegen den anderen auf. Die Assimilierung der Juden, ihr Zusammenschmelzen mit der übrigen deutschen Bevölkerung, war bereits sehr weit gediehen, als die Nazisten an die Macht kamen. Das Naziregime hat diese Entwicklung weit zurückgeworfen. Im Zuge der demokratischen Entwicklung war die Judenfrage im Begriff, auf natürlichem Wege zu verschwinden. Die anormale Sozialstruktur der Juden und ihr besonderes Gepräge als Resultat einer langen historischen Entwicklung und nicht bestimmter „rassenmäßiger" Eigenschaften waren im Begriff, mit dem Volk, mit dem sie zusammenlebten, zu verschmelzen. Die heutige politische Reaktion hat ein neues Judenproblem geschaffen, das nur in einer neuen europäischen Ordnung gelöst werden kann, wo die jüdische Mehrheit, die sich assimilieren will, dazu Gelegenheit erhält, während die Minderheit, die eine neue jüdische Nation schaffen will, dazu volle Gelegenheit erhalten muss. Palästina ist genau der Ausweg.

Was die letzten Judenverfolgungen in Deutschland betrifft, so war sicher einer der Hauptgründe, dass der Nazismus erneut seine Macht zeigen wollte. Der Terror sollte die deutsche Bevölkerung einschüchtern. Während der Septemberkrise[5] mit der drohenden Kriegsgefahr begannen viele, gegen die Kriegspolitik zu reagieren. Nicht nur in der Arbeiterklasse, sondern auch in anderen Gesellschaftsschichten und nicht zuletzt in nationalen Kreisen. Sie alle sollten eine Warnung und einen Vorgeschmack darauf erhalten, wie es ihnen ergehen würde, wenn die Führung sich entschlossen hätte loszuschlagen.

Ökonomische Gründe haben auch eine Rolle gespielt. Die deutschen Finanzierungsprobleme sind überall bekannt. Aber man musste nicht zu diesem furchtbaren Terror greifen, um die Juden zu expropriieren. Die Expropriation war bereits im Stillen eingeleitet worden.

Von sehr großer Bedeutung waren ohne Zweifel außenpolitische Motive. Der antisemitische Kurs wird zu Propagandazwecken unter den arabischen Völkern und im Fernen Osten ebenso ausgenutzt, wie er benutzt wird, um reaktionäre Kräfte in Ost- und Südosteuropa zu unterstützen.

Viele haben gesagt, dass die Nazisten eine selten dumme Politik betrieben haben, wenn sie unmittelbar nach dem Sieg in München[6] die Pogrome begonnen haben, die in den demokratischen Ländern eine Welle des Abscheus gegen den Nazismus geschaffen haben. Da ist sicher etwas dran. Aber die Nazisten wollen in Wirklichkeit mit dieser Verbitterung *handeln.* Es ist bezeichnend, dass sie einen Teil der Juden, die bereits Einreisegenehmigungen in andere Länder erhalten haben, gefangen halten, ebenso, wie allen die Reisepässe abgenommen worden sind. Sie wollen Exportverträge fordern, wenn sie die Juden ausreisen lassen. Sie haben sogar überlegt, dass die Länder, die Einreisegenehmigungen erteilten, für jeden Juden, den sie aufnehmen, bezahlen sollen, während Auswanderer nur 17 % ihres Vermögens mitnehmen dürfen. Eine zynischere Politik hat man wohl kaum zuvor gesehen.

Es muss zur Ehre des deutschen Volkes gesagt werden, dass es sich nicht aktiv an den Verfolgungen beteiligt hat. Die Opposition war so stark, dass die Sturmtruppen viele Arbeiter und andere verhaftet haben, die gegen den Terror protestiert haben. Es ist eine Solidaritätsbewegung mit den Juden entstanden, die vielleicht ebenso breit ist wie die Opposition des deutschen Volkes gegen den Krieg in diesem Herbst.

Aber die deutschen Machthaber müssen die ganze und volle Verantwortung für das tragen, was vor sich geht.

Nr. 57
Artikel Brandts
„Programmrevision der NAP (Norwegen)"
April 1939

Neue Front, 7. Jg., Nr. 4, April 1939.[1]

Seit 1933, als sie ihr Parteiprogramm zuletzt änderte, hat die Norwegische Arbeiter-Partei eine ereignisreiche Entwicklung durchlaufen. Aus der Oppositions- wurde sie zur Regierungspartei. Die internationale Lage stellte ihr die schwierige Aufgabe, die Arbeiterbewegung des Landes durch die Übernahme der Regierungsverantwortung über die Reaktionsperiode hinüberzuretten. Die Probleme, die in dieser Situation vor der norwegischen wie vor der schwedischen Arbeiterbewegung aufgetaucht sind, waren für Angehörige illegaler revolutionärer Parteien nicht leicht zu verstehen. Die sozialen Voraussetzungen sind grundverschieden, und terminologische Unterschiede erschweren ausserdem noch die Verständigung.

Für die NAP stellte sich seit einiger Zeit das Bedürfnis heraus, eine Kontinuität zwischen Parteiprogramm und der heute zu führenden Politik herzustellen. Der letzte Parteitag 1936 bestimmte eine Programmkommission, die kürzlich ihren Entwurf für ein neues Programm zur Diskussion gestellt hat, über den auf dem nächsten Parteitag Ende d[iese]s J[ahres] entschieden werden soll.²

Zum Unterschied vom bisherigen Programm enthält der neue Entwurf keine Festlegung auf den Marxismus schlechthin. Im ersten Abschnitt wird nach der Aufzeigung der ökonomischen und sozialen Entwicklung die Übereinstimmung mit der marxistischen Geschichtsauffassung festgestellt. Diese Einschränkung kann verschieden ausgelegt werden. Man kann annehmen, die Partei akzeptiere in der Zukunft vom Marxismus seine Geschichtsauffassung, oder aber – und das ist wohl eigentlich die Meinung der Programmkommission – man kann sich von der Auffassung leiten lassen, der weitere Inhalt des Programms habe den Marxismus als Theorie über den Kampf der Arbeiterklasse um die Eroberung der gesellschaftlichen Macht entsprechend den geschichtlich gemachten Erfahrungen konkret auszuführen.

In der Einleitung zum neuen wie zum alten Programm betrachtet sich die Partei als „das politische Organ der norwegischen Arbeiterklasse, das sich als Ziel setzt, die kapitalistische Ausbeutung abzuschaffen und eine sozialistische, klassenlose Gesellschaft aufzubauen". Abgesehen von diesem Abschnitt ist die Klassenterminologie durch die des „arbeitenden Volkes" ersetzt. Entsprechend den tatsächlichen sozialen Gegebenheiten wird das gemeinsame Interesse von Arbeitern, Kleinbauern und Fischern herausgeschält. Die in Übereinstimmung mit der sozialistischen Theorie auf gesellschaftliche Regulierung und Planung des Wirtschaftslebens abzielende Politik der Partei wird als Politik des nationalen Wohls zur Sicherung der Zukunft von Land und Volk bezeichnet.

Das bisherige Programm lehnte sich in Umschreibung an den Gedanken der proletarischen Diktatur an. Im neuen Programm erklärt sich die NAP gegen die „Diktatur in jeder Form". In der jetzt stattfindenden Parteidiskussion wird dieser Passus als eine Abstandnahme von den historisch gegebenen Formen der Diktatur bezeichnet, der eine schlagkräftige Demokratie als Mittel zur Eroberung der Macht durch das arbeitende Volk entgegengestellt wird. Eventuelle reaktionäre Diktaturversuche sollen im Interesse der Demokratie und der friedlichen Aufbauarbeit mit allen zur Verfügung stehenden Mitteln zurückgeschlagen werden.

Im Abschnitt über die internationale Arbeiterbewegung wird betont, dass die NAP die internationale organisatorische Sammlung des arbeitenden Volkes aktiv zu unterstützen bereit ist. Der Arbeit des russischen Volkes am Aufbau einer neuen und besseren Gesellschaft wird Sympathie ausgesprochen, doch wird die Politik der Komintern, „die durch russische Verhältnisse bedingt und von den nationalen Interessen der S[owjet-] U[nion] bestimmt ist", abgelehnt. Der Passus über die Kriegsgefahr, der sich an die Völkerbundspolitik anlehnt, gehört zu den schwächsten Punkten des Programmentwurfs, wenngleich er in der richtigen Feststellung ausmündet, dass Militarismus und Krieg unlösbar mit dem kapitalistischen System verbunden sind und dass der Friede nur durch die Machteroberung des arbeitenden Volkes und durch die Errichtung des Sozialismus gesichert werden kann.

Nr. 58
Aus der Broschüre Brandts
„Spaltung oder Sammlung. Die Komintern und die
kommunistischen Parteien"
Mitte Juni 1939

Splittelse eller samling. Komintern og de kommunistiske partiene, Oslo
1939, S. 3–5, 6–9, 16–19, 23–25, 26–29, 30, 33–34, 35–36, 44–45,
46–48, 52–54, 56, 59–61[1] (Übersetzung aus dem Norwegischen: Einhart
Lorenz unter Verwendung einiger Passagen aus Brandt 1966).

Die Gewaltregime führen immer neue Angriffe gegen den Frieden und die Volksherrschaft, gegen die Arbeiterbewegung und die Unabhängigkeit der Nationen durch. Diese sehr ernste Situation stellt die größten Forderungen an den Zusammenhalt und die Solidarität der Arbeiterbewegung.

Der Streit um unwesentliche Fragen und weitläufige Polemik muss auf ein Minimum reduziert werden. Aber keine verantwortliche Arbeiterorganisation kann ruhig zusehen, dass eine als Fraktion organisierte Minderheit die Situation dazu ausnutzt, ihre Spaltertätigkeit auszuweiten. Das aber macht die Kommunistische Partei [Norwegens] gegenwärtig.

Es ist deshalb erforderlich, die Realitäten hinter der verantwortungslosen Agitation der Kommunisten zu entlarven. Gleichzeitig hat die Diskussion über die Stellung der Arbeiterbewegung nach München, der Niederlage in Spanien, dem Bankrott der Volksfront in Frankreich usw.[2] das Bedürfnis nach einer Übersicht über die Politik der Kommunistischen Internationale – der Komintern – geschaffen.

Im März war es 20 Jahre her, dass die Komintern gegründet wurde. Diese Broschüre hat zur Aufgabe, über die Tätigkeit der Komintern während dieser Zeit und besonders in den letzten Jahren zu informieren. Die sozialistische Arbeiterbewegung ist gezwungen, von einer internationalen Organisation Abstand zu nehmen, deren wesentlichste Aufgabe darin bestanden hat, Streit zu säen, die von der wechselnden Außenpolitik der Sowjetunion abhängig ist und die Methoden benutzt, die den kostbarsten Prinzipien der Arbeiterbewegung widersprechen.

Man soll sich auch nicht davon irreführen lassen, dass sich die faschistischen Mächte in einem „Anti-Kominternpakt" zusammengeschlossen haben. Dieser Pakt hat nichts mit der Komintern zu tun. Diese Mächte versuchen, ihre Gewaltpolitik hinter einer ideologischen Verkleidung zu verbergen. Für sie ist der Anti-Kominternpakt eine Propagandaphrase. Das haben die Angriffe auf die Tschechoslowakei, Spanien, China und Albanien gezeigt.

Die Abgrenzung gegenüber politischen Methoden, die den Interessen der Arbeiterbewegung widersprechen, ist gerade in einer kritischen Zeit wie dieser eine Pflicht. Gerade da ist es nämlich erforderlich, dass die Arbeiterbewegung, um das Volk sammeln zu können, selbst *gesammelt sein muss* und *klaren Linien folgt*.

20 Jahre Komintern.

Die Komintern ist ein Resultat des Zusammenbruchs der alten Internationale während des Weltkriegs und der russischen Arbeiter- und Bauernrevolution. Die Spaltung war ein Faktum, bevor die Komintern entstand. Die Haltung, die die meisten Arbeiterparteien der kriegführenden Länder zur Kriegspolitik einnahmen, führte nicht nur zu Parteikonflikten und zu Spaltungen in den einzelnen Ländern, sondern auch dazu, dass die alte Internationale aufhörte zu existieren.

[...]

Lenin, der an der Spitze der siegreichen russischen Revolution stand, war der Meinung, die europäische Arbeiterklasse sei revolutionär im bolschewistischen Sinne und es sei nur eine kleine Minderheit – die Parteifunktionäre und die „Arbeiteraristokratie" –, die die Klasse daran hindere, zu revolutionärem Handeln zu gelangen. Die Erfahrung hat gezeigt, dass er Europa mit russischen Augen betrachtete. In Russland wurden die aufrührerischen, aber unwissenden Bauernmassen zur Massenbasis einer zielbewussten und festgefügten revolutionären Führung. Was in Russland möglich war, sollte auch in Europa möglich sein. Zur wichtigsten Aufgabe wurde es demnach, in jedem Land eine Partei nach dem Muster der bolschewistischen Partei aufzubauen und diese Parteien zusammenzuschließen, sodass man eine große, zentralisierte Weltpartei unter der Führung der Bolschewiki erhielt. Der Parteiaufbau der Russen und die Sowjets als politische Existenzform der Revolution sollten Muster für die Arbeiterbewegung in allen Ländern sein. Es war nicht genug, dass ein großer Teil der Arbeiterorganisationen mit den Russen sympathisierte und bereit war, mit ihnen zusammenzuarbeiten. Alles, was an die alte europäische Arbeiterbewegung erinnerte, sollte verschwinden. Es sollte eine neue bolschewistisch-kommunistische Avantgarde geschaffen werden. Alle, die sich nicht den Forderungen der Bolschewiki beugen wollten, waren zu bekämpfen, niederzuschlagen und auszuschließen. Die Revolution stand ja unmittelbar bevor. Jedenfalls sollte die rote Fahne auf der ganzen Strecke zwischen dem Rhein und Wladiwostok gehisst werden. Da war es nur Ballast, wenn man die alten Organisationen und ihre Vertrauensleute mitschleppte. Hatte die Revolution erst einmal gesiegt, dann konnten die neuen Parteien leicht die Führung erlangen und dann sollte die Einheit der Arbeiterklasse auf neuer Grundlage wiederhergestellt werden.[3]

Die Begeisterung für die russischen Organisationspläne und Forderungen war von Anfang an geringer als die Sympathie für die russische Revolution. *Rosa Luxemburg* hatte schon im Herbst 1918, als sie noch im Gefängnis saß, eine polemische Broschüre gegen den Bolschewismus geschrieben.[4] Sie warnte vor allem vor der Aufhebung der demokratischen Freiheiten; das müsse in Bürokratisierung und Parteidiktatur enden. Wichtiger in diesem Zusammenhang ist, dass sie sich zusammen mit den anderen Führern des deutschen Spartakusbundes (der späteren Kommunistischen Partei Deutschlands) entschieden gegen den Plan der Russen wandte, im Frühjahr 1919 eine neue Internationale zu gründen. Rosa Luxemburgs stärkstes Argument war, dass es nicht angehe, eine Internationale mit nur

Willy Brandt (rechts) mit ausländischen Gastdelegierten während des Kongresses der norwegischen Metallarbeitergewerkschaft im Mai 1939.

einer Massenpartei zu organisieren, und dies vor allem, wenn die eine Massenpartei eine so spezielle Entwicklung durchgemacht hatte, wie es bei der russischen Partei der Fall war. Ihre organisatorischen Richtlinien, ihr Verhältnis zur Arbeiterklasse usw. waren der Rückständigkeit der russischen Gesellschaft entsprungen. Eine Internationale, die von der russischen Partei dominiert würde, müsse auf ein falsches Gleis geraten. Einer der letzten Beschlüsse, den Rosa Luxemburg wenige Tage vor ihrer Ermordung in ihrem Vorstand durchsetzte, lief darauf hinaus, dass der zur Konferenz in Moskau entsandte deutsche Vertreter [Hugo Eberlein] beauftragt wurde, *gegen* die Gründung einer neuen Internationale zu stimmen.

Die Russen setzten trotzdem ihren Willen durch. Die Konferenz im März 1919, an der nur wenige ausländische Vertreter teilnahmen, beschloss, sich als Erster Kongress der Kommunistischen Internationale zu betrachten. Die wirkliche Gründung der Komintern fand jedoch erst 1920 auf dem zweiten Kongress statt. Zu diesem Zeitpunkt befand sich die Komintern auf der Höhe ihrer Macht. Neben den Gruppen, die schon vorher Kontakt mit den Bolschewiki hatten, hatten die Arbeiterparteien in Italien, Norwegen und Bulgarien beschlossen, der Komintern beizutreten. Die Mehrheit der organisierten Arbeiter in Deutschland, Frankreich und der Tschechoslowakei war geneigt, der neuen Internationale beizutreten. Aber zur selben Zeit, als die Komintern ihren organisatorischen Höhepunkt hatte, machten sich auch Tendenzen geltend, die zu ihrem völligen Zusammenbruch führten. Die Moskauer Thesen[5], die der Kongress 1920 beschloss, legten nicht nur fest, dass die russischen Erfahrungen zum Muster für alle Länder werden sollten. Der eigentliche Sinn war zu verhindern, dass sozialistische Massenparteien und deren Vertrauensmänner in die Komintern kamen oder in ihr blieben. Die Moskauer Thesen haben deshalb die Spaltung der internationalen Arbeiterbewegung festgeschrieben und den Zentralismus von oben legalisiert, der die Komintern dazu degradiert hat, ein Instrument der russischen Fraktionskämpfe und der russischen Außenpolitik zu werden.

[...]

Im Kampf gegen die Arbeiterbewegung Westeuropas.

[...]

Die Kommunisten haben nicht nur *direkt* der gesamten Arbeiterbewegung durch ihre Spaltungs- und Zerstörungspolitik geschadet. Mindestens genau so wichtig ist die *indirekte* Wirkung ihres Vorgehens, nämlich dass Tausende in die Arme der Reaktion und des Faschismus getrieben wurden und dass sie es weitgehend geschafft haben, den Boden unter den Freiheitsparolen der Arbeiterbewegung und ihrer Verteidigung der Demokratie und der demokratischen Rechte der Arbeiterschaft wegzureißen.

Eines der Resultate der kommunistischen Taktik war ja, dass die Komintern selbst zusammenbrach. Die französische Partei ist von 130 000 Mitgliedern im Jahre 1921 auf 12 000 Anfang 1934 geschrumpft. Die tschechische Partei, die einmal 400 000 Mitglieder hatte und die nach der Sowjetunion die größte Partei der Komintern war, hat noch 50.000. In Deutschland bestand die Kommunistische Partei im wesentlichen aus Arbeitslosen, und keine andere Partei war im gleichen Grad eine „Durchzugspartei" wie die kommunistische. In Frankreich wechselten in den Jahren 1927–30 70 % der Mitglieder. [...]

Diese Entwicklung war mit einer ständigen inneren Auflösung der kommunistischen Parteien verbunden. Immer neue Auseinandersetzungen führten zu einer Reihe von Spaltungen und Abspaltungen, und viele von denen, die der Komintern gefolgt waren, kehrten zur sozialistischen Arbeiterbewegung zurück. Die Komintern war in der schlimmsten Bedeutung des Wortes eine „Internationale der Fraktionskämpfe". Jede Niederlage, jede neue Parole, jede Kursänderung hatte zur Folge, dass ein ganzer Vertrauenskörper ausgewechselt wurde. „Säuberungen" waren ein fester Bestandteil der organisatorischen Richtlinien, die im Zusammenhang mit den Moskauer Thesen beschlossen wurden. Diese Säuberungen fanden nicht nur immer dann statt, wenn eine kommunistische Partei eine Niederlage erlitten hatte, sie folgten auch automatisch bei jeder Kursänderung und jedem Fraktionskampf in der russischen Kommunistischen Partei. Die kämpfenden Gruppen in der russischen Partei suchten Alliierte in der Internationale, und der Sieg einer Gruppe war gleichbedeutend mit der „Liquidierung" der Anhänger einer anderen Gruppe. So war es in den Jahren 1924–27, als Stalin gegen die Linksopposition kämpfte, erst gegen Trotzki, dann gegen Sinovjev und schließlich gegen Trotzki und Sinovjev zusammen. Als Trotzki und Sinovjev und deren Anhänger aus der Komintern und der russischen Partei ausgeschlossen wurden, folgten Ausschlüsse und Abspaltungen in den meisten Kominternsektionen, in erster Linie in Deutschland, Frankreich und der Tschechoslowakei. 1928 entledigte sich Stalin der Rechtsopposition in Russland, von Leuten wie Bucharin, Rykov und Tomski. Da wurden die Geschütze umgehend gegen den „rechten Flügel" in den Kominternparteien gerichtet. In Deutschland, der Schweiz, Amerika, Polen, Holland und anderen Ländern wurden Leute ausgeschlossen, die zu den Gründern der kommunistischen Parteien gehörten. In Schweden wurde die Mehrheit der Kommunistischen Partei mit K[arl] Kilbom an der Spitze aus der Komintern herausgeworfen.

Die Organisationspraxis, die die Komintern im Laufe der Jahre entwickelt hat, widerspricht den elementarsten Grundsätzen der Arbeiterbewegung. Die dauernden Eingriffe von oben, selbst in die kleinsten organisatorischen Fragen, und die im Kampf gegen die „Abweichungen" geschaffene Ketzeratmosphäre hatten jede gesunde Entwicklung der einzelnen kommunistischen Parteien unmöglich gemacht. Aber der Zerfall der Komintern war damit nicht am Ende. Die völlige Abhängigkeit der Parteien von Moskau, vom Geld und von den Agenten der Sowjets demoralisierte, was von der kommunistischen Bewegung übrig war. Nachdem man die kommunistischen Parteien von allen, die nicht völlig mit der sozialistischen Bewegung brechen wollten, und von jeglicher „Links-" und „Rechts"-Opposition „gereinigt" hatte, blieben im wesentlichen nur Parteifunktionäre zurück, deren moralisches Rückgrat gebrochen war. Aus der Komintern wurde somit ein gleichgeschalteter bürokratischer Apparat mit vielen gekauften und korrupten Funktionären, die blind nach dem Kommando Moskaus tanzten. Aber die Reinigungen und Ausschlüsse hörten damit nicht auf.[6]

Die Fraktionskämpfe nehmen bei den Kommunisten eine ganz besondere Form an. Wer gegen die Dogmen, Befehle oder Einrichtungen der allein seligmachenden „Kirche" Kritik anmeldet, ist schlimmer als der Feind selbst. Er ist der Schlimmste unter den Verrätern. Es gibt immer nur *eine* Meinung, die richtig ist, und die wird von oben diktiert. Wenn die von der Komintern, und das heißt von der sowjetischen Führung, durchgesetzte Linie ohne Erfolg bleibt, liegt die Schuld bei den Vertrauensleuten der nationalen Parteien. Diese Vertrauensleute denunzieren einander dann als Klassenverräter oder als Schlimmeres. Diskussionen in einer kommunistischen Partei haben meistens zur Aufgabe, die ideologischen Begründungen für die durchgeführten Säuberungen zu liefern. Solche Diskussionen entarten deshalb zur reinen Komödie.

Dieser innere Zustand der kommunistischen Bewegung bewirkt, dass man ihren Vertrauensleuten nicht trauen kann. Man weiß nicht einmal, ob sie morgen noch da sein werden oder ob sie in der nächsten Runde bereits als Verräter oder Verbrecher abgestempelt sind.

Eine Bewegung, die jahrelang nach solchen Prinzipien geführt wird, muss von innen verrotten.

Die Verantwortung für den Sieg des Faschismus.

[...]

Die Kommunisten spekulierten ohne Zweifel auf den Sieg Hitlers. Und es waren die Russen und durch sie die Führung der Komintern, die diesen Spekulationen Nahrung gaben. Das zeigt erstens, dass diese Leute keinen Begriff davon hatten, was Faschismus und der Nazismus eigentlich sind. Aber man muss zu der Auffassung gelangen – wenn man die Politik der deutschen kommunistischen Partei im Zusammenhang betrachtet –, dass die Russen möglicherweise auch diese Entwicklung wünschten. Die Sowjetunion durchlief nämlich in den Jahren 1931–32 eine sehr ernsthafte Krise, besonders als Folge der hartnäckigen Kollektivierung, und man wollte es dabei nicht mit störenden Momenten seitens der kommunistischen Parteien zu tun haben. Es ist möglich, dass die Russen sogar glaubten, sie könnten eine gemeinsame Grundlage finden, um zusammen mit dem erfolgreichen Nazismus gegen die Westmächte zu operieren, zu denen sie sich zu diesem Zeitpunkt im entschiedensten Gegensatz befanden.

Im Zusammenhang mit dieser Politik wirkte es völlig paradox, dass die Kommunisten zum Generalstreik aufrufen, als die reaktionäre Papen-Regierung Braun und Severing am 20. Juli 1932 in Preußen absetzte. Es war ja gerade diese Regierung, gegen die die Kommunisten ein Jahr früher gemeinsam mit den Nazisten gekämpft hatten. Es folgte auch kein einziger Betrieb der kommunistischen Generalstreikparole, während die Kommunistische Partei bei den Wahlen 11 Tage später 5,2 Mill. Stimmen erhielt. Als Hitler am 30. Januar 1933 Reichskanzler wurde, beschloss die KPD einen neuen Aufruf zum Generalstreik. Aber auch da rührte sich niemand, nicht einmal die Mitglieder der Partei und die Wähler, die für sie gestimmt hatten. Die Stimmenzahl war da auf fast 6 Mill. gestiegen und die Mitgliederzahl wurde mit 330 000 angegeben.

Aber die Kommunisten lernten nicht einmal, als das Hitler-Regime Realität geworden war. Ihre eigenen Leute wurden zusammen mit anderen organisierten Arbeitern verfolgt, ihre Organisationen wurden zerschlagen und die Vertrauensleute ermordet. Aber all das war in den Augen der Komintern keine Niederlage. Für sie war es nur ein „taktischer Rückzug", während der „revolutionäre Aufschwung" weiterging. Im Mai 1933, vier Monate nach Hitlers Machtübernahme, schrieb Arvid Hansen eine Broschüre für die [Norwegische] Kommunistische Partei, in der stand:

„In Deutschland Hitler-Regierung und revolutionäre Krise – das Proletariat marschiert zu den entscheidenden Kämpfen unter Führung der Kommunistischen Partei Deutschlands."[7]

Die sozialistischen Klassengenossen, die in die gleichen Konzentrationslager wie die Kommunisten gesperrt wurden, waren weiterhin Sozialfaschisten und die „soziale Hauptstütze des Faschismus". Es war eine besonders hinterlistige Zusammenarbeit zwischen National- und Sozialfaschisten, dass der eine Partner sich vom anderen einsperren ließ. Die Theorie vom Sozialfaschismus als Hauptstütze der Bourgeoisie wurde ausdrücklich vom 13. Plenum des Exekutivkomitees [der Komintern] im Dezember 1933 bestätigt. In der Resolution, die verabschiedet wurde, wurde festgestellt, dass die politische Linie der deutschen [Kommunistischen] Partei „vollständig richtig" war. Weiter hieß es:

„Nur Kapitulanten und Opportunisten können davon reden, daß die Arbeiterklasse im Kampf gegen den Faschismus geschlagen sei, daß sie eine ‚Schlacht verloren' hat und eine ‚Niederlage erlitten' habe."[8]

Genau die gleiche Linie verfolgte man in anderen Ländern weiter. [...]

Die Sowjetunion und die Komintern.

Die Arbeiterbewegung verfolgt mit Sympathie die Arbeit des russischen Volkes, eine neue und bessere Gesellschaft aufzubauen, heißt es im neuen Programmentwurf der [Norwegischen] Arbeiterpartei. Aber das bedeutet nicht, dass die Arbeiterbewegung ihr Recht auf eine selbstständige und kritische Einschätzung der Politik der Sowjetunion aufgibt.

Es war ein rückständiges Land mit vielen mittelalterlichen Zügen und mit einer kulturell niedrigstehenden Bevölkerung, das jetzt einer der ersten Industriestaaten dieser Erde geworden ist. Die ökonomischen und kulturellen Lebensbedingungen der Bevölkerung sind im Vergleich mit dem Zarismus unendlich verbessert. Die Entwicklung in der Sowjetunion ist so gesehen eines der stärksten Argumente für die Überlegenheit der Planwirtschaft. Die Industrieproduktion ist z. B. in den Jahren 1929 bis 1938 mit 412 % gestiegen, während die Weltproduktion ein Minus von 9 % aufweist. Aber die Produktion pro Einwohner und der Lebensstandard sind in der Sowjetunion weiterhin niedriger als in den westeuropäischen Ländern. Das sagte Stalin auch in einer Rede auf dem 18. Parteitag der bolschewistischen Partei im März 1939.[9] Ein solches Eingeständnis ist keine Geringschätzung dessen, was man erreicht hat. Eine realistische Einschätzung der Entwicklung wird viel stärker wirken als das Gerede der Kominternblätter, dass der Sozialismus bereits in Russland durchgeführt ist und man im Begriff ist, die „zweite Phase des Kommunismus" zu vollenden. Diese primitive Propaganda, die den Anschein erwecken will, dass die Russen das Paradies auf die Erde herunter geholt haben, appelliert nicht an den gesunden Verstand, sondern an romantische Gefühle. Es ist äußerst zweifelhaft, dass die Sowjetunion irgendeinen Nutzen von dieser Art wirklichkeitsfremder Journalistik hat.

Die reaktionären kapitalistischen Kreise in Europa haben während all der Jahre einen rücksichtslosen Kampf gegen die Aufbauarbeit in der Sowjetunion geführt. Die Nazisten propagieren einen Kampf gegen die Sowjetunion, der in der Realität nichts anderes bedeutet, als den Wunsch der deutschen Kapitalistenklasse, sich die ökonomischen Werte der Ukraine anzueignen. Die Arbeiterbewegung steht solidarisch mit der Sowjetunion gegen alle nazistischen und imperialistischen Angriffe.

Parallel dazu, dass man in der sozialistischen Arbeiterbewegung die imponierende Aufbauarbeit anerkennt und solidarisch mit der

Sowjetunion gegen gemeinsame Feinde steht, gibt es viel, das Nachdenken hervorruft. Es ist besonders das Fehlen an innerer Demokratie mit der Entwicklung in Richtung einer bürokratischen Diktatur und eines Führerkults, die den Grund für kritische Vorbehalte bilden. Die Moskauer Prozesse und die Ausrottung des größten Teils der alten bolschewistischen Kader haben die ernsten Mängel der Stalin'schen Herrschaft offenbart. Man kann viele *Erklärungen* für diese Mängel und Krisen finden. Viele der Schwierigkeiten haben ihren Ursprung in der gewaltigen Kraftanstrengung, die die Führung erzwingen musste, um in den kritischsten Jahren durchzuhalten. Die außenpolitische Lage hat auch eine große Rolle gespielt. Sie hat u. a. dazu geführt, dass die Sowjetunion jetzt ca. 30 Milliarden Rubel pro Jahr für Rüstung ausgeben muss. Wegen dieser und anderer Probleme ist es zu Auseinandersetzungen zwischen verschiedenen Gruppen unter den alten bolschewistischen Kadern gekommen. Die Gruppe mit Stalin an der Spitze obsiegte. In den russischen Fragen war sie wahrscheinlich mehr im Recht als die Opponenten.

Die Kommunisten sind jedoch nicht damit zufrieden, dass die sozialistischen Arbeiter versuchen, das, was vor sich geht, *zu verstehen*. Sie fordern, dass man alles, was von dort kommt, *glauben* und akzeptieren soll. Man soll u. a. ohne weiteres die Behauptung, die nur als innere Propagandanummer erklärt werden kann, unterstützen, dass alle Oppositionellen Spione, Mörder und Verräter sind. Das bedeutet das Gleiche, wie wenn die große Mehrheit der Führer der russischen Arbeiterbewegung Spione und Mörder geworden wäre. Auf dem Parteitag 1934, als viele der alten Bolschewisten bereits kaltgestellt waren, wählte die russische Partei ein Zentralkomitee mit 71 Mitgliedern. Nur 16 von ihnen wurden auf dem Parteitag 1939 wiedergewählt. Die überwiegende Mehrheit wurde kaltgestellt, erschossen oder verhaftet, weil sie gegen Stalins Parteiführung opponiert hatte oder verdächtigt wurde zu opponieren. In Wirklichkeit sind in den letzten Jahren Tausende alter Bolschewisten und andere Sozialisten erschossen, verhaftet oder aus der Sowjetunion ausgewiesen worden. Das zeugt von politischen Krisen. Eine sozialistische Arbeiterpartei muss ihre volle Unabhängigkeit bei der Beurteilung dieser Verhältnisse bewahren. Die Russen können von der sozialistischen Arbeiterbewegung *Solidarität* fordern, *aber nicht Unterwürfigkeit.*

Vorbehaltlose Unterstützung kann die russische Diktatur nur von abhängigen Sektionen erreichen, aber nicht von einer freien Arbeiterbewegung. Die Frage ist jedoch, ob nicht gerade dieses Verhältnis der Sowjetunion großen Schaden zugefügt hat. Die kleinen kommunistischen Parteien, die Minoritäten sind, haben es geschafft, das russische Propagandamaterial zu kolportieren, aber sie haben der Sowjetunion keine *effektive* Hilfe leisten können. Sie versperrten im Gegenteil den Weg für ein besseres Verhältnis zwischen der Sowjetunion und der internationalen Arbeiterbewegung. Die Liquidierung der Komintern würde ohne Zweifel zu einer stärkeren Zusammenarbeit zwischen der politischen und gewerkschaftlichen Arbeiterbewegung auf der einen Seite und der Sowjetunion auf der anderen führen. Russland würde auf diese Weise viele der Schwierigkeiten, in denen es gelandet ist, umgehen. Es ist möglich, dass Kontakte mit der demokratischen Arbeiterbewegung auch für die innere Entwicklung der Sowjetunion dienlich gewesen wären.

Die Komintern hat der Sowjetunion geschadet, und die kommunistischen Führer in den einzelnen Ländern müssen dafür ihren Teil der Verantwortung tragen. Aber auf der anderen Seite ist es die Sowjetunion selbst, die verhindert hat, dass diese unglücklichen Verhältnisse geändert wurden. Jeder Versuch einer Änderung wurde niedergeschlagen, z. B. als der Vorsitzende des russischen Gewerkschaftsbundes, Tomski, 1925–26 für den Vorschlag einer gewerkschaftlichen Sammlung eintrat. Tomski beging später Selbstmord, um nicht als „Trotzkist und Gestapoagent" erschossen zu werden.

Die Russen können sich nicht der Verantwortung für die Komintern und die Kominternpolitik entziehen. Sie haben es durchgedrückt, dass die Komintern gegründet wurde. Es waren in erster Linie ihre politischen Richtlinien, die die Politik der Komintern bestimmten, und ihre Leute, die die Führung der Komintern dominierten. [...]

In der ultrarevolutionären Periode war es *Stalin persönlich*, der einschärfte, dass „Faschismus und Sozialfaschismus keine Antipoden sind, sondern Zwillinge".[10] Die gewerkschaftliche Politik mit den Straßburger Thesen[11] und all ihren Zerstörungen wurde in Moskau ausgearbeitet. Moskau gab auch den Befehl für das gemeinsame Auftreten der deutschen Kommunisten mit den Nazisten gegen die Sozialdemokraten, z. B. beim Volksentscheid 1931.[12]

Es reicht jedoch nicht aus, auf die *Verantwortung* der Russen aufmerksam zu machen. Man muss sich vor allem über den Zusammenhang zwischen der Außenpolitik der Sowjetunion und der Haltung der Komintern im Klaren sein. Zuerst kann man festhalten, dass die Sowjetunion nach dem Abebben der revolutionären Welle immer ihre eigenen Interessen bevorzugt hat. Aber die Russen forderten gleichzeitig, dass die übrige Arbeiterbewegung jeder Änderung in den außenpolitischen Richtlinien der Sowjetunion folgen sollte. Über die erste Zeit kann man sagen, dass es eine Art Übereinstimmung zwischen der Kominternpolitik und der Außenpolitik der Sowjetunion in dem Sinne gab, dass beide an die Weltrevolution glaubten. Lenins Friedensdekret vom Herbst 1917 richtete sich an die Regierungen und an die *Arbeiter* in den kriegführenden Ländern. Die Einladung zum ersten Kongress der Komintern erfolgte im Januar 1919 durch den sowjetischen Außenminister, Tschitscherin, über Radio Moskau. Der Völkerbund war damals „die Räuberbande der Sieger" und der Kampf wurde gegen den Versailler Frieden und für Abrüstung geführt.

[...]

Auch in Verbindung mit dem Krieg in Spanien konnte man beobachten, dass die Sowjetunion in erster Linie ihre eigenen Interessen wahrnahm. So beteiligte sich die Sowjetunion am Nichteinmischungs-Komitee, das eine verhängnisvolle Rolle für die spanische Republik spielte. Litvinov erklärte im September 1936, dass die Sowjetunion für das Nichteinmischungs-Komitee nur aus dem Grund eingetreten war, weil ein freundschaftlich gesinntes Land (Frankreich) einen internationalen Konflikt fürchtete, falls die Nichteinmischung nicht durchgeführt würde. Erst im Oktober 1936 begann die Sowjetunion, Waffen an die legale spanische Regierung zu verkaufen. Und diese Waffenlieferungen wurden als Druckmittel benutzt, um politischen Einfluss in Spanien zu erreichen.

Ein besonders düsteres Kapitel für die Sowjetunion ist ihre Haltung zur Flüchtlingsfrage. Ein großer Teil der ausländischen Kommunisten, die bereits in Russland lebten und auf Grund der Entwicklung in ihren Vaterländern heimatlos wurden, sind als Saboteure und Spione erschossen oder verhaftet worden. Die Sowjetunion hat auch keinen Willen gezeigt, um z. B. bei der Lösung der Flüchtlingsfrage in der Tschechoslowakei helfend einzugreifen. Nicht einmal kommunistische Genossen wurden in die Sowjetunion hineingelassen. Viele gerieten deshalb in die Klauen der Gestapo.

Man kommt auch nicht daran vorbei, dass die Sowjetunion eine sehr passive Haltung während der internationalen Krise im September 1938[13] einnahm. [...]

Die Volksfrontpolitik.

Als sich die Sowjetunion darüber klar geworden war, dass eine reelle Gefahr von Deutschlands und Japans Seite drohte, leitete sie ihre große außenpolitische Kursänderung unter der Parole der kollektiven Sicherheit ein. Von da an wurde es zur Aufgabe der Komintern, den neuen Kurs zu unterstützen, indem sie für den Status quo, den Völkerbund und für kollektive Sicherheit eintrat sowie in erster Linie dafür, innenpolitische Garantien für die Bündnispolitik zu schaffen. Im Gegensatz zum Sektierertum und dem Schlagwort vom „Sozialfaschismus" sollte ein Block nun nicht nur mit der politischen und gewerkschaftlichen Arbeiterbewegung geschaffen werden, sondern mit allen demokratischen und gerne auch konservativen Kreisen, wenn sie nur bereit waren, eine feste Außenpolitik gegen Deutschland und Japan zu unterstützen. Die breite Front, die nun in allen demokratischen Ländern geschaffen werden sollte, sollte keinen sozialistischen Inhalt haben, sondern sich darauf begrenzen, ein Vorrücken der faschistischen Mächte zu verhindern.

In der ultrarevolutionären Periode war die deutsche Partei die Mustersektion der Komintern gewesen. Unter den neuen Verhältnissen wurde Frankreich zum Zentrum der Kominternpolitik. 1934 wurde eine Einheitsfront zwischen der Sozialistischen Partei und der Kommunistischen Partei in Frankreich errichtet, und 1935 kam die sozialradikale Linkspartei[14] mit in die Zusammenarbeit, sodass die Volksfrontparole der Kommunisten Wirklichkeit wurde.

Der siebente Weltkongress der Komintern 1935 (der eigentlich 1930 gehalten werden sollte) verkündete das neue Zauberwort „Volksfront" allen Ländern als politische Parole. Der Kongress nahm jedoch keine wirkliche Revision der früheren Politik vor. Die Politik, die das Exekutivkomitee seit dem Kongress von 1928 geführt hatte, wurde ausdrücklich bestätigt. Aber es wurden scharfe Worte gegen die sektiererische Politik gebraucht, und Dimitrov als Hauptredner und eine Reihe anderer Redner forderten eine völlige Kursänderung der Komintern. *Einheitsfront* mit der übrigen Arbeiterbewegung, *Einheitspartei* und *Volksfront* waren die neuen Parolen. Die Kommunisten sollten auch der nationalen Frage Beachtung schenken und unter gewissen Bedingungen Volksfront-Regierungen beitreten. Die Volksfront und die kommunistischen Parteien sollten eine konsequente Friedenspolitik führen. Außerdem hieß es, dass die Komintern sich nicht im gleichen Ausmaß wie früher in die inneren Angelegenheiten der angeschlossenen Parteien einmischen sollte.

Die neue Linie enthielt viele positive Dinge, und man konnte die Hoffnung haben, dass die Spaltungspolitik beendet war. Wenn viele Hoffnungen, die an die Kursänderung geknüpft waren, dennoch nicht erfüllt wurden, so liegt die Erklärung im Entstehen der plötzlichen Kehrtwendung. Viele der kommunistischen Vertrauensleute waren ihren „alten Adam"[15] nicht los geworden, sondern unterwarfen sich den neuen Befehlen, so wie sie es viele Male zuvor gemacht hatten. Die Kehrtwendung war von Beginn an auch zweideutig, und die Kongressbeschlüsse enthielten die Möglichkeit für alle Arten neuer Manöver. Zwar hatte man schöne Worte für die gewerkschaftliche Sammlung, doch wurde z. B. nicht beschlossen, die R[ote]G[ewerkschafts-]I[nternationale][16] aufzulösen. Außerdem zeigte sich schnell, dass die neue Politik in einen konservativen Rahmen gezwängt war, weil sie nur Rücksicht auf die Außenpolitik der Sowjetunion nahm.

[...]

In *Deutschland, Österreich* und *Italien* gibt es ohne Zweifel einen Teil früherer Mitglieder kommunistischer Parteien, die eine mutige und aufopfernde Arbeit im Kampf gegen die Diktatur leisten. Aber die Diskussionen der Arbeiterbewegung dieser Länder findet ja meistens unter den Flüchtlingen statt. Es gab mehrere Versuche für Einheits- und Volksfrontbestrebungen, die nicht weit geführt haben und die mehrere Male durch die Manöver der Kommunisten gestört wurden. Es ist in diesem Zusammenhang charakteristisch, dass die deutsche Kommunistenpartei einen scharfen Kampf gegen alle geführt hat, die sich nicht mit einer neuen demokratischen Republik als Kampfziel begnügen wollten, sondern statt dessen sozialistische Ziele aufstellen wollten. In Österreich arbeiten die Kommunisten mit Leuten aus dem Dollfuss- und Schuschnigg-Kreis zusammen, um die „Österreichische Nation" zu erlösen, obwohl diese Leute 1934 Kanonen gegen die österreichischen Arbeiter auffuhren.[17]
[...]
Auch die internationalen Sammlungsbestrebungen führten zu keinem Resultat. Im Februar 1933, unmittelbar nach Hitlers Machtübernahme, hatte *die Sozialistische Arbeiterinternationale die Komintern zu gemeinsamem Handeln aufgefordert*. Aber da antwortete die Komintern nicht. Seitdem hat die Mehrheit in der SAI die Auffassung vertreten, dass man sich vor den Manövern der Komintern schützen muss. Die einzelnen Parteien erhielten dennoch Gelegenheit, sich so einzurichten, wie es den Verhältnissen in den einzelnen Ländern entsprach. In der Gewerkschaftsinternationale war die Mehrheit auch gegen den Vorschlag der Russen für Einheitsfront und Einheitsaktion, weil sie glaubte, ihm mangele es am ehrlichen Willen, um eine gemeinsame Organisation auf solidarischer und loyaler Grundlage schaffen zu können.

Die Erklärungen der Komintern aus der letzten Zeit machen es immer zweifelhafter, ob die in Moskau überhaupt zu einer Sammlung in den einzelnen Ländern und im internationalen Maßstab beitragen wollen, nachdem sich gezeigt hat, dass es gegebenenfalls nicht die Kommunisten sind, die die vereinigten Organisationen kommandieren können. [...]

Kommunistische Methoden.

Die Übersicht über die aktuelle Politik der Komintern wäre unvollständig, wenn nicht gezeigt würde, wie sich die kommunistischen *Methoden* konkret gestalteten und zu welchen Konsequenzen sie führten. Erstens muss man sich darüber im Klaren sein, dass die Kommunisten letztlich immer alle nichtkommunistischen Arbeiterbewegungen als bürgerlich und feindlich auffassen. Als Folge dessen glauben sie, das Recht zu haben, die Methoden im Kampf innerhalb der Arbeiterbewegung anzuwenden, die ansonsten zum Kriegshandwerk gehören. Die Taktik des „trojanischen Pferdes"[18] spielt deshalb eine große Rolle in der kommunistischen Politik gegenüber allen anderen Arbeiterorganisationen. Sie bedeutet, sich in andere Organisationen einzuschleichen, um von innen heraus kommunistische Propaganda zu betreiben. Zweitens kann man sagen, dass die Komintern versucht hat, innerhalb der Arbeiterbewegung der einzelnen Länder „Moskauer Prozesse zu spielen". Was bedeutet das? – Jedes mal, wenn die Kommunisten entdecken, dass eine Person, eine Gruppe oder eine Partei sich wirklich von deren Politik distanziert, werden die Betreffenden als Werkzeuge der Reaktion, als Trotzkisten, faschistische Agenten und Spione abgestempelt.

Die Kommunisten haben selbstverständlich dasselbe Recht, ihre Auffassungen zu vertreten, wie jeder andere Bürger in einer demokratischen Gesellschaft, unabhängig davon, ob sie richtig sind oder nicht. Welche Politik die richtige ist, müssen ja die Tatsachen und Erfahrungen zeigen. Die Kommunisten proklamieren es jedoch als ersten Glaubenssatz, auf den alle schwören sollen, dass ihre Politik die einzig richtige ist. Alle, die diesen Glaubenssatz nicht anerkennen wollen, sind Ketzer und Verräter.[19]

Die Arbeiterbewegung muss immer auf der Hut vor Provokateuren und Spionen sein, die ihre Gegner in sie hineinzuschleusen versuchen, um die Bewegung zu kompromittieren. Die Kommunisten hätten gut daran getan, wenn sie bei Zeiten darauf aufmerksam gewesen wären. Es gibt keinen anderen Teil der internationalen Arbeiterbewegung, der so wie der kommunistische von Provokateuren und Spionen durchtränkt gewesen ist. Man könnte massenweise Beispiele aus allen Ländern anführen.

Die Taktik der Kommunisten läuft darauf hinaus, die Karten so zu mischen, dass sie politische Gegner innerhalb der Arbeiterbewegung als kriminelle Individuen abstempeln, um auf diese Weise die rücksichtsloseste Verfolgung gegen sie zu rechtfertigen.[20] Am schlimmsten sind die Kommunisten betroffen, die mit ihrer eigenen Partei in Konflikt geraten. Da fürchten die Kommunisten nämlich, dass etwas von ihren Intrigen bekannt wird. Alle, die sich von der Komintern lossagen, werden deshalb als „Trotzkisten" abgestempelt. Trotzkismus ist zuerst die gemeinsame Bezeichnung für alle geworden, die den „alten Adam" der Komintern repräsentieren und es nicht schnell genug geschafft haben, ihre Auffassungen zu verändern, zweitens für die, die die Methoden der Kommunisten durchschauen. Es besteht kein Zweifel darüber, dass Leo Trotzki und seine Gruppe mit ihrer Dogmatik und Spaltungspolitik der Arbeiterbewegung geschadet haben. Aber der „Trotzkismus" hätte nie eine Bedeutung über den engen Kreis der – meist – desperaten Intellektuellen hinaus erhalten, wenn die Komintern nicht dafür gesorgt hätte, eine internationale Bewegung aus ihm zu machen.

In den meisten Ländern müssen sich die Kommunisten damit begnügen, diejenigen, die sie als „Trotzkisten" abstempeln, zu beschimpfen und zu verdächtigen, weil ihnen die Macht fehlt, sie zu erschießen. Und ihre Pöbeleien werden zum Glück nicht besonders ernst genommen. Dennoch muss man sich darüber im Klaren sein, dass ihre Verdächtigungen und Personenverfolgungen dazu beitragen, Glauben und Ehre in der Arbeiterbewegung zu zerstören. Auch wird die Bewegung als Ganze kompromittiert, wenn alle wissen, dass bewusst gelogen wird. Und außerdem muss man sich darüber im Klaren sein, dass die Hetzkampagne in vielen Fällen betrieben wird, um die fraktionelle Arbeit zu vertuschen, die die Kommunisten in anderen Arbeiterorganisationen durchzuführen versuchen. Aber in einzelnen Ländern, in denen sie die Macht gehabt haben, um sich über ihre Hemmungen hinwegzusetzen, haben die

Gangstermethoden der Kommunisten auch ernstere Formen angenommen. [...]²¹

Besonders übel wirken die kommunistischen Methoden in den Ländern, in denen die Arbeiterbewegung illegal arbeitet. Die Beschuldigungen gegen einen illegalen Sozialisten, er sei Gestapo- oder Ovra²²-Agent, ist etwas ganz anderes, als wenn diese Schimpfworte in anderen Ländern benutzt werden wie früher das Wort Sozialfaschist. In *Österreich* wurde z. B. die Einheitsfront zwischen Sozialisten und Kommunisten praktisch durch diese Methoden zerstört. Die „Arbeiter-Zeitung" enthielt im Oktober 1937 eine Erklärung der sozialistischen Parteiführung, die berichtete, dass die Kommunisten eine Liste angeblicher „sozialistischer Trotzkisten" verschickt hatte.²³ Sie benutzten auch die richtigen Namen dieser Leute, sodass sie der größten Gefahr seitens der Polizei ausgesetzt waren. Außerdem zeigte sich, dass die, die auf der schwarzen Liste standen, meistens Sympathisanten waren, die so unvorsichtig gewesen waren, sich in Diskussionen mit Kommunisten einzulassen. Die deutsche kommunistische Partei gab im Herbst 1937 eine Spezialnummer ihrer theoretischen Zeitschrift „Die Internationale" gegen den Emigrationstrotzkismus heraus.²⁴ Die Beschuldigungen gegen die meisten, die „entlarvt" wurden, waren nachweislich falsch. Zweck der Aktion der Kommunisten war die Forderung der Kommunisten an die demokratischen Länder, keinem dieser „trotzkistischen Schurken" das *Asylrecht* zu gewähren.

Überhaupt besteht ein wesentlicher Teil der Arbeit der kommunistischen Parteien darin, andere Organisationen und Vertrauensleute, die nicht hoch in ihrer Gunst stehen, zu registrieren.

Wir wollen schließlich auch einige der kommunistischen Methoden erwähnen, die in unserm eigenen Land [Norwegen] angewandt werden. [...] In Henry W. Kristiansens Broschüre „Beschützt das Land gegen den Faschismus" (Internationaler Arbeiterverlag) werden eine Reihe dieser „Trotzkisten" genannt (Scheflo, Vegheim, Finn Moe und Håkon Meyer). Er schreibt hier u. a.:

„Ein für alle Mal muss auch in der norwegischen Arbeiterbewegung konstatiert werden, dass der Trotzkismus keine Richtung in-

Willy Brandt zusammen mit ausländischen Gästen während des Kongresses der Gemeindearbeitergewerkschaft im Sommer 1939.

nerhalb der Arbeiterbewegung ist, sondern eine Agentur der Gestapo, Hitlers und Mussolinis. Die Trotzkisten müssen aus der Norwegischen Arbeiterpartei, aus der gesamten Arbeiterbewegung gejagt werden."[25]

In „Arbeideren"[26] hat man im Laufe der Zeit eine lange Reihe prominenter „Trotzkisten" innerhalb der Arbeiterpartei finden können, u.a. Håkon Lie, Øisang, Colbjørnsen und andere. Finn Moe, Trond Hegna und Olav Vegheim wurden in „Arbeideren" vom 27. März 1939 als „faschistische Handlanger" bezeichnet. In „Arbeideren" vom 30. März wurden die „Trotzkisten" Moe und Lie der „direkten Zusammenarbeit mit Emissären der Gestapo in Norwegen" beschuldigt, und in diesem Zusammenhang kamen die Kommunisten mit der niederträchtigen Behauptung, die Distanzierung der Norwegischen Arbeiterpartei von der Komintern geschehe auf „Befehl Berlins". Diese gesamten kriminellen Verdächtigungen haben den Zweck, einen Nebelschleier des Unsinns zu schaffen, um die fraktionelle Tätigkeit der Kommunisten zu verbergen. Und parallel zu diesen Verleumdungen schämt man sich nicht zu schreiben, dass es das Beste wäre, wenn die „Parteien (DNA und NKP) einen internen Waffenstillstand" schließen würden (Arbeideren vom 1. April 1939), dass aber die Norwegische Arbeiterpartei einen solchen „Waffenstillstand" nicht haben wolle. Oh nein, die kommunistische Waffenstillstandstaktik hat ausschließlich den Zweck, den Dolchstoß gegen die nichtkommunistische Arbeiterbewegung zu richten.

Die norwegische Arbeiterbewegung und die Komintern.

[...]

Der organisatorische und politische Bruch [der Norwegischen Arbeiterpartei] mit der Komintern hatte eine starke und sachliche Begründung. Aber dieser Bruch hat die norwegische Arbeiterbewegung nie daran gehindert, ihrer Sympathie für die Arbeit des russischen Volkes, eine neue und bessere Gesellschaft aufzubauen, Ausdruck zu geben. Aber es lässt sich nicht leugnen, dass die Existenz einer unbedeutenden Moskausektion insofern von Schaden war, als der Kontakt zwischen den russischen Arbeitern und der norwegischen Arbeiterbewegung durch diese Sektion, die forderte, den Kontakt mit der Sowjetunion zu monopolisieren, gehemmt worden ist.

[...]

In schweren Zeiten werden die größten Forderungen an den Zusammenhalt und die Solidarität innerhalb der Arbeiterbewegung gestellt. In Blütezeiten und wenn man auf immer neue Erfolge verweisen kann, besteht keine Gefahr für den Zusammenhalt. Aber im Ernstfall, wenn die Politik der verantwortungsvollen Arbeiterorganisationen Rücksicht auf solche Fakten nehmen muss, wie z. B. die gegenwärtige außenpolitische Situation, besteht die Gefahr, dass verantwortungslose Elemente den Zusammenhalt untergraben können. Das ist eine der ernstesten Seiten in der Tätigkeit der Kommunisten. Sie verbreiten Unzufriedenheit und ätzende Kritik an der Partei, den Gewerkschaften und der Regierung. Sie versuchen, die Schwierigkeiten auszunutzen, die augenblicklich größere Initiativen verhindern. Sie lähmen in einer Zeit, in der alle Kräfte eingesetzt werden müssen, um errungene Positionen zu beschützen und neue zu gewinnen, die Kräfte der Bewegung durch inneren Streit. Diese negative und zersetzende Tätigkeit ist eine Gefahr für die Bewegung und wir müssen auch dann gegenüber dieser Tätigkeit wachsam sein, wenn hinter ihr nur eine kleine Organisation steht.

Vor dem Hintergrund dieser gesamten Entwicklung ergibt sich, dass es nicht nur richtig ist, dass eine klare Trennung zwischen der Norwegischen Arbeiterpartei und der Kominternsektion geschaffen wurde, sondern auch, dass dieser Trennstrich von jedem einzelnen Mitglied in der norwegischen Arbeiterbewegung gezogen werden muss.

Die Erfahrungen und Analysen der vorliegenden Fakten haben auch gezeigt, dass die Komintern keine wirkliche Internationale ist. Das, was existiert, ist ein Organ der sowjetischen Außenpolitik. Die Mitglieder der einzelnen kommunistischen Parteien in den verschiedenen Ländern können gute Klassengenossen sein. Aber darum geht es nicht. Die Komintern als Organisation hat keine Existenzberechtigung. Sie muss liquidiert werden. Die Sammlung innerhalb der Arbeiterbewegung der einzelnen Länder führt auch automatisch zur internationalen Sammlung.

Es ist wahr, dass auch die Sozialistische Arbeiterinternationale große Schwächen hat, Schwächen, die sich aus der internationalen Situation und der Stellung ergeben, die die Arbeiterbewegung in den einzelnen Ländern einnimmt. Eine Erneuerung der internationalen Arbeiterbewegung und eine umfassendere Sammlung wird deshalb auch Hand in Hand mit einer Änderung der internationalen Machtverhältnisse gehen.

Eine solche Sammlung und Erneuerung kann nur auf Grundlage der Erfahrungen geschehen, die die Arbeiterbewegung gemacht hat. Diese Erfahrungen lehren als einen wesentlichen Punkt, dass die Kominternpolitik überwunden werden muss. Ihre Perspektive hat sich nicht bestätigt. Ihr Kampf gegen die europäische Arbeiterbewegung hat großen Schaden verursacht. Ihre Taktik hat nicht zum Erfolg geführt. Ihre Methoden haben die Arbeiterbewegung untergraben und ihre Organisationsprinzipien haben sich als verhängnisvoll erwiesen.[27]

Die alte Internationale brach 1914 zusammen, weil die großen Arbeiterparteien es nicht vermochten, ihre sozialistische Unabhängigkeit gegenüber den kriegführenden bürgerlichen Regierungen aufrechtzuerhalten. Die Komintern hat ein neues Abhängigkeitsverhältnis geschaffen.

Die Arbeiterbewegung muss unabhängig sein, nur dann kann sie auch Bündnispolitik betreiben. Und vor allem muss sie zusammenstehen, nur dann kann sie das ganze Volk gewinnen und eine in Wahrheit nationale Politik betreiben, die zum Internationalismus der Arbeiterbewegung nicht im Gegensatz steht, sondern seine gesündeste Grundlage ist.

Nr. 59
Artikel Brandts
„Die Arbeiterbewegung und der deutsch-russische Pakt"
9. September 1939

Arbeiderbladet, 54. Jg., Nr. 209, 9. September 1939[1] *(Übersetzung aus dem Norwegischen: Einhart Lorenz).*

Wie man den Freundschaftsvertrag zwischen der Sowjetunion und Hitlerdeutschland auch einschätzt, so ist es auf jeden Fall schwierig, mit der Sowjetunion weiterhin als einem Teil der internationalen sozialistischen Arbeiterbewegung zu rechnen. Es sind die Russen, die sich aus der sozialistischen Bewegung abgemeldet haben. Hier findet man auch eine Erklärung dafür, weshalb sie sich nicht für die internationale gewerkschaftliche Sammlung aussprechen wollten, als die Frage jüngst auf dem internationalen Gewerkschaftskongress in Zürich behandelt wurde. Die Klarheit über diesen Sachverhalt muss nicht eine objektive und nüchterne Einschätzung der Entwicklung und Struktur der neuen russischen Gesellschaft verhindern. Aber man muss sich dessen bewusst sein, dass diejenigen, die an der Spitze dieser Gesellschaft stehen, sich auf keinerlei Weise der Arbeiterbewegung in Europa verpflichtet fühlen.

Die Kommunistische Internationale war während vieler Jahre ein Werkzeug erst für die Fraktionskämpfe in der russischen Bolschewistenpartei, später für die russische Außenpolitik. Die Taktik, die Methoden und Organisationsprinzipien, die sich aus diesem Abhängigkeitsverhältnis ergaben, waren auch über lange Zeit ein Krebsschaden für die Arbeiterbewegung. Aber die Komintern war dennoch in der Lage, einige Positionen geltend zu machen, solange die russische Außenpolitik irgendwie mit den Richtlinien übereinstimmte, die von den sozialistischen und demokratischen Kräften in Europa formuliert worden waren. In diesem Punkt ist eine entscheidende Änderung eingetreten, die die letzte Grundlage für die Existenz der Komintern wegreißt. Sie ist verurteilt, zugrunde zu gehen.

Symptomatisch ist so gesehen die Situation in Frankreich, dem einzigen europäischen Land, in dem die Kommunisten noch eine starke Partei haben. Diese Partei ist wegen einer kraftvollen nationalen Verteidigungspropaganda stark geworden. Es ist nicht unbillig, dass der Geist, den sie mit ins Leben gerufen hat, sich nun gegen sie selbst kehrt. Tausende von Mitgliedern, besonders unter den Industriearbeitern des Pariser Distrikts, sind aus der kommunistischen Partei ausgetreten. Ihre Presse ist verboten worden, während die Partei es kaum wird. Daladier soll nämlich erklärt haben, dass es vorteilhafter ist, wenn sie von selbst zugrunde geht.

Sowohl die französische sozialistische Partei als auch die britische Arbeiterpartei haben einen klaren und entschiedenen Standpunkt gegen den neuen Kurs der Russen eingenommen. Das Gleiche hat der Vorstand des Internationalen Gewerkschaftsbundes getan. Aber gleichzeitig muss man sich darüber im Klaren sein, dass eine der Konsequenzen des Vertrages der Russen mit Deutschland ist, dass sich die Arbeiterbewegung der Westmächte noch stärker, als es sonst der Fall gewesen wäre, der Politik der Regierungen unterordnen wird. Die Rücksichtnahme auf die Verteidigung der Demokratie und die herrschenden Mächte wird dominierend werden, und von der Selbstständigkeit der Arbeiterbewegung in der Arbeit für eine demo-

Willy Brandt im Kreise norwegischer Jungsozialisten während eines Sommerlagers des Arbeiterjugendverbandes in Sunndalsøra im Juli 1939. Links in der ersten Reihe der spätere norwegische Ministerpräsident Trygve Bratteli.

kratische Neuordnung Europas wird zunächst nicht viel übrig bleiben.

In den nordischen Ländern hat die neue Situation ebenso wie in der Schweiz, Holland und Belgien überall dazu geführt, dass die Gegensätze zwischen dem demokratischen Sozialismus auf der einen Seite und der Sowjetunion und der Großmachtpolitik auf der anderen so stark wie möglich unterstrichen werden.

Am tragischsten ist die Lage für die illegalen Bewegungen in den faschistisch regierten Ländern. Exilierte Sozialisten teilen mit, dass sie Briefe von Gesinnungsfreunden im Dritten Reich und von ehemaligen Kommunisten erhalten haben, die im Begriff sind zusammenzubrechen. Sie fragen, ob sie dafür jahrelang eingesperrt waren, die übelsten Verfolgungen erlitten und ihre besten Genossen auf das Schafott geschickt haben. Die Agitation, die die nazistische Presse betreibt, zielt direkt darauf ab, den Pakt mit den Russen zum tödlichen Schlag gegen die Reste der illegalen Opposition zu benutzen. Genau so übel wirkt sich der Pakt für die nationalen Minoritäten im großdeutschen Reich aus. Die Sowjetunion hat durch den Pakt die Okkupation Österreichs und der Tschechoslowakei anerkannt! Aus Moskau ist die Nachricht gekommen, dass Molotow dem tschechischen Botschafter Fierlinger mitgeteilt hat, dass er vorläufig in der Sowjetunion als Emigrant wohnen bleiben kann!

Nach dem, was in den letzten 10 Tagen geschehen ist, ruht auf der sozialistischen Arbeiterbewegung Europas eine gewaltige Verantwortung. Sie ist in noch größerem Ausmaß als bisher auf sich selbst angewiesen, gleichzeitig haben ihre Aufgaben in diesem Europa des Wahnwitzes historische Dimensionen. Das ist im Manifest der Arbeiterpartei zum Ausdruck gekommen, in dem es heißt, dass „wir nur durch den Sozialismus zu einem gesammelten Europa kommen können, in dem die imperialistischen Gegensätze durch internationale Zusammenarbeit abgelöst sind".[2]

Nr. 60
Notizen Brandts zu dem Vortrag
„Die gegenwärtige Lage und unsere Aufgaben"[1]
9. September 1939

AdsD, WBA, A 3, 21.

Nie unsere Ohnmacht stärker als jetzt –
Enttäuschung über russ[ischen] Frontenwechsel. –
Und doch den grossen Entscheidungen näher.
    1.) Frage nach dem <u>Charakter des Krieges.</u>
Ausgebrochen durch die Schuld des naz[istischen] d[eutschen] Imp[e]rialismus]. Zugrunde liegen tiefere Ursachen. Die grundlegenden imp[erialistischen] Konflikte. Herauskristallisiert zum d[eutsch]-engl[ischen] Konflikt.

Wendung der engl[ischen] Politik nach München.² Ein solcher Konflikt muss europ[äischen] Charakter annehmen und enthält alle Tendenzen, zu einem Weltkrieg zu werden. „Theorien", dass es die Westmächte nicht ernst meinen.

Das erschöpft nicht [die] Frage nach Charakter des Krieges. Eben Unterschied zu 1914. 1.) enthält Gegenfront nichtimper[ialistische] Kräfte, 2.) entscheidet die Frage nach den Wirkungen des Sieges der einen oder andern Front. Daraus ergibt sich unsere Haltung.

2.) Frage nach den <u>konkreten Bedingungen</u> des ausgebrochenen Krieges.

D[eutschland hat] offenbar gehofft, Polen ohne Krieg zu bekommen (nach Russenpakt³). Nachdem Zweifrontenkrieg, d[eutsche] Strategie, Polen schnell zu erledigen. Warschau ist nicht Polen. Möglichkeit eines weiteren poln[ischen] Widerstandes.

Erklärung für die „Stille" im Westen. Allerdings schwer, die weiteren Etappen aufzuzeichnen. Nur Anhaltspunkte über die Kräftegruppierung.

Westmächte sind D[eutschland] überlegen. Wirtschaftlich, zur See (Blockade), Armee, Luftwaffe, schwere Waffen, Maginotlinie.⁴ Dazu kommen wohl die USA.

Italien? Wenn doch noch zu D[eutschland], wird es zuerst erledigt werden. Türkei, Balkan, Wirkungen in D[eutschland]. Japan, schwieriger. Wahrscheinlichkeit der Verständigung mit Engl[and] und USA, und chines[ischer] Bourgeoisie. Möglichkeit einer Auseinandersetzung mit der S[owjet-]U[nion].

Das Fragezeichen der S[owjet-]U[nion]. Militärbündnis mit D[eutschland] unwahrscheinlich. Aber nicht entscheidend für Auseinandersetzung mit dem Westen. Wahrscheinlicher Konflikt mit D[eutschland] in der nächsten Etappe.

Noch ein Faktor: engl[ische] Hoffnungen auf baldigen inneren Umsturz in D[eutschland]. Wenn diese Hoffnungen zerstört, Kampf umso erbitterter.

Insgesamt: bei den einzuschätzenden Kräfteverhältnissen kaum deutsche Erfolgschancen

3.) Die Russenfrage.
Offenbar Umschwung nach München. Wollten die Westmächte einen Pakt mit der S[owjet-]U[nion]? Die möglichen mildernden Umstände.

Unterschied zwischen einer Neutralität und der tatsächlich bezogenen Haltung. Direkte Hilfsdienste für den Faschismus. Katastrophale Wirkungen für die Komintern und für die d[eutsche] Opposition.

Der wirkliche Grund: nur auf die eigenen Interessen orientiert. Die Linie der russ[ischen] Aussenpolitik. Angst vor inneren Erschütterungen im Falle eines Krieges. Spekulationen auf Vorstoss nach einem europ[äischen] Krieg.

Befürchtungen einer d[eutsch]-russ[ischen] Zusammenarbeit zur Beherrschung der Welt? Viel eher die Gefahr, dass sich der Pakt gegen die S[owjet-]U[nion] auswirkt.

Klar werden, dass S[owjet-]U[nion] nicht einen Teil der internat[ionalen] soz[ialistischen] Bewegung darstellt, und dass das Tischtuch zwischen uns und der K[ommunistischen] I[nternationale] zerschnitten [ist].

4.) Unsere Haltung zu diesem Kriege.
Festhalten an den Grundlagen unserer bisherigen Auffassung: a) Erkennen der imp[erialistischen] Grundlagen – ausnutzen – anders als 1914, b) Uneinheitlicher Charakter der Gegenfront – allerdings einheitlicher geworden – aber das demokratische Element nicht unterschätzen, c) Niederlage Hitlers das nächste Kettenglied.

Jedoch nicht zu Agenten der Westmächte werden. Schwirig für die Freunde in den betr[offenen] Ländern. Erkennen, dass unsere Zeit noch nicht gekommen.

Ausrichten unserer gesamten Arbeit auf das zentrale Ziel: Sturz Hitlers, deutsche Revolution und Neuorganisierung Mitteleuropas. – D. h. entschiedene Ablehnung neuer imperial[istischer] Lösungen. Ablehnung der Verantwortung für diesen Krieg. Erhaltung der Unabhängigkeit der soz[ialistischen] Bewegung.

5.) Einschätzung der Lage und Entwicklungsmöglichkeiten in D[eutschland].

Das Regime ist nicht stark in den Krieg gezogen. 1.) Materiell, 2.) Wirtschaftlich, 3.) Stimmungsmässig.

Ein langer Weg bis zu wirklichen Bewegungen. Verschärfung des Terrors. Hunger und militärische Misserfolge.

Wahrscheinlich, dass Umsturz erst nach einer wirklichen d[eutschen] Niederlage. Die Revolution wird als demokratische Umwälzung beginnen, unser Ziel, sie zur soz[ialistischen] Umgestaltung weiterzutragen.

Das Programm der gemeinsamen Plattform. Die bürgerlichen Gegenkräfte. Drei zentrale Aufgaben: 1.) Zerschlagung des naz[istischen] Unterdrückungs- und Prop[aganda]apparats, 2.) Übernahme der Wirtschaftsorganisationen, 3.) Enteignung der Industrie- und Banktrusts und des Grossgrundbesitzes. Starke soziale und bewusstseinsmässige Basis für eine solche Politik. Sicherung gegen die Entartungen, die in der S[owjet-]U[nion] zutage getreten sind. Einheit von rev[olutionärem] und freiheitlichem Sozialismus. Möglichkeit, dass die rev[olutionären] Soz[ialisten] einige Schritte zurückgehen müssen.

Für alle diese Betrachtungen entscheidend, wie die int[ernationalen] Bedingungen der deutschen Revolution sein werden. Stärke der engl[ischen] und franz[ösischen] Arbeiterbewegung.

Liquidierung des d[eutschen] Imperialismus. Verhältnis zu den Ostvölkern. Verteidigung der Grenzen. Selbstbestimmungsrecht auch für das deutsche Volk.

Deutsche Lösung unmittelbar mit einer europäischen verbunden. Föderation in Mitteleuropa als erste Etappe zu einer umfassenderen europäischen Lösung. Geistige und organisatorische Vorbereitung.

6.) Unsere <u>Aufgaben.</u>

1.) Dazu beitragen, dass Hitler geschlagen wird. Propaganda. Verbindungen mit D[eutschland] aufrechterhalten. Militärische Mitwirkung?

2.) Bündnis mit den fortschrittlichen Kräften der Gegenfront.

Tschechen usw. – Reste der int[ernationalen] Arbeiterbewegung, gerade auch Neutrale – Amerika usw.

Vorbereitung einer neuen internationalen Organisation.

3.) Herausbildung einer einheitl[ichen] soz[ialistischen] Partei. Erhaltung der Kontinuität und der pol[itischen] Selbständigkeit. Festigung der Konzentration.[5] Richtigkeit unserer Linie, entwickelt aus EP und VF-Vorstellungen.[6] Gewinnung der Kommunisten. Wichtigkeit der Arbeit im Norden. Gesteigerte Bedeutung der Emigration.

Nr. 61
**Aus der Broschüre Brandts
„Die Außenpolitik der Sowjetunion 1917–1939"
Oktober 1939**

Sovjets utenrikspolitikk 1917–1939, Oslo 1939, S. 3, 45–47[1] *(Übersetzung aus dem Norwegischen: Einhart Lorenz unter Verwendung von Textpassagen aus Brandt 1966).*

Am 31. August [1939] wurde der deutsch-russische Pakt in Moskau ratifiziert. Am 1. September begann der deutsche Angriff auf Polen. Am 16. September verkündete die Sowjetregierung, dass sie der Roten Armee den Befehl zur Besetzung von Ostpolen gegeben hat. Am darauffolgenden Tag rückten russische Truppen in Polen ein und der polnische Widerstand gegen den deutschen Angriff war zum Zusammenbrechen verurteilt. Am 28. September wurde ein Freundschaftsvertrag zwischen Deutschland und der Sowjetunion geschlossen, der, abgesehen davon, dass er die Grenzen für Polens Teilung zog, auf eine weitgehende wirtschaftliche und politische Zusammenarbeit hinauslief.

Diese letzte Etappe der sowjetischen Außenpolitik hat enorme Aufmerksamkeit erweckt und überall Diskussionen über den Hintergrund dieser Politik hervorgerufen.

Diese Broschüre soll einen Überblick über die Außenpolitik der Sowjetunion von 1917 bis 1939 geben. Es ist versucht worden, die

Hauptlinien in der sowjetrussischen Außenpolitik mit all ihren gewaltigen Schwankungen vom unmittelbaren Appell der Revolutionszeit an die Arbeiter der Welt über das vorsichtige Manövrieren und die Völkerbundpolitik bis hin zur Zusammenarbeit mit dem nationalsozialistischen Deutschland zu zeigen.

Die Übersicht zeigt, dass die Sowjetunion bereits in einem verhältnismäßig frühen Stadium ihre Außenpolitik von eigenen Interessen leiten ließ, dass diese Tendenz immer stärker wurde und dass die Sowjetregierung deshalb nicht die Forderung erheben kann, die Interessen der Arbeiterschaft aller Länder zu vertreten.

Alle Fragen, die im Zusammenhang mit dem inneren gesellschaftlichen Hintergrund der außenpolitischen Schwingungen stehen, liegen außerhalb des Rahmens dieser kleinen Schrift. Sie konnten nur angedeutet werden, um das Verständnis des Zusammenhangs für die Entwicklung, die stattgefunden hat, zu erleichtern.

[...]

DIE ARBEITERBEWEGUNG UND DIE SOWJETUNION

Während die russische Revolution 1917 mit der alten Großmachtpolitik brach, ist die Sowjetunion in den späteren Jahren zu ihr zurückgekehrt und hat sich schließlich, was die Methoden angeht, in eine Reihe mit den aggressiven Großmächten gestellt. Und wenn sich auch nicht sagen lässt, wie weit die sowjetische Regierung zu gehen beabsichtigt, so hat sie jetzt doch stärker als jemals zuvor zum Ausdruck gebracht, dass sie auf niemanden anders als sich selbst Rücksicht nehmen wird. Jedenfalls ist sie nicht geneigt, auf die europäische Arbeiterbewegung Rücksicht zu nehmen.

Die Arbeiterbewegung in England und Frankreich ging bei ihrer Stellungnahme zur internationalen Krise davon aus, dass es um die Verteidigung der Demokratie und der Selbstständigkeit der Nationen ging und um den Kampf für ein Europa, das von der Kriegspolitik und von der Diktatur frei sein sollte. Die illegale sozialistische Bewegung in Mitteleuropa führt den Kampf für eine gesellschaftliche Umwälzung, von der sie hofft, dass sie der Arbeiterbewegung, dem

Sozialismus und der Demokratie neuen Boden sichern und das erste Glied einer europäischen Neuordnung bilden wird. In den neutralen Ländern ist der Kampf für Frieden und Freiheit, für die Unabhängigkeit der kleinen Nationen und gegen die Diktatur der Großmächte die zentrale Aufgabe für die Politik der Arbeiterbewegung. In allen diesen Ländern fühlt sich die Arbeiterbewegung durch die Politik der Sowjetunion verraten. Indem sie ein Bündnis mit dem nazistischen Deutschland schloss, hat die Sowjetregierung einen tiefen Graben zwischen sich und der europäischen Arbeiterbewegung aufgerissen. Sie hat sich außerhalb der Reihen nicht nur der sozialistischen Arbeiterbewegung, sondern auch des Antinazismus gestellt. Sie hat noch einmal deutlich gemacht, dass sie ausschließlich auf die eigenen nationalen Interessen Rücksicht nimmt und kein anderes Glied in der Entwicklung anerkennt, das sich nicht direkt mit den engen Interessen des eigenen Landes verbindet.

Die Sowjetunion hat sich deshalb selbst als ein Teil der internationalen sozialistischen Bewegung und als ein Teil der Kampffront für Frieden, Freiheit und die Unabhängigkeit der kleinen Nationen ausgeschaltet.[2]

Der Teil der Arbeiterbewegung, der bis zuletzt mit der Sowjetregierung verbunden war – die Komintern und die kommunistischen Parteien –, ist zum Untergang verurteilt. Die Komintern hat schon lange ihre Existenzberechtigung verloren. Sie konnte eine gewisse Position beanspruchen, solange sie als Repräsentant des Sowjetstaates auftreten konnte und dieser als starke Macht dastand, die gegen den Faschismus und die Kriegspolitik kämpfte. Diese Grundlage gibt es nicht mehr. Was von den Kominternparteien übrig geblieben ist, bricht zusammen. Die einzige große Partei, die die Komintern noch in Europa hatte, Frankreichs kommunistische Partei, hat die Belastungen nicht vertragen. Sie befand sich in einem Auflösungsprozess, als die Reaktion in Frankreich sie verbot. Überall haben viele der übrig gebliebenen kommunistischen Mitglieder die Konsequenzen gezogen und sind aus der Komintern ausgetreten. Alle ehrlichen Werktätigen, die noch in Kominternparteien organisiert sind, werden diesen Weg gehen müssen. Damit ist auf jeden Fall eine neue

Voraussetzung dafür geschaffen, die Spaltung der internationalen Arbeiterbewegung zu überwinden.

Die sozialistische Arbeiterbewegung hat es immer als eine wichtige Aufgabe angesehen zu versuchen, die Entwicklung in der Sowjetunion *zu verstehen*. Sie hat verstanden, dass die neue russische Gesellschaft unter besonders schweren Bedingungen entstanden ist. Die Rückständigkeit des Landes und des Volkes, viele Jahre Krieg und Bürgerkrieg und die Isolierung des Landes haben den Boden für eine Diktatur geschaffen, die zunächst die einer Partei war und dann die Diktatur der führenden Gruppe wurde. Unter diesen Verhältnissen kam es auch zu sozialen Veränderungen. Die sozialistische Grundlage der Wirtschaft hat es nicht zu verhindern vermocht, dass es zu einer neuen sozialen Schichtenbildung in der Gesellschaft gekommen ist. Die privilegierteren Schichten entwickelten ein Interesse daran, dass ihre Position in der Gesellschaft gestärkt und nicht erschüttert wurde. Sie bildeten die Grundlage für eine weiterreichendere Politik, teilweise in nationalistischer Richtung, und die Form der Ausbreitung des Sozialismus in Europa, zu der die russische Führung unter diesen Umständen gelangte, erhält den Charakter einer Erweiterung der Grenzen des russischen Staates.

Nichtsdestotrotz hat sich die sozialistische Arbeiterbewegung mit der russischen Arbeiter- und Bauernerhebung und dem trotz aller Probleme imponierenden Aufbau der neuen Gesellschaft solidarisch gefühlt und wird dies auch in Zukunft tun. Die Arbeiterbewegung fühlt weiterhin die gleiche Solidarität mit den Werktätigen der Sowjetunion. Aber sie kann sich nicht mit der Entartung solidarisieren, zu der es in der Sowjetunion gekommen ist.

Die Gegner des Sozialismus haben in allen Ländern Wind in die Segel bekommen. Die Reaktion versucht, die Politik der Sowjetunion dazu auszunutzen, die gesamte Arbeiterbewegung zu kompromittieren. Sie triumphiert darüber, dass der „Sozialismus bankrott" ist.

Aber das, was in der Sowjetunion geschah, ist gewiss kein Beweis, dass sich der Sozialismus nicht durchführen lässt. Die Erfahrung zeigt jedoch, dass Sozialismus mehr ist als die Übernahme der Produktionsmittel durch den Staat. Der Sozialismus muss auf

Freiheit und Demokratie aufbauen, will er eine Politik führen können, die ihn wirklich berechtigt, diesen Namen zu führen.[3]

Die Arbeiterbewegung kann nicht akzeptieren, dass alles, von dem behauptet wird, es diene der Sowjetunion, auch den Werktätigen in anderen Ländern dient. Die Außenpolitik der Sowjetunion mit ihrer Unterstützung der Kriegspolitik, ihren Angriffen auf die Demokratie und die Unabhängigkeit kleiner Nationen dient nicht den Werktätigen in Europa. Ob sie wirklich der eigenen Bevölkerung der Sowjetunion dient, wird die Zukunft erweisen. Die sozialistische Arbeiterbewegung muss heute noch einmal stark ihre Selbstständigkeit und Unabhängigkeit unterstreichen. Sie muss von der Außenpolitik der Sowjetunion ebenso unabhängig sein wie von der anderer Großmächte.

Durch die außenpolitischen Richtlinien, denen die S[owjet]-U[nion] gefolgt ist, hat sie jede Chance verspielt, einen positiven Einfluss ausüben zu können, wenn es um die Aufgabe geht, nach dem Grauen und den Schrecken des Krieges ein neues Europa zu gestalten. Niemand wird diese Aufgabe lösen, wenn nicht die sozialistische Arbeiterbewegung sie löst. Den Blick nach vorn auf die großen geschichtlichen Aufgaben gerichtet, muss die Arbeiterbewegung, unabhängig von den Interessen der Großmächte, in Europa eine sozialistische und demokratische Neuordnung vorbereiten, die neuen imperialistischen Großmachtkonflikten und Kriegen die Grundlage entzieht.[4]

Nr. 62
Artikel Brandts
„**Deutscher Sozialismus und der Krieg**"
Dezember 1939

Det 20de århundre, 40. Jg., Heft 10, Dezember 1939[1] *(Übersetzung aus dem Norwegischen: Einhart Lorenz).*

Seitdem die Arbeiterbewegung und die Demokratie in Deutschland geschlagen wurden und eine deutsche Emigration entstand, ist im politischen Teil dieser Emigration eine intensive Diskussion über die Kriegsprobleme geführt worden. Diejenigen, die Opfer des siegreichen Nationalsozialismus geworden sind, waren oft nicht fähig, die neuen Probleme, die sich meldeten, richtig einzuschätzen. Die Vertreter einer Bewegung, die ohne Kampf zerschlagen wurde, werden immer Probleme damit haben, eine einigende und vorurteilsfreie Neuorientierung vorzunehmen. Aber diejenigen, die zu dieser Bewegung gehörten, waren sich auf jeden Fall früher als viele andere über den Zusammenhang zwischen dem Durchbruch des Nationalsozialismus in Deutschland und dessen aggressiver Außenpolitik im Klaren, von der sie meinten, dass sie zum Krieg führen würde. Die antinazistische Agitation war oft sehr vereinfacht, aber sie hat während all dieser Jahre zu Recht auf den Zusammenhang von Nazismus und Kriegsgefahr hingewiesen. Die Arbeit, die die deutschen Sozialisten nach der Niederlage von 1933 in illegalen Zirkeln und im Exil weitergeführt haben, war die ganze Zeit ein Kampf gegen die Kriegspolitik.[2]

Man kann deshalb sagen, dass die deutschen Sozialisten nicht von der außenpolitischen Entwicklung, die stattgefunden hat, überrascht wurden. Diejenigen, die im dritten Reich lebten und an ihrer sozialistischen Überzeugung festhielten – gleich, ob sie einer der illegalen Gruppen angehörten oder nicht –, waren immer mehr davon überzeugt, dass die nationalsozialistische Politik zum Krieg führen würde. Dieser Krieg, so konnten sie hoffen, würde zum Zusammenbruch des gegenwärtigen Regimes führen. Aber gleichzeitig würde er das ganze deutsche Volk treffen, und es wäre keineswegs sicher, ob der Nationalsozialismus oder³ die Demokratie aus einer zerstörerischen Auseinandersetzung der Großmächte als Sieger hervorgehen würden. Auf der anderen Seite waren sie sich darüber im Klaren, dass es vergebens war, auf eine innere Umwälzung zu hoffen, solange die Machthaber von Sieg zu Sieg eilten. Sollte man nicht dennoch wünschen, dass der Krieg so schnell wie möglich kommen soll? Gerade diese Frage wurde für viele deutsche Sozialisten zur Gewissensfrage. Sie waren sich über die Grauen im Klaren, die der Krieg mit sich bringen würde, aber sie sahen keine Möglichkeit, diesen Krieg von innen zu verhindern.

Die deutsche Emigration stand vor der gleichen Problemstellung. In den Schichten, die den geringsten Kontakt mit dem Heimatland hatten und in denen der politische Zerfallsprozess am weitesten gediehen war, gab es bereits zu einem frühen Zeitpunkt Stimmungen in die Richtung, dass ein Krieg kommen möge. Sie rechneten damit, dass sie nichts zu verlieren, aber alles zu gewinnen hatten. Aber es muss festgestellt werden, dass diese Stimmungen immer auf entschiedenen Widerstand bei verantwortlichen Sozialisten stießen. Die deutschen Sozialisten haben im Laufe dieser Jahre gegen den Nazismus agitiert, aber sie haben nicht für einen Krieg gegen Deutschland agitiert. Sie haben geschrieben und gesagt, dass man die nazistische Expansion aufhalten muss, und ihre Informationen durch die Kontakte in Deutschland zeigten deutlich, dass die Politik des Nachgebens, die die Westmächte bis zum Frühjahr [1939] geführt haben, immer wieder aufs Neue die innere Opposition gegen das nationalsozialistische Regime geschwächt hat. Sie rechneten damit, dass eine feste Haltung den Frieden gesichert und die Kräfte in Deutschland, die gegen die Kriegspolitik waren, gestärkt hätte. Die große Politik entwickelte sich jedoch in andere Richtung und sie nahm, was nicht unbillig ist, keine Rücksicht auf das, was deutsche Emigranten sagten.

Der Krieg hat auf vielerlei Weise eine neue Situation geschaffen. Erstens dadurch, dass eine Gruppe der deutschen Opposition, die kommunistische, ausgefallen ist. Die deutsche Kominternsektion propagierte bis Ende August [1939], dass es notwendig sei, Krieg gegen den Hitlerismus zu führen, und gleichzeitig versprach sie bei allen Gelegenheiten, dass die Revolution bald in Deutschland ausbrechen würde. Dann kam der deutsch-russische Pakt, und die deutsche Kominternsektion blieb stumm. Unter den übrig gebliebenen Kommunisten in Deutschland war die Enttäuschung tief, unter den Emigranten herrschte Verwirrung, während einige wenige Parteisekretäre nicht nur den Pakt verteidigten, der es dem deutschen Regime ermöglichte, Krieg gegen Polen zu beginnen, sondern auch die neue russische Linie, die den Ausdruck Faschismus aus den Wörterbüchern entfernte und alle Schuld für den Krieg den Westmächten zuschob, den Neutralen und – der sozialistischen Arbeiterbewegung.

Sodann führte der Krieg dazu, dass die Westmächte sich dafür interessierten, zumindest mit einem Teil der deutschen Emigration zusammenzuarbeiten. Die verschiedenen Gruppen wurden mit neuen Problemen konfrontiert: War es möglich, mit anderen Mächten im Kampf gegen das nazistische Regime zusammenzuarbeiten? – Wie umfassend sollte eine solche Zusammenarbeit gegebenenfalls sein? – Welche eigenen Forderungen sollten deutsche Sozialisten in der neuen Situation stellen? Die Gruppen, die heute im Namen der deutschen sozialistischen Arbeiterbewegung sprechen, bieten ein ziemlich uneinheitliches Bild. Einige von ihnen repräsentieren alte Organisationsinstanzen, andere sind als Sprecher neuer Gruppen hinzugekommen, die sich in der Illegalität bildeten. Die verschiedenen Versuche zur Sammlung der sozialistischen Gruppen haben nie zu einem vollwertigen Resultat geführt. Dennoch sind die Sammlungstendenzen wesentlich stärker als unmittelbar nach der Niederlage. Die Diskussion handelt nicht länger so sehr davon, wer Schuld an dem Zusammenbruch hat, sondern über Richtlinien eines zukünftigen Neuaufbaus der Arbeiterbewegung, der Demokratie und des Sozialismus. Unter den Exilierten, die wenig Kontakt mit einer *lebendigen* Bewegung haben, wird es immer Tendenzen zur Bildung von Sondergruppen geben. Aber heute gibt es weniger Gruppen als früher. Und die neuen Standpunkte, die formuliert werden, beanspruchen größeres Interesse als der Streit der vergangenen Jahre zwischen den unterschiedlichen Richtungen, weil diese Standpunkte Verbindung mit der realen Situation haben und weil sie von Leuten formuliert wurden, die unter den neuen Verhältnissen eine größere Chance haben können als früher, sich noch einmal im politischen Leben ihres Landes geltend zu machen.

Vor diesem Hintergrund wollen wir einen Überblick über die Haltung geben, die deutsche Sozialisten zum Krieg und zu einem Teil der Fragen, die die Kriegssituation gestellt hat, eingenommen haben.

Die Stellung der deutschen Sozialisten zum Krieg.

Unmittelbar nach Kriegsausbruch veröffentlichte der Vorstand der *deutschen Sozialdemokratie,* der in Paris ansässig ist, einen Aufruf.[4] Der Aufruf, der von Otto Wels und Hans Vogel unterzeichnet war, verwies zuerst darauf, dass Hitler und sein Regime die volle Verantwortung für das Verbrechen gegen Freiheit und Menschenrechte tragen, die der Krieg darstellt. Dann heißt es weiter:

„Der Sturz Hitlers ist deshalb das Ziel, für das wir kämpfen werden gemeinsam mit allen demokratischen Kräften in Europa. Hitler und der neue deutsche Militarismus sind eins. Die Niederlage und die endgültige Überwindung dieses Militarismus sind die Voraussetzungen für den Frieden und die Neuorganisation Europas".

Weiter heißt es, dass die Sozialdemokraten als Alliierte aller Gegner Hitlers, die für die Freiheit und Kultur Europas eintreten, kämpfen wollen, und dass dieser Kampf für das deutsche Volk und für die Freiheit, den Frieden und die Demokratie in Europa geführt wird. Der Parteivorstand empfiehlt dem deutschen Volk, den Krieg dazu zu benutzen, sich die Freiheit zu erkämpfen und das Hitlerregime abzuwerfen. Der Aufruf endet so:

„Die Politik Hitlers ist nicht die Vollstreckerin nationaler Notwendigkeiten. Sie ist ein Rückfall in den Aberglauben, dass Zukunft und Wohlfahrt eines Volkes von der Eroberung von Territorien abhängen.

Ein Frieden, der die Gewalttakte Hitlers wieder gutmacht, dem totalitären System ein Ende setzt und dem deutschen Volke wie allen vergewaltigten Völkern Recht und Freiheit wiedergibt, ist das Ziel unserer Politik.

Die Schuldigen schlagen, um dann den friedlichen Wiederaufbau Europas zu beginnen, ist geschichtliches Gebot: In diesem Sinne kämpfen wir: Für Frieden, Freiheit und Brot!"

Unmittelbar nach Kriegsausbruch veröffentlichten auch die *österreichischen Sozialisten* eine Erklärung, die von Julius Deutsch und Gustav Richter [Josef Buttinger] unterzeichnet war.[5] Die Erklärung nahm ihren Ausgangspunkt in dem Angriff auf Polen und den früheren Übergriffen auf Österreich und die Tschechoslowakei. Die österreichischen Sozialisten erinnerten daran, dass sie, solange Freiheit im Lande herrschte, die größte Partei in Österreich waren und dass sie 2/3 der Bevölkerung Wiens repräsentierten. Sie wollten deshalb im Namen des größeren Teils des österreichischen Volks erklären, dass sie den Kampf gegen Hitler fortsetzen werden.

Einige Tage später veröffentlichte die österreichische sozialistische Partei ein großes Manifest an die Arbeiter Österreichs, das diese beschwor, sich gegen die Machthaber zu erheben, sobald sich dazu eine Möglichkeit bot. Das Manifest endete mit diesen Parolen: „Der Feind steht in Berlin und Wien!

Nieder mit dem ‚ewigen' dritten Reich!

Nieder mit dem blutbesudelten Nationalsozialismus!

Nieder mit der reaktionären Kriegspolitik.

Vorwärts zum Sozialismus."[6]

Ähnliche Erklärungen wurden auch in einzelnen sozialistischen Emigrantenblättern veröffentlicht. Die wöchentliche „Sozialistische Warte" schrieb am 15. September [1939]:

„Wir haben zunächst, gemeinsam mit den gegen *Hitler* kriegführenden Mächten, das Interesse an der *schnellen und wirksamen Niederschlagung des III. Reichs.* Denn nur die radikale Beseitigung dieses Regimes kann den Weg öffnen für eine vernünftige, sich nicht an barbarischer Unterdrückung und Ausbeutung, sondern an den Ideen von Recht und Freiheit orientierende Neugestaltung der Beziehungen zwischen den Menschen innerhalb der einzelnen Staaten und zwischen den Staaten untereinander."[7]

Eine Reihe dieser Erklärungen begnügen sich damit zu sagen, dass das Hitlerregime die Verantwortung für den Krieg und die Gewaltpolitik trägt. Deshalb müssten alle Kräfte dafür eingesetzt werden, dieses System in dem Krieg, der nun begonnen hat, zu zerstören. Andere Aufgaben müssten vorläufig liegen bleiben. Man müsse sich völlig um diesen einen Punkt sammeln. Es ist in diesem Zusammenhang wichtig zu registrieren, dass der Vorstand der deutschen Sozialdemokratie nicht das Wort Sozialismus in seinem Aufruf benutzt.

Die österreichischen Sozialisten und ein Teil der deutschen Gruppen haben eine prinzipiellere Begründung für ihre Stellung zum Krieg gegeben. Diese Begründung wurde sehr deutlich in einer Broschüre, die einige Wochen vor Kriegsausbruch erschien (Der kommende Weltkrieg. Aufgaben und Ziele des deutschen Sozialismus). Die Broschüre wurde gemeinsam von führenden Vertrauensleuten der *österreichischen Partei, der deutschen Gruppe Neu Beginnen und der deutschen S.A.P.* erarbeitet.[8] Zwischen diesen Organisationen wurde im vergangenen Jahr eine organisatorische Zusammenarbeit eingeleitet, die sich besonders auf eine Verbesserung der illegalen Arbeit konzentrierte. Die Broschüre ging davon aus, dass der Krieg, der sich zu nähern schien, seinen Ursprung in *imperialistischen* Motiven hatte. Aber dennoch musste die Arbeiterbewegung eine andere Haltung einnehmen als im vorigen Weltkrieg. Als Begründung für diesen Standpunkt wurde gesagt, dass es erstens nicht *nur* imperialistische Kräfte waren, die sich in der Front gegen Deutschland befanden, und zweitens, dass der deutsche Nazismus *die* Schlüsselposition im Vormarsch der internationalen Reaktion einnahm, während eine deutsche Revolution die Schlüsselposition für den neuen Vormarsch der Arbeiterbewegung in Europa einnehmen könnte. Deshalb müsse man im Falle eines Krieges für Deutschlands militärische Niederlage arbeiten, aber gleichzeitig die politische und organisatorische Selbstständigkeit behalten und sich nicht an eine ausländische Regierung verkaufen. Der erste Teil der Broschüre zieht folgende Schlüsse:

„Obwohl der Krieg nach seinen Triebkräften auf beiden Seiten ein imperialistischer und kein ‚ideologischer' Krieg zwischen Demokratie und Faschismus ist, fallen die Interessen der Arbeiterklasse, die Interessen der Demokratie und des Sozialismus für die Etappe bis zur militärischen Entscheidung in dem einen Punkt, der militärischen Niederlage des Faschismus, mit den Interessen der Imperialisten der Gegenseite zusammen."[9]

„Wir wollen die militärische Niederlage des Faschismus, wir wollen den militärischen Erfolg seiner Gegner, gerade weil dieser militärische Erfolg nicht den gesellschaftlich-politischen Sieg der imperialistischen Kräfte der Gegenfront bedeuten muss, sondern im Gegenteil unseren Sieg bedeuten kann, für den er die entscheidende, unumgängliche Voraussetzung schafft."[10]

Diese Auffassung kommt auch in dem Standpunkt zum Ausdruck, der von *Neu Beginnen* nach Kriegsausbruch formuliert worden ist (Sozialistischer Informations-Brief Nr. 48, Oktober 1939). Diese Gruppe betrachtet sich selbst als Teil der deutschen Sozialdemokratie, aber sie arbeitet zumeist unabhängig vom alten Parteivorstand und repräsentiert einen Teil der jüngeren sozialistischen Kader in Deutschland. Wir zitieren einen Auszug aus deren Standpunkt nach Kriegsausbruch:

„Die militärische Niederlage Hitlers ist die Voraussetzung für den Sieg der deutschen Revolution. Der Sturz des Faschismus, der Sieg der deutschen Revolution ist die Voraussetzung für jeden Wiederaufstieg der demokratischen und sozialistischen Kräfte in der Welt. [...]

Nicht aus der Stärke der demokratisch-sozialistischen Abwehr gegen den Faschismus entsteht heute der Krieg, sondern nachdem ihre Liquidierung nur noch den nackten Gegensatz der Interessen übrig gelassen hat. Nicht die Vorkämpfer der geopferten spanischen oder tschechischen Demokratie, sondern die Exponenten von München[11] sind es heute, die die Kriegsfront gegen den Faschismus führen. Und dennoch ist der Sieg dieser Front, ist der militärische Erfolg von Hitlers Feinden, wer immer sie sind, die Voraussetzung für das Ende der Reaktionsperiode; [ist] die Parteinahme im Krieg gegen Hitler, der Einsatz aller Kräfte für die Niederlage Hitlers notwendig nicht nur vom deutschen, sondern auch vom internationalen sozialistischen Standpunkt – weil der deutsche Faschismus das Kraftzentrum der internationalen Reaktion ist. Erst sein Sturz kann in Deutschland so international die demokratischen und sozialistischen Kräfte zum Kampf für ihre eigenen Interessen freisetzen.

Darum ist es unsere Pflicht als deutsche Sozialisten, mit den Gegnern Hitlers, so wie sie sind, im Kampf gegen den Faschismus zusammenzuarbeiten. Darum ist es aber auch unsere Pflicht, in dieser Zusammenarbeit unsere Selbständigkeit als deutsche Sozialisten zu wahren."[12]

Die deutschen (und österreichischen) Sozialisten sind sich also darüber einig, dass sie den Sturz des Hitlerregimes in dem Krieg, der gerade begonnen hat, wünschen und dass sie mithelfen wollen, dass Hitler-Deutschland keinen militärischen Sieg erringt. Aber die Begründung für diese Haltung ist nicht ganz einheitlich. Es gibt einige, die sich ohne eigentliche Vorbehalte den Westmächten zur Verfügung stellen, während andere unter allen Umständen ihre politische Unabhängigkeit behalten wollen. Dieser Unterschied ist von geringerer Bedeutung in Bezug auf die direkte Teilnahme der Emigranten am Krieg. Vorläufig ist nämlich nicht die Rede davon, „deutsche Legionen" zu bilden. Und wenn sie von den englischen und französischen Behörden dazu aufgefordert werden, sich an der Verteidigung zu beteiligen, werden sie dieser Aufforderung nachkommen. Größer ist der Unterschied in Bezug auf die politischen Richtlinien. Diejenigen, die an der politischen und organisatorischen Selbstständigkeit festhalten, tun dies kaum aus Prinzipienreiterei, sondern weil sie wissen, dass ein Tag in der Zukunft kommt und dass sie eine Politik führen und eine Sprache benutzen müssen, die von dem Teil des deutschen Volkes verstanden werden, an das sie sich wenden. Es muss auch einleuchtend sein, dass eine Bewegung, die hofft, die Macht in der Heimat zu gewinnen, sich nicht auf eine Form der Zusammenarbeit einlassen kann, in der sie selbst zum Werkzeug und Propagandainstrument der Führungen anderer Mächte wird und gar für die imperialistischen Interessen dieser Führungen.

Einstimmige Zurückweisung des Russenpaktes.

So wie sich die internationale Situation im Laufe der letzten Jahre entwickelt hatte, war es verständlich, dass die Arbeiter in Deutschland und in den Ländern, die Deutschland okkupiert hatte, darauf hofften, dass die Sowjetunion der stärkste Alliierte werden würde, den sie im Kampf gegen Hitler erhalten konnten. Diese Stimmung lebte auch stark unter den deutschen Sozialisten, selbst in den Kreisen, die die russische Innenpolitik mit großer Skepsis betrachteten und sich scharf von der Politik der Komintern distanzierten. Sie rechneten mit der Sowjetunion als einem sicheren Faktor an der antinazistischen Front. Wenn die Kommunisten bis zuletzt starke Sympathien bei einem Teil der Opposition in Deutschland hatten, so in erster Linie deshalb, weil man großes Vertrauen in die Außenpolitik der Sowjetunion hatte. Das bildete auch den Hintergrund für die Versuche, die mehrmals unternommen wurden, eine Zusammenarbeit zwischen Sozialisten und Kommunisten zu Stande zu bringen. Dann kam der deutsch-russische Pakt. Er wurde von allen Kreisen in der sozialistischen und anti-nazistischen Front als ein Verrat zum entscheidendsten Zeitpunkt aufgefasst.

Als die sozialistischen Gruppen ihre Haltung zum Pakt bekannt gaben, zeigte sich deshalb, dass sie ihn völlig einhellig ablehnten und verurteilten und gleichzeitig damit die Kontakte abbrachen, die es hier und da noch mit der kommunistischen Partei gab. Kurz nachdem der Pakt bekannt wurde und als man vorläufig dessen zukünftige Wirkung nur ahnen konnte, erschien eine Erklärung des *Arbeitsausschusses der deutschen und österreichischen Sozialisten*. In diesem Ausschuss arbeiten die österreichische Partei und mehrere deutsche Gruppen zusammen, außer den bereits genannten u. a. Münzenbergs Gruppe früherer Kommunisten, während sich der Vorstand der deutschen sozialdemokratischen Partei bisher fern gehalten hat. Die Erklärung besagte, dass der Pakt „den Freiheitskampf des deutschen Volkes gegen Hitler moralisch und politisch auf das schwerste getroffen [hat].

Die deutschen und österreichischen Sozialisten verurteilen daher den deutsch-russischen Nichtangriffspakt auf das entschiedenste.

Sie erklären, dass sie den Kampf, den sie gegen den Faschismus für Freiheit und Frieden seit Jahren führen, mit gleicher Entschlossenheit weiterführen werden."¹³

Das sozialdemokratische Wochenblatt „Neuer Vorwärts" nahm auch schnell zum Pakt Stellung (10. September 1939). Das Blatt schrieb, dass der Pakt ein Verrat am Frieden war und dass Stalin die Verantwortung für Hitlers Krieg gegen Polen tragen musste. Gleichzeitig zeigte der Pakt auch ein einmaliges Fehlen an Gewissen seitens der deutschen Machthaber.

„Stalin hat Freundschaft mit Hitler geschlossen. Mit Hitler, dem Todfeind der deutschen Arbeiter, dem Todfeind der Freiheit und der Menschlichkeit," der die deutschen Arbeiter blutig verfolgt hat.¹⁴

„Stalin hat damit der deutschen Opposition gegen Hitler und insbesondere den deutschen Arbeitern, die in Hitlerdeutschland unter den schwersten Bedingungen der Illegalität für den Sturz der Diktatur kämpfen, einen schweren Schlag versetzt,"

heißt es in dem Artikel.¹⁵ Weiter wird erklärt, dass die Funktionäre der deutschen Kommunistenpartei, die den Pakt verteidigen, keine andere Aufgabe kennen, als „eine Propagandaorganisation für die Außenpolitik der Stalindiktatur" zu sein. Am Schluss heißt es, dass die Sozialdemokratie sich stets geweigert hat, mit den Kommunisten zusammenzuarbeiten und dass diese Haltung in der Situation, die entstanden ist, erneut eingeschärft werden muss.

Der Vorsitzende der österreichischen Sozialisten, Richter [Josef Buttinger], veröffentlichte im „Sozialistischen Kampf" einen Artikel über den Pakt (23. September [1939]). Darin unterstrich er, dass der Pakt aufs Neue Probleme im Zusammenhang mit der Politik Russlands aktualisiert hat, die bereits früher aktuell waren. Die österreichische Partei habe jedoch immer eine völlig unabhängige und kritische Position zur Sowjetunion gehabt und brauche aus diesem Grund keine Neubewertung vorzunehmen. Richter wies auf die folgenschweren Konsequenzen hin, die der Pakt für die internationale Arbeiterbewegung bekommen musste, aber warnte vor dem Glauben, dass die Komintern automatisch zusammenbrechen würde. Der Artikel erhob diese Forderung:

„Es gilt, den Gangster- und Polizeigeist, den politischen Massenbetrug und die gerissene Demagogie in der Arbeiterbewegung auszurotten, deren Mischung uns aus den heutigen kommunistischen Parteien als ‚revolutionärer Charakter' präsentiert wird. Es gilt, gegen den stupiden Machiavellismus aufzutreten, der seit Jahren das Denken tausender proletarischer revolutionärer Arbeiter vergiftet"[16].

Die Gruppe „Freunde der sozialistischen Einheit", die von ehemaligen kommunistischen Vertrauensleuten gebildet wurde, veröffentlichte aus gleichem Anlass ein Manifest. Das Manifest war von den ehemaligen kommunistischen Reichstagsabgeordneten Willi Münzenberg, P. Maslowski und W. Öttinghaus unterzeichnet, und es erklärte u. a. dies:

„Der Feind steht nach wie vor im eigenen Lande, in Deutschland, er heisst Hitler und sein System. Gegen diesen Feind, gegen diesen Todfeind der deutschen Arbeiterklasse und des deutschen Volkes, des Friedens und der Kultur der ganzen Welt, werden wir verstärkt weiterkämpfen und weiter gilt unsere frühere Erkenntnis und unser Wort: Hitlers Feinde sind unsere Freunde, und seine Freunde sind unsere Feinde."[17]

Münzenberg selbst hat über den Pakt eine Reihe von Artikeln in dem Wochenblatt „Die Zukunft" geschrieben. Unter der Überschrift „Der russische Dolchstoß" schrieb er (22. September [1939]):

„Frieden und Freiheit müssen verteidigt werden gegen Hitler und gegen Stalin, der Sieg muss gegen Hitler und Stalin erkämpft und die neue, unabhängige Einheitspartei der deutschen Arbeiter im Kampfe gegen Hitler und gegen Stalin geschmiedet werden."[18]

In einem anderen Artikel schrieb Münzenberg (29. September [1939]):

„Der grosse heilige Freiheitskampf mit dem Ziel der Vernichtung des Nationalsozialismus und der Schaffung eines sozial fortschrittlichen demokratischen Deutschland kann nur erreicht werden im Kampfe gegen Hitler und gegen Stalin. Wer heute nicht gleichzeitig gegen Stalin kämpft, hilft Hitler."[19]

Die Sozialistische Arbeiterpartei (SAP) mit ihrem Vorsitzenden Jacob Walcher veröffentlichte Ende August [1939] eine Erklärung, in der sie erklärte, dass die Sowjetregierung durch den Nichtangriffspakt mit Hitler in gewissenloser Weise die Interessen der internationalen Arbeiterklasse preisgegeben habe. Die Erklärung „fordert alle Teile der internationalen Arbeiterbewegung auf, durch eine entschiedene Frontstellung und durch gründliche, kameradschaftliche Aufklärung der kommunistischen Anhänger dafür zu sorgen, dass die demoralisierte Bürokratie der Kominternparteien aus der Klassenbewegung ausgeschieden wird".[20]

Später hat die SAP eine neue Erklärung zur russischen Politik veröffentlicht, in der es u. a. heißt:

„Die Sowjetunion hat eine totale Kursänderung in ihrer Außenpolitik vorgenommen. Sie hat Hitler im August 1939 nicht nur aus einer hoffnungslosen Lage herausgeholfen, sondern hat danach auch alle seine politischen und militärischen Aktionen unterstützt.

Die Sowjetunion selbst hat die gleiche Gewaltpolitik gegen andere Länder begonnen wie Hitler. Sie hat sich am Überfall auf Polen beteiligt, sie hat faktisch die baltischen Staaten annektiert und sie hat Finnland gedroht.

Diese Politik ist im Widerstreit mit jeder wirklichen sozialistischen Auffassung, im Widerstreit mit dem, was Lenin in der Frage des Selbstbestimmungsrechts der Nationen verfochten und praktiziert hat, im Widerspruch auch zu dem, was die Führer der Sowjetunion und der Komintern bis zuletzt vertreten haben. Damit hat die Sowjetunion nicht nur die internationale Front gegen den Faschismus verlassen, sondern, solange diese Leitung an der Macht ist, auch aufgehört, ein international revolutionär-sozialistischer Faktor zu sein.

Wir können heute die S[owjet-]U[nion] nicht mehr anders betrachten als andere Grossmächte."[21]

Im Zusammenhang mit der Diskussion über den Russenpakt haben die deutschen Sozialisten auch die Gefahr einer russischen Intervention in Mitteleuropa nach dem Kriege berührt. Ebenso deutlich, wie sie erklärten, dass sie eine umfassende friedliche Zusammenarbeit mit dem russischen Volk wollen, haben sie gesagt, dass sie sich jedem Versuch einer Intervention seitens des Sowjetstaates widersetzen werden.

Diskussion über die Zukunft Mitteleuropas.
Im Laufe der letzten Jahre hat es unter den deutschen und anderen mitteleuropäischen Sozialisten ständig Diskussionen darüber gegeben, was „nach Hitler" kommen würde. Die Debatte hat allerdings eine etwas abstrakte Form. Nun hat die ganze Frage eine viel größere Aktualität erhalten. Das hängt unmittelbar mit der Stellung zum Krieg zusammen: Alle, die gegen das jetzige deutsche Regime Stellung beziehen, müssen auch Pläne darüber darlegen können, wie sie die deutsche Gesellschaft und das Zusammenleben der Völker in Mitteleuropa organisieren wollen. In diesem Punkt zeigt sich, dass sich ziemlich große Divergenzen geltend machen. Es gibt einzelne Kräfte, die glauben, dass die Weimarer Republik mit Unterstützung der Westmächte – wenn notwendig: militärischer – wiedererstehen wird. Einige meinen, es ist das Beste, wenn man über die Kriegsziele schweigt, es werden sowieso die Siegerherren sein, die bestimmen, wie der Frieden aussehen soll. Andere sind jedoch der Auffassung, dass man bereits zum jetzigen Zeitpunkt gewisse Hauptpunkte für die Errichtung der neuen deutschen Gesellschaft erarbeiten muss.

Ein wichtiger Beitrag zu dieser Diskussion ist die bereits genannte Broschüre, die von führenden deutschen und österreichischen Sozialisten herausgegeben wurde *(Der kommende Weltkrieg)*. Sie geht davon aus, dass eine Erhebung gegen den Nazismus als eine *demokratische* Umwälzung geschehen muss. Die demokratischen Rechte müssen wiedererrichtet werden, die unterdrückten Nationen müssen ihr Selbstbestimmungsrecht zurückerhalten, das Land muss Frieden erhalten und gegen Hunger und wirtschaftlichen Zusammenbruch beschützt werden. Aber, heißt es weiter, eine demokratische Umwälzung kann in Deutschland nicht konsequent durchgeführt werden, wenn man vor *sozialistischen* Maßnahmen zurückweicht. Zuerst müssen drei Aufgaben gelöst werden:
1. Auflösung des nazistischen Unterdrückungs- und Propagandaapparates und Bildung demokratischer Massenorganisationen.
2. Gesellschaftliche Übernahme des zentralisierten Wirtschaftsapparates.

3. Sozialisierung der großen Industrie- und Bankentrusts sowie des Großgrundbesitzes.

Mit Unterstützung aller arbeitenden Bevölkerungsschichten wird es dann möglich sein, die Entwicklung weiter in sozialistische Richtung zu führen. Man hofft, die Auswüchse zu vermeiden, die es in Russland gegeben hat, und beruft sich u. a. darauf, dass in Deutschland bessere ökonomische und soziale Voraussetzungen für eine sozialistische Umwälzung vorliegen und dass die sozialistische Bewegung zu einer Synthese zwischen radikaler sozialistischer und demokratischer Politik finden muss.

Von besonderem Interesse ist, was die Broschüre zum Verhältnis des neuen Deutschlands zu den Nachbarvölkern zu sagen hat. Hier wird auf zwei Hauptaufgaben verwiesen:

1. Liquidierung des deutschen Imperialismus und Gewährung des Selbstbestimmungsrechts für alle unterdrückten Nationen.
2. Verteidigung des eigenen Landes, Selbstbestimmungsrecht auch für das deutsche Volk.

Es wird darauf verwiesen, dass die beste Lösung eine freie Föderation zwischen Deutschland und den Völkern Ost- und Mitteleuropas wäre. Eine solche föderative Lösung kann jedoch niemandem aufgezwungen werden. Wenn die anderen Völker keine nähere Zusammenarbeit mit Deutschland haben wollen, muss ihr Wille respektiert werden. Die beste Garantie dafür, mit ihnen zu einer Zusammenarbeit zu kommen, wäre eine sozialistische und konsequent antiimperialistische Politik. Im Zusammenhang damit heißt es u. a.:

„Das demokratische Prinzip in der nationalen Frage ist das Selbstbestimmungsrecht der Nationen. Aber die Nationen wohnen in Mittel- und Osteuropa nicht nur so durcheinander, dass eine Grenzziehung nach diesem Prinzip die größten technischen Schwierigkeiten bereitet, viele von ihnen sind auch so klein, dass ihre Nationalstaaten nicht selbständig lebensfähig sein konnten und können. Die Grenzziehung von Versailles hat diesen Widerspruch auf die Spitze getrieben. Sie hat erstens eine ganze Reihe von wirtschaftlich lebensunfähigen Kleinstaaten geschaffen und damit eine Reihe von

Zollgrenzen, die Mittel- und Osteuropa wirtschaftlich ruiniert haben, sie hat zweitens Grenzen dieser Kleinstaaten nicht nur nicht vollkommen gemäß dem Selbstbestimmungsrecht gezogen, was gar nicht möglich ist, sondern außerdem noch weitgehend nach strategischen, wirtschaftlichen und anderen Gesichtspunkten zugunsten der Verbündeten der Siegerstaaten verändert.

Eine wirkliche demokratische Lösung, die gleichzeitig das Selbstbestimmungsrecht aller Nationen berücksichtigt, kann nur föderativ sein, kann nur ein freies Zusammenleben der Nationen mit weitgehender Selbstverwaltung, aber ohne trennende Zoll- und Militärgrenzen der wirtschaftlichen Zusammenarbeit zum Ziel haben.

Die Völker Europas brauchen neue Grenzen und neue Kleinstaaterei nicht, ihr ökonomischer und kultureller Aufstieg erfordert das Niederreißen überflüssiger Zollschranken, Wirtschafts- und Verkehrshemmnisse bei gleichzeitiger voller politischer und kultureller Autonomie für alle Nationen und nationalen Minderheiten."[22]

Eine andere Auffassung der zukünftigen Entwicklung wurde in einer Broschüre entwickelt, die ebenfalls unmittelbar vor Kriegsausbruch erschien. Sie heißt „Die Partei der Freiheit" und stammt von *Curt Geyer*, dem Redakteur der Wochenzeitung der deutschen Sozialdemokratie. Geyer tritt dort dafür ein, dass eine Revolution gegen Hitler nur eine politische und nicht eine ökonomische oder soziale sein muss. Soziale Umwälzungen würden nach den Erfahrungen, die man in Russland gemacht hat, zur Diktatur führen. Deshalb soll man sich besser nicht auf „Sozialisierungsexperimente" einlassen. Geyer und seine Meinungsgenossen gehen also davon aus, dass man sich damit zufrieden geben soll, die Demokratie in Deutschland wiederzuerrichten und auf die sozialistischen Ziele in der nächsten Zukunft zu verzichten.

Dagegen hat man geltend gemacht, dass die Erfahrungen der Weimarer Republik gerade gezeigt haben sollten, dass es unmöglich ist, in Deutschland die Demokratie zu verankern, ohne dass die Macht der Großgrundbesitzer, des Militarismus und der schwerindustriellen Trusts gebrochen ist. Was Letztere betrifft, so hat ja der Nazismus eine starke Kontrolle und Zentralisierung durchgeführt, und man hat auch Grund zu glauben, dass man ein Chaos in Deutschland nur verhindern kann, wenn die Gesellschaft die Leitung der großen Wirtschaftsbetriebe übernimmt. Dieser Teil der Diskussion kann gerne unter dem Schlagwort: Zurück nach Weimar – oder Vorwärts zu einem demokratisch-sozialistischen Deutschland zusammengefasst werden.

Ein interessanter Beitrag zu dieser Diskussion wurde in Münzenbergs Wochenblatt „Die Zukunft" (27. Oktober [Nr. 43, 1939]) veröffentlicht. Hier wurden einige Punkte für ein Programm aufgelistet, nach dem eine zukünftige provisorische Regierung in Deutschland arbeiten solle. Dies waren die Hauptpunkte:

1. Sofortige Friedensverhandlungen – Wiederherstellung der Tschechoslowakei und Polens – Wiederherstellung des Selbstbestimmungsrechts für Österreich – Vorschlag für Abrüstung in allen Ländern – internationale Konferenz zur Neuregelung der Handelsbeziehungen und der Rohstoffprobleme.
2. Grundsätzliche Anerkennung des Privateigentums – aber die Regierung muss die Kontrolle über die Umstellung der Kriegswirtschaft auf eine Friedenswirtschaft haben – für eine europäische Wirtschaftsunion.
3. Abschaffung der Zensur – Wiederherstellung der Koalitions-, Versammlungs-, Rede- und Pressefreiheit mit Ausnahme für diejenigen, die für eine Diktatur arbeiten.
4. Sobald wie möglich wird eine Nationalversammlung einberufen, die einen Präsidenten wählt und eine Verfassung verabschiedet.
5. Die Basis des neuen Regimes sollen sein: Freiheit im staatlichen, Sicherheit im persönlichen, sozialer Fortschritt im wirtschaftlichen Leben und Frieden nach außen.

Ansonsten gibt es mehrere Erklärungen, die darauf verweisen, dass der Gedanke einer europäischen oder zumindest mitteleuropäischen Föderation einen starken Widerhall bei den deutschen Sozialisten gefunden hat. In einer Erklärung der *deutschen S.A.P.* äußerte man den Vorbehalt, dass eine europäische Föderation sich nur dann als lebensfähig erweisen kann, wenn sie auf einer klaren antiimperialistischen Grundlage basiert. Weiter heißt es, dass man „sich ebenso entschieden, wie man für die Niederlage Hitler-Deutschlands eintritt, gegen einen neuen imperialistischen Gewaltfrieden wendet, gegen ein neues Versailles oder eine Verstümmelung oder Aufteilung Deutschlands.

Wenn das gegenwärtige Regime und dessen imperialistische Kriegsmaschinerie zerschlagen ist, müssen die Völker selbst Gelegenheit erhalten zu entscheiden, wie ihr Wiederaufbau geschehen soll. Das Volk in Polen, der Tschechoslowakei und in Österreich soll selbst entscheiden, ob es seine alten Grenzen wiederherstellen will oder ob es sich ganz oder teilweise mit Deutschland zusammen schließen will."[23]

Der gleiche Standpunkt kommt im „Soz[ialdemokratischen] Informations-Brief" (Nr. 48 [1939]) zum Ausdruck, wo man auch prinzipiell für eine europäische Föderation eintritt. Aber die deutschen Sozialisten müssen versuchen, die unterdrückten Nationen davon zu überzeugen, dass eine föderative Lösung auch dann nicht unmöglich ist, wenn die Westmächte sich *nicht* an ihr beteiligen. Ihre erste Aufgabe besteht in jedem Fall darin, ein nicht-imperialistisches Deutschland zu *schaffen* und durch Handlung den Unterschied zwischen ihrer und der nazistischen Politik zu *zeigen*. Zum Schluss heißt es:

„Die föderative Zusammenarbeit zu propagieren, aber das Selbstbestimmungsrecht für das eigene Volk zu fordern und bei anderen Völkern zu respektieren – das allein kann der Beitrag der deutschen Sozialisten zur Diskussion über die Zukunft der europäischen Landkarte sein. Das Ausdenken neuer Grenzen aber ist nicht unsere Sache."[24]

Die föderative Lösung wird auch von Austriacus [Oscar Pollak] in „Der Sozialistische Kampf" (4. November [1939]) aufgegriffen:

„Unser nächstes Ziel ist der Sturz Hitlers, die Wiedererringung der freien Selbstbestimmung des österreichischen Volkes, das selbst und frei über sein künftiges staatliches Schicksal und seine Regierungsform entscheiden soll. Unsere Vorstellung von der Zukunft ist die einer von jeder Hegemonie befreiten Föderation in Mitteleuropa, womöglich als Bestandteil eines von jeder Zwangsherrschaft freien, föderativen Europas."[25]

Austriacus weist auf die Gefahren hin, die einer demokratischen Neuordnung in Mitteleuropa auf der einen Seite von den Westmächten, auf der anderen von Stalin drohen können. Im Kampf gegen diese Gefahren können die österreichischen Arbeiter einen großen Beitrag leisten:

„Österreich kann und muss ein Faktor der Erneuerung werden, nicht ein Faktor der Reaktion. Für diese Aufgabe der Erneuerung bietet Österreich wichtige Voraussetzungen: seine Zugehörigkeit zum deutschen Sprach- und Kulturgebiet unter Ablehnung jeder Ideologie des deutschen Imperialismus; seine alte Tradition der Verbundenheit mit nichtdeutschen Nationen; vor allem aber [...] die ungebrochene Kraft seiner Arbeiterschaft.

Diese Kraft einzusetzen, um die Freiheit zu erringen, zu bewahren und zu organisieren, diese Kraft einzusetzen, um die Revolution [...] vor dem Chaos zu retten, das ihr von äußeren Einflüssen droht; diese Kraft in den Dienst des Neuaufbaus eines freien Europas zu stellen, in dem [...] die Demokratie nur durch den Sozialismus gesichert werden kann, – das ist die Aufgabe der österreichischen Sozialisten."[26]

Zum Abschluss dieser Übersicht soll auch erwähnt werden, dass die *tschechoslowakischen Sozialisten* einen Plan für eine freie Föderation der Länder Mitteleuropas ausgearbeitet haben. Dieser Plan soll, wenn es sich einrichten lässt, mit Vertretern der deutschen, österreichischen, ungarischen und polnischen Parteien erörtert werden, um eine gemeinsame Hauptlinie für den Kampf zu erreichen, den die Sozialisten während dieses Krieges im Mitteleuropa führen.

Nr. 63
Artikel Brandts
"**Der Traum von Europas Vereinigten Staaten**"
28. Dezember 1939

Bergens Arbeiderblad, 13. Jg., Nr. 300, 28. Dezember 1939[1] (Übersetzung aus dem Norwegischen: Einhart Lorenz).

Während die Kriegsmaschinerie Tod und Verderben verbreitet, sehnt sich das Volk in allen Ländern nach Sicherheit und beständigem Frieden. Keine der Großmächte kann weiterhin Krieg im Namen des Krieges führen. Sie mussten, um ihre Kriegspolitik zu motivieren, Zuflucht zur Forderung nach einem gerechten und dauerhaften Frieden nehmen. Der Völkerbund war am Ende des vorigen Weltkrieges die große Hoffnung. Eine gemeinsame internationale Rechtsorganisation sollte den Unfrieden zwischen den Nationen beenden. Andere Streitfragen sollten durch Schlichtung und Schiedsgerichtsverfahren entschieden werden und durch kollektive Sicherheit gegen Friedensstörer. Aber so zeigte sich, dass der Völkerbund es nicht vermochte, neue Angriffe auf schwache Nationen und die Vorbereitung zu einem neuen Großmächtekrieg zu verhindern. Viele haben die Ursachen für den Zusammenbruch des Völkerbundes diskutiert. Indem sie diese Ursachen finden, hoffen sie, einen Völkerbund errichten zu können, der besser ist als derjenige, der 1919 gegründet wurde. Andere probieren, neue Formen für eine internationale oder zumindest europäische Rechtsorganisation zu finden.

Die Parole von den „Vereinigten Staaten Europas" ist heute ein zentraler Punkt in der internationalen Diskussion über das Kriegsziel geworden. Diese Parole erhält immer größere Zustimmung. Demokratische Organisationen, Arbeiterparteien und Friedensorganisationen in verschiedenen Ländern haben sie in ihre aktuellen Programme aufgenommen. Keine Großmacht und keine Machtgruppe soll das Recht haben, sich einen „Lebensraum" zu sichern, indem sie andere Völker und Länder unterwirft. Alle Völker haben das gleiche

Recht, ihr eigenes Leben zu leben. Keiner soll das Recht haben, die menschliche Freiheit und die Selbstständigkeit der Völker mit Füßen zu treten. Aber wenn das erreicht werden soll, müssen sich die Völker Europas zusammenschließen. Sie müssen sich einem Staatenverband anschließen, der, indem er eine starke europäische Zentralbehörde[2] schafft, gleichzeitig alle Interessen der einzelnen Völker sichern kann. Europa muss sich zum Staatenverband zusammenschließen oder sterben, wie es in dem Friedensprogramm heißt, das Major *Attlee* im Namen der englischen Arbeiterpartei formulierte[3].

Die Parole von den Vereinigten Staaten von Europa ist nicht neu. Sie ist im Laufe einer langen historischen Entwicklung gereift. Seit Ende des Mittelalters ist die Reaktion auf die zerstörenden Kriege mit dem Traum von einer europäischen Föderation verbunden. Wir können zwei Vorschläge für eine gemeinsame europäische Organisation nennen, die bereits vor über 200 Jahren gemacht worden sind.[4] 1710 erschien in England ein Buch, das der „Europäische Staatenverband" hieß. Das Buch war von dem Quäker *John Bellers* geschrieben, der 1725 starb. Es war in der Zeit nach den spanischen Thronfolgekriegen und den nordischen Kriegen, als Bellers auf die schweizerischen und niederländischen föderativen Republiken als Beispiele für die Errichtung eines neuen Europas hinwies. Er schlug vor, dass Europa in 100 Kantone oder Bezirke eingeteilt werden sollte und jeder Bezirk einen Vertreter in einen gemeinsamen Senat entsenden sollte. Jeder Bezirk sollte auch eine bestimmte Anzahl bewaffneter Männer zur Verfügung stellen, z.B. 1.000, die hinter dem Repräsentanten des Bezirks stehen sollten. Gleichzeitig sollte die Kriegsmacht der einzelnen Staaten begrenzt werden. Bellers rechnete damit, dass die Mehrheit im Senat auf diese Weise immer über eine militärische Stärke verfügen konnte, um sich Respekt zu verschaffen.

In Frankreich wuchsen ähnliche Ideen heran. Der Priester *Saint Pierre* schrieb in den Jahren 1712–16 ein großes, dreibändiges Werk: Entwurf für den ewigen Frieden. Der Hauptinhalt dieses Werkes war, dass Europas Staaten sich zu einem ewigen Friedensverband zusammenschließen sollten. Die bekanntesten Männer der Aufklärung wie Voltaire, Rousseau und Diderot hatten große Sympathie für diesen

Gedanken. Es ist auch charakteristisch, dass die Französische Akademie in den 1760er Jahren einen Wettbewerb für die beste Schrift ausschrieb, „die den Nationen zeigt, wie sie sich zur Sicherung des allgemeinen Friedens zusammenschließen können."

Zusammen mit der Französischen Revolution wuchs auch die Hoffnung auf eine freie Föderation der demokratischen Nationen Europas. Napoleon verfälschte jedoch diesen Gedanken dahin, dass der ewige Friede in Europa auf französischer Oberhoheit beruhen sollte. Aber sobald die Napoleonischen Kriege vorbei waren und noch während der Wiener Kongress 1814 tagte, erschien ein neues Buch über den Zusammenschluss der europäischen Staaten. Es war der französische utopische Sozialist *Saint-Simon*, der dieses Buch mit dem langen Titel „Über die Neuordnung der europäischen Gesellschaft oder Über die Notwendigkeit und die Mittel, die Völker Europas in einem einzigen politischen Organismus zu vereinigen und dabei die nationale Unabhängigkeit eines jeden Volkes zu bewahren" heraus-gab.[5] Saint-Simon strebte danach, eine europäische Völkergemeinschaft zu schaffen. Er betrachtete es als eine wichtige Voraussetzung, dass ein „europäischer Patriotismus" als Ergänzung des Nationalgefühls bei den einzelnen Völkern geschaffen würde. Die europäische Völkergemeinschaft sollte nach Saint-Simons Auffassung von einem europäischen Parlament gelenkt und die Parlamentsmitglieder direkt von der wahlberechtigten Bevölkerung gewählt werden, nicht von den Regierungen. Je eine Million wahlberechtigter Männer sollte einen Kaufmann, einen Wissenschaftler, einen Verwaltungsmann und einen Justizbeamten wählen. Dazu sollte ein europäisches Oberhaus mit Vertretern der verschiedenen Regierungen oder Königshäuser kommen.

Aber auch Saint-Simon war seiner Zeit voraus. Im 19. Jahrhundert wurde Europa von vielen nationalen und dynastischen Kriegen heimgesucht. Die bürgerliche Friedensbewegung, die im Laufe des vorigen Jahrhunderts heranwuchs, ist jedoch wiederholt zum Traum eines europäischen Völkerverbandes oder Vereinigter Staaten zurückgekehrt. Auf der Friedenskonferenz in Paris 1849 trat der große französische Schriftsteller *Victor Hugo* für die Vereinigten

Staaten von Europa ein.⁶ Zur gleichen Zeit wuchs ein neuer gesellschaftlicher Faktor heran, die moderne Arbeiterbewegung. Der Kampf der Arbeiterbewegung gegen den Krieg war immer mit solchen Forderungen verbunden, die nicht nur in Richtung der Abrüstung und der Lösung internationaler Konflikte durch Schlichtung und Schiedssprüche wiesen, sondern auch auf die Überwindung der Kleinstaaterei durch organisierte Zusammenarbeit von demokratischen Ländern zielten. Man war sich nämlich darüber klar geworden, dass das, was einer Durchführung von John Bellers', Saint Pierres und Saint-Simons Ideen im Wege stand, nicht nur die Königsmacht und der Adel war, sondern im gleichen Maße die kapitalistische Geldherrschaft, die die Welt und den europäischen Kontinent in neue, imperialistische Großmachtkriege führte. Die Überwindung der imperialistischen Politik und eine entwickelte Demokratie in den einzelnen Gesellschaften waren die entscheidenden Voraussetzungen für die Durchführung einer europäischen Neuordnung.

Während des imperialistischen Weltkrieges 1914–18 trat die Forderung nach einer gemeinsamen europäischen Organisation wieder stark in den Vordergrund. Der Krieg hatte einen weltumspannenden Charakter und viele glaubten, dass man – wenn der Krieg einmal beendet war – ebenso gut die Forderung nach einem weltumspannenden Völkerbund erheben könnte. In dem Manifest des skandinavisch-holländischen Komitees der Zusammenarbeit der Arbeiterbewegung, das im Oktober 1917 in Stockholm veröffentlicht wurde, war die Parole von einem Völkerbund als Punkt 13 enthalten.⁷ Ein paar Monate später kam Präsident *Wilson* mit seiner Botschaft an den amerikanischen Senat, den berühmten 14 Punkten, wo er im letzten Punkt forderte, dass nach dem Krieg ein Völkerbund errichtet werden müsse. Die Siegermächte nahmen diesen Punkt mit in den Frieden auf, den sie in Versailles bestimmten. Die Mittelmächte waren zunächst aus der neuen Organisation in Genf ausgeschlossen. Und die Vereinigten Staaten von Amerika hielten sich abseits. Der Völkerbund wurde nicht wirklich weltumspannend, ebenso wenig war er ein ernsthafter Schritt in Richtung einer gemeinsamen europäischen Organisation. Die Westmächte dominierten in Genf, und die einzelnen Mächte waren nicht ernsthaft bereit, einen Teil ihrer Rechte zum Vorteil einer internationalen Rechtsorganisation abzutreten. Als die reaktionären Diktaturstaaten sich ihren Weg bahnten, scherten sie sich nicht länger um den Völkerbund, und die regierenden Schichten der westeuropäischen Demokratien taten das Ihrige, um den Bankrott des Völkerbundes zu besiegeln.

Gerade die Erfahrungen mit dem Völkerbund haben die Diskussion über Europas Staatenverband neu belebt. In den Zwanzigerjahren erhielt die Parole von einem Pan-Europa viele Anhänger, und der französische Außenminister *Briand* wurde Leiter einer Kommission des Völkerbundes, die die Aufgabe erhielt, die pan-europäischen Vorschläge zu begutachten. Wenn diese Arbeit auch zu nichts führte, erwies sich die Parole doch als so zugkräftig, dass auch die Diktaturen sie benutzten. Die Nazisten redeten von einer europäischen Neuordnung unter deutscher Hegemonie, und der Bolschewismus lancierte das Schlagwort von einem Sowjeteuropa. Alle, die die Grundlage für einen kommenden demokratischen Frieden diskutieren, sehen sich auch gezwungen, ernsthafter den Plan eines Pan-Europa zu betrachten. Auch diejenigen, die in erster Linie für eine Reorganisation des Völkerbundes in Genf eintreten, beginnen einzuräumen, dass eine Neuordnung zwischen den Staaten in Europa eine der wichtigsten Bedingungen für eine breitere internationale Rechtsorganisation ist.

Die internationale Diskussion über die Kriegsziele war bereits im Gange, bevor der Krieg ausbrach. Der Kriegsausbruch hat diese Diskussion nicht aufhalten können. In England und Amerika wird diese Diskussion in fast allen Zeitungen und Zeitschriften geführt und es gibt schon eine kleine Bibliothek mit Schriften über die Kriegs- und Friedensziele. Bereits vor Kriegsausbruch erschien ein Buch des amerikanischen Journalisten *Clarence Streit*[8], der für eine Union der demokratischen Staaten der Welt eintritt: USA, Großbritannien, Frankreich, Belgien, Holland, die Schweiz, Dänemark, Norwegen, Schweden, Finnland, Kanada, Australien, Neuseeland und Irland. Die einzelnen Staaten sollen nicht ihre Selbstständigkeit aufgeben, aber man soll eine gemeinsame Unionsstaatsbürgerschaft, eine gemeinsame Unionsverteidigung und Außenpolitik, Wirtschaftszusammenarbeit ohne Zollgrenzen, ein gemeinsames Münzsystem, Post- und Kommunikationswesen erhalten. Diese Union soll nach Streits Auffassung von einem gemeinsamen Parlament, das direkt vom Volk gewählt wird, regiert werden.

Der Unions- und Föderationsgedanke hat besonders in der britischen Staatengemeinschaft starken Anklang gefunden. In England ist sogar eine Organisation mit dem Namen „Federal Union" gegründet worden.[9] Bücher und Broschüren von Leuten wie *Wickham Steed*, Professor *Cole*, *Harold Nicolsen* und *Arthur Greenwood* greifen den Unionsgedanken auf.[10] Aber sie sind sich im Großen und Ganzen einig, dass sich Streits Vorschlag nicht durchführen lässt. Man muss mit Europa beginnen, um Frieden in der Welt zu bekommen. Und in Europa muss man zuallererst die Handelsverbindungen und die übrigen ökonomischen Probleme, die zu einem wesentlichen Teil Ursache der europäischen Krise waren, regeln. In dieser umfassenden Debatte erhält der Unionsgedanke einen immer konkreteren Inhalt, so dass er nicht länger nur ein Traum ist. Aber man beginnt sich auch darüber klar zu werden, dass es auch nach diesem Krieg nicht mit einem Schlag möglich sein wird, einen europäischen Staatenverband zu schaffen. Aller Wahrscheinlichkeit nach wird die Entwicklung in Etappen geschehen. Man kann die enge, nicht nur politische und militärische, sondern auch ökonomische Zusammenarbeit zwischen den Westmächten als einen ersten Schritt zu einer Föderierung zwischen ihnen sehen. In Mitteleuropa sind alle ökonomischen Bedingungen für eine freie Föderation zwischen Deutschland und den Agrarstaaten im Osten und Südosten gegeben. Aber man erörtert auch vielerlei Projekte einer Union zwischen den Tschechen und Polen, einer Balkan- und Donauföderation. Als ein Glied in einer derartigen Entwicklung wäre es auch natürlich, wenn sich die nordischen Länder noch stärker zusammenschließen würden, besonders in Bezug auf den Ausbau der wirtschaftlichen Zusammenarbeit. Es ist gut denkbar, dass eine solche „Föderation in Etappen" der sicherste Weg zu einer gemeinsamen europäischen Föderation ist.

Solange Kanonen und Bomber das Wort haben, werden alle Worte über Friedensziele leicht illusorisch wirken. Und es ist auch einleuchtend, dass es keinen sicheren Frieden geben kann, solange die Diktaturen Verwüstung anrichten und die imperialistische Politik so schalten und walten kann, wie sie will. Aber gleichzeitig werden die Völker, die vom Krieg betroffen sind, in immer größerem Umfang für Pläne einer rationalen friedlichen Neuordnung empfänglich sein. Die Forderungen nach der Selbstbestimmung aller Nationen, nach Rechtsverhältnissen zwischen den Staaten, nach gleichem Zugang zu den Rohstoffen und Absatzmärkten werden mit der Losung von Europas Vereinigten Staaten verschmelzen. Ein Niederreißen der blockierenden ökonomischen Hindernisse in Europa wird der Wirtschaft neue Entwicklungsmöglichkeiten geben. Eine gemeinsame europäische Organisation mit Leitungsorganen, die vom Volk selbst gewählt sind, wird Voraussetzungen für eine wirkliche Abrüstung und kollektive Sicherheit schaffen, gleichzeitig können sich die Kräfte der Nationen um konstruktive statt destruktive Aufgaben vereinen. Und Frieden in Europa wäre der wertvollste Beitrag, der geleistet werden kann, um Frieden in der ganzen Welt zu schaffen. Die weitere Entwicklung während des Kriegs und die Reife der Völker bei Kriegsende werden entscheiden, wie weit die Parole von den Vereinigten Staaten von Europa weiterhin ein Traum sein wird oder ob sie verwirklicht wird.

Nr. 64
Artikel Brandts
„Unsere Stellung zu Russland"
Januar / Februar 1940

Det 20de århundre, 41. Jg., Heft 1, Januar-Februar 1940¹ (Übersetzung aus dem Norwegischen: Einhart Lorenz unter Verwendung einzelner Textpassagen aus Brandt 1966).

Die Politik Russlands veränderte im vorigen Jahr die gesamte internationale Situation. Der Pakt mit Deutschland löste den Überfall auf Polen und die Kriegserklärung der Westmächte an Deutschland aus. Er rettete das Dritte Reich aus einer hoffnungslosen Konstellation. Das Eingreifen Russlands in den Krieg besiegelte das Schicksal Polens. Der Krieg gegen Finnland hat eine Reihe neuer Probleme aufgeworfen, die für die weitere Entwicklung von verhängnisvollster Bedeutung sein können.²

Russlands Haltung war jedoch nicht nur von großer Bedeutung für die neuen Frontlinien, die im Begriff sind, sich in der Welt zu bilden. Sie hat auch die Arbeiterbewegung in allen Ländern vor neue Probleme gestellt. Die Stellung zur Sowjetunion war seit der Gründung der Union eine Streitfrage innerhalb der internationalen Arbeiterbewegung. Die Komintern und die kommunistischen Parteien forderten, dass sich die gesamte Arbeiterbewegung von Moskau führen ließ. Diese Forderung ist von der gesamten sozialistischen Arbeiterbewegung zurückgewiesen worden, was dazu beigetragen hat, dass die Komintern, ursprünglich ein wichtiger Bestandteil der internationalen Arbeiterbewegung, zu einer Sekte reduziert worden ist, zu einer Auslandsagentur für den russischen Staat. Unter den Sozialisten gab es einige, die von der ersten Stunde an eine feindliche Haltung gegenüber der russischen Revolution einnahmen. Sie legten das größte Gewicht darauf, dass das Vorgehen der Bolschewiki nicht demokratisch war. Aber sie zeigten wenig Verständnis für die tieferliegenden Motive der Arbeiter- und Bauernerhebung in Russland. Die große Mehrheit der sozialistischen Arbeiterbewegung hat mit der russischen Revolution und dem Aufbauwerk, das sie auslöste, sympathisiert und sich damit solidarisiert. Sie hat trotz der Dinge, die mit Kritik und Skepsis betrachtet wurden, an dieser Sympathie und Solidarität festgehalten. Obwohl sie von den Kommunisten angegriffen wurde, hat sie die Sowjetunion gegen Drohungen von reaktionärer und imperialistischer Seite verteidigt. Hinter dem, was trennte, sah sie die Sowjetunion als einen Alliierten in dem großen Kampf für eine neue Gesellschaftsordnung. Und das, was die sozialistischen Arbeiter dazu brachte, sich solidarisch mit der Sowjetunion zu verhalten und Hoffnung mit ihr zu verbinden, war nicht zuletzt die Friedenspolitik der Sowjetunion, ihr Kampf gegen den Imperialismus und für das Lebensrecht der kleinen Nationen.

So verhielt es sich auch in der norwegischen Arbeiterbewegung. Wenn es jemanden gab, der Russland in den Jahren nach der Revolution unterstützt und geholfen hat, so waren es die sozialistischen Arbeiter dieses Landes. Wenn es jemanden gab, der seine Ehre darein setzte, dieses Verhältnis zu behindern, so war es die Kominternsektion. Die norwegische Arbeiterbewegung hat die russische Revolution gegen bürgerliche und reaktionäre Angriffe verteidigt. Sie folgte mit Interesse und Sympathie der Arbeit, die in Richtung einer neuen Gesellschaftsordnung für die russische Arbeiter- und Bauernbevölkerung wies. Die norwegische Arbeiterbewegung hat Russlands Sache verstanden, ohne die Hoffnung oder den Wunsch zu hegen, von der Roten Armee „befreit" werden zu müssen. Sie hat immer an ihrer Unabhängigkeit und ihrem Recht auf selbstständige, kritische Beurteilung festgehalten. Deshalb war auch der Bruch mit der Komintern zu einem frühen Zeitpunkt unumgänglich.[3]

Vor diesem Hintergrund muss man die Haltung der Arbeiterbewegung zur heutigen Sowjetunion sehen. Das Verhältnis ist fast nicht wiederzuerkennen. Dass die Führer der Sowjetunion sich in einer ausgeprägten Kampfsituation gegen die sozialistische Arbeiterbewegung befinden, ist eigentlich nicht neu. Das haben sie schon früher getan. Aber die ganze sozialistische Arbeiterbewegung ist heute genötigt, sich zur Wehr zu setzen und zwischen sich und der Politik des Sowjetstaates eine klare Grenze zu ziehen. Es ist nicht die Arbeiterbewegung, sondern die Sowjetunion, die sich geändert hat. Es ist nicht die Arbeiterbewegung, sondern die Sowjetunion, die mit dem Nazismus Freundschaft geschlossen hat. Es ist die Sowjetunion, die Polen in den Rücken gefallen und die den Krieg gegen Finnland begonnen hat. Es sind die russischen Führer, die sagen, es sei „das Werk von Verrückten, Krieg zu führen, um den Hitlerismus zu zerstören", ihre Freundschaft mit dem Nazismus sei „durch Blut bestätigt" und die Demokratie und die sozialistische Arbeiterbewegung seien die Hauptfeinde.[4]

Wenn nichts anderes geschehen ist, so hat jedenfalls die eigene Politik der Russen unserer früheren Haltung zur Sowjetunion die Grundlage entzogen. Eine neue Lage ist entstanden, und diese neue Lage erfordert nachzudenken, um zu Klarheit zu gelangen. Die Haltung der Bewegung muss mit den neuen Ereignissen in Übereinstimmung gebracht werden. Und die Ausnutzung der russischen Politik durch die Reaktionäre gegen den Sozialismus und die Arbeiterbewegung macht es erforderlich, dass die Neubewertung rasch, gründlich und entschieden erfolgt.

Die Politik Stalins bedeutet überall in der Welt eine Stärkung der reaktionären anti-sozialistischen und arbeiterfeindlichen Kräfte. Nicht nur dadurch, dass sie den Nazismus gestärkt hat.[5] Sie hat auch die Elemente ermuntert, die eine Brücke über die kapitalistischen Gegensätze zum Vorteil eines gemeinsamen „Kreuzzuges gegen den Osten" bauen wollen. Viele von ihnen wollen im gleichen Zug mit der Arbeiterbewegung abrechnen. Sie nehmen den sozialistischen Ausgangspunkt der Sowjetunion als Beweismittel gegen den Sozialismus und die Sympathie der Arbeiterbewegung mit der früheren Arbeit der Sowjetunion als Argument dafür, dass sie an den heutigen Verbrechen mitschuldig ist. Es ist Gefahr im Verzug, nicht nur von einer, sondern von mehreren Seiten. Wenn sich die Arbeiterbewegung gegen diese Gefahren zur Wehr setzt, muss sie das vor allem von ihrer *eigenen* Grundlage ausgehend machen. Unsere Stellung zu Russland muss jetzt wie früher auf unserer *sozialistischen* Einschätzung der Entwicklung beruhen. Wir müssen die Sowjetunion *als Sozialisten* bewerten, beurteilen – und wenn nötig verurteilen.

Es ist natürlich, dass wir unseren Ausgangspunkt in der Politik nehmen, die Russland gerade jetzt führt, in der Rolle, die es heute in der Weltpolitik spielt.[6] Sozialisten können nicht auf Grund abstrakter Prinzipien urteilen. Sie können nicht von einem Staat, der sich sozialistisch nennt, verlangen, dass er jeden beliebigen Tag Idealen zuliebe Krieg führen soll. Sie können einem solchen Staat auch nicht vorwerfen, dass er mit anderen Staaten, unabhängig von deren Regierungssystemen, reguläre Verbindungen unterhält. Aber *darum* geht es nicht. Die Sowjetunion hat hinter dem Schleier einer Friedenspolitik mitgeholfen, den großen Krieg in Gang zu setzen. Und unter dem Vorwand, ihre Verbindungen mit Deutschland regeln zu wollen, hat sie sich mit den Kräften verbündet und Freundschaft geschlossen, die während all der letzten Jahre die Hauptgefahr für Freiheit, Demokratie und Sozialismus in Europa darstellten. Unter dem Vorwand, das finnische Volk „befreien" zu wollen, ist die Sowjetmacht zum Raubzug gegen Finnland ausgezogen.

Durch diese Politik ist die Sowjetunion ein Bundesgenosse des Nazismus geworden und hat sich als Faktor aus der anti-nazistischen Front ausgeschaltet. Darüber hinaus hat sie sich selbst der Methoden des Nazismus bedient, indem sie zum Angriff auf ein friedliches, demokratisches Nachbarland überging. Die Sowjetunion ist ein reaktionärer Faktor in der internationalen Politik geworden. Die Arbeiterbewegung muss gegen sie wie gegen alle Reaktion kämpfen.

Aber eine solche Einschätzung, die sich auf Russlands aktuelle Außenpolitik begrenzt, reicht nicht aus. Die Außenpolitik eines Landes spiegelt dessen Innenpolitik und soziale Struktur wider. Die gegenwärtige russische Außenpolitik ist nicht ohne Zusammenhang mit Russlands Politik seit 1917. Aber sie bedeutet dennoch einen Bruch mit einem Teil der Grundelemente in der russischen Politik, die man im Laufe der Jahre geltend machte. Es muss erlaubt sein, nach dem gesellschaftlichen Hintergrund der Allianz der Russen mit dem Nazismus und ihrer Bombardierung finnischer Arbeiterwohnungen und Krankenhäuser zu fragen. Die Arbeiterbewegung muss nicht nur gegenüber der russischen Außenpolitik eine klare Haltung einnehmen, sondern auch zur Sowjetunion als Staat.

Manche machen es sich mit der Antwort zu leicht. Sie sagen, dass Russland eine imperialistische Politik führt und dass die Sowjetunion deshalb kapitalistisch geworden sein muss. Denn der Imperialismus ist ja eine Erscheinungsform der kapitalistischen Wirtschaft. Andere begnügen sich damit zu sagen, dass Russland zeigt, dass jede Diktatur zum Krieg führt. Einige glauben, das Ei des Kolumbus gefunden zu haben, wenn sie die Zustände in Russland als „Staatskapitalismus" charakterisieren.

Nach unserer Auffassung ist keine dieser Antworten zufriedenstellend. Man kommt nicht weiter, wenn man über dogmatische Spitzfindigkeiten oder verschiedene „Ismen" streitet. Was man tun muss, ist, die Entwicklung in Russland zu *verstehen,* sie sachlich und nüchtern einzuschätzen und nicht im Vorhinein die Betrachtungen in unbewegliche Schemata zu zwingen. Diese Aufgabe kann nicht in diesem Artikel gelöst werden. Wir haben nur daran gedacht, einige Momente anzudeuten, die bei einer tiefergehenden und wissenschaftlichen Untersuchung in Betrachtung kommen sollten. Ein entscheidender Mangel ist, dass man ausreichendes objektives Material vermisst. Meistens ist man entweder auf unzuverlässige russische Quellen oder auf antibolschewistische „Schreckenspropaganda" angewiesen.

Die Arbeiterbewegung braucht nicht die Haltung zu bedauern, die sie früher zur Entwicklung in Russland eingenommen hat. Ihre Haltung muss von einem historischen Standpunkt aus gesehen werden. Gewiss ist man oft geneigt, die Verhältnisse zu idealisieren, und an verschiedenen Punkten wird es sich zeigen, dass die Wurzeln der Politik, die wir heute sehen, zurückzuführen sind auf den Ausgangspunkt, die Ideen und die praktischen Ausdrucksformen der Revolution.[7] Was erhalten bleiben wird, sind dennoch Ereignisse und Leistungen mit welthistorischem Maßstab: die Übernahme der Produktionsmittel durch den Staat, die Umwälzungen in der Landwirtschaft und die Politik der Wirtschaftsplanung. In Russland hat man gezeigt, dass es ohne Kapitalisten funktionierte. Das neue Russland war, trotz aller Mängel und Fehler, der erste große Beweis für die Überlegenheit der Planwirtschaft. Die Industrieproduktion wurde seit 1913 verzehnfacht und der Lebensstandard der Bevölkerung wurde ohne

Zweifel verbessert, auch wenn man den stalinistischen Schwindeleien von der „ersten Phase des Kommunismus" nicht glauben kann.

Durch die Revolution 1917 und die Entwicklung waren wesentliche *Voraussetzungen* für die Umbildung Russlands in einen sozialistischen Staat geschaffen. Aber dies bedeutet nicht, dass es in der Sowjetunion den Sozialismus *gegeben hat*. Die Stalinisten wollten uns sogar glauben machen, nicht nur der Sozialismus sei durchgeführt worden, sondern man habe auch eine „klassenlose Gesellschaft" geschaffen. Diese Behauptungen haben die Sozialisten niemals akzeptiert. Wenn es wahr wäre, dass es in der Sowjetunion den Sozialismus gibt, würde das, was wir im Laufe der letzten Zeit erlebt haben, ein tödliches Argument gegen die eigentliche Grundlage sozialistischer Politik sein. Es gab *keinen* Sozialismus in Russland, aber wichtige Bedingungen für eine Entwicklung in sozialistischer Richtung. Auf Grund eines Zusammenspiels von vielfältigen Kräften ist die Entwicklung jedoch nicht in Richtung eines Mehr an Sozialismus gegangen, sondern in Richtung einer Auflösung eines Teils der ursprünglichen sozialistischen Errungenschaften. Die heutige Politik der Sowjetunion ist nicht ein Ergebnis dessen, dass es in Russland Sozialismus gibt, sondern dass die *nicht*-sozialistischen Faktoren der gesellschaftlichen Entwicklung ihren Stempel aufgedrückt haben.[8]

Sozialismus ist mehr als die Übernahme der Produktionsmittel durch den Staat. Er läuft darauf hinaus, dass die Gesellschaft über die produktive Tätigkeit verfügen und Vorteile aus ihr ziehen soll. Aber das setzt voraus, dass immer breitere Schichten des Volkes Mitbestimmungsrechte über das Produktionsleben und Anteil an den produzierten Werten erhalten. Sozialismus läuft auf wirtschaftliche Demokratie hinaus. Sozialismus ist ohne Freiheit und Demokratie nicht möglich.

In der Sowjetunion hat man jedoch gesehen, dass die Diktatur in all den späteren Jahren *verschärft* worden ist. Einschränkungen der demokratischen Rechte, die zunächst als etwas Vorläufiges gedacht waren, wurden aufrechterhalten, erweitert und erstarrten zu einer bürokratischen Diktatur.[9] Die Räte, die demokratische Massenorgane zur Kontrolle von unten sein sollten, wurden zu einem frühen Zeitpunkt kaltgestellt. Die Gewerkschaften verloren sämtliche Rechte. Die innere Demokratie in der Partei wurde völlig beseitigt. Der Sowjetparlamentarismus von 1936 war in Wirklichkeit die Karikatur der Demokratie. Die Staatsführung ernennt diejenigen, die das Volk „repräsentieren" sollen. Unmittelbar nach der neuen Verfassung folgten die Moskauer Prozesse und die Terrorwelle, die Zehntausende Menschenleben gefordert hat. Die sozialistische Arbeiterbewegung hat nie mit dieser Tendenz in der Entwicklung des Sowjetstaates sympathisieren können.

Ein wesentlicher Teil der Erklärung der russischen Entwicklung liegt in der wirtschaftlichen und kulturellen Rückständigkeit des Landes. Wenn man Polizisten braucht, um die Verteilung der unzureichenden Lebensmittelvorräte zu regulieren, ist es schwer, eine effektive Demokratie zu entwickeln. Die Arbeitsproduktivität liegt noch immer weit hinter den westeuropäischen Ländern und Amerika. Die Produktion hat beträchtlich zugenommen, aber im Verhältnis zur Einwohnerzahl liegt sie weit zurück. Man bräuchte mehrere Fünfjahrespläne, um das Niveau der führenden kapitalistischen Länder zu erreichen. Die niedrige Arbeitsproduktivität bedingt auch einen relativ niedrigen Lebensstandard. Sozialismus ist jedoch nur bei einem hoch entwickelten wirtschaftlichen Niveau möglich.

Die Furcht, in einen ernsthaften Krieg gezogen zu werden, und besonders in einen Zweifrontenkrieg, hat eine dominierende Rolle in Stalins Politik gespielt. Diese Furcht ist ein Ausdruck der inneren Schwäche der russischen Gesellschaft. Wenn man die innergesellschaftlichen Zustände in Russland beurteilen soll, muss man sich davor hüten, sie in die ansonsten erprobten marxistischen Schemata zu pressen. Russland ist keine klassenlose Gesellschaft, aber die Klassenstruktur ist anders als die der kapitalistischen Länder. Es haben sich *neue* soziale Formationen gebildet, die erfordern, wissenschaftlich analysiert zu werden. Russland ist eine typische *Übergangsgesellschaft*, deren Entwicklung hin und her pendelt und von der man nur einzelne wesentliche Entwicklungs*tendenzen* erfassen kann.

Einige meinen, die Bürokratie sei eine neue Klasse in Russland geworden. Es ist richtig, dass die Bürokratie in Staat, Wirtschaft und

Partei eine sozial privilegierte Stellung einnimmt, teilweise mit dem Verfügungsrecht über die Produktionsmittel. Aber man soll dieses Problem nicht darauf verengen, dass es nur für die eigentliche Bürokratie in Wirtschaft und Verwaltung gilt. Der Differenzierungsprozess ist weit komplizierter. Die bürokratische Führung wird von mindestens 10 Prozent der Arbeiterklasse und der Bauern unterstützt.

Man kann damit rechnen, dass sich zwischen 7 und 10 Prozent der Arbeiter (d. h. 1 bis 1 1/2 Millionen von 17 Millionen) auf dem Stachanow-Niveau[10] befinden, so dass sie oft 20 oder 30 mal mehr verdienen als der gewöhnliche Grobarbeiter. Die neue Arbeiteraristokratie hat alle möglichen Sonderrechte, während die sozialen Rechte der übrigen Arbeiterklasse reduziert worden sind. Die Ausbeutung ist nicht aufgehoben, aber sie hat nicht die typischen kapitalistischen Formen. Der Teil der Arbeiterklasse, der zur privilegierten Schicht gehört, ist der herrschenden Führung wirtschaftlich verbunden. Aber er ist gleichzeitig der informierteste und interessierteste Teil der Arbeiterschaft und er rekrutiert sich aus den jüngsten Bevölkerungsgruppen. Bei den Bauern kann man auch damit rechnen, dass ungefähr 10 Prozent (2 von 18 Millionen Kollektivbauern) in einer privilegierten Stellung stehen und dass es eine recht starke Differenzierung auf den Dörfern gibt. In dem Teil des Volkes, der zur Intelligenz gezählt wird und der laut Molotow 13 bis 14 Prozent der Bevölkerung umfasst, rechnet man damit, dass ungefähr 20 Prozent wirtschaftlich gesehen auf dem gleichen Niveau wie die Stachanow-Arbeiter liegen. Die privilegierten Schichten prägen auch die Partei. 70 Prozent der Mitglieder sind ihr nach 1929 beigetreten.

Stalins Führung hat ihre Verankerung also nicht nur in der eigentlichen Bürokratie, sondern in einem bestimmten Teil der Arbeiterschaft, der interessensmäßig an sie geknüpft ist. Diese Entwicklung konnte geschehen, ohne dass revolutionäre grundlegende Umwälzungen in der Wirtschaft zurückgenommen wurden. Es gibt nach wie vor keine Kapitalisten in der Sowjetunion, aber es gibt auch keinen Sozialismus. Die staatliche Planwirtschaft lebt ebenso wie die politische Diktatur unter Führung der Bürokratie weiter. Aber die tragenden Ideen der Revolution sind tot.

Die russische Übergangsgesellschaft ist in einer Außenpolitik gelandet, die die gleichen Formen hat wie die Vorstöße des Imperialismus. Aber es sind nicht die gleichen kapitalistischen Triebkräfte und der Drang nach Kapitalexport, die dahinter stehen. Man soll tunlichst nicht die gleichen Bezeichnungen für unterschiedliche Zustände benutzen. Es ist viel wichtiger, die Verbindungslinien zwischen der neuen Sozialstruktur Russlands und z. B. dem Überfall auf Finnland zu sehen. Die herrschende Bürokratie und ihre gesellschaftliche Stütze sind Repräsentanten für eine neue Form des großrussischen Nationalismus geworden. Bei der Ausübung ihres expansiven Nationalismus geraten sie nicht nur in Gegensatz zur Arbeiterschaft in den anderen Ländern, sondern auch zur großen Mehrheit der Arbeiterschaft in der Sowjetunion selbst.

Als Sozialist muss man sich bemühen, die Entwicklung in der Sowjetunion zu *verstehen*. Und man darf niemals den Standpunkt aufgeben, dass eine Veränderung der russischen Verhältnisse ausschließlich eine Sache des russischen Volkes selbst sein muss. Kein „Kreuzzug gegen den Bolschewismus" wird sozialistische Kräfte, die heute in Ketten gelegt sind, freisetzen können. Im Gegenteil, die reaktionären Kreuzzugspläne zielen darauf ab, die russische Übergangsgesellschaft zum Kapitalismus *zurück*zuführen und den Stalinismus durch eine andere Diktatur zu ersetzen. Die sozialistische Arbeiterbewegung nimmt den Standpunkt ein, dass eine Freisetzung der Kräfte der Demokratie und des Sozialismus in Europa die entscheidendste Voraussetzung dafür schaffen wird, dass die fortschrittlichen Kräfte in Russland das Land aus der bürokratischen und nationalistischen[11] Diktatur befreien können. Deshalb ist der Kampf für Demokratie und für die Selbstständigkeit der kleinen Nationen auch heute die einzige und beste Handreichung, die wir den Arbeitern und Bauern in Russland gewähren können.[12]

Nr. 65
**Aus dem Buch Brandts
„Die Kriegsziele der Großmächte und das neue Europa"
April 1940**

*Brandt, W.: Stormaktenes krigsmål og det nye Europa, Oslo 1940¹, S. 7–8,
15–19, 85–88, 93, 97–101, 105–106, 108, 110, 122–123, 128–135,
139–141 (Übersetzung aus dem Norwegischen: Einhart Lorenz unter
Verwendung einiger Textpassagen aus Brandt 1966).*

DER NEUE DREISSIGJÄHRIGE KRIEG

Als die Soldaten 1918 aus den Schützengräben zu ihren hungernden Frauen und Kindern zurückkehrten, wollten alle das eine: Nie wieder Krieg!²

Während der vier Jahre und drei Monate waren pro Stunde 240 Menschen getötet worden. [...] Als endlich der Waffenstillstand und der Frieden kamen, fragten die, die all diese Schrecken und Zerstörungen erlebt hatten, ob ein *dauernder* Friede käme. Sie erhielten ein Ja als Antwort, nun sollte alles, was Krieg und Kriegspolitik hieß, geächtet sein. Die Opfer sollten nicht vergebens gebracht worden sein. Zuerst sollte man einen gerechten Frieden bekommen. Danach sollte eine internationale Rechtsorganisation, der Völkerbund, den Frieden für kommende Generationen sichern. Alle Völker sollten das gleiche Recht erhalten, ihr eigenes Leben zu führen. Schließlich sollte eine allgemeine Abrüstung dabei helfen, friedliche Verhältnisse zwischen den Völkern zu schaffen.

Trotzdem ist im Laufe eines Menschenalters ein neuer Großkrieg ausgebrochen, ein neuer Großkrieg, der die ganze Welt in Brand zu setzen droht.³ [...]

Die Völker in den verschiedenen Ländern, die Opfer des neuen Krieges, stellen die Frage, was hinter dem Konflikt der Großmächte steckt und wofür sie eigentlich kämpfen. Aber sie erhalten selten eine aufrichtige Antwort.⁴ Um diese Antwort zu geben, muss man zum letzten Weltkrieg zurückkehren. In vielerlei Hinsicht ist nämlich der alte Krieg wieder in Gang gekommen, der 1914 ausbrach und der 1918 nicht mit einem sicheren Frieden abgeschlossen wurde. Ein neuer Dreißigjähriger Krieg droht nicht nur Millionen arbeitender und friedliebender Menschen, der Demokratie und der nationalen Selbstständigkeit mit Untergang, sondern der ganzen europäischen Kultur und der Zukunft der Menschheit.

[...]

Zwischen zwei Weltkriegen.

Trotz aller Mängel und Fehlgriffe, die den Übergang vom Weltkrieg zu der neuen europäischen Ordnung prägen, waren die 20er Jahre von Entspannung und zunehmender Zusammenarbeit geprägt. Die Wirtschaft entfaltete sich wieder und die guten Konjunkturen schufen einen Nährboden für sehr optimistische Voraussagen. Die Arbeiterbewegung leistete in vielen Ländern einen großen Beitrag zur Normalisierung der internationalen Zusammenarbeit. Der Locarno-Vertrag schuf 1925 die Voraussetzung dafür, dass Deutschland im darauf folgenden Jahr Mitglied des Völkerbundes wurde. Diese Entwicklung in Richtung einer vertrauensvollen Zusammenarbeit wurde jäh durch die Weltwirtschaftskrise, die nach 1930 alle Länder traf, und durch die politischen und sozialen Reaktionen, die im Fahrwasser der Krise folgten, abgebrochen. Die Krise traf Deutschland am härtesten, und hier feierte auch die politische Reaktion ihre größten Triumphe. Italien, das zwar auf Seiten der Sieger gestanden hatte, das aber keine Vorteile aus dem Weltkrieg gezogen hatte, hatte sich bereits in den 20er Jahren in die Arme von Mussolinis faschistischer Bewegung geworfen. Auch in Japan gab es ein Regime, das innere Reaktion mit einer brutalen aggressiven Außenpolitik verband. Die „hungrigen" Imperialisten stellten Forderungen an die „satten". Sie investierten ihre gesamte nationale Kraft in die Aufrüstung. Sie traten aus dem Völkerbund aus und kündigten einseitig Verträge auf. Danach begann eine ganze Serie haarsträubender Übergriffe und Angriffe auf China, Äthiopien, Spanien, Österreich, die Tschechoslowakei, Albanien,[5] die den Weg zu einer neuen, großen

Auseinandersetzung bahnten und gleichzeitig die Versuche einer internationalen Rechtsordnung, die man in der Zeit nach dem Krieg zu etablieren versuchte, zerstörten.

Die innenpolitische Entwicklung in mehreren Ländern, in erster Linie in Deutschland, mit der Zerschlagung der Arbeiterbewegung und der Volksfreiheit, fand schnell Widerhall in der internationalen Politik. Gewaltpolitik im Inneren wurde mit Zynismus und Machtanwendung nach Außen verbunden, und außenpolitische Gewaltanwendung hat als Voraussetzung, dass zuerst die innere Freiheit beseitigt wird. Aber diesen Zusammenhang konnte man nicht nur bei den aggressiven Diktaturen beobachten. Die anderen Großmächte wichen nämlich Schritt für Schritt zurück. Sie ließen nicht nur die Gewaltanwendung zu, sondern beteiligten sich wiederholt an ihr. Jedesmal, wenn die Rede von einer Auseinandersetzung zwischen Demokratie und Diktatur war, wichen sie zurück, weil sie größere Angst vor dem Sieg des Volkes als dem der Diktaturen hatten. Sie nahmen am meisten auf die kapitalistischen Klasseninteressen Rücksicht und opferten sowohl China wie Äthiopien, Spanien, Österreich und die Tschechoslowakei. Der offene Konflikt brach erst aus, als die Rede nicht länger vom Kampf zwischen Demokratie und Diktatur war, sondern die nackten imperialistischen Interessen übrig geblieben waren. Nicht für Polen oder die Tschechoslowakei erklärten die Westmächte Deutschland den Krieg, sondern weil sie eine weitere Stärkung des deutschen Imperialismus fürchteten, der ihre eigenen Machtinteressen ernsthaft gefährden könnte. Wieder waren es die imperialistischen Machtinteressen, die Kriegsursache waren.

Gerade weil es Interessen und nicht Ideologien waren, die die Kriegsfronten Ende 1939 bestimmten, kann man auch mit Sicherheit davon ausgehen, dass die Kriegsfronten ständigen Änderungen unterworfen sein werden. [...] Auf Seiten der Westmächte kreuzen sich die imperialistischen Interessen der herrschenden Klassen mit dem aufrichtigen Wunsch breiter Bevölkerungsschichten, das Land, die Volksfreiheit zu verteidigen und gerechten Frieden zu schaffen. Die Sowjetunion auf der anderen Seite hat all das, für das sie sich seit der Machtübernahme des Nationalsozialismus in Deutschland zum Fürsprecher gemacht hatte, über Bord geworfen. Die Sowjetregierung gab bekannt, dass sie auf Grund nationaler Interessen und der Sicherheit der Union Deutschland in dessen Krieg gegen Polen unterstützen müsse. Sie beteiligte sich selbst an diesem Überfall und begann danach, andere Staaten anzugreifen. Die baltischen Staaten wurden dem russischen Kommando als Vasallenstaaten untergeordnet. Finnland wurde überfallen, und trotz alter ideologischer Kontroversen erhielt die Allianz zwischen dem Nationalsozialismus und dem Bolschewismus immer festere Formen. Italien, das mit Deutschland verbunden war, begann, sich den Westmächten anzunähern und Francos Spanien folgte dem gleichen Kurs. In den großkapitalistischen Kreisen hatte man einen immer stärkeren Wunsch, die Auseinandersetzung zwischen Deutschland und den Westmächten zu verhindern, um eine gemeinsame Front gegen Russland zu schaffen. Und obgleich die Sowjetunion alles, was mit der sozialistischen Arbeiterbewegung verbunden war, über Bord geworfen hatte, lebt unter den reaktionären Kapitalisten und Imperialisten der Welt weiterhin der Wunsch, den Kreuzzug gegen den Osten mit einem Vernichtungskrieg gegen die Arbeiteremanzipation zu verbinden. Während die Kriegsmaschinen auf dem europäischen Kontinent vorläufig noch nicht richtig in Gang gekommen sind, wird für jeden deutlich, dass durch die Frontlinien hindurch, die zu Beginn unklar und fließend waren, eine andere Front geht – mit den Kräften der Arbeiterbewegung, der Freiheit, der Demokratie und des historischen Fortschritts auf der einen Seite, und denen des Großkapitals, der Diktatur, der Reaktion und des Imperialismus auf der anderen. Es ist der Kampf an dieser Front, der am Ende entscheiden wird, ob dieser Krieg in einem wirklichen Frieden endet oder ob er nur eine Etappe sein wird in dem permanenten Kriegszustand, der seit 1914 herrscht.

Im Gegensatz zum Weltkrieg von 1914 sahen sich die Regierungen 1939 genötigt, über die Ziele zu sprechen, für die sie kämpfen wollen. Sie haben es auf ihre eigene Art getan. Vieles blieb ungesagt, und was vom Gesagten wahr ist, weiß niemand. Aber die Tatsache, dass die Regierungen schon im ersten Stadium des Krieges mit Hilfe aller modernen Propagandamittel versuchen, miteinander als die waschechtesten Repräsentanten des Völkerrechts, eines gerechten Friedens und einer positiven Neuordnung nach dem Krieg zu konkurrieren, zeigt, dass die Rücksicht auf die Menschen an den Fronten und hinter den Fronten, die Rücksicht auf die breite Bevölkerung, schwerer wiegt als beim letzten Mal. Und in der finsteren Situation nach Ausbruch des neuen Großkrieges ist dies ein Lichtblick, der viel zu bedeuten hat, nämlich dass die Menschen nicht von der Kriegspsychose und von chauvinistischem Rausch erfasst worden sind, sondern mehr und mehr die Frage stellen, was aus diesem Elend herausführen kann und wie die Voraussetzungen für einen gesicherten und dauerhaften Frieden zu schaffen sind. Wandlungen in der Struktur und Intensität des Krieges können sicher diese Volksstimmungen ändern. Was in der ersten Periode des Kriegs ein Lichtblick ist, kann später im Dunkel des Großkrieges ersticken. Aber keine Macht der Welt wird verhindern können, dass die Frage neu gestellt wird und dass die Menschen mehr und mehr versuchen werden, von den Oberflächensymptomen wegzukommen und auf die eigentlichen Ursachen der europäischen und internationalen Krise zu stoßen.[6] 1914 war die Situation in allen Ländern von Chauvinismus, Hass, Rachegefühl und Rausch geprägt. 1939 war die Stimmung – in Deutschland nicht weniger als in England und Frankreich – von Entschlossenheit und nüchterner Skepsis geprägt. In Ländern mit Meinungs- und Pressefreiheit debattierten Presse und Bevölkerung ausführlich die Ziele des Kriegs und des Friedens. Sie fragten diejenigen, die Verantwortung für das Schicksal ihrer Länder trugen, wie sie mithelfen wollten, ein neues und besseres Europa aufzubauen.

Die Frage nach den Kriegs- und Friedenszielen wurde schon gestellt, bevor der Krieg ausbrach. Sie ist in den ersten Kriegsmonaten immer wieder gestellt worden. Dies bezeugt, dass die Menschen in den unterschiedlichen Ländern mehr als zuvor begriffen haben, dass nicht der Krieg selbst, sondern dessen Ziele und der neue Frieden ihre Haltung bestimmen müssen.[7] *Karl Kautsky* schreibt in „Sozialisten und Krieg" (Prag 1937): „Gerade diese Ziele bestimmen aber die historische Bedeutung eines Krieges viel mehr als die Art des Ausbruchs des Krieges oder die der Kriegstechnik, die in ihm zur Anwendung kommt. Die Kriegsziele entscheiden vor allem über die Dauer des Krieges, über die Erbitterung der Kämpfenden, über die Art des Friedensschlusses, ob er ein Friede der Verständigung oder des Diktats wird, ob er einen bloßen Waffenstillstand darstellt oder eine Ära dauernden freundschaftlichen Verkehrs zwischen den sich bis dahin bekriegenden Völkern einleitet".[8]

Ein mittelalterlicher Despot brauchte sich nicht über die Ziele eines Kriegs zu äußern. Er bestimmte selbst, wozu der Krieg diente, wann er ausbrechen, wann er aufhören sollte. So ist es trotz allem nicht mehr. Das lebhafte Interesse an den Kriegs- und Friedenszielen, das man in allen Ländern feststellen kann, und die Konzessionen, die die Regierungen diesem Interesse machen müssen, bezeugten, dass das demokratische Empfinden tiefer in den europäischen Völkern steckt, als viele nach den tragischen Erfahrungen der letzten Jahre geglaubt haben. Jede Diskussion über die Kriegsziele stärkt den demokratischen Gedanken und ist ein Gewinn im Kampf gegen die Kräfte des Mittelalters in unserer Zeit. Aber die ganze Diskussion der Kriegs- und Friedensziele muss notwendigerweise auch den engen und hinfälligen Rahmen sprengen, der durch die überkommenen Verhältnisse gegeben war. Die ernsthafte Suche nach den Kriegsursachen, nach den wahren Motiven der Staaten, der nüchternen Wertung historischer Erinnerungen und Erfahrungen, die sachliche Darlegung von Interessen und Bedürfnissen der Völker – dies alles wird zu einer kritischen Überprüfung alter sozialer Zustände führen, die nicht mehr den Erfordernissen unserer Zeit entsprechen.

Der kommende Frieden wird nicht allein durch Zeitungsartikel, Bücher und öffentliche Diskussion geschaffen werden. Ihn werden die gesellschaftlichen Machtverhältnisse bei Kriegsende bestimmen. Aber diese Machtverhältnisse sind Resultat dessen, was sich in der Zwischenzeit entwickelt. Die öffentliche Diskussion wird *einer* der Faktoren, die die gesellschaftliche Grundlage des kommenden Friedens vorbereiten.[9] Die Ereignisse während des Krieges und die gesellschaftlichen Umwälzungen, die im Kielwasser des Kriegs folgen, werden den Rahmen für den und den Inhalt des neuen Friedens schaffen.

Es gibt heute nicht viele Menschen, die glauben, man brauche nur dorthin zurückzukehren, wo dieser Krieg anfing oder wo der vorige aufhörte. Das Rad der Geschichte kann ohne ernste Konsequenzen nicht über längere Zeit zurückgedreht werden. Der Weg zurück führt zu neuen Kriegen. Die Zukunft der Menschheit hängt davon ab, ob es ernsthaft gelingt, die Barbarei des Dreißigjährigen Kriegs zu *überwinden*.[10]

EUROPAS VEREINIGTE STAATEN

[...]

Sammlung in Etappen?

[...]

Das zentrale Thema ist jedoch das Verhältnis zwischen den Ländern Mitteleuropas und den angrenzenden osteuropäischen Ländern, mit andern Worten, das Verhältnis Deutschlands zu seinen östlichen Nachbarn. Die Lösung, die man 1919 fand, war nicht zufriedenstellend. Zwar erhielten eine Reihe von Nationen das Recht auf nationale Unabhängigkeit, die sie verlangt hatten. Dadurch wurden aber gleichzeitig in mehreren kleineren Staaten dieselben Probleme geschaffen, die die österreichisch-ungarische Monarchie gesprengt hatten. Die ursprünglichen Wirtschaftsverbindungen wurden zerrissen. Tausende Kilometer von Zollgrenzen entstanden in einem Gebiet, das vorher wirtschaftlich eng miteinander verflochten war. Bei der Nationalitätenmischung, die in dieser Ecke Europas existiert, musste jede Grenzziehung zur Folge haben, dass auf der anderen Seite der Grenze große Minderheiten entstanden. Die Minoritätenfrage wurde durch die von den Siegermächten an verschiedenen Stellen durchgesetzte willkürliche Grenzziehung weiter kompliziert. Die neuen unabhängigen Staaten entfalteten eine Selbstüberschätzung, die auf Kosten der nationalen Minderheiten ging. Heute ist man sich mancherorts darüber im Klaren, dass man bei der Neuordnung nach dem Kriege andere Wege gehen muss. In seiner Nummer vom 25. November 1939 drückt der „Economist" dies wie folgt aus: „Es ist zu hoffen, dass die Fehlentscheidungen von 1919 nicht wiederholt werden, dass es nicht wieder zu einer Balkanisierung Mitteleuropas kommt."[11]

[...]

Alle Projekte zur Verbesserung der Verhältnisse zwischen den osteuropäischen Ländern rühren nicht an der wichtigen Frage der zukünftigen Ordnung zwischen Deutschland und seinen Nachbarn im Osten. Viele Argumente sprechen für einen föderativen Zusammenschluss zwischen Deutschland und diesen Ländern. Die gesamte mittel- und osteuropäische Gruppe hat starke gemeinsame wirtschaftliche Interessen.[12] [...] Die Bedingungen für den Handel würden wesentlich verbessert werden, wenn man Deutschland und die osteuropäischen Länder, von denen hier die Rede ist, in eine gemeinsame föderative Organisation einfügen könnte. Die Lösung der Minderheitenfrage würde dann auch viel leichter werden. Bei gemeinsamen nationalen Grundrechten für das Gebiet der ganzen Föderation bestünde für einzelne Länder kein Grund, „ihre" Minderheit auf der anderen Seite der Grenze zu gebrauchen und zu missbrauchen.[13]

Der Nationalsozialismus hat versucht, daraus Vorteile zu gewinnen, indem er die Freiheit und Selbstständigkeit der Nachbarländer mit Füßen trat. Eine demokratische Föderation in Mitteleuropa kann nur zustande kommen, wenn sie nicht durch ein imperialistisches Deutschland dominiert wird. Die slawischen Völker werden niemals freiwillig eine föderative Ordnung akzeptieren, solange sie fürchten müssen, Ausbeutungsobjekte des deutschen Imperialismus zu werden.[14] Eine weiterreichendere Zusammenarbeit in Mitteleuropa wird nicht auf der Grundlage von Gleichheit und Freiwilligkeit zustande kommen, solange der deutsche Imperialismus nicht beseitigt ist. Auf der anderen Seite muss man damit rechnen, dass die Stimmung in den slawischen Ländern gegen eine feste Zusammenarbeit mit Deutschland auch nach einer Umwälzung in Deutschland bestehen bleibt.

[...]

Voraussetzungen für eine europäische Sammlung.

[...]

Die Selbstständigkeit und Unabhängigkeit der einzelnen Länder wird am besten dann gesichert, wenn alle Länder sich unter gemeinsame Rechtsregeln und -organe begeben. Aber dann muss es auch eine absolute Voraussetzung sein, dass gleiches Recht für alle Nationen herrscht. Sonst wären die internationalen Behörden nur ein neues Machtmittel für die Interessenpolitik einzelner Großmächte, die dann sogar bewusst mit der moralischen Unterstützung versehen wären, die eine internationale Organisation geben würde. Die britische Vereinigung für den Völkerbund hat diese Frage in einer Weise formuliert, die recht typisch für die demokratische Auffassung in der englischen Debatte ist. Sie erklärte in einer Resolution, die kurz nach Kriegsausbruch verabschiedet wurde: „Das Prinzip des gleichen Rechts für alle Staaten muss festgelegt werden. Auf der anderen Seite muss die nationale Souveränität in dem Umfang begrenzt werden, wie es die Sicherheit und das Wohl der Weltgesellschaft erfordern."

Damit gelangt man auch zur Frage der Neutralität. Das Prinzip der unbedingten Neutralität passt schlecht zur Forderung nach europäischer und internationaler Gemeinschaft. Neutralität kann immer eine Formel werden, um sich unangenehmen Pflichten zu entziehen. [...]

Gleiches Recht für alle Nationen.

Die demokratische Auffassung von Europas Neuordnung fordert, dass alle Nationen gleiche Rechte haben. Das Selbstbestimmungsrecht muss für alle gelten: für Deutsche ebenso wie für Franzosen, für Inder und Engländer, für Russen und Finnen.

In erster Linie ist die Forderung nach dem Selbstbestimmungsrecht der Nationen für die Völker aktuell, die ihre Freiheit und Unabhängigkeit als Opfer von Gewalt- und Kriegspolitik verloren haben. Es kann keinen gerechten und demokratischen Frieden geben, wenn nicht die Resultate des zwischenstaatlichen Terrors aufgehoben werden.

Aus diesem Grund kehrt man in der Debatte über die Kriegs- und Friedensziele immer wieder zu der Forderung zurück, dass die Besetzungen Polens, der Tschechoslowakei usw. aufgehoben werden müssen. Erst auf dieser Grundlage wird man diskutieren können, ob es klug ist, zu den Verhältnissen zurückzukehren, die es vor der Okkupation gab. Wenn man das Selbstbestimmungsrecht der Nationen respektiert, ist es nicht wahrscheinlich, dass Polen in den Grenzen wiederentsteht, die es nach dem Weltkrieg erhielt. Das neue Polen würde sich dann um das eigentliche polnische Gebiet sammeln, so wie es auch in *Norman Angells* Buch über die Kriegsziele[15] angedeutet wird.

Norman Angell ist auch nicht davon überzeugt, dass die Tschechoslowakei unter allen Umständen in ihren alten Grenzen wiedererstehen muss. Aber auch von denen, die davon ausgehen, dass die sudetendeutschen Gebiete wieder Teile eines tschechoslowakischen Staates werden, ist darauf hingewiesen worden, dass die Sudetendeutschen die gleichen Rechte bekommen sollten wie die übrigen Bürger des Staats. Wenn die Tschechoslowaken heute nationales Selbstbestimmungsrecht fordern, müssen sie auch gegenüber anderen Völkerschaften ein gewisses Entgegenkommen zeigen.

Diejenigen, die eine konsequent demokratische Auffassung vertreten, treten auch dafür ein, dass die Bevölkerung in Österreich frei entscheiden können muss, welchen Weg sie gehen will. Nach dem Weltkrieg gab es besonders unter den österreichischen Arbeitern einen starken Wunsch, sich der deutschen Republik anzuschließen. Die Sieger widersetzten sich dieser Sammlung des deutschen Volkes. Sie zwangen stattdessen die Österreicher, einen Staat zu errichten, der wirtschaftlich nicht lebensfähig war. Die Arbeiter in Österreich haben nie die nazistische Okkupation akzeptiert, aber es ist denkbar, dass sie einem demokratischen Deutschland angehören möchten. Während die Regierungen der Westmächte sich nicht festgelegt haben, hat die englische Arbeiterpartei deutlich erklärt, dass die Bevölkerung sowohl in Österreich *wie in Deutschland* das gleiche Recht auf Selbstbestimmung haben soll wie alle anderen Völker.

Es ist einleuchtend, dass sich die Bedingungen des Moskauer Friedens vom 12. März 1940[16] nicht aufrecht erhalten lassen, wenn man dem Prinzip des gleichen Rechts für alle Völker folgt. Auch in den Fällen, in denen der Angriff auf andere Nationen nicht den Charakter eines direkten Überfalls hatte, sagt man, dass das Volk seine Selbstständigkeit zurückerhalten können muss. Eine Revision der Grenzen in Südosteuropa wird bei einer ernsthaften Neuordnung nach dem Krieg ebenfalls nicht zu umgehen sein.

Der Faschismus und der Nazismus vertreten die Ansicht, dass die kleinen Nationen nicht die Bedingungen erfüllen, um langfristig ihre Selbstständigkeit aufrecht erhalten zu können. Das Hauptorgan der Nationalsozialisten schrieb noch 1939: „Im internationalen Leben gibt es keine unbedingte Freiheit. Es ist klar, dass sich kleine Länder und Völker an ihre Großmachtnachbarn anlehnen, auf alle Fälle wirtschaftlich". Und im März 1940 begründete ein Sprecher des deutschen Außenministeriums Russlands Aktion gegen Finnland mit „der natürlichen Forderung der großen Mächte nach Lebensraum".

Die Theorie von „Lebensraum" und Sonderrechten für die großen Nationen muss aufgegeben werden, wenn ein gerechter Frieden in Europa geschaffen werden soll. Eine Nation muss Gelegenheit erhalten, sich aus freiem Willen einer größeren Einheit anzuschließen. Aber sie muss sich auch von diesem größeren Zusammenschluss trennen können. Im Gegensatz zu den späteren russischen Politikern hat *Lenin* gerade auf die Konsequenzen des Selbstbestimmungsrechts der Völker großen Wert gelegt.[17] Solche Entscheidungen können, auf längere Sicht, fatal sein. Aber noch fataler ist es, wenn die Mehrheit eines Volkes mit Macht in eine Beziehung gezwungen wird, die sie in Wirklichkeit nicht wünscht.

Die Politiker mit einem weiteren Blick scheinen sich auch darüber im Klaren zu sein, dass bei der Erarbeitung der neuen Europakarte keine strategischen oder andere Rücksichtnahmen auf Machtfragen genommen werden müssen. Ihre Forderungen beinhalten, dass so gerechte Grenzen gezogen werden müssen wie möglich.

Aber so, wie die Volksgruppen durcheinandergewürfelt sind, besonders in Mitteleuropa, ist es unmöglich, *ganz* gerechte Grenzen zu ziehen. Die Minderheitenfrage lässt sich auch nicht abschaffen. Wenn man die jetzigen Grenzen noch so sehr ändert, es werden immer beachtliche Minderheiten auf der anderen Seite der Grenze wohnen bleiben. Die Frage ist dann, wie man die Rechte der Minoritäten schützen kann.

Die Diktaturen setzen sich für Zwangsumsiedlungen ein. Die Südtiroler wurden von dem Boden vertrieben, den ihre Vorfahren Jahrhunderte lang bestellt haben. Die Deutschen in baltischen Ländern wurden „heim ins Reich" kommandiert. Millionen von Polen werden zwangsweise umgesiedelt. Diese Zwangsumsiedlung ist nicht durch Rücksicht auf die betreffende Volksgruppe bestimmt, sondern durch machtpolitische Interessen und Absprachen zwischen den Großmächten. Dies ist keine demokratische und gerechte Lösung.[18]

Die Rechte der nationalen Minoritäten können teils mit Hilfe internationaler Verträge geschützt werden, die von allen Ländern garantiert und von zwischenstaatlichen Behörden kontrolliert werden. Die Angehörigen einer nationalen Minderheit dürfen nicht aus diesem Grund als minderwertige Mitglieder der Gesellschaft behandelt werden. Sie müssen die gleichen staatsbürgerlichen Rechte haben, und auf ihre kulturellen Bedürfnisse muss Rücksicht genommen werden.[19] Man hat auch überlegt, den nationalen Minderheiten das Recht auf Repräsentation in zwischenstaatlichen Organisationen zu geben, die die Aufgabe haben, nationale Übergriffe zu kontrollieren und ihnen vorzubeugen.

Am natürlichsten ergäbe sich die Lösung dieser Probleme innerhalb einer europäischen Föderation. Das Grundgesetz der Vereinigten Staaten von Europa könnte allen Bürgern – unabhängig von Sprache, Rasse oder Glaubensbekenntnis – gemeinsame Grundrechte geben. Für das ganze Gebiet der Vereinigen Staaten könnten gemeinsame Organe für die nationalen und kulturellen Bedürfnisse der verschiedenen Völkerschaften geschaffen werden. Eine föderative Ordnung in Mitteleuropa würde diese Aufgabe weitgehend lösen können, auch wenn sich die umfassendere Föderation für ganz Europa noch nicht verwirklichen ließe.[20]

So, wie die individuelle Freiheit in einem demokratischen Staat mit den gesellschaftlichen Interessen koordiniert werden muss, so müssen auch die Entscheidungen der einzelnen Nationen darauf Rücksicht nehmen, dass sie Bestandteil einer größeren Gemeinschaft sind. Die *gemeinsame* Sicherheit muss das entscheidende Prinzip werden. Die Frage des ehemaligen polnischen Korridors kann z. B. nie allein von einem isolierten polnischen oder deutschen Standpunkt gelöst werden. Polen fordert den Zugang zum Meer und ist daran interessiert, dass auf die Polen, die im „Korridor" leben, Rücksicht genommen wird. Deutschland wehrt sich dagegen, dass Ostpreußen vom übrigen Deutschland isoliert ist und dass eine rein deutsche Stadt wie Danzig nicht dem Deutschen Reich zugehören kann. Hier hilft nur eine Lösung, die sowohl die deutschen wie die polnischen Interessen zufrieden zu stellen versucht.

Nur eine solidarische europäische Lösung kann den alten Gegensatz aufheben zwischen den nationalen Sicherheitsinteressen eines Landes und dem Fortgang der ökonomischen, sozialen und kulturellen Entwicklung in ganz Europa.[21] Die imperialistischen Interessen erschweren die Überwindung dieser Gegensätze. Wenn sie einmal ausgeschaltet sind, wird es leichter werden, die nationale Unabhängigkeit mit einer handlungskräftigen gemeinsamen Organisation zu koordinieren. Dann wird die nationale Souveränität kein unüberwindbares Hindernis in Dingen sein, die von entscheidender Bedeutung für die Interessen der Gesamtheit sind. Aber die Anpassung der nationalen Souveränität an die gemeinsamen europäischen Interessen braucht keine Gefahr für die Freiheit und Selbstständigkeit der einzelnen Nationen zu bedeuten. Die Forderung nach europäischer Einheit schließt ein, dass man über die primitive Auffassung hinausgelangt, die besagt, dass man die eigene Sicherheit nur im Kampf gegen andere behaupten könne. Die viel solidere Sicherheit ist die zwischen den Völkern, die auf Lebensrecht und Lebensinteressen aller Nationen Rücksicht nimmt.[22]

Wirtschaftsunion.

[...]

Drei Hauptfragen verdienen besonders beachtet zu werden, wenn es um die Diskussion geht, die bisher über die wirtschaftliche Seite einer europäischen Föderation geführt worden ist:

Erstens sind sich viele darüber im Klaren, dass ohne gleichzeitige Lösung der ökonomischen Probleme kein dauerhafter Frieden möglich ist.

Zweitens erkennen die Menschen, dass die Kriegswirtschaft als Notmaßnahme ihren Nutzen haben mag. Aber sie fühlen das Bedürfnis nach einer Planwirtschaft im Frieden, nach Planung des Wirtschaftslebens der einzelnen Staaten und nach wirtschaftlichen Verbindungen zwischen den Völkern. Wenn man eine wirtschaftliche „Abrüstung" erzielen will, dann müssen größere wirtschaftliche Einheiten geschaffen werden, als sie die jetzigen Nationalstaaten darstellen. Diese Entwicklung kann sich schrittweise mit dem Blick auf eine europäische und später eine weltumspannende wirtschaftliche Union vollziehen.

Drittens tritt immer deutlicher hervor, dass der Streit um die *Menschen* geht und die staatlichen und wirtschaftlichen Einrichtungen der Menschen wegen da sind – nicht umgekehrt. Diese Erkenntnis sollte dafür sprechen, den kommenden Frieden mit einer wirtschaftlichen Ordnung zu verbinden, die den Lebensinteressen der Völker wirklich Rechnung trägt.[23]

Das Problem, das in der ersten Nachkriegszeit im Vordergrund stehen wird, wird sicher der chaotische Zustand sein, der aller Wahrscheinlichkeit nach herrschen wird, nachdem der große Krieg über längere Zeit getobt hat. Europa, nicht nur die besiegten, sondern auch die siegreichen Länder, wird möglicherweise ebenso verarmt und verwüstet sein wie nach dem Dreißigjährigen Krieg. Zusammenbruch und Elend, Epidemien und Massenarbeitslosigkeit werden das Bild prägen. Gerade eine solche düstere Perspektive wird der Forderung Nahrung geben, dass die europäischen Völker die nationale Zerklüftung und den Kampf bis aufs Messer überwinden müssen,

dass sie der europäischen Solidarität Gelegenheit geben, sowohl ihre Stärke zu zeigen als auch den späteren Zusammenschluss schon in der schwierigsten Übergangszeit zu festigen. Aber diese Perspektive erfordert, dass die Wirtschaft in den einzelnen Ländern von den Profitinteressen des Einzelnen befreit und in die Hände der Gesellschaft gelegt wird, die sie statt weiterer Zerstörung dazu benutzt, Sicherheit für alle Glieder der Gesellschaft zu schaffen.
[...]

SOZIALISTISCHE FRIEDENSZIELE

Was die europäische Krise so tiefgehend und ernst macht, ist, dass es nicht nur um Machtinteressen und militärisches Kräftemessen im alten Sinne geht, sondern dass hinter dem Ganzen eine *gesellschaftliche* Krise steckt, die gelöst werden muss. Europa kommt nicht mehr mit den alten gesellschaftlichen Verhältnissen zurecht. Der Bedarf für eine rationelle Umstellung hat sich mit großer Kraft gemeldet, besonders nach der Weltkrise und in Verbindung mit den Vorbereitungen zu dem neuen Krieg.

Der Kampf zwischen dem Alten und dem Neuen.

Was die Haltung zu den grundlegenden Gesellschaftsfragen betrifft, scheint eine Front quer zwischen den militärischen Frontlinien zu verlaufen – eine Front zwischen dem Alten und dem Neuen.

Aber diese Frontlinie ist in einem unheilvollen Ausmaß unklar und unsinnig. Man muss diesen Unsinn beiseite räumen, um zu entdecken, wo sich die einzelnen Kräfte befinden. Die einzelnen Großmachtgruppierungen sind aus uneinheitlichen und teilweise widersprüchlichen Faktoren zusammengesetzt. Man muss zum Beispiel nur auf die Allianz von Nazismus und Bolschewismus verweisen. Aber auch auf der anderen Seite gibt es eine Mischung von Kräften, die aus gegenwärtig gemeinsamen Interessen zusammengehalten werden, ohne gemeinsame gesellschaftliche Ziele zu haben. Typische Vertreter des englischen und französischen Imperialismus befinden sich in der gleichen Front wie radikale demokratische Kräfte und die sozialistische Arbeiterbewegung.

Die Diktaturen haben durch mehrere Jahre versucht, die gesellschaftliche Gärung und das Bedürfnis für eine grundlegende Umwälzung auszunutzen. Sie haben die Scheidelinien des Klassenkampfes auf die internationale Politik zu überführen versucht. Bereits vor mehreren Jahren sprach Mussolini vom Recht der „proletarischen Nationen", das von den satten „Bourgeoisie"-Mächten bestritten wurde. Die Nationalsozialisten haben in ihrer Außenpolitik oft – und in zunehmendem Ausmaß nach ihrer Zusammenarbeit mit Russland – antikapitalistische und antiimperialistische Schlagworte benutzt. Die Nationalsozialisten sagen, dass es die jungen revolutionären Völker sind, die unter Deutschlands Führung einen Platz an der Sonne fordern, während die alten reaktionären Staaten unter Englands Führung sie weiter niederhalten wollen. Die Sowjetunion betreibt diese Agitation, indem sie auf ihre revolutionäre Vergangenheit verweist. Nazismus und Faschismus benutzen die gleichen Kampflinien, die sie in den innenpolitischen Auseinandersetzungen benutzt haben. Und da verlor die Demokratie, nicht zuletzt deshalb, weil die Demokratie nicht in der Lage war, sich zu erneuern, und dastand als die Regierungsform der alten, reaktionären, sterbenden Kräfte der Gesellschaft. Kritische Stimmen auf Seiten der Westmächte haben auf die Gefahr verwiesen, dass England und Frankreich in eine völlig unhaltbare Lage geraten werden, wenn sie nicht vermögen, dieser Agitation entgegenzutreten. Professor *Cole* schreibt in seiner Broschüre über die Kriegsziele: „Unsere größte Gefahr in diesem Krieg ist, dass wir aufgefasst werden können – nein, es wirklich werden – als Verfechter eines dekadenten Kapitalismus gegen die neuen Kräfte des 20. Jahrhunderts."[24] Hier finden wir auch eine Erklärung dafür, dass z. B. führende englische Staatsmänner, die überzeugte und tiefverwurzelte Anhänger des Kapitalismus und des Imperialismus sind, in ihren Reden auf die Notwendigkeit verweisen, eine neue Welt zu schaffen und dass Europa nicht so wiedererstehen wird, wie es vor Kriegsausbruch war.

Wichtiger als die taktischen Rücksichten, die sich im Propagandakrieg der Großmächte geltend machen, ist die Tatsache, dass sich Vertreter des alten Europas mehr und mehr gezwungen sehen, Ideen und Parolen zu benutzen, die dem neuen Europa zugehören. Selbst die rabiateste Reaktion benutzt sozialistische Parolen und tritt für sozialistische Programmforderungen ein – allerdings meistens, um Maßnahmen durchzuführen, die deren wirklichen Zielsetzungen und Intentionen widersprechen. Viel von dem, wofür die Arbeiterbewegung seit zwei, drei Generationen gekämpft hat, wird jetzt akzeptiert, obgleich sich die Arbeiterbewegung in einer internationalen Krise befindet. Es ist ein über alle Maßen wichtiges Faktum, dass immer weniger europäische Staatsmänner sich im Stande sehen, das Volk zur Verteidigung dessen, was war und ist, aufzurufen. Sie sehen sich gezwungen, die Argumente der Gegner zu benutzen, obwohl sie zunächst nur beabsichtigen, sie in umgekehrter Richtung zu benutzen. Aber auf diese Weise wird trotz aller Reaktion und Demagogie der Weg für den Durchbruch der neuen Gesellschaftsauffassung geebnet.

Es ist auffällig, z. B. in der englischen Diskussion, dass sehr viele ein offenes Ohr für den Zusammenhang zwischen einer Neuordnung der zwischenstaatlichen Verhältnisse und einer Veränderung der gesellschaftlichen Verhältnisse haben.

[...]

Die Sozialisten in Mitteleuropa.

[...]

Deutsche und andere mitteleuropäische Sozialisten haben den Gedanken an eine freie Föderation zwischen einem neuen Deutschland und den Nachbarvölkern im Osten erörtert. Ihr Ausgangspunkt ist, dass, ebenso wie die Tschechen und Polen ihre Unabhängigkeit wiedererhalten werden, auch das deutsche Volk unabhängig sein muss und die Österreicher das Recht auf freie Selbstbestimmung erhalten. Einer wirtschaftlichen Zusammenarbeit Deutschlands mit Südosteuropa dürfen keine Hindernisse in den Weg gelegt werden.

Der Plan einer mitteleuropäischen föderativen Ordnung wurde unter anderem in einer Broschüre behandelt, die im Sommer 1939 gemeinsam von führenden deutschen und österreichischen Sozialisten herausgegeben wurde (Der kommende Weltkrieg). Die Verfasser dieser Broschüre gehen davon aus, dass eine etwaige Erhebung gegen den Nazismus als eine demokratische Umwälzung würde beginnen müssen.[25] [...]

Das Verhältnis des neuen Deutschland zu seinen Nachbarvölkern müsste durch zwei Hauptgesichtspunkte bestimmt sein: 1. Liquidierung des deutschen Imperialismus und Einräumung des Selbstbestimmungsrechts für alle unterdrückten Nationen, 2. Verteidigung von Deutschland selbst, Selbstbestimmungsrecht auch für das deutsche Volk.[26] [...]

[...]

Die Sozialisten verfolgen überall die Debatte über die Kriegs- und Friedensziele, die stattfindet, und beteiligen sich an ihr. Aber die sozialistischen Friedensziele werden unabhängig von den Kriegszielen der kriegführenden Mächte formuliert werden. Einzelne Parteien können geringeres Gewicht auf diesen Unterschied legen. Aber das sozialistische Friedensprogramm, das als Resultat einer freien und kritischen Zusammenarbeit zwischen den Völkern aus unterschiedlichen Ländern entstehen wird, muss unabhängig von allen kriegführenden Regierungen sein. Es muss Ausdruck der gesellschaftlichen Fronten sein, die quer durch die Schützengräben gehen, dieser Front, die nicht an die heutigen Spekulationen gebunden ist, sondern das neue Europa vorbereitet.

Die Arbeiterbewegung ist gefordert. Viele ihrer alten Formen und Vorstellungen gelten nicht länger. Aber der Grundinhalt ist der gleiche wie der, der erstmals im sozialistischen außenpolitischen Programm von London 1864 formuliert wurde.[27] Noch weniger als früher wird die Arbeiterbewegung in der Zeit, die kommt, sich mit Redensarten zufrieden geben. Sie muss die Realität hinter den Worten sehen, und sie wird Handlung hinter den Parolen fordern. Sie wird nicht nur von anderen fordern. Die Arbeiterbewegung hat durch eine lange Entwicklung gelernt, dass sie bei sich selbst beginnen muss. Sie stellt keine Forderungen an andere, für die sie nicht selbst durchs Feuer gehen will.

Die Zukunft der Arbeiterbewegung als internationaler Faktor ist davon abhängig, welche Macht sie in jedem einzelnen Land aufbieten kann und um welche positiven und konstruktiven Linien sie sich in ihrer internationalen Politik im Kampf für ein neues Europa einigen kann.

Der Kampf der Kolonialvölker.

Es besteht ein Zusammenhang zwischen dem Kampf, den die Arbeiterbewegung in Europa führt, und der nationalen Erhebung in den Kolonien. Die Arbeiter in Europa und die Kolonialvölker sind Alliierte im Kampf gegen den Imperialismus.

Clement Attlee ist für den Abschnitt im Friedensprogramm der englischen Arbeiterpartei[28] stark angegriffen worden, der fordert, dass der Imperialismus abgeschafft werden muss. Chamberlain selbst beteiligte sich an diesen Angriffen, und der „Economist" schrieb im Dezember 1939 in einer Polemik gegen Attlee, dass es überhaupt nicht das Ziel sei, den Imperialismus abzuschaffen, sondern ihn weiterzuentwickeln. Die Eingeborenen sollten mehr Freiheit und einen höheren Lebensstandard erhalten: „Wir müssen uns – wenn der Krieg vorbei ist – darauf einstellen, neue Anstrengungen zu machen, Überlegungen anzustellen und Geld aufzuwenden für das unvollendete Bauwerk eines wohlhabenden liberalen Imperiums, wie es die Elisabethaner[29] oder Pilgerväter[30] oder Viktorianer[31] getan haben."[32] – Mit anderen Worten: Es soll sich nichts wesentliches am englischen Imperialismus ändern.

Die zentrale Frage in der Diskussion über den Imperialismus und die Zukunft der Kolonialvölker ist die Stellung Indiens geworden.

Die große indische Nationalpartei ist in einer politischen Resolution im Herbst 1939 für Anschauungen eingetreten, die fast in jedem Punkt mit den Ansichten der europäischen Sozialisten zusammenfallen.[33] Die Resolution protestiert einleitend gegen die Übergriffe der englischen Regierung, als diese, ohne die Vertreter des indischen Volks zu fragen, erklärte, dass Indien ein kriegführender Staat sei. In der Erklärung heißt es, dass der indische Nationalkongress wiederholt den Faschismus, den Nazismus und die Angriffspolitik verurteilt hat, und der Arbeitsausschuss des Kongresses hat energisch gegen den deutschen Überfall auf Polen protestiert. Indiens Sympathie ist bei den Kräften, die die Demokratie und die Freiheit vertreten. Aber das indische Volk kann sich nicht an dem Krieg, der stattfindet, beteiligen, wenn es nicht selbst die Freiheit erhält, die es fordert, oder wenn die begrenzten Rechte, die es jetzt hat, weiter eingeschränkt werden sollten. Die englische und französische Regierung – heißt es weiter in der Resolution – sagen, dass sie für die Demokratie und die Freiheit kämpfen, gegen die Angriffspolitik, aber deren Geschichte ist voll von Verrat an diesen Idealen. Der letzte Krieg führte zu Geheimverträgen, Versailles und der Erweiterung der Imperien. In der Mandschurei, Äthiopien, der Tschechoslowakei und Spanien wurde die Angriffspolitik unterstützt, die Demokratie verraten und die kollektive Sicherheit sabotiert. Der Völkerbund wurde zerstört. Wenn der neue Krieg dazu dienen soll, den Status quo mit Kolonien und imperialistischen Besitztümern zu verteidigen, kann Indien damit nichts zu tun haben. Wenn es jedoch gilt, für die Demokratie und für eine Neuordnung der Welt zu kämpfen, so ist Indien stark interessiert. „Wenn Großbritannien für die Demokratie kämpft, dann muss es notwendigerweise den Imperialismus beenden und Indien volle Demokratie geben. Es muss akzeptieren, dass Indien Selbstbestimmungsrecht erhält, eine verfassunggebende Versammlung und dass das indische Volk selbst seine Politik bestimmen kann." Repräsentanten der indischen nationalen Bewegung haben weiter festgestellt, dass die gegenwärtige internationale Krise die Zukunft der Menschheit betrifft. Das Ziel muss sein, eine neue Weltordnung zu errichten, die nicht länger auf der Ausbeutung einer Nation durch eine andere beruht, sondern auf einer Reorganisierung des Wirtschaftslebens auf einer gerechteren Grundlage. Die Lösung der indischen Frage lässt sich nicht von einer solchen Neuordnung trennen. Die Freiheit ist heute unteilbar. Indien wünscht keinen Machtfrieden oder den Sieg eines Volks über ein anderes Volk. Das indische

Volk wünscht eine wirkliche Demokratie für alle Nationen und eine Welt, die von Macht und imperialistischer Unterdrückung frei ist.

Gandhi hat Ende November 1939 die gleiche Auffassung ausgedrückt: „Wenn Großbritannien dafür kämpft, die Demokratie zu verteidigen, muss es notwendigerweise den Imperialismus in seinen eigenen Besitztümern abwickeln und volle Demokratie in Indien errichten."

Der englische Minister für Indien, Lord *Zetland*, wies jedoch die indischen Forderungen zurück und fügte hinzu, dass Indien statt dessen dankbar gegenüber dem englischen Volk sein solle. Darauf antworteten die Führer der indischen Nationalbewegung, dass, wenn dies die Ansicht der englischen Regierung wäre, es in tausend Jahren keinen Frieden zwischen England und Indien geben würde. Das Weißbuch der englischen Regierung über die indische Frage gab ebenfalls keine Antwort auf die indischen Forderungen, sondern erklärte, dass die Regierung „sich völlig über den Plan einer zukünftigen Bundesregierung in Indien im Klaren sei". Sir *Samuel Hoare* ergänzte das Weißbuch, indem er sagte, man wolle die Frage der Unabhängigkeit Indiens *nach* dem Kriege aufgreifen. Aber das hatte die englische Regierung während des vorigen Weltkriegs ebenfalls versprochen.

Die indische Nationalpartei sagt, dass sie mit dem Kampf für die Freiheit und die Demokratie und mit den Ländern, die Opfer von Überfällen geworden sind, sympathisiert. Auf die gleiche Weise hat auch das indische Volk Anspruch darauf, dass diejenigen, die sagen, dass sie die Freiheit und die Demokratie in Europa verteidigen, seinen Kampf für Selbstständigkeit und Unabhängigkeit unterstützen. Der Kampf für die Freiheit betrifft nicht nur den „weißen Mann". Das indische Volk, das Volk in China und anderen außereuropäischen Ländern mit einem starken Kulturerbe und Voraussetzungen dafür, das eigene Land unabhängig von europäischer Kolonialherrschaft zu entwickeln, müssen Gelegenheit erhalten, sich auf diesen Weg der Unabhängigkeit zu begeben.

Die alten Kolonialmächte haben auch auf diesem Feld ihren imperialistischen Gegnern gute Karten in die Hände gegeben. Der Faschismus und der Nazismus haben in vielen Jahren eine unermüdliche Propaganda in Afrika und Asien getrieben, um Alliierte gegen Großbritannien und Frankreich zu gewinnen. Japan hat sich als Führer der asiatischen Welt im Kampf gegen die Europäer dargestellt. Man darf auch nicht vergessen, dass die Russen starke Karten in der Hand haben, wenn sie aufs Neue die Fahne der Kolonialrevolution im Osten erheben.

Es nützt nichts, den Forderungen der Kolonialvölker nach Freiheit und der Ausnutzung dieser Freiheitsforderung durch unterschiedliche Mächte mit dem Versprechen auf einzelne Reformen zu begegnen. Es ist der Kolonialimperialismus, der fallen muss. Er ist ein Erbe aus der Vergangenheit, die nicht ins Zwanzigste Jahrhundert gehört. Zwar wird es weiterhin Länder geben, besonders in Afrika, die nicht so wie Indien Voraussetzungen dafür haben, sich aus den eigenen Kräften des Volkes zu entwickeln. Und in ganz Afrika und Asien gibt es gewaltige Möglichkeiten für ökonomische Gewinne. Viele der europäischen „Lebensraum"-Argumente wirken komisch, wenn man sie in Zusammenhang setzt mit den enormen Werten, die die Menschheit sich außerhalb Europas nutzbar machen kann. Aber diese Gewinne und die Hilfe an die Völker, die noch weit zurückliegen, können nicht mit den Methoden des Kolonialimperialismus erreicht werden. Die europäischen Völker haben kein Recht, andere Länder und Völker als Handelsobjekte zu betrachten. Europa kann den Völkern in Afrika und Asien helfen, aber nicht, indem es sie in eine Form der „Zivilisation" zwingt, um die sie nicht gebeten haben, sondern indem es ihre Eigenart und Sitten respektiert und friedlich Handel mit ihnen treibt. Aber da müssen auch die privaten Interessen ausgeschaltet werden, die die Kolonialvölker immer wieder aufs Neue in Ketten legen wollen. Eine demokratische gemeinsame Organisation, die auf gesellschaftlicher Planwirtschaft basiert, könnte es schaffen, ein gemeinsames Organ zu schaffen, das den Kontakt mit der gegenwärtigen kolonialen Welt regelt. Es müsste die Aufgabe erhalten, die Interessen der Eingeborenen zu schützen und sie in friedlicher Zusammenarbeit mit den europäischen Nationen zusammenzuführen.

Nach dem, was man bisher gesehen hat, gibt es viele, die gerne von diesen Fragen verschont bleiben wollen, wenn von den Kriegs-

und Friedenszielen die Rede ist. Aber nicht zuletzt in diesem Punkt wird es sich zeigen, wie viel Ernst die Einzelnen in die schönen Parolen legen: die Freiheit zu schützen und allen Nationen das gleiche Recht zu sichern, das eigene Leben zu leben.

DER NEUE FRIEDEN

Das starke Interesse für das, was nach dem Krieg geschehen soll und wie der neue Frieden aufgebaut werden soll, ist zum Ausdruck gekommen, als die Gemüter noch nicht völlig von der Kriegspropaganda und der Wirkung des Massenniederschlachtens verwirrt waren. Wir müssen jedoch darauf vorbereitet sein, dass eine Ausweitung und Intensivierung des Krieges dieses Bild ändern werden. Statt nüchterner und sachlicher Überlegungen werden gefühlsmäßige und irrationale Faktoren stark in den Vordergrund treten. Wenn die Schrecken des modernen Großkrieges sich über große Gebiete erstrecken, werden nicht so viele übrig bleiben, die an Zukunftspläne für das neue Europa denken. Es besteht die Gefahr, dass das Donnern der Kanonen und die Blutströme noch einmal die Sehnsucht der Völker nach einem wahren und dauernden Frieden übertönen werden.

Dennoch handelt es sich nicht um Phantasievorstellungen, wenn man mit den Grundzügen eines neuen Europas und einer neuen Welt arbeitet. Wenn schon der Krieg nicht verhindert werden konnte, so ist dies am bedeutungsvollsten für die Menschheit. Soll aber die Arbeit für einen besseren Frieden zum Ziel führen, muss sie mit der Wirklichkeit übereinstimmen. Sie muss nicht nur mit den Kräften rechnen, die heute wirksam sind, sondern auch mit Faktoren, die sich erst nach und nach geltend machen werden. Am entscheidendsten wird ja die Situation, die bei Kriegsende vorliegt. Aber über die hat man vorher keine Übersicht.

Die erste Frage im Kampf um den neuen Frieden ist, ob *der Krieg* einen solchen Verlauf bekommt, dass die Kräfte, die für eine gerechte und konstruktive Neuordnung eintreten, sich überhaupt geltend machen können. Wer für einen besseren Frieden arbeiten will, muss zu jeder Zeit die Konsequenzen einschätzen, die der Sieg der einen Gruppe und die Niederlage der anderen bedeuten kann.

Viele sehen die Sache so, dass – wenn der Nazismus siegt – dies einen Sieg des nazistischen Imperialismus und Diktatur über ganz Europa bedeutet. Sie rechnen gleichzeitig damit, dass ein Sieg der anderen Kriegsfront den Boden für eine demokratische Lösung schaffen *kann*. Die Kräfte der Demokratie und der Arbeiterbewegung würden wieder Gelegenheit zur Entfaltung erhalten und sie würden dafür sorgen können, dass es zu einem gerechten Frieden kommt. Es kann sich aber auch so verhalten, dass der Sieg dieser Front der Auftakt zu einem neuen kapitalistischen und imperialistischen Frieden wird. Man hat Grund zu der Annahme, dass Russlands Politik die Tendenz gestärkt hat, die sich einer demokratischen Neuordnung nach dem Krieg widersetzen wird.

Diejenigen, die mit einer Niederlage des Nationalsozialismus rechnen, meinen, dass eine solche Niederlage zu inneren Umwälzungen führen wird, die nicht nur die Diktatur beseitigen, sondern auch dessen soziale Stützen, und der Arbeiterschaft den entscheidenden Einfluss in der Gesellschaft geben. Diese Front wäre dann nicht länger mit den Kräften identisch, die für die Kriegspolitik verantwortlich waren. Die neue Führung wäre Ausdruck für den Durchbruch neuer Ideen und sozialer Kräfte. Auf wen würden sie auf der anderen Seite stoßen? Wenn das Volk auch die abgeschüttelt hätte, die die Verantwortung für die alte Machtpolitik tragen, läge die große Chance für Verständigung und eine gerechte Neuordnung vor. Dann müssten die Gegensätze zwischen den Siegern und den Besiegten nicht die weitere Entwicklung prägen. Wenn es als Folge des Krieges zu einer Änderung in der russischen Führung käme und neue Repräsentanten der Arbeiterschaft in der Sowjetunion eine aufrichtige Friedenspolitik begännen, könnte man ihr nicht die Übergriffe anlasten, die die früheren Machthaber begangen haben.

Es sind solche Änderungen innerhalb der verschiedenen Gesellschaften, die für den neuen Frieden entscheidend sind. Wenn der Krieg mit einer klar imperialistischen Lösung und einem Gewaltfrieden endet, ist auch der Keim für neue kriegerische Auseinandersetzungen gelegt.

Der Frieden, der nach dem vorigen Weltkrieg geschlossen wurde, war ein Versuch, einen Kompromiss zwischen demokratischen Gesichtspunkten und den Machtinteressen der Siegerherren zu machen. Aber Versailles wird als ein Beweis dafür stehen bleiben, dass es innerhalb des Rahmens imperialistischer Großmachtinteressen nicht möglich ist, einen gerechten Frieden zu schaffen. Der Anspruch des Versailler Vertrages auf Selbstbestimmungsrecht der Völker und Errichtung des Völkerbundes stimmten mit den Forderungen nach Gerechtigkeit und Demokratie überein. Aber diese Seiten des Versailler Friedens wurden von den imperialistischen Machtgeboten torpediert. Der Imperialismus schloss einen Kompromiss mit der Demokratie und man beseitigte nicht die ökonomischen Kriegsursachen und auch nicht den Militarismus.

Der gegenwärtige Krieg kann gewaltige soziale Kräfte auslösen, die heute noch verborgen sind, obwohl der soziale Umgestaltungsprozess nicht mit der gleichen Geschwindigkeit und in gleichartigen Formen in den verschiedenen Ländern vor sich gehen wird.

Der neue Frieden ist abhängig von den neuen Machtkonstellationen. Aber der Kampf um den Inhalt des neuen Friedens ist daran beteiligt, neue Machtverhältnisse *zu schaffen.* Hierin liegt das Wichtigste bei der vorbereitenden Friedensarbeit. Die Arbeit für den neuen Frieden verschmilzt mit dem Kampf für Freiheit und Recht in jedem einzelnen Land und erhält festere Formen, wenn man von allgemeinen Grundsätzen zur Lösung der einzelnen, konkreten Aufgaben kommt.

[...]

Friede ohne Annexion und Entschädigung.

Ein gerechter Frieden ist unvereinbar mit der Forderung nach *Annexionen* und *Entschädigungen.* Es wird ein neuer Gewaltfrieden, wenn einzelne Staaten ohne weiteres die Gebiete behalten können, die sie besetzt haben, oder wenn die Siegermächte fremdes Gebiet annektieren können.

Aber Annexionen sind nicht das gleiche wie Grenzregulierungen. Grenzregulierungen werden nach aller Wahrscheinlichkeit erforderlich sein. Es kommt nur darauf an, ob man sich von den Forderungen der Siegerherren leiten lässt oder ob man darauf Rücksicht nimmt, was die Menschen in den betreffenden Ländern wünschen, und auf das, was eine konstruktive gemeinsame europäische Neuordnung fördert.

Die Forderung nach wirtschaftlichen und materiellen *Entschädigungen* an die Sieger befindet sich ebenfalls nicht im Einklang mit einem gerechten Frieden.

Dass demjenigen, der verloren hat, auferlegt wird, dem Sieger Entschädigungen zu zahlen, ist Teil des Bewusstseins der Völker für angemessene Bedingungen eines Friedensschlusses geworden. Die Debatte dreht sich selten um das Prinzip, sondern meistens um die Größe des Betrages, um den es geht. Man kann die Ansicht vertreten, dass derjenige, der die Verantwortung für den Krieg trägt, für den materiellen Schaden, den er verursacht hat, aufkommen muss, oder zumindest einen Teil davon. Aber die Frage der Verantwortung ist nicht leicht zu entscheiden. Und es fragt sich, ob es wirklich die sind, die die Verantwortung hatten, die bezahlen müssen, oder ob nicht die Bürden in den meisten Fällen auf die breiten Bevölkerungsschichten abgewälzt werden. Es besteht auch immer die Gefahr, dass die Siegerherren versuchen, die ganze Verantwortung auf den Besiegten zu schieben. Sie zwingen ihn, Kriegskontributionen zu leisten, nicht nur aus wirtschaftlichen Gründen, sondern auch, um die Niederlage zu unterstreichen und als Warnung vor neuen Vorstößen.

Aber in dem Fall sind Entschädigungen nur ein Mittel, um den Gegner zu demütigen. Solche Bestrebungen haben sich immer gerächt. Je schwerer die Bürde wird, desto stärker trifft sie den Selbstrespekt, desto stärker greift der Gedanke an Rache um sich.

Nach dem Weltkrieg bestimmten die Siegermächte, dass Deutschland zur Verantwortung gezogen werden sollte und den Schaden, den es verursacht hatte, beseitigen sollte. Außer den materiellen Werten, die Deutschland sofort herausgeben musste, wurde es dazu verurteilt, auf viele Jahre hinaus schwindelerregende Beträge zu bezahlen. Obwohl die Erstattungsfrage real zu Beginn der 30er Jahre aus der Welt geschafft war, hat die Propaganda gegen die Reparationen eine wichtige Rolle im Kampf der Nazisten um die politische Macht in Deutschland gespielt.

In England ist man sich heute alles in allem darüber im Klaren, dass die Westmächte in Versailles einen Fehler im Zusammenhang mit der Entschädigungsfrage gemacht haben. Der „Economist" hat direkt gesagt, dass man die Sache in einer wahnsinnigen Art behandelt hat. Man hat auch verstanden, dass die Reparationen, die eine gewaltige Bürde für den Besiegten sind, auf Dauer keine neuen wirtschaftlichen Vorteile für die Siegerherren bedeuten.

Diese Ansicht befindet sich nicht im Widerspruch zu der Auffassung, dass die Opfer des Überfalls, besonders die kleinen Nationen, Hilfe für ihren wirtschaftlichen Wiederaufbau erhalten sollen. Diejenigen, die diese Ansicht vertreten, sagen zu Recht, dass die unterdrückten Nationen nicht nur ihre Produktions- und Verkehrsmittel, die man ihnen genommen hat, zurückerhalten müssen. Sie müssen auch Unterstützung erhalten, um ihre zerstörten oder zerbombten Städte und Industriegebiete wieder aufzubauen.

Das steht nicht im Widerspruch zu einer demokratischen Auffassung der Friedensfrage, dass die Länder, die andere Nationen unterdrückt haben, ihren Anteil am Wiederaufbau leisten. Aber darüber hinaus sagt die demokratische Auffassung, dass *alle* Länder diese Aufgaben gemeinsam lösen sollten. Mehrere sind der Ansicht, dass sich alle Länder entsprechend ihren Fähigkeiten, nicht so sehr entsprechend ihrer Einwohnerzahl als vielmehr ihrer wirtschaftlichen Ressourcen, beim Wiederaufbau der Zerstörungen des Krieges beteiligen sollten. Diese Ansicht wurde bereits von der sozialistischen Arbeiterbewegung während des vorigen Weltkriegs vertreten. Das Stockholmer Manifest vom Oktober 1917[34] enthielt u. a. die Forderung, dass nach dem Krieg ein gemeinsamer internationaler Fonds zum Wiederaufbau der zerstörten Gebiete geschaffen werden sollte.

Alle Länder und alle Völker, die ganze Welt und die Menschheit brauchen einen dauerhaften Frieden, der auf Vertrauen und Recht baut. Sie brauchen einen wahren Völkerfrieden, der die Schwierigkeiten aus einer zwischenstaatlichen, europäischen und internationalen Sicht löst. Ein solcher Frieden kommt nicht als Geschenk von einzelnen großen Männern. Die „großen" Männer, die es übernommen hatten, für die Völker zu handeln, haben sie in Elend und Krieg geführt. Völkerfrieden ist nicht nur Frieden für die Völker, sondern ebenso sehr Frieden durch die Völker. Sie können nicht Diktatoren vertrauen, die ihnen ein „neues Europa" versprechen, und auch nicht neuen Wilsons, die es nicht fertig bringen, die „neue Welt" zu schaffen, von der sie sprechen.[35]

Die Bedingungen für den neuen Frieden müssen in den einzelnen Ländern geschaffen werden. Dort kommt es darauf an, ob die Menschen jene Kräfte unterstützen, die sich für den geschichtlichen Fortschritt einsetzen, oder ob sie sich jenen anschließen, die auf den Untergang Europas und den Sieg der Barbarei hinarbeiten. Zum Kampf für den neuen Frieden gehört der Kampf gegen Reaktion und Unterdrückung in jedem einzelnen Land. Die Arbeit für eine neue nationale Gesellschaft bildet die Grundlage eines neuen Europas und einer neuen Welt.

Anmerkungen

Einleitung

1 Titel eines Artikels von Willy Brandt, der im September 1938 in zahlreichen norwegischen Zeitungen erschien, vgl. Nr. 54.
2 *Nono, Luigi:* L'erreur comme nécessité, in: *Schweizerische Musikzeitung*, Jg. 123 (1983), S. 270.
3 *Frankfurter Allgemeine Zeitung*, Nr. 40 vom 16. Februar 1961.
4 Rede Brandts auf dem 2. Kongress der POUM, in: ARBARK, SAP-Archiv, Mappe 168. Vgl. auch Nr. 53 und 54.
5 Vgl. dazu *Brandt, Willy:* Zwei Vaterländer. Deutsch-Norweger im schwedischen Exil – Rückkehr nach Deutschland. 1940 – 1947, Bonn 2000 (Berliner Ausgabe, Band 2).
6 *Brandt, Willy:* Draußen. Schriften während der Emigration. Herausgegeben von *Günter Struwe*, München 1966.
7 *Lorenz, Einhart:* Willy Brandt in Norwegen. Die Jahre des Exils 1933 bis 1940, Kiel 1989.
8 *Nilsson, Torsten:* Lag eller näve, Stockholm 1980, S. 172.
9 Einen Eindruck vom Umfang vorgenommener Kürzungen und redaktioneller Umstellungen geben die Dokumente 53 und 54 in diesem Band. Nr. 53 ist Brandts Originalmanuskript, das im WBA erhalten ist, Nr. 54 die veröffentlichte Version in einer norwegischen Provinzzeitung.
10 Vgl. dazu Brandts Argumentation in Nr. 58.
11 *Moe, Finn:* Tyve års sovjetstyre, in: *Arbeiderbladet*, Nr. 259 vom 6. November 1937.
12 Zu Brandts familiärem Hintergrund, zur Jugend und Schulzeit in Lübeck vgl. *Brandt, Willy:* Mein Weg nach Berlin. Aufgezeichnet von *Leo Lania*, München 1960, S. 27 ff., *Brandt, Willy:* Links und frei. Mein Weg 1930-1950, Hamburg 1982, S. 9 ff. und *Brandt, Willy:* Erinnerungen, Frankfurt/Zürich 1989, S. 85 ff.
13 Vgl. Nr. 9.
14 Vgl. Nr. 1 und 2, sowie z. B. *Lübecker Volksbote*, Nr. 83 vom 10. April 1931, Nr. 99 vom 29. April 1931 und Nr. 128 vom 5. Juni 1931.
15 Vgl. Nr. 1.
16 Vgl. Nr. 2.
17 Vgl. Nr. 4 und 5.
18 Vgl. Nr. 3.
19 Vgl. Nr. 5.
20 Vgl. Nr. 3 und 14.
21 *Seebacher-Brandt, Brigitte:* Ollenhauer. Biedermann und Patriot, Berlin 1984, S. 51.
22 Zit. nach ebd., S. 53.
23 Willy Brandt, Zu Julius Lebers 65. Geburtstag, Redemanuskript 16. November 1956, in: AdsD, WBA, A 3, Publizistische Äußerungen.
24 *Brandt* 1982, S. 59.
25 *Brandt* 1989, S. 90.
26 Vgl. Nr. 10.
27 Vgl. Nr. 5.
28 Vgl. Nr. 6.
29 Vgl. Nr. 10.
30 Vgl. Nr. 18.
31 Zur Vorgeschichte, Gründung und Entwicklung der SAP in der Endphase der Weimarer Republik siehe vor allem *Drechsler, Hanno:* Die Sozialistische Arbeiterpartei Deutschlands (SAPD), Meisenheim am Glan 1965.
32 *Drechsler* 1965, S. 323 f.
33 Ebd., S. 164.
34 Lübeck – eine andere Geschichte. Einblicke in Widerstand und Verfolgung in Lübeck 1933-1945, Lübeck 1986, S. 15, 17 und 51.
35 Vgl. Parteitags-Protokoll, in: ARBARK, SAP-Archiv, Mappe 1.
36 Vgl. Nr. 12.
37 *Brandt* 1982, S. 67. – Ein Lübecker Kampfgefährte Brandts erinnerte sich dage-

gen, dass die SAP-Gruppe den Auftrag erhielt, nach einer geeigneten Person zu suchen, und dass innerhalb der Gruppe entschieden wurde, Brandt zu beauftragen, da dieser familiär unabhängig sei (Hermann Reimann im Gespräch mit Einhart Lorenz, 20. Juli 1988).

38 Brandt hatte u. a. am 6. Februar 1933 bei einer Massenkundgebung der „Antifaschistischen Aktion" in Lübeck gesprochen und zum einheitlichen Kampf aller Arbeiterorganisationen gegen den Faschismus aufgerufen (siehe dazu Lübeck – eine andere Geschichte, S. 133). Siehe auch *Lehmann, Hans Georg:* In Acht und Bann. Politische Emigration, NS-Ausbürgerung und Wiedergutmachung am Beispiel Willy Brandts, München 1976, S. 97. – Einige der Flugblätter Brandts mit dem Titel Briefe an einen Jungarbeiter, befinden sich im AdsD, WBA, A 5.

39 Vgl. Nr. 7.

40 Les Prix Nobel en 1971, Stockholm 1972, S. 87.

41 Natürlich sind auch andere Periodisierungen denkbar – abhängig vom jeweiligen Erkenntnisinteresse.

42 Siehe hierzu und detailliert für die gesamte Exilzeit in Norwegen: *Lorenz 1989.*

43 Vgl. zur Geschichte der „Internationalen Arbeitsgemeinschaft" (IAG), die später „Londoner Büro" genannt wurde, *Buschak, Willy:* Das Londoner Büro. Europäische Linkssozialisten in der Zwischenkriegszeit, Amsterdam 1985. Die DNA hatte sich 1930 an der Bildung der IAG beteiligt, jedoch immer wieder unterstrichen, dass sie die Bildung einer neuen Internationale nicht unterstützen würde. Als Brandt nach Norwegen kam, hatte sich diese Grundposition nicht geändert.

44 Vgl. Nr. 18.

45 Vgl. Nr. 7. Während sein Reisebericht zu Schweden einige politische Beobachtungen enthielt, beschränkte sich seine Schilderung Norwegens auf die Landschaft und die Menschen. Die norwegische Arbeiterbewegung scheint ihn nicht interessiert zu haben.

46 Vgl. PAAA, Referat Deutschland, Inland II A/B, 51. Ausbürgerungsliste, Schreiben Deutsche Gesandtschaft Oslo an Gestapoamt Berlin vom 9. Juni 1938.

47 *Lange, Halvard:* Nazi og Norge, Oslo 1934, S. 124.

48 Vgl. dazu Nr. 31 und 32.

49 PAAA, Gesandtschaft Oslo, Kommunistische Proteste 1933–1936.

50 Siehe Nr. 19.

51 *Morgenbladet,* Nr. 261 vom 5. August 1933.

52 Vgl. hierzu und zum Folgenden: RAO, JD, PK, Den nye fremmedloven, Oppholdstillatelser 1933, Akte Brandt.

53 Vgl. dazu auch Nr. 21.

54 *Brandt 1982,* S. 80, Brandt in: Kampfname: Willy Brandt, ZDF, 9. September 1984, vgl. auch Nr. 39.

55 *Brandt 1966,* S. 222, *Brandt 1982,* S. 88.

56 Vgl. dazu Nr. 22 sowie Rundschreiben Nr. 5 [der SAP] vom 13. Oktober 1933 mit dem Briefwechsel zwischen Walcher und Trotzki als Anlage, in: ARBARK, SAP-Archiv, Mappe 10, ferner die Anlagen zu den Rundschreiben Nr. 6 vom 29. Oktober 1933, Nr. 17 vom 15. November 1933 (beide in ebd.) und Nr. 13 vom 6. Februar 1934, in: ebd., Mappe 11.

57 *Brandt 1982,* S. 82.

58 Vgl. dazu Nr. 29, 31, 32, 33 und 34. Vgl. weitere Briefe zur Beleuchtung dieser Verbindungen in: *Brandt, Willy:* Die Nobelpreiskampagne für Carl von Ossietzky, Oldenburg 1988 (Oldenburger Universitätsreden, Nr. 20).

59 Vgl. Schreiben Brandts an Walcher, 7. November 1934, in: ARBARK, SAP-Archiv, Mappe 210.

60 Protokoll der Arbeitstagung des SJVD vom 16.-21. 8. [19]37, in: ARBARK, SAP-Archiv, Mappe 153. Zu diesem Interesse trug vor allem auch Gertrud Meyer bei, die zunächst bei Fenichel, später bei Reich tätig war. 1938 wurde Reich sogar zu Brandts Geburtstag eingeladen (Higgins, Mary Boyd (ed.): Wilhelm Reich. Beyond Psychology. Letters and Journals 1934–1939, New York 1994, S. 183).

61 Koch, Peter: Willy Brandt. Eine politische Biographie, Berlin 1988, S. 141. Die tägliche politische Arbeit reduziert sich bei Koch auf einen neunzeiligen Abschnitt (S. 83).

62 Aus den Jahren gibt es allein im SAP-Archiv ca. 400 Briefe von und an Brandt in Oslo. Das SAP-Archiv für die Jahre 1938 bis 1940 ist verschollen, große Teile des persönlichen Archivs Brandt sind wahrscheinlich während des Krieges verloren gegangen.

63 Vgl. Nr. 13.

64 Vgl. Nr. 20 und Nr. 21.

65 Prittie, Terence: Willy Brandt. Biographie, Frankfurt/M. 1973, S. 51.

66 Vgl. Nr. 18.

67 Vgl. Nr. 19.

68 Bull, Edvard: Klassekamp og fellesskap 1920–1945 (Cappelens Norges historie, Bd. 13), Oslo 1979, S. 325.

69 Vgl. Schreiben Brandts an Walcher, 6. Juni 1933, in: ARBARK, SAP-Archiv, Mappe 208.

70 Schreiben Walchers an Brandt, 9. Dezember 1933, in: ARBARK, SAP-Archiv, Mappe 208.

71 Vgl. z. B. Nr. 30.

72 PAAA, Inland II A/B: Kommunistische und marxistische Zersetzungsarbeit, Bd. 4: Aufzeichnung Bogs.

73 Gemeint: Die Jugend-Korrespondenz des SJV und das Internationale Jugend-Bulletin des Jugendbüros. Das Internationale Jugendbüro bestand aus kleinen revolutionären Jugendorganisationen, u. a. dem SJV, der Gruppe Mot Dag und trotzkistischen Jugendverbänden, die unterschiedliche Vorstellungen über die Gründung einer neuen Jugendinternationale hatten. Während sich die norwegische AUF-Jugend einer solchen Internationale widersetzte und deshalb nicht an dem Büro beteiligt sein wollte, traten die Trotzkisten für die Notwendigkeit einer neuen Jugendinternationale ein. Brandt wiederum gehörte zu den Skeptikern und meinte, „wenn man ein Haus bauen will, muss man zunächst die Fundamente wählen." Den Trotzkisten warf er vor, dass sie „beim Dach anfangen" wollen (vgl. Internationale Konferenz der unabhängigen revolutionären Jugendorganisationen am 24., 27. und 29. Februar 1934 in Laren und Lille, in: AdsD, WBA, A 5). Als die Leitung des Büros de facto nach Oslo verlegt wurde, kam es schnell zu Konflikten zwischen Brandt und dem Vertreter der Trotzkisten, Heinz Epe (vgl. dazu ausführlicher Lorenz 1989, S. 153 ff.).

74 Siehe dazu ARBARK, SAP-Archiv, Mappe 4: Einnahmen.

75 Brandt sorgte auch dafür, dass führende SAP-Mitglieder wie z. B. Walcher und Sternberg nach Norwegen zu Vorträgen eingeladen wurden, und dass Artikel von ihnen in norwegischen Zeitungen und Zeitschriften erscheinen konnten (z. B. Frölich und Sternberg).

76 Vgl. z. B. Nr. 30.

77 Schreiben der Parteileitung/Walchers an Winter [=Buchheister] vom 27. Dezember 1937, in: AdsD, WBA, A 5, Allgemeine Korrespondenz 1937.

78 Vgl. Nr. 32. Siehe zu weiteren Plänen Schreiben Brandts an AUFs sentralstyre vom 15. September 1937, in: ARBARK, AUFs arkiv, Diverse Korr. 1932–40 (betr. eine Broschüre über den Kampf der spanischen

Jugend) und Schreiben Brandts an Tiden Norsk Forlag, o. D., in: ARBARK, Tiden Norsk Forlags arkiv, Box 58 (betr. Bearbeitungsvorschlag für das Buch „Die blutige Internationale der Rüstungsindustrie" von Otto Lehmann-Rußbüldt).

79 Seinen ersten kleinen Vortrag hielt Brandt an der Arbeiterhochschule bereits wenige Wochen nach seiner Ankunft in Oslo. Brandts Übersetzerin war Aase Lionæs, die 1971 Vorsitzende des Nobelkomitees war. Zu den Zuhörern gehörte der spätere Ministerpräsident Trygve Bratteli (schriftliche Auskunft von Birger Eriksen, 2. Mai 1983).

80 Vgl. ARBARK, LO-arkiv, Sak 53–1935 Fellesmøte i Arbeidernes Justisfond med Flyktningskomiteen 11. November [1935] und ebd. Sak 70–1936, Fellesmöte i Arbeidernes Justisfond med Flyktningskomitees, 8. Januar 1936.

81 Brandt bestand im Herbstsemester 1934 die obligatorische philosophische Vorprüfung. Andere Examen legte er nicht ab. Von einem weiteren „Studium der neuen Geschichte" (*Brandt* 1966, S. 224) kann also keine Rede sein. – Walcher hatte wenig Verständnis für solche Pläne. Lakonisch heißt es in einem Brief von ihm: „Du willst also zu den Quellen der Philosophie steigen. Glückliches Land, wo Emigranten sich solche Aufgaben stellen können" (Schreiben Walchers an Brandt, 2. November 1934, in: ARBARK, SAP-Archiv, Mappe 210).

82 Vgl. dazu *Lorenz* 1989, S. 82 ff. – Brandt hatte Walcher ausdrücklich darauf hingewiesen, dass die norwegische Partei „peinlich formell" sei (Schreiben Brandts an Walcher vom 25. Mai 1933, in: ARBARK, SAP-Archiv, Mappe 208).

83 Vgl. Nr. 19.

84 Um die deutschen Lehren international zu verbreiten, machte Brandt 1934 den Vorschlag, die SAP solle ein Buch über die deutsche Arbeiterbewegung ausarbeiten, vgl. dazu Nr. 25.

85 Vgl. Nr. 22.

86 Schreiben Brandts an Walcher, 21. November 1933, in: ARBARK, SAP-Archiv, Mappe 208.

87 Vgl. Nr. 23.

88 Vgl. Nr. 24.

89 Zur Situation in der NAP [Schreiben Brandts an die Auslandszentrale der SAP vom 11. April 1934], in: ARBARK, SAP-Archiv, Mappe 209.

90 Ebd.

91 ARBARK, Mot Dags arkiv, Protokoll MDs medlemsmøte, 20. April 1934.

92 Arbeidernes Ungdomsfylking. Protokoll over forhandlingene ved landsmøtet i Oslo 11te–13de mai 1934, Oslo o. J., S. 5.

93 Schreiben Brandts an Walcher vom 14. Mai 1934, in: ARBARK, SAP-Archiv, Mappe 209.

94 Ebd.

95 Kurt Liebermann, der nach Deutschland ausgeliefert wurde, wurde 1935 in einem geheim gehaltenen Prozess zu sechs Jahren Zuchthaus verurteilt.

96 *Lehmann*, S. 96.

97 In Nr. 19 folgte er beispielsweise der Argumentation von *Sternberg, Fritz:* Der Niedergang des deutschen Kapitalismus, Berlin 1932, und der von Klaus Zweiling verfassten Broschüre: Der Sieg des Faschismus und die Aufgaben der Arbeiterklasse, Göteborg [richtig: Oslo] 1933.

98 Vgl. Nr. 40.

99 Vgl. Nr. 15.

100 Vgl. Nr. 26.

101 *Brandt* 1966, S. 222. Aus dem SAP-Archiv geht nicht hervor, um wen es sich handelte.

102 Schreiben Brandts an Walcher vom 25. März 1935, in: ARBARK, SAP-Archiv, Mappe 211.

103 Vgl. Schreiben Walchers an Brandt vom 30. März 1935, in: AdsD, WBA, A 5.
104 Vgl. Nr. 28.
105 Siehe dazu *Lorenz* 1989, S. 136 ff.
106 Vgl. Nr. 30.
107 Schreiben Brandts an Walcher, 11. März 1936, in: ARBARK, SAP-Archiv, Mappe 213.
108 Vgl. Bericht über die Generalversammlung der O[sloer] Gruppe 5. 1. [19]37, in: ARBARK, SAP-Archiv, Mappe 215.
109 Schreiben Hilde Walters an Mimi Sverdrup Lunden vom 14. Oktober 1936, in: IISG, Freundeskreis Carl von Ossietzky, Mappe 26.
110 Vgl. Nr. 21, für spätere Vorschläge auch Nr. 25.
111 Vgl. Nr. 3.
112 Vgl. Nr. 15.
113 Vgl. Nr. 25.
114 Protokoll der Konferenz vom 4.-9. März 1934 in Paris, in: ARBARK, SAP-Archiv, Mappe 2. Vgl. auch Nr. 25.
115 Vgl. dazu Protokoll der Konferenz vom 4.-9. März 1934 in Paris, S. 184 bzw. Märzkonferenz der SAP, 4.-9. März 1934, S. 46, beide in: ARBARK, SAP-Archiv, Mappe 2.
116 Vgl. Schreiben Brandts an Walcher vom 8. Januar, 29. Januar und 25. März 1935, in ARBARK, SAP-Archiv, Mappe 211, Jgd.-M.B. [Jugend-Mitteilungsblatt] Nr. 18 vom 8. April 1935 sowie Nr. 41.
117 Vgl. Nr. 27.
118 Vgl. Nr. 41.
119 Vgl. Nr. 38.
120 So Bremers Charakteristik in *Bremer, Jörg:* Die Sozialistische Arbeiterpartei Deutschlands (SAP). Untergrund und Exil 1933–1945, Frankfurt-New York 1978, S. 149. Auch Stern spricht von einer „Ein-Mann-Tätigkeit" (*Stern, Carola:* Willy Brandt, Reinbek 1975, S. 20). Wichtige Mitarbeiter des Büros waren neben Gertrud Meyer Walter Michaelis und Peter Blachstein, die Brandt ab 1935 entlasteten.

121 Vgl. Nr. 30.
122 Schreiben Brandts an Walcher, 10. Juli 1935, in: ARBARK, SAP-Archiv, Mappe 212.
123 *Brandt* 1982, S. 179.
124 [Gestapa] II A 2 / Die marxistische Bewegung im Jahre 1937 / Berlin, 8. Januar 1939, hier zit. nach *Foitzik, Jan:* Zwischen den Fronten. Zur Politik, Organisation und Funktion linker politischer Kleinorganisationen im Widerstand 1933 bis 1939/40, Bonn 1986, S. 220.
125 Vgl. dazu Brandts Auffassung in Nr. 54.
126 Vgl. Nr. 40.
127 Vgl. Nr. 39.
128 Vgl. Nr. 46, vgl. auch Brandts Rede auf dem 2. Kongress der POUM in: ARBARK, SAP-Archiv, Mappe 168.
129 Vgl. Nr. 35.
130 Gertrud Meyer war im Februar 1936 eine Scheinehe mit Gaasland eingegangen, durch die sie die norwegische Staatsbürgerschaft erwarb. Als Norwegerin war es für sie leichter, Kurierreisen nach Deutschland durchzuführen. – In Norwegen und gegenüber politischen Freunden wurde verbreitet, dass Brandt aus „Gründen, die mit Spanien zusammenhängen", einige Monate von Oslo abwesend sein würde (vgl. z. B. Schreiben Brandts an Walter, 8. September 1936, in: IISG, Freundeskreis Carl von Ossietzky, Mappe 25).
131 *Brandt* 1982, S. 173. Die Konflikte über Fragen der Einheitsfront, Einheitspartei, Volksfront und die Kriegsfrage zwischen der Mehrheit um Walcher und der Minderheit um Walter Fabian, Rose Wolfstein und Paul Frölich waren Brandt bekannt (siehe dazu z. B. Polbericht Nr. 3: Die Einheitspolitik – und wir, in: ARBARK, SAP-Archiv, Mappe 37). Angesichts des gefährlichen Auftrags, den er in Berlin ausführen sollte, ist seine Enttäuschung wahrscheinlich in erster Linie aus den persönlichen Konflikten und Verdächtigungen zu erklären.

132 Vgl. Nr. 37.
133 Vgl. Nr. 38.
134 Vgl. Nr. 38.
135 Vgl. Nr. 41.
136 Vgl. Nr. 37 und 38.
137 Schreiben Walchers an Brandt, 3. Februar 1937, in: ARBARK, SAP-Archiv, Mappe 215.
138 Vgl. Nr. 44. Siehe auch: Liste unserer Genossen, die 1936/37 nach Spanien gingen [Anlage 6a zum Rundschreiben 1/38 vom 15. Januar 1938], in: AdsD, WBA, A 5.
139 Vgl. Nr. 39.
140 Vgl. z. B. *Brandt* 1966, S. 187, wo Brandt seinen Spanien-Aufenthalt fast als eigene Initiative darstellt, journalistische Arbeiten als Hauptzweck der Reise erscheinen und die Pflege politischer Kontakte „für meine Freunde von der SAP" erst an zweiter Stelle genannt werden. In der Bundesrepublik der 1960er Jahre, in der die Auffassung weit verbreitet war, dass in Spanien ein kommunistischer Aufstand stattgefunden hatte, war es politisch offenbar nicht möglich, sich offen dazu zu bekennen, dass man politisch für die republikanische Seite gearbeitet hat.
141 Vgl. Nr. 43.
142 Vgl. Nr. 42.
143 Vgl. dazu Brandts Zurückweisung dieser Vorwürfe in seinem Schreiben an den Generalsekretär des Internationalen Büros revolutionärer Jugendorganisationen und an die dem Büro angeschlossenen Verbände vom 8. April 1937 sowie Brandts Promemoria: Die Krise des Internationalen Büros revolutionärer Jugendorganisationen und die internationale Haltung des SJV [geschrieben nach dem 9. Mai 1937], beide in: ARBARK, SAP-Archiv, Mappe 166.
144 Vgl. zur Auseinandersetzung zwischen der SAP, dem „Londoner Büro" und der POUM *Buschak*, Kap. VII und VIII.

145 Siehe Nr. 42 und 46.
146 Vgl. Nr. 46.
147 Vgl. Nr. 46.
148 Brandt befand sich in Barcelona, als dort im Mai 1937 die „blutige Woche" (vgl. dazu Nr. 45) dazu benutzt wurde, die Vernichtung der angeblich trotzkistischen POUM einzuleiten. Sowjetische „Berater" der republikanischen Regierung setzten im Juni 1937 das Verbot der POUM durch. Die Mitglieder wurden verfolgt, und es wurde versucht, gegen die Parteiführung einen Schauprozess nach Moskauer Vorbild zu inszenieren, um sie als Alliierte des Faschismus verurteilen zu lassen. Dies gelang trotz einer umfassenden Propagandakampagne der Komintern wegen der breiten internationalen Proteste nicht völlig. Die Führer der POUM wurden, soweit sie nicht vorher bereits ermordet worden waren, „nur" als Gegner der Volksfrontregierung verurteilt.
149 Vgl. dazu u. a. Erklärungen von Paul Gauguin, Ture Nerman und Jacob Walcher vom Juni 1939 in AdsD, WBA, A 5, Schreiben Brandts an Ture Nerman vom 4. Juni 1939 in AAB, Ture Nermans arkiv, Volym 3: 3, sowie Band 2 der Berliner Ausgabe, S. 112 f.
150 Vgl. *Buschak*, S. 248.
151 Siehe: Nichtoffizieller Bericht über die Sitzung des Internationalen Büros für revolutionär-sozialistische Einheit in Letchworth, 8.-12. 8. 1937, in: ARBARK, SAP-Archiv, Mappe 16 b. Selbst in seriösen Untersuchungen wie z. B. *Schafranek, Hans:* Das kurze Leben des Kurt Landau. Ein österreichischer Kommunist als Opfer der stalinistischen Geheimpolizei, Wien 1988, S. 477 ff. tauchen diese Verleumdungen und Gerüchte auf. Die Witwe Kurt Landaus gab im April 1963 eine eidesstattliche Erklärung ab, in der sie Brandt von allen Anklagen, die mit dem Tod ihres Mannes verbunden wa-

ren, freisprach (diese und andere, zum Teil widersprüchliche Erklärungen Katja Landaus im Nachlass von Max Diamant).
152 Schreiben Walchers an Brandt vom 30. August 1939, in: AdsD, WBA, A 5, Allgemeine Korrespondenz 1939.
153 Schreiben Brandts an die Gruppe Oslo vom 4. November 1937, in: AdsD, WBA, A 5, Allgemeine Korrespondenz 1937.
154 Vgl. dazu seine Argumentation in Nr. 51.
155 PAAA, Referat Deutschland, Inland II A/B, 51. Ausbürgerungsliste. Vgl. dazu detailliert *Lehmann*.
156 *Brandt* 1982, S. 265.
157 Vgl. Schreiben Walchers an Brandt vom 7. Juli 1939, in: AdsD, WBA, A 5.
158 Carlota Thorkildsen hatte in ihrer Osloer Studienzeit zum Umfeld der Gruppe *Mot Dag* gehört und sich später der Arbeiterpartei angeschlossen. Nach einem mehrjährigen Studium an der Pariser Sorbonne arbeitete sie im intellektuellen Milieu des Instituts für vergleichende Kulturforschung in Oslo.
159 Stortingsforhandlinger 1937, Bd. 7, Stortingstidende, S. 193.
160 Schreiben Brandts an die Parteileitung der SAP vom 27. Dezember 1937, in: ARBARK, SAP-Archiv, Mappe 216.
161 Über dieses Programm schrieb er in *Brandt* 1982, S. 95: „1939 gab sich die Partei ein neues Grundsatzprogramm, in dem einiges von dem zu finden ist, was die deutsche Sozialdemokratie zwanzig Jahre später in Godesberg zu Papier brachte."
162 Vgl. Nr. 57.
163 Willy Brandt im Gespräch mit Einhart Lorenz, 8. November 1984.
164 Vgl. Elevavis 8/8 – 1937 – 6/9 – 1947: Arbeider-Studenten, in: ARBARK: Arbeidernes høiskole, Malmøya.
165 *Norsk Kommuneforbunds Fagblad*, Nr. 7, Juli 1938, S. 103.
166 *Brandt* 1960, S. 71 f.
167 Herbert George im *Stern*, Nr. 51 vom 13. Dezember 1973.
168 *Brandt* 1982, S. 77.
169 Vgl. Nr. 52. Siehe z. B. auch die Artikel Spanias ungdom i kamp mot Franco, in: *Arbeider-Ungdommen*, Nr. 24 vom 4. Dezember 1937, Spania – frihetens skanse i syd, in: *Rjukan Arbeiderblad*, Nr. 282 vom 6. Dezember 1937, Ungdommen og Spania, in: *Romsdal Folkeblad*, Nr. 96 vom 28. April 1938, Spanias korstog mot analfabetismen, in: *Arbeidermagasinet*, Nr. 28 vom 9. Juli 1938.
170 Vgl. Nr. 53 und 54.
171 Vgl. Nr. 15.
172 Vgl. Nr. 50.
173 *Franke, F.*: Fem aar Hitler, in: *Telemark Arbeiderblad*, Nr. 23 vom 28. Januar 1938. Der Artikel, der durch das Pressebüro der Arbeiterpartei verbreitet wurde, erschien auch in zahlreichen anderen Zeitungen.
174 *F[ranke], F.*: Fem års Hitlerstyre, in: *Arbeiderbladet*, Nr. 24 vom 29. Januar 1938.
175 Vgl. Nr. 53, 54 und 55.
176 Vgl. Nr. 54.
177 Vgl. Nr. 56. Siehe dazu auch: *Lorenz, Einhart*: Der junge Willy Brandt, die Judenverfolgungen und die Frage einer jüdischen Heimstätte in Palästina, in: *Lorenz, Einhart* (Hrsg.): Perspektiven aus den Exiljahren, Berlin 2000, S. 33–46.
178 Äußerungen aus dem Jahre 1933, z. B. dass „Zehntausende Arbeiter [...] nicht zum Faschismus übergelaufen [sind] und [...] es selbst dann nicht tun [werden], wenn sie in Stücke gerissen werden. Sie haben aus den Fehlern gelernt, die zu diesem Resultat geführt haben. Sie haben alle Illusionen abgeworfen" (vgl. Nr. 19), müssen in einem anderen Kontext gesehen werden. Hier galt es, in Norwegen Mittel für die Arbeit der SAP einzuwerben. Das konnte am besten geschehen, indem ein optimistisches Bild verbreitet wurde.

179 Vgl. Nr. 37.
180 Vgl. Nr. 54.
181 Vgl. Nr. 53.
182 Vgl. Nr. 55.
183 Eintragung Brandts im Gästebuch des Wirtschaftswissenschaftlers Johan Vogt am 27. September 1937, in: NBO, Håndskriftavdelingen, Ms 4° 4242 G.
184 So berichtete z. B. eine Norwegerin, dass ihr der Gedanke an den jungen Antifaschisten Willy Brandt, den sie als Lehrer an der Arbeiterhochschule kennen gelernt hatte, Kraft und Energie gab, als sie während des Krieges von der Gestapo verhaftet wurde; Mary Zachariassen im Gespräch mit Einhart Lorenz, 8. Oktober 1983.
185 Vgl. Nr. 41.
186 Vgl. zu Brandts Kontakten mit Fimmen *Lorenz, Einhart:* Willy Brandt and Edo Fimmen, in: *Reinalda, Bob* (ed.): The International Transportworkers Federation 1914–1945: The Edo Fimmen Era, Amsterdam 1997, S. 200–202, *Nelles, Dieter:* Gewerkschaftlicher Widerstand in Skandinavien 1936–1945, in: *Lorenz, Einhart et al.:* Ein sehr trübes Kapitel? Hitlerflüchtlinge im nordeuropäischen Exil 1933 bis 1950, Hamburg 1998, S. 157–180.
187 Siehe zur Position der SAP: Grundsätzliches zur Volksfrontregierung, in: *Neue Front*, Mitte September 1935, Einheitsfront und Volksfront, in: *Neue Front*, Oktober 1935, Was kommt nach Hitler?, in: *Neue Front*, Mitte März 1936.
188 Vgl. dazu: Was kommt nach Hitler?, a. a. O.
189 Vgl. dazu: Polbericht Nr. 3: Die Einheitspolitik – und wir [mit dem Referat einer Sitzung der SAP-Auslandszentrale am 21. Mai 1936], in: ARBARK, SAP-Archiv, Mappe 37.
190 Vgl. Nr. 40.
191 Vgl. Die Krise des Internationalen Büros revolutionärer Jugendorganisationen und die internationale Haltung des SJV [nach dem 9. Mai 1937], in: ARBARK, SAP-Archiv, Mappe 166.
192 Wäre Brandt 1936 persönlich bei den Sitzungen gewesen, hätte er, so erklärte er später (in: *Brandt* 1966, S. 69), unterzeichnet.
193 Protokoll der Sitzung der AZ vom 21. Mai 1936, in: ARBARK, SAP-Archiv, Mappe 7.
194 Vgl. Nr. 36.
195 Vgl. Nr. 47.
196 Siehe dazu *Buschok* 1985, S. 277 ff.
197 Nichtoffizieller Bericht über die Sitzung des Internationalen Büros für revolutionär-sozialistische Einheit in Letchworth, 8.-12. 8. 1937, in: ARBARK, SAP-Archiv, Mappe 16 b.
198 Vgl. Nr. 51.
199 Vgl. Bericht über die Sitzung des Internationalen Büros am 27. und 28. August 1938 in Paris, Anlage 1 zu Rundbrief 12 vom 10. September 1938, in: AdsD, WBA, A 5.
200 Vgl. Nr. 47.
201 Vgl. dazu u. a.: Für die Einheit der sozialistischen Jugend. Internes Diskussionsmaterial für die Genossen der SAJ und des SJV, Oktober 1937, in: AdsD, WBA, A 5.
202 Vgl. Resolution der SAP-Gruppe Oslo vom 8. November 1937, Anlage 6 zum [SAP]-Rundschreiben Nr. 20 vom 2. Dezember 1937, in: ARBARK, SAP-Archiv, Mappe 16 b.
203 Siehe dazu *Lorenz, Einhart:* Mehr als Willy Brandt. Die Sozialistische Arbeiterpartei Deutschlands (SAP) im skandinavischen Exil, Frankfurt/Berlin/Bern 1997 [a], S. 161 f.
204 Siehe dazu ebd., S. 173 ff.
205 *Neue Front*, Nr. 5 vom Mai 1938.
206 Siehe Band 2 der Berliner Ausgabe, S. 88 ff.
207 Vgl. z. B. *Jugend Korrespondenz*, Nr. 9 von Anfang Dezember 1935, in der es u. a. hieß: „Die Sowjetunion ist das Land der

siegreichen proletarischen Revolution. Das Land ohne Privateigentum, ohne Kapitalisten, ohne Ausbeutung."
208 B[randt], W[illy]: Revolutionäre Realpolitik – in der Kriegsfrage vor allem, in: *Marxistische Tribüne*, Nr. 3, Juli 1936, S. 15.
209 Vgl. Nr. 58.
210 Vgl. Nr. 61.
211 Vgl. u. a. Nr. 49, 59 und 61.
212 Harald Sørensen im Gespräch mit Einhart Lorenz, 7. Oktober 1986.
213 Vgl. Nr. 61.
214 Schreiben Brandts an Lieber Freund [wahrscheinlich Walcher] vom 12. Dezember 1939, in: AdsD, WBA, A 5.
215 Vgl. Nr. 62.
216 Vgl. Nr. 64.
217 Vgl. ebd.
218 Vgl. Nr. 65.
219 Vgl. Nr. 61.
220 *Szende, Stefan:* Zwischen Gewalt und Toleranz, Frankfurt-Köln 1975, S. 238 f., auch Willy Brandt im Gespräch mit Einhart Lorenz, 5. November 1985.
221 Vgl. Nr. 48.
222 Siehe dazu *Lorenz* 1989, S. 212 ff., sowie *Lorenz* 1997 [a], S. 61 f.
223 Vgl. Schreiben Walchers an die G.-Stellen und I. Vertrauensleute vom 9. März 1939, in: WBA, AdsD, A 5.
224 Schreiben Walchers an Brandt vom 2. März 1939, in: AdsD, WBA, A 5.
225 Schreiben Walchers an Brandt vom 19. April 1938, in: AdsD, WBA, A 5.
226 Schreiben Walchers an Brandt vom 30. und 31. August 1939, in: AdsD, WBA, A 5.
227 Schreiben Walchers an Brandt vom 22. Dezember 1939, in: AdsD, WBA, A 5.
228 Schreiben Brandts an Walcher vom 3. März 1940, in: AdsD, WBA, A 5. – Zur geplanten USA-Reise vgl. Schreiben [Walchers?] an Fred, 25. Juli 1939, Schreiben Walchers an Brandt, 1. August 1939, beide in AdsD, WBA, A 5.

229 Vgl. *Lorenz* 1997 [a], S. 186 f.
230 Vgl. dazu Schreiben Brandts an Lieber Freund [wahrscheinlich Walcher] vom 12. Dezember 1939, in: AdsD, WBA, A 5.
231 Der kommende Weltkrieg. Aufgaben und Ziele des deutschen Sozialismus. Eine Diskussionsgrundlage, Paris 1939. Vgl. dazu die längeren Zitate in Nr. 62.
232 Vgl. Nr. 60.
233 Vgl. Nr. 63.
234 Siehe dazu die Auszüge in Nr. 62.
235 Vgl. Nr. 65.
236 Vgl. Nr. 60.
237 Vgl. dazu *Lipgens, Walter* (ed.): Documents on the History of European Integration, vol. 2, Berlin/New York 1986.
238 Vgl. Nr. 63.
239 Vgl. Nr. 65.
240 Siehe zu den Jahren 1940 bis 1947 detailliert meine Einleitung zu Band 2 der Berliner Ausgabe, S. 15–50.
241 Im Dezember 1939 schrieb er z. B.: „Wir haben natürlich in einer solchen Lage [Krieg in Skandinavien] nichts anderes zu tun, als auf gutes Wetter zu hoffen und, wenn es irgend geht, uns in die Zone der Insulaner [d. h. nach England] durchzuschlagen" (Schreiben Brandts an Lieber Freund vom 12. Dezember 1939, in: AdsD, WBA, A 5).
242 Willy Brandt im Gespräch mit Einhart Lorenz, 8. November 1984.
243 Vgl. BArch Koblenz, R 58/705, Schreiben vom 23. Januar 1939, vgl. auch PAAA, Inland II A/B, Kommunistische und marxistische Zersetzungsarbeit 1939–1941. Siehe auch *Lorenz* 1989, S. 236 ff.
244 Für diese Annahme spricht u. a., dass die Deutsche Gesandtschaft seinen Namen in unterschiedlichen Formen wie „Brand", „Brant (wohl ein Pseudonym für Hans Frahm)" schrieb und seinen letzten Wohnsitz in Oslo nicht kannte.
245 Siehe dazu Band 2 der Berliner Ausgabe, S. 18 f.

246 Brandt, Willy: Norwegens Freiheitskampf 1940–1945, Hamburg 1948, S. 6.
247 Dies war ein Vorwurf, den der Schriftsteller Frank Thieß im August 1945 in einem öffentlichen Brief gegen die Emigranten richtete; hier zitiert nach *Papcke, Sven:* Exil und Remigration als öffentliches Ärgernis. Zur Soziologie eines Tabus, in: Exil und Remigration. Exilforschung. Ein internationales Jahrbuch, Bd. 9, München 1991, S. 17.
248 Vgl. *Brandt 1982*, S. 80.
249 Es handelte sich hierbei um einen Artikel über die deutsche Wiederaufrüstung: Tyskland ruster, in: *Dagbladet*, Nr. 192 vom 19. August 1933.
250 Vgl. Nr. 24 und 35.
251 Es gab mehrere Situationen, die leicht zu einer Enttarnung hätten führen können. So wurde Brandt u. a. mit einem norwegischen nazistischen Studenten bekannt gemacht, der ihm die für Norweger üblichen Fragen nach Heimatort, Schulbesuchen usw. stellte. Brandts Norwegisch war so gut, dass kein Verdacht aufkam. Brandt hat diese Begegnung mehrfach beschrieben, u. a. in *Brandt 1966*, S. 87, und *Brandt 1982*, S. 175.
252 *Brandt 1960*, S. 112.
253 Vgl. Nr. 40.
254 *Brandt 1989*, S. 90.
255 So die Charakterisierung bei *Koch 1988*, S. 141 bzw. 88.

Nr. 1
1   Signiert: Herbert Frahm.

Nr. 2
1   Signiert: Herbert Frahm SAJ – Karl Marx.

Nr. 3
1   Signiert: Herbert Frahm.

2   Der NSDAP-Gaugeschäftsführer Wilhelm Kayser war im April 1929 zu zwei Monaten Gefängnis verurteilt worden, nachdem er während einer Versammlung dazu aufgefordert hatte, in Warenhäusern zu stehlen. Kayser hatte schon mehrfach wegen anderer Delikte vor Gericht gestanden, die jedoch aus „Rücksicht auf seine Jugend und politische Unreife" Milde walten ließen. Vgl. dazu *Vossische Zeitung*, Nr. 183 vom 18. April 1929.
3   Das vollständige Liebknecht-Zitat, auf das Brandt verweist, lautet: „Die revolutionäre Jugend des Proletariats, sie war die heißeste, reinste Flamme der bisherigen deutschen Revolution; sie wird die glühendste, heilige, unlöschbare Flamme der neuen Revolution sein, die da kommen muß und wird: die soziale Revolution des deutschen, des Weltproletariats." (*Liebknecht, Karl:* Die deutsche Jugend und die Revolution, in: *Die junge Garde*, Nr. 1 vom 27. November 1918, hier zit. nach *Liebknecht, Karl:* Gesammelte Reden und Schriften, Bd. 9, Berlin (Ost) 1974, S. 629.)

Nr. 4
1   Signiert: Herbert Frahm.
2   Siehe *Marx, Karl und Friedrich Engels:* Werke, Bd. 4, Berlin (Ost) 1959, S. 478.

Nr. 5
1   Signiert: Herbert Frahm.

Nr. 6
1   Signiert: H. F.
2   Otto Strasser bemühte sich u. a. durch eine revolutionär und sozialistisch getönte Agitation in einer Reihe nationalsozialistischer Zeitungen um Arbeiterstimmen. Der Berliner SA-Führer Walter Stennes warf der NSDAP-Führung u. a. kapitalistische Interessenpolitik vor.

Nr. 7
1   Signiert: H. F.
2   Steuermann.
3   Gemeint: der Wasserfall Vöringfoss.
4   Brandt und sein Begleiter hatten zu Beginn der Reise versucht, über Hälsingborg einzureisen, waren von der Polizei aber zurückgeschickt worden, da sie nicht genügend Geld bei sich hatten. Siehe dazu Brandts Artikel „Tippelei durch Dänemark" in: *Lübecker Volksbote*, Nr. 164 vom 17. Juli 1931.

Nr. 8
1   Signiert: Herbert Frahm.
2   Eine Arbeitsdienstpflicht als nationale Erziehung und als Erstattung für die fehlende Wehrpflicht war bereits zu Beginn der 1920er Jahre von der politischen Rechten vorgeschlagen worden. 1931 wurde die Frage eines „freiwilligen Arbeitsdienstes" erneut aktuell und zum Projekt offizieller Politik.
3   Das Reichsbanner Schwarz-Rot-Gold war die größte Selbstschutzorganisation der republikanischen Kräfte (SPD, aber auch Zentrum und DDP) in der Weimarer Republik.
4   Der Stahlhelm war als Verband ehemaliger Frontsoldaten im Dezember 1918 gegründet worden. Politisch wandelte sich der Bund von einer staatsloyalen in eine republikfeindliche Organisation, die 1922 zeitweilig verboten war. Spätere Verbotsdrohungen scheiterten am Widerstand Hindenburgs, der Ehrenmitglied des Stahlhelms war. Ab 1930 standen viele Stahlhelm-Mitglieder der NSDAP nahe.
5   Der Jungdeutsche Orden war 1920 gegründet worden. 1930 schloss er sich mit der Deutschen Demokratischen Partei zur Deutschen Staatspartei zusammen. 1931/1932 bildeten Siedlungs- und Arbeitsdienst das Schwergewicht in der Arbeit des Ordens.
6   Jugendorganisation des Reichsbanners, der größten Selbstschutzorganisation der demokratischen Parteien in der Weimarer Republik.
7   Mit der Politik des „kleineren Übels" ist die Tolerierung der Regierung des Zentrums-Politikers Brüning gemeint, durch die die SPD die Regierungsübernahme noch konservativerer Kräfte bzw. der Nationalsozialisten verhindern wollte.

Nr. 9
1   Brandts Gesuch um Zulassung zur Reifeprüfung ist auf den 6. Dezember 1931 datiert, sein Abitur legte er am 17. Februar 1932 ab, das Reifezeugnis trägt das Datum vom 26. Februar 1932. – Der Aufsatz wurde von Brandts Deutschlehrer mit „Sehr gut" bewertet, aber vom Direktor des Johanneum auf „Gut" zurückgestuft.
2   Ein Drittes gibt es nicht.
3   Die im April 1926 gegründete Opera Nazionale Balilla hatte ab 1927/28 ein gesetzlich abgesichertes Monopol für die Jugendorganisierung in Italien.

Nr. 10
1   Signiert: Herbert Frahm.
2   Die Sozialistische Arbeiterpartei Deutschlands (SAP) war am 4. Oktober 1931 gegründet worden.
3   Gemeint: die „Programmerklärung zur nationalen und sozialen Befreiung des deutschen Volkes" der KPD vom 24. August 1930, die versuchte, durch nationalistische Parolen der NSDAP Konkurrenz zu machen, sowie das Bauernhilfsprogramm vom 16. Mai 1931, mit dem die KPD – ebenfalls als Variante ihrer nationalistischen Taktik – Klein- und Mittelbauern zu gewinnen hoffte.
4   Gemeint: eine neue Revolution.

Nr. 11
1   Signiert: Herbert Frahm.
2   Der Gründungskongress der 2. Internationale hatte am 14. Juli 1889 für den 1. Mai 1890 eine große internationale Manifestation festgesetzt. Aus diesem Beschluss entwickelte sich die Tradition des 1. Mai.
3   Gemeint: das Verbot sozialistischer Vereine, Organisationen, Versammlungen und Druckschriften in Deutschland in den Jahren 1878 bis 1890.
4   *Der Angriff* war eine in Berlin erscheinende Tageszeitung der NSDAP. Herausgeber war Joseph Goebbels.

Nr. 12
1   Außer dem Parteitagsprotokoll in der Zentralbibliothek der IG Metall existiert eine zweite, etwas kürzere Version (in: AR-BARK, SAP-Archiv, Mappe l), in der an dieser Stelle die nachstehenden vier Sätze fehlen.
2   Der Mitgründer der SAP Max Seydewitz (MS) und die Mehrheit des Parteivorstandes, die jedoch bei den bereits gewählten Delegierten für den 2. Parteitag in die Minderheit geraten waren, hatten am 3. März 1933 die Auflösung der SAP beschlossen und den Anschluss an die SPD empfohlen.
3   In der zweiten Version des Parteitagsprotokolls fehlen an dieser Stelle die beiden nachstehenden Sätze.

Nr. 13
1   Signiert: Willy Brandt.
2   Gemeint: das Anwachsen der Lapua (Lappo-)Bewegung ab 1930, das zur Verabschiedung antikommunistischer Notverordnungen und zu einem politischen Rechtsruck führte, sowie die Gründung der Vaterländischen Volksbewegung im April 1932, in der Einflüsse des italienischen Faschismus und der NSDAP unverkennbar waren.
3   Politisches und militärisches Bündnis zwischen der Tschechoslowakei, Jugoslawien und Rumänien in den Jahren 1920 bis 1938.
4   Gemeint: der Boykott jüdischer Geschäfte am 1. April 1933.
5   Der Text des Schreibens des ADGB-Vorstandes (Leipart) an Hitler hat an der von Brandt wiedergegebenen Stelle im Original folgenden Wortlaut: „Durch die Anerkennung der Inanspruchnahme des staatlichen Schlichtungswesens haben die Gewerkschaften gezeigt, daß sie das Recht des Staates anerkennen, in die Auseinandersetzungen zwischen organisierter Arbeiterschaft und Unternehmertum einzugreifen, wenn das Allgemeininteresse es erforderlich macht. [...] Die Gewerkschaften haben der freiwilligen Vereinbarung mit den Unternehmern stets den Vorzug vor Zwangstarifen gegeben und halten auch weiterhin an dieser Auffassung fest. Sie sind durchaus bereit, auf diesem Wege im Sinne einer Selbstverwaltung der Wirtschaft auch über das Gebiet der Lohn- und Arbeitsbedingungen hinaus dauernd mit den Unternehmerorganisationen zusammenzuwirken. Eine staatliche Aufsicht über solche Gemeinschaftsarbeit der freien Organisation der Wirtschaft könnte ihr unter Umständen durchaus förderlich sein [...]. Die Gewerkschaften beanspruchen nicht, auf die Politik des Staates unmittelbar einzuwirken. Ihre Aufgabe in dieser Hinsicht kann nur sein, die berechtigten Wünsche der Arbeiterschaft in bezug auf sozial- und wirtschaftspolitische Maßnahmen der Regierung und Gesetzgebung zuzuleiten [...]. Die Gewerkschaften beanspruchen für sich kein Monopol. Über der Form der Organisation steht die Wahrung der Arbeiterinteressen. Eine wahre Gewerkschaft kann sich

aber nur auf freiwilligen Zusammenschluß der Mitglieder gründen, sie muß von den Unternehmern ebenso wie von den politischen Parteien unabhängig sein". Zitiert nach: Die Gewerkschaften in der Endphase der Republik 1930–1933, bearbeitet von Peter Jahn (Quellen zur Geschichte der deutschen Gewerkschaftsbewegung im 20. Jahrhundert, Bd. 4), Köln 1988, S. 866.
6 Das „Gesetz zur Behebung der Not von Volk und Reich", das so genannte Ermächtigungsgesetz, war am 23. März 1933 vom Reichstag gegen die Stimmen der SPD beschlossen worden. Es ermächtigte die Regierung Hitler-Papen für vier Jahre, ohne Zustimmung des Reichstags und Reichsrats gesetzgeberisch tätig zu sein. Das Gesetz, das unter massivem politischem Druck, jedoch formell verfassungsmäßig zustande gekommen war, legalisierte die nationalsozialistische Diktatur.

Nr. 14
1 Signiert: Willy Brandt. – Der Artikel erschien in deutscher Sprache.
2 Das „Gesetz zur Behebung der Not von Volk und Reich", das so genannte Ermächtigungsgesetz, das am 23. März 1933 vom Reichstag gegen die Stimmen der SPD beschlossen worden war, ermächtigte die Regierung Hitler-Papen für *vier* Jahre, ohne Zustimmung des Reichstags und Reichsrats gesetzgeberisch tätig zu sein.
3 Das vollständige Liebknecht-Zitat, auf das Brandt verweist, lautet: „Die revolutionäre Jugend des Proletariats, sie war die heißeste, reinste Flamme der bisherigen deutschen Revolution; sie wird die glühendste, heilige, unlöschbare Flamme der neuen Revolution sein, die da kommen muß und wird: die soziale Revolution des deutschen, des Weltproletariats." (*Liebknecht, Karl*: Die deutsche Jugend und die Revolution, in: *Die junge Garde*, Nr. 1 vom 27. November 1918, hier zit. nach *Liebknecht* 1974, S. 629.)

Nr. 15
1 Signiert: Willy Brandt.
2 Dieser Satz wurde in *Brandt* 1966, S. 73, veröffentlicht.
3 Dieser und der folgende Absatz wurden in einer leicht abweichenden Übersetzung in *Brandt* 1966, S. 74, veröffentlicht.
4 Dieser Absatz wurde in *Brandt* 1966, S. 74, veröffentlicht.
5 Der Rest dieses Absatzes wurde in *Brandt* 1966, S. 74, veröffentlicht.
6 Dieser Absatz wurde in einer leicht abweichenden Übersetzung in *Brandt* 1966, S. 75, veröffentlicht.
7 Der Rest des Absatzes wurde in einer leicht abweichenden Übersetzung in *Brandt* 1966, S. 75, veröffentlicht.

Nr. 16
1 Signiert: Willy Brandt.
2 *Lenin, Wladimir Iljitsch*: Der „linke Radikalismus", die Kinderkrankheit im Kommunismus, in: *Lenin, Wladimir Iljitsch*: Ausgewählte Schriften in zwei Bänden, Bd. 2, Berlin (Ost) 1989, S. 367. – Bei Lenin heißt es: „Das Grundgesetz der Revolution, das durch alle Revolutionen und insbesondere durch alle drei russischen Revolutionen des 20. Jahrhunderts bestätigt worden ist, besteht in Folgendem: Zur Revolution genügt es nicht, dass sich die ausgebeuteten und unterdrückten Massen der Unmöglichkeit, in der alten Weise weiterzuleben, bewusst werden und eine Änderung fordern; zur Revolution ist es notwendig, dass die Ausbeuter nicht mehr in der alten Weise leben und regieren können. Erst dann, wenn die ‚Unterschichten' das Alte nicht mehr wollen und die ‚Oberschichten' in der alten

Weise nicht mehr können, erst dann kann die Revolution siegen. Mit anderen Worten kann man diese Wahrheit so ausdrücken: Die Revolution ist unmöglich ohne eine gesamtnationale (Ausgebeutete wie Ausbeuter erfassende) Krise."

Nr. 17
1   Brandt hielt sich Anfang Juni im Auftrag der Norwegischen Arbeiterpartei zu Vorträgen in Westnorwegen auf, u. a. auch in Bergen.
2   Gemeint: die Konferenz der Parteien der IAG in Brüssel am 11. und 12. Juni 1933.
3   Der Ernst-Eckstein-Fonds war der Solidaritäts- und Unterstützungfonds der SAP.
4   Generalrat der Norwegischen Arbeiterpartei in Oslo.
5   Gemeint: die Reichsleitung der SAP in Berlin.
6   Ende April 1933 waren 14 zumeist jugendliche Mitglieder der SAP in Lübeck, unter ihnen auch Gertrud Meyer, verhaftet worden. Mehrere Angehörige dieser Gruppe wurden Ende September 1933 zu mehrmonatigen Gefängnisstrafen verurteilt.
7   Gemeint: Skandinavienkorrespondenz Nr. 2 vom 30. Mai 1933, in: SAP-Archiv, Mappe 36.

Nr. 18
1   Dieser Satz wurde in *Brandt 1966*, S. 72, in einer leicht abweichenden Übersetzung veröffentlicht.
2   Rizinusöl.
3   Die drei ersten Absätze dieses Abschnittes wurden in einer abweichenden Übersetzung und mit nicht gekennzeichneten Auslassungen und Umstellungen in *Brandt 1966*, S. 72, veröffentlicht.
4   Ein Teil dieses Satzes wurde ohne nähere Quellenangabe in *Brandt 1966*, S. 73, veröffentlicht und mit anderen und ebenfalls nicht weiter spezifizierten Auszügen aus dem vorliegenden Text und aus Nr. 19 verflochten.

5   Prinz Max von Baden berichtet in seinen Erinnerungen über sein Gespräch mit Ebert, in dem dieser geäußert hatte, dass er eine soziale Revolution für unvermeidlich hielt und erklärte: „Ich aber will sie nicht, ja, ich hasse sie wie die Sünde" (*Prinz von Baden, Maximilian:* Erinnerungen und Dokumente, hrsg. von Golo Mann und *Andreas Burckhardt,* Stuttgart 1968, S. 567).
6   Tarnow hatte auf dem SPD-Parteitag 1931 in Leipzig erklärt: „Nun stehen wir ja allerdings am Krankenlager des Kapitalismus nicht nur als Diagnostiker, sondern auch – ja, was soll ich da sagen? als Arzt, der heilen will?, oder als fröhlicher Erbe, der das Ende nicht erwarten kann und am liebsten mit Gift etwas nachhelfen möchte? [...] Wir sind nämlich, wie mir scheint, dazu verdammt, sowohl Arzt zu sein, der ernsthaft heilen will, und dennoch das Gefühl aufrechtzuerhalten, daß wir Erben sind, die lieber heute als morgen die ganze Hinterlassenschaft des kapitalistischen Systems in Empfang nehmen wollen. Diese Doppelrolle, Arzt und Erbe, ist eine verflucht schwierige Aufgabe", in: Sozialdemokratischer Parteitag in Leipzig 1931 vom 31. Mai bis 5. Juni im Volkshaus. Protokoll, Glashütten-Berlin-Bonn 1974, S. 45.
7   *Leipart, Th[eodor]:* Die Kulturaufgaben der Gewerkschaften. Vortrag in der Aula der Bundesschule in Bernau am 14. Oktober 1932, Berlin 1932, S. 3, 16–18. Auslassungen und Hervorhebungen bei Brandt nicht gekennzeichnet.
8   Das Reichsbanner Schwarz-Rot-Gold war die größte Selbstschutzorganisation der republikanischen Parteien in der Weimarer Republik.
9   Ab 1929 wurde die SPD von der KPD als „sozialfaschistisch" bekämpft. Nach

Auffassung der KPD hatte sich die Sozialdemokratie „faschisiert", war mit dem Staat verschmolzen und verhinderte eine Radikalisierung der Arbeiterschaft. Die SPD sollte mit Hilfe einer „Einheitsfront von unten" zersetzt werden.

10   Gemeint: die „Programmerklärung zur nationalen und sozialen Befreiung des deutschen Volkes" der KPD vom 24. August 1930, in der die KPD versuchte, mit nationalistischen Parolen mit der NSDAP zu konkurrieren. Der „Kampf gegen den Young-Plan", der ein wichtiges Element der Programmerklärung war, gehörte auch zu den zentralen Themen der Nationalsozialisten.

11   So der Titel eines im Mai 1915 von Liebknecht verfassten Flugblatts (in: *Liebknecht, Karl:* Gesammelte Reden und Schriften, Bd. 8, Berlin (Ost) 1968, S. 225 ff.).

12   *Lenin, Wladimir Iljitsch:* Der „linke Radikalismus", die Kinderkrankheit im Kommunismus, hier zit. nach *Lenin,* 1989, S. 333, 334, 358. Bei Brandt sind Hervorhebungen Lenins nicht berücksichtigt und Auslassungen nicht gekennzeichnet.

13   Die „Eiserne Front zur Überwindung der faschistischen Gefahr" war am 16. Dezember 1931 vom ADGB, der SPD, dem Reichsbanner, dem Arbeiter-Turn- und Sportbund, dem Allgemeinen Deutschen Beamtenbund und dem Allgemeinen freien Angestelltenbund als gemeinsame antifaschistische Organisation gegründet worden.

14   Dieser Satz wurde ohne nähere Quellenangabe in *Brandt* 1966, S. 73, veröffentlicht.

15   Dieser Abschnitt wurde ohne nähere Quellenangabe in *Brandt* 1966, S. 73, veröffentlicht.

16   Dieser Satz und der nachfolgende Abschnitt wurden ohne nähere Quellenangabe und in einer abweichenden Übersetzung in *Brandt* 1966, S. 73, veröffentlicht.

17   Der Stahlhelm war als Verband ehemaliger Frontsoldaten im Dezember 1918 gegründet worden. Politisch wandelte sich der Bund von einer staatsloyalen in eine republikfeindliche Organisation, die 1922 zeitweilig verboten war. Spätere Verbotsdrohungen scheiterten am Widerstand Hindenburgs, der Ehrenmitglied des Stahlhelms war. Ab 1930 standen viele Stahlhelm-Mitglieder der NSDAP nahe.

18   Anmerkung von Brandt in der Vorlage: „Die deutsche Sozialdemokratie hat uns ein furchtbares Beispiel für reformistische Theorie und Praxis gegeben. Diese Theorie und Praxis muss schnellst möglich ausgerottet werden."

19   An dieser Stelle ist im Umbruch eine Zeile in der Broschüre Brandts ausgefallen.

Nr. 19

1   Das Buch erschien ohne Autorenangabe mit der redaktionellen Bemerkung, dass es sich um „eine kollektive Arbeit von einer Reihe bekannter Männer aus der deutschen und norwegischen Arbeiterbewegung" handele. Federführend für das Buch war Dag Bryn (Brandt im Gespräch mit Einhart Lorenz, 8. November 1984).

2   Bernstein hatte in dem Artikel „Zusammenbruchstheorie und Kolonialpolitik" in *Die Neue Zeit,* 1897/98, Bd. 1, S. 556, geschrieben: „Ich gestehe es offen, ich habe für das, was man gemeinhin unter ‚Endziel des Sozialismus' versteht, außerordentlich *wenig Sinn und Interesse. Dieses Ziel, was immer es sei, ist mir gar nichts, die Bewegung alles.*"

3   Bebel hatte auf dem SPD-Parteitag erklärt: „Ich will der Todfeind dieser bürgerlichen Gesellschaft und dieser Staatsordnung bleiben, um sie in ihren Existenzbedingungen zu untergraben und sie, wenn ich kann, beseitigen." Siehe Protokoll über

die Verhandlungen des Parteitages der Sozialdemokratischen Partei Deutschlands. Abgehalten zu Dresden vom 13. bis 20. September 1903, Berlin 1903, S. 313.

4 Zit. nach *Frölich, P[aul]:* Zehn Jahre Krieg und Bürgerkrieg, Berlin ²1924, Bd. 1, S. 65. Das Telegramm fasste das Ergebnis der Kontakte der Reichsregierung mit der SPD-Führung zusammen.

5 *Arbeiter-Jugend,* Nr. 19 vom 12. September 1914.

6 Liebknecht hatte an der Demonstration teilgenommen und in der Menge mehrfach „Nieder mit der Regierung! Nieder mit dem Krieg!" gerufen. Siehe dazu: Das Zuchthausurteil gegen Karl Liebknecht, in: *Liebknecht, Karl:* Gesammelte Reden und Schriften, Bd. 8, Berlin (Ost) 1968, S. 5 ff.

7 Karl Marx: Der demokratische Panslawismus, ursprünglich in: Neue Rheinische Zeitung, 16. [!] Februar 1849, in: *Marx, Karl und Friedrich Engels:* Werke (MEW), Bd. 6, Berlin (Ost) 1959, S. 285.

8 Verhandlungen der verfassunggebenden Deutschen Nationalversammlung, Bd. 326, Stenographische Berichte, Berlin 1920, S. 371 f.

9 Schreiben Engels' an Eduard Bernstein vom 24. März 1884, in: *Marx, Karl, und Friedrich Engels:* Werke, Bd. 36, Berlin (Ost) 1967, S. 128.

10 Autor des Gedichts war der Journalist und Schriftsteller Arthur Zickler, der sich nach den Morden im *Vorwärts* für das Gedicht entschuldigte. Vollständiger Text leicht zugänglich in *Winkler, Heinrich August:* Von der Revolution zur Stabilisierung. Arbeiter und Arbeiterbewegung in der Weimarer Republik 1918 bis 1924, Berlin-Bonn 1984, S. 128.

11 Gemeint: der große Streik der Bergarbeiter an der Ruhr in den ersten Monaten des Jahres 1919, bei dem im April von Freikorpsmitgliedern auf Streikende geschossen und ein Arbeiter getötet wurde.

12 Das „Bielefelder Abkommen" vom 24. April 1920 zwischen Vertretern der preußischen Regierung und der Reichsregierung sowie Arbeitervertretern sollte den Arbeiteraufstand im Ruhrgebiet, der in Reaktion auf den rechtsradikalen Kapp-Lüttwitz-Putsch ausgebrochen war, beenden. Nach Severings Aussage sollte eine Verständigung darüber erreicht werden, wie die Rote Ruhrarmee abgerüstet und die Ablieferung ihrer Waffen organisiert werden könne.

13 Gemeint sind wahrscheinlich Ausführungen Kautskys in der Broschüre „Die Sozialisierung und die Arbeiterräte" (Wien 1919, S. 13), in dieser davor warnte, die Sozialisierung von Industriezweigen zu beschleunigen, indem überhöhte Forderungen gestellt würden, die zu Unterbilanzen führten. „Eine derartige Sozialisierung bedeutet nicht Sozialisierung der Produktion, sondern Sozialisierung des Bankrotts".

14 Hilferding hatte in einer Rede auf dem ersten Reichskongress der Betriebsräte Deutschlands im Oktober 1920 erklärt: „Diejenigen Politiker innerhalb der Arbeiterklasse, die an der Koalition mit den bürgerlichen Parteien festhielten, erklärten uns, Sozialismus könne gegenwärtig nicht durchgeführt werden. ‚Schulden können nicht sozialisiert' werden. Vergebens haben die anderen eingewandt, daß das eine vollständige Verkennung des Problems sei" (hier zit. nach *Stephan, Cora:* Zwischen den Stühlen oder über die Unvereinbarkeit von Theorie und Praxis, Berlin-Bonn 1982, S. 112).

15 Protokoll über die Verhandlungen des SPD-Parteitags Kiel 1927, Glashütten-Berlin-Bonn (Reprint) 1974, S. 172 f. – Auslassungen wurden von Brandt nicht gekennzeichnet, Hervorhebungen nicht übernommen.

16 Hilferding benutzte den Begriff „realistischer Pazifismus" erstmals 1922 in dem Aufsatz „Die Weltpolitik, das Reparationssystem und die Konferenz von Genua", vgl. *Stephan* 1982, S. 182 f., vgl. auch Hilferdings Aufsatz „Realistischer Pazifismus" in: *Die Gesellschaft*, 1924, Bd. 2, S. 97–114.

17 *Sozialdemokratische Partei-Korrespondenz*, Nr. 4/5, April/Mai 1932, S. 213. – Die Auslassung wurde von Brandt nicht gekennzeichnet, Hervorhebung von Brandt.

18 Vgl. dazu den Aufruf des ADGB Berlin, des freien Angestelltenbundes, Ortskartell Berlin, und des Allgemeinen Deutschen Beamtenbundes, Bezirksausschuss Berlin, in: *Vorwärts* Nr. 341 vom 22. Juli 1932 sowie die von den gleichen Organisationen unterzeichnete Warnung vor Provokateuren in: *Vorwärts*, Nr. 339 vom 21. Juli 1932.

19 Die Aussage konnte nicht verifiziert werden.

20 *Vorwärts*, Nr. 385 vom 17. August 1932. – Hervorhebungen wurden von Brandt nicht übernommen.

21 *Engels, Friedrich*: Einleitung [zu Karl Marx' „Bürgerkrieg in Frankreich" (Ausgabe 1891)], in: *Marx, Karl und Friedrich Engels: Werke*, Bd. 22, Berlin (Ost) 1974, S. 199.

22 *Tarnow, Fritz*: Warum arm sein?, Berlin 1928.

23 Der siebzehnte ordentliche Verbandstag des Deutschen Metallarbeiter-Verbandes. Abgehalten in den Zentralhallen in Bremen vom 2. bis 7. August 1926, Stuttgart o. J., S. 153.

24 *Naphtali, Fritz*: Wirtschaftskrise und Arbeitslosigkeit, Berlin 1930, S. 24.

25 Sozialdemokratischer Parteitag in Leipzig 1931 vom 31. Mai bis 5. Juni im Volkshaus. Protokoll, Glashütten-Berlin-Bonn 1974, S. 45.

26 *Vorwärts*, Nr. 371 vom 9. August 1932.

27 Tarnow hatte auf dem SPD-Parteitag 1931 in Leipzig erklärt: „Nun stehen wir ja allerdings am Krankenlager des Kapitalismus nicht nur als Diagnostiker, sondern auch – ja, was soll ich da sagen? als Arzt, der heilen will?, oder als fröhlicher Erbe, der das Ende nicht erwarten kann und am liebsten mit Gift etwas nachhelfen möchte? [. . .] Wir sind nämlich, wie mir scheint, dazu verdammt, sowohl Arzt zu sein, der ernsthaft heilen will, und dennoch das Gefühl aufrechtzuerhalten, daß wir Erben sind, die lieber heute als morgen die ganze Hinterlassenschaft des kapitalistischen Systems in Empfang nehmen wollen. Diese Doppelrolle, Arzt und Erbe, ist eine verflucht schwierige Aufgabe", in: Sozialdemokratischer Parteitag in Leipzig 1931 vom 31. Mai bis 5. Juni im Volkshaus. Protokoll, Glashütten-Berlin-Bonn 1974, S. 45.

28 Die „dritte Periode" der Komintern und der kommunistischen Parteien begann 1929. Die Analyse der kommunistischen Bewegung ging davon aus, dass die kapitalistische Gesellschaft in eine Periode eingetreten war, die von politischen und wirtschaftlichen Krisen und wachsender Kriegsgefahr gekennzeichnet war. Die kommunistischen Parteien mussten ihre Kraft einsetzen, um die Sowjetunion zu beschützen. In der angenommenen neuen revolutionären Welle würden die übrigen Parteien zum konterrevolutionären und „faschistischen" Hindernis. Das galt besonders für die Sozialdemokratie, die als „sozialfaschistisch" zum Hauptfeind erklärt wurde.

29 *Lenin, Wladimir Iljitsch*: Der „linke Radikalismus", die Kinderkrankheit im Kommunismus, hier zit. nach *Lenin* 1989, S. 332 f. – Lenins Hervorhebungen wurden von Brandt nicht übernommen.

30 Ebd., S. 334. – Lenins Hervorhebungen wurden von Brandt nicht übernommen.

31 *Rote Fahne*, Nr. 281 vom 2. Dezember 1930. – Hervorhebung von Brandt. Hervor-

hebungen der *Roten Fahne* wurden von Brandt nicht übernommen. Auslassungen im Text sind von Brandt nicht gekennzeichnet.

32 Der US-Präsident Hoover hatte im Juni 1931 angesichts der Finanzkrise ein einjähriges Moratorium für alle internationalen Zahlungsverpflichtungen einschließlich der deutschen Reparationen vorgeschlagen. Das Moratorium trat ab 6. Juli 1931 in Kraft.

33 Die Aussage konnte nicht verifiziert werden.

34 *Vorwärts*, Nr. 610 vom 31. Dezember 1931. – Hervorhebungen des Artikels wurden von Brandt nicht übernommen.

35 Gemeint: die „Programmerklärung zur nationalen und sozialen Befreiung des deutschen Volkes" der KPD vom 24. August 1930, mit der die Partei versuchte, durch nationalistische Parolen mit der NSDAP zu konkurrieren.

36 Erwachendes Volk. Briefe an Leutnant a.D. Scheringer, Berlin 1931, S. 11. – Auslassungen von Brandt nicht gekennzeichnet, Hervorhebungen der Vorlage von Brandt nicht übernommen.

37 *Thälmann, Ernst:* Der revolutionäre Ausweg und die KPD. Rede auf der Plenartagung des Zentralkomitees der Kommunistischen Partei Deutschlands am 19. Februar 1932 in Berlin, Berlin o.J. (1932), S. 47 f. – Auslassungen von Brandt nicht gekennzeichnet, Hervorhebungen der Vorlage von Brandt nicht übernommen.

38 Gemeint ist ein Kommentar des Redakteurs, Ernst Heilmann, zu einem Diskussionsbeitrag im sozialdemokratischen Diskussionsorgan *Das Freie Wort*, Heft 24 vom 15. Juni 1930, S. 22.

39 Am 11. März 1931 fand keine Sitzung des Reichstags statt. Eine derartige Äußerung Schöpflins kann nicht nachgewiesen werden. Bei dem angeblichen Zitat handelt es sich um eine Rückübersetzung aus dem Norwegischen. Ein Hinweis auf eine sinngemäße Äußerung Schöpflins, allerdings ohne Angabe eines Datums, findet sich bei *Sternberg, Fritz:* Der Niedergang des deutschen Kapitalismus, Berlin 1932, S. 337.

40 Die „Eiserne Front zur Überwindung der faschistischen Gefahr" war am 16. Dezember 1931 vom ADGB, der SPD, dem Reichsbanner, dem Arbeiter-Turn- und Sportbund, dem Allgemeinen Deutschen Beamtenbund und dem Allgemeinen freien Angestelltenbund als gemeinsame antifaschistische Organisation gegründet worden.

41 *Pjatnizki, O[ssip]:* Die Arbeit der kommunistischen Parteien Frankreichs und Deutschlands und die Aufgaben der Kommunisten in der Gewerkschaftsbewegung, Moskau 1932, S. 23 f.

42 Was will die SAP? Prinzipienerklärung, Berlin [1932], S. 29 f.

43 Dieser Nebensatz ist im Original des Aktionsprogramms hervorgehoben.

44 Diese beiden Worte sind im Original des Aktionsprogramms hervorgehoben.

45 *Vorwärts*, Nr. 65 vom 8. Februar 1933.

46 Diese beiden Sätze wurden ohne nähere Quellenangabe und verflochten mit Textbrocken aus Nr. 18 und Nr. 19 in Brandt 1966, S. 72, veröffentlicht.

47 Der Stahlhelm war als Verband ehemaliger Frontsoldaten im Dezember 1918 gegründet worden. Politisch wandelte sich der Bund von einer staatsloyalen in eine republikfeindliche Organisation, die 1922 zeitweilig verboten war. Der Stahlhelm stand der DNVP nahe, doch sympathisierten ab 1930 Mitglieder mit der NSDAP. Der Gründer des Stahlhelms, Seldte, wurde Arbeitsminister in Hitlers Regierung. 1934 wurde die Organisation in den Nationalsozialistischen Deutschen Frontkämpferbund umgewandelt, im nachfolgenden Jahr aufgelöst.

48 Eine derartige Erklärung wurde nach der Machtübernahme Hitlers nicht im Reichstag abgegeben. Im Aufruf des Parteivorstandes und der Reichstagsfraktion vom 30. Januar 1933 (in: *Vorwärts*, Nr. 51 vom 31. Januar 1933) wurde jedoch versichert: „Wir führen unseren Kampf auf dem Boden der Verfassung." Wahrscheinlich bezieht Brandt sich auf diese Aussage.

49 Gemeint: die Aufrufe des Bundesvorstandes des ADGB vom 15. April 1933 und des Bundesausschusses des ADGB vom 19. April 1933, in denen die Umdeutung der 1. Mai-Feier begrüßt bzw. die Teilnahme an den staatlich verordneten Maifeiern freigestellt wurde. Vgl. die Texte der Aufrufe in *Gewerkschafts-Zeitung*, Nr. 16 vom 22. April 1933. Eine zentrale Aufforderung, sich an den Maifeiern zu beteiligen, erfolgte jedoch nicht.

50 Brandts „Zitat" ist eine Zusammenfassung des folgenden Aufrufs des nationalsozialistischen Aktionskomitees zum Schutze der deutschen Arbeit vom 2. Mai 1933: „Der Marxismus stellt sich tot, um sich bei günstiger Gelegenheit von neuem zu erheben und Dir von neuem hinterhältig den Judasdolch in den Rücken zu stoßen. Genau wie 1914! Auch damals bewilligte er Kriegskredite und gebärdete sich übernational, um Dich 1918 an den Imperialismus unserer damaligen Feinde zu verraten und damit an das Weltkapital zu verkaufen. Uns täuscht der schlaue Fuchs nicht! Die Leiparts und Graßmänner mögen Hitler noch so viel Ergebenheit heucheln – es ist besser, sie befinden sich in Schutzhaft." Hier zit. nach: *Vossische Zeitung*, Nr. 208 vom 2. Mai 1933. Der Text wurde mit geringfügigen sprachlichen Abweichungen in der Zeitschrift der Nationalsozialistischen Betriebszellen-Organisation, *Arbeitertum*, Folge 6 vom 15. Mai 1933, veröffentlicht.

51 *Arbeiter-Zeitung*, Nr. 121 vom 3. Mai 1933.

52 Dieser Abschnitt und der nachfolgende Satz wurden ohne nähere Quellenangabe in *Brandt 1966*, S. 72, veröffentlicht.

Nr. 20

1 Gemeint: die negative Stimmung gegenüber der SAP, die nach Jacob Walchers Besuch in Oslo entstanden war.

2 Walcher hatte während seines Besuchs am 11. Juli 1933 das Sommerlager des Arbeiterjugendverbandes AUF besucht und dort über die deutschen Ereignisse und die Schlüsse, die er aus ihnen zog, referiert.

3 Gemeint: das AUF-Landeslager, das außerhalb Oslos stattfand.

4 Anführungszeichen hs. eingefügt.

5 Vgl. *Arbeider-Ungdommen*, Nr. 14 vom 29. Juli 1933, S. 14. In dem Artikel heißt es, dass man Walchers Vortrag mit „großem Interesse" zuhörte, weil „ein Mann war, der den Ereignissen, über die er sprach, sehr nahe gestanden habe und deshalb präsumtiv Voraussetzungen hatte, über die Probleme zu räsonieren, die das Vordrängen des Faschismus in Deutschland aktualisiert haben."

6 Dieser Satz ist hs. eingefügt.

7 Hs. eingefügt.

8 Brandts Hinweis betrifft den Beitrag „Der Parteitag der norwegischen Arbeiterpartei (N.A.P.)" in der ms. Skandinavienkorrespondenz Nr. 2 vom 30. Mai 1933, in dem es hieß: „Eine Linksfraktion gab es auf dem Parteitag nicht. Das war ein starker Nachteil." Diese Formulierung wurde in den hektographierten *Informationen aus Politik und Wirtschaft*, Nr. 11 vom 13. Juni 1933, die von der Reichsleitung in Berlin illegal herausgegeben wurden, übernommen. Der erwähnte Artikel in der *Neuen Front* konnte nicht durch eigene Inaugenscheinnahme nachgewiesen werden. Brandts Protestbrief nach Paris ist nicht erhalten.

9 Hs. unterzeichnet.
10 Das gesamte Postskriptum hs.

Nr. 21
1 Gemeint: die Verhaftung des illegal arbeitenden Parteivorstandes der SAP (Köhler, Zweiling, Szende u. a.) am 22. August 1933 in Berlin.
2 Gemeint: in Deutschland.
3 Hs. unterzeichnet.

Nr. 22
1 Brandts Ausarbeitung wurde den SAP-Mitgliedern als Anlage 1 zum Rundschreiben Nr. 6 der Auslandszentrale der SAP vom 29. Oktober 1933 zugänglich gemacht.
2 Schreiben Walchers an Brandt, 25. September 1933, in: ARBARK, SAP-Archiv, Mappe 208. – Brandt hatte in seinem Schreiben an die AZ vom 15. September 1933 (ARBARK, SAP-Archiv, Mappe 208) über die Bauernarbeit der DNA geschrieben: „Du weisst wohl, dass die Frage der Kleinbauern hier die Frage ist, mit der der Faschismus oder der Sieg der Arbeiterklasse steht und fällt." Brandt kritisierte, dass die DNA 1931 nicht die Bauernkrisenorganisation für sich erobert hatte, sondern sie abgelehnt hatte, und dass die Organisation nun von den Faschisten erobert worden sei. Die Skepsis des Parteivorstandes gegen mögliche konkurrierende Organisationen war für Brandt „ein typisches Beispiel für das krampfhafte Bemühen dieser Parteiführung, nur zu verhindern, dass nichts geschieht."
3 Vgl. Schreiben Trotzkis an Schwab [Walcher], 26. August 1933, in: ARBARK, SAP-Archiv, Mappe 90.
4 Pseudonym Trotzkis.
5 *Gourov, G.*: The Paris Conference: A Firm Nucleus for a New International, in: *The Militant*, 23. September 1933, leichter zugänglich in: Writings of Leon Trotsky (1933–34), New York ²1979, S. 65–68, Zitat auf S. 66.
6 Vgl. Schreiben [Walchers] an Herbert [Brandt], 13. August 1933, in: ARBARK, SAP-Archiv, Mappe 208.
7 Vgl. Schreiben [Walchers] an Herbert [Brandt], 23. August 1933, in: ARBARK, SAP-Archiv, Mappe 208.
8 Vgl. Notizen über die Unterhaltung des Gen. L. Trotzki und Gen. J. Schwab-SAP, die in der Zeit vom 17.-20.8. [19]33 stattfanden, in: ARBARK, SAP-Archiv, Mappe 91.
9 Der französische Sozialist Louis Blanc trat in der Revolution von 1848 für eine Politik der Klassenversöhnung ein. 1871 kritisierte er die Errichtung der Pariser Kommune als illegales Vorgehen.
10 Gemeint: die 21 Aufnahmebedingungen der Kommunistischen Internationale von 1920.
11 Der Parteitag der norwegischen Arbeiterpartei (N.A.P.), in: Skandinavienkorrespondenz, Nr. 2, 30. Mai 1933, in: ARBARK, SAP-Archiv, Mappe 36.
12 Det norske Arbeiderpartis prinsipielle program, in: Dagsorden for Det norske Arbeiderpartis 29de ordinære landsmøte i Oslo 26de til 28de mai 1933, o. O., o. J. [Oslo 1933], S. 19.
13 Ebd., S. 18.
14 Norwegisches Parlament.
15 Vgl. dazu Lenins Thesen über das Verhältnis der Sozialdemokratischen Partei der Schweiz zum Krieg sowie Zwölf Thesen über H. Greulichs Verteidigung der Landesverteidigung, in: *Lenin, Wladimir Iljitsch:* Werke, Berlin (Ost) 1964, Bd. 23, S. 148–150, 263–268.
16 Die Arbeiterpartei nahm nach ihrem Ausscheiden aus der Komintern an mehreren Konferenzen sozialistischer Parteien außerhalb der beiden großen Internationalen teil, lud 1925 Angelica Balabanoff ein,

um die internationale Verankerung der Partei zu demonstrieren, und war im Dezember 1925 an der Gründung des von Isaac Steinberg und Georg Ledebour geleiteten „Informationsbüro unabhängiger sozialistischer Parteien" (Pariser Büro) beteiligt, in dem sie die einzige Partei mit nationaler Bedeutung war. Als für die DNA der Zusammenschluss mit der kleinen sozialdemokratischen Partei in Norwegen 1926 zum übergeordneten Ziel wurde, verlor sie ihr Interesse an dem Büro, dessen Sekretärin Balabanoff war.

17 Die DNA hatte sich 1930 an der Bildung einer „Internationalen Arbeitsgemeinschaft" linkssozialistischer Parteien (IAG) beteiligt und im Mai 1932 „aus Informationsgründen" an einer Konferenz dieser Parteien in Berlin teilgenommen. Dort warnte sie die übrigen Parteien vor einem übereilten Bruch mit der Sozialistischen Arbeiterinternationale, der sie selbst – im Gegensatz zu den übrigen Konferenzteilnehmern – nicht angehörte, und erklärte, dass sie die Gründung einer neuen Internationale nicht unterstützte.

18 Gemeint: eine Konferenz der IAG in Brüssel am 11. und 12. Juni 1933, die in einer von Walcher vorgeschlagenen Resolution „die Schaffung einer wahrhaft kommunistischen Partei und einer wahrhaft kommunistischen Internationale" forderte.

19 Gemeint: der Internationale Gewerkschaftsbund, dessen Sitz Amsterdam war.

20 Gemeint: Norwegens kommunistische Partei.

21 Gemeint: Emigranten der trotzkistischen „Linken Opposition".

22 Gemeint: die schwedische „rechtskommunistische" Partei unter Karl Kilbom, die sich ab 1934 Sozialistische Partei (*Socialistiska Partiet*) nannte.

23 Gemeint: Konferenz der IAG am 27. und 28. August 1933 in Paris, deren zentrales Diskussionsthema die Gründung einer neuen Internationale war.

24 Schreiben Trotzkis an Schwab [Walcher] vom 26. August 1933, in: ARBARK, SAP-Archiv, Mappe 90.

25 Hs. unterzeichnet.

Nr. 23

1 Gemeint: Gegner des Arbeiterparteipolitikers Martin Tranmæl.

2 Gemeint: Rundbrief Nr. 2 der Zentralen Auslandsstelle des SJVD vom 3. Dezember 1933. Dort wurde im Zusammenhang mit der geplanten internationalen Konferenz linkssozialistischer Jugendorganisationen mitgeteilt: „Eine unglaubliche Provokation hat sich die NAP-Jugend [gemeint: AUF] geleistet. Im Sommer hat dieser Verband den Genossen Brandt mitgeteilt, dass er bereit sei, an der geplanten internationalen Konferenz teilzunehmen. Nun erhielt unsere Auslandsstelle Ende November [1933] aus Holland einen Brief, in dem es u. a. hieß: ‚Die Norwegische Arbeiter-Jugend [gemeint: AUF] hat mir geschrieben, dass sie sich nicht beteiligen wird wegen der neuen Orientierung der mit unseren Verbänden zusammen arbeitenden Parteien. [...]'". AUF bezog sich hier auf den Viererpakt, den die SAP im August 1933 mit der trotzkistischen Linken Opposition und zwei holländischen Parteien geschlossen hatte, und in dem man für die Bildung einer neuen Internationale eingetreten war.

3 Gemeint: der Jugendverband der norwegischen Arbeiterbewegung, *Arbeidernes Ungdomsfylking*.

4 Hs. unterzeichnet.

Nr. 24

1 Hs. eingefügt.

2 Gemeint: Äußerungen des Wirtschaftsexperten der DNA, Ole Colbjørnsen.

3   Die letzten vier Worte hs. eingefügt.
4   Walcher hatte am 9. Dezember 1933 u. a. an Brandt geschrieben: „Mein lieber Willi, Du beginnst Dich zu übernehmen. Weniger wäre entschieden mehr. [...] Man kann von einem Menschen nicht alles verlangen und auch nicht erwarten, dass er schon alles weiss. Es ist nicht Deine Aufgabe und kann nicht Deine Aufgabe sein, die NAP mit Eizes [jiddischer Ausdruck für Ratschläge – EL] zu versorgen. Es genügt im allgemeinen, wenn Du uns über die Vorgänge in Skandinavien und die NAP über die Arbeit der SAP unterrichtest. Wenn es Dir daneben noch möglich ist, zu einem aktuell politischen Problem einen grundsätzlichen Beitrag zu bringen, so ist das ausgezeichnet. Dieser muss aber keineswegs von Dir sein. Dazu kannst Du sehr wohl die gelehrten Genossen aus der Mot-Dag-Gruppe heranziehen" (Schreiben Walchers an Brandt im SAP-Archiv, Mappe 208).
5   Hs. eingefügt.
6   In Walchers Antwort (Schreiben Walchers an Brandt vom 2. Januar 1934, in: SAP-Archiv, Mappe 209) heißt es: „Über die Aufgabe, die Du in Norwegen zu erfüllen hast, habe ich mich im vorletzten Brief tatsächlich etwas missverständlich ausgedrückt. Du hast natürlich vollkommen Recht, wenn Du darauf hinweist, dass es Deine Aufgabe ist, dort die Entwicklung in unserem Sinne zu fördern. Es kommt nur darauf an, dafür die richtige Grenze zu finden. Wenn Du Dir dabei zuviel vornimmst, kann es leicht geschehen, dass Du Dich übernimmst und so letzten Endes die Entwicklung nicht förderst, sondern hemmst. [...] Du bist noch jung, es mangelt Dir in manchen Dingen selbstverständlich noch an Erfahrung und bist bereits vor eine sehr grosse und verantwortungsvolle Aufgabe gestellt. Da gibt es immer wieder Situationen, in denen weniger mehr ist. Und auf diese Wahrheit wollte ich Deine Aufmerksamkeit lenken."
7   Hs. unterzeichnet.

Nr. 25
1   Von dem Protokoll der Konferenz sind im SAP-Archiv zwei Versionen überliefert. Die nachfolgenden Auszüge aus Brandts Diskussionsbeitrag stammen aus der ausführlicheren Fassung. In der redigierten Reinschrift fehlt u. a. Brandts Verteidigung seines Artikels über die Aufgaben einer norwegischen Arbeiterregierung, die Kritik an Walcher und der Vorschlag, eine Publikation über die Erfahrungen der deutschen Arbeiterbewegung herauszugeben.
2   Die Kommunistische Arbeiter-Partei Deutschlands (KAPD) war eine antiautoritäre, antiparlamentarische, am Rätesystem orientierte Partei, die gegenüber der Kommunistischen Internationale die besonderen Entwicklungsbedingungen der proletarischen Revolution in Westeuropa betonte und die sowjetische Parteidiktatur bekämpfte. Nach einer kurzen Blütezeit (1920) zerfiel die KAPD schnell in zahlreiche Splittergruppen.
3   In der Vorlage: schwedischen Regierung. Gemeint ist Brandts Artikel Der Kurs der Arbeiterpartei, in: *Neue Front*, Nr. 5 von Ende März 1934.

Nr. 26
1   Gemeint: die Parteimehrheit um Martin Tranmæl.
2   Gemeint: der Pariser Kongress der Internationalen Arbeitsgemeinschaft (IAG) vom 14. bis 16. Februar 1935. Der Kongress, dessen Hauptthemen der Kampf gegen Krieg und Faschismus sowie die Erneuerung der internationalen Arbeiterbewegung waren, wurde von der SAP als Erfolg gewertet, da sich die organisatorische

Basis der IAG erweitert hatte und man sich nun auf dem Wege sah, ein bedeutungsvoller internationaler Faktor zu werden.
3   In der Vorlage: die.

Nr. 27
1   Gemeint: Internationales Büro Revolutionärer Jugendorganisationen.
2   Die Bezeichnung i-Material wurde verwendet für: Informationsarbeit, Material für die illegale Arbeit, Material für Inlandsarbeit.
3   Gemeint: eine Konferenz linker Jugendorganisationen, die am 24. Februar 1934 in Laren in Holland begann, von der Polizei aufgelöst und danach in Brüssel weitergeführt wurde. Aus Gründen der Tarnung wurde sie als „Liller Konferenz" bezeichnet.
4   Das Internationale Jugendbüro hatte ein dezentralisiertes Sekretariat. Formeller Sitz war Stockholm, offizieller Sekretär der Schwede Kurt Forslund, während Brandt „korrespondierender Sekretär" war.
5   Gemeint: *Internationales Jugend-Bulletin* (teilweise auch unter dem Titel: *International Bulletin of the Youth*), das zwischen Mai 1934 und Anfang Oktober 1936 in Oslo erschien.

Nr. 28
1   Anonym erschienener Artikel von Brandt. Siehe zur Autorschaft: Konferenz der skandinavischen Auslandsgruppen in Stockholm (21./22.4. [1935], in: SAP-Archiv, Mappe 211).
2   Norwegisches Parlament.
3   Gemeint: die liberale Partei Venstre (die Linke).

Nr. 29
1   Wahrscheinlich gemeint der spätere „offene Brief" „Fredspris til Ossietzky" der Schriftsteller Nini Roll Anker, Helge Krog, Arnulf Øverland und Sigurd Hoel, in: *Dagbladet*, Nr. 268 vom 18. November 1935.
2   Carl von Ossietzky. Kandidat til fredsprisen, in: *Arbeiderbladet*, Nr. 168 vom 12. Juli 1935.
3   Vgl. W. B.: Carl von Ossietzky, in: *Arbeiderbladet*, Nr. 272 vom 12. November 1935.
4   Hs. unterzeichnet.

Nr. 30
1   *Kampfbereit* erschien ab 1935 mit Spezialausgaben und Miniaturausgaben als Funktionärsblatt des SJV.
2   Nach der Regierungsbildung der Arbeiterpartei und auf Grund des gespannten deutsch-französischen Verhältnisses bemühte sich die SAP-Führung ab 1935 um eine Verlegung ihrer Auslandszentrale nach Oslo. Vgl. dazu Schreiben Walchers an Brandt vom 30. März 1935, in: AdsD, WBA, A 5, Allgemeine Korrespondenz 1935.
3   Kilbom war einer der Führer der ursprünglich rechtskommunistischen Opposition innerhalb der schwedischen KP, die bei der Parteispaltung die Mehrheit der kommunistischen Mitglieder und Wähler in Schweden auf ihrer Seite hatte. Die Partei, die 1934 den Namen *Sozialistische Partei* annahm, war eine Schwesterpartei der SAP. Brandt arbeitete mit dem Jugendverband zusammen und schrieb für die Parteizeitung *Folkets Dagblad*.
4   Vermutlich gemeint: zu führen.
5   Hs. unterzeichnet.

Nr. 31
1   Das Nobelkomitee hatte am 19. November 1935 bekanntgegeben, dass für 1935 kein Friedensnobelpreis vergeben wird.

2 Vgl. W. B.: Carl von Ossietzky, in: Arbeiderbladet, Nr. 272 vom 12. November 1935.
3 Gemeint sind folgende Artikel: „Ossietzky" von Knut Hamsun, in: Aftenposten, Nr. 589 vom 22. November 1935, und: Tidens Tegn, Nr. 272 vom 22. November 1935, „Svar, Ossietzky" von Nordahl Grieg, in: Dagbladet, Nr. 272 vom 22. November 1935, Çarl von Ossietzky" von Arbiter, in: Dagbladet, Nr. 272 vom 22. November 1935, „Pjalt eller narr?", in: Arbeiderbladet, Nr. 281 vom 22. November 1935, „Faren for Ossietzky større enn før", von Mimi Sverdrup Lunden in: Dagbladet, Nr. 273 vom 23. November 1935, und „Nobels fredspris" von Haakon Meyer, in: Arbeiderbladet, Nr. 282 vom 23. November 1935.
4 Hs. unterzeichnet.

Nr. 32
1 Gemeint: Heinrich Manns Artikel „Antwort an Hamsun" in: Pariser Tageblatt, Nr. 723 vom 5. Dezember 1935. Das Neue Tage-Blatt, Nr. 49 vom 7. Dezember, enthielt einen Kommentar mit dem Titel „Knut Hamsun macht Politik".
2 Gemeint: das Nobelkomitee.
3 Gemeint: die vertrauliche Denkschrift „Der Friedens-Nobel in das Konzentrationslager!", die dazu dienen sollte, vorschlagsberechtigte Personen für einen Kandidatenvorschlag zu gewinnen.
4 Gemeint sind folgende Artikel: „Ossietzky" von Keilhau, in: Dagbladet, Nr. 283 vom 5. Dezember 1935, „Takk, Knut Hamsun", in: Aftenposten, Nr. 607 vom 2. Dezember 1935, sowie die Erklärung der Konservativen Studentenverbandes, in: Aftenposten, Nr. 602 vom 29. November 1935.
5 Gemeint sind folgende Artikel: „Der Grosse Einsame" von Wildenvey, in: Tidens Tegn [!], Nr. 285 vom 7. Dezember 1935, „Hamsun svarer Wildenvey", in: Tidens Tegn, Nr. 286 vom 9. Dezember 1935, „Ossietzky og fredsprisen", in: Aftenposten, Nr. 622 vom 10. Dezember 1935.
6 Vgl. Frank, Felix [Willy Brandt]: Carl von Ossietzky, in: Arbeider-Ungdommen, Nr. 24 vom 28. Dezember 1935.
7 Hilde Walter hatte in ihrem Antwortschreiben vom 18. Dezember 1935 (in IISG, Freundeskreis Carl von Ossietzky, Mappe 25) Brandt von dem Plan abgeraten, da eine Broschüre mit Ossietzkys Artikeln ihrer Meinung nach „uns die ganze Friedenspreis-Kampagne kaputt machen" könne: „Ich fürchte, die grosse Legende wird zu leicht zerstört und damit die Propaganda-Möglichkeit." Brandt hatte darauf am 23. Dezember 1935 geantwortet, dass er diese Bedenken beachten werde.
8 Hs. unterzeichnet.

Nr. 33
1 Hs. eingefügt.
2 Norwegisches Parlament.
3 Hs. unterzeichnet.

Nr. 34
1 Hs. unterzeichnet.

Nr. 35
1 Walcher hatte in seinem Brief (ARBARK, SAP-Archiv, Mappe 214) mitgeteilt, dass die Auslandszentrale der SAP vor der „unausweichlichen Notwendigkeit" stünde, „bis spätestens Mitte September der ‹Metro› [Berlin] für die Dauer eines halben Jahres eine qualifizierte Kraft zur Verfügung zu stellen." Weiter hieß es in dem Brief, dass man in Paris ein Mitglied habe, das für die Aufgabe geeignet sei, bei ihm aber noch „einige Hindernisse" bestünden, die im Laufe der kommenden zwei Wochen geklärt würden. „Für den Fall, dass sich noch uner-

warteter Weise Schwierigkeiten ergeben sollten, haben wir gestern beschlossen, an Dich heranzutreten und Dir vorzuschlagen, für den Eventualfall alle notwendigen Vorbereitungen zu treffen."
2 Gemeint: illegale Arbeit in Deutschland.
3 SAP-interne Bezeichnung für Legitimationspapiere, Reisepässe usw.
4 Gemeint: ein skandinavischer Reisepass.
5 Gemeint: die norwegischen Parlamentswahlen am 19. Oktober 1936.
6 Gemeint: eine Person, die bei der Beschaffung bzw. Veränderung von Pässen behilflich ist.
7 Hs. unterzeichnet.

Nr. 36
1 Signiert: Willy Brandt.
2 Gemeint: der erste Moskauer Schauprozess vom 19. bis 24. August 1936 gegen u. a. Sinowjew und Kamenew.
3 Gemeint: die Volksfrontpolitik.
4 Die „dritte Periode" der Komintern und der kommunistischen Parteien begann 1929. Die Analyse ging davon aus, dass die kapitalistische Gesellschaft in eine Periode eingetreten war, die von politischen und wirtschaftlichen Krisen und wachsender Kriegsgefahr gekennzeichnet war. Die kommunistischen Parteien mussten ihre Kraft einsetzen, um die Sowjetunion zu beschützen. In der angenommenen neuen revolutionären Welle wurden die übrigen Parteien und die sozialdemokratisch dominierten Gewerkschaften zum konterrevolutionären und „faschistischen" Hindernis. Das galt besonders für die Sozialdemokratie und speziell deren linken Flügel, die als „sozialfaschistisch" zum Hauptfeind erklärt wurde.
5 Vgl. SAP-Archiv, Mappe 9.

6 Vgl. Resolution zur Lage, beschlossen auf dem illegalen Parteitag am 12. März 1933, in: SAP-Archiv, Mappe 1.
7 Gemeint: eine Konferenz der IAG in Paris am 27. und 28. August 1933, auf der die Frage der Gründung einer neuen Internationale diskutiert worden war.
8 Die SAP, die trotzkistische Linke Opposition (LO) und die beiden linkssozialistischen holländischen Parteien OSP und RSP hatten im August 1933 einen „Viererpakt" mit dem Ziel geschlossen, innerhalb der IAG für die Bildung einer neuen Internationale zu arbeiten.

Nr. 37
1 Gemeint: eine im SAP-Archiv nicht erhalten gebliebene Stellungnahme der illegalen SAP in Berlin.
2 Gemeint: ein Parteitag der SAP.
3 Tarnname für Willy Brandt.
4 Brandt bezieht sich auf folgende Artikel in der Kriegsdiskussion der SAP: *John* [Wassermann, Paul]: Das Schicksal der Sowjet-Union entscheidet, in: *Marxistische Tribüne*, Nr. 1, Anfang November 1935, S. 6–13, und *K. Franz* [Frölich, Paul]: Die Revolution ist das Ziel, in: ebd., S. 14–20.
5 Wahrscheinlich gemeint: Michael Huber.
6 Gemeint: die Beistandsverträge, die die Sowjetunion am 2. und 16. Mai 1935 mit Frankreich und der Tschechoslowakei geschlossen hatte.
7 Gemeint: der Bürgerkrieg in Spanien.
8 Gemeint: der erste Moskauer Schauprozess vom 19. bis 24. August 1936 gegen u. a. Sinowjew und Kamenew.
9 Die Sowjetunion hatte 1936 ein restriktives Abtreibungsgesetz eingeführt, das Scheidungsrecht verschärft und „De-facto-Ehen" verboten.

10 Gemeint: die deutschsprachigen Sendungen von Radio Moskau.
11 Brandt, Willy: Bemerkungen zum Einheitsproblem, in: *Marxistische Tribüne*, Nr. 5, Oktober 1936, S. 25–31, vgl. Nr. 36.
12 Gemeint: die von Otto Strasser gegründete nationalrevolutionäre „Schwarze Front".
13 Gemeint: die SAP-Zeitung *Neue Front*.
14 Die außerordentliche Finanzierung der Aufrüstung in Deutschland geschah über so genannte Mefo-Wechsel, die auf Reichsbankpräsident Schacht zurückgingen. Mit den Wechseln wurden kurzfristig Bankgelder der Privatwirtschaft zur Finanzierung der umfassenden Rüstungsaufträge mobilisiert, wobei die Rüstungslieferanten für Aufträge des Staates gegen ihre Forderungen Wechsel auf die Mefo ausstellten. Abgelaufene Wechsel wurden mit neuen Wechseln beglichen. Die Mefo-Wechsel wurden nie vom Staat eingewechselt, sondern von der Reichsbank als Treuhänder des Reiches erworben und als Beleg für die Ausstellung von „Mefo-Wechsel-Bescheinigungen" behalten. Um eine galoppierende Inflation zu verhindern, die unter normalen Bedingungen bei derartigen Geldschöpfungen entstanden wäre, wurde Ende November 1936 zum bestehenden Lohnstopp auch ein Preisstopp beschlossen. – Die Mefo (Metallurgische Forschungsgesellschaft mbH) war auf Veranlassung der Reichsregierung 1933 von den Rüstungsfirmen Siemens, Krupp, Gutehoffnungshütte und Rheinstahl gegründet worden.
15 Im Sommer 1936 kam es wegen des forcierten Aufrüstungstempos in Deutschland zu einer Devisen- und Rohstoffversorgungskrise. Um Deutschland dennoch kriegsfähig zu machen, wurde auf dem NSDAP-Parteitag 1936 ein Vierjahresplan ausgerufen, der Ende 1936 anlief und der eine neue Etappe in der Kriegswirtschaft der Hitler-Regierung einleitete. Ein wesentliches Ziel des Plans war die wirtschaftliche Autarkie, die eine Selbstversorgung mit synthetischem Treibstoff, Gummi und Erzen für den kommenden Krieg sicherstellen sollte.
16 Gemeint: die SAP.
17 SAP-Publikation, die in den Jahren 1934 bis 1936 von der Auslandszentrale der SAP auf Bibelpapier zur illegalen Verbreitung in Deutschland herausgegeben wurde. Das *Banner der revolutionären Einheit* enthielt zumeist Artikel aus der *Neuen Front*.
18 Gemeint: die Erfahrungen aus der illegalen Arbeit im Reich.
19 Siehe Nr. 41.
20 Tarnname für Brandt.

Nr. 38
1 Im Sommer 1936 kam es wegen des forcierten Aufrüstungstempos in Deutschland zu einer Devisen- und Rohstoffversorgungskrise. Um Deutschland dennoch kriegsfähig zu machen, wurde auf dem NSDAP-Parteitag 1936 ein Vierjahresplan ausgerufen, der Ende 1936 anlief und der eine neue Etappe in der Kriegswirtschaft der Hitler-Regierung einleitete.
2 Vgl. *Fried* [Sternberg, Fritz]: Oekonomische Perspektive des deutschen Faschismus, in: *Marxistische Tribüne*, Nr. 6 vom Dezember 1936, S. 8. Bei Sternberg heißt es: „Der deutsche faschistische Kapitalismus vermag sich den allgemeinen Niedergangstendenzen nicht zu entziehen. Er ist vielmehr ökonomisch eines der schwächsten Glieder der kapitalistischen Zentren."
3 Gemeint: der Spanische Bürgerkrieg.
4 Siehe Fried, a.a.O., S. 11, und *Kurt Sachs* [Fabian, Walter]: Leitgedanken zur deutschen Entwicklung, in: *Marxistische Tribüne*, Nr. 6 vom Dezember 1936, S. 5. Bei

Fabian heißt es: „Die Rüstungen des Dritten Reiches sind noch nicht vollendet [...]; der Zustand seiner Wirtschaft kann einerseits zum Hasardspiel des Krieges drängen, gibt aber andererseits den Verantwortlichen allen Anlaß zur Besorgnis über die Bewährung in einem länger dauernden totalen Krieg [...]. Die Feststellung, daß der Faschismus nur die Wahl zwischen Katastrophe und Krieg hat, bleibt als Perspektive richtig."

5 Seit 1935 war klar, dass die erwünschten Produktionssteigerungen der Landwirtschaft nicht erreicht werden konnten. Ein Grund war das von Darré initiierte Reichserbhofgesetz vom 29. September 1933, das eine neue Rechtsform für landwirtschaftliche Betriebe schuf. Auf Grund des neuen Gesetzes, das ein Verbot des Hypothekenkredits enthielt, war es nicht mehr möglich, Kreditgebern Sicherheit auf das Grundvermögen des Hofes zu geben, wodurch die Erbbauern ihre Kreditmöglichkeiten verloren. Schon zuvor waren die Marktkräfte in der Landwirtschaft so gut wie ausgeschaltet.

6 Bezeichnung für eine Politik, die meint, durch Tarnung und Einschleusung in die Reihen des Gegners zu einem Ziel zu gelangen.

7 Gemeint: Berlin.

8 Gemeint: der geplante Parteitag der SAP (die spätere „Kattowitzer Konferenz").

Nr. 39

1 Aus dem Protokoll der „Kattowitzer Konferenz" geht nicht hervor, worin der Konflikt zwischen Brandt und Rose Wolfstein bestand. In Brandt 1982, S. 194, heißt es dazu: „Die Berliner [deren Delegierter Brandt war – EL] begriffen nicht, warum meine Wahl in die (engere) Parteileitung am Veto einiger der Älteren, denen ich zu respektlos war, scheiterte. Eine gesetzte Dame verkündete in unangenehmem Tonfall, daß ‚die Zeit der 23jährigen noch nicht gekommen' sei." – In einem Schreiben Brandts an Walcher vom 21. Januar 1937 (SAP-Archiv, Mappe 215) ging Brandt auf mehrere Konflikte ein, die offenbar teils privater, teils politischer Natur waren und die sich wegen der Unvollständigkeit der Quellen nicht rekonstruieren lassen. In dem Schreiben wies Brandt die Behauptung zurück, er habe von einem „Knüppelregime Franz" gesprochen. Ferner bedauerte er, einen Brief an August Enderle geschrieben zu haben, war aber zugleich „fest davon überzeugt, dass ich vor einem gerechten Parteigericht Gehör finden würde, wenn ich erkläre, dass ich im Parteiinteresse in Notwehr gehandelt habe."

2 Leo Trotzki, der seit Juli 1935 in Norwegen lebte und sich dort zunächst auch politisch äußern durfte, war auf innen- und außenpolitischen Druck von der Arbeiterpartei-Regierung erst interniert und im Dezember 1936 nach Mexiko abgeschoben worden.

3 SAP-interne Tarnbezeichnung für: Pass, Ausweis. Brandts deutscher Reisepass war am 1. Juli 1936 abgelaufen.

4 Wort hs. eingefügt.

5 Gemeint: Hertha und Jacob Walcher.

6 Hs. unterzeichnet.

Nr. 40

1 Signiert: Willy Brandt.

2 Vgl. Rote Jugend, Nr. 9–10 [ohne Datum, 1936].

3 Siehe Luxemburg, Rosa: Die Krise der Sozialdemokratie [„Junius-Broschüre"], Zürich 1919, in: Luxemburg, Rosa: Gesammelte Werke, Bd. 4, Berlin (Ost) 1974, S. 61. Bei Luxemburg heißt es: „Die Menschen machen ihre Geschichte nicht aus freien Stücken. Aber sie machen sie selbst."

4 Dieser Teil des Abschnitts wurde mit einer Auslassung, die nicht vermerkt wurde, in *Brandt 1966*, S. 78, veröffentlicht. Es fehlt dort der Satz „Leider waren es die Faschisten …"

5 Dieser und der folgende Abschnitt wurden in *Brandt 1966*, S. 78 f., veröffentlicht.

6 *Luxemburg, Rosa:* Was will der Spartakusbund?, in: *Luxemburg 1974*, S. 443. Hier heißt es: „Sozialismus ist in dieser Stunde der einzige Rettungsanker der Menschheit. Über den zusammensinkenden Mauern der kapitalistischen Gesellschaft lodern wie ein feuriges Menetekel die Worte des Kommunistischen Manifests: Sozialismus oder Untergang in der Barbarei."

7 Mit dem „Gesetz über den Aufbau des Reichsnährstandes" vom 13. September 1933 hatte das NS-Regime alle Genossenschaften und Handelsorganisationen für landwirtschaftliche Produkte aufgelöst. An ihre Stelle trat der „Reichsnährstand", der die Preise und die Marktordnung festlegte.

8 Seit 1935 war klar, dass die erwünschten Produktionssteigerungen der Landwirtschaft nicht erreicht werden konnten. Ein Grund war das von Darré initiierte Reichserbhofgesetz vom 29. September 1933, das eine neue Rechtsform für landwirtschaftliche Betriebe schuf. Der Erbhof war unteilbar, unveräußerlich und durch ein Verbot des Hypothekenkredits unbelastbar. Erbberechtigt war der älteste Sohn, sofern er „arisch" war, eine Erbabfindung an die Miterben war verboten und Frauen und Töchter zu Gunsten der männlichen Erbfolge zurückgesetzt.

9 Diese Zusammenfassung wurde in *Brandt 1966*, S. 79 f., veröffentlicht.

10 Dieser Teil des Satzes wurde in *Brandt 1966*, S. 80, veröffentlicht und mit einem späteren Textauszug verbunden.

11 Gemeint: die Politik der „dritten Periode" der Komintern und der kommunistischen Parteien, die 1929 begann. In der erwarteten neuen revolutionären Welle wurden die übrigen Parteien und die sozialdemokratisch dominierten Gewerkschaften zum konterrevolutionären und „faschistischen" Hindernis erklärt. Das galt besonders für die Sozialdemokratie und speziell deren linken Flügel, die als „sozialfaschistisch" zum Hauptfeind erklärt wurden.

12 Vgl. *Grosche, Rudolf:* Zwischengeneration – Generation zwischen den Stühlen?, in: *Der Deutsche Student,* Septemberheft 1936, S. 392–401, Zitat auf S. 395 f. Brandts Angaben über die *Frankfurter Zeitung* und den *Reichs-Jugend-Pressedienst* sind Grosches Artikel entnommen.

13 Dieser Abschnitt (mit Ausnahme der einleitenden Frage) und die ersten vier Sätze des nächsten Abschnitts wurden in *Brandt 1966*, S. 80, veröffentlicht.

14 Die beiden letzten Sätze wurden in *Brandt 1966*, S. 80, veröffentlicht.

15 Dieser Satz wurde verkürzt in *Brandt 1966*, S. 80, veröffentlicht.

16 Dieser und der folgende Satz wurden in *Brandt 1966*, S. 80, veröffentlicht.

17 Dieser erste Teil des Abschnitts wurde in *Brandt 1966*, S. 80 f., veröffentlicht.

18 *Sering, Paul* [Löwenthal, Richard]: What is folksocialism?, New York 1937, S. 32.

19 *Ackermann, Anton:* Der Kampf der KPD um die junge Generation. Referat auf der Brüsseler Konferenz der KPD (Oktober 1935), Moskau 1936, leichter zugänglich in: *Mammach, Klaus* (Hrsg.): Die Brüsseler Konferenz der KPD, Berlin (Ost) 1975, S. 362, dort mit geringfügigen sprachlichen Abweichungen gegenüber dem Zitat bei Brandt.

Nr. 41

1 Der Artikel ist nicht signiert. – Der Artikel wurde mit folgender redaktioneller Vorbemerkung eingeleitet: „Vor uns liegt

ein zehn engbeschriebene Schreibmaschinenseiten umfassendes hektographiertes Material, das von einer unserer wichtigsten Organisationen im Reich hergestellt worden ist und worin aus der Praxis Leitgedanken für die Praxis entwickelt worden sind. In den ersten Kapiteln dieser verdienstvollen Arbeit werden die bisherigen Erfahrungen in der Frage der Sicherung, der Schulung und des Verhältnisses zur Peripherie ausgearbeitet. Am ausführlichsten ist mit Recht die Betriebsarbeit, die Arbeit in den faschistischen Massenorganisationen und unter der Jugend behandelt worden. Indem wir uns vorbehalten, später ev. noch andere Teile dieses Materials zu veröffentlichen, bringen wir nachstehend die Ausführungen über die Betriebsarbeit, die im Hinblick auf die eventl. im April doch noch stattfindenden Vertrauensratswahlen von besonderer Aktualität sind."

2 In der Deutschen Arbeitsfront (DAF) waren nach der Zerschlagung der Gewerkschaften und der Auflösung der Wirtschaftsverbände Arbeitnehmer und Arbeitgeber zusammengefasst. Mit dem Gesetz zur Ordnung der nationalen Arbeit vom 20. Januar 1934 wurde das Mitspracherecht der Betriebsräte in sozial- und tarifpolitischen Fragen aufgehoben.

3 Zeitschrift der DAF.

4 Ab 1934 wurden von der Reichsjugendführung und der DAF jährlich „Reichsberufswettkämpfe" durchgeführt, in denen die fachliche Ausbildung und der weltanschauliche Standard der Berufsanfänger kontrolliert wurden.

Nr. 42

1 Gemeint: das Internationale Büro für revolutionär-sozialistische Einheit („Londoner Büro").

2 Gemeint: eine politische Krise in der Regionalregierung Kataloniens, die auf Grund der unzureichenden Brotversorgung in Barcelona hervorgerufen wurde.

3 Die PSUC war die KP Kataloniens.

4 Die ursprüngliche Formulierung von Brandt hs. durchgestrichen und durch die letzten vier Worte hs. ersetzt.

5 Hs. unterzeichnet.

Nr. 43

1 Bei der Vorlage handelt es sich um eine ms. Abschrift.

2 Gemeint: Spanien.

3 Gemeint: Berlin.

4 Gemeint: POUM.

Nr. 44

1 Gemeint: Aus Spanien abreisen.

2 Die Artikel Brandts konnten nicht ermittelt werden. Sie wurden Walcher handschriftlich mit der Bitte zugesandt, „eventuell interessierende Stellen herauszuschreiben" und „sie gleich nach Oslo weitergehen" zu lassen. Brandt hatte Mitte März 1937 die Aragonfront besucht. In einem Bericht vom 31. März für die Parteileitung der SAP hatte er harte Kritik an der unzulänglichen Vorbereitung der republikanischen Milizen geübt. Der Artikel über die „hiesige Krise" dürfte Peter Blachstein und das Jugendbüro betroffen haben. Vgl. zu den erwähnten Artikeln: Schreiben Brandts an Walcher, 21. März 1937, und Zur Spanien-Frage (Aus den Briefen des Genossen Willi), beide in: ARBARK, SAP-Archiv, Mappe 168.

3 Gemeint: das Internationale Büro revolutionärer Jugendorganisationen, dessen Sitz von Oslo nach Barcelona verlegt worden war.

4 Gemeint: SAP.

5 Gemeint: die deutsche Sektion der POUM, deren Leitung Brandt im April 1937 übernahm.
6 Hs. eingefügt.
7 Gemeint: Oslo.
8 Hs. unterzeichnet.

Nr. 45
1 Gemeint: Regionalregierung in Katalonien.
2 Telefonzentrale in Barcelona.
3 Sturmgarde und Nationalgarde der Republik.
4 Klein- und mittelbürgerliche katalonisch-nationalistische Partei, die bis zum Ende des Bürgerkrieges den katalanischen Regierungschef bzw. Präsidenten stellte.
5 Der Begriff „fünfte Kolonne" geht auf einen Ausspruch General Molas zurück, der im November 1936 erklärt hatte, dass nicht die vier militärischen Kolonnen Madrid einnehmen würden, sondern die „fünfte Kolonne" getarnter Falangisten und anderer Gegner der Republik in der spanischen Hauptstadt. Die „fünfte Kolonne" wurde zur Bezeichnung für Massenverrat gegenüber dem eigenen Lande.
6 Separatistische katalanische Regionalpartei, die 1934 versucht hatte, einen katalanischen Staat innerhalb einer föderalen spanischen Republik auszurufen, und die 1936 zur Volksfront gehörte.
7 Gemeint: Die Reaktion des republikanisch eingestellten Teils der spanischen Bevölkerung auf Francos Staatsstreich vom 17. Juli 1936.
8 Hinterland, Etappe.

Nr. 46
1 Die Bismarck zugeschriebene Äußerung konnte nicht verifiziert werden.
2 Gemeint: Die Rücknahme der 1932 beschlossenen Reformen im Agrar- und Sozialbereich durch die rechtsstehende Regierung Lerroux und die blutige Unterdrückung des Bergarbeiterstreiks in Asturien, bei dem etwa 3 000 Personen getötet und 30 000 bis 40 000 inhaftiert wurden.
3 Nationalgarde der Republik.
4 Gemeint: Francos Staatsstreich am 17. Juli 1936.
5 Sturmgarde der Republik.
6 Die Falanx – Falange Española Tradicionalista y de las J. O. N. S. –, die vornehmlich aus Studenten bestand, gehörte ursprünglich nicht zu den Initiatoren des Putsches gegen die Republik, schloss sich jedoch den Putschisten an. Sie geriet mit Franco über Fragen der militärischen Selbstständigkeit in Konflikt. Nachdem Franco eine falangistische Rebellion niedergeschlagen hatte, erzwang er einen Zusammenschluss aller Gruppierungen auf Seiten der Putschisten in einer Einheitspartei, der „neuen" Falanx.
7 Unabhängigkeitskrieg.
8 Die republikanische Seite hatte im August 1936 versucht, Mallorca zu erobern, das sich von Anbeginn in der Hand der Putschisten befand.
9 In der Vorlage: Bajadoz.
10 Gemeint: die internationalen Brigaden, die sich aus Freiwilligen aus vielen Ländern Europas und Amerikas zusammensetzten und die das republikanische Spanien verteidigen wollten.
11 Das spanische Dorf Durango war am 31. März 1937 Opfer eines Luftangriffs der Legion Condor, die baskische Stadt Guernica wurde am 26. April ebenfalls von der Legion Condor bombardiert. In beiden Fällen waren die Opfer Zivilisten.
12 Gemeint: Regionalregierung in Katalonien.
13 Nach Ausbruch des Bürgerkriegs trat das spanische Parlament nur noch selten zusammen. Die dritte Sitzung seit Kriegs-

beginn fand am 1. Februar 1937 statt. Nur ein Teil der Abgeordneten war anwesend.

14 Das gesamte Kapitel über die kommunistische Partei wurde mit Ausnahme des letzten Satzes in Brandt 1966, S. 214–218, veröffentlicht.

15 Im April 1936 schloss sich die Sozialistische Jugend mit der Kommunistischen Jugend zur Vereinigten Sozialistischen Jugend (*Juventutad Socialista Unificada*) zusammen. Sie geriet schnell unter den Einfluss der KP.

16 Gemeint sind die Auseinandersetzungen zwischen den linken Sozialisten in der PSOE um Largo Caballero und dem rechten Parteiapparat um Prieto, die sich nach dem Regierungswechsel im Mai 1937 verschärften. Largo Caballero und seine Anhänger, die zunächst über eine beträchtliche Hausmacht verfügten, wurden im Laufe der kommenden Wochen aus der Parteipresse, den lokalen Parteiorganisationen und schließlich auch aus der UGT verdrängt.

17 Als sich Largo Caballero der kommunistischen Forderung nach einem Verbot der POUM widersetzte, traten neben den beiden kommunistischen Kabinettsmitgliedern auch die sozialistischen Minister zurück. Neuer Regierungschef wurde am 18. Mai 1937 der Sozialist Negrin.

18 In der Vorlage irrtümlich: CNT. – Vgl. dazu: Die Politik der Anarchisten, in: Zur Spanien-Frage (Aus den Briefen des Genossen Willi), Internes Informationsmaterial Nr. II, in: ARBARK, SAP-Archiv, Mappe 16.

19 Die „dritte Periode" der Komintern und der kommunistischen Parteien begann 1929. Die Analyse der kommunistischen Bewegung ging davon aus, dass die kapitalistische Gesellschaft in eine Periode eingetreten war, die von politischen und wirtschaftlichen Krisen und wachsender Kriegsgefahr gekennzeichnet war. Die kommunistischen Parteien mussten demnach ihre Kraft einsetzen, um die Sowjetunion zu beschützen. In der angenommenen neuen revolutionären Welle wurden die übrigen Parteien und die sozialdemokratisch dominierten Gewerkschaften zum konterrevolutionären und „faschistischen" Hindernis. Das galt besonders für die Sozialdemokratie und speziell deren linken Flügel, die als „sozialfaschistisch" zum Hauptfeind erklärt wurde.

20 Die Theorie vom Sozialfaschismus ging auf eine Äußerung Stalins zurück, der 1924 erklärt hatte, dass Faschismus und Sozialdemokratie „keine Antipoden, sondern Zwillingsbrüder" waren (Zur Internationalen Lage, in: Stalin, Josef: Werke, Bd. 6, Berlin (Ost) 1952, S. 253). Diese These wurde 1929 von der KPD übernommen, die die SPD als „sozialfaschistisch" bekämpfte. Nach Auffassung der KPD hatte sich die Sozialdemokratie „faschisiert", war mit dem Staat verschmolzen, verhinderte eine Radikalisierung der Arbeiterschaft und sei letztlich gefährlicher als der Faschismus.

21 Separatistische katalanische Regionalpartei, die 1934 versucht hatte, einen katalanischen Staat innerhalb einer föderalen spanischen Republik auszurufen, und die 1936 zur Volksfront gehörte.

22 Valencia war der Sitz der Regierung der spanischen Republik.

23 Der Beginn dieses Abschnitts wurde in Brandt 1966, S. 218 f. veröffentlicht.

24 Die internationale Spanienhilfe war von der Spaltung der Arbeiterbewegung geprägt. Es kam zu keiner Zusammenarbeit zwischen Komintern und der Roten Gewerkschaftsinternationale auf der einen Seite und der Sozialistischen Arbeiter-Internationale und dem Internationalen Gewerkschaftsbund auf der anderen. Das Internationale Komitee zur Koordination der

Hilfe für die Spanische Republik, das auf kommunistische Initiative gegründet worden war und mit dem SAI und IGB nicht zusammenarbeiten wollten, erwies sich als die effektivste Hilfsorganisation, die bis Juli 1939 800 Millionen Franc aufbrachte, während SAI und IGB bis Ende 1938 34 Millionen Franc zur Verfügung stellen konnten. Die umfassende humanitäre norwegische Hilfsarbeit geschah in Zusammenarbeit mit dem Koordinationskomitee.
25 Dieser Abschnitt wurde in *Brandt* 1966, S. 219 veröffentlicht.

Nr. 47
1 Gemeint: die Nordische Herbst-Konferenz am 16. und 17. Oktober in Göteborg.
2 Für gemeinsame Volksfrontarbeit, in: *Neue Front*, 5. Jg., Nr. 15, November 1937.
3 Gemeint: das norddeutsche Küstengebiet.
4 Wort hs. eingefügt.
5 Gemeint: die politische Kommission einer aus SPD, KPD und SAP bestehenden Arbeitsgemeinschaft im Rahmen der „Nordischen Volksfront".
6 Gemeint: *Norddeutsche Tribüne*.
7 Vgl. dazu: Gewerkschaftsarbeit im Rahmen der Volksfront, in: *Neue Front*, 5. Jg., Nr. 16, Dezember 1937.
8 Gemeint: die in Paris geführten Gespräche über eine Deutsche Volksfront gegen das Hitler-Regime.
9 Hs. unterzeichnet.

Nr. 48
1 Gemeint: die im Februar 1937 gegründete „Arbeitsgemeinschaft Oslo", die sowohl eine gemeinsame politische Vertretung der Emigranten in Norwegen sein sollte, als auch eine Art proletarischer Einheitsfront, die mit dem Pariser Volksfrontausschuss zusammenarbeiten wollte.

2 Die Nordische Volksfront-Konferenz (Nordische Herbst-Konferenz), die am 16. und 17. Oktober 1937 in Göteborg tagte (vgl. Nr. 47), hatte als koordinierendes Organ für die weitere Zusammenarbeit der sozialistischen, sozialdemokratischen und kommunistischen Emigranten in Skandinavien einen „Zentralen Arbeitsausschuss für den Norden" (ZAN) gebildet.
3 Gemeint: die Nordische Volksfront-Konferenz in Göteborg.
4 Gemeint: die Leitung der Osloer Arbeitsgemeinschaft der deutschen proletarischen Emigration.
5 Gemeint: die Parteikonferenz der SAP, die zu Beginn des Jahres 1937 in Mährisch-Ostrau stattfand und die aus Gründen der Tarnung „Kattowitzer Konferenz" hieß. Die Konferenz fasste u. a. Beschlüsse zur Einheitspartei, zur Volksfront und zu den „Vertrauensrätewahlen" im „Dritten Reich". Außerdem wurde eine Erklärung zur Verteidigung der Sowjetunion verabschiedet. Siehe dazu *Neue Front*, Nr. 2/3, Anfang Februar 1937, S. 4.
6 Erweiterte Parteileitung der SAP.
7 Hs. unterzeichnet.

Nr. 49
1 Kleine Fehler sind korrigiert. Brandts Unterstreichungen sind bis auf zwei Ausnahmen im *Arbeiderbladet* kursiv. Der Artikel ist nicht signiert.
2 Vgl. *Arbeiter-Zeitung*, Nr. 21 vom 15. Oktober 1937: Die RS und die KP.
3 *Richter, Gustav* [Josef Buttinger]: Die Parteikonferenz der Revolutionären Sozialisten, in: *Der Kampf*, Nr. 12 vom Dezember 1937, S. 462.
4 *Die Internationale. Zeitschrift für Theorie und Praxis des Marxismus*, Jg. 1937, Sondernummer [ohne Datum], S. 9 ff.

5 Gemeint: Mitglieder und Anhänger der „rechtskommunistischen" KPO, deren führende Politiker Heinrich Brandler und August Thalheimer waren.

Nr. 50
1 Signiert: Felix Franke.

Nr. 51
1 Gemeint: eine ursprünglich als Parteitag geplante Tagung der SAP, die zu Beginn des Jahres 1937 in Mährisch-Ostrau (Ostrava) stattfand, aber aus Gründen der Tarnung als Kattowitzer Konferenz bezeichnet wurde. Vgl. zum Verlauf der Tagung: Protokoll der Parteikonferenz vom Januar 1937 in Kattowitz, in: ARBARK, SAP-Archiv, Mappe 3.
2 Nach der „Kattowitzer Konferenz", deren Legitimität und Beschlüsse umstritten waren, kam es in der SAP zu einer Krise und zu Abspaltungen, wobei die unterschiedliche Beurteilung der Volksfrontpolitik, der Haltung zur Sowjetunion und der Standpunkte der SAP im Spanischen Bürgerkrieg, aber auch persönliche Gegensätze eine Rolle spielten. Besonders hart betroffen waren die Auslandsgruppen in Paris und Kopenhagen.
3 Gemeint: eine Tagung der erweiterten Parteileitung (EPL) der SAP in Paris Anfang Juli 1937. Vgl. zum Verlauf der Tagung: [Rundschreiben] 15/37 vom 21. Juli 1937, in: ARBARK, SAP-Archiv, Mappe 16 b.
4 Gemeint: der VII. Weltkongress der Kommunistischen Internationale, der vom 25. Juli bis 20. August 1935 in Moskau stattfand und auf dem Dimitroff die Einheitsfront- und Volksfrontpolitik als neue Generallinie der Komintern proklamierte.
5 Wahrscheinlich gemeint: *Dimitroff, G[eorgij]*: Die Sowjetunion und die Arbeiterklasse der kapitalistischen Länder, in: Die Kommunistische Internationale, 18. Jg., H. 11/12, 15. Dezember 1937, S. 1042–1048.
6 Die POUM wurde ab Mai 1937 von den Kommunisten verfolgt, aus der Regionalregierung Kataloniens verdrängt, ihre Parteiführer verhaftet oder ermordet und die Partei im Herbst 1937 verboten. Ministerpräsident Largo Caballero wurde im Mai 1937 auf Druck der Kommunisten gestürzt. Weder der Largo-Caballero-Flügel noch die anarcho-syndikalistische Gewerkschaftsbewegung waren in der neuen Regierung vertreten.
7 Gemeint: der Ausschuss zur Vorbereitung einer deutschen Volksfront, an dem neben KPD linke Sozialdemokraten, Vertreter der sozialistischen Zwischengruppen (unter ihnen auch die SAP) und Intellektuelle beteiligt waren.
8 Hs. eingefügt.
9 Gemeint: die in Prag ansässige Führung der SPD im Exil (Sopade).
10 Gemeint: der Landesverband deutscher Sozialdemokraten in Frankreich, der Unabhängigkeit von der Sopade anstrebte und für eine Weiterführung der Volksfront arbeitete, um den sozialdemokratischen Einfluss zu stärken. Die Zeitschrift dieses Kreises war die *Deutsche Informationen/Nouvelles d'Allemagne*.
11 Linke sozialdemokratische Gruppe, die ihren Namen durch den Titel einer programmatischen Broschüre erhielt, die im September 1933 vom Sopade-Vorstand veröffentlicht wurde und deren Autor der ehemalige Kommunist Walter Loewenheim („Miles") war.
12 Gemeint: Der Arbeitskreis Revolutionärer Sozialisten Deutschlands, eine Gruppe linker Sozialdemokraten um die Mitglieder des Sopade-Büros in Prag Karl Böchel und Siegfried Aufhäuser, die im Januar 1935 aus der Sopade ausgeschlossen worden war. Der SAP-Mitgründer Max Sey-

dewitz gehörte ebenfalls dieser Gruppe an, wurde aber 1937 wegen seiner Unterstützung der KPD und des Versuches, in ihrem Auftrag oppositionelle Gruppen im Reich zu bilden, ausgeschlossen.

13 Das Londoner Büro war ein Zusammenschluss linkssozialistischer Parteien und Kleingruppen, dem die SAP angehörte.

Nr. 52
1 Signiert: F. Franke.
2 Schwangerschaftsunterbrechung.
3 Gemeint: spanische Mittelmeerküste zwischen Valencia und Alicante.

Nr. 53
1 Das Manuskript wurde vor dem 28. September 1938 geschrieben. Brandt hat auf seinen Manuskripten notiert, wann die Artikel erschienen – in diesem Fall die verkürzte Version, vgl. Nr. 54.
2 Im Juli und August 1938 waren die Synagogen in München und Nürnberg zerstört worden, im Juli erfolgte die Einführung besonderer Kennkarten für Juden und im August die Verordnung, dass jüdische Männer ab dem 1. Januar 1939 zusätzlich den Vornamen „Israel", jüdische Frauen den Vornamen „Sara" zu tragen hatten. Allein für Berlin wurden im Juli 1938 76 Richtlinien zur planmäßigen Schikanierung von Juden erlassen.
3 Die Quellen Brandts in diesem Manuskript lassen sich nicht nachweisen. Es kann sich um Berichte handeln, die er direkt aus Deutschland erhalten hat, aber auch um solche, die die Parteileitung der SAP in Paris erhielt und weitervermittelte.
4 Gemeint: das norddeutsche Küstengebiet.
5 *Das Schwarze Korps*, Nr. 14 vom 1. September 1938.

6 Gemeint: Goebbels' Reichsministerium für Volksaufklärung und Propaganda.
7 Gemeint: die Besprechungen des britischen Premierministers Chamberlain mit Hitler in Berchtesgaden (16. September) und Bad Godesberg (22.-24. September 1938) über die Abtretung der überwiegend von Sudetendeutschen bewohnten Gebiete an Deutschland.

Nr. 54
1 Signiert: F. Franke. Der Artikel erschien in einer Reihe norwegischer Zeitungen, z. T. unter abweichenden Überschriften wie „Es gibt keine Kriegsbegeisterung in Deutschland" und „Können die deutschen Arbeiter etwas für den Frieden unternehmen?"
2 Die Quellen Brandts in diesem Artikel lassen sich nicht nachweisen. Es kann sich um Berichte handeln, die er direkt aus Deutschland erhalten hat, aber auch um solche, die die Parteileitung der SAP in Paris erhielt und weitervermittelte.
3 Im Juli und August 1938 waren die Synagogen in München und Nürnberg zerstört worden, im Juli erfolgte die Einführung besonderer Kennkarten für Juden und im August die Verordnung, dass jüdische Männer ab dem 1. Januar 1939 zusätzlich den Vornamen „Israel", jüdische Frauen den Vornamen „Sara" zu tragen hatten. Allein für Berlin wurden im Juli 1938 76 Richtlinien zur planmäßigen Schikanierung von Juden erlassen.
4 Diese Information traf nicht zu.

Nr. 55
1 Signiert: Felix Franke.
2 Gemeint: das Münchener Abkommen vom 29. September 1938, in dem die Tschechoslowakei gezwungen wurde, die deutsch besiedelten Randgebiete an Hitler-Deutsch-

land abzutreten. Gleichzeitig wurde eine deutsch-britische Nichtangriffserklärung unterzeichnet.

3 Dieser Satz wurde in Brandt 1966, S. 86, veröffentlicht.

4 Durch das Münchener Abkommen vom 29. September 1938 hatte die Tschechoslowakei nicht nur die von Sudetendeutschen besiedelten Randgebiete verloren, d. h. 20 % ihres Territoriums, sondern auch ihre wichtigsten Industriegebiete, Naturressourcen sowie ihre intakten militärischen Einrichtungen. Die Besetzung der Sudetengebiete durch deutsche Truppen führte zu einem innertschechischen Flüchtlingsstrom, zu Judenverfolgungen und zur Unterdrückung der demokratischen Arbeiterbewegung. Im Restgebiet der Tschechoslowakei wurde die KP auf Grund deutschen Druckes verboten, die sozialdemokratische Partei und die Gewerkschaften gerieten ebenfalls unter den Druck deutscher und einheimischer Nationalsozialisten. Brandt hat diesen Übergang der Tschechoslowakei zum deutschen Vasallenstaat behandelt in: [Brand]t, [Willy]: Fagbevegelsens vei i Tsjekkoslovakia, in: Norsk kommuneforbunds fagblad, Nr. 11, November 1938, S. 161–163.

5 Gemeint: die Registrierung jüdischen Vermögens und die „Arisierung" jüdischer Betriebe und Geschäfte.

6 Diese beiden Sätze wurden in Brandt 1966, S. 86, veröffentlicht.

7 Vgl. dazu Nr. 37, Anm. 14.

8 Gemeint: der Einmarsch deutscher Truppen in Österreich am 12. März 1938.

9 Dieser und die beiden folgenden Absätze wurden in Brandt 1966, S. 86 f., veröffentlicht.

10 Dieser Absatz wurde in einer abweichenden Übersetzung in Brandt 1966, S. 87 f., veröffentlicht.

11 Gemeint: die Fritsch-Krise, die durch die Entlassung des Kriegsministers von Blomberg und des Oberbefehlshabers des Heeres, von Fritsch, ausgelöst wurde.

12 Der erste Teil dieses Absatzes wurde in einer abweichenden Übersetzung in Brandt 1966, S. 88, veröffentlicht.

13 Dieser Satz und der Rest des Artikels wurden, jedoch ohne Kennzeichnung von Auslassungen, in einer abweichenden Übersetzung in Brandt 1966, S. 88–90, veröffentlicht.

14 Gemeint: die Pogrome des 9. November 1938.

Nr. 56

1 Signiert: F. F.

2 Gemeint: Rechtsradikale, die zu Beginn der Weimarer Republik politisch motivierte Morde an Politikern der Mitte- und Linksparteien ausführten.

3 Das Schwarze Korps, Nr. 47 vom 24. November 1938.

4 Völkischer Beobachter, Nr. 320 vom 16. November 1938.

5 Gemeint: die durch Hitlers Forderung auf Abtretung der sudetendeutschen Gebiete an das Deutsche Reich ausgelöste Krise, die zum Münchener Abkommen vom 29. September 1938 und dem deutschen Einmarsch in das Sudetenland am 1. Oktober 1938 führte.

6 Gemeint: das Münchener Abkommen vom 29. September 1938.

Nr. 57

1 Signiert: –t.

2 Text des Programms in: Det Norske Arbeiderparti. Landsmøtet 1939. Protokoll, Oslo 1940, S. 25–29.

Nr. 58

1 Vgl. zur Autorschaft: ARBARK, Tiden Norsk Forlags arkiv, boks 107.

2 Gemeint: das Münchener Abkommen vom 29. September 1938, der endgültige Zusammenbruch des Volksfront-Bündnisses in Frankreich im November 1938 und der militärische Sieg der Aufständischen über das republikanische Spanien am 1. April 1939.

3 Dieser und der folgende Abschnitt wurden in *Brandt* 1966, S. 323–325, veröffentlicht.

4 Rosa Luxemburgs Schrift „Zur russischen Revolution" wurde erst nach ihrem Tode von Paul Levi 1922 veröffentlicht. Eine vollständige Veröffentlichung erfolgte 1928 im *Archiv für die Geschichte des Sozialismus und der Arbeiterbewegung*, leichter zugänglich in *Luxemburg* 1974, S. 332–365.

5 Gemeint: die 21 Aufnahmebedingungen der Komintern.

6 Dieser und die beiden folgenden Absätze wurden in *Brandt* 1966, S. 320 f. veröffentlicht.

7 *Hansen, Arvid:* Hvor går Det norske Arbeiderparti, Oslo 1933, S. 3.

8 Es handelt sich hier um eine Verwechselung Brandts. Die Erklärung, dass die Politik der KPD „vollständig richtig" war, stammt aus einer Resolution des Exekutivkomitees der Komintern vom 1. April 1933 (in: *Rundschau über Politik, Wirtschaft und Arbeiterbewegung*, Nr. 9 vom 12. April 1933, S. 229 ff.), das längere Zitat aus einer Entschließung des Zentralkomitees der KPD zur Lage und den nächsten Aufgaben vom April 1933 (in: *Rundschau über Politik, Wirtschaft und Arbeiterbewegung*, Nr. 17 vom 2. Juni 1933, S. 541).

9 *Stalin, J[osef]:* Rechenschaftsbericht an den XVIII. Parteitag über die Arbeit des ZK der KPdSU (B), Moskau 1939, S. 21 f.

10 Bei Stalin (Zur Internationalen Lage, in: *Stalin* 1952, S. 253) hat der Satz folgenden Wortlaut: „Sie sind keine Antipoden, sondern Zwillingsbrüder".

11 Gemeint: im Januar 1929 in Straßburg beschlossene Richtlinien für die Gewerkschaftsarbeit der Kommunisten. Die Thesen gingen davon aus, dass die sozialdemokratisch dominierten Gewerkschaften ein Instrument der Bourgeoisie geworden waren und dass in einer Periode verschärfter Klassenkämpfe die Kommunisten die „Gewerkschaftsbürokraten" als „Feinde in den eigenen Reihen" u. a. durch Spaltung und Zusammenarbeit mit unorganisierten Arbeitern zu bekämpfen hatten.

12 Gemeint: der Volksentscheid vom 9. August 1931, der von der politischen Rechten zur sofortigen Auflösung des preußischen Landtags initiiert und ursprünglich von der KPD abgelehnt, dann aber auf Weisung der Komintern von der KPD unterstützt wurde. Die Landtagsauflösung wurde von 36,9 % der Wähler befürwortet.

13 Gemeint: die durch Hitlers Forderung auf Abtretung der sudetendeutschen Gebiete an das Deutsche Reich ausgelöste Krise, die zum Münchener Abkommen vom 29. September 1938 und zum deutschen Einmarsch in das Sudetenland am 1. Oktober 1938 führte.

14 Gemeint: die Radikal-sozialistische Partei, eine eher zur politischen Mitte tendierende Partei, die 1932 die von den Sozialisten angebotene Zusammenarbeit abgelehnt hatte, sich 1936 dann aber dem Volksfrontbündnis anschloss.

15 Symbolischer Ausdruck für eine angeborene, sündhafte Natur.

16 Die Rote Gewerkschaftsinternationale (RGI, Profintern) wurde 1921 als Gegenstück zum sozialdemokratisch dominierten Internationalen Gewerkschaftsbund gegründet. Seit Mitte der 1930er Jahre spielte sie, die realiter der Kommunistischen Internationale untergeordnet war, nur noch eine unbedeutende Rolle, doch wurde sie erst 1943 offiziell aufgelöst.

17 Die Kommunistische Partei Österreichs hatte im Zuge der Neuorientierung der Komintern 1935 ein „Freiheitsprogramm" beschlossen. Sie trat nun für die Unabhängigkeit Österreichs und eine Volksfront mit regimetreuen Katholiken ein. 1938 plädierte sie für eine „Front aller Österreicher", in der „alle Unterschiede der Weltanschauung, alle Parteienunterschiede" zurücktreten sollten. 1938 kam es jedoch auch kurzfristig zu einer Aktionsgemeinschaft zwischen KPÖ und den sozialdemokratischen Revolutionären Sozialisten Österreichs. – Im Februar 1934 kam es zu blutigen Kämpfen in Wien und anderen Städten und zur Niederschlagung des „Republikanischen Schutzbundes" und zu einem Parteienverbot durch die Regierung Dollfuß.
18 Bezeichnung für eine Politik, die meint, auf Umwegen und unter Tarnung zu einem Ziel zu gelangen.
19 Dieser Abschnitt wurde in *Brandt* 1966, S. 321, veröffentlicht.
20 Dieser Satz wurde in *Brandt* 1966, S. 321, veröffentlicht.
21 Es folgen Beispiele aus der französischen und spanischen Arbeiterbewegung.
22 OVRA (Organizzazione di Vigilanza e Repressione dell' Antifascismo): die italienische Geheimpolizei.
23 Vgl. *Arbeiter-Zeitung*, Nr. 21 vom 15. Oktober 1937: Die RS und die KP.
24 *Die Internationale. Zeitschrift für Theorie und Praxis des Marxismus*, Jg. 1937, Sondernummer [ohne Datum], S. 9 ff.
25 *Kristiansen, Henry W.*: Verg landet mot fascismen, Oslo 1939, S. 13.
26 *Arbeideren* war das Zentralorgan der KP Norwegens.
27 Die letzten vier Sätze dieses Abschnittes und die beiden folgenden Abschnitte, die die Broschüre abschließen, wurden in *Brandt* 1966, S. 321 f., veröffentlicht.

Nr. 59
1 Signiert: F. Franke.
2 *Arbeiderbladet*, Nr. 197 vom 26. August 1939.

Nr. 60
1 Eine bearbeitete Version dieses Notats wurde in *Brandt* 1966, S. 90–94, veröffentlicht.
2 Gemeint: das Münchener Abkommen vom 29. September 1938.
3 Gemeint: der deutsch-sowjetische Nichtangriffspakt vom 22. August 1939.
4 Befestigungssystem, das Frankreich in den Jahren 1929 bis 1936 an seiner Ostgrenze anlegte.
5 Gemeint: die in der Emigration begonnene Zusammenarbeit von SAP, linken deutschen und österreichischen Sozialisten in der „Sozialistischen Konzentration".
6 Gemeint: Einheitspartei und Volksfront.

Nr. 61
1 Vgl. zur Autorschaft: ARBARK, Tiden Norsk Forlags arkiv, boks 107.
2 Die ersten drei Absätze dieses Kapitels wurden in *Brandt* 1966, S. 322 f., veröffentlicht.
3 Dieser Absatz wurde in *Brandt* 1966, S. 323, veröffentlicht.
4 Dieser Absatz wurde in *Brandt* 1966, S. 323, veröffentlicht.

Nr. 62
1 Signiert: F. Franke.
2 Die ersten fünf Abschnitte des Artikels wurden in einer abweichenden Übersetzung in *Brandt* 1966, S. 94–97, veröffentlicht.
3 Druckfehler in der Vorlage: und. In *Brandt* 1966, S. 95, folgende Übersetzung: „[...] ob der Sozialismus und die Demokratie nach einer zerstörenden Auseinandersetzung als Sieger dastehen würden".

4 *Neuer Vorwärts*, Nr. 325 vom 10. September 1939.
5 *Der sozialistische Kampf*, Nr. 18 vom 9. September 1939, S. 412.
6 Siehe ebd.
7 *Sozialistische Warte*, H. 36 vom 15. September 1939, S. 855. – Die Hervorhebungen im Original wurden von Brandt nicht übernommen.
8 Autoren der Broschüre waren Paul Hagen [Karl Frank], Josef Podlipning, Gustav Richter [Josef Buttinger], Paul Sering [Richard Löwenthal] und Jacob Walcher.
9 Der kommende Weltkrieg. Aufgaben und Ziele des deutschen Sozialismus. Eine Diskussionsgrundlage, Paris 1939, S. 16.
10 Ebd., S. 17, dort kursiv.
11 Gemeint: Die Regierungen Englands und Frankreichs, die 1938 mit Hitler das Münchener Abkommen schlossen.
12 *SIB – Sozialdemokratischer Informations-Brief*, Nr. 48, Oktober 1939. – Der erste und dritte Abschnitt im Original kursiv.
13 *Informationsbrief*, Nr. 1 [vom] 22. September 1939.
14 Der Nebensatz – bei Brandt Teil des Zitats – ist eine Zusammenfassung der Aussagen des *Neuen Vorwärts* über Hitlers Verfolgung oppositioneller Arbeiter.
15 *Neuer Vorwärts*, Nr. 325 vom 10. September 1939: Zum Hitler-Stalin-Pakt. Die Sozialdemokratische Partei Deutschlands und der deutsch-russische Nichtangriffspakt.
16 Richter, Gustav [Josef Buttinger]: Der deutsch-russische Vertrag und die internationale Arbeiterbewegung, in: *Der sozialistische Kampf*, Nr. 19 vom 23. September 1939, S. 432.
17 *Die Zukunft*, Nr. 35 vom 28. August 1939, S. 7. In der norwegischen Vorlage folgender Druckfehler: „Hitlers Feinde sind unsere Feinde, und seine Freunde sind unsere Freunde."
18 *Die Zukunft*, Nr. 38 vom 22. September 1939, S. 1.
19 *Die Zukunft*, Nr. 39 vom 29. September 1939, S. 1.
20 *Informationsbrief*, Nr. 1 [vom] 22. September 1939.
21 Die mehrseitige Diskussionsgrundlage der SAP „Unsere Stellungnahme zum jetzigen Krieg" war nicht auffindbar. Sie wurde auszugsweise in *Informationsbrief* Nr. 9 [vom] 22. Januar 1940 veröffentlicht. Der größte Teil des Zitats ist eine Rückübersetzung aus dem Norwegischen.
22 Der kommende Weltkrieg, S. 30 und 31. Auslassungen zwischen dem ersten und zweiten Abschnitt bei Brandt nicht gekennzeichnet.
23 Das Zitat konnte nicht verifiziert werden.
24 *SIB – Sozialdemokratischer Informations-Brief*, Nr. 48, Oktober 1939, S. 13.
25 Austriacus [Oscar Pollak]: Die Mission des österreichischen Sozialismus, in: *Der sozialistische Kampf*, Nr. 22 vom 1. November 1939, S. 489.
26 Ebd. S. 490. Auslassung bei Brandt nicht gekennzeichnet.

Nr. 63
1 Signiert: F. Franke.
2 Der von Brandt benutzte norwegische Ausdruck *myndighet* ist mehrdeutig. Er kann mit Macht, Autorität, Gewalt, aber auch mit Behörde oder Obrigkeit übersetzt werden.
3 Gemeint ist Attlees Rede vor Unterhausmitgliedern am 8. November 1939, die auch als Broschüre verbreitet wurde: Attlee, C[lement] R[ichard]: Labour's peace aims, London 1940.
4 Brandt bezieht sich im Folgenden auf Bellers „Some Reasons for an European State" (London 1710) und Abbé de Saint-Pierres „Der Traktat vom ewigen Frieden" (Berlin 1922).

5 Siehe dazu die deutsche Übersetzung in *Ramm, Thilo* (Hrsg.): Der Frühsozialismus. Quellentexte, Stuttgart 1968, S. 25–82.
6 Siehe dazu *Hugo, Victor:* Histoire de L'Europe, Paris 1990.
7 Im April 1917 versuchte die sozialdemokratische Arbeiterbewegung, in Stockholm eine Konferenz durchzuführen, die sich mit der Form des zukünftigen Friedens nach Beendigung des Weltkriegs befassen sollte, wobei die neutralen Staaten die treibende Kraft dieser Initiative waren. Auf Grund der internationalen Entwicklung und weil die Regierungen der Ententemächte Sozialisten ihrer Länder die Ausreise verweigerten, wurde die Konferenz nie durchgeführt, sondern nur vorbereitende separate Konferenzen abgehalten. Ein holländisch-skandinavisches Komitee veröffentlichte im Oktober den Vorschlag eines Friedensprogramms.
8 *Streit, Clarence Kirshman:* Union now, London 1939.
9 Die Federal Union war Anfang 1939 gegründet worden und bereits nach einem Jahr hatte sie über 10 000 Mitglieder. Ab September 1939 erschien eine eigene Wochenzeitschrift, „Federal Union News". Im März 1940 folgte ein eigenes Forschungsinstitut in Oxford, das von William Beveridge geleitet wurde.
10 *Steed, Henry Wickham:* Our war aims, London 1939, *Cole, G. D. H.:* War aims, London 1939, *Nicolsen, Harold,* Diplomacy, London 1939, *Greenwood, Arthur:* Why we fight: Labour's case, London 1940.

Nr. 64
1 Signatur: F. Franke.
2 Dieser Abschnitt wurde in einer leicht abweichenden Übersetzung in *Brandt* 1966, S. 101 f., veröffentlicht.

3 Die Norwegische Arbeiterpartei war im Frühsommer 1919 der Kommunistischen Internationale beigetreten. Im November 1923 spaltete sich die Partei und die überwiegende Mehrheit verließ die Komintern.
4 Dieser und der folgende Absatz wurden in *Brandt* 1966, S. 102, veröffentlicht.
5 Die beiden ersten Sätze dieses Absatzes wurden in *Brandt* 1966, S. 102 f., veröffentlicht.
6 Der Rest dieses Absatzes und der nachfolgende Absatz wurden in *Brandt* 1966, S. 103, veröffentlicht.
7 Dieser erste Teil des Absatzes wurde in *Brandt* 1966, S. 103 f., veröffentlicht.
8 Dieser und der folgende Absatz wurden in einer abweichenden Übersetzung in *Brandt* 1966, S. 104, veröffentlicht.
9 Der Beginn dieses Absatzes wurde in *Brandt* 1966, S. 104 f., veröffentlicht.
10 Nach dem sowjetischen Bergarbeiter Stachanow benannte produktivitätssteigernde Arbeitsmethode, die die Steigerung der individuellen Arbeitsleistungen weit über Arbeitsnorm propagierte und belohnte.
11 In *Brandt* 1966, S. 105: staatskapitalistischen.
12 Dieser Absatz wurde in *Brandt* 1966, S. 105, veröffentlicht.

Nr. 65
1 Die ersten Exemplare des Buchs, das in Tiden Norsk Forlag Oslo erschien, lagen am 8. April 1940 vor. Wegen des deutschen Überfalls auf Norwegen kam das Buch nie zur Auslieferung in den Buchhandel. Die Quisling-„Regierung" setzte am 17. Februar 1941 das Buch auf die erste Liste verbotener Bücher. Die vorhandenen Exemplare kamen in den Reißwolf.
2 Dieser Satz wurde in *Brandt* 1966, S. 15, veröffentlicht.

3 Dieser Satz wurde in *Brandt 1966*, S. 15, veröffentlicht.
4 Dieser Satz wurde in *Brandt 1966*, S. 15, veröffentlicht.
5 Gemeint sind Japans Überfall auf die Mandschurei 1931, die Besetzung weiter Teile Chinas durch Japan 1937, Italiens Überfall auf Äthiopien 1935, der durch Deutschland und Italien unterstützte Kampf der Putschisten um Franco gegen das republikanische Spanien, der „Anschluss" Österreichs an das „Dritte Reich" im März 1938, der deutsche Einmarsch in die Randgebiete der Tschechoslowakei 1938 und die Einverleibung der Tschechei in das „Dritte Reich", sowie die Besetzung Albaniens durch Italien im April 1939.
6 Der erste Teil dieses Absatzes wurde in *Brandt 1966*, S. 15 f., in einer etwas abweichenden Übersetzung veröffentlicht.
7 Der Beginn dieses Absatzes wurde in *Brandt 1966*, S. 16, veröffentlicht.
8 *Kautsky, Karl:* Sozialisten und Krieg. Ein Beitrag zur Ideengeschichte des Sozialismus von den Hussiten bis zum Völkerbund, Prag 1937, S. 455.
9 Der Beginn dieses Absatzes und der vorausgehende Absatz wurden in *Brandt 1966*, S. 16 f., veröffentlicht.
10 Dieser Absatz wurde in *Brandt 1966*, S. 17, veröffentlicht.
11 *The Economist*, Nr. 5022 vom 25. November 1939, S. 281.
12 Dieser Absatz wurde in *Brandt 1966*, S. 29, veröffentlicht.
13 Dieser Absatz wurde in *Brandt 1966*, S. 29, veröffentlicht.
14 Dieser Absatz wurde in *Brandt 1966*, S. 29 f., veröffentlicht.
15 *Angell, Norman:* For what do we fight?, London 1939.
16 Gemeint: Der finnisch-sowjetische Friedensvertrag nach dem Winterkrieg, in dem Finnland gezwungen wurde, der Sowjetunion Gebiete Kareliens zu überlassen.
17 Lenin hatte in „Noch einmal über ‚Nationalismus'" (Werke, Berlin (Ost) 1965, Bd. 20, S. 101) zur nationalen Frage in Nationalitätenstaaten erklärt, die „Arbeiterklasse sei gegen *jegliche* Privilegien, daher verficht sie das *Recht* der Nationen auf Selbstbestimmung. Die klassenbewußten Arbeiter predigen keine *Lostrennung*, sie kennen die Vorteile großer Staaten und der Vereinigung großer Arbeitermassen. Die großen Staaten können jedoch nur bei voller Gleichberechtigung der Nationen demokratisch sein, und eine solche Gleichberechtigung bedeutet auch das *Recht* auf Lostrennung."
18 Diese beiden letzten Absätze wurden in *Brandt 1966*, S. 36, veröffentlicht.
19 Diese beiden letzten Sätze wurden in *Brandt 1966*, S. 36, veröffentlicht.
20 Dieser Absatz wurde in *Brandt 1966*, S. 36 f., veröffentlicht.
21 Dieser Satz wurde in *Brandt 1966*, S. 37, veröffentlicht.
22 Die letzten drei Sätze wurden in *Brandt 1966*, S. 37, veröffentlicht.
23 Diese letzten vier Absätze wurden in einer teilweise abweichenden Übersetzung in *Brandt 1966*, S. 37 f., veröffentlicht.
24 *Cole, G.D.H.:* War Aims, London 1939, S. 14.
25 Diese Sätze wurden in *Brandt 1966*, S. 30, veröffentlicht.
26 Diese Sätze wurden in *Brandt 1966*, S. 30, veröffentlicht.
27 Gemeint: der letzte größere Abschnitt der Inauguraladresse der Internationalen Arbeiter-Assoziation von Marx, siehe *Marx, Karl und Friedrich Engels:* Werke, Bd. 16, Berlin (Ost) 1968, S. 13.
28 *Attlee, C[lement] R[ichard]:* Labour's peace aims, London 1939.

29 Gemeint: die Zeit unter Königin Elisabeth I., in der England seine ersten wichtigen Stützpunkte und Privilegien in Indien erhielt.

30 Gemeint: Puritaner, die zunächst von England nach Holland auswanderten und dann 1620 mit der „Mayflower" nach Amerika kamen, um sich dort als Kolonisten niederzulassen.

31 Gemeint: die Politik des Imperialismus, die die zweite Hälfte des Viktorianischen Zeitalters prägte.

32 *The Economist*, Nr. 5023 vom 2. Dezember 1939, S. 318.

33 Brandt hatte sich bereits im Oktober 1939 mit der britischen Politik in Indien, der Haltung des indischen Nationalkongresses (Kongresspartei) und dessen Resolution zum Weltkrieg beschäftigt. Siehe dazu: *Franke, F.*: India heiser nye signaler, in: *Bergens Arbeiderblad*, Nr. 245 vom 21. Oktober 1939.

34 Gemeint: der Entwurf eines Friedensprogramms, den Vertreter sozialdemokratischer Parteien neutraler Länder in Verbindung mit einer Friedenskonferenz, die nie abgehalten werden konnte, erarbeitet hatten und das im Oktober 1917 der Öffentlichkeit vorgestellt wurde.

35 Dieser und der folgende Absatz wurden in *Brandt* 1966, S. 17 f., veröffentlicht.

Anhang

Quellen- und Literaturverzeichnis

Archivalische Quellen

Willy-Brandt-Archiv im Archiv der sozialen Demokratie der Friedrich-Ebert-Stiftung, Bonn
Persönliche Unterlagen/Biographische Materialien (A 1)
Publizistische Äußerungen Willy Brandts 1933–1992 (A 3)
Politisches Exil und Nachkriegszeit 1933–1946, Allgemeine Korrespondenz (A 5)
Anmerkungen Willy Brandts zur Biographie von Terence Prittie (A 9)
Akten aus dem Privathaus Willy Brandts in Unkel/Rhein (A 25)
Arbeiderbevegelsens Arkiv og Bibliotek (Archiv und Bibliothek der Arbeiterbewegung), Oslo
Arbeidernes høiskole (Arbeiterhochschule)
AUFs arkiv (Archiv des Jugendverbandes der Arbeiterbewegung)
LOs arkiv (Archiv des Norwegischen Gewerkschaftsbundes)
Mot Dags arkiv (Archiv der Gruppe Mot Dag)
SAP-arkiv (Archiv der Sozialistischen Arbeiterpartei)
Tiden Norsk Forlags arkiv (Archiv des Verlags Norsk Tiden)
Arbetarrörelsens Arkiv och Bibliotek (Archiv und Bibliothek der Arbeiterbewegung), Stockholm
Ture Nermans arkiv (Nachlass Ture Nerman)
Archiv der sozialen Demokratie der Friedrich-Ebert-Stiftung, Bonn
ITF-Archiv
Nachlass Walter Auerbach
Nachlass Erna und Joseph Lang
Bundesarchiv, Koblenz
Bestand Reichssicherheitshauptamt
Internationaal Instituut voor Sociale Geschiedenis (Internationales Institut für Sozialgeschichte), Amsterdam
Freundeskreis Carl von Ossietzky
Nachlass Max Diamant (Privatbesitz)

Nationalbiblioteket (Nationalbibliothek), Oslo
  Håndskriftavdelingen (Handschriftenabteilung)
Politisches Archiv des Auswärtigen Amtes, Berlin
  Gesandtschaft Oslo
  Inland II A/B
Riksarkivet (Reichsarchiv), Oslo
  Justisdepartementets arkiv (Archiv des Justizministeriums)
Privatarchiv Einhart Lorenz
  Interviews mit Willy Brandt (8. 11. 1984, 5. 11. 1985, 4. 12. 1987), Margot Cappelen (13. 10. 1985), Gertrud Danielsen (10. 10. 1985), Siri Sverdrup Lunden (26. 9. 1985), Hermann Reimann (20. 7. 1988), Rakel Seweriin (26. 9. 1985), Harald Sørensen (7. 10. 1986), Johan Vogt (15. 10. 1984), Mary Zachariassen (8. 10. 1983)
  Schriftliche Auskünfte von Willy Brandt (28. 11. 1984), Birger Eriksen (2. 5. 1983)
Zentralbibliothek der IG Metall, Frankfurt am Main

Veröffentlichte Quellen

I. Veröffentlichungen Willy Brandts

Brandt, Willy: Hvorfor har Hitler seiret i Tyskland?, Oslo 1933.
Den tyske arbeiderbevegelses tragedie, in: Tyskland under hakekorset, Oslo 1933.
Ein Jahr Krieg und Revolution in Spanien. Referat des Gen. Brandt auf der Sitzung der erweiterten Partei-Leitung der SAP, Anfang Juli 1937, Paris 1937.
Splittelse eller samling. Komintern og de kommunistiske partiene, Oslo 1939 [a].
Sovjets utenrikspolitikk 1917–1939, Oslo 1939 [b].
Brandt, W[illy]: Stormaktenes krigsmål og det nye Europa, Oslo 1940.
Brandt, Willy: Norwegens Freiheitskampf 1940–1945, Hamburg 1948.
Brandt, Willy: Mein Weg nach Berlin. Aufgezeichnet von *Leo Lania*, München 1960.

Brandt, Willy: Draußen. Schriften während der Emigration. Hrsg. von *Günter Struwe,* München 1966.
Brandt, Willy: Links und frei. Mein Weg 1930–1950, Hamburg 1982.
Brandt, Willy: „... wir sind nicht zu Helden geboren", Zürich 1986.
Brandt, Willy: Die Nobelpreiskampagne für Carl von Ossietzky, Oldenburg 1988 (Oldenburger Universitätsreden, Nr. 20).
Brandt, Willy: Erinnerungen, Frankfurt/Main-Zürich 1989.
Brandt, Willy: Skrifter fra eksilåra i Norge. Utvalg ved *Einhart Lorenz,* Oslo 1993.
Brandt, Willy: Zwei Vaterländer. Deutsch-Norweger im schwedischen Exil – Rückkehr nach Deutschland 1940–1947, bearbeitet von *Einhart Lorenz,* Bonn 2000 (Berliner Ausgabe, Band 2).

II. Editionen, zeitgenössische Dokumente, Erinnerungen

Abbé de Saint-Pierre: Der Traktat vom ewigen Frieden, Berlin 1922.
Arbeidernes Ungdomsfylking. Protokoll over forhandlingene ved landsmøtet i Oslo 11te-13de mai 1934, Oslo o. J.
Bellers, John: Some Reasons for an European State, London 1710.
Bericht des Gründungsparteitags der KPD am 30. 12. 1918, o. O., o. J.
Dagsorden for Det norske Arbeiderpartis 29de ordinære landsmøte i Oslo 26de til 28de mai 1933, o. O., o. J. [Oslo 1933].
Der siebzehnte ordentliche Verbandstag des Deutschen Metallarbeiter-Verbandes. Abgehalten in den Zentralhallen in Bremen vom 2. bis 7. August 1926, Stuttgart o. J.
Det Norske Arbeiderparti. Landsmøtet 1939. Protokoll, Oslo 1940.
Die Gewerkschaften in der Endphase der Republik 1930–1933, bearbeitet von *Peter Jahn,* Köln 1988 (Quellen zur Geschichte der deutschen Gewerkschaftsbewegung im 20. Jahrhundert, Bd. 4).
Hegna, Trond: Min versjon, Oslo 1983.
Higgins, Mary Boyd (ed.): Wilhelm Reich. Beyond Psychology. Letters and Journals 1934–1939, New York 1994.
Hugo, Victor: Histoire de L'Europe, Paris 1990.
Lenin, Wladimir Iljitsch: Ausgewählte Schriften in zwei Bänden, Berlin (Ost) 1989.

Lenin, Wladimir Iljitsch: Werke, Bd. 20, 23, Berlin (Ost) 1964 f.
Liebknecht, Karl: Gesammelte Reden und Schriften, Bd. 8 und 9, Berlin (Ost) 1968, 1974.
Lipgens, Walter (ed.): Documents on the History of European Integration, vol. 2, Berlin/New York 1986.
Luxemburg, Rosa: Gesammelte Werke, Bd. 4, Berlin (Ost) 1974.
Mammach, Klaus (Hrsg.): Die Brüsseler Konferenz der KPD, Berlin (Ost) 1975.
Marx, Karl und Friedrich Engels: Werke (MEW), Bd. 4, 6, 16, 22, 36, Berlin (Ost) 1959 ff.
Nilsson, Torsten: Lag eller näve, Stockholm 1980.
Prinz von Baden, Maximilian: Erinnerungen und Dokumente, hrsg. von *Golo Mann* und *Andreas Burckhardt,* Stuttgart 1968.
Les Prix Nobel en 1971, Stockholm 1972.
Protokoll über die Verhandlungen des Parteitages der Sozialdemokratischen Partei Deutschlands. Abgehalten zu Dresden vom 13. bis 20. September 1903, Berlin 1903.
Protokoll über die Verhandlungen des SPD-Parteitages Kiel 1927, Glashütten-Berlin-Bonn 1974.
Ramm, Thilo (Hrsg.): Der Frühsozialismus. Quellentexte, Stuttgart 1968.
Sozialdemokratischer Parteitag in Leipzig 1931 vom 31. Mai bis 5. Juni im Volkshaus. Protokoll, Glashütten-Berlin-Bonn 1974.
Stalin, Josef: Werke, Bd. 6, Berlin (Ost) 1952.
Stortingsforhandlinger 1937, Bd. 7, Stortingstidende.
Szende, Stefan: Zwischen Gewalt und Toleranz. Zeugnisse und Reflexionen eines Sozialisten, Frankfurt/Main-Köln 1975.
Trapp, Frithjof/Bergmann, Kurt/Herre, Bettina: Carl von Ossietzky und das politische Exil. Die Arbeit des ‚Freundeskreises Carl von Ossietzky' in den Jahren 1933–1936, Hamburg 1988.
Verhandlungen der verfassunggebenden Deutschen Nationalversammlung, Bd. 326. Stenographische Berichte, Berlin 1920.
Writings of Leon Trotsky (1933–34), New York ^{2}1979.

III. Zeitgenössische Bücher und Broschüren

Ackermann, Anton: Der Kampf der KPD um die junge Generation. Referat auf der Brüsseler Konferenz der KPD (Oktober 1935), Moskau 1936.

Angell, Norman: For what do we fight?, London 1939.

Attlee, C[lement] R[ichard]: Labour's peace aims, London 1940.

Cole, G. D. H.: War aims, London 1939.

Der kommende Weltkrieg. Aufgaben und Ziele eines deutschen Sozialismus. Eine Diskussionsgrundlage, Paris 1939.

Erbe, Otto [=Zweiling, Klaus]: Der Sieg des Faschismus und die Aufgaben der Arbeiterklasse, Göteborg [richtig: Oslo] 1933.

Erwachendes Volk. Briefe an Leutnant a. D. Scheringer, Berlin 1931.

Fascisme – ute og hjemme, Oslo 1936.

Frölich, P[aul]: Zehn Jahre Krieg und Bürgerkrieg, Berlin ²1924.

Greenwood, Arthur: Why we fight: Labour's case, London 1940.

Hansen, Arvid: Hvor går Det norske Arbeiderparti?, Oslo 1933.

Kautsky, Karl: Die Sozialisierung und die Arbeiterräte, Wien 1919.

Kautsky, Karl: Sozialisten und Krieg. Ein Beitrag zur Ideengeschichte des Sozialismus von den Hussiten bis zum Völkerbund, Prag 1937.

Kristiansen, Henry W.: Verg landet mot fascismen, Oslo 1939.

Labour, the War, and the Peace. A Declaration of Policy by the National Executive of the British Labour Party February 9, 1940, London 1940.

Labour's Aims in War and Peace, London 1940.

Lange, Halvard: Nazi og Norge, Oslo 1933.

Leipart, Th[eodor]: Die Kulturaufgaben der Gewerkschaften. Vortrag in der Aula der Bundesschule in Bernau am 14. Oktober 1932, Berlin 1932.

Naphtali, Fritz: Wirtschaftskrise und Arbeitslosigkeit, Berlin 1930.

Nicolsen, Harold: Diplomacy, London 1939.

Ording, Arne: Det tredje rike, Oslo 1933.

Pjatnizki, O[ssip]: Die Arbeit der kommunistischen Parteien Frankreichs und Deutschlands und die Aufgaben der Kommunisten in den Gewerkschaften, Moskau 1932.
Sering, Paul [Löwenthal, Richard]: What is folksocialism?, New York 1937.
Stalin, J[osef]: Rechenschaftsbericht an den XVIII. Parteitag über die Arbeit des ZK der KPdSU (B), Moskau 1939.
Sternberg, Fritz: Der Niedergang des deutschen Kapitalismus, Berlin 1932.
Steed, Henry Wickham: Our war aims, London 1939.
Streit, Clarence Kirshman: Union now, London 1939.
Tarnow, Fritz: Warum arm sein?, Berlin 1928.
Thälmann, Ernst: Der revolutionäre Ausweg und die KPD. Rede auf der Plenartagung des Zentralkomitees der Kommunistischen Partei Deutschlands am 19. Februar 1932, Berlin o. J. [1932].
Was will die SAP [Außentitel] Prinzipien-Erklärung – Aktionsprogramm angenommen auf dem 1. Parteitag 1932 der Sozialistischen Arbeiter-Partei Deutschlands, Berlin, o. J.

IV. Magazine, Pressedienste, Zeitungen, Zeitschriften

Aftenposten.
Arbeiderbladet.
Arbeiderkvinnen.
Arbeidermagasinet.
Arbeider-Ungdommen.
Arbeiter-Jugend.
Arbeiter-Zeitung.
Archiv für die Geschichte des Sozialismus und der Arbeiterbewegung.
Bergens Arbeiderblad.
Brann.
Dagbladet.
Das Banner der revolutionären Einheit.
Das Freie Wort.

Das Neue Tage-Blatt.
Das Schwarze Korps.
Der Deutsche Student.
Der Kampf.
Der sozialistische Kampf.
Der Stürmer.
Det 20de århundre.
Die Gesellschaft.
Die Internationale. Zeitschrift für Theorie und Praxis des Marxismus.
Die Kommunistische Internationale.
Die Neue Zeit.
Die Zukunft.
Frankfurter Allgemeine Zeitung.
Gewerkschafts-Zeitung.
Informationen aus Politik und Wirtschaft.
Informationsbrief.
Internationales Jugend-Bulletin.
Jugend-Korrespondenz.
Kampfbereit.
Lübecker Volksbote.
Marxistische Tribüne.
Morgenbladet.
Mot Dag.
Neue Front.
Neuer Vorwärts.
Norges Gymnasiastblad.
Norsk Kommuneforbunds Fagblad.
Pariser Tageblatt.
Rjukan Arbeiderblad.
Romsdal Folkeblad.
Rote Fahne.
Rote Jugend.
Rundschau über Politik, Wirtschaft und Arbeiterbewegung.
SIB – Sozialdemokratischer Informations-Brief.
Sozialdemokratische Partei-Korrespondenz.

Sozialistische Arbeiter-Zeitung.
Sozialistische Warte.
Stern.
Telegraf og Telefon.
Telemark Arbeiderblad.
The Economist.
Tidens Tegn.
Völkischer Beobachter.
Vorwärts.
Vossische Zeitung.

Darstellungen

Bremer, Jörg: Die Sozialistische Arbeiterpartei Deutschlands (SAP). Untergrund und Exil 1933–1945, Frankfurt/Main-New York 1978.

Bull, Edvard: Klassekamp og fellesskap 1920–1945, Oslo 1979 (Cappelens Norges historie, Bd. 13).

Bull, Trygve: Mot Dag og Erling Falk. Bidrag til norsk historie i mellomkrigstiden, Oslo 31968.

Buschak, Willy: Das Londoner Büro. Europäische Linkssozialisten in der Zwischenkriegszeit, Amsterdam 1985.

Drechsler, Hanno: Die Sozialistische Arbeiterpartei Deutschlands (SAPD). Ein Beitrag zur Geschichte der deutschen Arbeiterbewegung am Ende der Weimarer Republik, Meisenheim am Glan 1965.

Foitzik, Jan: Zwischen den Fronten. Zur Politik, Organisation und Funktion linker politischer Kleinorganisationen im Widerstand 1933 bis 1939/40, Bonn 1986.

Grebing, Helga: Geschichte der deutschen Arbeiterbewegung, München 1970.

Kjeldstadli, Knut: Den delte byen, Oslo 1990 (Oslo bys historie, Bd. 4).

Kjeldstadli, Knut: Et splittet samfunn 1905–35, Oslo 1994 (Aschehougs Norges historie, Bd. 10).

Koch, Peter: Willy Brandt. Eine politische Biographie, Berlin 1988.

Lehmann, Hans Georg: In Acht und Bann. Politische Emigration, NS-Ausbürgerung und Wiedergutmachung am Beispiel Willy Brandts, München 1976.

Lorenz, Einhart: Willy Brandt in Norwegen. Die Jahre des Exils 1933 bis 1940, Kiel 1989.

Lorenz, Einhart: Möglichkeiten und Grenzen des politischen Exils in Norwegen am Beispiel von Willy Brandt, Heinz Epe, Max Strobl und Jacob Nicolaus Vogel, in: Exilforschung. Ein internationales Jahrbuch, Bd. 8: Politische Aspekte des Exils, München 1990, S. 174–184.

Lorenz, Einhart: Exil in Norwegen. Lebensbedingungen und Arbeit deutschsprachiger Flüchtlinge 1933–1943, Baden-Baden 1992.

Lorenz, Einhart: Mehr als Willy Brandt. Die Sozialistische Arbeiterpartei Deutschlands (SAP) im skandinavischen Exil, Frankfurt/Main-Berlin-Bern-New York 1997 [a].

Lorenz, Einhart: Willy Brandt and Edo Fimmen, in: *Reinalda, Bob* (ed.): The International Transportworkers Federation 1914–1945: The Edo Fimmen Era, Amsterdam 1997, S. 200–202 [b].

Lorenz, Einhart: Der junge Willy Brandt, die Judenverfolgungen und die Frage einer jüdischen Heimstätte in Palästina, in: *Lorenz, Einhart* (Hrsg.): Perspektiven aus den Exiljahren, Berlin 2000 (Bundeskanzler-Willy-Brandt-Stiftung, Schriftenreihe Heft 7), S. 33–46.

Lübeck – eine andere Geschichte. Einblicke in Widerstand und Verfolgung in Lübeck 1933–1945, Lübeck 1986.

Mantzke, Martin: Emigration und Emigranten als Politikum in der Bundesrepublik der sechziger Jahre, in: Exil 3 (1983) 1, S. 24–30.

Marshall, Barbara: Willy Brandt, London 1990.

Marshall, Barbara: Willy Brandt. Eine politische Biographie, Bonn 1993.

Misgeld, Klaus: Die Internationale Gruppe Demokratischer Sozialisten in Stockholm 1942–1945, Bonn-Uppsala 1976.

Nelles, Dieter: Gewerkschaftlicher Widerstand in Skandinavien 1936–1945, in: *Lorenz, Einhart* et al.: Ein sehr trübes Kapitel? Hitlerflüchtlinge im nordeuropäischen Exil 1933 bis 1950, Hamburg 1998, S. 157–180.

Nono, Luigi: L'erreur comme nécessité, in: Schweizerische Musikzeitung, Jg. 123 (1983).

Papcke, Sven: Exil und Remigration als öffentliches Ärgernis. Zur Soziologie eines Tabus, in: Exil und Remigration. Exilforschung. Ein internationales Jahrbuch, Bd. 9: Exil und Remigration, München 1991, S. 9–24.

Prittie, Terence: Willy Brandt. Biographie, Frankfurt/Main 1973.

Pryser, Tore: Klassen og nasjonen (1935–1946), Oslo 1988 (Arbeiderbevegelsens historie i Norge, Bd. 4).

Schafranek, Hans: Das kurze Leben des Kurt Landau. Ein österreichischer Kommunist als Opfer der stalinistischen Geheimpolizei, Wien 1988.

Seebacher-Brandt, Brigitte: Ollenhauer. Biedermann und Patriot, Berlin 1984.

Steinbach, Peter/Tuchel, Johannes (Hrsg.): Widerstand gegen den Nationalsozialismus, Bonn 1994.

Stephan, Cora: Zwischen den Stühlen oder über die Unvereinbarkeit von Theorie und Praxis, Berlin-Bonn 1982.

Stern, Carola: Willy Brandt, Reinbek 1975.

Von der höheren Bürgerschule zum städtischen Gymnasium. Johanneum zu Lübeck. Festschrift zur 125 Jahr Feier, Lübeck 1997.

Vorholt, Udo: Die Sowjetunion im Urteil des sozialdemokratischen Exils 1933 bis 1945. Eine Studie des Exilvorstandes der SPD, des Internationalen Sozialistischen Kampfbundes, der Sozialistischen Arbeiterpartei und der Gruppe Neu Beginnen, Frankfurt/Main-Bern-New York-Paris 1991.

Winkler, Heinrich August: Von der Revolution zur Stabilisierung. Arbeiter und Arbeiterbewegung in der Weimarer Republik 1918 bis 1924, Berlin/Bonn 1984.

Winkler, Heinrich August: Der Schein der Normalität. Arbeiter und Arbeiterbewegung in der Weimarer Republik 1924 bis 1930, Berlin/Bonn ²1988.

Winkler, Heinrich August: Der Weg in die Katastrophe. Arbeiter und Arbeiterbewegung in der Weimarer Republik 1930 bis 1933, Berlin/Bonn 1987.

Bild- und Tondokumente

Kampfname: Willy Brandt. Stationen im Exil (Zweites Deutsches Fernsehen), 9. September 1984.

Nachschlagewerke

Arbeidernes Leksikon. Redaksjon: *Jakob Friis* og *Trond Hegna*, 6 Bde., Oslo 1932 ff.
Biographisches Handbuch der deutschsprachigen Emigration nach 1933, Bd. 1: Politik, Wirtschaft, Öffentliches Leben. Leitung und Bearbeitung: *Werner Röder, Herbert A. Strauss*, München-New York-London-Paris 1980.
Enciclopedia Universal Ilustrada. Europeo-Americana, diverse Ergänzungsbände, Madrid 1981 ff.
Studentene fra 1923. Biografiske opplysninger m. v. samlet til 25-års jubileet 1948. Ved *O. Delphin Amundsen*, Oslo 1950.

Abkürzungsverzeichnis

AAB	Arbetarrörelsens Arkiv och Bibliotek (Archiv und Bibliothek der Arbeiterbewegung), Stockholm
ADGB	Allgemeiner Deutscher Gewerkschaftsbund
AdsD	Archiv der sozialen Demokratie, Bonn
AG	Arbeitsgemeinschaft [der politischen Emigration in Oslo]
ARBARK	Arbeiderbevegelsens Arkiv og Bibliotek (Archiv und Bibliothek der Arbeiterbewegung), Oslo
AUF	Arbeidernes Ungdomsfylking [Jugendorganisation der norwegischen Arbeiterbewegung]
AVÖS	Auslandsvertretung der österreichischen Sozialisten
AZ	Auslands-Zentrale [der Sozialistischen Arbeiterpartei Deutschlands]
BArch	Bundesarchiv
BBZ	Britische Besatzungszone
BL	Bezirksleitung
CNT	Confederación Nacional del Trabajo (Nationale Vereinigung der Arbeit) [anarchosyndikalistische Gewerkschaft]
ČSR	Československá Republika (Tschechoslowakische Republik)
CSU	Christlich-Soziale Union
DAF	Deutsche Arbeitsfront
DDP	Deutsche Demokratische Partei
DGB	Deutscher Gewerkschaftsbund
DNA	Det norske Arbeiderparti (Die Norwegische Arbeiterpartei)
DNVP	Deutschnationale Volkspartei
EF	Einheitsfront
EK	Exekutivkomitee
EKKI	Exekutivkomitee der Kommunistischen Internationale

EPL	Erweiterte Parteileitung [der Sozialistischen Arbeiterpartei Deutschlands]
FAI	Federación Anarquista Ibérica (Iberische Anarchistische Vereinigung)
FDGB	Freier Deutscher Gewerkschaftsbund
Gen.	Genosse, Genossin
GEPCI	Gremios y Entidades de Pequeños Comerciantes e Industriales (Gewerkschaft der kleinen Gewerbetreibenden in Handel und Industrie)
Gestapo	Geheime Staatspolizei
H	Heft
HJ	Hitler-Jugend
Hs.	handschriftlich
IAG	Internationale Arbeitsgemeinschaft
IG	Industriegewerkschaft
IGB	Internationaler Gewerkschaftsbund
IISG	Internationaal Instituut voor Sociale Geschiedenis (Internationales Institut für Sozialgeschichte), Amsterdam
ILP	Independent Labour Party
ITF	Internationale Transportarbeiter-Föderation
IVKO	Internationale Vereinigung der Kommunistischen Opposition
IWW	Industrial Workers of the World
KAP	Kommunistische Arbeiter-Partei Deutschlands
KI	Kommunistische Internationale
KJ	Kommunistische Jugend, Kommunistischer Jugendverband Deutschlands
KJI	Kommunistische Jugend-Internationale
KJV/KJVD	Kommunistischer Jugendverband Deutschlands
Komintern	Kommunistische Internationale
KP	Kommunistische Partei
KPD	Kommunistische Partei Deutschlands
KPdSU	Kommunistische Partei der Sowjetunion
KPN	Kommunistische Partei Norwegens

KPO	Kommunistische Partei Deutschlands (Opposition)
KPÖ	Kommunistische Partei Österreichs
KZ	Konzentrationslager
LO	Linke Opposition
LO	Landsorganisasjon [Norwegischer Gewerkschaftsbund]
MdB	Mitglied des Bundestages
MdR	Mitglied des Reichstages
NAP	Norwegische Arbeiterpartei (= DNA, Det norske Arbeiderparti)
NBO	Nasjonalbibliotek (Nationalbibliothek), Oslo
NKP	Norges kommunistiske parti (Norwegens kommunistische Partei)
NS	Nationalsozialismus
NSDAP	Nationalsozialistische Deutsche Arbeiterpartei
OSP	Onafhankelijke Socialistische Partij (Unabhängige Sozialistische Partei [der Niederlande])
OSS	Office of Strategic Service (Büro für strategische Dienste)
OVRA	Organizzazione di Vigilanza e Repressione dell' Antifascismo (Organisation zur Kontrolle und Unterdrückung des Antifaschismus) [italienische Geheimpolizei]
OWI	Office of War Information (Büro für Kriegsinformation)
PAAA	Politisches Archiv des Auswärtigen Amtes
PL	Parteileitung [der Sozialistischen Arbeiterpartei Deutschlands]
POUM	Partido Obrero de Unificación Marxista (Arbeiterpartei der Marxistischen Einigung)
Ps.	Pseudonym
PSI	Partito Socialista Italiano (Sozialistische Partei Italiens)
PSOE	Partido Socialista Obrero Español (Sozialistische Spanische Arbeiterpartei)
PSU	Partito Socialista Unitario (Sozialistische Einheitspartei)

PSUC	Partido Socialista Unificado de Cataluña (Vereinigte Sozialistische Partei Kataloniens) [Kommunistische Partei in Katalonien]
PUP	Parti d'Unité Prolétarienne (Partei der proletarischen Einheit)
PV	Parteivorstand
RAO	Riksarkiv (Reichsarchiv), Oslo
RS	Revolutionäre Sozialisten
RSD	Revolutionäre Sozialisten Deutschlands
RSÖ	Revolutionäre Sozialisten Österreichs
RSP	Revolutonair Socialistische Partij
SA	Sturmabteilung
SAI	Sozialistische Arbeiterinternationale
SAJ	Sozialistische Arbeiterjugend Deutschlands
SAP	Sozialistische Arbeiterpartei Deutschlands
SBZ	Sowjetische Besatzungszone
SED	Sozialistische Einheitspartei Deutschlands
SFIO	Section Français de l'Internationale Ouvrière (Französische Sektion der Arbeiterinternationale)
SJV/SJVD	Sozialistischer Jugendverband Deutschlands
Sopade	Sozialdemokratische Partei Deutschlands (im Exil)
SP	Sozialdemokratische Partei
SPD	Sozialdemokratische Partei Deutschlands
SPS	Sozialdemokratische Partei der Schweiz
SS	Schutzstaffel der NSDAP
SU	Sowjetunion
UdSSR	Union der Sozialistischen Sowjetrepubliken
UGT	Unión General de Trabajadores (Allgemeine Arbeiter-Union) [sozialistische Gewerkschaft]
UNO	United Nations Organization (Organisation der Vereinten Nationen)
USPD	Unabhängige Sozialdemokratische Partei Deutschlands
VKPD	Vereinigte Kommunistische Partei Deutschlands
VF	Volksfront

WBA	Willy-Brandt-Archiv
ZA	Zentrale Auslandsstelle
ZAN	Zentraler Arbeitsausschuss Norden
ZDF	Zweites Deutsches Fernsehen
ZK	Zentralkomitee

Editionsgrundsätze

Die Berliner Ausgabe zeichnet anhand von Quellen, die nach wissenschaftlichen Kriterien ausgewählt werden, das politische Wirken Willy Brandts nach. Dabei werden die unterschiedlichen Funktionen und Ämter Brandts und thematisch abgrenzbare Tätigkeitsfelder jeweils gesondert behandelt. Die vorliegenden Dokumentenbände stützen sich vorwiegend auf Materialien aus dem Willy-Brandt-Archiv (WBA) im Archiv der sozialen Demokratie der Friedrich-Ebert-Stiftung. Veröffentlichte Dokumente und Schriftstücke aus anderen Archiven werden übernommen, wenn sie ursprünglicher oder vollständiger sind als Schriftstücke aus dem WBA, wenn sie Lücken im Brandt-Nachlass schließen oder ihr Inhalt eine Aufnahme in die Edition nahe legt.

In beschränktem Umfang werden in die Edition auch Quellen aufgenommen, deren Verfasser nicht Willy Brandt selbst ist, die aber in unmittelbarem Bezug zu seinem politischen Denken und Tun stehen. So finden sich in den Bänden sowohl Briefe oder sonstige Mitteilungen an Willy Brandt als auch Vorlagen seiner Mitarbeiter.

Die Edition richtet sich in Übereinstimmung mit dem gesetzlich festgelegten politischen Bildungsauftrag der Bundeskanzler-Willy-Brandt-Stiftung (BWBS) an eine breite historisch-politisch interessierte Öffentlichkeit. Dies war sowohl bei der Auswahl der zu publizierenden Dokumente als auch bei ihrer Aufbereitung und Kommentierung zu beachten. Deshalb finden vereinzelt auch Materialien Berücksichtigung, die z. B. Einblick in den Alltag eines Spitzenpolitikers und Staatsmannes gewähren. Sämtliche fremdsprachigen Texte wurden ins Deutsche übertragen und sind als Übersetzungen kenntlich gemacht.

Die durchnummerierten Dokumente sind grundsätzlich chronologisch angeordnet. Ausschlaggebend dafür ist das Datum des betreffenden Ereignisses, bei zeitgenössischen Veröffentlichungen das Datum der Publikation. Einzelne Bände der Berliner Ausgabe verbinden aus inhaltlichen Gründen eine themenbezogene systematische Gliederung mit dem chronologischen Ordnungsprinzip. Ein Dokument, das als Anlage kenntlich gemacht oder aus dem Textzusammenhang als Anlage erkennbar ist, gilt mit Blick auf die Reihenfolge und die Nummerierung nicht als eigenständig, wenn das Hauptdokument, dem es beigegeben ist, ebenfalls abgedruckt wird. In diesem Fall trägt es die Nummer des Hauptdokuments zuzüglich eines Großbuchstabens (in alphabetischer Reihenfolge) und wird im Dokumentenkopf ausdrücklich als Anlage ausgewiesen. Das Datum der Anlage ist für die Einordnung unerheblich.

Der Dokumentenkopf umfasst Dokumentennummer, Dokumentenüberschrift und Quellenangabe. Die Dokumentenüberschrift vermittelt auf einen Blick Informationen zum Datum, zur Art des Dokuments und zu den jeweils unmittelbar angesprochenen handelnden Personen. Die Quellenangaben weisen in der Regel nur den Fundort des Originals nach, nach dem das Dokument abgedruckt wird. Fremdsprachige Archivnamen und Bestandsbezeichnungen sind in den Angaben des Dokumentenkopfes ins Deutsche übersetzt.

Wird das Dokument unvollständig wiedergegeben, wird es in der Dokumentenüberschrift als Auszug bezeichnet.

Zum Dokument gehören sämtliche im Originaltext enthaltenen Angaben. Dazu zählen im einzelnen: Datum und Uhrzeiten, Klassifizierung, Anrede, Anwesenheits- oder Teilnehmerlisten, Überschriften und Zwischenüberschriften, Schlussformeln, Unterschriften, Namenskürzel, hand- oder maschinenschriftliche Zusätze, Kommentare und Korrekturen, sofern sie nicht einen deutlich späteren Zeitbezug haben. Auf eine Reihe dieser Angaben wird beim Abdruck verzichtet, wenn sie inhaltlich unerheblich oder schon im Dokumentenkopf enthalten sind. Dies gilt insbesondere für Datumsangaben, Absenderanschriften, Adressen und ebenso für Überschriften, sofern diese dem Dokumentenkopf weitestgehend entsprechen. Hand- bzw. maschinenschriftliche Vermerke oder Kommentare, die sich auf das Dokument insgesamt beziehen, werden unabhängig von ihrer Aussagekraft immer in der Anmerkung wiedergegeben, wenn sie von Brandt selbst stammen; dies gilt ebenso für die Paraphe oder andere Kürzel Brandts sowie Stempel bzw. Vermerke, mit denen bestätigt wird, dass Brandt Kenntnis von dem Schriftstück genommen hat. Übrige Vermerke, Paraphen oder Stempel werden nur dann in eine Anmerkung aufgenommen, wenn dies aus Sicht des jeweiligen Bearbeiters aus inhaltlichen Gründen geboten ist. Streichungen im Original erscheinen nicht im Dokumententext, alle hand- bzw. maschinenschriftlichen Zusätze oder Korrekturen werden in der Regel *unkommentiert* in den Dokumententext übernommen, da sie allesamt als vom jeweiligen Verfasser genehmigt gelten können. Wird solchen Ergänzungen, Verbesserungen oder Streichungen jedoch eine wichtige inhaltliche Aussagekraft zugeschrieben, wird dies insoweit in textkritischen Anmerkungen erläutert. Im Text selbst werden solche Passagen in spitze Klammern „‹ ›" gesetzt. Unterschriften und Paraphen des Verfassers eines Dokuments werden in der Regel kommentiert, Unterstreichungen, Bemerkungen und Notizen am Rand nur dann, wenn dies inhaltlich geboten erscheint.

Bei der Wiedergabe der Dokumente wird ein Höchstmaß an Authentizität angestrebt. Die im jeweiligen Original gebräuchliche Schreibweise sowie Hervorhebungen werden unverändert übernommen. Dies gilt ebenso für die Wiedergabe von Eigennamen aus slawischen Sprachen, die im übrigen Text grundsätzlich in der transkribierten Form erscheinen. Das Layout folgt weitgehend dem Original, sofern Absätze, Zeilenausrichtung und Aufzählungen betroffen sind. Offensichtliche „Verschreibfehler" werden hingegen ohne weiteren Hinweis verbessert, es sei denn, sie besitzen inhaltliche Aussagekraft. Sinnentstellende Passagen und Zusätze werden im Dokumententext belassen, Streichungen solcher Art nicht rückgängig gemacht und in textkritischen Anmerkungen mit der gebotenen Zurückhaltung erläutert. Ebenso wird mit schwer verständlichen oder heute nicht mehr gebräuchlichen Ausdrücken verfahren. Sachlich falsche Angaben in der Vorlage werden im Anmerkungsapparat korrigiert. Tarnnamen und -bezeichnungen sowie sonstige „Codes" oder schwer zu deutende Formulierungen werden in eckigen Klammern im Dokumententext aufgeschlüsselt. Abkürzungen im Originaltext werden in der Regel im Abkürzungsverzeichnis aufgelöst. Im

Dokumententext selbst werden sie – in eckigen Klammern – nur dann entschlüsselt, wenn es sich um ungewöhnliche Kurzschreibformen handelt.

Die Berliner Ausgabe enthält einen bewusst knapp gehaltenen Anmerkungsteil, der als separater Abschnitt dem Dokumententeil angehängt ist. Die Zählung der Anmerkungen erfolgt durchgehend für die Einleitung und für jedes einzelne Dokument. Der Kommentar soll in erster Linie Hilfe für die Leserin und den Leser sein. Er ergänzt die im Dokumentenkopf enthaltenen formalen Informationen, gibt textkritische Hinweise, erläutert knapp Ereignisse oder Sachverhalte, die aus dem Textzusammenhang heraus nicht verständlich werden oder der heutigen Erfahrungswelt fremd sind, weist in den Dokumenten erwähntes veröffentlichtes Schriftgut nach und liefert Querverweise auf andere Quellentexte innerhalb der Edition, sofern sie in einem engeren Bezug zueinander stehen. Es ist nicht Aufgabe des Kommentars, Ereignisse oder Sachverhalte, die in den edierten Schriftstücken angesprochen sind, *detailliert* zu rekonstruieren. Ebenso wenig sollen weitere nicht abgedruckte Aktenstücke oder anderes Schriftgut mit dem Ziel nachgewiesen werden, den geschichtlichen Kontext der abgedruckten Quellentexte in ihrer chronologischen und inhaltlichen Abfolge sichtbar zu machen und damit Entscheidungsprozesse näher zu beleuchten.

Es bleibt der Einführung zu den einzelnen Bänden vorbehalten, das edierte Material in den historischen Zusammenhang einzuordnen, die einzelnen Dokumente in Bezug zueinander zu setzen sowie zentrale Begriffe ausführlich zu klären. Darüber hinaus unterzieht sie das politische Wirken Brandts und die jeweiligen historischen Rahmenbedingungen seiner Politik einer kritischen Bewertung. Aufgabe der Einführung ist es auch, die Auswahl der Dokumente zu begründen, in der gebotenen Kürze den Forschungsstand zu referieren und auf einschlägige Sekundärliteratur hinzuweisen.

Eine erste Orientierung in jedem Band bietet dem Leser das durchnummerierte Dokumentenverzeichnis mit Angabe der Seitenzahlen, über das sich jedes Dokument nach Datum, Bezeichnung des Vorgangs und der daran beteiligten Personen erschließen lässt.

Das Personenregister listet die Namen aller in der Einführung, im Dokumententeil einschließlich Dokumentenverzeichnis und im Anmerkungsapparat genannten Personen mit Ausnahme des Namens von Willy Brandt auf, sofern sie nicht im Rahmen selbständiger bibliographischer Angaben ausgewiesen sind; es enthält zusätzlich biographische Angaben, insbesondere zu den maßgeblichen Funktionen, die die angesprochenen Personen während der vom jeweiligen Band erfassten Zeitspanne ausübten. Die alphanumerisch geordneten Schlagwörter des Sachregisters, denen weitere Unterbegriffe zugeordnet sein können, ermöglichen einen gezielten, thematisch differenzierten Zugriff. Das Quellen- und Literaturverzeichnis vermittelt – mit Ausnahme von Artikeln in Tages-, Wochen- oder monatlich erscheinenden Zeitungen bzw. Pressediensten – einen Überblick über die im Rahmen der Bearbeitung des jeweiligen Bandes der Berliner Ausgabe eingesehenen Archivbestände und die benutzte Literatur.

Carsten Tessmer

Personenregister

Aamodt, Birger, 1933–1935 Vorsitzender der Metallarbeitergewerkschaft in Oslo, 1941 kommissarischer Leiter des norwegischen Metallarbeiterverbandes, 1946 wegen Kollaboration zu 5 Jahren Zwangsarbeit verurteilt 206

Abad de Santillán, Diego (Ps. für Sinesio García Hernández) (1897–1983), führender spanischer anarchistischer Politiker, Theoretiker der FAI, im Bürgerkrieg verantwortlich für die Organisierung der Milizeinheiten, 1936–1937 katalanischer Wirtschaftsminister, 1939–1976 im Exil in Argentinien 333

Abbé de Saint-Pierre siehe Saint-Pierre, Charles-Irénée Castel

Ackermann, Anton (1905–1973), deutscher Kommunist, ab 1945 Mitglied des ZK der KPD, im Exil in Prag, Paris, Spanien und Moskau, 1945 Rückkehr in die SBZ, zahlreiche Partei- und Staatsfunktionen 285

Aiguader Miro, Artemio (1889–1946), spanischer Politiker (Republikanische Linke Kataloniens), Sept. 1936–Juni 1937 Minister für innere Sicherheit in Katalonien 300

Angell, Norman (1874–1967), britischer Publizist, 1929–1931 Parlamentsmitglied (Labour Party) 477

Andrade Rodriguez, Juan (1903–?), spanischer Politiker (urspr. KP, danach POUM), 1937 verhaftet und unter der Anklage des Aufstandes zu 15 Jahren Gefängnis verurteilt 324

Anker, Nini Roll (1873–1942), norwegische Schriftstellerin, 1910–1918 stellvertretende Vorsitzende des norwegischen Schriftstellerverbandes 519

Ascaso Budría, Domingo (?-1937), militanter spanischer Anarchist, Mitglied der FAI 305

Attlee, Clement Richard (1883–1967), 1922–1955 Unterhausabgeordneter, 1935–1955 Vorsitzender der Labour Party, 1942–1945 stellvertretender Premierminister im Kriegskabinett, 1945–1951 Premierminister 453, 486, 534

Aufhäuser, Siegfried (1884–1969), 1921–1933 MdR (SPD), 1921–1933 Vorsitzender der Arbeitsgemeinschaft freier Angestelltenverbände, 1933 Aufnahme in den Exilvorstand der SPD, zusammen mit → Karl Böchel führender Politiker der RSD 529

Azaña y Díáz, Manuel (1880–1940), spanischer Politiker, Jurist und Schriftsteller, 1931–1933 Ministerpräsident, 1936–1939 Präsident der spanischen Republik, 1939 Emigration nach Frankreich 312

Bakunin, Michail Alexandrowitsch (1814–1876), russischer Revolutionär, Vorkämpfer eines revolutionären Anarchismus 310

Balabanoff, Angelica (1877–1965), russisch-italienische Sozialistin, 1919–1920 Sekretärin der Komintern, 1924 Ausschluss aus der KPdSU, 1925–1930 Sekretärin des „Pariser Büros" unabhängiger linkssozialistischer Parteien 201, 516 f.

Barrio siehe Martinez Barrio, Diego

Bauer, Otto (1882–1938), österreichischer Sozialist, 1918–1919 Staatssekretär für Äußeres, 1920–1934 Abgeordneter zum Nationalrat, 1934 Flucht in die ČSR, Leiter des Auslandsbüros der österreichischen Sozialisten, 1938 Flucht nach Frankreich 234, 365

Beck, Ludwig (1880–1944), 1935 Chef des Generalstabes, Gegner der Kriegs- und Expansionspolitik Hitlers (Rücktritt 1938), führende Figur des militärischen Widerstandes, 1944 zum Selbstmord gezwungen 390

Bebel, August (1840–1913), 1892–1913 Vorsitzender der Sozialdemokratischen Partei Deutschlands, 1871–1881 und 1883–1913 MdR 141, 158, 160, 179, 511

Beimler, Hans (1895–1936), 1932–1933 MdR, 1933 verhaftet, danach Emigration, KPD-Vertreter in Spanien, wo er unter ungeklärten Umständen starb 307

Bellers, John (1654–1725), englischer Ökonom und Quäker 68, 453, 455, 534

Bernstein, Eduard (1850–1932), Mitverfasser des „Erfurter Programms" der SPD, Theoretiker des Revisionismus, MdR (1902–1906, 1912–1918, 1920–1928) 160 f., 511

Beveridge, William Henry (1879–1963), britischer Wirtschaftswissenschaftler und liberaler Politiker, dessen „Beveridgplan" von 1942 die Sozialgesetzgebung von 1946 vorbereitete 535

Bismarck, Otto von (1818–1895), 1862–1890 preußischer Ministerpräsident, 1871–1890 Reichskanzler 159, 308, 526

Bjørnson, Bjørnstjerne (1832–1910), norwegischer Dichter, 1903 Literaturnobelpreis 228

Blachstein, Peter (1911–1977), SAP-Mitglied, ab 1935 im Exil in Norwegen, 1936 SJV-Vertreter in Spanien, 1937 Anschluss an die Gruppe „Neuer Weg", 1938 Rückkehr nach Norwegen, ab 1940 in Schweden, 1947 Rückkehr nach Deutschland, 1949–1968 MdB (SPD), 1969 Botschafter in Belgrad 46 f., 299, 501, 525

Blanc, Louis (1811–1882), französischer Sozialist, 1848 Mitglied der Revolutionsregierung, danach im Exil in Belgien und England, 1870 Rückkehr nach Frankreich, lehnte 1871 als Mitglied der Nationalversammlung die Pariser Kommune ab 197, 516

Bloch, Ernst (1885–1977), deutscher Philosoph 58

Blomberg, Werner von (1876–1946), ab 1933 Reichswehr- bzw. Reichskriegsminister, ab 1935 Oberbefehlshaber der Wehrmacht (1938 entlassen), seit 1936 Generalfeldmarschall 279, 531

Blum, Léon (1872–1950), führender französischer sozialistischer Politiker, 1936–1937 und 1938 Ministerpräsident der Volksfrontregierungen, 1943–1945 in deutscher KZ-Haft (Buchenwald), 1946–1947 erneut Ministerpräsident 317

Böchel, Karl (1884–1946), Mitglied der SPD, Redakteur verschiedener Parteizeitungen, 1933 Flucht in die ČSR, führendes Mitglied der RSD, 1938–1946 in Norwegen 362, 529

Böhm, Vilmos (Wilhelm) (1880–1949), ungarischer sozialistischer Politiker und Diplomat, 1918/19 Mitglied der Revolutionsregierung, danach im Exil in Österreich, der ČSR und Schweden 63

Brandler, Heinrich (1881–1967), 1921 Mitvorsitzender der VKPD, 1924 Entzug aller Funktionen in der KPD, 1924–1928 Aufenthalt in der UdSSR, 1928 Mitgründer der KPO, 1933 Emigration nach Frankreich, 1949 Rückkehr in die Bundesrepublik 529

Bratteli, Trygve (1910–1984), norwegischer Politiker, Redakteur von *Arbeider-Ungdommen*, 1942–1945 in deutschen Nacht-und-Nebel-Lagern, 1945–1965 stellvertretender DNA-Vorsitzender, 1965–1975 DNA-Vorsitzender, 1971–1972, 1973–1976 Ministerpräsident (Staatsminister) 424, 500

Braun, Max (1892–1945), 1928–1935 Vorsitzender der SPD-Saar, 1933–1935 Chefredakteur der *Deutsche Freiheit*, 1935 Emigration nach Frankreich, dort bis 1938 aktive Mitarbeit in der deutschen Volksfront und vergebliche Bemühungen, die Sopade für die Volksfront zu gewinnen, 1940 Emigration nach Großbritannien 363

Braun, Otto (1872–1955), sozialdemokratischer Politiker, 1913 Mitglied des preußischen Abgeordnetenhauses, ab 1920 MdR, 1920–1932 mit kurzen Unterbrechungen preußischer Ministerpräsident, 1933 Emigration in die Schweiz 142, 166, 168, 176, 407

Breitscheid, Rudolf (1874–1944), deutscher Sozialdemokrat, 1920–1933 MdR, 1931–1933 Mitglied des SPD-Vorstandes, 1933 Emigration, ab 1935 Sopade-Beobachter der Volksfrontbemühungen, 1941 von den Vichy-Behörden der Gestapo ausgeliefert, Haft in Sachsenhausen und Buchenwald, wo er bei einem Luftangriff den Tod fand 363

Briand, Aristide (1862–1932), französischer Politiker, zwischen 1906 und 1932 19 Jahre Regierungsmitglied, u. a. als Ministerpräsident und Außenminister, 1926 Friedensnobelpreis für seine Bemühungen eines Ausgleichs mit Deutschland 456

Bringolf, Walther (1895–1981), schweizerischer Politiker (urspr. Sozialdemokrat, danach KP und KPO, ab 1935 wieder SPS), 1925–1971 Nationalrat, 1932 Stadtpräsident von Schaffhausen 366

Brockway, Archibald Fenner (1888–1988), englischer Politiker, 1929–1931 und 1950–1964 Unterhausabgeordneter (Labour), 1931–1933 Vorsitzender der Independent Labour Party, 1926–1929 und 1931–1946 Redakteur des *New Leader*, 1964 geadelt 202, 298

Brüning, Heinrich (1885–1970), deutscher Politiker (Zentrum), 1930–1932 Reichskanzler, 1934 Emigration in die USA 19, 101, 128, 177, 507

Bryn, Dag Ramsøy (1909–1991), norwegischer Psychologe, Politiker und Diplomat, 1933 Leiter der Pionierbewegung, Mitglied des AUF-Vorstandes, Sekretär des Flüchtlingshilfskomitees der Arbeiterbewegung, 1947–1950 Staatssekretär im Verteidigungsministerium, 1952–1954 Botschafter in Bonn, 1954–1958 Staatssekretär im Außenministerium, danach Botschafter in verschiedenen europäischen und afrikanischen Ländern 511

Bucharin, Nikolai (1881–1938), sowjetischer Politiker, 1911 Flucht aus dem zaristischen Russland, 1917 Rückkehr, führende Tätigkeit in der KPdSU, 1917–1934 Mitglied des ZK, 1918–1929 Chefredakteur der *Pravda*, 1926–1929 Vorsitzender des EK der Komintern, 1938 zum Tode verurteilt   405

Buchheister, Werner (1901–1963), Lehrer, SAP-Mitglied, nach illegaler Arbeit in Berlin 1937 Emigration nach Norwegen, ab 1940 in Schweden, 1946 Rückkehr nach Deutschland, Leiter der DGB-Schule Niederpöcking   252

Bühren, Karl (1888–1952), SPD-Mitglied und Bundessportwart der Arbeiter-Turn- und Sportbewegung, Emigration in die ČSR, dort 1935 Übertritt zur kommunistischen Sportbewegung, Emigration in die Sowjetunion, dort während der Säuberungen umgekommen   211

Bull, Edvard (jr.) (1914–1986), norwegischer Historiker, Professor an der Universität Trondheim, vor 1940 Mitglied des AUF-Zentralvorstandes   31

Buttinger, Josef (1906–1992), österreichischer Politiker, in der Emigration Leiter der Revolutionären Sozialisten Österreichs, Ps.: Gustav Richter   351, 438, 443, 534

Caballero, Francisco siehe Largo Caballero, Francisco

Calvo Sotelo, José (1893–1936), spanischer monarchistischer Politiker, 1936 ermordet   313

Carl (1861–1951), Prinz von Schweden, 1906–1941 Vorstandsvorsitzender des schwedischen Roten Kreuzes   230

Casares Quiroga, Santiago (1884–1950), spanischer republikanischer Politiker und Jurist, Mai bis Juni 1936 Premierminister und Kriegsminister   312

Chamberlain, Arthur Neville (1869–1940), konservativer britischer Politiker, 1937–1940 Premierminister, Hauptrepräsentant der britischen Appeasementpolitik   382, 486, 530

Cole, George Douglas H. (1889–1959), britischer Sozial- und Wirtschaftswissenschaftler, seit 1944 Professor in Oxford   457, 483

Colbjørnsen, Ole (1897–1973), norwegischer Wirtschaftsfachmann und Politiker (DNA), 1937–1940 Parlamentsmitglied, Architekt der Krisenpolitik der DNA   51, 199, 207, 419, 517

Companys Jover, Lluis (1883–1940), 1934 Regionalpräsident von Katalonien, 1934 Verurteilung zu 30 Jahren Haft, 1936–1938 Präsident des Rates der Generalidad von Katalonien, Emigration nach Frankreich, 1940 nach Spanien ausgeliefert und dort ermordet   324

Cortada siehe Roldán Cortada

Daladier, Édouard (1884–1970), französischer Politiker, 1933, 1934 und 1938–1940 Ministerpräsident, 1932, 1936–1940 Verteidigungsminister, 1943 nach Deutschland deportiert, nach 1945 führende Funktionen in der Radikalsozialistischen Partei   423

D'Aragóna, Lodovico (1876–1961), italienischer Gewerkschaftsführer, 1919 Parlamentsmitglied, nach 1945 Arbeits- und Verkehrsminister   144 f.

Darré, Richard Walter (1895–1953), nationalsozialistischer Politiker, ab 1933 Reichsminister für Ernährung und

Landwirtschaft, ab 1934 Reichsbauernführer, 1942 Entlassung aus allen Ämtern, 1949 siebenjährige Gefängnisstrafe, 1950 entlassen   260, 523 f.

Davidson, Hans von, Oberleutnant zur See   180

Dawes, Charles Gates (1865–1951), amerikanischer Finanzpolitiker, 1925 Friedensnobelpreis für den Dawesplan, der die Zahlungen der deutschen Reparationen regeln sollte   177 f.

Deutsch, Julius (1884–1968), österreichischer sozialistischer Politiker, Mitgründer des „Schutzbundes", 1919–1934 Nationalrat, nach 1934 in der Emigration in Frankreich, Spanien (General in republikanischen Diensten) und den USA   438

Diamant, Max (1908–1992), SAP-Mitglied, 1933 nach illegaler Arbeit Flucht nach Frankreich, Mitglied der SAP-Auslandszentrale, 1936–1937 Parteiauftrag in Spanien, Leiter des deutschen Büros der POUM, 1942–1961 in Mexiko, 1961 Rückkehr nach Deutschland, Tätigkeit bei der IG Metall   61, 298

Diaz Ramos, José (1896–1942), 1932–1942 Generalsekretär der KP Spaniens, 1939 Flucht in die Sowjetunion, Mitglied des Exekutivkomitees der Komintern   327

Diderot, Denis (1713–1784), französischer Schriftsteller und Philosoph, der als Herausgeber und Autor der „Encyclopédie" (1751–1772) der Aufklärung wesentliche Impulse gab   68, 454

Dinkla, Emil (1912-?), Schiffbauer, SAP-Mitglied, 1933 Emigration nach Frankreich, 1935–1940 in Norwegen, 1940 Schweden, später in Kanada   347

Dimitrow, Georgi (1882–1949), bulgarischer Kommunist, Mitglied des Exekutivkomitees der Komintern und 1935–1941 deren Generalsekretär   414, 529

Dollfuß, Engelbert (1892–1934), 1932–1934 österreichischer Bundeskanzler und Außenminister, versuchte, Österreich in einen ständisch-autoritären Staat umzuwandeln, 1934 beim nationalsozialistischen Putschversuch ermordet   393, 415, 533

Dundas, Lawrence John Lumley, 2nd marquess of Zetland (1876–1961), 1935–1940 englischer Minister in Indien, 1923–1950 Präsident der Royal Indian Society   488

Durruti Domingo, Buenaventura (1896–1936), nach Jahren im Ausland Anführer der anarchistischen Milizen im Spanischen Bürgerkrieg   334

Eberlein, Hugo (1887–1944?), Mitglied des Spartakusbundes und der KPD, 1919 Teilnahme am Gründungskongress der Komintern, 1921–1933 Mitglied des preußischen Landtags, nach 1933 Emigration (Frankreich, Schweiz, Sowjetunion)   403

Ebert, Friedrich (1871–1925), 1912–1918 MdR (SPD), 1913–1919 SPD-Vorsitzender, 1918 Vorsitzender des Rats der Volksbeauftragten und Reichskanzler, 1919–1925 Reichspräsident   19, 142, 163, 165 f., 168 f., 336, 510

Eckstein, Ernst (1897–1933), deutscher Jurist, Gründungsmitglied der SAP, Mitglied des Parteivorstandes, 1933 ermordet   31 f.

Elisabeth I. (1533–1603), englische Königin   537

Enderle, August (1887–1959), Metallarbeiter, Journalist und Parteifunktionär der KPD, KPO und SAP, ab 1933 im Exil, 1934–1945 in Schweden, 1945 Rückkehr nach Deutschland, Redakteur verschiedener DGB-Zeitschriften 21, 61, 66 f., 209, 342 f., 346, 523

Engels, Friedrich (1820–1895), sozialistischer Theoretiker 141, 158, 164, 267

Epe, Heinz (1910–1941?), deutscher Student, Mitglied trotzkistischer Organisationen, Mitarbeiter an den wichtigsten trotzkistischen Zeitschriften und Zeitungen (Ps. Walter Held), 1934–1940 Exil in Norwegen, 1940 in der Sowjetunion verhaftet und ermordet 499

Erich, SAP-Mitglied, in Spanien gefallen 307

Fabian, Walter (1902–1992), deutscher Sozialist, Mitglied der SPD, ab 1931 der SAP, 1933–1935 illegale Arbeit in Berlin, 1935 Flucht über die ČSR nach Paris, Mitglied der Auslandsleitung der SAP, 1937 Parteiausschluss, Gründer der Gruppe „Neuer Weg", 1940 in Frankreich interniert, 1957 Rückkehr in die Bundesrepublik, 1957–1970 Chefredakteur der *Gewerkschaftlichen Monatshefte* 223, 258, 501, 523

Falk, Erling (1887–1940), 1920–1925 Mitglied der DNA, 1927–1928 Mitglied der NKP, danach parteilos, Gründer und von 1921–1936 Leiter der Intellektuellenorganisation „Mot Dag" 34, 38, 205, 207 f.

Feder, Gottfried (1883–1941), Gründer der Nationalsozialistischen Freiheitspartei, später Mitglied der NSDAP, 1924–1936 MdR 139

Fenichel, Otto (1897–1946), vom Marxismus inspirierter Psychoanalytiker, 1933–1935 in Norwegen, danach in der ČSR und ab 1939 in den USA 29, 499

Feuchtwanger, Lion (1884–1958), deutscher Schriftsteller, Emigration nach Frankreich, dann Russland, dann USA 58

Fierlinger, Zdenek (1891–1976), tschechischer Diplomat und Politiker, 1937–1939 und 1941–1945 Botschafter in Moskau, nach 1945 Vorsitzender der Sozialdemokratischen Partei und Regierungschef, 1948 Solidarisierung mit den Kommunisten 425

Fimmen, Edo (1881–1942), holländischer Gewerkschafter, 1919–1942 Sekretär der ITF, 1932 Vorsitzender der OSP 56 f.

Fischer, Richard (1855–1926), sozialdemokratischer Politiker, 1893–1926 MdR, Geschäftsführer der Vorwärtsbuchdruckerei 164

Fischer, Ruth (ursprünglich Elfriede Eisler) (1895–1961), 1924–1928 MdR (KPD), Mitglied des KPD-Polit-Büros, 1926 Parteiausschluss, 1933 Emigration in die ČSR, dann Frankreich, über Spanien nach Kuba, ab 1941 in den USA 174

Forslund, Kurt, schwedischer Linkssozialist, Mitglied der Sozialistischen Partei Schwedens, Sekretär des Internationalen Jugendbüros 519

Frahm, Carlota siehe Thorkildsen, Anna Carlota

Frahm, Ludwig (1875–1935), Lastkraftwagenfahrer, Großvater von Willy Brandt 18

Frahm, Martha (1894–1969), Verkäuferin, Mutter von Willy Brandt 18

Franco y Bahamonde, Francisco (1892–1975), spanischer General und Diktator, nach Ende des Bürgerkriegs 1939 bis 1975 Staatschef von Spanien 45, 53, 287, 312, 314 f., 317 f., 320, 327 f., 333, 335, 337, 341, 368, 471, 526

Frank, Karl (1893–1969), Mitglied der KPÖ, KPD und KPO, nach NS-Machtübernahme Mitglied von „Neu Beginnen" und Leiter von deren Auslandsarbeit, enge Zusammenarbeit mit den RSÖ und Mitgründer der Arbeitsgemeinschaft für sozialistische Inlandsarbeit, ab 1939 in den USA, Mitarbeit bei OSS und OWI, 1944 Mitgründer des Council for a Democratic Germany. Decknamen: Willi Müller, Paul Hagen 534

Fritsch, Werner Freiherr von (1880–1939), General, 1935–1938 Oberbefehlshaber des Heeres, 1938 wegen seiner kritischen Einstellung zu Hitlers Expansionspolitik entlassen 389, 531

Frölich, Paul (1884–1953), deutscher Sozialist und Journalist, Mitglied der SPD, KPD, KPO und ab 1931 der SAP, 1933 verhaftet, 1934 Emigration nach Frankreich, Mitglied der SAP-Auslandszentrale und neben → Jacob Walcher einer der Führer der Partei, 1950 Rückkehr aus den USA nach Deutschland, Beitritt zur SPD 21, 23, 25, 243, 265, 499, 501

Frölich, Rose (Rosi) siehe Wolfstein, Rose

Gaasland, Gertrud siehe Meyer, Gertrud

Gaasland, Gunnar (1914-?), norwegischer Student, Mitglied der Gruppe „Mot Dag", 1936 Scheinehe mit → Gertrud Meyer, im 2. Weltkrieg in Kanada und England, nach 1945 Journalist und öffentlich geprüfter Übersetzer 43, 501

Gandhi, Mohandas K., genannt **Mahatma** (1869–1948), politischer Führer und Organisator des passiven, gewaltfreien Widerstandes gegen die britische Herrschaft in Indien 488

García Oliver, Juan (1901–1980), führendes Mitglied der CNT, November 1936-Mai 1937 Justizminister und Mitglied des Obersten Kriegsrates, 1939 Flucht über Schweden nach Mexiko 333

Gauguin, Paul René (1911–1976), norwegisch-dänischer Graphiker und Maler, Enkel des französischen Malers Paul Gauguin, 1937 zusammen mit Brandt in Spanien 502

George, Herbert (1910-?), Werkzeugmacher, Mitglied der SAP, 1933 Emigration in die ČSR, 1938 nach Norwegen und 1940 nach England 52

Geyer, Kurt (1891–1967), 1920–1924 MdR (SPD), Redakteur des *Vorwärts* und in der Emigration 1935–1940 des *Neuen Vorwärts*, 1942 Austritt aus der Sopade 448

Gil-Robles y Quiñones, José Maria (1898–1980), spanischer Jurist und Politiker, 1931–1936 Führer der katholisch-konservativen Partei, 1935 Kriegsminister, 1936–1938 im Exil in Portugal, nach dem 2. Weltkrieg Gegner → Francos 311 f., 372

Giral y Pereyra, José (1879–1962), spanischer Chemiker und Politiker, Rektor der Universität Madrid, 1931–1933, 1936, Marineminister, Juli-Sept. 1936 Ministerpräsident, 1937–1938 Außenminister, 1939 Emigration nach Frankreich, später nach Mexiko, 1945–

1947 Ministerpräsident der spanischen Exilregierung 314

Goebbels, Joseph (1897–1945), Reichsminister für Volksaufklärung und Propaganda 55, 127, 187, 393, 508, 530

Göring, Hermann (1893–1945), Reichsluftfahrtminister und Oberbefehlshaber der Luftwaffe 130, 136, 189, 253

Goethe, Johann Wolfgang von (1749–1832), deutscher Dichter 102, 393

Goldenberg, Boris (1905–1980), Mitglied der SPD, KPD, KPO und SAP, Mitglied der SAP-Auslandsleitung in Paris, 1935–1937 vorübergehender Aufenthalt in Palästina, 1941 Emigration nach Kuba, ab 1960 in Großbritannien, 1964–1971 Leiter der Lateinamerika-Redaktion der Deutschen Welle 132

Graßmann, Peter (1873–1939), stellvertretender Vorsitzender des ADGB, 1924–1933 MdR (SPD) 515

Greenwood, Arthur (1880–1954) englischer Politiker (Labour Party), mehrfach Regierungsmitglied, u. a. in Churchills Kriegskabinett 457

Greulich, Hermann (1842–1922), Gründer und langjähriger Vorsitzender der schweizerischen Sozialdemokratie, 1869–1880 Redakteur der *Tagwacht*, 1902–1925 Mitglied des Nationalrats 516

Grieg, Nordahl (1902–1943), norwegischer antifaschistischer und gesellschaftskritischer Schriftsteller 225, 228

Groener, Wilhelm (1867–1939), deutscher Militär und Politiker, 1920 und 1923 mehrmals Reichsverkehrsminister, 1928–1932 Reichswehrminister, 1931–1932 Reichsinnenminister 164, 181

Grosche, Rudolf 277 f.

Gründel, Ernst Günther (1903-?), deutscher Publizist, Staats- und Wirtschaftswissenschaftler 277

Grynszpan, Herschel (1921-?), erschoss aus Protest gegen die Deportation seiner Eltern 1938 den deutschen Botschaftssekretär → von Rath in Paris, 1940 von Vichy-Regierung an Deutschland ausgeliefert, Haft im KZ Oranienburg und Gestapogefängnis Berlin-Moabit, unsicher, ob er die Haft überlebte 392

Gurow siehe Trotzki

Haakon VII. (1872–1957), 1905–1957 König von Norwegen 28

Hable, Rudolf (?-1937), SAP-Mitglied, 1937 in Spanien gefallen 307

Hagen, Paul siehe Frank, Karl

Hamsun, Knut (urspr. Knud Pedersen) (1859–1952), norwegischer Schriftsteller, 1920 Literaturnobelpreis, 1947 wegen Landesverrats verurteilt 225, 227 f., 520

Hansen, Arvid Gilbert (1894–1966), norwegischer Kommunist, Redakteur verschiedener Parteizeitungen, NKP-Repräsentant im EKKI und bei mehreren Kominternkongressen, 1949 Parteiausschluss 408

Hansen, Kåre (1909–1973), norwegischer Monteur, 1931–1934 AUF-Vorsitzender, 1942 Mitglied des illegalen Vorstands der Eisen- und Metallarbeitergewerkschaft, 1942 verhaftet, 1948–1956 Vorsitzender des Gewerkschaftskartells in Oslo 190

Hansen, Poul (1913–1966), Vorsitzender des sozialdemokratischen Jugendverbandes in Dänemark, 1945–1966 Parlamentsmitglied, 1956–1962 Verteidigungsminister, 1965–1966 Finanzminister 224

Harald der Schönhaarige (890–940/945?), Begründer des norwegischen Königreiches 96

Hegna, Trond (1898–1992), norwegischer Politiker und Journalist, Gründungsmitglied der Gruppe „Mot Dag", 1950–1965 Parlamentsmitglied (DNA) 197, 419

Heilmann, Ernst (1881–1940), sozialdemokratischer Politiker, 1919–1933 Mitglied des preußischen Landtags, 1928–1933 MdR, Redakteur der SPD-Zeitschrift *Das Freie Wort*, 1933 verhaftet, 1940 im KZ Buchenwald ermordet 514

Henderson, Sir Nevile Meyrick (1882–1942), britischer Diplomat, 1937–1939 Botschafter in Berlin 390

Herder, Johann Gottfried von (1744–1803), deutscher Schriftsteller 393

Hilferding, Rudolf (1877–1941), Redakteur verschiedener SPD- und USPD-Zeitungen und Zeitschriften, maßgeblicher Theoretiker der SPD, 1923 und 1928–1929 Finanzminister, 1933 Emigration, verstarb in Gestapohaft in Paris 165, 167, 512 f.

Himmler, Heinrich (1900–1945), 1929–1945 Reichsführer SS, 1934–1945 Chef der Gestapo, 1943–1945 Reichsinnenminister 377

Hindenburg, Paul von (1847–1934), Generalfeldmarschall und 1925–1934 Reichspräsident 112, 164, 166, 168, 187, 507, 511

Hitler, Adolf (1889–1945), „Führer" der NSDAP, 1933–1945 Reichskanzler 15, 27, 36 f., 45, 54, 57 f., 61, 70, 83 f., 115, 119–122, 124–126, 128, 136 f., 139, 141, 145, 151 f., 156, 176, 181, 186 f., 279, 320, 327, 342, 352–355, 375, 383 f., 388, 390 f., 407 f., 415, 418, 427 f., 437 f., 440–446, 450, 508 f., 514 f., 530–532, 534

Hjartøy, Henrik (1892–1971), norwegischer Bibliothekar und Politiker, Leiter des Archivs der norwegischen Arbeiterbewegung und Direktor der größten kommunalen Bibliothek in Oslo 182

Hjelmtveit, Nils (1892–1985), norwegischer Lehrer und Politiker (DNA), 1925–1930 Parlamentsmitglied, 1935–1945 Kirchenminister, 1940–1945 im Exil in England 219

Hoare, Sir Samuel (John Guerey) (1880–1959), konservativer britischer Politiker, Mitglied mehrerer Regierungen, u. a. 1931–1935 Minister für Indien, 1935 Außenminister, 1937–1939 Innenminister, leitete 1935 die Arbeit für eine neue indische Verfassung 488

Hoel, Sigurd (1890–1960), norwegischer Schriftsteller und Verlagslektor, 1921–1924 zusammen mit → Falk Redakteur der Zeitschrift *Mot Dag* 519

Hoover, Herbert Clark (1874–1964), 1929–1933 Präsident der Vereinigten Staaten von Amerika, schlug mit dem Hoover-Moratorium eine Stundung der deutschen Kriegsschulden und Reparationen für ein Jahr vor 178, 514

Huber, Michael (1902–1969), SAP-Mitglied, nach 1933 illegale Arbeit in Berlin, 1937 Emigration nach Schweden, wo er auch nach 1945 blieb 521

Hugo, Victor (1802–1885), französischer Schriftsteller 454

Ibárruri Gómez, Dolores, genannt **La Pasionaria** (1895–1989), populäre spanische Kommunistin, 1936 Parlamentsmitglied, nach der Niederlage Flucht nach Frankreich, dann in die UdSSR, 1942–1960 Generalsekretärin der KP Spaniens, 1960–1967 Vorsitzende der Exil-KP, 1977 Rückkehr nach Spanien   372

Iglesias Posse, Pablo (1850–1925), einer der Pioniere der spanischen Arbeiterbewegung, 1910 erster Sozialist im spanischen Parlament   310

Jonas, Kurt (1912–1984), SAP-Mitglied aus Berlin, seit 1933 in Oslo, 1938 Eheschließung mit → Aase Lionæs   203

Kadt, Jacques de (1897–1988), holländischer Sozialist, 1932 stellvertretender Vorsitzender der OSP, Redakteur der Zeitschriften *De Socialist* und *De nieuwe kern*, 1946–1963 Mitglied der 2. Kammer des holländischen Parlaments   202

Kamenew, Lew Borissowitsch (1883–1936), sowjetischer Politiker, Mitarbeiter → Lenins, bis 1927 Mitglied des ZKs der KPdSU, 1919–1926 Mitglied des Politbüros, 1936 im ersten Moskauer Schauprozess zum Tode verurteilt   521

Kapp, Wolfgang (1858–1922), deutscher Politiker, Gründer der rechtsradikalen Vaterlandspartei, unternahm im März 1920 einen erfolglosen Putschversuch gegen die Reichsregierung   166

Kautsky, Karl (1854–1938), deutscher sozialdemokratischer Politiker, führender marxistischer Theoretiker der II. Internationale   165, 472, 512

Kayser, Wilhelm (1908–1995), 1928–1930 Gaugeschäftsführer der NSDAP im Rheinland, 1930–1932 Gebietsführer der HJ in Westdeutschland, 1932 Austritt aus der NSDAP, 1935 wegen Hochverrats zu 15 Jahren Zuchthaus verurteilt   84, 506

Keilhau, Wilhelm Christian (1888–1954), norwegischer Wirtschaftswissenschaftler und Historiker, seit 1934 Professor in Oslo, Berater des Nobelkomitees   227

Kerenski, Alexandr Fjodorowitsch (1881–1970), russischer Politiker, 1917 erst Kriegsminister, dann Ministerpräsident von Russland, 1918 Emigration   185

Kerillis, Henri de (1889–1958), französischer konservativer Politiker, Abgeordneter, Direktor der *Epoque* und der *La Voix de la France*   316

Kilbom, Karl (1885–1961), schwedischer Politiker, 1922–1924 und 1929–1944 Mitglied des Reichstags (KP, Sozialistische Partei, Sozialdemokratische Partei), Direktor der Volkshausvereinigungen in Schweden   224, 405, 517, 519

Köhler, Max (1897–1975), Tischler, 1933 Org.-Leiter der illegalen SAP-Reichsleitung, 1934 verurteilt, 1937 Emigration nach Dänemark, 1955 Rückkehr nach West-Berlin, 1956 Beitritt zur SPD   21, 33, 67, 516

Kopecky, Václav (Wenzel) (1897–1961), tschechischer Kommunist, Redakteur der Parteizeitung *Rudé Pravo*, Parlamentsmitglied, 1937 Emigration in die Sowjetunion, nach 1945 Kultur- und Informationsminister   274

Kornilow, Lavr Georgievitsj (1870–1918), Kommandant in Petrograd, der die Zarenfamilie verhaften ließ, weißgardistischer General 185, 305

Kristiansen, Henry W. (1902–1942), norwegischer Kommunist, 1931–1934 NKP-Vorsitzender, Redakteur verschiedener Parteizeitungen, NKP-Repräsentant bei mehreren EKKI-Plenumssitzungen, 1942 in Oranienburg ermordet 418

Krog, Helge (1889–1962), norwegischer Essayist und Dramatiker, in den 1930er Jahren Kritiker des Stalinismus 519

Krupp von Bohlen und Halbach, Gustav (1870–1950), Industrieller, Leiter des Krupp-Konzerns, 1931–1933 Vorsitzender des Industrieverbandes 279, 285

Kvale, Jul (1897–1972), Vorsitzender der sozialistisch orientierten Bauernjugend in Oslo, Mitglied der Gruppe „Mot Dag" 206

Landau del Balboa, Julia Katia, Ehefrau von → Kurt Landau 502

Landau, Kurt (1903-?), österreichischer oppositioneller Kommunist, Mitglied verschiedener moskaukritischer Gruppen, Mitarbeiter des Internationalen Sekretariats der POUM, nach Zerschlagung der POUM 1937 verhaftet, danach verschollen 502

Lang, Joseph (1902–1973), ungarisch-österreichischer Buchhändler und Parteiarbeiter, Mitglied der KPD, KPO und SAP, Mitglied der Reichsleitung und des Auslandsbüros der SAP, 1934 nach Haftentlassung Emigration (ČSR, Frankreich und 1940–1950 USA), 1950 Rückkehr nach Deutschland, Mitglied der SPD 209, 211

Lange, Carl Viggo (1904–2000), norwegischer Arzt, Mitglied der Gruppe „Mot Dag", Bruder von → Halvard Lange 206

Lange, Halvard M. (1902–1970), norwegischer Historiker und Politiker (DNA), 1942–1945 in KZ-Haft (Sachsenhausen), 1946–1965 Außenminister 25

Largo Caballero, Francisco (1869–1946), spanischer sozialistischer Politiker, 1931–1933 Arbeitsminister, 1925 Generalsekretär des Gewerkschaftsbundes UGT, Sept. 1936-Mai 1937 Ministerpräsident der Volksfrontregierung, 1939 Emigration nach Frankreich, 1944–1945 in deutschen Konzentrationslagern 325, 329–331, 339, 359, 527, 529

Last, Jef (1898–1972), niederländischer Schriftsteller und Sinologe, Teilnehmer am Spanischen Bürgerkrieg, in den 1930er Jahren enge Zusammenarbeit mit der ITF und → Edo Fimmen 371

Ledebour, Georg (1850–1947), 1900–1918 und 1920–1924 MdR (erst SPD, dann USPD), 1920 Gegner der Vereinigung von USPD und KPD und 1922 von SPD und Rest-USPD, 1931 Beitritt zur SAP, 1933 Emigration in die Schweiz 517

Leber, Julius (1891–1945), sozialdemokratischer Politiker, Redakteur in Lübeck, 1924–1933 MdR, nach dem Umsturzversuch vom 20. Juli 1944 verhaftet und im Januar 1945 hingerichtet 19 f.

Lehmann-Rußbüldt, Otto (1873–1964), nichtparteigebundener politischer Schriftsteller, 1933 Emigration, Mitarbeit an den führenden Exilzeitschriften, 1935/36 Beteiligung an der

Deutschen Volksfront, 1951 Rückkehr nach Deutschland (Berlin) 500

Leipart, Theodor (1867–1947), Drechsler, 1908–1918 Vorsitzender des Holzarbeiterverbandes, 1921–1933 Vorsitzender des ADGB 144, 170, 179, 187, 508, 515

Lenin, Wladimir Iljitsch (1870–1924), russischer revolutionärer Politiker, Gründer und unbestrittener Führer der Bolschewiki und der KPdSU (B), ab 1917 Vorsitzender des Rates der Volkskommissare (Regierungschef) 17, 147 f., 161, 173, 175, 199, 267, 290, 330, 401, 445, 478, 509, 511, 516, 536

Lerroux García, Alejandro (1866–1949), 1909–1923 Führer der republikanischen Gruppe im spanischen Parlament, 1933–1935 mehrmals spanischer Regierungschef, während des Bürgerkriegs auf → Francos Seite 312, 526

Lessing, Gotthold Ephraim (1729–1781), deutscher Dichter 393

Levi, Paul (1883–1930), deutscher Politiker, enger Vertrauter von → Rosa Luxemburg, 1919 KPD-Vorsitzender, 1921 Parteiausschluss, danach Rückkehr zur SPD, dort einer der geistigen Köpfe der Parteilinken 93, 532

Ley, Robert (1890–1945), nationalsozialistischer Politiker, seit 1925 Gauleiter im Rheinland, ab 1930 MdR, ab 1933 Führer der Deutschen Arbeitsfront, ab 1934 auch Reichsorganisationsleiter der NSDAP 247

Lie, Haakon (geb. 1905), norwegischer Politiker, 1932–1940 Sekretär des Arbeiterbildungsverbandes, 1945–1967 Generalsekretär der DNA 419

Liebermann, Kurt (1903-?), Kupferschmied, SAP-Mitglied, 1933 Emigration in die ČSR, 1934 in Holland verhaftet und nach Deutschland ausgeliefert, 1935 Verurteilung wegen Hochverrats zu 6 Jahren Zuchthaus, nach 1945 kommunalpolitisch in Dresden tätig 215, 500

Liebknecht, Karl (1871–1919), deutscher Politiker, Sohn von → Wilhelm Liebknecht, 1912–1917 MdR (SPD), lehnte 1914 die Kriegskredite ab, Mitbegründer des Spartakusbundes, 1919 ermordet 19, 84, 124, 130, 141, 147, 162, 165, 181, 506, 509, 511 f.

Liebknecht, Wilhelm (1826–1900), deutscher sozialdemokratischer Politiker, Mitglied des preußischen und des sächsischen Landtags, 1874–1900 MdR (SPD) 141, 158

Lindhagen, Carl (1860–1946), schwedischer sozialdemokratischer Politiker, 1921–1924 KP-Mitglied, 1903–1930 Bürgermeister von Stockholm, 1897–1917 Abgeordneter (2. Kammer), Gründer des „Friedenskomitees von 1916" 226, 230

Lionæs, Aase (1907–1999), norwegische Politikerin (DNA), Redakteurin der Zeitschrift *Arbeiderkvinnen*, 1954–1977 Parlamentsabgeordnete, 1968–1979 Vorsitzende des Nobelkomitees 500

Litwinow, Maksim Maksimovitsj (1876–1951), 1930–39 sowjetischer Außenminister, 1941–1946 stellvertretender Außenminister, 1941–1943 zugleich sowjetischer Botschafter in Washington 412

Loewenheim, Walter (1896–1977), Mitglied des Spartakusbundes und der KPD, 1927 Bruch mit der KPD, 1929

Beitritt zur SPD, Gründer einer leninistischen Organisation, die später nach der von ihm verfassten Programmschrift „Neu Beginnen" genannt wurde, 1935 Emigration in die ČSR, von dort nach England, Ps.: Miles 529

Löwenthal, Richard (1908–1991), Mitglied der KPD, KPO und der Reichsleitung von „Neu Beginnen", ab 1933 im Exil in der ČSR, Frankreich und England, 1954 Rückkehr nach Deutschland, ab 1961 Professor für Politik an der Freien Universität Berlin 284, 534

Ludendorff, Erich (1865–1937), General und Politiker, Chef des Generalstabes unter → Hindenburg, nach 1918 Idol des nationalistischen Widerstandes, 1923 Beteiligung an → Hitlers Putschversuch, Gründer verschiedener völkischer Organisationen, 1924–1928 MdR 112, 139

Lunden, Mimi Sverdrup (1894–1955), norwegische Studienrätin, Publizistin und Übersetzerin, 2. Vorsitzende des Norwegischen Frauenverbandes 222, 225, 230 f.

Luxemburg, Rosa (1870–1919), deutsch-polnische Politikerin, Mitgründerin des Spartakusbundes und der KPD, 1919 ermordet 23, 141 f., 160, 162, 165, 267, 271, 402, 523, 532

MacNair, John (1887–1968), britischer Politiker (ILP), 1936–1939 in Spanien, dort Leiter des Untersekretariats des Londoner Büros in Barcelona, 1938–1955 Politischer Sekretär der ILP, nach 1945 aktiv in der Europabewegung 298

Malles, Paul (?–ca. 1970), Schutzbundmitglied, im Sommer 1933 in Norwegen, Exil in Schweden, Mitarbeiter des *Sozialdemokraten* (Stockholm), ab 1941 in den USA und Kanada, nach 1945 Funktionär im IGB 191

Mann, Heinrich (1871–1950), deutscher Schriftsteller, ab 1933 im Exil in Frankreich, dort führend in den Volksfrontbemühungen engagiert, ab 1940 in den USA 58, 227

Martinez Barrio, Diego (1883–1962), Führer der Unión Republicana, Mitglied des spanischen Parlamentes, im Juli 1936 Chef einer Ein-Tages-Regierung 314

Marum, Reidar A. (1911-?), norwegischer Jurastudent, Vorsitzender der konservativen Studentenvereinigung und Redakteur der Zeitschrift *Minerva*, nach dem Studium in verschiedenen Filmgesellschaften tätig 227

Marx, Augusta (?-1936), SAP-Mitglied, als Krankenschwester 1936 im Spanischen Bürgerkrieg gefallen 307

Marx, Karl (1818–1883), sozialistischer Theoretiker, Philosoph und Ökonom 85, 141, 158–160, 163, 242, 267

Marx, Wilhelm (1863–1946), ab 1899 Mitglied der Zentrumsfraktion im preußischen Landtag, 1910–1918, 1920–1933 MdR, 1923–1925, 1926 und 1927–1928 Reichskanzler, 1925 Kandidatur zum Reichspräsidenten 168

Masaryk, Tomás Garrigue (1850–1937), tschechischer Soziologe, Philosoph und Politiker, 1918–1935 Staatspräsident der ČSR 222

Maslowski, Peter (1893–1983), 1924, 1928–1930 MdR (KPD), 1933 ausgebürgert, im Exil in Frankreich 444

Maurin Juliá, Joaquín (1897–1973), bedeutender Theoretiker der spanischen

Linken, Mitglied der POUM und Cortes-Abgeordneter 195

Max, Prinz von Baden (1867–1929), 1918 Reichskanzler des ersten Koalitionskabinetts des deutschen Kaiserreiches, verkündete die Abdankung Wilhelms II. und übertrug → Ebert das Reichskanzleramt 510

Maxton, James (1885–1946), britischer Sozialist und Pazifist, einer der Führer der ILP, 1922 Parlamentsmitglied 202

Meyer, Gertrud (geb. 1914), kaufmännische Angestellte aus Lübeck, ab 1933 zentrale Positionen im SAP-Exil in Norwegen, Lebensgefährtin Brandts in Norwegen, 1936 Scheinehe mit → Gunnar Gaasland, Mitarbeiterin von → Otto Fenichel und → Wilhelm Reich, 1939–1946 in den USA, 1946 Rückkehr nach Norwegen 39, 43, 50, 207 f., 298 f., 309, 499, 501, 510

Meyer, Håkon (1896–1989), norwegischer Politiker (DNA), Redakteur der Parteizeitschrift *Det 20de århundre*, kollaborierte ab 1940 mit dem → Quisling-Regime, 1946 wegen Landesverrats verurteilt 201, 225, 232, 418

Miaja Menant, José (1878–1958), spanischer republikanischer General, Verteidiger Madrids 369

Michaelis, Walter (1915–1943), SAP-Mitglied in Berlin, nach 1933 illegale Arbeit für die SAP in Berlin, zahlreiche Kurierreisen zwischen Berlin, Oslo und Paris, 1937 Rückkehr nach Deutschland, 1939 verhaftet 215, 345, 501

Moe, Finn (1902–1971), norwegischer Politiker (DNA) und außenpolitischer Redakteur des *Arbeiderbladet*, 1940–1943 Presseattaché der norwegischen Legation in Washington, 1950–1969 Abgeordneter und Vorsitzender des außenpolitischen Ausschusses 30, 35 f., 133, 418 f.

Mola Vidal, Emilio (1887–1937) spanischer General, Mitverschwörer → Francos 312, 314, 526

Molotow, Wjatscheslaw M. (1890–1986), sowjetischer Politiker, 1929–1931 Sekretär der Komintern, 1930–1941 Vorsitzender des sowjetischen Rates der Volkskommissare, 1939–1949 und 1953–1956 Außenminister 425, 466

Montseny Mañé, Federica (1905–1994), spanische Anarchistin und Theoretikerin der FAI, 1936–1937 Gesundheitsministerin in → Largo Caballeros 2. Regierung, 1939 Emigration nach Frankreich 333

Mowinckel, Johan Ludwig (1870–1943), norwegischer liberaler Politiker und Reeder, 1924–1926, 1928–1931, 1933–1935 Ministerpräsident (Staatsminister) 216

Müller, Hermann (1876–1931), 1916–1918, 1920–1931 MdR (SPD), 1919–1927 einer der Parteivorsitzenden der SPD, 1919–1920 Außenminister, 1920 und 1928–1930 Reichskanzler 128

Münzenberg, Wilhelm (Willi) (1889–1940), 1924–1931 MdR (KPD), Leiter der kommunistischen Presse- und Propagandaarbeit, 1933 Emigration nach Frankreich, dort Bruch mit dem Kommunismus, Leiter der Gruppe „Freunde der sozialistischen Einheit", starb 1940 unter ungeklärten Umständen 442, 444, 449

Mussolini, Benito (1883–1945), italienischer Faschistenführer und Diktator, 1922–1943 Ministerpräsident („Duce"), 1943–1945 Ministerpräsident der Repubblica Sociale Italiana (Salo-Republik) 45, 115, 137, 144, 228, 320, 327, 418, 469, 483

Nansen, Fridtjof (1861–1930), norwegischer Wissenschaftler, Polarforscher und Diplomat 26

Naphtali, Fritz (1880–1961), Wirtschaftsfachmann, 1927–1933 Leiter der Forschungsstelle für Wirtschaftspolitik des ADGB, 1933 Emigration nach Palästina, 1952 israelischer Landwirtschaftsminister, 1959 Wohlfahrtsminister 170

Napoleon I. (1769–1821), 1804–1814 und 1815 Kaiser von Frankreich 454

Negrín López, Juan (1887–1956), spanischer sozialistischer Politiker, 1936–1937 Finanzminister, Mai 1937–1939 Ministerpräsident der spanischen Republik, 1945 Leiter der spanischen Exilregierung in Mexiko 527

Nenni, Pietro (1891–1980), nach ursprünglicher Zusammenarbeit mit → Mussolini italienischer Sozialist (PSI), im Exil in Frankreich Mitglied der Parteileitung der Vereinigten Sozialistischen Partei (PSU), 1945 Minister in den ersten Nachkriegsregierungen, ab 1955 Befürworter des Dialogs mit der Christlich-Demokratischen Partei, ab 1963 mehrfach Regierungsmitglied als Vize-Ministerpräsident und Außenminister 366

Nerman, Ture (1886–1969), schwedischer Politiker, Schriftsteller und Journalist, 1937 zusammen mit Brandt in Spanien, Redakteur der Zeitschrift *Trots allt!* 502

Neumann, Heinz (1902–1937), 1924–1928 Vertreter der KPD bei der Komintern in Moskau, 1928–1931 in der Führungsspitze der KPD, führender Exponent des linken Kurses, 1932 aller Parteifunktionen enthoben, 1930–1932 MdR (KPD), ab 1935 in der Sowjetunion, dort Opfer der „Säuberungen" 174

Nicolson, Sir Harold (1886–1968), britischer Diplomat und Publizist, Mitglied der britischen Delegation in Versailles und Sekretär der Völkerbundsdelegation, 1935–1945 Mitglied des Unterhauses für die „Nationale Arbeiterpartei", 1947 Beitritt zur Labour Party 457

Nielsen, Gunnar 223

Nikolaus (Nikolai) I. (1796–1855), 1825–1855 Zar von Russland 163

Nilsson, Torsten (1905–1997), 1934 Vorsitzender des schwedischen Jugendverbandes, 1940–1948 Parteisekretär, 1945–1951 Verkehrsminister, 1951–1957 Verteidigungsminister, 1957–1962 Sozialminister, 1962–1971 Außenminister 16, 224

Nin, Andrés (1892–1937), spanischer Politiker, ursprünglich Kommunist, später Generalsekretär der POUM, 1936 Justizminister, 1937 von den Kommunisten entführt und ermordet 336

Nono, Luigi (1924–1990), italienischer Avantgardekomponist, Mitglied der KP Italiens, zeitweise ZK-Mitglied und Abgeordneter 15

Noske, Gustav (1868–1946), 1906–1918 MdR (SPD), 1919–1920 Reichswehrminister 19, 142, 165, 336

Nygaardsvold, Johan (1879–1952), norwegischer Politiker (DNA), 1916–1949 Parlamentsmitglied, 1935–1945 Ministerpräsident (Staatsminister), 1940–1945 im Exil in England 50, 217, 221

Øisang, Ole (1893–1963), norwegischer Journalist und Politiker (DNA), 1925–1958 Redakteur der DNA-Zeitung *Arbeider-Avisa* (Trondheim)   419

Olsen, Halvard (1886–1966), norwegischer Politiker (DNA, NKP), 1919–1925 Vorsitzender der Metallarbeitergewerkschaft, 1925–1934 Vorsitzender der norwegischen Gewerkschaftsbundes, 1923 stellvertretender NKP-Vorsitzender, 1924 Parteiausschluss, nach 1945 wegen Kollaboration verurteilt   201

Ording, Aake Anker (auch Anker-Ording) (1899–1979), norwegischer Jurist und Politiker, Mitglied der Gruppe „Mot Dag", im Londoner Exil Berater von Verteidigungsminister → Torp, nach 1945 Leiter der UNO-Hilfsarbeit für Kinder in Not, Tätigkeit in anderen internationalen Organisationen und Internationaler Sekretär der DNA   206

Ossietzky, Carl von (1889–1938), pazifistischer deutscher Journalist, Redakteur der *Weltbühne*, seit 1933 in KZ-Haft, Friedensnobelpreis 1936   27, 29, 39, 222, 225 f., 228–230, 519 f.

Osterroth, Franz (1900–1986), Jugendsekretär des Bergarbeiterverbandes, Jugendleiter des Reichsbanners, Redakteur verschiedener SPD- und Gewerkschaftszeitungen, 1934 Emigration in die ČSR, 1938 nach Schweden, 1948 Rückkehr nach Deutschland (BBZ)   178

Öttinghaus, Walter (1883–1950), 1920–1924 und 1930–1933 MdR (KPD), ab 1933 im Exil in Frankreich, ab 1941 in Mexiko   444

Øverland, Arnulf (1889–1968), norwegischer Schriftsteller mit starkem Engagement gegen den Nationalsozialismus und für das republikanische Spanien, 1923–1927 Vorsitzender des norwegischen Schriftstellerverbandes, während des Krieges in KZ-Haft   228, 519

Papen, Franz von (1879–1969), deutscher Politiker (Zentrum), 1932 Reichskanzler, 1933 Vizekanzler unter → Hitler, 1936–1944 Botschafter in Wien und Ankara   128, 142, 151, 168, 186, 407, 509

Paton, John (1886–1976), englischer Politiker (ILP), nach 1945 Unterhausabgeordneter (Labour Party)   133, 202

Pfeffer, Siegfried, SAP-Mitglied aus Sachsen, 1933 Emigration nach Frankreich, Mitglied der Parteizentrale in Paris, 1937 Anschluss an die Gruppe „Neuer Weg"   215

Pjatnitzki, Ossip Aronovitsch (1882–1939), russischer Politiker, ab 1923 Sekretär der Komintern, ab 1927 Mitglied des ZK der KPdSU, während der „Parteisäuberungen" verhaftet, in der Haft verstorben   184

Podlipning, Josef (1902–1985), österreichischer Journalist und Politiker, nach 1934 Leiter der RSÖ in Kärnten, ab 1935 Mitglied des ZK der RSÖ, ab 1938 Mitglied der AVÖS, 1940 Emigration in die USA   534

Pollak, Oscar (1893–1963), österreichischer Journalist und Politiker, 1931–1934 Redakteur der *Arbeiterzeitung*, 1934–1945 im Exil in der ČSR, in Paris und London, führendes Mitglied der RSÖ   450 f.

Prieto y Tuero, Indalecio (1883–1962), spanischer sozialistischer Politiker und Journalist, 1937–1938 Verteidigungsminister, Emigration nach Mexiko und dort Leiter der Sozialisten im Exil 329 f., 527

Primo de Rivera y Orbaneja, Miguel (1870–1930), spanischer General und Politiker, nach Staatsstreich 1923–1930 Militärdiktator 311

Quiroga siehe Casares Quiroga, Santiago

Quisling, Vidkun (1887–1945), norwegischer Politiker, 1931–1933 Verteidigungsminister, 1933 Gründer der Nasjonal Samling und Führer der norwegischen Faschisten, am 9. 4. 1940 nach Staatsstreich „Regierungschef" (eine Woche), 1942–1945 „Ministerpräsident" des Kollaborationsregimes, 1945 als Landesverräter hingerichtet 26, 535

Radek, Karl (1885–1939), russischer Revolutionär, Sekretär des Exekutivkomitees der Komintern, im 2. Moskauer Prozess verurteilt, starb in der Gefangenschaft, 1988 rehabilitiert 165

Rath, Ernst vom (1909–1938), deutscher Diplomat, Legationsrat in Paris 392

Reich, Wilhelm (1897–1957), österreichischer Psychoanalytiker, Leiter der kommunistischen Sexpol-Bewegung in Deutschland, 1934–1939 im Exil in Norwegen, danach in den USA 29, 499

Richter, Gustav siehe Buttinger, Josef

Rodríguez Salas, Eusebio, spanischer kommunistischer Politiker (PSUC), ursprünglich Anarchist, 1937 Polizeichef in Barcelona, maßgeblich für die blutigen „Maiereignisse" von 1937 verantwortlich 302

Rodriguéz Vázquez, Marianus (1909–1939), spanischer Anarcho-Syndikalist, 1936–1939 Generalsekretär der CNT 333

Roldán Cortada (1900[?]-1937), führendes Mitglied der PSUC, Vorsitzender des Kommunalarbeiterverbandes in Katalonien 300

Roosevelt, Franklin Delano (1882–1945), 1933–1945 Präsident der Vereinigten Staaten von Amerika 199

Rosenberg, Alfred (1893–1946), nationalsozialistischer Publizist und Politiker, 1933–1945 Reichsleiter der NSDAP, 1941–1945 Reichsminister für die besetzten Ostgebiete, führender antisemitischer Theoretiker des Nationalsozialismus, 1946 hingerichtet 268, 277

Rosenfeld, Kurt (1877–1943), Mitglied der SPD und USPD, 1918–1919 preußischer Justizminister, 1920–1932 MdR (SPD), 1931 Parteiausschluss, zusammen mit → Seydewitz Mitgründer und Vorsitzender der SAP, 1933 Emigration nach Frankreich, ab 1934 in den USA 21 f.

Rothermere, Harold Sidney Harmsworth, Viscount of Hemsted (1868–1940), englischer Zeitungsunternehmer und konservativer Politiker, 1917–1918 Luftfahrtminister 316

Rousseau, Jean-Jacques (1712–1778), französischer Philosoph und Schriftsteller 68, 454

Rovira Canales, José, während des Spanischen Bürgerkriegs Kommandeur der POUM-Truppe „Lenin", 1937 verhaftet 339

Rykow, Aleksej Ivanovitsch (1881–1938), sowjetischer Kommissar für Inneres, 1924–1930 Vorsitzender des Rates der

Volkskommissare, 1937 Parteiausschluss, 1938 hingerichtet 405

Saint-Pierre, Charles-Irénée Castel, Abbé de (1658–1743), französischer Publizist und Reformator, dessen Hauptwerk „Projet pour la paix perpétuelle en Europe" (1713) für die Diskussion über eine europäische Friedensordnung Bedeutung erhielt 453, 455, 534

Saint-Simon, Claude Henri de (1760–1825), französischer utopischer Sozialist 68, 454 f.

Salas, Rodriguez siehe Rodríguez Salas, Eusebio

Santillan siehe Abad de Santillán

Schacht, Hjalmar (1877–1970), 1924–1929 und 1933–1939 Reichsbankpräsident, 1934–1937 Reichswirtschaftsminister, 1937–1943 Reichsminister ohne Portefeuille, 1944–1945 im Konzentrationslager 250, 279, 522

Scheflo, Olav (1883–1943), norwegischer Politiker und Journalist, 1918–1923 Mitglied des DNA-Vorstandes, 1921–1928 Parlamentsmitglied, 1923–1928 KP-Mitglied, ab 1931 Redakteur der DNA-Zeitung *Sørlandet* (Kristiansand) 206, 418

Scheidemann, Philipp (1865–1939), sozialdemokratischer Politiker, 1919 erster Ministerpräsident der Weimarer Republik, 1920–1925 Bürgermeister von Kassel, 1933 Emigration nach Dänemark 163, 165

Scheringer, Richard (1904–1986), Reichswehrleutnant, ursprünglich NSDAP-Mitglied, 1931 Beitritt zur KPD, nach 1945 Mitglied des bayerischen Landtags 180

Schiff, Victor (1895–1953), SPD-Mitglied, 1920–1933 außenpolitischer Redakteur des *Vorwärts*, 1933 Emigration, 1935 ausgebürgert 169

Schirach, Baldur von (1907–1974), 1931–1940 Reichsjugendführer der NSDAP, 1940–1945 Gauleiter und Reichsstatthalter in Wien, 1946 zu 20 Jahren Haft verurteilt 278 f.

Schjelderup, Harald (1895–1974), norwegischer Philosoph, Psychologe und Psychoanalytiker, seit 1922 Professor an der Universität Oslo 231

Schleicher, Kurt von (1882–1934), General und Politiker, 1932–1933 Reichskanzler, 1934 ermordet 128, 186

Schmidt, Erich (1912-?), SAJ-Bezirksvorsitzender in Berlin, 1933 Emigration in die Schweiz, 1937 nach Frankreich, SAJ-Vertreter in der SPD-Ortsgruppe Paris, 1940 Flucht in die USA 363

Schmidt, Peter Johannes (1896–1952), holländischer Sozialist, 1932 Generalsekretär der OSP, 1945 Mitglied der niederländischen Delegation bei der UNO 202

Schöpflin, Georg (1869–1954), Journalist und SPD-Politiker, MdR (1903–1907, 1909–1918, 1919–1932), 1946–1951 Alterspräsident des Landtages von Brandenburg (SED) 181, 514

Schuschnigg, Kurt (1897–1977), österreichischer christlich-sozialer Politiker, 1934–1938 Bundeskanzler, 1938–1945 in deutscher Haft 415

Schwab siehe Walcher, Jacob

Schwarz, Hans Paul (geb. 1909), deutscher Wirtschafts- und Sozialwissenschaftler, SAP-Mitglied, 1936 Emigration, ab 1937 in Norwegen, 1938 Trennung von der SAP, blieb nach 1945 in Norwegen   343, 345–347

Seldte, Franz (1882–1947), deutscher Politiker, 1918 Gründer des „Stahlhelm", 1933–1945 Reichsarbeitsminister   514

Sering siehe Löwenthal, Richard

Sesé, Antonio (?-1937), kommunistischer Generalsekretär der katalanischen UGT, im Mai 1937 Mitglied des provisorischen Rats der Generalidad von Katalonien, 1937 erschossen   314

Severing, Carl (1875–1952), 1907–1911, 1919–1933 MdR (SPD), 1920–1926 und 1930–1932 preußischer Innenminister, 1928–1930 Reichsinnenminister, 1933 vorübergehend in Haft, 1947–1949 Mitglied des Landtages Nordrhein-Westfalen   142, 165 f., 168 f., 176, 407, 512

Seydewitz, Max (1892–1987), 1924–1932 MdR (SPD), 1931 Mitbegründer der SAP, 1933 Emigration (ČSR, ab 1938 Norwegen, ab 1940 Schweden), im Exil Annäherung an die KPD, 1945 Rückkehr in die SBZ, dort ab 1946 SED-Mitglied und 1947–1952 Ministerpräsident in Sachsen   21 f., 114, 198, 202, 363, 508, 529 f.

Sinowjew, Grigori Jewsejewitsch (1883–1936), sowjetischer Politiker, 1907–1927 Mitglied des ZK der KPdSU, enger Mitarbeiter → Lenins, 1919–1926 Vorsitzender des EKKI, nach Lenins Tod schrittweise entmachtet, 1936 zum Tode verurteilt   405, 521

Solano, Wilebaldo, Sekretär der POUM-Jugendorganisation „Juventud Comunista Ibérica", 1937 Generalsekretär des Internationalen Büros revolutionärer Jugendorganisationen in Barcelona   46

Sotelo, José siehe Calvo Sotelo, José

Stachanow, Alexej Grigorjewitsch (1906–1977), sowjetischer Bergarbeiter, der beim Kohleabbau eine neue produktionssteigernde Arbeitsmethode anwandte und danach von der KPdSU als Initiator einer Massenbewegung zur Übererfüllung der Arbeitsnorm herausgestellt wurde   247, 466, 535

Stalin, Josef Wissarianowitsch (1878–1953), Generalsekretär der KPdSU, 1941–1946 Vorsitzender des Rates der Volkskommissare bzw. des sowjetischen Ministerrates   17, 176, 405, 409–411, 443 f., 451, 461, 466, 527, 532

Steed, Wickham (1871–1956), britischer Publizist, zeitweise Herausgeber der *Times*   457

Steinberg, Isaac (1888–1957), russischer sozialistischer Politiker, 1917–1918 stellvertretender Justizminister, ab 1923 im Exil (Schweiz, Deutschland, England)   517

Stennes, Walter (1895–1989), Hauptmann a. D., ab 1927 Stellvertreter des Obersten SA-Führers für das Gebiet östlich der Elbe, ab 1930 im wachsenden Gegensatz zu → Hitler, zeitweilige Zusammenarbeit mit → Strasser, 1934 Emigration nach China   92, 506

Sternberg, Fritz (1895–1963), deutscher Sozialist und Publizist, einer der führenden marxistischen Wirtschaftstheoretiker, seit 1931 SAP-Mitglied, 1933 Emigration (Schweiz, 1936–1939 Frankreich, ab 1939 USA)   254, 258, 499 f., 522

Strasser, Otto (1897–1974), 2. Vorsitzender des Republikanischen Führerbundes, 1925–1930 NSDAP-Mitglied, Gründer der nationalrevolutionären „Schwarzen Front", 1933 Emigration, 1934 ausgebürgert 92, 136, 249, 506, 522

Strauß, Franz Josef (1915–1988), 1949–1978 MdB (CSU), 1949–1952 Generalsekretär der CSU, 1961–1988 CSU-Vorsitzender, 1956–1962 Verteidigungsminister, 1966–1969 Finanzminister, 1978–1988 Ministerpräsident Bayerns 15

Streicher, Julius (1885–1946), nationalsozialistischer Politiker, 1928–1940 Gauleiter in Franken, seit 1923 Redakteur des antisemitischen Hetzblattes *Der Stürmer*, im Nürnberger Prozess zum Tode verurteilt 392

Streit, Clarence Kirshman (1896–1986), amerikanischer Journalist, Korrespondent der *New York Times* am Sitz des Völkerbundes in Genf, 1958 Präsident des International Movement for Atlantic Union 456

Sunnanaa, Klaus (1905–1980), norwegischer Politiker (DNA), 1946 Vorsitzender des koordinierenden Wirtschaftsrates, 1948–1973 Fischereidirektor 206

Sunde, Arne (1883–1972), norwegischer Jurist und liberaler Politiker, 1930–1931 und 1933–1935 Justizminister, 1940 Mitglied der Exilregierung, 1949–1952 Botschafter bei der UNO 193

Szende, Stefan (1901–1985), ungarischer Publizist, 1933 Mitglied der illegalen SAP-Reichsleitung, 1934 Zuchthaushaft, ab 1937 im Exil in Schweden 65, 516

Tarradellas i Joan, Josep (1899–1988), spanischer Politiker (Republikanische Linke Kataloniens), ab September 1936 Ministerpräsident von Katalonien, ab 1939 im Exil, 1977 Rückkehr nach Spanien 325

Tarnow, Fritz (1880–1951), sozialdemokratischer Politiker und Gewerkschafter, 1928–1933 MdR, Emigration über Prag und Dänemark nach Schweden, 1946 Rückkehr nach Deutschland, Mitglied des Parlamentarischen Rats 144, 170–172, 510, 513

Thälmann, Ernst (1886–1944), kommunistischer Politiker, seit 1924 in der Parteiführung, 1925–1933 KPD-Vorsitzender, 1924–1933 MdR, ab 1933 in Haft, 1944 im KZ Buchenwald ermordet 180

Thalheimer, August (1884–1984), Mitglied der SPD, ab 1919 KPD, zeitweise Haupttheoretiker der KPD, 1928 Parteiausschluss, Mitglied der Reichsleitung der KPO sowie ihr Haupttheoretiker, 1934 Emigration nach Frankreich, 1941 Flucht nach Kuba 529

Thieß, Frank (1896–1977), deutscher Schriftsteller und Essayist 506

Thorkildsen, Anna Carlota (1904–1980), norwegische Kulturwissenschaftlerin und Literaturagentin, 1929–1941 Mitarbeiterin des Instituts für vergleichende Kulturforschung in Oslo, 1941 Flucht nach Schweden und Eheschließung mit Willy Brandt, 1948 Scheidung 50, 69, 503

Thyssen, Fritz (1873–1951), Industrieller und Politiker (NSDAP-MdR), protestierte 1939 gegen → Hitlers Kriegspolitik und flüchtete in die Schweiz und danach nach Frankreich, wurde von dort ausgeliefert und war 1941–1945 in verschiedenen Konzentrationslagern 279, 285

Tomski, Michail Pavlovitsch (1880–1936), russischer Politiker, Vorsitzender des sowjetischen Gewerkschaftsbundes, Mitglied des ZKs der KPdSU, Leiter der Roten Gewerkschaftsinternationale, 1936 Freitod 405, 411

Torp, Oscar (1893–1958), norwegischer Politiker, 1923–1945 DNA-Vorsitzender, 1936–1939 Finanzminister, 1941–1945 Verteidigungsminister, 1951–1955 Ministerpräsident (Staatsminister) 27 f., 35 f., 133 f., 191, 193, 198, 223

Tranmæl, Martin (1879–1967), norwegischer Politiker, 1921–1950 Redakteur des *Arbeiderbladet* (Oslo), 1906–1963 Mitglied des Parteivorstandes der DNA, 1940–1945 im Exil in Stockholm 36, 63, 191, 197 f., 201–203, 205, 517 f.

Treviranus, Gottfried Reinhold (1891–1971), 1924–1932 MdR (DNVP), 1930 Minister für die besetzten Gebiete und Reichskommissar für die Durchführung des Osthilfe-Programms, danach Minister ohne Geschäftsbereich und Verkehrsminister, 1934 Emigration 101 f.

Trotzki, Leo (1879–1940), russischer Revolutionär und Politiker, 1918 Volkskommissar für Verteidigung, nach → Lenins Tod aus Regierungs- (1925) und Parteiämtern (1926/27) entfernt, 1929 aus der Sowjetunion ausgewiesen, im Exil (Türkei, Frankreich, 1935–1936 Norwegen, danach Mexiko) Kritiker des Stalinismus, 1940 ermordet 28, 194–196, 201, 204, 238, 265, 405, 417, 498, 523

Trude siehe Marx, Augusta

Trudel siehe Meyer, Gertrud

Tschitscherin, Georgi Wassiljewitsch (1872–1936), sowjetischer Politiker, 1918–1930 Volkskommissar für Auswärtige Angelegenheiten, 1925–1930 Mitglied des ZK der KPdSU 412

Ulbricht, Walter (1893–1973), 1928–1933 MdR (KPD), ab 1933 im Exil, 1938–1945 in der Sowjetunion, 1945 maßgeblich am Aufbau der KPD und des FDGB in der SBZ beteiligt, 1950–1953 Generalsekretär und 1953–1971 Erster Sekretär des ZK der SED 58

Vansittart, Sir Robert Gilbert (1881–1957), britischer Diplomat, 1938–1941 Hauptberater des britischen Außenministers, ab 1941 Mitglied des Oberhauses 15, 70

Vázquez siehe Rodriguéz Vázquez, Marianus

Vegheim, Olav (1895–1962), norwegischer Politiker (DNA) und Journalist, Parlamentsmitglied 418 f.

Vogel, Johann (Hans) (1881–1945), SPD-Vorsitzender, 1919–1933 MdR, 1933 Emigration nach Frankreich, später nach England, 1934 ausgebürgert 437

Vogt, Johan (1900–1991), Gründungsmitglied der Gruppe „Mot Dag", ab 1957 Professor für Wirtschaftswissenschaften an der Universität Oslo 504

Voltaire (François Marie Arouet) (1694–1778), Philosoph und Schriftsteller, Hauptvertreter der französischen Aufklärung 68, 454

Wagner, Josef (1899–1945), nationalsozialistischer Politiker, seit 1930 MdR (NSDAP), Gauleiter in Schlesien, 1942 Parteiausschluss 253

Walcher, Hertha (1894–1990), bis 1933 Sekretärin von Clara Zetkin, 1933 Emigration nach Frankreich, 1940 über

Spanien und Portugal in die USA, 1947 Rückkehr nach Deutschland (SBZ) 299, 523

Walcher, Jacob (1887–1970), Metallarbeiter und Parteifunktionär (KPD, KPO, SAP), 1933 Emigration nach Frankreich, Leiter der Auslandszentrale/Parteileitung der SAP, 1937 ausgebürgert, 1940 Emigration über Spanien und Portugal in die USA, 1946 Rückkehr nach Deutschland (SBZ), Eintritt in die SED 21, 25, 28, 32–36, 38, 61, 65–67, 132, 190, 192, 194–196, 202, 204, 206 f., 209, 232, 265, 298, 344, 444, 498–502, 515, 517 f., 520, 523, 525, 534

Walter, Hilde (1895–1976), Journalistin, Mitarbeiterin der *Weltbühne*, 1933 Emigration nach Paris, „strategischer Kopf" in der Arbeit zu Gunsten von → Carl von Ossietzky, 1941 – nach Internierung im Lager Gurs in Frankreich – Emigration in die USA, 1952 Rückkehr nach Berlin 39, 222, 224, 226, 229, 231

Warnke, Herbert (1902–1975), kommunistischer Politiker, 1932–1933 MdR (KPD), 1936 Emigration nach Dänemark, von dort nach Schweden, 1945 Rückkehr in die SBZ, Mitglied des Parteivorstandes bzw. des ZK der SED, 1948–1975 FDGB-Vorsitzender 346

Wassermann, Paul (1901–1980), politischer Schriftsteller, SAP-Mitglied, ab 1933 im Exil in Frankreich, Mitglied der SAP-Auslandszentrale und Redakteur der Parteizeitung *Neue Front*, 1937 Weiteremigration nach Norwegen und 1940 nach Schweden, 1938 Parteiaustritt 65, 243, 343, 346–348

Wels, Otto (1873–1939), 1912–1933 MdR (SPD), seit 1931 Vorsitzender der SPD, 1933 Emigration in die ČSR, danach nach Frankreich 186, 437

Wessel, Horst (1907–1930), nationalsozialistischer Student, SA-Sturmführer, verstarb an den Folgen eines Überfalls und wurde zum nationalsozialistischen Märtyrer stilisiert 130

Westarp, Kuno Graf von (1864–1945), 1908–1918, 1920–1932 MdR (DNVP), 1925–1929 Vorsitzender der Reichstagsfraktion 384

Wildenvey, Hermann (1886–1959), norwegischer Schriftsteller 227

Wilson, Thomas Woodrow (1856–1924), 1913–1921 Präsident der Vereinigten Staaten von Amerika 455, 495

Windischgrätz, Alfred Fürst zu (1787–1862), österreichischer Feldmarschall, 1848/49 Führer der Konterrevolution in Österreich, danach an der Spitze der Niederschlagung der Aufstände in Prag, Wien und Ungarn 163

Wolf, Herbert (?-1937), SAP-Mitglied aus Sachsen, Emigrant in Frankreich, 1937 in Spanien gefallen 307

Wolfstein, Rose (1888–1987), deutsche Sozialistin (SPD, USPD, KPD), 1921–1925 Mitglied des preußischen Landtags (KPD), 1929 Parteiausschluss, 1932 Beitritt zur SAP, 1933 Exil in Belgien, ab 1936 in Frankreich, Mitglied der Auslandsleitung der SAP, 1941 nach Internierung Flucht in die USA, 1948 Eheschliessung mit → Paul Frölich, 1951 Rückkehr in die Bundesrepublik, Kampfname: Martha Koch 265, 501, 523

Young, Owen D. (1874–1962), amerikanischer Wirtschaftsfachmann, arbeitete 1931 als Vorsitzender einer Sachverständigenkonferenz den Youngplan zur Regelung der Reparationsfrage aus 147, 180 f.

Zetland siehe Dundas, Lawrence John Lumley, 2nd marquess of Zetland

Zickler, Arthur (1897-?), deutscher Publizist, Schriftsteller und Verlagsdirektor 512

Zweiling, Klaus (1900–1968), Mitglied der illegalen SAP-Reichsleitung, 1934 Verurteilung in Deutschland, danach im Strafbataillon 999, seit 1946 Mitglied der SED und bis 1950 Redakteur des SED-Organs *Einheit* 22, 31, 500, 516

Sachregister

Aadland 97
Abkommen und Verträge
— deutsch-sowjetischer Nichtangriffspakt, 23. August 1939 63, 66, 422–426, 429, 436, 442–445, 459, 533
— Münchener Abkommen, 29. September 1938 55, 58, 386, 391 f., 396, 400, 427, 440, 530–534
— Versailler Vertrag, 28. Juni 1919 121, 147 f., 177 f., 180, 412, 447, 487, 492, 494
Afrika 489
Albanien 401, 469, 536
Allgemeiner Deutscher Gewerkschaftsbund 119, 143 f., 169, 179, 187, 508, 513, 515
Amerika, siehe *Vereinigte Staaten von Amerika*
Andalusien 308
Antifaschismus 36, 45, 364 f.
Anti-Komintern-Pakt 359, 361, 401
Antisemitismus 83, 121, 123, 125, 139, 392–394
Aragon 299, 319, 339, 525
Arbeiterbewegung 50, 62 f., 71, 121 f., 126 f., 135, 137, 141, 144 f., 149 f., 154 f., 234, 239, 268, 280, 284, 292, 306, 317, 351, 397, 400–402, 404–406, 411, 414, 416–418, 421–423, 427, 430–433, 439, 443–445, 456, 459, 461–463, 469–471, 484–486, 491, 527
— deutsche 16, 37, 39, 62, 115, 127 f., 141–147, 149–190, 209, 211, 235–237, 261, 288, 307, 340, 355–367, 434–451, 518
— französische 234, 404, 413 f., 423, 430 f.
— internationale 25, 47, 156, 158, 317, 327, 329, 338, 341, 358 f., 366 f., 399, 416, 422, 428, 459, 518
— kommunistische 20, 130, 145, 148, 175, 239, 351 f., 358 f., 404 f., 411, 417, 431, 444, 459

— norwegische 25–28, 32, 37, 39, 48, 50–52, 59, 62 f., 65, 71, 194–205, 216–221, 228, 347 f., 366, 397–399, 418–421, 460, 498
— sozialistische 62 f., 400, 405, 409–411, 425, 427, 430–433, 436, 459–461, 465, 471, 494
— spanische 300, 302, 310 f., 325–340
— westeuropäische 59–61, 63, 239, 241, 327, 349, 361, 365, 404, 411, 421, 423, 431
Arbeitersport 187, 211
Arbeitsdienst 40 f., 100–102, 122, 153, 280 f., 283, 381, 507
Arbeitslosigkeit 26, 100, 116, 139, 152, 166, 171 f., 178, 254, 272, 481
Arendal 95
Asien 489
Asturien 306, 311, 319, 331, 526
Äthiopien 469 f., 487, 536
Aussig 211
Australien 456

Badajoz 319
Bad Godesberg 530
Baltische Staaten 445, 471
Barcelona 44, 46, 301–305, 318, 321, 324, 330, 334, 337 f., 340, 372, 502, 525 f.
Basel 161
Bayern 139, 381, 385
Belgien 16, 52 f., 269, 456
Berchtesgaden 530
Bergen 95 f., 132, 307, 510
Bergzabern 380, 385
Berlin 16, 24, 29, 31–34, 40, 42–45, 70, 102, 105, 130, 133 f., 162, 164 f., 180, 186, 192 f., 201, 242, 250, 262–264, 297, 376–378, 380, 384 f., 388–390, 394, 438, 501, 508, 510, 517, 520, 523, 525, 530
Bielefeld 165, 512
Bilbao 318, 320, 339

585 Anhang: Sachregister

Bremen 22
Breslau 22
Brüssel 133 f., 201, 284, 510, 517, 519
Buchenwald 393
Bulgarien 404

China 116, 401, 469 f., 488, 536
Coburg 152

Dänemark 16, 29, 66, 95, 100, 212, 215, 222, 456
Danzig 480
Demokratie 15, 19, 45, 64, 92, 108, 118, 121, 167, 327, 364, 386, 399, 404, 423, 430 f., 433–437, 440, 448, 451, 455, 461 f., 464 f., 467, 469–471, 483, 487 f., 491 f.
— antifaschistische Demokratie 325
— bürgerliche Demokratie 126, 140, 142, 154, 164, 169, 199, 333, 336 f.
— innerparteiliche Demokratie 240, 248, 410, 465
Deutschland, siehe auch: Drittes Reich 15–17, 23, 25, 27, 29, 31, 35–37, 40–44, 48, 53–57, 61, 65–68, 70 f., 83, 95 f., 99, 115–131, 135–191, 211, 219, 221, 228, 236, 238, 240, 246 f., 249–264, 266, 272–276, 280–285, 316, 327, 336, 341, 352–355, 362, 375–397, 404 f., 407 f., 413 f., 422–431, 434–436, 439–444, 446–450, 459, 462, 469–472, 474–476, 480, 483–485, 493, 500 f., 508, 515, 520–522, 530, 536
Diktatur 470 f., 479, 483
— Bürgerliche Diktatur 186
— Diktatur des Kapitals 122
— Diktatur des Proletariats 38, 109, 173, 176, 184, 198
— Faschistische Diktatur 43, 118, 143, 150, 152, 157, 177, 185, 188, 315, 362, 384, 388, 415, 443, 456, 491
— Kommunistische Parteidiktatur 47, 329 f., 402, 410 f., 432, 443, 448, 464, 467
Dresden 22, 114, 160

Drittes Reich, siehe auch: Deutschland, Faschismus, Nationalsozialismus 36, 42, 54–56, 83 f., 123, 126, 141, 353, 375–397, 424, 434, 438, 459
— Alltag 44, 290
— Aufrüstung 253 f., 315, 379, 384, 388, 522 f.
— Expansion 386 f., 389 f.
— Judenpolitik 116 f., 387 f., 391–397, 508, 530 f.
— Kriegspolitik 58, 396, 434–436
— Landwirtschaftspolitik 152, 260, 273, 523 f.
— Massenbasis 42, 54 f., 153, 258 f., 353, 375, 385
— Terror, Unterdrückung 117, 122 f., 125 f., 130, 135–137, 189, 262, 380, 393–397, 427, 530
— Unzufriedenheit, Opposition und Widerstand 17, 22, 44, 54 f., 354, 377–381, 383–385, 388, 392, 397, 425, 427, 435
— Wirtschaftspolitik 152, 190, 250, 254–257, 387, 391, 395 f., 522
Durango 319

Eidfjord 98
Einheit der Arbeiterbewegung 239–242, 248, 267, 312, 329, 349 f., 355–367, 402, 415, 421, 429, 432, 436
Einheitsfront 21, 41, 57, 60, 148, 155, 182–184, 234, 239, 248, 264, 296, 326, 335 f., 349, 351, 359, 363, 385, 413–415, 418, 511, 529
Einheitspartei 68, 234, 239 f., 329, 331, 348, 356, 361, 429, 444
Eiserne Front 149, 184, 511, 514
Emigration 28, 32 f., 39, 43–45, 48, 53, 58 f., 61, 63, 66, 69, 191, 212, 240, 347, 352, 362, 418, 425, 429, 434–436, 441
England, siehe Großbritannien
Ermächtigungsgesetz 121, 509
Erster Mai 92–94, 112–114, 124, 145, 187, 508, 515

Erster Weltkrieg 121, 161 f., 178, 269, 401, 426, 439, 455, 468 f., 471, 477, 493
Europa 67 f., 70, 390, 395, 409, 423, 425, 430, 432 f., 437–439, 451, 453–458, 468, 472, 474, 476, 478, 480–486, 489–491, 494 f.
— Europaidee 452–458
— Europas Vereinigte Staaten 68, 452–458, 474, 479
— Föderales Europa 67 f., 428, 447, 449 f., 457, 475, 479, 481, 485
— Neugestaltung Europas 67, 424, 428, 433, 437, 446, 449, 451, 474–480, 490–495

Faschismus, *siehe auch: Nationalsozialismus* 21, 26, 34 f., 37 f., 43 f., 68, 92, 108, 112, 115–130, 135, 137–140, 143, 145, 147, 149–155, 157 f., 166, 173, 177, 179, 181–189, 200, 209, 212, 214, 238, 253, 255, 259 f., 267 f., 274, 278–281, 285, 295, 301 f., 306 f., 315, 317, 337, 341, 351, 357, 375, 407 f., 411, 436, 440 f., 445, 478, 483, 487 f., 527
— als Jugendbewegung 39 f., 124–128, 277, 354, 385
Fehmarn 23
Finnland 64, 115 f., 119, 445, 456, 459, 461 f., 467, 471, 478, 536
Flekkefjord 96
Frankreich 53, 57, 61, 116, 246, 249, 261, 315 f., 327 f., 351, 390, 400, 404 f., 412–414, 423, 430 f., 453, 456, 472, 483, 489, 521, 529, 532–534
Fredrikstad 207
Friedensnobelpreis 23, 27, 29, 39, 222, 224–231, 519

Galicien 315
Generationenkonflikt 41, 85–88, 267–271, 277 f., 293
Genf 285, 455
Gestapo 41, 69, 261, 383–385, 413, 418 f., 504

Gewerkschaften 92, 113, 131, 143–146, 170–177, 183, 187, 201, 213, 269, 343 f., 411, 414 f., 422, 465, 508, 532
Gjövik 207
Godesberger Programm 503
Görlitz 395
Göteborg 59, 62, 100, 346, 349 f., 528
Grenzfragen 391, 428, 447 f., 474, 477 f., 493
Großbritannien 16, 60 f., 68, 178, 204, 209, 250, 316 f., 327 f., 390, 426, 430, 453, 456 f., 472, 483, 487–489, 505, 534, 537
Guadalajara 319, 341
Guernica 319

Hälsingborg 507
Hamar 207
Hamburg 384
Hankeland 97
Hardangerfjord 97 f.
Hardangerjökul 98
Haugastöl 98
Haugesund 96
Have 99
Hitlerjugend 83 f., 124, 215, 249, 259, 278 f., 281, 283, 292 f., 354, 381, 391
Holland, *siehe Niederlande*

Illegale Arbeit 215, 232 f., 240, 242, 250 f., 258, 262–264, 280–282, 288–294, 357, 519, 521 f.
Imperialismus 69, 148, 150 f., 316, 364, 425, 427, 439 f., 447, 455, 458, 460, 463, 467, 469–471, 475, 482, 486, 488 f., 491 f.
Indien 68, 486–489, 537
Internationale, *siehe auch: Arbeiterbewegung*
— Erste Internationale (1864–1876) 536
— Kommunistische Internationale (1919–1943) 31, 47, 57–59, 62–64, 145, 148, 174, 184, 201, 203, 233–237, 276, 326 f., 334 f., 337 f., 349, 357, 359, 361, 365, 367, 399–423, 427, 431, 442 f., 445, 459 f., 502, 513, 516, 518, 527, 529, 532 f., 535

— Sozialistische Arbeiter-Internationale (1923–1940) 51, 60 f., 198, 201, 209, 213, 234, 341, 349, 361, 364–367, 415, 421
— Vierte Internationale (1938–) 238
— Zweite Internationale (1889–1923) 60, 161, 401, 422, 508
Internationale Transportarbeiter-Föderation 56 f.
Internationaler Gewerkschaftsbund 341, 366, 415, 422 f., 517, 527 f., 532
Internationales Jugendbüro 32, 46, 215 f., 286, 295, 299, 499, 502, 519, 525
Irland 456
Italien 108 f., 115 f., 119, 136 f., 144, 315, 327, 404, 414, 426, 471, 507, 536

Japan 116, 413, 426, 489, 536
Juden, siehe auch: Antisemitismus, Drittes Reich: Judenpolitik 116, 121, 177, 375, 384, 392–397
Jugend, siehe auch: Faschismus, Generationenkonflikt, Hitler-Jugend, Sozialistischer Jugendverband Deutschlands 32, 37, 39–42, 54, 71, 81–92, 100–102, 120–128, 140 f., 153, 155 f., 211, 214 f., 252, 262 f., 266–287, 292 f., 354, 363, 374, 381, 395
— im Arbeitsleben 292 f.
— Klassenaspekt 83, 125, 267–270
— Neuer Typus der Jugendorganisation 275 f., 284
— Perspektivlosigkeit und Zukunftserwartungen 102–109, 120–126, 140, 269, 272 f., 280 f., 283
Jugendvolksfront 284–287
Jugoslawien 116, 508
Jylland 96

Kanada 456
Karelien 536
Katalonien 296 f., 300–302, 304, 309 f., 320, 323–326, 331, 334–336, 340, 373 f., 525 f., 529

Kapitalismus, siehe auch: Militärkapitalismus 37, 84, 92, 116 f., 120, 122 f., 127–129, 135, 137, 139 f., 152, 160, 163, 166, 168–170, 172, 178 f., 199, 253–256, 271–275, 278–282, 399, 466 f., 482, 510, 513
Kiel 167
Kirchen, Kirchenkampf 259, 308, 321, 354
Klassen und Schichten 57, 85, 180
— Arbeiterklasse, Arbeiterschaft, Proletariat 85 f., 100, 117, 129, 132, 140, 142, 152, 154 f., 163, 167, 178, 186, 220, 260 f., 353, 383, 386, 388
— Bauern 157, 176, 199 f., 220, 260, 353, 386, 388
— Beschäftigte des Partei- und Staatsapparates 259, 273
— Bourgeoisie, Bürgertum 84 f., 123, 128, 140–143, 151 f., 164, 167, 185, 259, 270, 272, 310, 315–317, 328, 351, 354, 367, 382, 388
— Großbauern, Großgrundbesitzer 199, 273
— Intellektuelle, Intelligenz 157, 176, 273 f., 310
— Kapitalistenklasse, obere Zehntausend 271, 273, 279, 390, 408
— Kleinbauern 199 f., 220, 260, 273, 507, 516
— Militär 309 f., 355, 389
— Mittelschichten, Mittelstand 117, 125, 127, 140, 149, 157 f., 176, 178, 260, 273, 275, 310, 353 f., 388
Köln 384
Kollektive Sicherheit 68, 413, 480
Kolonialismus 69, 488 f.
Kolonialvölker 69, 486–490
Komintern, siehe Internationale: kommmunistische
Kommunismus, siehe auch: Internationale: kommunistische, Sowjetunion 20, 42, 62 f., 185, 409, 464
Kommunistische Jugend-Internationale 276, 285 f.

Kommunistische Partei Deutschlands
(KPD)   20 f., 31, 37, 44, 57, 61, 92, 111,
113, 115, 118, 127–132, 140, 145–149,
153, 163, 167, 173–177, 179–182, 184–
188, 211, 235, 247 f., 252, 262, 264, 343 f.,
346 f., 349–352, 359–361, 363, 402, 405,
407 f., 412 f., 415, 436, 442 f., 507, 511,
514, 527 f., 530, 532
— Brüsseler Konferenz   285
— Zusammenbruch 1933   22, 118, 128–
132, 153, 186–188
Kommunistische Partei (Opposition) (KPO)
185, 264, 352, 529
Kommunistischer Jugendverband Deutschlands   41 f., 93 f., 276
Konferenzen
— Jugendkonferenz in Laren   29, 36, 215, 519
— Kattowitzer Konferenz der SAP   41 f., 44, 47, 64 f., 242 f., 246 f., 252–264, 349, 356, 360, 523, 528 f.
— VII. Kongress der Kommunistischen Internationale   57, 326, 359, 414, 529
Konzentrationslager   117, 135 f., 186, 353, 393
Kopenhagen   25, 95, 195, 212, 343, 346, 529
Kriegsangst   375–377, 384 f., 388 f.
Kriegsbegeisterung   55, 161 f., 257, 376, 381, 384, 472
Kriegsentschädigungen   492–494
Kriegserwartung   44, 250, 256–258, 274, 315, 434 f.
Kriegsgefahr   150 f., 243, 246, 254, 327, 376, 379, 382, 384, 389 f., 396, 399, 434
Kriegsschuld   179, 437, 439, 443, 462
Kriegsziele   68, 446–452, 456, 471–473, 477, 481 f., 485, 489 f.
Kristiansand   95, 207

Laren   29, 36, 499, 519
Leipzig   171, 510, 513
Letchworth   60
Liberalismus   108, 120 f., 126, 276, 278
Lille   499

London   66, 133, 384
Londoner Büro   24, 46, 48, 50, 60 f., 195, 201 f., 205, 295, 364, 366 f., 498, 518, 521, 525, 530
Lübeck   16, 18–20, 22 f., 27, 39, 43, 83, 89, 92 f., 102, 105, 114, 134, 497 f., 510

Madrid   309 f., 313, 318 f., 331, 339, 341, 369 f., 372, 374, 526
Mährisch-Ostrau   42, 44 f., 65, 529
Malaga   319
Mallorca   318, 526
Mandschurei   487, 536
Marokko   313, 315
Marxismus   26, 29, 121, 126 f., 143, 155 f., 159–161, 173, 183, 185, 189, 267 f., 271, 286, 316, 332, 398
Mecklenburg   23, 114, 376
Mexiko   523
Militärkapitalismus   254, 256, 273 f.
Militarismus   41, 254, 399, 437, 448, 492
Minoritäten   448, 474 f., 479
Mitteldeutschland   380
Mitteleuropa   68, 109, 391, 427 f., 430, 445–451, 457, 474 f., 479, 484 f.
Molin de Llobregat   300 f.
Moskau, *siehe auch: Internationale: kommunistische, Sowjetunion*   235, 247, 311, 403, 406, 412, 414, 425, 429, 459, 478, 522, 529
Moskauer Schauprozesse   50, 59, 61, 233–235, 247, 410, 416, 465, 521
Moskauer Rundfunk   247, 264, 412, 522
München, *siehe auch: Abkommen und Verträge: Münchener Abkommen*   55, 139, 386 f., 391 f., 396, 400, 426, 530

Nationalismus   100, 123, 148, 177–181, 381, 467
Nationalsozialismus, *siehe auch: Drittes Reich, Faschismus, Schutzstaffel, Sturmabteilungen*   37, 39 f., 42, 55, 64, 71, 122, 147, 179, 253, 272, 280 f., 284, 353–355,

375–387, 389–391, 394–397, 407, 434 f., 438, 444, 446, 456, 461 f., 470 f., 475, 478, 482 f., 485, 487 f., 491, 507, 514
— Machtergreifung (1933) 22, 57, 149, 176, 352, 407 f., 415, 515
— Massenbasis 42, 54 f., 153, 258 f., 353, 375, 385
Nationalsozialistische Deutsche Arbeiterpartei (NSDAP) 54, 180, 352, 389, 506–508, 511
Navarra 315
Neu Beginnen 62, 362, 529
Neuseeland 456
New York 222
Nichtinterventions-Politik 48, 53, 61, 317, 328, 412
Niederlande 16, 29, 36, 52, 405, 456, 519, 537
Nordheimsund 97
Nordische Volksfront 50, 59–62, 342–344, 346, 349 f., 528
Nörholmen 228
Norwegen 15 f., 20, 23–39, 44, 48, 50–54, 56, 63, 66, 68–71, 95–99, 196 f., 199 f., 202–205, 207 f., 212 f., 216–221, 397, 404, 418 f., 456, 498 f., 501, 503, 517 f., 523, 528, 535
— Arbeidernes Ungdomsfylking 29, 34 f., 38, 52 f., 57, 133, 190 f., 203, 206–208, 213, 223, 228, 499, 515, 517
— Det norske Arbeiderparti 24–28, 30 f., 33–39, 50–53, 62 f., 133 f., 191 f., 194–208, 212, 216–221, 223 f., 226 f., 229–231, 234, 366, 397–399, 404, 408, 419–421, 425, 500, 503, 516–518, 523, 535
— Faschismus 26, 51
— Gewerkschaften 30, 32, 36, 52 f., 133, 192, 198, 201, 203, 212 f., 221, 234, 366
— Mot Dag 30, 32 f., 35, 37–39, 43, 51, 191 f., 194, 197, 203–206, 213, 366, 499, 503, 518
— Nobelkomitee 222, 224–227, 519 f.
— Norwegens Kommunistische Partei 51, 197, 203, 213, 400, 408, 419–421, 517

— Norwegischer Gewerkschaftsbund 212 f., 220
— Regierung 28, 37 f., 53, 200, 207, 209, 213, 216–221, 519
— Storting (Parlament) 27, 200, 216
Nürnberg 375, 387, 392, 530

Oberschlesien 380, 385
Opposition gegen den Nationalsozialismus 17, 44, 54 f., 354, 383–385, 388, 392, 397, 425, 427, 435
Oslo 18, 24 f., 27–34, 39, 41–43, 46, 48, 56, 58, 62, 65 f., 69 f., 132, 134, 190 f., 202 f., 205, 207, 212, 214, 219, 223, 225, 228, 231, 298 f., 343–348, 350, 499–501, 503, 505, 510, 515, 519, 525 f., 528
Osteuropa 386, 396, 447 f., 455, 484
Österreich 116, 190, 197, 351, 384, 386 f., 393, 414, 418, 425, 438, 449–451, 469 f., 476 f., 531, 533, 536
— Revolutionäre Sozialisten Österreichs (RSÖ) 62, 351, 367, 438 f., 442 f., 533
Ostpreußen 480
Oxford 535

Palästina 396
Paris 16, 30, 32 f., 37 f., 40, 43, 46 f., 51 f., 58–61, 65 f., 112, 216, 227, 236, 298, 343 f., 349 f., 361 f., 384, 392 f., 423, 437, 454, 503, 515, 517 f., 520, 528–530
Petersburg 185
Persönliches über Willy Brandt
— Aufenthaltsgenehmigung 27 f., 193
— Ausweisungsdrohungen 27 f., 36
— Familiäre Verhältnisse 18, 20
— Konflikte mit SAP-Mitgliedern 48, 65, 265, 345–348, 523
— Materielle Lage 46, 53, 191 f., 297 f.
— Schulgang 18–20, 102–109, 507
— Staatsbürgerschaft 50, 69
— Studium 20, 33, 193, 500
— Verdächtigungen gegen Brandt 15, 27, 47 f., 265, 502

Planwirtschaft 199, 253, 405, 409, 463, 467, 481, 489
Polen 16, 116, 405, 426, 429, 436, 438, 443, 445, 449, 470 f., 476, 487
Potsdam 381, 385
Pozoblanco 319
Prag 132, 362, 529
Preußen 168, 182, 407
„Preußenschlag", 20. Juli 1932 142, 166, 168, 176, 407
Puigcerda 301

Reformismus 48, 60, 142 f., 145, 159, 169, 182 f., 198, 234
Reichspogromnacht, 8./9. November 1939 55, 391–397
Reichstagsbrand, 27. Februar 1933 22, 130, 186
Reichswehr 118, 168, 187
Revisionismus 141, 159 f.
Revolution 111, 129, 131, 142, 147, 157, 209, 270, 280, 284, 311 f., 321, 357, 427, 439 f., 509 f.
— Französische Revolution 1789 454
— Revolution 1918/19 34, 111, 163–166
— Russische Revolution 63, 147, 155, 176, 185, 306, 310, 334, 401 f., 430, 459 f., 464
Revolutionäre Sozialisten Deutschlands 62, 361, 529
Rheinland 58
Rio Tinto 315
Rjukan 207
Rostock 114
Rote Falken 80–82
Rote Gewerkschaftsopposition 145 f., 174 f.
Ruhrgebiet 146, 165, 169, 512
Rumänien 508
Russland, siehe Sowjetunion

Sabadell 305
Sachsen 166, 376, 379 f., 384 f.

Schutzstaffel (SS) 259, 277, 386
Schweden 15 f., 48, 54, 66 f., 69 f., 95, 99 f., 204, 209, 212, 215, 222, 230, 405, 456, 498, 519
— Sozialdemokratische Partei 201, 212, 366
— Sozialistische Partei 204, 209, 212, 230 f., 366, 517, 519
Schweiz 215, 366, 405, 456, 516
Schwerin 114
Selbstbestimmung, nationale 68, 428, 431, 433, 445–450, 458, 467, 476–478, 485, 487, 492, 536
Skandinavien 50, 59, 61, 66 f., 71, 98 f., 200, 212, 505, 518, 528
Skien 207
Sowjetunion 17, 20, 58, 60 f., 63 f., 67 f., 108 f., 116, 138, 145, 148, 150 f., 176, 180, 221, 234 f., 247, 254, 263 f., 295, 319, 326 f., 334, 349, 359, 361, 365, 390, 399, 401 f., 404 f., 407–414, 420, 422–433, 442 f., 445, 456, 459–467, 470 f., 483, 491, 504, 513, 520 f., 527–529, 536
— Außenpolitik 58, 63, 148, 327 f., 359, 401, 404, 412–414, 421, 423, 427, 429–433, 443, 445, 462
— Industrieproduktion 409, 465
— Innere Entwicklung 64, 68, 109, 247, 407, 409, 432, 465–467
— KPdSU (B) 405, 432
— Lebensstandard 409, 465
— Säuberungen, siehe auch: Moskauer Schauprozesse 405, 410, 465
Sozialdemokratische Partei Deutschlands (SPD) 18–22, 24 f., 34, 37, 57, 62, 90, 101 f., 110 f., 118 f., 127, 129 f., 140–143, 145, 153, 159–161, 163–169, 171 f., 178 f., 181 f., 184–188, 235, 237, 248, 264, 269, 343, 347, 350, 361–364, 412, 437, 439 f., 507 f., 511 f., 528 f.
— Parteitag 1903 160
— Parteitag 1927 167
— Parteitag 1931 171

- Verhalten während des Ersten Weltkrieges 161 f., 171
- Zusammenbruch 1933 22, 118 f., 153, 172, 186 f.

Sozialfaschismus 21, 92, 146 f., 181 f., 234 f., 336, 408, 411–413, 418, 510 f., 513, 521, 524, 527

Sozialisierung 111, 142, 165 f., 199, 447 f., 512

Sozialismus 51, 62, 64 f., 67 f., 71, 90–92, 94, 111 f., 126 f., 142, 148, 158, 160, 164 f., 170, 199 f., 218, 249, 271 f., 274 f., 279, 286 f., 292, 306 f., 316 f., 327, 341, 350, 354, 364, 391, 399, 409, 424 f., 428, 431–434, 436, 439 f., 451, 461 f., 464–467, 511, 524

Sozialistengesetze 112, 159, 508

Sozialistische Arbeiterjugend (SAJ) 18, 42, 81, 93 f., 102, 251, 276, 361–363

Sozialistische Arbeiterpartei Deutschlands (SAP) 16 f., 20–22, 29–31, 35–48, 50–52, 57–62, 65–67, 110 f., 114 f., 132 f., 149, 154, 185 f., 192 f., 195 f., 201, 208 f., 214 f., 235–242, 281, 288–294, 299, 342 f., 345–350, 355–367, 444 f., 500, 503, 507 f., 511, 515, 518, 521 f., 525, 528–530
- Auslandszentrale 30–33, 36 f., 40, 43, 235, 238 f., 252–264, 348, 356, 519 f., 522
- Betriebsarbeit 41, 241, 251, 262 f., 280 f., 288–293, 525
- Bündnispolitik, *siehe auch: Sozialistische Konzentration, Volksfront* 62, 238, 355–367, 517, 521
- Exilgruppe Oslo 48, 56, 62, 65, 211 f., 345–350
- Interne Konflikte 43, 45, 48, 62, 65, 345–348, 356, 501, 529
- Kriegsdebatte 243, 246, 250, 263
- Mitglieder in der Illegalität 44 f., 114
- Parteileitung 50 f., 58, 65 f., 208, 265, 348, 350
- Parteikonferenz Januar 1937, *siehe Konferenzen: Kattowitzer Konferenz*
- Parteitag Mai 1933 22 f., 114 f., 235, 508
- Prozesse gegen SAP-Mitglieder 29, 31, 510
- Reichsleitung 31, 33 f., 36, 134, 192 f., 237, 515 f.

Sozialistische Konzentration 62 f., 349 f., 360–364, 439, 533

Sozialistischer Jugendverband Deutschlands (SJV) 22, 32, 41 f., 45 f., 52, 133, 214, 269, 276, 348, 362, 499

Spanien 16, 24, 29, 42 f., 45–48, 50 f., 53, 56 f., 61, 65, 195, 246, 257, 260 f., 269, 287, 294–297, 300–342, 355, 368–374, 400 f., 412, 469–471, 487, 501 f., 520, 525, 532, 536
- Asturischer Bergarbeiterstreik 1934 306, 311, 526
- Anarchisten 300, 302–304, 316, 323, 325, 329, 332–334, 337–339
- Anarchosyndikalismus, Anarchosyndikalisten 301, 303 f., 310, 331–334, 337, 359
- Blutige Woche, Mai 1937 300–306, 329, 338, 502
- Bürgerkrieg 42 f., 45–48, 53, 246, 250, 257, 260 f., 295 f., 300–306, 313–321, 326–328, 355, 359, 368–374, 412, 502, 521 f., 525 f., 529, 532
- Deutsche Freiwillige 307, 526
- Katholische Kirche, Klerus 308–310, 312, 321
- Klassen und Schichten 301 f., 308–311, 316, 322
- Kommunistische Partei 195, 296, 300–304, 322, 326–331, 334, 337–340, 527, 529
- Partido Obrero de Unificáción Marxista (POUM) 45–48, 60, 270, 294–298, 301–305, 316, 324 f., 334–339, 341, 359, 502, 526 f., 529
- Soziale Verhältnisse 308 f., 322
- Sozialisierung, Kollektivierung, Nationalisierung 322 f.

— Sozialistische Partei 296, 326, 329–331, 337, 339, 527
— Stellung der Frauen 322, 368–374
Spanisch-Marokko 313, 315
Stavanger 96
Stockholm 24, 66, 69, 134, 216, 226, 343 f., 346, 455, 519, 535
Straßburg 532
Strömstad 99
Sturmabteilung (SA), siehe auch: Nationalsozialismus 117, 124, 136, 140, 187, 246, 249, 259, 277, 291, 295, 297
Süddeutschland 380, 385
Sudetengebiet 477, 530–532
Sunndalsøra 424

Thüringen 385
Toledo 319
Trollhättan 99
Trondheim 207
Trotzkismus 46, 194–196, 215, 236–239, 295, 297, 351 f., 358, 366, 416–419
Tschechoslowakei 16, 48, 246, 274, 381 f., 385–387, 389, 401, 404 f., 413, 425, 438, 449 f., 469 f., 476, 487, 508, 521, 530 f., 536
Türkei 426

Uddevalla 99
Ukraine 409

Valencia 313, 321, 340, 372 f., 527, 530
Vatikan 315
Vereinigte Staaten von Amerika 52, 66 f., 116, 150, 178, 197, 209, 405, 426, 428, 455 f., 537
Versailler Vertrag, *siehe Abkommen und Verträge: Versailler Vertrag*
Vierjahresplan 253, 256, 258, 522
Völkerbund 399, 412, 452, 455 f., 468 f., 476, 487
Volksfront, *siehe auch: Nordische Volksfront* 45 f., 50, 57–60, 62, 234, 241, 248 f., 261, 264, 280, 284 f., 296, 301, 311–314, 326, 335–337, 343 f., 349, 356 f., 359–361, 363, 400, 413–415, 429, 521, 528 f., 532
Vöringfoss 98, 507

Wahlen
— Parlamentswahlen in Norwegen 50 f., 200, 216, 218, 521
— Parlamentswahlen in Spanien 311 f., 314, 326
— Präsidentschaftswahlen in Deutschland 168, 352
— Reichstagswahl 1930 352
— Reichstagswahl 1932 21 f., 407
— Reichstagswahl 1933 54, 353
Warschau 426
Wehrmacht 259 f., 263, 355, 381, 385, 387, 389 f.
Weimar 393
Weimarer Republik 19, 22, 35 f., 40, 57, 84, 90, 111, 121, 143, 164, 269, 446, 448 f., 531
Weltwirtschaftskrise 40, 139, 150, 166, 170 f., 311, 469
Westdeutschland 376
Westeuropa 52, 63, 241, 404
Wien 376 f., 385, 388, 393, 438, 533
Wladiwostok 402

Zeitungen und Zeitschriften
— Aftenposten 225, 227 f.
— Arbeiderbladet 18, 30, 36, 115, 191, 198 f., 202, 222, 225, 350, 422, 528
— Arbeideren 419 f.
— Arbeiderkvinnen 368
— Arbeider-Ungdommen 36, 124, 128, 352
— Arbeitertum 291
— Arbeiter-Zeitung 188, 351, 418
— Banner der revolutionären Einheit 215, 251, 522
— Bergens Arbeiderblad 452
— Dagbladet 27, 222, 225, 227

- Das Freie Wort 181
- Das Schwarze Korps 377, 394
- Der Angriff 114, 508
- Der Deutsche Student 277
- Der Sozialistische Kampf 443, 450
- Der Stürmer 397
- Det skjulte Tyskland 56, 59
- Det 20de århundre 30, 386, 434, 459
- Deutsche Informationen 529
- Die Internationale 352, 418
- Die Zukunft 444, 449
- Frankfurter Zeitung 277, 524
- Folkets Dagblad 230, 519
- Internationales Jugend-Bulletin 519
- Jugend-Korrespondenz 41, 499
- Kampfbereit 41, 223, 266, 519
- Kampfsignal 198
- La Batalla 305
- Le Jour 316
- Le Matin 316
- Lübecker Volksbote 19, 80 f., 83, 85, 88, 92, 95
- Marxistische Tribüne 233, 243, 248, 251, 288
- Muchachas 374
- Nazi-Bøddelen 56
- Neue Front 32, 51, 62, 65, 191, 212, 215 f., 248, 266, 297, 342, 344, 515, 522
- Neue Rheinische Zeitung 163
- Neuer Vorwärts 443, 534
- Neues Tagebuch 227
- Norges Gynmasiastblad 120
- Norddeutsche Tribüne 528
- Noticias 302
- Pariser Tageblatt 227
- Reichs-Jugend-Pressedienst 277, 524
- Rote Fahne 177, 514
- Rote Jugend 267
- SIB Sozialdemokratischer Informationsbrief 440, 450
- Solidaritet 56
- Sozialdemokratische Partei-Korrespondenz 168
- Sozialistische Arbeiterzeitung 100, 110, 112
- Sozialistische Warte 438
- Telegraf og Telefon 392
- Telemark Arbeiderblad 383
- The Economist 475, 486, 494
- Tidens Tegn 225
- Times 394
- Treball 302, 304
- Vorwärts 165, 171, 179, 512

Zürich 384, 422
Zweiter Weltkrieg 15, 47, 54, 66 f., 69, 253, 425–429, 434, 451, 459, 468, 470–474

Bildnachweis

Seite 6 und Foto auf dem Umschlag: Willy Brandt im Sommer 1937 während eines Aufenthalts in Frankreich: Willy-Brandt-Archiv im Archiv der sozialen Demokratie der Friedrich-Ebert-Stiftung (Bonn).

Seite 49: Willy Brandt in den Jahren seines Exils in Norwegen: Arbeiderbevegelsens Arkiv og Bibliotek Oslo.

Seite 104: Willy Brandt im April 1932 bei der Lektüre des Reichsorgans der Sozialistischen Arbeiterpartei Deutschlands, *Kampfsignal:* Willy-Brandt-Archiv im Archiv der sozialen Demokratie der Friedrich-Ebert-Stiftung (Bonn).

Seite 210: Willy Brandt 1934 mit einer norwegischen Studentenmütze nach seiner Immatrikulation an der Osloer Universität: Willy-Brandt-Archiv im Archiv der sozialen Demokratie der Friedrich-Ebert-Stiftung (Bonn).

Seiten 244/245: Erste und letzte Seite des handschriftlichen Schreibens Brandts an die Auslandszentrale der SAP vom 29. November 1936: Arbeiderbevegelsens Arkiv og Bibliotek Oslo.

Seite 282: Willy Brandt im August 1939 während eines Kurses an der Arbeiterhochschule in Oslo: Privatarchiv Einhart Lorenz.

Seite 309: Willy Brandt und Gertrud Meyer im Sommer 1937 während eines Aufenthalts in Frankreich: Foto: Fritz Stern, New York, Willy-Brandt-Archiv im Archiv der sozialen Demokratie der Friedrich-Ebert-Stiftung (Bonn).

Seite 371: Willy Brandt und der holländische Schriftsteller Jef Last während einer Veranstaltung des humanitären norwegischen Hilfskomitees für das republikanische Spanien im Jahre 1937: Arbeiderbevegelsens Arkiv og Bibliotek Oslo.

Seite 403: Willy Brandt (rechts) mit ausländischen Gastdelegierten während des Kongresses der norwegischen Metallarbeitergewerkschaft im Mai 1939: Arbeiderbevegelsens Arkiv og Bibliotek Oslo.

Seite 419: Willy Brandt zusammen mit ausländischen Gästen während des Kongresses der Gemeindearbeitergewerkschaft im Sommer 1939: Arbeiderbevegelsens Arkiv og Bibliotek Oslo.

Seite 424: Willy Brandt im Kreise norwegischer Jungsozialisten während eines Sommerlagers des Arbeiterjugendverbandes in Sunndalsøra im Juli 1939. Links in der ersten Reihe der spätere norwegische Ministerpräsident Trygve Bratteli: Arbeiderbevegelsens Arkiv og Bibliotek Oslo.

Angaben zum Bearbeiter und zu den Herausgebern

Bearbeiter:

Einhart Lorenz, geb. 1940, Dr. phil., Professor für moderne Geschichte an der Universität Oslo, 1999/2000 erster Heinrich-Steffens-Professor an der Humboldt-Universität Berlin, Vorstandsmitglied des Holocaust-Zentrums Oslo. Autor zahlreicher Bücher zum deutschsprachigen Exil und zur internationalen Arbeiterbewegung, Bearbeiter des Bandes 2 der Berliner Ausgabe.

Herausgeber:

Prof. Dr. Helga Grebing, geb. 1930 in Berlin. Studium an der Humboldt- und der Freien Universität. 1952 Promotion im Fach Geschichte. Danach Tätigkeiten im Verlagswesen und in Institutionen der Politischen Bildung. Seit 1971 Professorin für Geschichte (Schwerpunkt Sozialgeschichte des 19. und 20. Jahrhunderts) an den Universitäten Frankfurt/Main, Göttingen und Bochum, hier 1988–1995 Leiterin des Zentral-Instituts zur Erforschung der europäischen Arbeiterbewegung. 1995 emeritiert und seither als Publizistin in Göttingen und München lebend. Viele Veröffentlichungen zur Geschichte der Arbeiterbewegung; Autorin u. a. der „Geschichte der deutschen Arbeiterbewegung".

Prof. Dr. Gregor Schöllgen, geb. 1952 in Düsseldorf. Studium der Geschichte, Philosophie und Sozialwissenschaften in Bochum, Berlin, Marburg und Frankfurt/Main. Dort 1977 Promotion im Fach Philosophie; 1982 Habilitation für Neuere Geschichte in Münster. Seit 1985 Professor für Neuere Geschichte an der Universität Erlangen. Gastprofessor in New York, Oxford und London. Mitglied des Vorstandes der Bundeskanzler-Willy-Brandt-Stiftung. Prof. Schöllgen ist Autor zahlreicher Bücher, darunter der „Geschichte der Weltpolitik von Hitler bis Gorbatschow 1941–1991", „Die Außenpolitik der Bundesrepublik Deutschland" und „Willy Brandt. Die Biographie".

Prof. Dr. Heinrich August Winkler, geb. 1938 in Königsberg. Studium in Münster, Heidelberg und Tübingen. Promotion zum Dr. phil. in Tübingen 1963. Professor an der Freien Universität Berlin und an der Universität Freiburg/Br., seit 1991 an der Humboldt-Universität zu Berlin. Wichtigste Veröffentlichungen: „Arbeiter und Arbeiterbewegung in der Weimarer Republik" (3 Bde.), „Weimar 1918–1933. Die Geschichte der ersten deutschen Demokratie", „Streitfragen der deutschen Geschichte" und „Der lange Weg nach Westen" (2 Bde.). Weitere Publikationen zur deutschen, europäischen und amerikanischen Geschichte.